19.80
W0415692

SFV

EDUARD VON KEYSERLING

WERKE

Herausgegeben von Rainer Gruenter

S. Fischer

© für diese Ausgabe S. Fischer Verlag GmbH, Frankfurt am Main 1973
Umschlagentwurf: Eberhard Marhold
Satz und Druck: F. L. Wagener, Lemgo
Einband: G. Lachenmaier, Reutlingen
Printed in Germany 1973
ISBN 3 10 039501 8

Rainer Gruenter

SCHLOSSGESCHICHTEN

EDUARDS VON KEYSERLING

Einleitung

Nachbarliches
für
C. und c.

Park und Garten

Die Landschaft als *Wohnung* war eine soziale Vergünstigung, die von ihren Besitzern nie als solche empfunden wurde. Die Naivität des Besitzens ist sein stärkster Schutz. Die Ausdehnung des Wohnrechts auf die Landschaft hatte etwas von der phantastischen Landnahme in Kinderspielen. Man wohnte gleichsam in einer *fête champêtre,* die nicht enden sollte. Man möblierte sie mit Teehäusern, weißen Pavillons, Lauben, Heckenwegen, Brunnenplätzen, Bänken am Weiher, Brücken zu Inseln. In diesen großen Spielzimmern der Günstlinge des Besitzes, die Kraft und Schwäche von Kindern mit dem Hochmut ererbter Einfalt vereinten, nahmen auch Tätigkeiten und Gewohnheiten den Charakter eines Tuns nach Spielregeln an. Das Ritual formalisierten Lebens zog seine Kraft aus der Wiederholung: so erwartete man in Räumen derselben Ausstattung ein Angebot vertrauter Beschäftigungen: Spaziergänge, Ausritte, die verschiedenen Spezialitäten der Jagd und des Sports, Landpartien, Picknicks, Besuche beim Nachbarn waren Wohngewohnheiten der Landschafts-Besitzer, Gewohnheiten, die sie als zweite Natur, als ererbtes Kulturverhalten angenommen hatten.

Die in die Wohnungen einbezogenen Parks und Gärten oder die bis an die Parkgitter ausgebreiteten Wohnungen zeigten eine große Familienähnlichkeit. Blutsverwandtschaftlichem, Genealogischem, Ebenbürtigkeitssubtilitäten galt ja ein fast monomanisches Interesse dieser durch Zuchtvorschriften sich vor Fremdkörpern schützenden alten Familien. So sollte auch das Wohnen das familiäre Zugehörigkeits- und Zuständigkeitsgefühl des Unter-sich-seins vermitteln.

Wer so wohnte, hatte dem Ankommenden eine »lange Lindenallee« zu bieten mit einer Auffahrt zum weißen Herrenhaus. Der

Lindenallee vor dem Hause entsprach eine »dunkle Kastanienallee« auf der Gartenseite des Hauses. Die räumliche und gesellige Mitte dieser Natur-Architektur war die geräumige Terrasse mit ihrer breiten Treppe in den Garten und den offenen Türen ins Haus. Diese Terrasse, der Grenzplatz zwischen Außen- und Innenräumen des Wohnens, war die Bühne, auf der sich die Akteure der Schloßgeschichten versammelten und von wo aus sie sich zerstreuten in Park und Garten. Hier bildeten sich die Konstellationen, entwickelten sich die Komplikationen der Paare. Hier lösten sie sich aus den friedlichen und vergnüglichen Bereichen der Konversation, der Brett- und Kartenspiele, des Stickrahmens und der Lektüre, des harmlosen Gesellschaftsklatschs. Schon am Terrassengeländer wurden die Gespräche kühner, und Park und Garten, nicht nur in der Nacht, sondern auch in der Mittagsschwüle und -stille, waren die Schauplätze der Werbungen und Geständnisse, der Küsse, Schwüre und Hingaben. Park und Garten waren auch die Orte der Einsamkeit, des Meditierens und Träumens, wo sich die Wohnreize eines idealen Zimmers mit Wänden aus Gebüsch und Decken aus Laub mit dem Faszinosum eines Verstecks, der Verborgenheit und Unauffindbarkeit mischten. Der Park mit Weiher und Uferweiden, mit Bänken im Schatten großer Rotbuchen war gleichsam der große Saal der Leidenschaft. Der Park grenzte meist an den Wald, hier begannen die Abenteuer, die Irrungen und Wirrungen.

Die Gärten waren die Lieblingszimmer der Jugend. Sie luden zu launischem Ortswechsel ein, gewährten jedem das empfindsame Recht auf Zurückgezogenheit, ob im Liegestuhl unter dem Birnbaum oder in der Hängematte, dem Standesrequisit der Komtessen-Pubertät. Gröberen Bedürfnissen stillten diese Gärten, die nicht nur Ziergärten, sondern auch Nutzgärten waren, den Appetit. Birnenspaliere, Birnbäume, Kirsch- und Reineclaudenbäume spielten eine große Rolle. Der Schloßherr war ja auch Landwirt. So wurde in die Naturkulissen der noblen Repräsentation die Anlage hausväterlicher Ökonomie eingefügt.

Die Gärten zeigten wenig Abweichung von einem Grundmuster. Ein Hauch des »Altmodischen« mußte ihm eigen sein. Lange Rabatten mit »altmodischen Blumen«, mit Zentifolien, »gebrochenem Herz«, gelben Immortellen, lagen zwischen Kieswegen vor der Terrassentreppe, die von weißen Lilien umrahmt war. Am Ende des Ziergartens lag dann der Obstgarten, in dem üppige und sehr verfeinerte Sorten gediehen wie die Birnen mit »Rokokoduft«, die im Garten des Grafen Donald von Streith wuchsen.

Die »Birne« wurde zur Symbolfrucht der Ferien, der Sommerliebschaften und -leidenschaften. »Das gehörte zu den Ferien wie das Glitzern des Weihnachtsschnees oder wie die gelben Augustbirnen.« Ja, sie wurde für denjenigen, den das Leben in diesen Häusern gefährdete und verweichlichte, den bürgerlichen Hauslehrer, zur Symbolfrucht unstatthafter Lebensüppigkeit und zugleich sozialer Klassenkritik: »Für das Diner waren Birnen aus der Stadt geholt worden. Es waren die größten Birnen, die ich je gegessen habe, und auch wohl die süßesten und die saftigsten, wundervolle Birnen, aber genau genommen sind solche wundervollen Birnen kranke Birnen. Es sollte vielleicht solche Birnen nicht geben.«

Darauf ist noch einmal zurückzukommen.

Im Sommer ging man durch den Garten wie durch Zimmer aus Duft, den eine eigentümliche Konsistenz wie mit räumlichen Grenzen versah: »... im Gespräch waren sie durch den ganzen Garten gegangen, aus den Düften der Rosen waren sie in den Duft der reifen Pflaumen gekommen und von da in den Gemüsegarten mit den scharfen Gerüchen der Sellerie- und der Zwiebelpflanze.« Man aß vorzüglich in diesen Häusern, und ohne frisch geschnittene Gewürze und Gemüse fehlte der Zunge des Kenners ein Letztes oder Erstes der Kochkunst.

Der Johannisbeerstrauch mit dem roten Prunk und Duft seiner Beeren spielte eine große Rolle in diesen Gärten. Er war der Strauch des Stelldicheins, mehr noch als Jasmingebüsch oder die Laube aus rotblühenden Bohnen. Graf Lynck erzählte während der Fahrt zu einem Duell: »An einem Johannisbeerbusch machte ich als Achtzehnjähriger meine erste Liebeserklärung, und zwar der Engländerin meiner Schwester; eine blonde junge Dame, weiß und rot wie Porzellan, und sie hatte einen kleinen runden Mund, der aussah, als sei er vom vielen ›O‹-sagen selbst ein blutrotes O geworden. Sie war sehr erschrocken über meine Erklärung und zerdrückte in ihren Händen die Johannisbeeren, die sie hielt, so daß sie ganz rote Hände bekam.«

Die Herrinnen dieser Häuser waren große Gartenfreundinnen und nicht zu denken ohne bunte Sommersträuße in allen Vasen ihrer Zimmer und Treppenhäuser. Die jungen Mädchen genossen sich alle im Garten- und Morgenglück als *belle jardinière*: »Dann ging sie in den Garten hinaus, um Rosen zu schneiden. Zuweilen hielt sie in der Arbeit inne und schaute blinzelnd in den Sonnenschein hinein, sah zu dem Gartenburschen hinüber, blickte den Küchenmägden nach, die mit großen Körben voller Gemüse aus dem Gemüsegarten kamen. Überall regte sich schon emsig das behäbige und geregelte Leben. Das tat gut. Wenn das eigene Leben sich sachte dem Ende zuzuneigen beginnt, muß man sich an dem starken jungen Leben der anderen wärmen, die Hände voll großer kühler Rosen haben und mit geöffneten Lippen den Morgenduft dieses Gartens eintrinken.«

Immer wieder hörte die müßig versammelte Terrassengesellschaft den Satz, der als Titel über diesen Schloßgeschichten stehen könnte: »... und jetzt wollen wir in den Garten gehen.« Ein Leben ohne Garten war nicht denkbar. Der Garten gehörte zum Leben wie die Luft zum Atmen. Er war der traulichste, vertrauteste Ort, wohin alle Wege »nach Hause« führten. Er zog die Ausbrechenden wie mit der Magie des »Heimatlichen« zurück. »Sie ging den Korridor hinab bis zur Außentür, die in den Garten führte. Es war ja ohnehin die Stunde, in der sie umzugehen pflegte in letzter Zeit. Sie kam sich selber geisterhaft und unheimlich vor. Allein der Garten war köstlich, heimatlich. Ein Stück Mond und sehr helle Sterne standen am Himmel. Der Nebel war von der Wiese bis in den Garten gekommen. Er schlich über die Rasenplätze und die Beete. Die Blumen standen schwarz in den weißen Schleiern. Eine sehr starke Freude wärmte Billys Herz, als sie fand, daß diese vertraute Wirklichkeit hier auf sie gewartet hatte und daß sie wieder zu all diesem gehörte. Sie ging die Kieswege entlang, sie fuhr mit der Hand den Rosen und Georginen über die taufeuchten Köpfe, sie aß von den Johannisbeeren, sie stand unter den Berberitzen und atmete den feuchten Erdgeruch ein, der aus der alten Kiste dort aufstieg.«

Jeder dieser Gärten war ein *paradise regained*, wie der Alte Garten Eichendorffs, der ein Abglanz war von jenem Garten, aus dem wir alle stammen.

»Schloß« ist ein ironischer und lässiger Euphemismus für die Landsitze und Gutshäuser der Schloßgeschichten. Diese Schlösser zeigten bis ins architektonische Detail wiederum eine so starke Familienähnlichkeit, daß Keyserling sich mit Andeutungen der Beschreibung begnügte. Überhaupt haben seine Beschreibungen etwas von jener Kargheit der Mitteilung, die zwischen »seinesgleichen«, den sozial Eingeweihten, üblich ist. Kein Zweifel, daß er für sie schrieb, gleichgültig, ob sie nun seine Leser waren oder nicht. Ausstattungsbeschreibungen langweilen Leute, die in diesem Milieu zu Hause sind. In dieser Zurückhaltung liegt ein nicht geringer Reiz seiner Schilderungen. Genauere Informationen über Möbel, Stoffe, Gebrauchsgegenstände seiner Sozialsphäre mochte Sache der »Ästheten« oder Kunstgewerbler sein. Nicht seine Sache. Keyserling setzte nicht nur Kenntnis, sondern Vertrautheit mit den Wohngewohnheiten des Personals seiner Erzählungen voraus.

Otto von Taube, der Freund Keyserlings, gab in seiner Einführung zum *Buch der Keyserlinge* eine hübsche Beschreibung eines Keyserlingschen Landsitzes, des alten Rautenburger Hauses, das am Gilgastrom, einem Arm der Memel, lag. Die weißen Gebäude mit großen Fenstern, Auffahrten und Terrassen inmitten der Ökonomiebauten, großer Scheunen und Stallungen gibt es heute noch in den nördlichen Landstrichen Deutschlands.

Die Möbel in den Zimmern der Schloßgeschichten leben. Sie haben eine Geschichte und erzählen Geschichten. Sie haben persönliche Beziehungen zu ihren Benutzern, die wiederum durch unzerreißliche Bande des Gemüts ihnen attachiert sind. Man kann sie vererben, verschenken, aber nicht veräußern. Das wäre Treubruch. Dinge haben eine besondere Schutzlosigkeit, die ihre Besitzer zu besonderer Loyalität, dem Schutzrecht der Anvertrautheit verpflichtet.

Die Zimmer stellen sich auf das Wesen ihrer Bewohner ein. »Frau von Wallbaums Zimmer, himmelblau und weiß, sah aus wie das Zimmer eines jungen Mädchens. Sie selbst im hellgeblümten Sommerkleide, blaue Bänder auf der weißen Morgenhaube, saß an ihrem Schreibtisch und schrieb ihr Tagebuch.« Tagebuchschreibende Damen können nur in Zimmern mit blauer Tapete, blauen Couchetten, weißen Möbeln wohnen. Oder wie die empfindsame

Frau von Bassenow, die stundenlang in ihrem Zimmer mit »kleinen, weißen, blanken Sachen, Perlmutterdöschen und Messerchen spielte, die Sachen konnten nicht weiß und blank genug sein«.

Die Fenster sind die schönsten Bilder dieser Zimmer. Die Fensterblicke der Schloßgeschichten – ein Thema für sich. Der Blick durch die offene Verandatür auf das impressionistische Arrangement des Frühstückstisches mit Tassen, Silberdosen, Sonnenflekken und Schattenspielen ist eine optische Feinschmeckerei, auf die Keyserling sich wie kein zweiter verstand. Die Nachtreize der Zimmer sind nicht minder stark als ihre kühlen Annehmlichkeiten in mittäglicher Sommerschwüle. In nächtlicher Dunkelheit, wenn draußen ein Gewitter aufzieht und alle schlafen, sind die Zimmer gleichsam die Hausherren, die die Menschen ihrer Geborgenheit versichern. »Draußen donnerte es zuweilen. Unten im schlafenden Hause riefen durch die stillen Zimmer die altbekannten Stimmen der Uhren einander zu.«

Man könnte Keyserling wie Jens Peter Jacobsen und Hermann Bang einen Lyriker des Zimmers nennen. Nicht der hausenden Gemütlichkeit und deutschen Stubenseligkeit, die »sich gerne in eine Ecke kauzt«, sondern einer sehr diskreten Liebe zu den in langen Jahren bedeutsam gewordenen Dingen des täglichen Umgangs und Anblicks. Zu dieser besonderen Bedeutsamkeit der Keyserlingschen Zimmer, ihrer Wohnlichkeit, gehört ihr eigentümliches Spannungsverhältnis zum Draußen, das in den großen Fenstern immer gegenwärtig und einbezogen ist. Am Fenster entzündet sich die Lyrik der »Grenze« zwischen Drinnen und Draußen, jenes gern als »Stimmung« bezeichnete Mischgefühl von Geborgenheit und Lockung, dem Keyserling in seinen Zimmerschilderungen Reize abgewinnt, die freilich den Wahrnehmungsorganismus seiner Empfindsamkeit voraussetzen.

»Hier stehen nicht die windigen Möbel der Mietwohnung, die immer fremd im fremden Raume sind, die vom Dekorateur gefertigten stilvollen Einrichtungen, mit der Maschine gemachte Stimmung, bei denen die Sachen uns umgeben wie fremde Leute, denen wir auch nicht vorgestellt werden möchten. Der Stuhl am Kamin ist mit den Dämmerstunden und Winterabenden gerade seines Besitzers eng verwachsen, und das Geschäft jener Fensternische ist die Aufgabe, sich zu Zeiten mit Mondschein zu füllen, darauf ist sie eingerichtet. Und das Licht, der Abendschein, der zur bestimmten Zeit dieselbe Wand hinaufgleitet, die Morgensonne, für die die Wand helle Farben trägt, der Duft der Blumen, der durch die geöffneten Fenster hereinströmt, das Aufrauschen des Baumes vor der Türe, selbst die Fledermaus, die allabendlich über seinem Wipfel flattert, alles nimmt den Charakter einer von mir gewollten Einrichtung an.«

Wohnen zählt für Keyserling zu den Lebenskünsten. Der Preis dieser Kunst ist freilich eine Exklusivität, deren soziale Naivität mancher dulden, aber nicht jeder teilen mag. Lebenskunst ist billiger nicht zu haben. Sie beruht auf dem System der Bevorzugung, der Privilegien. Sie muß die berüchtigte Ungerechtigkeit bejahen. Doch die Rechnung wird dieser Lebenskunst präsentiert: die Langeweile, der *ennui*, die Lebensschwäche und -verfehlung, der *spleen*, die innere Kälte und die Sentimentalität lauern in der noblen Behaglichkeit der Zimmer in den Schloßgeschichten. Keyserling weiß es und zeigt es.

Geselligkeit und Müßiggang

Die »Arbeit« ist kein Thema der Schloßgeschichten. Der Gutsherr regiert, das heißt: er repräsentiert seine soziale Rolle, aber er verwaltet nicht, auch wenn er einen bestimmten Inspektionsturnus einhält. Der Gutsverwalter, der Vorarbeiter, Großknechte, Gesinde, Instleute, Förster und Waldarbeiter sind Statisten der erzählten Handlung. Die redenden und handelnden Personen bedienen sich der Arbeit der Arbeitenden mit der gleichen Selbstverständlichkeit, mit der sie atmen. Ihre »Arbeit« innerhalb der sozialen Rollenverteilung ist das ritualisierte »Vergnügen«, die gesellschaftliche Veranstaltung, die der Vergegenwärtigung ihres arbeitsfreien sozialen Sonderseins dient. Das ritualisierte Vergnügen, das Feste, Spiele, Besuche, Jagden, Theater- und Stadtbesuche der Organisationsform der Arbeit unterwirft, nimmt eigentümlichen Pflichtcharakter an. Sogar die private Ergötzung kann, wenn ein Erbprinz angelt, höfisches Zeremoniell werden. »›. . . und nach dem Frühstück angle ich, und ihr alle schaut zu.‹

Nach dem Frühstück begaben sich die Prinzessinnen in Begleitung von Fräulein von Dachsberg und Mademoiselle Laure zum

Mühlensee, um zuzuschauen, wie der Prinz angelte. Für die Damen waren Gartenstühle aufgestellt worden. Der Prinz saß am Ufer und angelte, von einem Jägerburschen bedient, während der Hauptmann von Keck sich mit seiner Angel in das Erlengebüsch zurückzog. ›Die Stunde ist nicht sehr günstig‹, sagte der Prinz, ›aber versuchen wir es. Jetzt bitte achtzugeben, ich werfe die Angel aus, das ist nämlich auch eine Kunst, bitte, immer auf den Korken zu sehen, natürlich muß die größte Ruhe beobachtet werden.‹«

Selbst das Opfer, ein »schöner, wie ein Juwel schimmernder Barsch«, zeigt gleichsam höflichen Gehorsam in diesem prinzlichen Geschicklichkeitsakt. Es läßt nicht unhöflich auf sich warten.

In den Viehställen verhält sich der Erbprinz mit markierter Leutseligkeit, als handle es sich um einen Empfang bei Hofe. »Im Kuhstalle interessierte sich der Prinz für die Namen der Kühe, der Milchmädchen; mit dem Pferdestall war er sehr zufrieden. ›Famos!‹ rief er ›ein Sanssouci der Pferde. Und wie fromm sie alle aussehen, wie Hofdamen‹, flüsterte er Eleonore zu und lachte laut darüber, ›gewiß, sie sehen ein wenig müde aus, als hätten sie nicht gut geschlafen, als hätten sie zu lange im Bett gelesen.‹«

So werden »Ausflüge in den Wald«, eine Teegesellschaft im Freien »organisiert«. Ein »Gang nach einer Waldwiese war geplant«. Man fürchtet, »die Rehe gehorchten Exzellenz Fürwit nicht, sie fügen sich nicht ins Programm«. Doch schließlich war »die Unternehmung sehr gelungen«. »›Es war‹, meint der Prinz, ›als seien alle Rehe des Waldes für mich zusammengestellt worden.‹«

Auch die Natur fügt sich den Bedürfnissen eines designierten Landesherrn: ». . . was sind alle unsere Eßsäle gegen solch einen Platz im Walde. Diese Dekoration, dieses Parfum und dieses Oberlicht.« Natur als erlauchter Residenzsaal – ein altes Motiv der Dichtung am Hofe und für den Hof. In solcher Natur zählt das »Recht auf unsere Sentimentalitäten« zur höfischen Spielregel.

Gewiß ist der Erbprinz mit seinen hochstilisierten Aktivitäten nicht typisch für die Pflichtvergnügungen der Keyserlingschen Schloßbewohner, aber er zeigt das abgestufte Gemeinsame einer von Arbeit dispensierten Oberschicht: sie begreift ihre Sozialleistung vornehmlich unter Gesichtspunkten der Repräsentation.

Besitz rechtfertigt sich durch repräsentative Existenz. Geselligkeit und Müßiggang sind daher keineswegs Zerstreuungsformen des herrschaftlichen Lebens, sondern verbindliche Benehmensvorschriften. Ein Herr ist homo ludens, in jedem Sinne des Wortes. Das gilt für den Gutsherrn wie für den Diplomaten und Soldaten der adligen Familie bei Keyserling. Denn erst »gesellig«, nicht in Amt oder Arbeit, ist jeder ganz er selbst.

So ist es kein Zufall, daß »Ferien« oder ihre Kurzform der »Besuche« einen so breiten Raum in den Schloßgeschichten einnehmen, und alle Mitglieder der Schloßgeschichten begegnen uns in der Doppelrolle und im Rollentausch von Wirt und Gast. Gäste, Gastlichkeit, Bewirtung, »organisierte« Abwechslung, bestimmen das Geselligkeitssystem von Wirt und Gast, das gleichsam im »Gesamtkunstwerk« des Festes gipfelt.

»Zur Psychologie des Komforts«

Als der junge Leutnant Karl Erdmann von West-Wallbaum »durch den Sommerabend dem elterlichen Landhause zufuhr«, gab er sich der angenehmen Empfindung hin, in den kommenden zwei Monaten nichts anderes zu tun zu haben, »als im alten Garten umherschlendern, auf den Wiesen liegen, von seiner Mutter und seinen Schwestern sich verwöhnen lassen, des Vaters gute Zigarren rauchen und ungestört dieses Gefühlvolle in sich gewähren lassen, wie es nur in den alten elterlichen Landhäusern gedieh«.

»Behagen«, »Gemütlichkeit« sind die immer wieder sich einfindenden Bezeichnungen Keyserlings für einen seelischen Zustand, den materieller Wohlstand auf seiner kultivierten Stufe: als »Komfort« erzeugt. »Gemütlichkeit« hat bei Keyserling nicht den fatalen Beigeschmack, den es als abgesunkenes Gefühlswort deutscher Kleinmeisterei angenommen hat. »Gemütlich«, »behaglich«, »glücklich« sind Wörter eines verfeinerten Besitzgenusses. Der ganz und gar personalisierte Besitz, die Möglichkeit, seiner Person materiellen Ausdruck zu geben, »Geschmack« zu haben und zu zeigen, ob es sich nun um Anzüge, Schuhwerk, Möbel, Weinkeller, Sammlungen, Bücherei handle, das ist Komfort. Diesem Komfort wird die herrschaftliche Lebensordnung unterworfen. Das Unpassende wird ausgeschieden. Auch Menschen fallen unter das Exklusivitätsgesetz des Komforts. Als Annemarie von Bassenow der »neue Kandidat« vorgestellt werden soll, lehnt sie das ab: »Kandidaten haben feuchte Hände und Knöpfmanschetten.« Beides verstößt gegen die Gesetze des Komforts, die ebenfalls nicht gestatten, Kandidaten zur Tafel des Komforts zuzulassen: »Heute gibt es Krebssuppe, Waldschnepfen und pain d'ananas, und wir trinken Sekt.« Und im »blauen Zimmer« sind bei geöffneten Fenstern in der Dämmerung »Nachtigallen« zugelassen. Keine Kandidaten. »So soll es heute sein«, verfügt Annemarie von Bassenow, und Frau von Malten, die Annemarie »wie eine Kirche betrachtete« und sich selbst als »Küster, der jeden an die Heiligkeit des Ortes zu erinnern hatte«, nimmt andächtig den Katalog des gewünschten Komforts entgegen: »wie einen Auftrag, die Schnepfen, den Sekt, die Dämmerung und die Nachtigall.«

Natürlich gehört auch die Geselligkeit zum Komfort. Komfortable Geselligkeit ist Unruhe ohne Unbehagen, ist Kunst der Überraschung, die immer unterhält, nie erschreckt, ist angenehme Störung, erquickende Unordnung. Es muß immer etwas »los« sein. Das geräuschlose Instrumentarium, das diesen Komfort eines großen Hauses, den *beau désordre* der An- und Abreisen, ermöglicht, ist die Hausdienerschaft. Komfort dieser Art beruht völlig auf persönlicher Dienstleistung. Technischer Ersatz menschlicher Dienste widerspricht den besonderen Bedingungen des Komforts. Das Uhrenstellen, Blumenordnen, Servieren, die intuitive Beachtung der Eigenheiten und Marotten der Dienstherren sind durch keinen noch so perfekten »Service« des berüchtigten »elektrischen Knopfes« zu ersetzen. Keyserling selbst beschreibt den idealen Diener: »Ein Diener ist ein Mensch, der zu seinem Beruf erwählt, einen fremden Willen zu studieren, um ihn zufriedenzustellen, und der Dienerberuf hat seine Artisten und Künstler, wie jeder andere. Brillat de Savarin lud gute, verständnisvolle Esser an seinen Tisch, um zu sehen, wie diese die künstlerisch erdachten Speisen genießen würden. Ein Dienertalent sucht sich einen Herren, der empfänglich für den verfeinerten Lebensgenuß ist, und bemüht sich, die dienende Umgebung möglichst in Übereinstimmung zu bringen mit diesem Willen. Daran arbeitet und zisiliert er, wie ein Künstler an seinem Kunstwerk. Er genießt die feinere Lebenskunst durch seinen Herren, freut sich daran, wie ein Regisseur sich an dem Bühnenbilde freut, das ihm gelungen ist.«

Keyserling, seinen Standesgenossen gegenüber im Zwiespalt von Zugehörigkeit und Abwendung, wußte wohl: Komfort kann man, wie Eleganz, weder mit sozialen Argumenten widerlegen noch zu einer Mode der Allgemeinheit machen. Denn Komfort nimmt niemandem etwas, den die vielzitierten »Verhältnisse« keine Empfänglichkeit für dergleichen lehrte. Aber Keyserling begriff die Kälte des *leisure class*-Komforts. Seine Ironie ist angstgeschärft. Die Arroganz eines solchen Komfortanspruchs, durch die Müdigkeit und Lässigkeit alten Bluts gesteigert, war exzentrische Pose eines Standesversagens: sie zeigte die geschichtliche Verschuldung einer Oberschicht an, der bald die Rechnung präsentiert werden sollte.

Ausbrüche

Wie immer wieder die gewittrige Schwüle, das Wetterleuchten den sommerlichen Gartenfrieden der Schloßgeschichten bedrohen, so gärt eine gefährliche Unruhe in den Bewohnern, die ihren Gefühlen, die die Schloßidylle in besonderer Weise wehrlos macht, ausgeliefert sind. Die Ferienexistenz begünstigt eine Gefühlshypertrophie, die das Ausleben, die Entladung im »Erlebnis« sucht. Die Schloßgesellschaft ist eine gemischte Gesellschaft, in der die Müden und die Vitalen, die Einsamen und die Genießer, die Zarten und die Heftigen von der gleichen Nervosität der Gefühlsüberladung oder der Gefühlskühle stimuliert und gepeinigt werden. Das gilt für den »letzten Reichsgrafen zu Elmt«, den Dandy der großen Romanfamilie Keyserlings, ebenso für den Grafen Hamilkar, den scharfsichtigen Stoiker, wie für ihre Gegenspieler, die Abenteurer, Wildlinge und Unruhigen. Das gilt vor allem für die Frauen, für die Töchter, die Mütter, die Witwen, die schöne *femme fatale*, wie Daniela von Bardow, und die eingeheiratete Industriellentochter.

Das Exzentrische ist familiäres Gefühlsklima. Eine natürliche Disposition zum Skandal, zum »Schritt vom Wege«, ist allen eigen, die nicht den Ausweg in die Melancholie oder deren ausgebluteten Zustand, die Grille, den Tic, die morose Laune finden. Der immer wieder angezettelte Ausbruch aus der Hut und Etikette der Schloßgesellschaft ist daher kein Akt der Befreiung, der kritischen Erledigung abgeworfener Lebensform, sondern der Versuch der Selbstbestätigung im »großen Erlebnis«. Und Erlebnis – das ist so alt wie die Gattung Roman – bedeutet erotisches Erlebnis. Ausbruch ist erotische Gewalt. Eine Gewalt freilich – auch das ist so alt wie der Roman –, die durch die Gesellschaft gebrochen wird, da die Flucht ins Erlebnis nicht ihre Schranken, sondern die erotischen Rebellen zerbricht oder zerstört. So ist Flucht fast immer nur Ausflug, der zum Ort des Aufbruchs, dem Schloß, zurückführt. Die Opfer solcher Erlebnisausflüge kränkeln oder genesen, resigniert, dumpf oder lebensdurstig, sie wehren sich gegen oder fügen sich in ihre Erfahrungen, einige sterben oder töten sich, als romantische Versager des »Erlebnisses« oder Schweiger, die ihren Schmerz dem Mitwissen und Mitfühlen entziehen.

Der erotische Ausbruch kann die unterschiedlichsten Abläufe und Formen haben: Trotzwahl des falschen Partners in der mißglückten Ehe, eine der Standesmoral unverzeihliche, daher sozial irreparable Mesalliance, die Entführung auf Zeit und ohne komplizierte Gemütseinsätze, der Flirt als zeitlich und seelisch begrenzte Leidenschaft, der elementare Exzeß, die Lust mit »Weibern«, Mägden, Haustöchtern, wilden Dorfschönen und Wirtinnen, der raffinierte Seelenfang, auf den sich »Onkel Thilo« versteht, der »Blütenbäder« für Annemarie »verordnet« und ihr das »Symbol einer Schuld« um seinetwillen, den Kuß eines träumerischen Ehebruchs, abverlangt.

Die männlichen Mitglieder der Schloßgesellschaft erlauben sich freilich, das ist alte Standesregel, Freiheiten, die ihren Bräuten und Ehefrauen versagt sind. Die leicht erreichbaren Gefälligkeiten des weiblichen »Gesindes« zählen zu diesem Freiheitsbereich, ebenso die erotischen Liaisons zu »Weibern« mehr oder minder mondänen Zuschnitts. (Mareile nimmt hier eine Sonderstellung ein.) Jedoch sind solche erotischen Kurzvisiten in einer niederen Sozialklasse Ausbrüche in einem tieferen Sinne, als ihn die standesinternen Eskapaden beanspruchen könnten. Sie sind nicht nur elementare Erfrischungsvorgänge, sondern Vorstöße in ein erotisches Glück, das der standesgenössische Fluchtpartner nicht gewähren kann. Das Glück mit den »roten Frauen«, wie man den Gegentypus zu Keyserlings »weißen Frauen« genannt hat, stellt den vorgesellschaftlichen, den paradiesischen Zustand her. Mit den »weißen Frauen« hat man »Erlebnisse«; die »roten Frauen« sind das Leben selbst. So sind hier Ausbrüche nicht nur Auflehnungen gegen

Standesverbote und -gebote, sondern gesellschaftlich unerbittlich verhinderte Versuche, aus der Kulturperson zur Naturperson zurückzufinden.

Fehler und Schwächen

Man hat die Ansicht geäußert, Keyserling habe sich nie mit der »Gesellschaft«, vielmehr mit dem »Leben« auseinandergesetzt. Das ist nicht nur falsch, sondern ein Fehlurteil mit den Folgen gröblicher Unterschätzung des Autors. Man vergleiche Fontanes *L'Adultera, Unwiederbringlich* oder *Cécile* mit Keyserlings *Am Südhang,* um zu begreifen, mit welcher Schärfe und zugleich Stille Keyserling sich mit einer »Gesellschaft« auseinandersetzt, für die Fontanes »Adels-Tic« oft nicht nur auf einem Auge blind ist.

Diese Unaufdringlichkeit, das Leise in der Zeichnung der Personen und Handlungen, in den Gesprächen sind oft als empfindsame Resignation, als Stilreiz einer schwülen Verfallspoesie mißverstanden worden. Doch sie ist alles andere als das. Keyserling kritisiert seine Standeswelt, indem er sie beschreibt. Er räsoniert nicht, er führt vor. Das Müde und Morbide der leidenden Personen ist die kritische Wachheit des Autors, wie die Starre und seelische Erloschenheit der Stützen der Gesellschaft seine Menschlichkeit ist.

Nur ein Beispiel. In den *Bunten Herzen* kehrt Komtesse Sybille, von ihrem Cousin, dem polnischen Schönling Boris von Dangellô, entführt, ins väterliche Haus zurück. Der Vater, Graf Hamilkar, hatte seine Schwester schon früh gewarnt: »Die polnischen Liköraugen geben einen ungesunden Rausch.« Nach der Katastrophe – Boris erschießt sich und hinterläßt ein sentimentales Abschiedsbillett an Billy, das der Graf mit »bösem« Spott quittiert: »Das ist ein Abgang, was?« – wirft der Vater sich selbst und seinesgleichen die »Erziehung« der Töchter vor: »Ich sage, Betty, was erziehen wir da für Wesen? Die können ja nicht leben. Denen kann man ja das Ding, was wir Leben nennen, gar nicht anvertrauen. Ein Stubenmädchen, das zum Stallknecht schleicht und sich verführen läßt, weiß, was es will, aber was wir da erziehen, Betty, das sind kleine berauschte Gespenster, die vor Verlangen zittern, draußen umzugehen und wenn sie hinauskommen, nicht atmen können. Das ist's, was wir erziehen, Betty.«

Keine Illusionen, keine falsche Versöhnlichkeit, keine Briestsche Resignations-Kultur und Ausflucht in ein »Ach, Luise, laß ... das ist ein *zu* weites Feld«.

Der Hauslehrer, der berüchtigte »Kandidat« dieser Schloßgeschichten, bezahlter Hausgenosse auf Zeit und Gast hinter Sozialbarrieren, die niemand beiseite rücken kann und will, spürt das »Kranke« dieser Häuser als Gefahr, gegen die er sich zur Wehr setzen muß. Nicht daß er »ihre ganze Lebensatmosphäre« nicht zu schätzen wüßte. »So etwas gefällt immer«, sagt der Hauslehrer Aristides Dorn zum Sohn des Hauses West-Wallbaum, dem Leutnant Karl Erdmann, der »seine Welt« verteidigt. »Es ist doch genug Häßliches auf der Welt, warum soll es nicht solche stille Reservoirs geben, in denen sich das Hübsche und Vornehme und Kultivierte ansammelt, so Musterwirtschaften des Lebens?« Der Hauslehrer freilich vergleicht diese »Musterwirtschaft« mit den »wundervollen Birnen«, den größten, süßesten und saftigsten, die er je gegessen hat. »... aber genau genommen sind solche wundervollen Birnen kranke Birnen. Es sollte vielleicht solche Birnen nicht geben.« Der Leutnant weist ihn zurecht: »Das Bild ist originell, aber ich finde, daß wir hier alle recht kräftig und gesund gediehen sind.« Der Hauslehrer ist anderer Ansicht; er fürchtet genau das, was Karl Erdmann im Leutnants-Jargon schnarrte: »Sehr unangenehm allerdings, eine Duchessebirne zu werden.« Die »Fälschung«, die Beschönigung dieses Lebens muß Dorn »ablehnen« – eine »Schutzimpfung«.

»Kleine berauschte Gespenster«, »kranke« Durchessebirnen in »Seidenpapier« – das sind Metaphern der Lebensverfehlung, die zugleich Standeskritik bedeuten, freilich den Stilgesetzen einer ebenso zarten wie scharfen Eindringlichkeit unterworfen, für die uns das plumpe und in Gefühlsfett gebackene Raisonnement unserer heutigen sozialkritischen Romane unempfindlich gemacht hat.

FÜRSTINNEN

Erzählung

(1915)

Die verwitwete Fürstin Adelheid von Neustatt-Birkenstein ging um die Mittagstunde eines heißen Sommertages in das Büro hinüber, um mit dem Major a. D. von Bützow, dem Verwalter ihres Gutes, über ihre Finanzen zu sprechen. Der Fürst Ernst von Birkenstein war im besten Mannesalter gestorben. Eine tückische Lungenkrankheit hatte ihn schnell dahingerafft. Da der Fürst keinen männlichen Nachkommen hinterließ, folgte ihm in der Regierung des Fürstentums sein jüngerer Bruder, Fürst Konrad. Die Fürstinwitwe jedoch zog sich mit ihren drei Töchtern auf die Herrschaft Gutheiden zurück, die sie im Osten des Reiches besaß. Der verstorbene Fürst war ein lustiger Herr gewesen, und das Familienvermögen befand sich bei seinem Tode in ziemlich zerrütteter Verfassung. Die Witwenapanage war mager genug; so beschloß denn die hohe Frau, ihre Töchter in ländlicher Stille zu erziehen. Aber auch so gehörte viel Umsicht dazu, um die Mittel für ein standesmäßiges Leben zu beschaffen.

Diese Besuche im Büro, die langen Gespräche über Geld machten die Fürstin stets müde und traurig. Sie saß da in dem Korbsessel vor dem großen Schreibtisch, der ganz mit Kontobüchern bedeckt war. Ihr gegenüber saß der Major in seinem grauen Leinenanzuge, sehr erhitzt, das kleine, runde Gesicht war gerötet, selbst die Kopfhaut schimmerte rot durch das dünne, greise Haar, und die Enden des grauen Schnurrbartes hingen schlaff über die Mundwinkel. Leise und schnarrend gab er seinen Bericht ab, zuweilen hielt er inne und richtete die hervorstehenden blauen Augen auf die Fürstin, um zu sehen, welchen Eindruck sein Bericht mache. Die Fürstin jedoch lag regungslos in ihrem Stuhle und schaute durch das geöffnete Fenster auf den Hof hinaus, der jetzt in der Arbeitspause ganz still im Sonnenschein dalag, nur drüben bei den

Stallungen regte es sich, ein Stallbursche, die Tressenmütze im Nacken, wusch einen großen, blanken Wagen. Etwas Hoffnungsloseres, dachte die Fürstin, als die Stimme des Majors gibt es wohl nicht, und diese Zahlenreihen, diese Debets und Kredits und Saldos, wie feindlich das alles klang! Eine große Brummfliege hatte sich in das Zimmer verirrt und begann laut und ärgerlich zu summen, als wollte sie das traurige Knarren der Stimme des Majors übertönen. Die Fürstin war noch eine schöne Frau, wie sie in ihrem weißen Pikeekleid regungslos dasaß, das Haar sehr dunkel unter dem schwarzen Spitzenschleier. Die bräunliche Blässe des schmalen Gesichtes hatte etwas wie einen matten Bronzeglanz, die Züge waren von wunderbar ruhiger Regelmäßigkeit, und aus den großen braunen Augen schaute das träge Pathos byzantinischer Madonnen. Die kleinen Hände, schwer von Ringen, ruhten müde im Schoß. Jetzt war der Bericht zu Ende. Der Major schwieg, zog die weißen Haarbüschel seiner Augenbrauen in die Höhe und blickte seine Herrin erwartungsvoll an. Die Fürstin schaute noch immer auf den Hof hinab, als sei sie mit ihren Gedanken sehr weit fort, aber sie begann zu sprechen, sprach langsam und ein wenig klagend: »Das ist alles nicht ermutigend, aber an den großen Ausgaben der letzten Zeit und den Ausgaben, die bevorstehen, läßt sich nichts ändern. Ich mußte im Winter mit den Prinzessinnen nach Birkenstein reisen, um die Gesellschaften mitzumachen, nun, und dann kam die Verlobung der Prinzessin Roxane. Die Möbel im Saal, im grünen und im blauen Zimmer mußten vor dem Besuche des jungen Großfürsten neu bezogen werden. Und jetzt kommt die Aussteuer, und wenn die Hochzeit auch bei meinem Bruder, dem Großherzog, stattfindet, Ausgaben gibt es dabei genug. An alledem läßt sich nicht das geringste ändern. Wenn es vorüber sein wird, kann man ja versuchen, wieder eine Weile krumm zu liegen und zu sparen.«

Es wurde an die Tür geklopft, und sie öffnete sich, ohne daß jemand »Herein!« rief. Der Graf Donald von Streith trat ins Zimmer, lang und hager, in einem weißen Flanellanzuge. »Sie kommen gerade recht, lieber Graf,« sagte die Fürstin, ohne sich umzuschauen, und streckte ihm die Hand hin, »wir sind hier gerade bei unseren Defiziten.«

Der Graf küßte die dargebotene Hand und meinte:

»So, so! Unser Major hat wieder alle Taschen voller Sorgen.«

Der Major zuckte die Achseln, und die Fürstin klagte: »Ach ja, es ist wieder diese schreckliche Ziegelfabrik.«

Der Graf setzte sich weit vom Schreibtisch in einen Sessel, streckte die Beine von sich und rieb vorsichtig die Fingerspitzen aneinander. Seinen kleinen, länglichen Kopf bedeckte krauses, leicht ergrautes Haar. Seltsam dicht beieinander saßen im sonnengebräunten Gesicht die graublauen Augen. Was aber das Gesicht ganz beherrschte, war die mächtige, kühn gebogene Nase. Die Bartkommas auf der Oberlippe und am Kinn waren kohlschwarz. Die ganze Erscheinung hatte etwas von einem eleganten Don Quichotte. Der Graf war zu Lebzeiten des Fürsten Ernst Hofmarschall in Birkenstein gewesen. Jetzt besaß er ein Waldgut in der Nähe von Gutheiden und lebte dort allein in seinem Jagdschlößchen. Seine Hauptbeschäftigung aber war, die Fürstin in der Verwaltung ihres Gutes zu beraten. Zu jeder Tageszeit konnte man sein kleines Automobil oder seinen Falben im Gutheidener Schloßhofe stehen sehen, und ein jeder auf dem Gute wußte, der eigentliche Herr hier, der zu entscheiden hatte, war doch der Graf Streith.

»Nun,« begann der Graf, »wenn die Ziegelei uns im Stiche läßt, so muß der Wald herhalten.«

»Denken Sie?« sagte die Fürstin und sah den Grafen hoffnungsvoll an. »Ich wußte gleich, Sie würden sich etwas ausdenken.«

Der Major hatte seine Bücher geschlossen und erhob sich: »Darf ich jetzt zu den Arbeiten gehen?« murmelte er.

»Gewiß,« erwiderte die Fürstin, »ich danke Ihnen, lieber Major«, und sie reichte ihm ihre Hand hinüber, die er küßte. »Sie sehen, es findet sich immer ein Ausweg.« Aber das Gesicht des Majors behielt seinen kummervollen Ausdruck, er verbeugte sich vor dem Grafen und verließ das Zimmer.

Die Fürstin schaute wieder nachdenklich zum Fenster hinaus, und der Graf rieb seine Fingerspitzen aneinander. Beide schwiegen eine Weile und lauschten dem leisen Klingen, das durch die heiße Mittagsluft irrte. Endlich begann die Fürstin, als spräche sie zu sich selbst: »Wenn der Major all diese unangenehmen Dinge vorträgt, klingt aus seiner Stimme etwas Vorwurfsvolles. Aber ich kann nichts dafür, daß die Ziegelei nichts trägt, deshalb werde ich doch nicht meine Töchter hier auf dem Lande verstecken. Ich muß mit ihnen die Gesellschaften in Birkenstein und in Karlstadt besuchen, sie sollen doch heiraten. Eine unverheiratete Prinzessin ist nirgend am Platz. Unverheiratete Prinzessinnen kommen mir vor wie diese Perlenarbeiten, die Gouvernanten zum Geburtstage schenken, Lampenuntersätze oder Federwische, man wußte nie, wo man diese Dinge lassen sollte.«

Das sonore Lachen des Grafen schreckte die Fürstin auf, sie schaute ihn einen Augenblick überrascht an, dann begann auch sie zu lachen. Gleich darauf wurde sie wieder ernst und seufzte: »Nein, nein«, sagte sie, »mir ist nicht nach Lachen zumute.«

»Unsere Prinzessinnen werden heiraten«, tröstete der Graf. »Der Anfang ist schon gemacht.«

»Nun ja,« sagte die Fürstin zögernd, »mit Roxanes Verlobung kann ich zufrieden sein, der junge Mann ist sympathisch, aber diese Leute von drüben – was weiß man, das ist doch alles so fremd. Und ein Kind in diese unbekannte Ferne zu schicken, das ist schwer. Rußland, mein Gott! das ist so dunkel und unbekannt wie – wie das Jenseits. Nun, Roxane ist kühl und vernünftig, die wird sich überall zurechtfinden. Da wird es meine Eleonore schwerer haben, sie ist so weich und leicht verwundbar, sehen Sie, das darf unsereins nicht sein. Und dann meine Jüngste, die ist meine größte Sorge. Mit ihren bald sechzehn Jahren noch so kindisch. Sie hat viel von ihrem Vater, dieses Unruhige, Unberechenbare. Dazu wächst sie hier auf dem Lande auf –«

»Unsere Prinzessin Marie«, meinte der Graf, »wird es schon machen, sie hat ihren Kopf für sich und wird ihren eigenen Weg gehen.«

»Aber Streith!« rief die Fürstin und schlug die Hände zusammen, so daß die Ringe leise aneinanderklirrten wie kleine Panzer. »Ihren eigenen Weg gehen? Wie kann eine Prinzessin ihren eigenen Weg gehen? Ihr Weg ist ihr vorgeschrieben, sie läuft wie auf Schienen, und kommt sie von denen ab, dann ist sie verloren.«

»Also kleine Lokomotiven«, schlug der Graf vor und lächelte.

»Lokomotiven,« wiederholte die Fürstin klagend, »wie wollen Sie, daß ich hier auf dem Lande Lokomotiven erziehe? Wenn ich als Mädchen einmal mit den anderen Mädchen lebhaft und amüsant sein wollte, dann sagte die Gräfin Breckdorff: ›Lassen Sie das, Prinzessin Adelheid, bei den anderen jungen Damen ist das ja ganz nett, aber bei Ihnen ist das nicht angebracht.‹ Wie sollen die Mädchen hier auf dem Lande lernen, was alles nicht angebracht ist? Wie soll ich das machen? Wer hilft mir?«

Der Graf beugte sich ein wenig vor und sagte streng: »Und ich?«

»Ja, Sie, Streith,« erwiderte die Fürstin, »natürlich Sie. Schon in Birkenstein, wenn es Unannehmlichkeiten gab, sagte ich immer: ›Streith wird sich etwas ausdenken.‹ Und diese Gewohnheit habe ich noch immer.« Sie hatte ihn dabei freundlich angesehen, und der Blick ihrer Augen blieb träge und nachdenklich auf ihm ruhen.

Der Graf lehnte sich befriedigt in seinen Stuhl zurück und meinte: »Das will ich hoffen.« Dann erhob er sich. »Ich will in den Wald fahren,« sagte er, »und sehen, was zu machen ist.«

»Kommen Sie zum Diner herüber?« fragte die Fürstin.

»Wenn ich darf«, sagte der Graf.

»Ja, kommen Sie,« erwiderte die Fürstin, »man unterhält sich dann, man braucht nicht an Geld zu denken, vielleicht kann man dann ein wenig zusammen lachen.«

Der Graf küßte die Hand der Fürstin und ging. –

Die Fürstin saß noch einen Augenblick matt und mutlos da, obgleich dieser Raum mit seinem Geruch von Tinte und staubigen Kontobüchern, mit dem verstimmten Summen der großen Brummfliege ihr unendlich zuwider war. Endlich entschloß sie sich, das Zimmer zu verlassen. Sie ging die lange Zimmerflucht des Hauses hinab. Alles war still, denn um diese Zeit pflegten die Hausgenossen sich zur Mittagsruhe zurückzuziehen. Nur im großen Saal ging Böttinger, der alte Kammerdiener, mit dem weißen Haar und dem weißen, faltigen Gesichte, leise ab und zu, um zu sehen, ob die Vorhänge alle der Mittagsonne wegen herabgelassen waren. Die Fürstin blieb stehen und schaute nachdenklich die bronzefarbenen Atlasbezüge der Stühle an. »Böttinger,« sagte sie, »ich denke, den neuen Möbeln lassen wir bis zum Nachmittage die leinenen Überzüge, ich fürchte, die Sonne schadet ihnen doch.«

»Wie Hoheit befehlen«, murmelte Böttinger.

Die Fürstin ging weiter bis in ihr Boudoir, hier atmete sie auf, hier in dem kleinen Raume mit den niedergelassenen, gelbseidenen Vorhängen, in dem es süß nach den großen, welkenden Rosen in der Kristallschale duftete, hier wehte die Luft, die sie zu atmen gewohnt war, und die widerwärtigen Eindrücke des Büros fielen von ihr ab. Sie streckte sich auf ihre Couchette aus, griff nach dem englischen Roman, schlug ihn jedoch nicht gleich auf, sondern schloß die Augen, um eine Weile das Wohltuende der ruhevollen Lebenslage zu genießen. Man muß doch, dachte sie, aus seinem eigentlichen Leben sozusagen herausschlüpfen, um einen guten Augenblick zu genießen.

Drüben im Obstgarten saßen die Prinzessinnen beieinander. Sie liebten es, um diese Stunde, in der die Erzieherinnen ihre Mittagsruhe hielten, sich dort zusammenzufinden. In einer viereckigen Einsenkung des Bodens standen hier die Stachelbeerbüsche, Johannisbeerbüsche, Himbeerbüsche und einige Obstbäume, prall schien die Mittagsonne auf sie nieder, es duftete nach heißen Blättern und heißen Früchten, und von dem höher gelegenen Gemüsegarten trug ein Windhauch zuweilen die strengen Gerüche der Sellerie und Porree herüber. Auf dem Abhang unter einem alten Pflaumenbaum hatten die drei Mädchen sich gelagert. Sie trugen alle drei weiß und rot gestreifte Batistkleider und kleine weiße Strohhüte. Roxane saß aufrecht, den Rücken gegen den Stamm des Baumes gelehnt, die Hände im Schoß gefaltet und schaute gerade vor sich hin in das Flimmern des Mittags hinein. Sie hatte die feierliche Schönheit ihrer Mutter, die großen braunen Augen, doch nahm die strenge Reinheit der Züge in dem jugendlichen Gesichte eine fast ausdruckslose Beruhigtheit an. Eleonore lag im Schatten des Baumes und starrte zum Himmel hinauf. Ein blühendes, rundes Gesicht, in dem die Sphinxaugen der Mutter zu freundlichen, braunen Mädchenaugen geworden waren. Ganz im vollen Sonnenschein hatte sich Marie, die Jüngste, ausgestreckt. Sie lag auf dem Bauche, stützte den Kopf in die Hand, hämmerte mit den Spitzen ihrer gelben Schuhe Löcher in den Rasen und aß einige unreife Pflaumen, die vom Baum gefallen waren. Für ihre sechzehn Jahre war die Gestalt seltsam unentwickelt, schmächtig und eckig, und das Gesicht war ein breites Kindergesicht mit roten Backen und weit offenen, blauen Augen. Das krause, honiggelbe Haar fiel tief in die kurze Stirn hinein. Alle drei hatten eine Weile geschwiegen, das grelle Licht, der starke Duft machten die Köpfe schwer und gaben den Gedanken eine müde Stetigkeit, wie wir sie vor dem Einschlafen empfinden, wenn die Gedanken sich anschicken, Träume zu werden. Plötzlich schaute Marie zu Roxane auf, spie einen Pflaumenkern weit von sich und fragte: »Denkst du jetzt auch an deinen Großfürsten?«

Roxane zog ein wenig die Augenbrauen hinauf und antwortete ablehnend: »Was du nicht alles fragst.«

»Nun ja,« fuhr Marie fort, »ich meine nur, du hast jetzt etwas, an das du denken kannst. Wir nicht.«

Roxane überhörte die Bemerkung und sagte: »Speie doch die Kerne nicht so unanständig aus.«

»Unanständig?« Marie sah die Schwester erstaunt an, »du hast das doch früher auch immer getan. Wenn ich mit einem Großfürsten verlobt sein werde, dann werde ich es auch nicht mehr tun. Übrigens, wie man es in Rußland damit hält, ist noch sehr die Frage.« Da Roxane nicht antwortete, plauderte Marie weiter: »Ich finde ja deinen Dimitri reizend, sehr schöne Augen mit langen Wimpern, sein Schnurrbart ist wie aus bronzefarbener Seide, hübsch ist es, wenn er deutsch spricht, als ob er eigentlich singen wollte. Ein wenig stark parfümiert ist er, aber gutes Parfüm, Peau d'Espagne und etwas Süßes, ich glaube Heliotrop.«

»Seine Augen sind schön«, ließ Eleonore sich vernehmen. »Auch wenn er lacht, sind sie traurig.«

»Ja, sie sind traurig«, sagte Roxane feierlich. »Dimitri ist ja so heiter und amüsant, aber auf dem Grunde seines Wesens liegt etwas Trauriges. Schon seine Stimme. Wenn er von seiner Heimat erzählt, von Steppen, die blühen, und von Tataren mit kleinen schiefen Augen, immer klingt etwas Melancholisches mit.«

»Natürlich,« meinte Eleonore, »wenn ich das Wort Rußland höre, denke ich an eine große Ebene, auf der es dämmert. Ich kann mir nicht denken, daß die Sonne dort scheint; es ist dort immer Dämmerung, und in der Ferne ist eine große Stadt mit Lichtern in den Fenstern, und irgendwo in der Dämmerung singt einer oder weint einer.«

»Mademoiselle Laure sagt,« berichtete Marie, »der Petersburger Hof ist der ausgelassenste Hof in Europa.«

Roxane zuckte verachtungsvoll mit den Schultern: »Ach die.«

Vom Abhang aus konnte Marie das Gartengitter sehen. Die Landstraße führte hier vorüber, dann ging es zur Dorfstraße in die Höhe mit den kleinen Häusern und Gärten, still und sonnig lag sie jetzt da, nur Hunde und Hühner trieben sich dort umher, zuweilen ging eine Frau mit einem Eimer zum Brunnen. Dahinter aber auf einem Hügel stand groß und weiß mit blitzenden Fenstern Tirnow, das Schloß des Grafen Dühnen. Marie ließ die Landstraße nicht aus den Augen, denn jeden Tag um diese Zeit kamen die drei Dühnenschen Jungen vom Flusse her, wo sie gebadet hatten, auf ihrem Heimwege hier vorüber. »Da sind sie!« rief Marie laut. Alle drei in blauen Leinenanzügen, die feuchten Badetücher über der Schulter, die Gesichter so gebräunt, daß die blonden Haare fast weiß erschienen. Da war Felix, der sechzehnjährige Kadett, hoch aufgeschossen und schmal, Bruno mit dem hübschen Mädchengesicht und Coco, ein ungezogener siebenjähriger Gnom. Die beiden älteren Knaben grüßten zu den Damen hinüber. Coco blieb stehen, drückte sein Gesicht gegen das Gitter und zählte: »Drei Kohlköpfe, drei Salatköpfe, drei Prinzessinnen.« Dann lief er davon. Marie folgte den Knaben aufmerksam mit den Augen, wie sie die Dorfstraße hinaufstiegen, immer kleiner wurden und endlich verschwanden. Und immer empfand sie dann etwas, das ihr das Herz schwer machte, als sei dort das freie, lustige Leben an ihr vorübergegangen.

Die Gräfin Dühnen war mit ihren Söhnen zwar einmal im Schlosse gewesen, aber da war Felix in seiner Uniform steif und geziert, die beiden anderen mit glatt gekämmtem Haar und weißen Kragen waren stumm und verlegen. Und alle drei ganz andere Wesen als die Knaben mit den losen Leinenkitteln, die heiß und noch feucht vom Bade am Gartengitter vorüberzogen. Traurig wandte sie sich wieder zu ihren Pflaumen. Als sie einen Blick auf Roxane warf, rief sie: »Aber, Roxane, wie siehst du aus, du willst ja weinen, du weinst ja schon.«

Wirklich waren Roxanes Wangen feucht von Tränen. Sie lächelte: »Es ist nichts,« sagte sie, »mir war es nur plötzlich so seltsam, daß ich in wenig Tagen hier all dieses nicht mehr sehen werde, daß es ganz, ganz weit sein wird, ein kleiner sonniger Fleck, nach dem ich mich sehnen werde.«

Marie zuckte die Achseln. »Diese alten Stachelbeerbüsche«, meinte sie, »wären wohl das letzte, nach dem ich mich sehnen würde.«

Ein kleiner Wagen fuhr jetzt auf der Landstraße am Gitter vorüber und Marie meldete wieder: »Ach Gott! da kommt er.« Es war Professor Wirth vom städtischen Gymnasium, der zweimal wöchentlich ins Schloß kam, um den Prinzessinnen einen Geschichtsvortrag zu halten. Marie streckte und dehnte sich im Vorgefühl der kommenden Langeweile. »Das ist auch ein Segen, ein Segen der Verlobung,« sagte sie, »daß man vom Elend dieser Geschichtsstunden loskommt. Komm, Lore, Roxane hat es gut, die kann hierbleiben und an ihren Dimitri denken.« Seufzend erhoben sich die beiden Mädchen und gingen träge und langsam dem Schlosse zu.

Um vier Uhr stand die Kalesche mit dem Viererzug von Rappen vor dem Schlosse. Um diese Stunde pflegte die Fürstin mit ihren Töchtern eine Spazierfahrt zu machen. Marie hielt nicht viel von diesen Fahrten, sie verliefen meist schweigsam, und der Weg war ihr allzu bekannt. Immerhin war es eine Gelegenheit, ein wenig die Luft der Außenwelt zu atmen und einen Blick auf das Leben der anderen Menschen zu werfen. Da war zuerst die Dorfstraße. Wenn der Wagen durchfuhr, steckten die Frauen die Köpfe aus den kleinen Fenstern, Kinder saßen auf Gartenzäunen und sperrten die Mäuler auf, Männer grüßten, Hunde bellten, es gab eine lustig lärmende Erregung. Neben der Kirche lag das Pfarrhaus. Im Garten stand die Pfarrerin mit ihren zwei Töchtern, sie hielten große Schüsseln und pflückten Johannisbeeren. Ihre glatten, braunen Scheitel glänzten in der Sonne. Wenn sie des Wagens ansichtig wurden, faßten sie ihre Schüsseln mit beiden Händen und machten tiefe Knickse. Dann kam Tirnow. Alle Fenster standen offen, drinnen wurde auf dem Klavier ein Walzer gespielt, in den Kirschbäumen an der Gartenmauer saßen die Jungen; blaue Gestalten in all dem Grün und Rot. Coco schwenkte seinen Strohhut und rief dem Wagen etwas nach. Auf die Chaussee brannte die Sonne heiß nieder, eine Staubwolke begleitete den Wagen, die Gegend war nur durch einen trüben, gelben Schleier zu sehen, die großen Klettenblätter am Wegrain waren staubgrau wie Löschpapier, und widerwärtige, große Fliegen umsummten die Nasen der Fahrenden. Marie wurden die Augenlider schwer, und sie begann wieder an dem Vergnügen dieser Spazierfahrten zu zweifeln. Aber noch gab es etwas zu sehen. Sie kamen an Schlochtin, am Landsitze des Baron Üchtlitz vorüber. Ja, das war der eigentliche Höhepunkt dieser Fahrten. Kühl lag das rote Haus zwischen seinen mächtigen alten Linden. Im Garten, auf dem Tennisplatze trieben sich junge Mädchen mit bunten Kappen, junge Herren in hellen Anzügen umher, ihre lauten Stimmen klangen bis auf die Landstraße hinaus. Im Grünen hing eine Schaukel, und auf ihr saß ein Mädchen im roten Kleide, unten stand ein Offizier und schaukelte. Die Knöpfe an seinem dunkeln Waffenrock blitzten wie kleine Feuer. Und wenn das Mädchen hoch in die Zweige hinaufflog, dann stieß es einen kleinen, schrillen Schrei aus, und der Offizier bog den Kopf zurück und lachte. Köstlich, dachte Marie und seufzte.

Jetzt bog der Wagen in den Wald ein, und es gab nichts mehr, worauf sie sich freuen konnte. Steif und regungslos stand die endlose Reihe der Kiefern da, ein Wald riesiger Bleistifte, schräg schien die Nachmittagssonne durch die Wipfel. »Wie das duftet,« sagte Eleonore, sie sagte das jedesmal, Marie wußte, daß das kommen würde. Und dann zeigten sich einige Rehe zwischen den Stämmen und Roxane sagte: »Sieh doch, Rehe!« Das geschah ebenso regelmäßig wie das Erscheinen des Kuckucks auf der alten Kuckucksuhr, die Fräulein von Dachsberg, die Erzieherin, von ihrer Mutter geerbt hatte, die Uhr schnurrt, der Kuckuck erscheint und sagt: »Kuckuck.« Die Uhr schnurrt, und Eleonore sagt: »Wie es hier duftet.« Die Uhr schnurrt, und Roxane sagt: »Sieh doch, Rehe.« – Der Wald war nun zu Ende und die lange Pappelallee begann. Am Ende derselben wurde das Schloß sichtbar, groß und grau mit seinen geschweiften Giebeln, seinen dicken Säulen und seinem grünen Kupferdache. Auf der Freitreppe stand Böttinger, eine kleine blau und silberne Figur, und wartete.

Vor dem Diner versammelte man sich im grünen Zimmer, das war stets ein hübscher Augenblick, der etwas Festliches hatte. Die drei Mädchen erschienen in weißen Kleidern mit Rosen im Gürtel, Mademoiselle Laure de Bouttancourt, die schwarzlockige Französin, liebte es, sich in helle Seide zu kleiden. Sie unterhielt sich mit dem Grafen Streith, sie bog den Kopf zurück und schaute aus den grell schwarzen Augen kokett zu ihm hinauf. Fräulein von Dachsberg, die Erzieherin, mit den blonden Scheiteln und dem bleichen, geduldigen Gesicht, und der Major standen ein wenig beiseite und sprachen halblaut miteinander. Der Baron Fürwit scherzte mit den Prinzessinnen. Er war Hofmarschall beim Vater der Fürstin gewesen und glaubte hier auch so etwas zu sein, war aber wohl nur in das Haus genommen worden, um ihm ein sorgenloses Alter zu bereiten. »Auf Ehre,« sagte er, »mir träumte, drei weiße Damen kommen auf mich zu. Ich sage mir, das sind Engel. Sofort denke ich aber auch, wenn die in das Schloß gehen, wie stelle ich sie vor? Wie stellt man Engel vor?« Er lachte, trippelte auf seinen kleinen Füßen und strich seinen schönen, braungefärbten Backenbart. Endlich kam die Fürstin mit der Baronin Dünhof, ihrer Freundin und Gesellschaftsdame, einer kleinen asthmatischen Frau mit einem großen weiß und rosa Gesicht und einer schneeweißen Perücke. Man konnte zu Tisch gehen. Die Fürstin nahm den Arm des Grafen Streith, die drei Prinzessinnen folgten, Baron Fürwit führte die Baronin Dünhof, der Major Fräulein von Dachsberg, Mademoiselle Laure ging allein. »Wenn man zur Tafel geht,« hatte Marie einmal zu Mademoiselle Laure gesagt, »sind alle hübsch angezogen, der Tisch, weiß und silbern, sieht aus wie ein Altar, man setzt sich ein wenig fröstelnd hin und wartet auf die guten Sachen, dann freut es einen doch etwas, daß man eine Prinzessin ist.«

»Ah ma pauvre petite!« hatte Mademoiselle Laure geantwortet.

Bei Tische führte der Graf die Unterhaltung. Die Fürstin hörte ihm zu, und man sah es ihr an, sie fühlte sich gut geborgen und gut unterhalten, wenn er sprach. Die Baronin Dünhof und der Baron Fürwit äußerten zuweilen etwas, Fräulein von Dachsberg sprach halblaut mit dem Major, die Prinzessinnen saßen gerade auf ihren Stühlen und schwiegen.

»Ja,« sagte der Graf, »gestern war der Baron Üchtlitz bei mir. Der alte Herr schien ganz außer sich. ›Denken Sie sich,‹ sagte er, ›unsere Hilda will fort und etwas leisten. Will sie Kranke pflegen, will sie studieren, will sie Postfräulein werden? Was weiß ich. Sie kann sich zu Hause nicht entwickeln, sagt sie. Haben Sie je gehört, daß zu unserer Zeit unsere Damen sich entwickelten? Nein – aber sie muß fort. Sie sagt, sie wird nicht wie eine Prinzessin zu Hause sitzen und auf eine Krone warten.‹«

Das erregte Heiterkeit an der ganzen Tafel. »Sie war mir nie sympathisch,« bemerkte die Fürstin, und die Baronin Dünhof meinte: »Schließlich, wenn diese Damen sich entwickelt haben, so weiß die Gesellschaft nicht, was sie mit ihnen anfangen soll.«

»Und es endet gewöhnlich mit einer törichten Heirat«, warf Baron Fürwit ein. Die Baronin nickte und erklärte mit Bestimmtheit, die Frau gehöre in das Haus.

Marie wurde nachdenklich. War Hilda das rote Mädchen auf der Schaukel gewesen, das sich von dem Offizier schaukeln ließ? Sie hatte Hilda immer bewundert, ihre aufgeregten, grauen Augen, die aschblonden Zöpfe und dann, Hilda hatte zuweilen eine Art, über Eltern im allgemeinen, über den lieben Gott oder über Liebe zu sprechen, daß es einem kalt über den Rücken lief, es war schrecklich, aber doch angenehm erregend. Die Fürstin hob die Tafel auf.

Die Gesellschaft begab sich in den Gartensaal. Hier verhüllten grüne Spitzenschirme die Lampen, die Glastüren standen weit offen, und die Sommernacht füllte den Saal mit ihrem kühlen, süßen Duft. Die Fürstin ließ zwei Sessel an die Türen heranrücken, dort saß sie, neben ihr der Graf. Sie unterhielten sich, der Graf dämpfte seine Stimme, gab ihr einen weichen, singenden Klang, zuweilen hörte man sie zusammen lachen, oder sie schwiegen und schauten in die Nacht hinein. Dann legte die Fürstin wohl flüchtig die Hand auf den Ärmel des Grafen und sagte: »Streith, die Sterne.«

»Ja, hm, die Sterne«, erwiderte der Graf und suchte nach etwas Besonderem, das er sagen könnte.

»Eigentlich müßten sie uns nervös machen, diese stets erleuchteten Nachbarhäuser, von denen wir nie erfahren, wer in ihnen wohnt.«

Die Baronin Dünhof spielte mit dem Baron Fürwit Halma, und der Major schaute ihnen zu. Die anderen gingen in den Garten hinaus. Eleonore legte den Arm um Roxanes Taille, und beide wanderten den breiten Kiesweg hinab. Jetzt, da die Trennung bevorstand, hatten sie viel miteinander zu besprechen und konnten dabei einen dritten nicht brauchen. Fräulein von Dachsberg und Mademoiselle Laure folgten den Prinzessinnen in einiger Entfernung. Marie fühlte sich ausgeschlossen und vernachlässigt. Was sollte sie tun? Sie ergriff Mademoiselles Arm und zog sie auf einen Nebenweg.

»Kommen Sie,« sagte sie, »erzählen Sie wieder von der Pension und wie Sie aus dem Fenster stiegen, um mit den Studenten spazierenzugehen.«

»Ce n'est rien pour les petites princesses«, erwiderte Mademoiselle Laure steif.

Das kannte Marie. Wenn die Französin guter Laune war, dann erzählte sie lauter Geschichten, die nichts für kleine Prinzessinnen waren, war sie jedoch traurig und sehnte sich nach dem Vikomte, mit dem sie heimlich verlobt gewesen war und der sie verlassen hatte, dann war alles unpassend.

Gut, Marie ließ sie einfach stehen und schlug einen anderen Weg ein.

»Prinzessin Marie!« hörte sie es hinter sich her rufen, aber sie kümmerte sich nicht mehr darum, jetzt wollte sie einsam und unglücklich sein. Angenehm war es nicht, allein in der Finsternis umherzuirren, aber sie wollte leiden. Die Nacht um sie her war samtschwarz; schaut sie empor, dann flimmerten die Sterne so unruhig, daß ihr schwindelte. Von der Dorfstraße kam noch ein leises Singen und Lachen herüber, ein Wagen fuhr auf der Landstraße, durch die nächtliche Stille hörte man lange sein Rollen, und es gab Marie das Gefühl einer unendlichen, dunklen Weite. Ja, wenn die anderen einen verlassen, dann ist man allein in einer unendlichen, dunklen Weite.

Drüben aus den schwarzen Massen der Parkbäume scholl ein sachtes Rauschen, es wurde unheimlich. Selbst die Blumen, an denen sie vorüberging, und die sie an ihrem Dufte erkannte, die Rosen und Levkoien, schienen fremd, und wenn sie sich auf sie niederbeugte und sie anfaßte, waren sie kalt und feucht und abweisend.

»Prinzessinnen sitzen zu Hause und warten auf eine Krone«, das fiel ihr jetzt ein, und sie sprach es laut in das Dunkel hinaus. Das klang eigentlich tragisch, es klang eigentlich unheimlich, sie wußte nicht, warum, aber es klang unheimlich, und mit großen Schritten ging sie dem Hause zu.

Im Gartensaal rüstete man sich zum Aufbruch. Graf Streith verabschiedete sich, und auch die anderen wollten sich zurückziehen, und man bot sich eine gute Nacht. Nur Mademoiselle Laure fehlte, sie streifte noch durch den finsteren Garten und dachte an ihren Vikomte.

Die Prinzessinnen schliefen alle in einem großen, weißen Zimmer. Alles war hier weiß, die Wände, die Betten, die Toilettentische und die vielen Musselinvorhänge. Marie ließ sich von Alwine, der alten Kammerzofe, schweigend und regungslos wie eine Puppe entkleiden. Sie wollte schlafen, sie sehnte sich danach, diesen freudlosen Tag zu beschließen. Als sie im Bette lag und die Zofe fortgeschickt worden war, saßen Eleonore und Roxane noch beieinander und flüsterten. Marie hörte es dem Tonfall der Stimmen an, daß das Gespräch innig und rührend war, das rührte auch sie. Plötzlich begann auch sie mitzusprechen: »Ich kann es immer noch nicht verstehen, warum ich nicht mit zur Hochzeit fahren darf.«

»Weil du zu jung bist«, antwortete Roxane sanft.

»Zu jung,« erwiderte Marie böse, »das ist es nicht. Hochzeiten kann man auch mitmachen, wenn man nicht erwachsen ist. Es ist der Toilette wegen, und das finde ich so unglaublich kleinlich.« Da keine Antwort kam, schloß sie die Augen, allein die Erbitterung ließ sie nicht schlafen. Im Zimmer wurde es still. Eleonore war zu Bett gegangen, und Roxane saß vor ihrem Spiegel, bürstete ihr schönes, schwarzes Haar und schaute in das Licht der Kerzen. Das tat sie allabendlich, und seitdem sie verlobt war, dauerte es oft bis tief in die Nacht hinein. Heute aber erschien Marie diese Gestalt, die unermüdlich über das lange, schwarze Haar hinstrich und dabei in die Kerze starrte, herzbrechend traurig. Sie begann zu weinen.

»Weinst du, Kleine?« fragte Roxane. Sie erhob sich und trat an Mariens Bett heran: »Warum weinst du?«

»Weil du fortgehst,« schluchzte Marie, »und weil alles so traurig ist.«

Roxane küßte die Stirn der Schwester: »Schlafe nur,« sagte sie, »so ist es nun zuweilen, und dann wird alles wieder gut und lustig.« Damit ging sie zum Spiegel zurück, und Marie drückte ihr Gesicht in die Kissen und weinte, bis sie einschlief.

Der Morgen der Abreise nach Karlstadt kam. Für Marie waren die vorhergehenden Tage schon unerfreulich gewesen. Die anderen waren so sehr beschäftigt, man sprach von Toiletten, von Koffern, von der Abfahrtzeit der Züge, nur sie hatte nichts zu tun, sie konnte mit den Erzieherinnen spazierengehen und allein dem Geschichtsvortrag des Professors Wirth zuhören. Als der Augenblick der Abfahrt kam, hing Marie an Roxanes Halse und weinte leidenschaftlich, aber sie war mit ihrem Schmerze ziemlich allein. Selbst Roxane, von der Erregung der Abfahrt hingenommen, brachte es zu keiner tieferen Rührung. So fuhren sie denn ab. Marie ging in ihr Zimmer, warf sich auf das Bett und schluchzte. Zuweilen kam Alwine, nach ihr zu sehen, stand da und versuchte es, ihr zuzureden: »Wozu das Weinen? Wie lange wird es dauern, und Prinzeßchen wird selbst Hochzeit halten.«

Allein das konnte Marie nicht trösten. Zum Frühstück erschien sie mit verweinten Augen, saß wortlos da und ärgerte sich darüber, daß Fräulein von Dachsberg, der Major, Mademoiselle Laure, alle, die sonst bei Tisch zu schweigen oder nur halblaut zu sprechen pflegten, heute eine laute Unterhaltung führten. Nach dem Frühstück ging sie in den Garten hinaus und streckte sich unter dem alten Pflaumenbaum platt auf den Rasen hin. Sie lag ganz still da, die tiefen, beruhigenden Stimmen der Hummeln sangen nahe an ihrem Ohr vorüber, Libellen setzten sich auf ihre Brust, aber sie regte sich nicht, sie lag da wie tot. Ja, das hätte sie denen im Schlosse gegönnt, wenn sie wirklich tot gewesen wäre, gestorben an Vereinsamung und Enttäuschung. Plötzlich fuhr sie auf, die Dühnenschen Jungen mußten gleich kommen. Sie beschloß, die Knaben heute am Gitter zu erwarten, es war unschicklich, sie wußte es, aber gerade das wollte sie. Sie erhob sich und ging, sich am Gitter aufzustellen. Da kamen sie schon, gerade bogen sie auf die Landstraße ein, voran Coco, die Hände voller Kieselsteine, mit denen er nach den Stäben des Gartengitters warf. Als er Marie sah, blieb er verwundert stehen.

»Holla!« rief er, »heute nur eine.« Auch die beiden anderen Knaben blieben stehen und grüßten.

»Heute allein?« fragte Felix und errötete.

Auch Marie errötete: »Ja,« erwiderte sie, »meine Mutter und meine Schwestern sind verreist.«

Da Felix nichts mehr zu sagen wußte, führte Marie die Unterhaltung weiter: »Haben Sie gebadet?«

Ja, sie hatten gebadet.

»Baden Prinzessinnen nicht?« fragte Coco.

Marie antwortete darauf nicht, sondern wandte sich wieder an Felix: »Ist es weit, dort, wo Sie baden?«

»Nein,« erwiderte er, »gleich hier um die Ecke auf der kleinen Wiese am Waldrande.«

»Ist es dort schön?« forschte Marie weiter.

»Kennen Sie das nicht?« fragte Felix erstaunt, »wenn Sie hier über den Weg gehen, sind Sie gleich da,« und plötzlich erhellte ein schlaues Knabenlächeln Felix' sonst so ernstes Gesicht, »wir führen Sie hin,« schlug er vor.

»Wie kann ich?« stotterte Marie, und das Herz schlug ihr stärker.

»Nun,« meinte Felix, »wir laufen ganz schnell über den Weg und die Wiese hinab, im Walde sieht uns keiner.«

Ein leichter Schwindel ergriff Marie, wie er Menschen ergreift, die sich mit einem plötzlichen Entschluß blindlings in eine große

Gefahr stürzen. »Warten Sie«, sagte sie, und lief zu der kleinen Gitterpforte des Gartens, und dann stand sie auf der Landstraße.

»Sie kommt! Sie kommt!« triumphierte Coco.

»Nun los!« kommandierte Felix, und sie begannen zu laufen. Von der Landstraße bogen sie auf eine kleine, gemähte Wiese ab. Der Boden war dort feucht, bei jedem Schritte gab es ein leise glucksendes Geräusch, und ein wenig schwarzes Wasser spritzte über die Schuhe. Da war auch der kleine Fluß blitzend im Mittagscheine, umstanden von hohem, grünem Schilfe.

Hier roch es nach Wasser, nach Schilf und feuchter Erde. Eine seltsam aufregende Abenteurerluft, dachte Marie. Und endlich waren sie am Waldrande, Marie blieb stehen, legte die Hand auf die Brust und rang nach Atem.

»Tüchtig gelaufen«, bemerkte Felix.

Marie versuchte zu lächeln: »Es ist nichts«, sagte sie, aber das Weinen war ihr nahe.

»Jetzt können wir langsam gehen«, meinte Felix. Bruno und Coco liefen voraus, sammelten Tannenzapfen und warfen damit nach einem Eichkätzchen, das von einem Baume spöttisch auf sie niedersah. Felix ging neben Marie her und machte höflich den Wirt des Waldes. Alte Tannen standen hier mit majestätisch niedergebogenen Zweigen und grauen Moosbärten, weiter fort kam dichtes Unterholz, mächtige Wurzeln schlängelten sich über den Boden, der mit grün und rotem Moose bedeckt war. Die Sonne sprühte auf den Tannennadeln, und die Luft war schwer von warmem Harzgeruch. »Ja, mit den Wurzeln muß man sich hier in acht nehmen,« sagte Felix, »man sieht sie nicht, und dann fällt man. Das dort ist eine Eidechse, soll ich sie fangen? Sie hat einen gelben Bauch.«

»Ach nein«, bat Marie.

»Oh, sie tut nichts,« sagte Felix, »ja, Heidelbeeren gibt es hier auch, aber wir kommen an eine Stelle, da gibt es mehr davon, da können wir uns voll essen.«

Marie blieb stehen und lauschte einem Ton, der durch das Gehölz zu ihr drang. »Was ist das?« fragte sie.

»Das sind die Tauben«, berichtete Felix. »Am Morgen, wenn man sich unter einen abgestorbenen Baum stellt und sie lockt, dann kommen sie.« Und Felix begann den Ruf der Waldtauben nachzuahmen.

»Das können Sie gut«, sagte Marie bewundernd.

Felix zuckte die Achseln: »Ich kann noch viele Vögel locken«, meinte er. Allerdings, dieser Wald war anders interessant als der Wald, durch den Marie nachmittags mit der Kalesche fuhr oder in dem sie mit Fräulein von Dachsberg, den Lakaien hinter sich, spazierenging. Und wie zu Hause die Knaben hier waren, Bruno und Coco sprangen umher wie in einer großen Spielstube, und Felix sprach von den Tannen und Eidechsen wie von Kameraden, und es war ihr demütigend, nicht auch zu dem allen zu gehören, sondern hier umherzugehen wie ein fremder Besuch. Jetzt kamen sie an einen kleinen Bach, der sich durch die schwarze Walderde durchwühlte, auch sein Wasser war schwarz, nur hie und da mit einer grünen Pflanzendecke überdeckt. Ein morsches Brett diente hier als Brücke. Coco und Bruno liefen sicher hinüber und ließen das Brett schaukeln.

»Können Sie hinüber?« fragte Felix höflich.

»O ja«, antwortete Marie zuversichtlich, aber das Herz klopfte ihr, das Brett war schlüpfrig und schaukelte, sie fürchtete zu fallen, und – dann fiel sie auch schon, stand mitten in dem schwarzen, lauwarmen Wasser, und am Ufer erhoben Bruno und Coco ein lautes Gelächter. Hilfesuchend schaute sie zu Felix auf, aber auch dessen höfliches Gesicht war von einem breiten, höhnischen Knabenlachen verzerrt. Auf einem großen Blatte saß eine dicke Kröte und sah sie starr und verdrießlich an, und über ihr in den Baumwipfeln lachten die Waldtauben.

Das ist ja wie ein ganz, ganz böser Traum, dachte Marie, und sie begann zu weinen.

Endlich sprang Felix herzu, streckte ihr die Hände entgegen und sagte gutmütig: »Kommen Sie.« Mühsam wurde Marie an das Ufer hinaufgezogen, da stand sie dann, das Kleid schwarz und naß, die Füße schwer von Schlamm. Sie weinte noch immer, und Coco lachte noch immer sein wildes Lachen, Felix aber wurde ernst und nachdenklich. »Das ist dumm, was tun wir?« sagte er. Er besann sich und faßte einen Entschluß. »Bitte, Prinzessin Marie, gehen wir hier hinein«, wandte er sich jetzt wieder sehr höflich an Marie und führte sie in das Dickicht an einen kleinen mit Moos und Heidekraut bedeckten Platz, der ganz von jungen Tannen umstanden war. »Bitte es sich hier bequem zu machen,« fuhr Felix fort, »hier sieht Sie keiner, hier sind unsere Badetücher, bitte. Ich laufe schnell nach Hause und sehe, ob ich etwas Trockenes erwische. Ich bin bald wieder da, Sie können ganz ruhig sein.«

Damit ging er. Marie ließ sich auf das Moos nieder, sank kummervoll in sich zusammen. Ihr war sehr elend zumute, jetzt hatte sie Gewissensbisse, was würden die zu Hause sagen, aller Mut, alle Abenteuerlust waren gewichen, und sie war nur noch das kleine Mädchen, das fürchtete, gescholten zu werden. Mechanisch begann sie sich Strümpfe und Schuhe auszuziehen, legte die nassen Röcke ab und hüllte sich in die Badetücher. Der Erregung folgte eine große Müdigkeit und eine dunkle Ergebung. Aus der Ferne hörte sie die Stimmen der beiden Knaben, Coco sang: »Ich habe die Beine der Prinzessin gesehen!« Sie streckte sich auf das Moos aus, über ihr in einem lichtblauen Himmel wiegten sich Tannenwipfel langsam hin und her, um sie an den Zweigen schaukelten sich winzige Spinnen an blanken Fäden, und Meisen flogen lautlos hin und her wie kleine, graue Federknäuel, alles war so beruhigt und sorglos, es war fast demütigend hier zu liegen und ein böses Gewissen zu haben. Der Wald sang seine Töne zu ihr herüber, ein Specht arbeitete unermüdlich irgendwo, und der Eichelhäher stieß zuweilen seinen erregten Wacheruf aus. Marie streckte sich, die Sonne schien jetzt warm auf ihre nackten Füße. Wenn es nicht so schrecklich gewesen wäre, so hätte es gemütlich sein können, dachte sie, griff nach einigen Heidelbeeren, die neben ihr wuchsen und aß sie. Über ihr auf einem Föhrenzweig ließ sich ein großer, blauer Vogel nieder, ruhig saß er da, und äugte auf Marie herunter. Sie aber empfand es wie eine Ehre, daß der schöne Vogel auf sie wie etwas Bekanntes und Hierhergehöriges herabsah. Sie schloß die Augen, sie dachte nicht mehr an das Schloß und an Fräulein von Dachsberg, das alles schien plötzlich unendlich weit, sie dachte an nichts mehr; ein süßes Daseinsbehagen erwärmte ihren Körper, es war ihr, als wiegte sie sich wie die besonnten Tannenwipfel dort oben im Blau sachte hin und her, oder als würde sie wie die kleinen Spinnen an silbernen Fäden sanft geschaukelt.

Sie wurde von etwas aufgeschreckt, das auf sie niederfiel. Sie richtete sich auf, mißmutig darüber, daß sie gestört wurde. In ihrem Schoß lag ein Paket in eine Zeitung gewickelt, und als sie es öffnete, fand sie darin ein Paar Knabensocken und eine reingewaschene blaue Leinwandhose. Ratlos blickte sie die Gegenstände an, dann legte sie sich zurück und begann zu lachen, lachte so, daß es ihren ganzen Körper schüttelte und ihr warm dabei wurde. Das gab ihr neuen Mut. Gut, es ging auch so. Sie zog die Socken an, schlüpfte in die Leinwandhose, legte darüber ihre nassen Kleider an und trat so aus dem Dickicht hervor. Die drei Knaben empfingen sie ernst, gewaltsam hielten sie ihre Gesichter und ihre Lippen in Zucht. »Nicht wahr, Prinzessin,« sagte Felix zeremoniös, »so geht es auch, etwas anderes war nicht zu haben.«

»Oh, ich danke,« erwiderte Marie, jetzt wieder ganz Prinzessin, »so ist es sehr gut.«

Sorgsam wurde sie über den gefährlichen Steg geleitet, und auf dem Gang durch den Wald gab Felix Anleitungen dazu, wie sie ungesehen an das Haus gelangen könnte. Er tat das mit der Sachkenntnis eines, der in verbotenen Unternehmungen wohl bewandert ist. Auf der Wiese begannen sie wieder zu laufen, jagten über die Landstraße hin und hielten vor der Gittertüre des Schloßgartens.

»Ich danke Ihnen,« sagte Marie jetzt wieder befangen, »es war doch sehr schön.«

»Das machen wir jetzt öfters«, meinte Felix, dann trennten sie sich.

Vorsichtig schlich Marie durch die Stachel- und Johannisbeerbüsche, den Buchsbaumhecken entlang, dem Schlosse zu, das noch schweigend in seiner Mittagsruhe dalag. Wäre nicht ihr nasses Kleid gewesen, und die übel zugerichteten Schuhe, sie hätte das eben Erlebte für einen Traum halten können, so unwahrscheinlich erschien es ihr mitten in der altgewohnten feierlichen Stille. Ungesehen gelangte sie an die Hintertüre des Schlosses und in ihr Zimmer. Dort klingelte sie nach Alwine, die würde schelten, aber sie nicht verraten. Vordem jedoch zog sie die leinene Hose aus und verbarg sie.

Alwine kam, und als sie erfahren hatte, was geschehen war, schalt sie sehr heftig: »Eine Prinzessin, die sich mit fremden Jungen im Walde umhertreibt, hat man je so etwas gesehen! Es war eine Schande! Das wird eine schöne Königin geben. Ich möchte das Volk sehen, das solch eine Königin will.« Marie mußte sich zu Bett legen und ruhig liegenbleiben, Alwine wollte draußen sagen, die Prinzessin habe Kopfweh und dürfe nicht gestört werden.

Als die Alte fort war, schloß Marie die Augen, nein, sie bereute nichts, sie war nur sehr müde und schlief lächelnd ein.

Marie erwachte heiter und erquickt. Sie mußte sich zuerst darauf besinnen, was denn Besonderes geschehen war, und dann wußte sie es, in ihr einfaches Prinzessinnenleben hatte sich ein Geheimnis, eine lustige Ungeheuerlichkeit, eingeschlichen, die ihr entgegenkicherte, sobald sie daran dachte. Und sie dachte viel daran. Sie dachte daran, wenn der Baron Fürwit sie zum Diner führte, und sie dachte daran während des Essens, mitten in der Feierlichkeit des Eßsaals, vor dem weiß und silbernen Altar des Eßtisches, und dann spürte sie ordentlich wieder den Hauch der Moorerde, des Harzes und der Tannen. Abends ging sie mit Mademoiselle Laure im dunkeln Garten auf und ab, und Mademoiselle erzählte von der Pension und den Studenten. Als sie schlafen ging, bat sie Alwine, ein wenig bei ihr zu bleiben, denn sie fürchtete sich allein in dem großen, weißen Zimmer. Es war behaglich, vom Bette aus Alwines friedliches Gesicht, mit der großen Brille über den Strickstrumpf gebeugt und von der Lampe hell beschienen, vor sich zu haben.

»Alwine,« sagte Marie, »warst du hübsch, als du jung warst?«

»Das weiß ich nicht,« erwiderte Alwine verdrießlich, »Prinzeßchen soll schlafen.«

Aber Marie fragte weiter: »Alwine, liefst du auch zuweilen mit fremden Jungen in den Wald?«

»So was fragen Prinzeßchens nicht«, antwortete die Alte.

Marie schaute zur Decke empor. Ja, das eigentliche Leben eines jeden sind seine Geheimnisse, das war ihr jetzt klar. Alle hatten sie ihre Geheimnisse, alle, das ganze Schloß war voll davon. Mademoiselle Laure hatte einmal erzählt, wenn sie sich zur Mittagsruhe in ihr Zimmer zurückzieht und ihre Türe verschließt, dann tanzt sie ganz allein für sich oft eine Stunde lang, denn, sagte sie, das Leben hier im Schlosse war kein Leben, »on étouffe«. Ja, das war es, so machten sie es alle, das ganze Schloß mit seinem feierlichen Leben war voll von solchen verschlossenen Türen, hinter denen die Leute heimlich tanzten. Alle taten sie das, der alte Baron Fürwit und das traurige Fräulein von Dachsberg, der Major, die kleine Baronin Dünhof und die Mama – ja, auch die Mama. Und dieser Gedanke erregte Marie so sehr, daß sie mit ihrem ganzen Körper aufschnellte wie eine Forelle im Wasser.

»Heute sind Prinzeßchen aber schlimm«, brummte Alwine.

Am nächsten Tage um die Mittagszeit saß Marie auf ihrem

Platze unter dem Pflaumenbaum, die Leinwandhose in Papier gewickelt neben sich, und wartete.

Zuerst kamen Coco und Bruno. Coco drückte seine Nase an die Stäbe des Gitters und rief: »Er kommt nach.« Dann lief er davon und trällerte: »Er hat sich verliebt in 'ne Prinzessin!«

Marie nahm ihr Paket und stellte sich an der Gittertüre auf.

Da kam auch schon Felix herangeschlendert, das Badetuch über der Schulter. Er blieb stehen und lachte: »Ist es gut bekommen?« fragte er.

»Ja, ich danke,« erwiderte Marie, »ich wollte Ihnen dieses hier abgeben.« Sie öffnete die Gittertür und fügte errötend und sehr höflich hinzu: »Wollen Sie nicht ein wenig eintreten?«

»Hier?« fragte Felix erstaunt.

»Oh, es sieht uns keiner,« versicherte Marie, »wir müssen nur in die Johannisbeeren gehen.«

»Das ist etwas anderes«, erwiderte Felix verständnisvoll und trat in den Garten.

Marie ging voran, um ihm den Weg zu zeigen, mitten in das Dickicht der Stachel- und Johannisbeersträucher hinein. Vor einem großen Johannisbeerstrauche blieb sie stehen und sagte »Bitte hier.«

Felix mußte sich dort ausstrecken, und Marie setzte sich zu ihm. Beide saßen ernst da wie in einem Besuchszimmer. Um sie her und über ihnen hingen die Zweige voll glasheller, roter Trauben, heiß von der Mittagsonne, und die Büsche waren voll eines leisen Surrens und Klingens, als brodelten und kochten hier in der Hitze all die reifen Früchte. Dazu glitzerte die Luft von unzähligen blanken Flügeln und blitzenden Leibern.

»Essen Sie Johannisbeeren?« fragte Marie.

»Ja, die esse ich schon«, erwiderte Felix, und seine braune Knabenhand mit den vielen Rissen und Mückenstichen griff in die Trauben.

»War das Bad kalt heute?« führte Marie die Unterhaltung weiter.

Nein, das Bad war nicht kalt gewesen, um diese Zeit war es nie kalt.

»Können Sie schwimmen?« forschte Marie weiter.

Ja, Felix konnte schwimmen, sie mußten das in der Kadettenschule lernen. Und nun fragte Felix seinerseits: »Können Sie schwimmen?«

»Nein,« erwiderte Marie, »ich wollte es lernen, aber der Arzt hat es verboten.«

»Sind Sie kränklich?« erkundigte sich Felix höflich.

Marie errötete: »O nein,« sagte sie, »nur, weil ich im Winter hustete.«

Felix zuckte die Achseln: »Ärzte sind immer so ängstlich«, meinte er verachtungsvoll.

Dann wußten sie eine Weile nichts zu sagen, Felix aß die Johannisbeeren, und Marie betrachtete aufmerksam ihren Gast, diesen Knabenkörper, der sich so bequem und träge unter dem losen Leinwandkittel reckte, das braune Gesicht, in dem die blauen Augen so hell und die Zähne so grell weiß erschienen. Merkwürdig war der Mund, mit der kurzen, geschwungenen Oberlippe, er konnte sich fest schließen und sah dann seltsam ernst aus, aber wenn er sich öffnete und lachte, dann lachte das ganze Gesicht mit, ein rücksichtsloses und unendlich leichtsinniges Lachen.

Plötzlich schlug Felix auf Maries Hand: »Pardon,« sagte er, »eine Mücke.«

»Sie können aber stark schlagen«, bemerkte Marie.

»Ist es rot?« fragte Felix und griff nach Maries Hand und hielt sie einen Augenblick in seiner heißen Knabenhand. »Ich sehe nichts«, sagte er und ließ sie fallen. Und dann mußten die beiden Kinder sich anlachen, sie wußten nicht warum.

»Jetzt ist es wohl Zeit, daß ich gehe«, sagte Felix, und da Marie nichts einwandte, schlüpfte er gewandt wie ein Wiesel unter den Sträuchern hindurch bis an das Gartengitter. Marie aber saß noch lange unter dem Johannisbeerstrauch, pflückte sich nachdenklich Johannisbeeren und träumte dem seltsamen Fühlen dieser bedeutsamen Stunde nach.

Für Marie hatten die Tage jetzt nur eine Stunde, eine heiße, goldene Stunde. Mit der Verschwendung solch junger Herzen strich sie alle anderen Erlebnisse um dieses einen Erlebnisses willen. So war es denn auch gleich, ob sie dem Geschichtsvortrag des Professors Wirth zuhören oder am Nachmittage mit Fräulein von Dachsberg allein spazierenfahren mußte. Das, worauf es ankam, war, daß um die Mittagszeit die lange Knabengestalt unter dem Johannisbeerstrauch lag, heiß vom Gehen, das Haar feucht, in den Kleidern noch etwas von dem Hauche des Wassers und des Schilfes, um sie her der säuerliche Duft der Johannisbeeren und das

Brodeln des Mittags. Die Unterhaltung ging auch besser vonstatten.

»Ist es wahr?« fragte Marie, »daß Sie wild sind?«

»Wer sagt das?« fragte Felix scharf zurück.

»Der Graf Streith sagte das,« erwiderte Marie, »er sagt, es fehlt Ihnen an Subordination.«

Felix lachte befriedigt: »Na ja,« meinte er, »immer kann man sich von den Kerls nicht unterdrücken lassen.« Und nun kamen die Geschichten von dem heimlichen Rauchen und Trinken und Aus-den-Fenstern-steigen, immer wieder von leisem, höhnischem Lachen unterbrochen.

Marie hörte aufmerksam zu und lachte auch das leise, höhnische Lachen. Felix' Lachen war zu ansteckend, sie mußte mitlachen, es war, als führe jemand mit einer Feder leise über ihr Gesicht und kitzele es. Gut war es auch, wenn sie sich nichts zu sagen hatten, wenn Felix unablässig die roten Trauben zwischen seinen hübschen Lippen verschwinden ließ und nur ab und zu eine Mücke auf Maries Hand erschlug.

Dann kam eine süße Beklommenheit über Marie, das Atmen wurde ein wenig schwer und die Handflächen brannten. Einmal jedoch war Gefahr ganz nahe. Sie hörten durch die Mittagsstille plötzlich die Stimme des Fräuleins von Dachsberg, die mit ihrem klagenden Diskant »Prinzessin Marie!« rief.

Felix machte sich ganz klein und verkroch sich unter dem Johannisbeerstrauch wie ein Igel. Marie war sehr erschrocken. »Gehen Sie nur, ich bleibe hier«, flüsterte Felix.

Da tauchte Marie auf, sehr erhitzt, kleine Blätter im wirren Haar. Drüben bei den Himbeeren standen Damen in hellen Kleidern, und Fräulein von Dachsberg rief und winkte. Marie erkannte die Baronin von Üchtlitz mit ihrer Tochter Hilda.

»Aber Prinzessin,« sagte Fräulein von Dachsberg traurig, »um diese Zeit ist man doch nicht draußen.«

Die Baronin aber lächelte und meinte: »Um diese Zeit schmecken die Beeren am besten, das weiß ich. Ich habe Ihnen hier, Prinzeß Marie, meine Hilda gebracht, sie soll Ihnen ein wenig Gesellschaft leisten.«

Die Baronin war eine große, schöne Dame, die sich sehr gerade hielt und den Kopf mit dem noch jugendlichen Gesichte vorsichtig bewegte, als sei der Aufbau des blonden Haares eine Krone, die herunterfallen könnte. Neben ihr stand Hilda, auch groß und aufrecht. Der Graf Streith hatte gesagt: »Die Üchtlitzschen Damen haben eine Art sich zu halten, als trügen sie einen Küraß unter dem Kleide.« Hilda hatte prachtvolles, aschblondes Haar, schöne Farben und einen breiten, sehr roten Mund.

Marie war so erregt, daß sie nicht wußte, was sie sagte, nur eines war ihr klar: fort von hier mußten sie. Sie nahm Hildas Arm und sagte: »Wir wollen in die Allee, in den Schatten gehen.« Die beiden Mädchen gingen voran, und die älteren Damen folgten ihnen langsam.

Marie sprach viel und schnell wie im Fieber, sie dankte Hilda stürmisch, daß sie gekommen war. »Ich bin ja so einsam. Zu dieser Hochzeit hat man mich nicht mitgenommen, das ist doch schändlich, nicht wahr?«

Hilda hörte mit ihrem überlegenen Lächeln still zu und sah dabei Marie aufmerksam an. »Sie haben sich verändert, Prinzessin,« sagte sie, »Sie sind so lebensvoll und angeregt.«

»Wirklich?« fragte Marie, »vielleicht habe ich mich entwickelt?«

Hilda zuckte leicht mit den Schultern: »Ach nein, Prinzessinnen entwickeln sich nicht.«

Das kränkte Marie, sie wurde ganz rot: »Warum sollen wir uns nicht entwickeln? Natürlich, Krankenpflegerin oder Postfräulein will ich nicht werden, deshalb kann ich mich doch entwickeln.«

Hilda jedoch lachte ihr lautes, gutmütiges Lachen: »Das mit dem Postfräulein hat mein Vater gesagt, das erkenne ich. Nein, Postfräulein will ich nicht werden, es gibt soviel andere Berufe, ja, es gibt eigentlich alle Berufe, wir müssen sie nur erobern. Unsere Brüder bleiben auch nicht zu Hause und werden, was sie wollen. Warum sollen wir immer Töchter bleiben? Tochter ist so ein schreckliches Wort. Tochter ist ein Wesen, das eigentlich nur dazu da ist, um abends ins Haus zurückgeschickt zu werden, damit es der Mama einen Schal holt, weil es anfängt kühl zu werden.«

Marie hörte nicht mehr recht zu, sie dachte daran, ob drüben unter dem Johannisbeerstrauch die blaue Gestalt noch versteckt läge, und da Hilda merkte, daß ihre Zuhörerin zerstreut wurde, schwieg sie. So gingen die beiden Mädchen eine Weile nachdenklich durch das Flirren der Blätterschatten und den Sonnenschein in der großen Lindenallee. Endlich fragte Marie ganz unvermittelt:

»Waren Sie das rote Mädchen auf der Schaukel, das sich von dem Offizier schaukeln ließ, als wir vorüberfuhren?«

»Ja,« bestätigte Hilda, »der Offizier war mein Vetter Barnitz, er hat sich so in mich verguckt.«

»Wirklich? Erzählen Sie doch,« drängte Marie, »haben Sie ihn auch gern?«

»Ach ja, warum nicht,« erwiderte Hilda, als handelte es sich um etwas Alltägliches, »er hat eine poetische Liebe. Er schenkt Rosen, drückt heimlich die Hand und macht Liebeserklärungen. Jeden Abend, wenn wir im dunkeln Garten spazierengehen, machte er eine Liebeserklärung. Wenn wir an ein bestimmtes Levkoienbeet gekommen sind, fängt er an.«

»Was sagt er?« forschte Marie.

»Ich weiß nicht,« erwiderte Hilda, »bei einer Liebeserklärung kommt es hauptsächlich auf den warmen, singenden Ton an, der muß zu Herzen gehen. Gott, solange sie in uns verliebt sind, sind sie alle nett; aber sobald sie merken, daß auch wir schwach werden, dann sind sie lächerlich; dann spielen sie gleich den königlichen Löwen, der seine Mähne schüttelt, und wir sollen die kleinen, nackten Löwinnen sein. Nein, dann erst werden Mann und Weib gleich sein, wenn die Männer uns küssen können, ohne gleich eine dumme Protektormiene aufzusetzen.«

Marie wurde ein wenig verlegen: »Ja, wie wissen Sie . . .«

Hilda aber lachte: »Ach diese kleinen Prinzessinnen, was die nicht alles wissen wollen.«

Jetzt waren sie bis an das Schloß gelangt und stiegen die Stufen zum Gartensaale hinauf, wo der Tee genommen werden sollte. Marie drückte fest Hildas Arm und sagte leise: »Wie hübsch und klug Sie sind.« In diesem Augenblick begann sie Hilda stark zu lieben. Hilda lächelte mitleidig.

Am nächsten Tage wurde die Fürstin zurückerwartet. Marie teilte ihrem Gefährten unter dem Johannisbeerstrauche mit, es sei heute das letztemal, daß sie sich hier träfen.

Felix zog die Augenbrauen empor und machte ein seltsames Gesicht, ein Gesicht, das gleichgültig aussehen sollte. »So, so,« meinte er, »ja, ich muß nun auch bald fort, die verdammte Schule fängt wieder an.«

Marie fragte nach dem Bade, Felix schlug eine Mücke auf Maries Hand tot, aber sonst war es heute ein einsilbiges und trübseliges

Beisammensitzen, alles erschien Marie heute traurig, der Sonnenschein und die Johannisbeeren, und das eintönige Summen der Bienen. Einer müßte jetzt etwas Schönes und Süßes sagen, von Felix jedoch ließ sich nichts erwarten, und ihr selbst fiel nichts ein. »Ja, jetzt muß ich gehen«, sagte Felix leichthin, reichte Marie ungelenk die Hand und machte sich bereit fortzuschlüpfen. Doch plötzlich wandte er sich um, ergriff Maries Kopf von hinten, bog ihn zurück und drückte seine heißen Lippen ganz fest auf ihren Mund. Dann war er fort.

Marie saß regungslos und bestürzt da, das hatte sie nicht erwartet. Es verletzte sie, er war wirklich zu wild, und es fehlte ihm an Subordination. Und doch erschütterte es sie tief, Tränen traten in ihre Augen, sie begann zu weinen, Tränen, die von der Sonne auf den Wangen heiß wurden; sie weinte, weil er sie beleidigt hatte und weil ihr Erlebnis heute zu Ende war, und weil sie den großen, wilden Jungen hier unter dem Johannisbeerstrauch so schmerzlich vermißte.

Die Fürstin war zurück, und das Leben ging wieder seinen ordnungsmäßen Gang. Wie gewohnt, versammelte man sich nach dem Diner im Gartensaal. Die Baronin Dünhof spielte Halma mit dem Baron Fürwit, und die Fürstin saß an der geöffneten Gartentüre, neben ihr Graf Streith, der sie unterhielt.

»Ach Graf,« sagte die Fürstin langsam, als täte es ihr wohl, die Worte träge verklingen zu lassen, »wie gut tut es, wieder zu Hause und in seiner Ruhe zu sein. Ich tauge nicht mehr für das Hofleben, diese Welt der kleinen Wichtigkeiten macht mich müde und interessiert mich nicht.«

»Gewiß,« bestätigte der Graf und schlug dabei die Augen nieder, so daß es aussah, als säße er mit geschlossenen Augen da, »dort ist es ein eintöniges Stakkato prestissimo. Wir haben hier doch unsere ruhevollen Orgelpunkte.«

»Das klingt hübsch,« meinte die Fürstin, »aber es soll vielleicht nicht sein. Meine Schwägerin, die Herzogin, fragte mich, ob es nicht schwer sei, die für die Erziehung der Mädchen nötige Etikette aufrechtzuerhalten. Du lieber Himmel, die gute Dünhof tut ja, was sie kann, aber ich fürchte, unsere arme Etikette würde vor der Herzogin nicht bestehen. Was wollen Sie, hier auf dem Lande wird man bequem und ein wenig feige.«

Der Graf lachte leise. »Ja, ja, ich habe auch wieder unsere Helden des Hoflebens bewundert, und zu denken, daß man selbst solch ein Held gewesen ist.«

»Sehen Sie,« fuhr die Fürstin nachdenklich fort, »mir kamen diese Leute alle vor wie kostbare Dinge, die immer in einem Etui stecken. Ich war auch einmal solch ein Wesen, das nie aus einem Etui herauskam. Nun, jetzt bin ich aus dem Etui herausgenommen worden, das ist vielleicht unrecht, aber es tut wohl.«

Der Graf beugte sich ein wenig vor und sagte mit gedämpfter Stimme: »Es gibt vielleicht doch einen Augenblick, in dem wir ein Recht auf unser eigenes Leben haben.«

Die Fürstin sah ihn ruhig freundlich an. »Jetzt haben wir einige stille Wochen vor uns,« meinte sie, »die wollen wir genießen, unseren, wie sagten Sie doch, Orgelpunkt. Später kommt wieder Unruhe, mein Neffe, die Verlobung, die Jagd. Morgen, denke ich, will ich wieder reiten.« Sie lehnte sich in den Sessel zurück, starrte in die schwarze Stille der Nacht und strich sacht mit der einen Hand über die andere, als seien die Hände einander dankbar. »Ach Graf,« sagte sie, »wie die Levkoien heute stark duften.«

Marie ging mit Eleonore in den Garten hinunter.

Jetzt wollte sie es sein, die mit der Schwester vertrauliche Gespräche hatte, und sie wußte es, Eleonore hatte ihr Wichtiges anzuvertrauen. Mademoiselle Laure, die, weiß es Gott woher, stets alles zuerst erfuhr, hatte Marie mitgeteilt, Eleonores Verlobung mit dem Vetter Joachim aus Neustatt-Birkenstein sei eine abgemachte Sache. Im Oktober sollte der Erbprinz nach Gutheiden kommen, und dann würde die Verlobung bekanntgegeben werden. Das war es, was Marie von Eleonore hören wollte. Diese jedoch blieb einsilbig und traurig. Natürlich, Marie war auch traurig, weil Roxane ihnen fehlte, allein das war kein Grund, um sich nicht zu unterhalten. So erzählte sie denn zuerst von sich, von ihrer Einsamkeit und wie wichtig Fräulein von Dachsberg und der Major es bei Tische gehabt hatten, und wie Fräulein von Dachsberg sich bei der Spazierfahrt in den Wagen zurückgelehnt hatte, als sei sie die Fürstin. Als dann jedoch Eleonore noch immer schwieg, ärgerte sich Marie. »Ich verstehe nicht, Lore,« sagte sie, »warum du es mir nicht sagst, daß du mit dem Vetter Joachim verlobt bist.«

»Du erfährst das bald genug, Kleine«, erwiderte Eleonore gelassen.

»Also ist es wahr?« versetzte Marie, »jedenfalls ist es verletzend, daß ich alles erst durch Mademoiselle Laure erfahren muß. Und dann, Roxane und du, ihr habt so eine Art zu tun, als sei eine Verlobung etwas Trauriges.«

»Sie ist etwas Ernstes«, meinte Eleonore. Marie wurde nachdenklich. Ja, das gab sie zu, vielleicht war eine Verlobung etwas Ernstes.

Ob nun die Verlobung etwas Ernstes war oder nicht, jedenfalls änderte sie vorläufig nichts an der Eintönigkeit des Lebens in diesen Spätsommertagen, mit ihrem stetig blauen Himmel und ihrem grellen Sonnenschein. Am Morgen ritt die Fürstin mit Eleonore aus. Marie durfte nicht reiten, der Arzt hatte es verboten. Trübselig stand sie auf der Freitreppe und sah zu, wie hübsch die beiden Gestalten in dunkelblauen Reitkleidern, die kleinen blanken Reithüte auf dem Kopfe, die Schleier im Winde wehend, in den sonnigen Morgen hinausritten. Sie folgte ihnen mit den Augen, bis auch die letzte Spur des blau und silbernen Rückens des folgenden Reitknechts hinter den Parkbäumen verschwunden war. Die Fürstin liebte es, in scharfem Trabe den Reitweg hinab bis an die Parkpforte zu reiten, dann bog man in die junge Föhrenschonung des Waldes ein. Die Luft hing noch voll glitzernder Feuchtigkeit, die angenehm kühlend in das Gesicht wehte. Zu beiden Seiden des Rasenweges standen die kleinen Bäume wie grünblaue Kandelaber, die Waldwiesen waren noch grau von tauschweren Spinnweben. Die Fürstin wurde auf solchen Morgenritten ganz jugendlich erregt. »Kind,« rief sie, »ist das nicht schön? Kann es etwas Schöneres geben! Warum antwortest du nicht?« Leichte Röte stieg in ihre Wangen, und ihre Augen wurden feucht. Eleonore bewunderte die Natur, sie bewunderte vor allem ihre Mutter. In ihrer stillen und ruhigen Gemütsart jedoch begriff sie nicht, daß man sich darüber so aufregen konnte.

An einer Biegung des Weges erwartete sie Graf Streith. Sehr gerade saß er auf seinem großen Falben und grüßte, indem er die schwarzsamtne Jockeikappe bis auf den Sattelknopf herabsenkte. »Ach Graf,« rief die Fürstin, »ist dieser Morgen nicht wundervoll? Diese Luft und dieses Licht machen einen betrunken.«

Der Graf schloß sich den Damen an, er hatte eine hübsche zeremoniöse Art neben der Fürstin hinzureiten, und auch der Falbe trabte vorsichtig und aufmerksam. Der Weg wurde hier breiter, und die Fürstin kommandierte Galopp. In kurzem Galopp ging es nun an hohen Tannen hin, aus denen der Morgenwind blanke Tropfen auf die Reiter niederstreute. Die Fürstin gab sich ganz der Bewegung hin, lächelte dem Luftzug und dem Lichte mit einem seltsam verträumten Lächeln zu. Endlich zog sie die Zügel an, und die Pferde fielen in Schritt. »Das war gut,« sagte sie und atmete tief auf, »so trinkt man noch am besten die ganze Schönheit in sich hinein.«

»Ja, hm,« meinte der Graf, »der Wald als Frühschoppen, sehr gut.« Eine Weile ritten sie schweigend nebeneinander her, dann begann die Fürstin sich mit dem Grafen zu unterhalten: »Sie waren gestern nicht zum Diner. Was haben Sie den Abend über getan?«

»Ich feierte ein Einsamkeitsfest«, erwiderte der Graf.

»Wie ist das?« fragte die Fürstin.

»Nun, ich lasse alle Lampen in meinem Salon anzünden,« berichtete der Graf, »und gehe in den Garten hinaus. Gestern gab es keine Sterne, und die Nacht war so dunkel, daß ich mich nur nach dem Duft der Blumen in den Wegen zurechtfand. Das ist sehr hübsch, man hört, wie die Frühbirnen auf den Rasen fallen, und ringsherum raschelt es wie Schritte auf weichen Sohlen, das sind meine Igel, die auf die Mäusejagd gehen. Und wenn ich zum Hause hinübersehe, dann glänzen die Fenster, und ich stelle mir vor, dort sitzt jemand und wartet auf mich. Das sind so die Phantasien eines Einsamen.«

Die Fürstin erwiderte nichts, beugte sich ein wenig nieder und klopfte zärtlich den Hals ihres Pferdes. Eleonore hörte dem Gespräch schweigend zu, und sie hatte das Gefühl, daß die beiden sie ganz vergessen hatten.

Marie durfte während dieser Zeit mit Fräulein von Dachsberg einen Spaziergang durch den Wald machen. Der Wald erschien ihr unendlich öde und uninteressant. Die Pilze am Wege hatten keinen Humor, und die Eichhörnchen auf den Zweigen schienen leblos wie die Eichhörnchen auf den Tafeln der Naturgeschichte, die Marie als Kind so oft an langweiligen Sonntagnachmittagen mit schläfrigen Augen betrachtet hatte. Fräulein von Dachsberg führte die Unterhaltung: »Wenn meine Mutter,« erzählte sie, »mich einmal morgens in den Wald mitnahm, das war eine Seligkeit, ich fühlte mich so belebt, geradezu ausgelassen war ich, und ich bestürmte meine Mutter mit Fragen, alles wollte ich wissen, über alles wollte ich mich belehren lassen.«

Marie zog die Augenbrauen hoch, nein, sie war entschlossen, nicht eine einzige Frage an Fräulein von Dachsberg zu richten. Sie verstand sich dann schon eher mit dem Lakaien Friedrich, der schläfrig und gleichgültig hinter ihnen hertrottete. Sonst war kein Vergnügen für diese Zeit in Aussicht. Um die Mittagsstunde saßen die Prinzessinnen unter dem Pflaumenbaum, allein die Luft hier mit ihren Düften und Tönen erinnerte Marie schmerzlich an Felix. Sie wartete gespannt darauf, daß die Dühnenschen Jungen draußen am Gitter vorübergingen, und wenn sie kamen und Felix lächelte und grüßte, dann wurde ihr das Herz ganz warm.

Die Fürstin erzählte abends beim Diner, der Wächter habe vorige Nacht aus der großen Linde vor dem Hause einen Ton wie das Girren einer Taube gehört. Als er das näher untersuchte, habe sich herausgestellt, daß oben im Baume einer saß. Der Wächter habe sich den Mann heruntergeholt, und da war es kein anderer als Felix Dühnen. Die Gräfin war heute im Schlosse gewesen, um sich ihres Sohnes wegen zu entschuldigen. Die arme Frau hat viel Sorge mit dem unbändigen jungen Menschen.

»Mit diesem jungen Herrn,« meinte der Graf Streith, »wird sie noch so manches erleben, und da hilft die übermäßige Strenge des Vaters auch nichts.«

Marie beugte sich tief auf ihren Teller, sie fühlte, wie das Blut ihr heiß in die Wangen schoß, sie hatte Lust zu lachen, und doch schnürte eine seltsame Rührung ihr die Kehle zu.

Für den 20. August pflegte jedes Jahr eine Einladung aus Schlochtin zu kommen, an diesem Tage wurde der Geburtstag der Baronin von Üchtlitz gefeiert. Die Fürstin liebte diese Einladung nicht. »Die Baronin,« meinte sie, »ist eine kluge und erfrischend lebensvolle Frau, aber das ganze Treiben dort ist mir für meine Töchter zu, wie soll ich sagen, zu weitherzig.« Dieses Mal kam die Einladung ihr besonders ungelegen, denn sie behauptete in letzter Zeit fanatisch verliebt in ihre Ruhe zu sein. Allein die Üchtlitzens durften nicht verletzt werden, so wurde denn beschlossen, daß die beiden Prinzessinnen in Begleitung der Baronin Dünhof und des Barons Fürwit der Einladung Folge leisten würden.

»Endlich geben wir auch ein Lebenszeichen von uns«, sagte Marie während des Ankleidens zu Alwine. Der Landauer stand vor der Türe, der Baron Fürwit trippelte unruhig auf der Freitreppe hin und her und schaute immer wieder nach der Uhr. Auch die Prinzessinnen waren zur Abfahrt bereit in ihren blauen Sommerkleidern, Korallenschnüre um den Hals.

»Bitte Exzellenz,« sagte Marie, »verträgt es sich eigentlich mit der Etikette, daß man Prinzessinnen warten läßt?«

Baron Fürwit schmunzelte. »Lizenzen des Landlebens«, erwiderte er.

»Gut,« sagte Marie, »darauf werde ich mich nächstens auch berufen.« Der Baron lachte, so daß sein kleines Gesicht ganz kraus wurde, er fand Prinzessin Marie sehr witzig. Endlich kam die Baronin Dünhof, und man konnte abfahren.

Während der Fahrt besprachen der Baron und die Baronin, welche Maßregeln sie treffen würden, um die Prinzessinnen vor Gefahren zu schützen, die dort ihrer warten mußten. Das klang wie ein fein durchdachter Plan. Marie hörte dem gelangweilt zu. Diese Vorsichtsmaßregeln allein konnten einem die Freude an der Ausfahrt schon verleiden.

Der Wagen fuhr nicht beim Schlosse vor, sondern bog auf eine Wiese ein, in deren Mitte ein Lindenwäldchen stand, dort sollte der Tee genommen werden. Die Wiese und das Wäldchen waren voll Menschen, voll bunter Kleider, bunter Bänder, bunter Hüte, und in dem Grün des Gehölzes, in dem Gold der Nachmittagssonne nahmen all die Farben einen hübschen Edelsteinglanz an. Vor dem Wäldchen hatte sich die Familie Üchtlitz aufgestellt, die Baronin mit ihren drei Töchtern, Henriette, Marga und Hilda, aufrechte, helle Gestalten, blond und rosig, hinter ihnen die Söhne des Hauses, der Assessor, der Referendar und der Leutnant, auch mächtige, breite Gestalten mit großen Schnurrbärten und Backenbärten, und mitten unter dieser kraftvollen Familie erschien der Baron Üchtlitz selbst, grauhaarig und etwas gebeugt, seltsam alt und gebrechlich.

Als der Wagen hielt, erschien auf allen Gesichtern ein freundliches, ein wenig starres Lächeln, und Marie fühlte, daß auch auf ihrem Gesicht dieses freundliche, ein wenig starre Lächeln sich zeigte. Sie war zufrieden damit, denn nun wußte sie, das Prinzessinnensein würde ihr heute mühelos gelingen. Auch bei der Begrüßung fiel ihr zur rechten Zeit etwas ein, das sie sagen konnte, sie bewunderte die Wiese und die Linden und fand, daß all die bunten Farben sich sehr schön im Grün ausnahmen. Nur eines war störend, neben sich hörte sie Eleonores ruhige, angenehme Stimme, die fast dasselbe sagte wie sie.

»Ich denke wir machen einen kleinen Rundgang,« schlug die Baronin Üchtlitz vor, »die Aussicht ist hier so hübsch.«

Langsam gingen sie über die Wiese um das Wäldchen herum, voran die Baronin Üchtlitz mit Eleonore, Marie folgte mit Henriette Üchtlitz, die Baronin Dünhof ging mit Marga Üchtlitz. Entschlossen sprachen alle vom Wetter. Sie hatten schon gefürchtet, ein Gewitter würde das Fest stören, aber nun war der Himmel ganz klar, das Wetter war ja in diesem Sommer so beständig, man konnte wohl auch auf einen schönen Herbst rechnen, darin waren sie alle einig. Auf der Wiese standen Herren und Damen beisammen, man hörte laute Stimmen, zuweilen ein helles Auflachen. Wenn die Prinzessinnen vorübergingen, schwiegen die Gespräche, es wurden tiefe Verbeugungen gemacht, eine und die andere Dame kam heran, um die Prinzessinnen zu begrüßen. Da war die Gräfin Dühnen, im bleichen, kränklichen Gesichte doch Felixens eigensinnig lustigen Mund, die schöne Frau Staatsanwalt von Böse verneigte sich tief, ein zartes Figürchen im roten Seidenkleide, das Gesicht durchsichtig weiß, die Augen unnatürlich groß und dunkel, und der hellrote Mund klein und böse. Mademoiselle Laure hatte gesagt, die Frau Staatsanwalt habe einen schlechten Ruf, und Marie sah sie neugierig an. Mitten auf der Wiese standen die Pfarrerstöchter in rosa Musselinkleidern, große Schäferhüte auf dem Kopfe, runde, lachende Gesichter, es war, als beglückte es sie, so schöne Farbenflecke in der Natur zu sein. Zu Marie und Henriette Üchtlitz hatte sich jetzt der Landrat Graf Krüden gesellt, er trug einen goldenen Kneifer, und sein Bart, braunrot wie Kapuzinerkresse, wehte im Winde. Er erzählte von der Hitze in Berlin, er tat das wohl mit viel Humor, denn er lachte beständig dabei, auch Marie und Henriette lachten, und die Vorübergehenden glaubten, daß sie sich sehr gut unterhielten. Am Ende der Wiese wurde haltgemacht, man wollte die Aussicht bewundern. Weit und eben lag das Land da, Stoppelfelder, gemähte Wiesen, hie und da ein Haferfeld, auf kleinen Anhöhen standen Windmühlen ganz im Sonnenschein, graue Ungeheuer mit riesigen Libellenflügeln. Ganz weit aber in goldenem Dunste erblickte man den Kirchturm des Städtchens.

»Wie schön,« sagten die Damen, »wie weit man sieht!«

Der Landrat wurde pathetisch: »Ja, meine Damen, es ist doch ein schönes Ländchen, dieses unser Vaterland. Sehen Sie, hier ist kein Fleckchen, das nicht von dem Fleiße der Bewohner spricht.«

»Ein erhabener Anblick«, meinte die Baronin Dünhof.

Nun war es jedoch Zeit, zum Wäldchen zurückzukehren, um den Tee zu nehmen. Auf dem Rasen unter den Linden waren Polster ausgelegt und Decken ausgebreitet worden. Für die älteren Damen und die Prinzessinnen standen Stühle und kleine Tische bereit. Unter dem Laubdach war es ein wenig schwül, schräg fielen die Sonnenstrahlen durch die Stämme, und fuhr ein Windhauch in die Bäume, dann regneten weiße Blüten auf die Gesellschaft nieder, hingen sich in die Haare der Damen und Bärte der Herren, und ein schwüler, süßer Duft senkte sich da nieder. Diener reichten Tee und Sandwiches herum, die Gesellschaft auf den Polstern und Decken schien heiter, überall war gedämpftes Lachen vernehmbar, zuweilen wagte eine der Pfarrerstöchter einen schrillen, kleinen Schrei, weil der Leutnant von Üchtlitz gar so tolle Sachen erzählte. Den Prinzessinnen widmeten sich die Töchter des Hauses. Bei Marie war Henriette von Marga abgelöst worden, und diese erzählte von ihren Hunden, und als auch sie sich etwas mit dem Tee zu schaffen machen mußte, wollte Henriette Hilda zu der Prinzessin schicken. Hilda jedoch weigerte sich, Marie sah es deutlich, sie schlug es rund ab. Natürlich, dachte Marie, wir sind wie langweilige Kranke, bei denen man ungern dejouriert.

Der Landrat schlug jetzt vor, ein wenig zu singen, »denn,« sagte er, »eine Landpartie ohne Gesang ist wie eine Frau ohne Seele.«

»Ich kenne keine Frau ohne Seele«, äußerte der Rechtsanwalt von Bärensprung, der schön und düster wie Hans Heiling aussah.

»Bravo«, sagte eine Frauenstimme. Die Frau Staatsanwalt wurde gebeten, zuerst etwas vorzutragen. Sie lehnte sich an einen Buchenstamm, verschränkte die Finger der herabhängenden Hände lose ineinander und schlug die Augen nieder. So stand sie einen Augenblick da wie ein kleines, befangenes Mädchen, dann plötzlich schlug sie die Augen auf, groß und dunkel wie das Schicksal, und begann mit einer schönen Altstimme zu singen: »Vorrei morir nella stagion' del anno.« Sie sang sich in eine so leidenschaftliche Klage hinein, daß die Gesichter der Zuhörer ernst und ein wenig betroffen dreinschauten.

Was hat sie, daß sie so singt? dachte Marie. Ist es, weil sie einen schlechten Ruf hat? Jedenfalls ist es unerträglich traurig. Marie fürchtete weinen zu müssen. Als das Lied aus war, riefen die Üchtlitzschen Söhne sehr kräftig: »Bravo!« Die Gräfin Dühnen aber sagte zur Baronin Dünhof: »Bühne.«

»Das war herrlich,« rief der Landrat, »aber meine Damen und Herren, nach soviel Wehmut wollen wir uns das Herz mit einem patriotischen Liede stärken«, und er stimmte an: »Deutschland, Deutschland über alles.« Kräftig fiel der Chor ein, und das Lied erklang so laut über die Wiese, daß drüben im Schlosse die Hunde zu bellen begannen.

Nach dem Liede zerstreute die Gesellschaft sich im Gehölz. Es schienen dort Spiele gespielt zu werden, denn Lachen und Rufe wurden laut, und die Pfarrerstochter Johanna schlüpfte durch die Büsche, ihr folgte der Leutnant Üchtlitz, um sie zu fangen.

»Die Jugend unterhält sich«, sagte die Gräfin Dühnen.

»Ja«, erwiderte Marie und versuchte es, auch so nachsichtig zu lächeln wie die Gräfin, ihr war aber recht bitter zumute.

Endlich kam Hilda, die Wangen gerötet, das Haar voller Lindenblüten. Sie setzte sich zu Marie, lachte und sagte: »Nun, Prinzeßchen.«

Marie mußte auch dieses schöne, lebensvolle Gesicht anlachen, aber dann sagte sie melancholisch: »Sie wollen gewiß lieber zu den anderen gehen, statt hier zu sitzen.«

»Nein,« erwiderte Hilda bestimmt, »bisher war es langweilig, das weiß ich, nach dem Souper aber wird es besser werden, da gibt es Feuerwerk, da wollen wir entschlüpfen.«

»Entschlüpfen?« fragte Marie.

»Gewiß,« bestätigte Hilda, »wir treiben uns im dunklen Park umher, da erlebt man manches.«

»Wenn es geht«, meinte Marie zaghaft.

»Es muß gehen«, sagte Hilda fest. »Wir müssen nur nicht daran denken, was die anderen später dazu sagen werden. Wir tun, was wir wollen.«

»Tun, was wir wollen«, wiederholte Marie und schaute Hilda bewundernd an.

Die Sonne ging unter, und die Baronin von Üchtlitz bat ihre Gäste, in das Schloß hinüberzugehen. Purpurnes Licht ergoß sich über die Wiese, breitete eine plötzliche Festlichkeit über das Land.

Pfarrers Johanna streckte die Arme aus und sprang mit beiden Füßen in die Höhe, sie nannte das ein Sonnenuntergangsbad nehmen. Die Frau Staatsanwalt aber trieb es zu laufen, ein rotes Figürchen im roten Lichte, der Rechtsanwalt schaute ihr begeistert zu. »Du, Üchtlitz,« sagte er zum Referendar, »sieht sie nicht aus wie eine kleine Flamme, von der all dies hübsche Licht ausgeht?«

Üchtlitz lächelte spöttisch: »Gefühlvoll, mein Alter, was? Na ja, so was vom Irrwisch hat sie.«

Das Schloß war hell erleuchtet und das Souper stand bereit. Die Soupers in Schluchtin waren gefürchtet, weil es dabei allzuviel zu essen gab. Der Graf Streith pflegte zu sagen: »Ich bin den Soupers bei Üchtlitzens nicht gewachsen, ich kann es, was essen betrifft, mit diesem Enaksgeschlechte nicht aufnehmen.«

Marie saß bei Tisch neben dem Assessor von Üchtlitz, und dieser erzählte von einem kleinen Automobil, das er besaß. Marie interessierte sich dafür, das war ein Gesprächsstoff, den man nicht so bald fahren lassen durfte. Unterdessen kamen immer wieder große Pasteten und dampfende Braten. Der Landrat hielt eine Rede, und dann sprach auch der Baron Üchtlitz. Marie wurde müde und verstimmt, bisher war der Tag eine Enttäuschung gewesen.

Nach dem Essen strömte alles in den Garten hinaus, die Nacht war warm und sternhell, an Bäumen und Büschen waren bunte Papierlaternen angezündet worden, überall im Dunkel blühten diese matt scheinenden Farben auf, zuweilen stieg knatternd über die Kronen der Bäume eine Rakete auf, ein goldener Riß in all dem Schwarz, und dann das ruhevolle bunte Niedersinken der Leuchtkugeln. Marie fühlte sich von einer Hand erfaßt und fortgezogen. »Hier findet uns keiner«, flüsterte Hilda. Marie ergriff Hildas Arm, ein angenehmes Gefühl ängstlicher Spannung machte ihr Herz schneller schlagen. Sie gingen eine dunkle Allee hinab, das leise Knirschen des Kieses verriet, daß sie nicht allein waren. Irgendwo sagte eine weiche Stimme: »Nein, Roth, das dürfen Sie nicht sagen.«

»Pfarrers Johanna mit ihrem Sekretär«, flüsterte Hilda.

»Sind sie verlobt?« fragte Marie.

Hilda zuckte die Achseln: »Pfarrerstöchter sind immer verlobt. Aber da kommen zwei, die wollen wir vorüberlassen.« Es mußte ein Stockrosenbeet sein, in dem sie jetzt stehenblieben, denn an Maries Wange streifte es wie große, kühle Seidenquasten. Ein

Paar ging an ihnen vorüber, Arm in Arm, eng beieinander, und eine klagende Stimme sagte: »Feste sind immer traurig, Bärensprung, auch wenn Sie so zu mir sprechen, ist es traurig, aber sprechen Sie nur weiter, es ist doch das Beste im Leben.«

»Die Frau Staatsanwalt und ihr Rechtsanwalt«, erklärte Hilda leise.

»Warum ist sie so traurig?« fragte Marie.

»Ich weiß nicht,« erwiderte Hilda, »sie glaubt es vielleicht ihren tragischen Augen schuldig zu sein. Aber jetzt müssen wir schnell dort in den Seitenweg hinüber, denn ich höre jemand kommen, das wird der Vetter Barnitz sein, der uns sucht.« Sie bogen in einen kleinen Weg ein, der zwischen dichtem Haselnußgesträuch hinführte. Hier war es dunkel und voll von dem lauten Wetzen der Feldgrillen. Allmählich lichtete sich das Gesträuch, es wurde heller, und sie standen an einem kleinen, schwarzen Weiher, in dem sich die Sterne spiegelten. Leises Gurgeln und Plätschern wurde zuweilen im Wasser laut, und eine feuchte Kühlung stieg aus ihm auf. Plötzlich prasselte wieder eine Rakete hoch über die Bäume hinauf, ein goldenes Blitzen lief über das Wasser, und dann spiegelten sich die Leuchtkugeln in ihm, als beginne es tief im dunkeln Grunde zu glühen. Marie drückte Hildas Hand. »Wie schön,« sagte sie atemlos, »wie ich Sie liebe, Hilda. Wir wollen Freundinnen sein.«

»Wir wollen Freundinnen sein«, erwiderte Hilda ernst.

»Und du zueinander sagen«, fuhr Marie fort.

»Wenn niemand es hört«, ergänzte Hilda.

»Wenn niemand es hört«, wiederholte Marie, und die beiden Mädchen umarmten und küßten sich. »Wie du zitterst,« sagte Hilda, »wie dein Herz schlägt, so ein armes Prinzessinnenherz.« Hand in Hand gingen sie weiter.

»Höre,« sagte Hilda in ihrer bestimmten nachdrücklichen Weise, »wenn du dich sehr nach etwas sehnst, nach etwas, das euer dummes Prinzessinnenleben verbietet, dann kannst du auf mich rechnen.«

Marie drückte fest Hildas Hand, sie war sehr gerührt, das, ja, das war eigentliches Leben, Hand in Hand durch die laue Dunkelheit irren, auf allen Wegen leise Schritte liebender Paare, in allen Büschen flüsternde Geheimnisse. »Eines wünsche ich mir noch«, sagte sie leise.

»Was ist das?« fragte Hilda.

»Einmal zu schaukeln«, fuhr Marie fort.

Hilda lachte: »Zu schaukeln? Nur das? Ach, du armes Hühnchen! Aber das wollen wir gleich machen.«

Vom Park waren sie wieder in den Garten zurückgelangt, und als sich Schritte auf dem Wege vernehmen ließen, blieben sie stehen. Hilda horchte und rief dann leise: »Vetter Egon!«

Die Schritte kamen schnell näher, und die freundliche Stimme des Leutnants von Barnitz sagte: »Da sind die Damen, ich suche Sie die ganze Zeit.«

»Das wissen wir,« erwiderte Hilda, »aber jetzt gibt es etwas zu tun. Die Prinzessin will schaukeln, es ist natürlich geheim.«

»Zu Befehl!« versetzte der Leutnant.

Zwischen großen Bäumen, ganz im Dunkel, hing die Schaukel, auf ihr wurde Marie mit Sachkenntnis zurechtgesetzt, und nun begann es. Marie flog hoch hinauf bis in die schwarzen, feuchten Zweige der Bäume, unter ihr begann der dunkle Garten mit seinen winzigen farbigen Lichtpünktchen, über ihr der dunkle Himmel mit seinen Sternen mitzuschwingen und mitzuschaukeln, und ein Gefühl des Losgelöstseins von aller Wirklichkeit, ganz traumhaft, machte ihr Herz schneller schlagen, benahm ihr ein wenig den Atem. Und dennoch war es unendlich ruhevoll, sich so von der großen Dunkelheit im freien Raume wiegen zu lassen, und als die Schaukel plötzlich stillhielt, fuhr Marie wie aus dem Schlafe auf: »Der alte Hofmarschall sucht dich,« flüsterte Hilda, »er kommt hierher.«

Der Baron Fürwit kam äußerst erregt, er hatte die Prinzessin überall gesucht, die Baronin Dünhof war bereits sehr besorgt, sie hatte eine Herzattacke bekommen, und der Wagen stand vor der Tür. Marie hörte das alles kühl an, sie sei ja nur ein wenig spazierengegangen, meinte sie. Die Besorgnisse des Barons Fürwit, die Herzattacke der Baronin Dünhof erschienen ihr jetzt sehr geringfügig und gleichgültig.

Der Erbprinz Joachim von Neustadt-Birkenstein war mit seinem Adjutanten, dem Hauptmann von Keck, zu einem kurzen Besuche nach Gutheiden gekommen. Der lange, schmalschultrige, junge Herr mit dem glattgescheitelten, rotblonden Haar und dem blassen, ein wenig kränklichen Gesicht brachte Leben in das stille Schloß. Die kurzsichtigen, blauen Augen blinzelten nervös mit den blonden Wimpern, und die roten feuchten Lippen waren seltsam beweglich. Den ersten Abend saß der Prinz im Gartensaale, sprach viel in einer hastig überstürzten Art, erzählte von sich, lachte ein prasselndes, helles Lachen, zeigte Kartenkunststücke, spielte auf der Flöte vor, und die übrige Gesellschaft saß schweigend da und hörte ihm zu wie in einer Vorstellung. Als er mit dem Hauptmann Keck allein in seinen Gemächern war, sagte er: »Die Damen scharmant, scharmant, aber die Luft hier im Schlosse ist ein wenig muffig, finden Sie nicht, Keck?«

»Ich habe nichts bemerkt«, erwiderte der Hauptmann mit seiner müden Korrektheit.

Am nächsten Tage verlangte der Prinz schon frühmorgens die Wirtschaftseinrichtungen des Schlosses zu besichtigen. Unter der Führung des Majors gingen er, die Prinzessinnen, Fräulein von Dachsberg und der Hauptmann von Keck in die Ställe. Im Kuhstalle interessierte sich der Prinz für die Namen der Kühe, der Milchmädchen; mit dem Pferdestall war er sehr zufrieden. »Famos!« rief er, »ein Sanssouci der Pferde. Und wie fromm sie alle aussehen, wie Hofdamen,« flüsterte er Eleonore zu und lachte laut darüber, »gewiß, sie sehen ein wenig müde aus, als hätten sie nicht gut geschlafen, als hätten sie zu lange im Bett gelesen.« Dann wurden die Hunde besehen, und endlich begab man sich an den kleinen Mühlensee, um eine gute Angelstelle in Augenschein zu nehmen. Später ging der Prinz auf dem Gartenwege zwischen den bunten Reihen der Dahlien mit Eleonore auf und ab. Die Baronin Dünhof, die das Paar anfangs begleitet hatte, blieb diskret ein wenig zurück. Der Prinz machte ein ernstes Gesicht, zog die Augenbrauen zusammen, als müßte er scharf denken: »Ich habe dir noch nicht gesagt,« begann er, »wie glücklich mich das Arrangement unserer Eltern macht, du warst immer meine Lieblingscousine. Ich sagte schon zur Tante in Karlstadt: ›Cousine Eleonore ist prachtvoll, sie ist wie – angeln.‹« Er lachte auf: »Ja, das klingt dumm, aber angeln ist für mich Ruhe, Frieden. Du mußt mich angeln sehen, nur wer mich beim Angeln gesehen hat, kennt mich. Eine Dame, die mich angeln sah, sagte mir: ›Nun verstehe ich auch, daß Sie einmal gut regieren werden.‹«

Eleonore nahm das alles mit ihrem stillen, freundlichen Lächeln hin, aber das Gesicht des Prinzen wurde jetzt sorgenvoll: »Ich weiß nicht,« sagte er, »ob ich deiner Mutter gefalle. Sie schaut mich so kühl an, ich bin ihr wohl zu unruhig, das verstehe ich, ich bin mir selbst zu unruhig. Ich denke, es wäre eine Erholung, könnte ich einmal einen Tag der Hauptmann Keck sein. Na, man ist eben, wie man ist. Jetzt wollen wir Tennis spielen,« schloß er, ohne Eleonorens Antwort abzuwarten, »und nach dem Frühstück angle ich, und ihr alle schaut zu.«

Nach dem Frühstück begaben sich die Prinzessinnen in Begleitung von Fräulein von Dachsberg und Mademoiselle Laure zum Mühlensee, um zuzuschauen, wie der Prinz angelte. Für die Damen waren Gartenstühle aufgestellt worden, der Prinz saß am Ufer und angelte, von einem Jägerburschen bedient, während der Hauptmann von Keck sich mit seiner Angel in das Erlengebüsch zurückzog.

»Die Stunde ist nicht sehr günstig,« sagte der Prinz, »aber versuchen wir es. Jetzt bitte achtzugeben, ich werfe die Angel aus, das ist nämlich auch eine Kunst, bitte, immer auf den Korken zu sehen, natürlich muß die größte Ruhe beobachtet werden.«

In schönem Schwung flog die Angel in das Wasser, die Damen beugten sich ein wenig vor, schauten angestrengt auf den Korken, und es dauerte nicht lange, so begann dieser zu zucken, ging unter Wasser, der Prinz zog an und brachte einen schönen, wie ein Juwel schimmernden Barsch heraus. »Tadellos, tadellos!« rief er und lachte.

»Nein, das mache ich selbst!« wehrte er dem Jägerburschen. Mit weißen, nervösen Fingern umklammerte er den Fisch und zog den Haken heraus, sein Gesicht zuckte dabei, als empfände es einen Schmerz. Dann aber lachte er wieder und triumphierte: »Ist er nicht schön? N'est-ce pas, il est beau, mademoiselle?«

»Oh, Altesse, superbe«, sagte Mademoiselle Laure andächtig.

»Gut, jetzt werfe ich wieder aus, ich bitte um Ruhe!« kommandierte der Prinz. Die Angel flog in das Wasser, alle schwiegen, allein kein Fisch wollte beißen. Die unbewegte Luft war drückend heiß, harter Glanz zitterte auf dem Wasser und in den Schachtelhalmen, es war sehr still ringsum, nur zuweilen schnatterte eine Stockente im Schilfe, oder ein Bläßhuhn stieß seinen freudlosen Schrei aus. Eleonore schaute den Prinzen an, das eben noch so bewegliche Gesicht war schlaff, aller Ausdruck schien von ihm fortgelöscht, es war das Gesicht eines müden, kränklichen Knaben. Eleonore mochte es nicht anschauen, sie schloß die Augen. Wie wohl die Ruhe tat, wie wohl es tat zu fühlen, wie die Gedanken allmählich undeutlich wurden und sich verwischten. Fräulein von Dachsberg saß längst mit geschlossenen Augen gerade auf ihrem Stuhl, und Marie blinzelte schläfrig in den Sonnenglanz. Sie hatte sich eine Verlobung anders gedacht, all das sah einem Alltag sehr ähnlich. Wer war denn hier bräutlich, höchstens Mademoiselle Laure, die mit ihren grellen, schwarzen Augen starr den Prinzen ansah. Nein, das beste war, zu schlafen wie die anderen.

»Wenn es nicht geht, dann geht es nicht!« rief der Prinz plötzlich. Die schlummernden Damen fuhren auf, der Prinz stand am Ufer, hatte die Angel fortgeworfen, und sein Gesicht war rot vor Ärger. Gleich darauf lächelte er aber wieder und meinte: »Die Damen haben geschlafen, nun ja, es ist verständlich. Aber jetzt müssen wir zum Schlosse zurück, Exzellenz Fürwit plante einen Spazierritt. Keck, wo sind Sie?«

Aus dem Erlengebüsche tauchte der Hauptmann von Keck auf, erhitzt und verschlafen.

»Na!« schloß der Prinz, »von einem großen Erfolge kann ich hier nicht sprechen.«

Im Schloß war Baron Fürwit eifrig dabei gewesen, den Ausflug in den Wald zu organisieren. Die Fürstin und Prinzessin Eleonore ritten mit den Herren, die übrigen Damen folgten im Wagen. Vor dem Försterhause sollte der Tee eingenommen werden, Graf Streith hatte hier alles angeordnet und machte den Gastgeber.

»Wunderhübsch, werter Graf,« sagte der Prinz, »was sind all unsere Eßsäle gegen solch einen Platz im Walde. Diese Dekoration, dieses Parfüm und dieses Oberlicht.«

Während des Tees jedoch war der Prinz unruhig, ein Gang nach einer Waldwiese war geplant, und er fürchtete, es könnte zu spät werden. »Die Rehe gehorchen Exzellenz Fürwit nicht, sie fügen sich nicht ins Programm.«

So brach die Gesellschaft bald auf, die Fürstin blieb mit dem Grafen Streith zurück. Als alle fort waren, lehnte sie sich bequem in ihrem Stuhl zurück und schloß halb die Augenlider, so daß die Augen nur wie schmale, blanke Streifen hervorschauten. Der Graf sagte nichts, er sah, daß der Fürstin das Schweigen wohltat. Schräg schien die Sonne durch die Stämme, unter den regungslosen, großen Tannen lag eine wunderbare, grüngoldene Stille. Endlich begann die Fürstin ihre Gedanken vor sich hin zu sprechen: »Er ist so ruhelos, es ist, als fürchte er stets, etwas zu versäumen. Wie ich das kenne! Wie schmerzlich er mir wieder die ganze Vergangenheit zurückruft.«

Der Graf zog ein wenig die Augenbrauen zusammen, und als die Fürstin nicht weiter sprach, sagte er leise und zögernd: »Ist es nicht vielleicht Verschwendung, immer wieder zu gestatten, daß die Vergangenheit in eine Gegenwart eindringt, die doch glücklich sein könnte. Ich meine, wir müssen unsere Gegenwart so stark machen, daß sie die Vergangenheit verdrängt. Eine Aufgabe, die ich mir wünsche, wäre, dort, wo ich verehre, die Vergangenheit fortschieben zu dürfen.« Und seine flache Hand fuhr leicht über die Tischplatte, als schöbe sie etwas Unsichtbares fort: »Um an ihre Stelle eine wohltuende Gegenwart zu setzen, die ganz über die Vergangenheit herrscht.« Und mit spitzen Fingern legte die andere Hand etwas Unsichtbares behutsam auf den Tisch. Die Fürstin schaute sinnend zu, wie die beiden großen, weißen Hände sich auf dem Tische zu schaffen machten: »Ich weiß, Streith, ich weiß, aber mir ist heute, als gäbe ich meine Schmerzen an mein Kind weiter.« Sie lehnte den Kopf in den Stuhl zurück und schloß die Augen. »Wenn meine Eleonore heiratet,« fuhr sie fort, »dann ist der größte Teil meiner Aufgabe erfüllt. Meine Jüngste, ach Gott, das arme Kind mit seiner schwankenden Gesundheit, da wird ein stilles, bequemes Leben wohl das Wünschenswerteste sein.«

Die Fürstin schwieg eine Weile, und als sie wieder zu sprechen begann, hatten ihre Gedanken einen anderen Weg eingeschlagen: »Unsere Erziehung ist wohl daran schuld, unsere Fürstenerziehung, daß wir so schwer den Mut finden, ganz wir selbst zu sein.«

»Eine Pflanze, die nicht den Mut zur Blüte findet«, bemerkte der Graf.

Die Fürstin öffnete die Augen und lächelte matt: »Ach, Streith, immer galant.«

Der Graf verneigte sich leicht. Vom Walde her erklangen die Stimmen der zurückkehrenden Gesellschaft, die Unternehmung war sehr gelungen gewesen; »es war,« meinte der Prinz, »als seien alle Rehe des Waldes für mich zusammenbestellt worden.«

Da die Sonne jetzt unterging, mahnte Baron Fürwit zur Rückkehr in das Schloß.

Das Diner war feierlicher als sonst, die Damen erschienen in großer Toilette, und der Erbprinz hielt eine Ansprache. Er dankte für den schönen Tag, den er hier hatte verbringen dürfen. »In diesem Schlosse,« fuhr er fort, »wohnt nicht nur das Glück, auch der Fremde, der hier einkehrt, kann sich hier sein Glück holen.« Die Baronin Dünhof lächelte, und die Augen wurden ihr feucht.

Nach dem Diner verlangte der Prinz nach einem Mondscheinspaziergang, da der Vollmond über dem Garten stand. »Wir haben ein Recht auf unsere Sentimentalitäten«, erklärte er. So stieg er mit den jungen Damen in den Garten hinab, und sie gingen langsam die hell beschienenen Wege entlang. »Zu den Frühbirnen wollen wir gehen«, schlug der Prinz vor. Der Birnbaum stand mitten auf einem runden Rasenplatze, und seine Zweige bogen sich unter der Last der kleinen, gelben Birnen. »Bitte, meine Damen, sich unter den Baum zu stellen,« rief der Prinz, »Fräulein von Dachsberg, Mademoiselle Bouttancourt, wenn ich bitten darf. Eleonore, Marie, bitte hier, Keck, stehen Sie dort.« Der Prinz begann kräftig den Baum zu schütteln, und die Früchte fielen prasselnd und blank im Mondschein nieder. Marie und Mademoiselle Laure stießen kleine Schreie aus, der Prinz lachte schallend und nannte das »eine Birnendusche«, Fräulein von Dachsberg aber nahm es übel.

»Ich muß doch bitten, Hoheit,« sagte sie, »es ist genug, wenn ich bitten darf.«

»Gut, es soll genug sein,« beschloß der Prinz, »jeder ißt jetzt eine Birne. Darf ich anbieten?« Und er selbst biß herzhaft in eine der taufeuchten Birnen und rief: »Süß, süß, süß wie Cousinen. Und nun kommt der Mondscheinspaziergang.«

Nun zog die Gesellschaft an den Reihen der mondbeglänzten Dahlien und Stockrosen entlang, der Prinz ging neben Eleonore und wurde gefühlvoll. »Wie wohltuend«, meinte er, »ist ein Tag, auch nur eine Stunde, in der wir nach Herzenslust gefühlvoll sein dürfen. Wir müssen ja sonst unsere Gefühle verstecken, und da sammelt sich dann so vieles an. Ist hier nicht eine Laube, in der es süß duftet? Nein? Nun, dann setzen die Damen sich hier auf die Gartenbank, und ich deklamiere etwas.«

Die Damen mußten sich setzen, der Prinz jedoch blieb stehen und deklamierte:

»Füllest wieder Busch und Tal
Still mit Nebelglanz,
Lösest endlich auch einmal
Meine Seele ganz.«

Er sprach mit viel Ausdruck, ja, es war als übermannte ihn eine tiefe Rührung, denn seine Stimme zitterte. Hell vom Monde beschienen erschien seine Gestalt im Abendanzuge länger und schmäler, sein Gesicht blässer als sonst.

Was hat er? dachte Eleonore. Ist das ein wirklicher Schmerz, der in seiner Stimme zittert? Und zum ersten Male fühlte sie etwas wie zärtliches Mitleid mit diesem bleichen jungen Menschen.

Marie aber dachte: Er sieht aus wie ein Gespenst.

Das Gedicht war zu Ende, niemand sagte etwas, nur Mademoiselle Laure murmelte leise ein »sublime«. Der Prinz machte ein wenig befangen einige Schritte, sah zum Monde auf und verzog wie geblendet sein Gesicht. Fräulein von Dachsberg aber mahnte zur Rückkehr in das Schloß.

Als die Prinzessinnen in ihrem Schlafzimmer allein waren und Marie bereits im Bette lag, fühlte sie sich gedrungen, ein Endurteil abzugeben: »Ich finde ihn nett«, sagte sie, »und ich glaube, wenn man einen Tag über mit ihm zusammen gewesen ist, dann schläft man gut.«

Eleonore stand am Fenster, sie hatte die Vorhänge zurückgezogen und schaute in den Garten hinab. Plötzlich ließ sie ein leises »Oh« hören. Dieses »Oh« klang so seltsam, daß Marie aufhorchte, eilig aus dem Bette stieg und an das Fenster lief. In dem taghell beschienenen Garten konnte sie anfangs nichts Ungewöhnliches sehen, doch dann bemerkte sie, daß sich zwischen den ruhig und schwarz auf den Wegen liegenden Schatten der hochstämmigen Rosen etwas regte, und nun traten zwei Gestalten in das volle Licht, Mademoiselle Laure und der Prinz. Langsam gingen sie an der Buchsbaumhecke hin und verschwanden im Dunkel der Lindenallee. Eleonore hatte sich auf einen Stuhl gesetzt, sie war blaß geworden und schaute gerade vor sich hin. Auch Marie war erschüttert. Was sie da erlebte, erschien ihr unheimlich, und ein Schauer überlief sie. Sie wunderte sich über ihre eigene Stimme, die trocken und belehrend sagte: »Ja, liebe Lore, daran wirst du dich nun gewöhnen müssen.«

»Gewöhnen«, wiederholte Eleonore und sah die Schwester verständnislos an. – Marie ging ruhig zu ihrem Bette zurück und legte sich nieder. »Gewiß,« bemerkte sie noch, »das lernt man schon aus der Geschichte.«

Im Zimmer wurde es einen Augenblick still, plötzlich stand Eleonore vor Mariens Bett, die sonst so sanften Augen blitzten: »Ich verbiete dir, so zu sprechen,« stieß sie leise und leidenschaftlich hervor, »ich verbiete dir, jemand zu sagen, was du gesehen hast, ich würde mich zu Tode schämen, wenn jemand das wüßte.«

Marie war erschrocken und schwieg, Eleonore aber wandte sich ab und ging zu ihrem Spiegel. Natürlich wird sie sich jetzt das Haar bürsten wie Roxane, dachte Marie, und das erschien ihr sehr traurig.

Am nächsten Tage verabschiedete sich der Erbprinz. Er war sichtlich bewegt, als er der Fürstin die Hand küßte. »Hier bei euch,« sagte er, »wird man nicht nur glücklicher, sondern auch besser.«

Nach der Abfahrt des Erbprinzen wurde gleich wieder eine Reise nach Karlstadt an den herzoglichen Hof geplant. Von Marie war dabei nicht die Rede, das empörte sie so sehr, daß sie den Mut fand, sich gegen ihre Mutter darüber zu äußern.

»Bei der Reise nach Karlstadt wird auf mich wohl nicht gerechnet?« begann sie.

»Nein, mein Kind,« erwiderte die Fürstin und schaute ihre Tochter zerstreut an, »aber deine Zeit wird auch kommen, werde nur recht gesund.«

»Ich bin gesund,« sagte Marie und zog ein wenig die Augenbrauen zusammen, »ich meine nur, für mich ist also kein Vergnügen in Aussicht.«

Die Fürstin gab darauf keine Antwort. Sie mußte aber darüber nachgedacht haben, denn eines Tages hieß es, die Prinzessinnen würden mit der Baronin Dünhof in die Stadt fahren, um im Theater Schillers Räuber zu sehen.

Den Tag über hatte es geregnet, gegen Sonnenuntergang klärte sich der Himmel auf, die Fahrt im großen Automobil war erfrischend. Marie schaute durch das Wagenfenster mit runden, wachsamen Augen auf das vorüberziehende Land, auf diese Außenwelt, in der das Leben so seltsam selbstverständlich erschien. Die Wolken standen jetzt wie zerklüftete, kupferrote Gebirgszüge am Horizont, Schafe wurden heimgetrieben, ganz rosa im Abendschein zogen sie langsam über die gelben Stoppelfelder, Hüterkinder sangen aus voller Kehle, kleine struppige Dorfhunde riefen sich aufgeregt die Nachricht zu, daß ein Gefährt komme. In den Dorfgärten standen Frauen, die Schürzen voller Salatblätter, schauten auf die Straße hinab und verzogen die Gesichter, als täte die schnelle Bewegung des Wagens ihnen weh. Die Sonne ging unter, die Wälder wurden schwarz und das Land grau. In der Stadt dunkelte es schon, bleich und glasig stand der Schein der Gasflammen in der Dämmerung. Die Straßen waren belebt, langsam gingen die Leute in der Abendkühle auf dem Trottoir dahin, blieben zuweilen stehen und sprachen laut über die Straße hinweg miteinander. Einige Fenster waren schon erleuchtet, und die Vorüberfahrenden sahen in Stuben hinein mit großen Sofas und runden Tischen. Hier saßen Kinder um eine Lampe und machten ihre Schularbeiten, dort wurde zu Abend gegessen, eine Frau mit großer weißer Haube biß in eine Semmel. Aus den kleinen Läden erklang beständig der dünne, schrille Ton der Türglocken. Wie eng die Menschen hier beieinander waren, dachte Marie, und wie eifrig sie lebten. – Das Automobil hielt vor dem kleinen Theater, Menschen hatten sich hier angesammelt, um die Prinzessinnen aussteigen zu sehen. Die Baronin Dünhof und der Baron Fürwit schienen aufgeregt, sie gaben dem Lakaien leise Befehle, flüsterten Französisch miteinander und liefen in der Vorhalle neben den Prinzessinnen her, als müßten sie sie vor etwas schützen. Erst als man eine Treppe hinaufgestiegen war und sich in der Loge befand, mußte alle Gefahr vorüber sein, denn die Baronin murmelte: »Gott sei Dank.«

Das Theater war schon gefüllt, all die Gesichter, die vom Parkett zur Loge der Prinzessinnen hinaufsahen, die Gläser, die sich aus den anderen Logen auf sie richteten, dazu der Geruch von altem Plüsche, von Kulissen und Gas, all das erschien Marie fremd und spannend. Nun verdunkelte sich das Theater, und der Vorhang ging in die Höhe. Marie folgte aufmerksam den Vorgängen auf der Bühne, allein der alte gebrechliche Graf, der alles glaubte, was man ihm einredete, der kleine rothaarige Franz mit seinen Schurkenstreichen ließen sie kühl, und sie freute sich, als das Theater im Zwischenakt wieder hell wurde und sie sich im Raume umsehen konnte. Es war unterhaltend, in das Stimmengewirr unten im Parkett hineinzulauschen, die Menschen zu sehen, wie sie einander begrüßten, miteinander plauderten, würdig ihre Theatertoiletten trugen. Da war die Konditorsfrau mit einem gelben Vogel auf dem Hut, dort stand Professor Wirth, die Dame neben ihm mußte seine

Gemahlin sein, schön war sie nicht, sie sah aus, als habe sie Migräne. Gern hätten die Prinzessinnen über die Leute da unten zusammen gelacht, allein sie mußten ihre Haltung bewahren. Unterdessen kam Besuch in die Loge, der Landrat erschien und sprach vom jungen Schiller: »Welch eine Kraft in diesem jungen Menschen, ja geradezu ein Vulkan.« Die Gräfin Dühnen kam und plauderte mit der Baronin Dünhof. In der Loge, gerade den Prinzessinnen gegenüber, saß eine Dame im schwarzen Kleide, die schwarzen Haarscheitel, flach über die Ohren gekämmt, umrahmten ein bleiches, scharfes Gesicht, neben ihr ein sechzehnjähriges Mädchen im schlecht gemachten grünen Kleide, das reiche, schwarze Haar lockte sich ein wenig wild, und das runde Gesicht mit den großen schwarzen Augen, den breiten, roten Lippen hatte einen so wunderbaren Glanz lachenden jugendlichen Lebens, daß Marie es erstaunt ansah und fühlte, wie das Herz ihr heiß wurde von einer Bewunderung, die fast schmerzhaft war.

»Wer ist denn dort unser Visavis?« hörte sie die Baronin Dünhof fragen.

»Ach, eigentlich niemand,« erwiderte die Gräfin Dühnen, »eine Frau von Syrman, sie hat in unserem Walde das alte Forsthaus gemietet für den Sommer, und ich glaube auch für den Winter. Sie soll eine geschiedene Frau sein, dunkle Verhältnisse, man verkehrt nicht mit ihr.«

»Das Mädchen scheint hübsch«, meinte die Baronin.

»Brutal!« sagte die Gräfin, »von Erziehung wird da wenig die Rede sein. Das wächst auf wie ein Pilz.«

Das Theater verdunkelte sich wieder, und das Spiel nahm seinen Fortgang. Die Studentenszene interessierte Marie nur wenig, auch Armin Biber als Karl Moor, von dem Hilda Üchtlitz eine Zeitlang soviel gesprochen hatte, enttäuschte sie; sie dachte lieber an das schwarze Mädchen drüben in der Loge. Die Worte der Gräfin hatten ihr weh getan, das arme, schöne Mädchen, sie wächst auf wie ein Pilz, und Marie sah deutlich einen der kleinen, feuerroten Pilze, wie sie im Moose stehen, das Köpfchen blank vom Tau, leuchtend wie ein Edelstein. Ja, denen glich das schöne Mädchen, von dem Marie jetzt wußte, daß sie es liebte, und sie konnte den Augenblick kaum erwarten, da sie es wieder würde sehen können. Während des Zwischenaktes wandte Marie die Blicke nicht von der gegenüberliegenden Loge ab. Alles an dem schwarzen Mädchen gefiel ihr und rührte sie, die Art, in der es beide Arme auf die Logenbrüstung stützte, wie ein müdes Schulmädchen sich auf den Schultisch stützt, wie es sorglos den Körper herumwarf und beim Lachen den Mund öffnete und die Zähne sehen ließ, wie es Gefrorenes aß, den Löffel ganz voll nahm und herzhaft zum Munde führte, als äße es Suppe. In dem allen lag etwas, über das Marie gern gelacht und geweint hätte. Auf der Bühne wurde es mittlerweile auch interessanter, Karl Moor war Räuber geworden, er trug einen kleinen schwarzen Schnurrbart, einen breitkrempigen Hut und roten Mantel. Beim Sonnenuntergange lagerte er mit seinen Räubern im Walde, schön und traurig, und seine großen, schmerzvollen Worte erfüllten Marie mit einem unendlich feierlichen Mitleid, alles hätte sie getan, um den armen, schönen Mann zu trösten. Ohne daß sie es wußte, rannen ihr die Tränen über die Wangen. Als sie nach Schluß des Aktes zu der Loge der Frau von Syrman hinübersah, entdeckte sie, daß auch das schwarze Mädchen verweinte Augen und tränenfeuchte Wangen hatte. Die Blicke der beiden Mädchen trafen sich, und unwillkürlich lächelten sie einander an. Das machte Marie glücklich, es war ihr, als hätte sie einen Bund geschlossen mit dem Mädchen drüben und mit dem schönen Armin Biber, er, der seine großen Schmerzen litt, und sie, die über ihn weinten. Von nun an erzitterte ihr ganzes Wesen in einer seltsam schmerzvollen und doch wohltuenden Ekstase, entrüstet wies sie ein Glas Limonade zurück, das ihr angeboten wurde, sie konnte jetzt nicht an Limonade denken. Während des Spieles weinte sie um Karl Moor, während der Pausen lächelte sie zu Fräulein Syrman hinüber, und als das Stück aus war, als alles sich zum Aufbruch rüstete, und die Baronin Dünhof und der Baron Fürwit aufgeregt den Rückzug organisierten, erwachte sie wie aus einem schicksalsschweren Traume.

Marie drückte sich in die Wagenecke, versonnen und verweint träumte sie vor sich hin. Die Straßen des Städtchens waren jetzt stiller, die Vorhänge an den Fenstern niedergelassen. In einem Fenster, das offen stand, lehnte ein Mädchen und sprach mit einem Herrn unten auf der Straße, ein kleiner Biergarten war hell erleuchtet und Musik scholl aus ihm herüber. Das Leben geht hier weiter, dachte Marie, das Leben, zu dem auch Armin Biber und das schöne Mädchen gehörten, sie aber fuhr hinaus in das nächtliche, schweigende Land. Doch sie hatte jetzt mitzutragen an Karl

Moors Schmerzen, hatte zu tragen an dem Mitleid für das schöne Mädchen, von dem die anderen schlecht sprachen und das sie verachteten, sie gehörten jetzt zu ihr, sie nahm sie mit in ihre Einsamkeit.

Mariens Leben war jetzt um einen erregenden Traum reicher, einen Traum, vor dem die Ereignisse des Tages verblaßten. Die Fürstin fuhr mit Eleonore nach Karlstadt, um Eleonorens Verlobung zu feiern. Marie ertrug es ohne allzu große Empörung, daß sie zurückbleiben mußte. Auf den Spaziergängen mit Fräulein von Dachsberg oder Mademoiselle Laure war sie schweigsam, in den Unterrichtsstunden des Professors Wirth schweiften ihre Gedanken weit ab. Sie fühlte ein großes Bedürfnis, allein zu sein. Der Arzt hatte gemeint, die Herbstluft würde ihr gut tun, so irrte sie denn unablässig im Garten umher und wies schroff jede Begleitung ab. »Wenn Sie mich kontrollieren wollen,« sagte sie zu Fräulein von Dachsberg, »so können Sie das vom Fenster aus tun, ich gehe ohnehin nur vor dem Hause auf und ab.«

Fräulein von Dachsberg zog ergeben die Augenbrauen hinauf und sagte zum Baron Fürwit: »Prinzessin Marie wird immer schwieriger.«

Der Baron nickte. »Ja,« meinte er, »ihr fehlt die Hofluft, es ist schwer, Kamelien in Spargelbeeten zu ziehen.«

Die Herbsttage waren hell und kühl. Nachtfröste versengten die Köpfe der Dahlien, das Laub der Parkbäume wurde gelb und rot, und auf den Wegen der Allee raschelten schon welke Blätter. Drüben im Obstgarten hörte man das beständige Fallen der Äpfel, und ihr säuerlicher Duft erfüllte den Garten. Die Johannisbeeren in der Grube am alten Pflaumenbaum verloren ihre Blätter, die Trauben schrumpften ein und schmeckten ganz süß. Hier nun ging Marie, fest in den langen Herbstpaletot geknüpft, die Hände im Muff verborgen, mit kleinen, eiligen Schritten auf und ab. Ihr Gesicht hatte einen seltsam gespannten Ausdruck, ihre Augen schauten drein, als müßten sie sehr scharf in die Ferne sehen. Marie dachte an Armin Biber, ja, sie sah ihn, er kam durch die Allee auf sie zu, mit seinem breitkrempigen Hut, das schöne Gesicht ganz bleich, Marie blieb vor ihm stehen, das Herz brannte ihr, sie wollte etwas sagen, das sie mit einem Schlage ihm ganz nahe brachte.

Da lächelte er sein schwermütiges Lächeln und sagte: »Kleine

Prinzessin, kleine Prinzessin, Sie verstehen mich, Sie haben um mich geweint.«

Auch an das schöne, schwarze Mädchen dachte Marie, sie nannte es »Armelia«, weil das mit Armin verwandt war. Sie legte den Arm um Armelias Taille und war ihre Freundin.

Die Gräfin Dühnen beleidigte Armelia, Marie aber trat für sie ein, fand prachtvolle entrüstete Worte, dann führte sie die Freundin fort an einen stillen Platz des Waldes. Dort saßen sie festumschlungen, bis die Zweige sich auseinanderbogen und Armin Bibers schönes Gesicht auf sie niederschaute, er lächelte und sagte: »Meine treuen Kameradinnen.«

Zuweilen wollten die Traumbilder nicht kommen, dann war es nur ein köstlich starkes Fühlen, das Maries Herz schneller schlagen ließ, sie hätte weinen können vor Sehnsucht nach Armin Biber, nach Armelia, nach Liebe, nach großen Worten und großen Schmerzen. Dieses Gefühl machte sie stolz, hob sie hoch über die anderen empor. Wie verachtete sie die Teestunde am Nachmittag, während der der Baron Fürwit von früheren Verlobungen früherer Prinzessinnen erzählte. Oder die Abende im Gartensaal, der Baron Fürwit las langsam und deutlich die Kreuzzeitung vor, Fräulein von Dachsberg und Mademoiselle Laure häkelten, der Major saß gerade auf seinem Stuhle und hörte aufmerksam zu.

Wenn eine Pause eintrat, wandte er sich mit einer höflichen Bemerkung an Marie. »Ich glaube, mit den Balkanvölkern werden wir noch manches erleben.«

»O wirklich, glauben Sie, Herr Major?« erwiderte Marie, die jäh aus ihren Gedanken auffuhr.

An einem Nachmittag kam Hilda von Üchtlitz. Sie war hübsch und lebensvoll, mit kühlen, rosa Wangen und blanken, scharf aufmerkenden Augen.

Marie ließ den Tee in ihrem Schreibzimmer servieren, sie hatte Hilda so viel zu sagen. Sie begann damit, von Armelia zu sprechen, allein das interessierte Hilda nur wenig.

»Die kenne ich,« meinte sie, »ich kümmere mich natürlich nicht um das Gerede, daß man mit diesen Leuten nicht umgehen kann, gerade deshalb bin ich zum Forsthause gegangen, nun, vielleicht wird einmal etwas aus dem Mädchen, Rasse hat es, aber bisher ist es noch ein wildes, kleines Tier. Sie heißt übrigens nicht Armelia, sondern Britta.«

Marie war verletzt, auch verstimmte es sie, daß Armelia Britta heißen sollte. Sie ließ daher dieses Thema fallen und sprach von Armin Biber.

Hilda hörte sehr aufmerksam zu. »Ja, das kenne ich,« sagte sie dann ernst, »das habe ich auch durchgemacht, das kommt so über uns, und da hilft nichts anderes, du mußt ihn sehen und sprechen.«

»Ihn sehen und sprechen,« rief Marie und wurde ganz rot vor Schrecken, »das ist doch nicht möglich!«

Hilda blieb ruhig und dachte ein wenig nach: »Es ist möglich«, erklärte sie dann. »Du bist eine Prinzessin, wenn du ihm schreibst, dann kommt er.«

»Das werde ich nie tun«, versicherte Marie mit zitternder Stimme.

»Doch, das mußt du tun,« fuhr Hilda fort, »du schreibst ihm, du willst ihm für seine große Kunst danken und so weiter, er soll um ein Uhr mittags auf der Landstraße an eurem Gartengitter vorübergehen, du erwartest ihn bei eurem alten Pflaumenbaume, nun und dann sprecht ihr miteinander durch das Gitter, mehr ist für den Augenblick nicht zu erreichen.«

Marie fühlte, wie ihre Hände kalt wurden vor Aufregung, und sie hatte Lust zu weinen. »Ich würde sterben, wenn er käme«, sagte sie leise.

Hilda lachte: »Davon stirbt man nicht, und dann, du bist zwar eine Prinzessin, aber du könntest dich doch bemühen, ein modernes Mädchen zu sein. Dieses Anschmachten aus der Ferne tut kein modernes Mädchen mehr. Wenn wir uns in einen Mann verlieben, und das läßt sich nicht vermeiden, dann handeln wir auch. Nur keine unnütze Gefühlsverschwendung mehr.«

»Ich werde es nie können«, stöhnte Marie.

Hilda zuckte die Achseln. »Setze dich nur an deinen Schreibtisch,« befahl sie, »ich nehme den Brief mit und besorge ihn, das wird gemacht, und du wirst sehen, es beruhigt.«

Und es wurde gemacht. Hilda fuhr mit Maries Brief in der Tasche nach Hause.

Nun verbrachte Marie täglich eine qualvolle Stunde drüben bei dem alten Pflaumenbaum. Blaß, mit erregten Augen ging sie zwischen den entblätterten Johannisbeerbüschen hin und her und warf zuweilen einen angstvollen Blick auf das Gartengitter. Oft war sie nahe daran fortzulaufen, sich im Park zu verstecken, Armin Biber mochte nun kommen oder nicht; allein sie fürchtete sich vor Hildas Verachtung, sie wollte ja auch ein modernes Mädchen sein, und endlich zog dieses Erlebnis, das sie so angstvoll erwartete, sie dennoch unwiderstehlich an. Es war am dritten Tage nach Hildas Besuch, daß Marie am Gartengitter einen Herren sah, der von seinem Rade sprang, das Rad gegen das Gitter lehnte und zu ihr hinübergrüßte. Er trug einen braunen Radfahreranzug und einen kleinen, schwarzen Filzhut. Regungslos blieb Marie stehen und starrte den Fremden an, dann ging sie langsam und wie mechanisch auf das Gitter zu. Der Fremde zog wiederum seinen Hut tief ab und verbeugte sich. War das Armin Biber, dieser kleine Herr mit dem geröteten Gesicht, dem glattrasierten bläulichen Kinn und dem langen bleichen Munde? Jetzt trat er nah an das Gitter heran, lächelte und zeigte dabei eine Reihe weißer Zähne, in denen eine Goldplombe blank hervorglänzte. Marie sah das alles ganz genau. Nun begann er zu sprechen, ja, das war Bibers schöne, tiefe Stimme.

»Durchlaucht haben befohlen,« sagte er, »hier bin ich.«

»Das ist sehr freundlich«, hörte sie sich sagen, und sie sah, wie ihre Hand zwischen den Gitterstäben hindurch sich Armin Biber reichte. Er ergriff sie und küßte sie.

»Ich wollte Ihnen so gern danken,« fuhr Marie fort, »für den großen Genuß damals im Theater.«

Armin Biber wurde ernst, und Marie fand in seinen Augen etwas von Karl Moor wieder. Er nahm den Hut ab und fuhr sich mit der Hand über die Stirne. »Ach, Durchlaucht,« versetzte er, »das ist ja der eigentliche Lohn unseres oft dornenvollen Berufes, daß unsere Kunst zuweilen in einem vornehmen und edlen Herzen wiederklingt.«

Was soll ich jetzt sagen, dachte Marie, aber da sagte sie schon: »Es muß sehr schwer sein, solche Rollen zu spielen.«

»Nun ja,« erwiderte Armin Biber, »die Hauptsache ist, daß man die Rolle fühlt, und da muß man schon einiges an Nervenkraft und Herzblut zusetzen.«

»Das kann ich mir denken«, bemerkte Marie. Eine Pause entstand, und Marie dachte: Wie soll das enden?

Aber Armin Biber begann wieder zu sprechen: »Ich hätte gern als Erinnerung an diese bedeutungsvolle Stunde Euer Durchlaucht mein Bild mitgebracht, allein ich wagte es nicht.«

»Wie schade,« meinte Marie, »aber vielleicht geben Sie mir als Andenken die kleine, gelbe Blume dort am Wege.«

»Die dort?« fragte Armin Biber und kniff seine Augen zusammen, »bon, ich fliege.« Er sprang zu der gelben Blume hin, pflückte sie und reichte sie lächelnd durch das Gitter.

Marie versuchte auch zu lächeln, als sie die Blume entgegennahm. »Ich danke Ihnen,« sagte sie, »jetzt aber glaube ich, muß ich gehen.«

Wieder streckte sie die Hand durch das Gitter, und wieder erfaßte Armin Biber sie und küßte sie. »Es wird mir eine unvergeßliche Erinnerung sein«, versetzte er leise und innig. »Adieu, Durchlaucht, adieu.« Er schwenkte seinen Hut, sprang auf sein Rad und fuhr schnell und elegant die Landstraße entlang.

Marie schaute ihm nach, und ein angenehmes Gefühl unendlicher Erleichterung erfüllte sie. Eilig schritt sie dem Schlosse zu, sie war froh, daß es vorüber war und stolz, daß sie das erlebt hatte. Als sie in ihrem Zimmer ankam, bemerkte sie, daß die kleine gelbe Blume ihr unterwegs entfallen war.

Der Winter setzte dieses Jahr früh mit starkem Schneefall ein. Nur selten drang die Sonne durch die niedrig hängenden hellgrauen Wolken. Immer wieder schneite es, jeden Morgen war der Park mit seinen Bäumen, der Garten, das Schloß wie in große Wellen weißen Musselins gehüllt. Der Baron Fürwit trippelte mit kleinen Schritten durch die Zimmer und regulierte ihre Temperatur. Graf Streith kam im Schlitten mit hellem Schellengeläute angefahren. Marie hustete viel, und nach Weihnachten wurde sie ernstlich krank. Mit hohem Fieber lag sie in ihrem Bette, und die kärglichen Erlebnisse ihres Lebens umschwebten sie in ihren Fieberphantasien, Armin Biber kam, aber er schwebte eine Spanne hoch über dem Boden, und seine Beine schwangen hin und her wie der Pendel einer Uhr. Britta stand neben ihm, lachte und sagte: »Ticktack, ticktack.« Auch Felix Dühnen erschien, er verzog seinen Mund zum höhnischen Knabenlachen und schlug Marie auf die Hand. Aber sie hatten alle etwas Gespenstisches und Feindseliges, Marie flüchtete angstvoll vor ihnen, flüchtete aus dem Traum in das Erwachen. Sie schlug die Augen auf, an ihrem Bette saß ihre Mutter und lächelte ihr zu.

»Geschlafen, mein Kind?« sagte sie.

»Ja«, erwiderte Marie. Die klaren, braunen Augen ihrer Mutter taten ihr wohl, es war, als wehte etwas angenehm Kühlendes aus ihnen herüber, als läge in ihnen etwas, das den Durst löschte.

»Schlafe nur, meine Tochter,« fuhr die Fürstin fort, »und wenn wir kräftiger sind, dann reisen wir dorthin, wo die Sonne ganz warm ist, an ein warmes, blaues Meer, dort werden wir ganz gesund.«

Marie versuchte zu lächeln, seufzte tief und schloß wieder die Augen. Jetzt war ihr wohl, sie sah diese gelbe, warme Sonne und das warme, blaue Meer, eine große blaue und goldene Stille. Dann kamen wieder Bilder, aber dieses Mal friedliche, halb Erinnerung, halb Träume, ein Zimmer im Schlosse Birkenstein, Marie mußte noch sehr klein sein, denn das Zimmer erschien ihr unendlich hoch und die Möbel sehr groß. Sie saß auf dem Schoße ihrer Mutter, saß da ganz in veilchenblauer Seide und spielte mit einem kleinen, goldenen Herzen, das an einer Kette auf der Brust ihrer Mutter hing. Vor ihnen aber im Zimmer ging ein Herr hin und her und sprach laut und schnell. Marie wunderte sich, daß auf das goldene Herz, mit dem sie spielte, zuweilen warme Tropfen fielen. Und dann wieder lag sie in ihrem kleinen Bette, es war Nacht um sie her, aber das Zimmer nebenan, wo die Schwestern schliefen, war hell von Mondenschein. Und plötzlich erschienen da in der bleichen Helligkeit zwei kleine Gestalten in langen, weißen Hemden, und sie faßten einander und tanzten. Marie sah deutlich auf dem hellbeschienenen Fußboden die rastlos tanzenden Füßchen. Allmählich verblaßten die Bilder, und Marie sank in tiefen Schlaf.

Die Fürstin schaute sinnend den blonden Kopf ihres Kindes an, das Gesicht, über dessen weichen Zügen eine mutlose Erschöpfung lag, ein Ausdruck, wie Menschen ihn haben, die bei einer zu schweren Arbeit matt niedersinken. Wie dieses arme kleine Leben kämpft, dachte die Fürstin. In ihren Ohren klang Maries Stimme: Soviel ich sehe, ist jetzt für mich kein Vergnügen in Aussicht, das rührte sie so stark, daß es wehe tat. Sie wandte den Blick ab und schaute zum Fenster hinaus. Trotz der bleichen Wintersonne irrten doch einige große Schneeflocken langsam durch die Luft. Aus der Ferne klang das Schellengeläute eines Schlittens herüber. Die Gedanken der Fürstin suchten nach etwas, das nicht wehe tat, das tröstete, sie dachte an das Jagdschlößchen, an Streith, wie er in den dunklen Garten hinausgeht und zu dem erleuchteten Gartensaale hinuntersieht. Sie kannte diesen Gartensaal, die Wände mit den vielen Ölbildern, die ihren Firnisgeruch in den Duft der ägyptischen Zigaretten mischten, die Möbel mit ihren seltsamen himbeerrot- und grüngestreiften seidenen Überzügen und den vergoldeten Zieraten auf der Lehne, den schwarzen Marmortisch mit den geschweiften, vergoldeten Füßen und das Tigerfell vor dem Kamin. Gut mußte es tun, dort abends zu sitzen ohne Gedanken, ohne Sorgen, denn draußen im dunklen Garten geht einer umher, der alle Härten des Lebens, ja auch das Schmerzvolle der Vergangenheit von ihr nimmt. Und sie steht dann auf, tritt in die offene Tür, schaut in die Nacht hinein, die ihr süß nach Rosen und Nachtviolen entgegenduftet. Er kann sie jetzt im Türrahmen stehen sehen, und sie will rufen. Ein leises Stöhnen ließ die Fürstin aufschrecken, sie schaute nieder auf das Bett, Marie schlief, aber über ihr Gesicht zuckte es wie eine Qual, und die Hand, die auf der Decke lag, wurde unruhig. Die Fürstin beugte sich vor und schaute ihr Kind angstvoll an. Sie war mit ihren Gedanken so weit von ihm fortgewesen, und es schien ihr, als hätte sie ihm ein Unrecht, eine Grausamkeit angetan. Sie neigte sich auf die ruhelose fieberheiße Hand der Kranken nieder und küßte sie. Dann erhob sie sich und verließ leise das Gemach.

Draußen ging sie langsam und bekümmert durch die stille Zimmerflucht, in ihrem Boudoir setzte sie sich nieder, lehnte den Kopf zurück und schloß die Augen. Sie war krank vor Mitleid, Mitleid mit ihrem Kinde, Mitleid mit sich selbst. Irgendwo im Hause ging eine Türe, und das Parkett knarrte unter einem bekannten Schritte. Die Fürstin richtete sich auf und lächelte. Ach ja, Streith ist da, ging es ihr durch den Sinn.

Zwei Jahre waren verflossen, und an einem schönen Maientage saßen die drei Schwestern wieder unter dem alten Pflaumenbaume, der jetzt ganz in Blüten stand. Die Großfürstin Dimitri und die Erbprinzessin von Neustadt-Birkenstein waren nach Gutheiden gekommen, um in der alten Heimat einige Tage beisammen zu sein, ganz wie einst in ihren Mädchenjahren. Nun gingen sie ihren Erinnerungen nach. Auf dem besonnten Rasen waren Decken gebreitet worden, auf welche die Damen sich niedergelassen hatten. Roxane saß wie früher aufrecht da, unter ihrem roten Sonnenschirme, sie war sehr stattlich geworden, die regelmäßigen Züge hatten sich ein wenig verschärft, die Augen mit dem ruhigen Edelsteinglanz schauten gerade vor sich hin, so saß sie da wie eine sinnende Göttin unter ihrem roten Baldachin. Eleonore hatte sich bequem hingestreckt, sie war etwas stark geworden. Das Gesicht, wenn es lachte, war noch das freundliche Mädchengesicht von früher, es war jedoch blaß und, wenn es ernst dreinschaute, lag es über ihm wie verdrossene Müdigkeit. Marie lag platt auf dem Rücken und schaute zum Himmel hinauf. Die Jahre hatten ihre Gestalt schlanker und mädchenhafter gemacht. Das blonde Haar lockte sich noch ebenso eigensinnig über der kurzen Stirn, und die runden Augen schauten noch ebenso erwartungsvoll und kritisch in die Welt hinaus. Die Schwestern hatten lange geschwiegen, jetzt begann Marie zu sprechen: »Nun, erinnert ihr euch?«

»Dazu sind wir ja da, Kleine«, erwiderte Roxane.

»Es ist nur merkwürdig,« fuhr Marie fort, »daß es nichts zu erinnern gibt. Es geschah damals nichts.«

»Das ist ja das Schöne,« meinte Eleonore, »eine Zeit, in der nichts geschah. Nur so das bekannte Licht, die bekannten Gerüche.«

»Sehr gut,« plauderte Marie weiter, »aber man kann auch davon zuviel haben. Wenn wir von San Remo nach Hause reisen, freue ich mich auch. Ich denke, zu Hause wird es besser sein. Es ist nämlich sehr langweilig, in San Remo die kranke Prinzessin zu sein, rechts Mama, links die Baronin Dünhof, und es ist nur davon die Rede, ob ich mich erhitzt oder erkältet habe. Gut, wir kommen nach Hause, und dann liegt zu denselben Stunden, in denselben Ecken derselbe Sonnenschein. Wenn wir spazierenfahren, stehen im Dorfe dieselben Frauen an den Fenstern, und dieselben Hunde bellen, und der Baron Fürwit macht dieselben Späße, und der Graf Streith spricht bei Tisch wieder von der Psyche der Franzosen und der Engländer. Das ist dann auch nicht heiter. Übrigens hat sich manches verändert. Mademoiselle Laure ist nicht da, die Dühnenschen Jungen gehen nicht mehr vorüber, sie haben eine andere Badestelle. Felix ist jetzt Leutnant. Er war gestern hier, er sieht lächerlich aus mit seinem Scheitel über den ganzen Kopf. Heute kommt er mit Üchtlitzens zum Tennis, denn Doktor Ruck hat mir Tennis verordnet. Nun ja, und die alte Malwine bekommt das Gnadenbrot, und die kleine Emilie bedient mich, und Professor Wirth kommt nicht mehr.«

»Ach, der arme Wirth«, meinte Eleonore.

Marie lachte: »Ja, der arme Wirth, es hat wohl nie ein Professor drei unaufmerksamere Schülerinnen gehabt als er. Und wie höflich er immer war, besonders mit Roxane. ›Darf ich vielleicht fragen, wie der Volkstribun hieß, von dem wir in voriger Stunde sprachen?‹ Und Roxane war dann auch sehr liebenswürdig: ›Gewiß, Herr Professor, sehr gern, ich glaube, der Name fing mit einem R an.‹ Und Lore war immer so mitleidig, wenn sie nichts wußte. ›Es tut mir schrecklich leid, Herr Professor, aber ich habe es vergessen.‹«

Sie lachten ein wenig, dann brach die Unterhaltung ab, und sie hörten still dem Läuten der Bienen in den Pflaumenblüten zu.

Einmal äußerte Marie noch feierlich: »Nur wer etwas erleben will, erlebt etwas, sagt Hilda.«

»Ach die«, warf Eleonore hin; aber das ärgerte Marie. »Bitte,« sagte sie, »Hilda ist meine Freundin.«

Vom Hause klangen jetzt Stimmen herüber, und Marie richtete sich auf. »Da kommen sie schon zum Tennis,« meinte sie, »ihr bleibt wohl noch?«

»Ja, wir bleiben noch ein wenig«, erwiderte Roxane.

Marie erhob sich langsam und widerwillig, sie warf noch einen letzten Blick auf ihre Schwestern und sagte: »Roxane ist prachtvoll, wie ein russisches Heiligenbild. Lore ist noch nicht so weit.« Dann ging sie.

Auf dem Tennisplatze fand sie eine größere Gesellschaft, Hilda, ihr Bruder der Referendar und Felix waren gekommen, auch die Damen und Herren des Gefolges waren da, die üppige Fürstin Kusmin mit den schönen Augen, dem unreinen Teint und dem großen weichen Munde, das Fräulein von Dietheim, blond und zierlich und so bleich, daß selbst ihre Lippen weiß waren, der Hauptmann von Keck und endlich der prachtvolle Graf Minsky mit seinem klassischen Profil und einer hohen, dünnen Stimme. Marie begrüßte die Angekommenen, küßte Hilda und sagte: »Ich denke, wir fangen an.«

»Du bist verstimmt«, flüsterte Hilda ihr zu.

Marie zuckte die Achseln, und das Spiel begann. Marie spielte heute nachlässig und schlecht.

»Wenn Graf Dühnen die Bälle so perfide serviert,« sagte sie ärgerlich, »dann kann ich keinen Ball machen.«

»Galant, Graf Dühnen serviert nicht galant«, rief Graf Minsky mit seiner hohen, singenden Stimme.

Felix lachte. Wie kenne ich dieses Lachen, dachte Marie. Das Spiel machte ihr heute keine Freude, so gab sie denn vor, es mache sie müde, und man brach ab. Die Gesellschaft stand noch auf dem sonnigen Platze umher und unterhielt sich. Marie nahm Hildas Arm und sprach mit Felix vom Tirnowschen Parke und dem Frühling in Berlin. Dabei begannen sie langsam den Gartenweg hinabzugehen.

Die Fürstin Kusmin schaute den Fortgehenden mit zusammengekniffenen Augen nach und meinte: »Die Prinzessin macht einen kleinen Spaziergang.«

»Ja,« erwiderte Fräulein von Dachsberg leise, »die Prinzessin tut, was ihr gerade einfällt. Es heißt immer: ›Das arme Kind, lassen Sie es doch‹, und wir Hofdamen sind eigentlich nur dazu da, um vermieden zu werden.«

»Ja, so auf dem Lande«, sagte die Fürstin gerührt.

Hilda hatte dem Gespräch zwischen Marie und Felix schweigend zugehört, jetzt sagte sie: »Sind Sie denn noch böse wegen des Servierens der Bälle?«

Marie lachte: »Ach nein, das habe ich verziehen.«

Felix entschuldigte sich, er war es nicht mehr gewohnt, bei Hof zu servieren.

Marie beugte sich vor und schaute lustig zu ihm auf: »Wie geht es jetzt mit der Subordination?«

»Ich danke,« erwiderte Felix, »es muß wohl.«

»Schwer wird es dir fallen«, bemerkte Hilda; sie und Felix sagten als Nachbarskinder zueinander du.

»Es kommen einem zuweilen Gedanken,« berichtete Felix, »wenn ich vor dem Kommandierenden stramm stehe und er schnauzt mich an, dann denke ich zuweilen: Was würde geschehen, wenn ich statt ›zu Befehl‹ nur ›Kikeriki‹ sagen würde, nichts weiter als ›Kikeriki‹? Das gäbe doch eine Aufregung in der ganzen Armee, es würde in allen deutschen und ausländischen Zeitungen stehen, es wäre ein Weltereignis.«

»Das werden Sie doch nicht tun«, rief Marie erschrocken.

Felix beruhigte sie: »Nein, das tue ich nicht, ich bin jetzt ein Normalmensch, ein Leutnant. Ein Leutnant tut, was alle anderen Leutnants tun, im Dienste tun sie alle dasselbe, und im Kasino und wenn sie mit Damen sprechen, sagen sie alle dasselbe, und wenn sie Zivil anziehen, haben sie alle blaue Anzüge und gelbe Stiefel. Und wenn ich mich nachts zu Bett lege, weiß ich, daß tausend ganz solcher Herren wie ich, sich zu Bett legen. Das ist so wie mit dem Zinnsoldaten, der weiß auch, wenn er in die Schachtel gelegt wird, daß zwei Dutzend ganz solcher Kerlchen wie er in der Schachtel liegen.«

»Meine Brüder hatten Zinnsoldaten, mit denen ich gern spielte,« erzählte Hilda, »da war einer, bei dem hatte das Zinn nicht gereicht, er hatte ein zu kurzes Bein, den liebte ich besonders, weil er anders war als die anderen.«

Felix seufzte: »Ach, ich glaube, bei mir hat das Zinn auch nicht gereicht, jedenfalls ist mein Vater dieser Ansicht.«

»Und hier zu Hause?« sagte Marie.

»Hier zu Hause versuche ich zu tun, was nur ich tue. Gestern stand ich auf dem großen Rasenplatze im Hofe auf dem Kopfe. Mein Vater fand das unwürdig.«

»Das war es wohl auch.«

Felix zuckte die Achseln: »Nun ja, aber man will doch etwas für seine Persönlichkeit tun.«

»Du kannst ja wieder auf einen Baum steigen und wie eine Taube girren«, schlug Hilda vor.

Felix lachte: »Wozu? Es hört es ja doch nur der alte Gartenwächter.«

Jetzt gingen sie an den Johannisbeerbüschen vorüber. Felixens und Maries Augen trafen sich in einem schnellen Blick des Einverständnisses, und ihre Lippen zuckten.

Dann sagte Felix: »Ich glaube mich zu erinnern, daß hier im Gitter eine Tür ist. Ich würde sie benutzen, um mich hier von den Damen zu empfehlen.«

»Ja, die Tür ist noch da«, sagte Marie und errötete.

Felix nahm Abschied und ging. Die beiden Mädchen schauten ihm nach, wie er die Dorfstraße hinabeilte, schmal und knabenhaft im hellen Tennisanzuge.

»Der geht nicht wie ein Leuntnant«, bemerkte Hilda. Dann schlugen sie den Rückweg ein. Nach einer Pause sagte Hilda: »Es ist wahrscheinlich, daß er sich in dich verlieben wird, was wirst du dann tun?«

»Was soll ich tun?« erwiderte Marie ärgerlich.

Aber Hilda fuhr fort: »Männer sind solche Kinder, sie glauben, eine Prinzessin –.«

»Sprich doch nicht so«, unterbrach Marie.

Da schwiegen sie beide, Marie aber dachte an den schnellen Blick des Einverständnisses, den sie mit Felix getauscht. Sie hatte noch nie so in fremde Augen hineingesehen, und es machte sie froh.

Zum Diner war Graf Streith gekommen. Er sprach bei Tisch mit Roxane über die hellen Nächte in Rußland, er war einmal in St. Petersburg gewesen.

Roxane liebte die hellen Nächte nicht. »Ich fürchte mich vor ihnen, meine Fenster können nicht dicht genug verhängt sein, ich habe dann eine solche Sehnsucht nach Dunkelheit.«

»Dunkelheit,« bemerkte die Fürstin, »ist oft so wohltuend, wenn sie alles um uns fortnimmt.«

»Unsere Nächte,« sagte Graf Minsky, »sind nicht zum Schlafen da, sie sind da zum Singen, zum Träumen, zum Flirten.«

»Nun ja,« bemerkte Graf Streith, »man muß in ihnen gesellig sein, sonst machen sie einen zu melancholisch.«

»Sie machen nervös«, flüsterte die Fürstin Kusmin und zog die Augenbrauen zusammen, als gebe schon der Gedanke an diese Nächte ihr Migräne.

Das Fräulein von Dietheim wünschte sich vom Hauptmann von Keck darüber belehren zu lassen, warum die Nächte in Rußland so hell seien. Sie liebte es, sich vom Hauptmann von Keck belehren zu lassen.

»Es wird wohl mit der Sonne zusammenhängen«, murmelte dieser mißmutig.

Da unternahm es Baron Fürwit, die Dame darüber aufzuklären.

Am anderen Ende des Tisches hatte das Gesprächsthema gewechselt, man sprach jetzt von der Gesundheit des Großherzogs von Mecklenburg, die zu Befürchtungen Anlaß gab.

Nach dem Diner wurde nach Mänteln gerufen, die Fürstinnen wünschten in den Garten hinunterzugehen, sie wollten alles tun, was sie einst als Mädchen getan hatten. So wandelten denn die drei Schwestern Arm in Arm den breiten Kiesweg hinab, die Hofdamen folgten ihnen zu zweien.

Die Fürstin trat mit dem Grafen Streith auf die Gartentreppe hinaus. Der Halbmond hing am Himmel, ein lauer Wind raschelte in den Buchsbaumhecken.

»Wie warm es ist«, sagte die Fürstin.

Streith bog den Kopf zurück und atmete den Duft der Nacht ein. »Seltsam warm,« erwiderte er, »am Horizonte wetterleuchtet es.«

Vom Garten her scholl helles Lachen herüber.

»Wie sie lachen, die lieben Kinder,« sagte die Fürstin und legte ihre Hand leicht auf Streiths Arm, »Roxane ist ganz wie ich es erwartet habe, sie geht ruhig und würdig ihren Weg, ein wenig starr ist sie geworden, aber das werden wir ja, wenn wir innerlich wund sind und der Tod ihres Kindes hat viel Kühle in ihr Leben gebracht. Meine arme Eleonore aber, so liebevoll und liebebedürftig und – was hat sie jetzt?«

Die Stimme der Fürstin wurde klagend und versiegte dann. Streith erwiderte nichts, er stand regungslos da, um die Hand, die auf seinem Arme lag, nicht zu verscheuchen.

»Ich bin so froh, Sie bei mir zu haben,« hub die Fürstin wieder an, »aber sehen Sie, zuweilen kommen mir Gedanken, deren ich mich schäme. Ich ertappe mich darauf, froh zu sein, daß ich nicht mehr in jener Welt dort lebe. Das ist unrecht; der Welt, in der meine Kinder leben, darf ich nicht ferne sein, ich muß ihnen doch helfen.«

Als die Fürstin jetzt schwieg und eine Antwort erwartete, sagte Streith langsam, indem er die Worte suchte: »Gewiß, ich meine nur, wenn wir helfen wollen, müssen wir stark sein, und wir sind am stärksten, wenn wir ein wenig glücklich sind.«

»Ich weiß, Streith, ich weiß«, versetzte die Fürstin, ihre Stimme wurde ganz weich, und sie strich mit der Hand sachte über Streiths Rockärmel.

Streith schwieg, diese leichte Liebkosung ergriff ihn zu sehr. Es wurde nichts mehr gesprochen, beide schauten in die Nacht hinaus, ein stärkerer Wind fuhr in die Bäume und ließ sie aufrauschen, am Horizonte wetterleuchtete es, als würden immer wieder Türen zu hellen Sälen auf- und zugemacht. Da entschloß sich Streith, er ergriff die Hand, die auf seinem Arme ruhte, und führte sie an die Lippen. Die kleine, kühle Hand folgte willenlos der seinen.

Die Spaziergänger kamen zurück, denn sie fürchteten das aufziehende Gewitter. Streith war bleich, und die Fürstin hatte feuchte, schimmernde Augen. Einen Augenblick ruhten Roxanes Blicke wie fragend auf den beiden, und die Fürstin wandte sich vor ihnen ab. Jetzt kamen auch die Herren aus dem Rauchzimmer, und die

Fürstin Kusmin wurde gebeten, ein wenig zu musizieren. Sie setzte sich an den Flügel und spielte mit großer Bravour und glänzender Technik Liszts zweite Rhapsodie. Alle lauschten andächtig. Die Kaskaden von Tönen, die auf die Zuhörer niederrauschten, machten diese seltsam regunglos, als hielten sie stille unter einer Dusche. Fräulein von Dachsberg saß gerade da, ein starres Lächeln auf den Lippen. Graf Minsky verzog das Gesicht, als hätte er etwas Süßes im Munde. Die Fürstin hatte den Kopf zurückgelehnt, sie hielt die Augen halb geschlossen, und auf ihrem Gesichte lag noch der Ausdruck einer sanften Erregung. Eleonore war einfach schläfrig, sie zog die Stirn kraus, als täte die Musik ihr weh, während Roxane, die Augen weit offen, vor sich hinblickte, wie man in eine Ferne sieht. Marie lag bequem in ihrem Sessel, die Frühlingstage machten ihr die Glieder schwer, sie dachte an Hildas Worte: ›Wahrscheinlich wird er sich in dich verlieben‹; sie dachte sie immer wieder, sie versuchte es, sie dem Rhythmus der Musik anzupassen, und sie entzündeten in ihrem Blute ein leichtes Fieber, das angenehm müde machte. Halb hinter dem Vorhang aber, in der Fensternische, stand Graf Streith, er schaute zu, wie draußen das Frühlingsgewitter aufzog, und sein scharfes Profil, seine mächtige Nase hoben sich dunkel von der mondbeschienenen Fensterscheibe ab.

Nun schlug die Fürstin Kusmin die letzten Akkorde an, stand auf und zog klirrend ihre Armbänder über, die sie vor dem Spiel abgelegt hatte. Eine leichte Bewegung entstand unter den Zuhörern, als erwachten sie. Die Fürstin erhob sich, um der Fürstin Kusmin zu danken, auch die anderen traten hinzu, man stand beisammen und sprach über Musik, bis die Fürstin das Zeichen zum Aufbruch gab.

Die Fürstinnen hatten gewünscht, wieder in dem großen, gemeinsamen Schlafzimmer zu schlafen. Marie ließ sich von Emilie schnell zu Bette bringen, sie wollte wieder wie früher im Halbschlummer daliegen und hören, wie ihre Schwestern sprachen. Die Kammerzofen wurden fortgeschickt, die Fürstinnen in ihren langen Nachtgewändern saßen vor dem großen Toilettenspiegel und unterhielten sich halblaut. Marie konnte auf der Wand ihre Schatten sehen, wie sie sich zueinanderneigten und wieder auseinanderfuhren. Roxanes tiefe Stimme erzählte langsam und eintönig: »Es war jene schreckliche Nacht, in der mein Kleiner starb.

Draußen lag ein dichter, weißer Nebel, die Stadt war totenstill, man hörte nur die Schritte der Soldaten, die vor dem Palais auf und ab gingen. Aber wenn man das Fenster öffnete, schien es, als hörte man dort, irgendwo, ganz weit etwas rufen oder schreien. Ich weiß nicht, was es war, aber es klang, als geschähe dort etwas Entsetzliches. Mein Kleiner lag in hohem Fieber, und ich hatte mich auf sein Bett gesetzt und hielt ihn in den Armen. Alle, die in das Zimmer kamen, hatten seltsam bleiche Gesichter und angstvolle Augen, und wenn sie an den Fenstern vorübergingen, blieben sie stehen und horchten hinaus. Eudoxia, die alte Wärterin, und die Amme warfen sich immer wieder vor dem Heiligenbild auf den Boden und beteten leise. Die Ärzte kamen und, ich glaube, ein Geistlicher. Dimitri war nicht da. Ich hielt meinen Kleinen im Arm und hörte auf seinen Atem, er ging so schnell, als müsse das arme Kind laufen, immer laufen, und in seiner Brust gab es ein leises Geräusch wie von einer kleinen Uhr, in der etwas gesprungen ist. Und mir war es, als müßte auch ich so schnell atmen, als müßte auch ich laufen mit ihm zusammen, laufen, laufen, und wir beide waren so müde. Und plötzlich wurde es in meinen Armen ganz still, und mir selbst war, als wäre ich irgendwo hingefallen, und es kam eine große, dunkle Ruhe.« Roxane schwieg.

Das ist zu traurig, dachte Marie und drehte sich auf die andere Seite.

Nach einer Weile sagte Eleonore etwas und Roxane antwortete: »Ja, ein großes, schönes Land und die Menschen sind freundlich und liebenswürdig. Wenn nur nicht die Angst wäre, die zuweilen über mich kommt. Weißt du, solch eine Angst wie in Birkenstein, wenn man des Nachts erwachte und an den Turm im Park dachte, mit seinem Verlies, von dem der alte Gärtner erzählte, daß man dort ein Gerippe gefunden habe.«

»Ja, ich weiß«, sagte Eleonore.

Marie wußte das auch, an den alten Turm in Birkenstein jedoch wollte sie nicht denken. Dann mußte sie etwas geschlafen haben, denn als sie wieder die Stimmen ihrer Schwestern hörte, war von anderem die Rede.

Eleonore lachte leise und Roxane sagte: »Was geht da vor? Eine Mutter bräutlich, eine Mutter verliebt, das ist unmöglich.«

Marie war zu müde, um zu verstehen, sie dachte noch einmal: Wahrscheinlich wird er sich in dich verlieben, und schlief dann ein.

Der Graf Streith hatte schlecht geschlafen, nun saß er am Frühstückstisch, trank seinen Tee und starrte sinnend auf einen Kastanienzweig voll grellgrüner Blätter, der sich vor dem Fenster in der Maiensonne wiegte. Roller, der rotbraune Setter, hatte sich eine sonnige Stelle auf dem Parkett ausgesucht und schlief dort. Oskar Pose, der alte Diener, mit dem Gesicht eines Heldenvaters, ging leise ab und zu und bediente seinen Herrn.

Das Fatale an solch schlimmen Nächten war, daß Gedanken dann herandrängten und sich breit machten, die Streith sonst im Zaume zu halten verstand. Als er den Hofdienst aufgegeben und sich hierher zurückgezogen hatte, war ihm das wie eine Erlösung erschienen. Der Hofdienst war ein Mißgriff gewesen, wie denn manches in seinem Leben ein Mißgriff gewesen war. Jetzt, obgleich er die Vierzig überschritten hatte, jetzt sollte das eigentliche Leben beginnen. Erfahrungen hatte er genug gesammelt, das Handwerk des Lebens hatte er genügend gelernt, da mußte es mit dem Teufel zugehen, wenn nicht etwas seiner Würdiges dabei herauskam. So begann er denn sich einzurichten, er baute sein Schlößchen aus, kaufte schöne Sachen, legte seinen Garten an, ließ seinen Wald vermessen. Einige Jahre waren vergangen, und er richtete sich noch immer ein, immer noch war alles Vorbereitung, und das Leben, auf das er sich freute, hatte noch nicht begonnen. Dazu verrann die Zeit, nach einer solch schlaflosen Nacht hörte er sie ordentlich an sich vorübersausen wie ein durchgehendes Gespann, und er hatte das Gefühl eines Schülers, dessen Ferienzeit zum größten Teil vorüber ist und der noch immer auf die eigentliche Ferienlust wartet.

Die Tür öffnete sich, und Frau Buche, die Mamsell, erschien. Sie war ältlich und recht stark, und aus ihrem großen, bleichen Gesichte schauten zwei sehr friedliche, mausgraue Augen heraus. Sie verbeugte sich, und Streith erwiderte sehr höflich den Gruß. Dann lehnte Frau Buche an der Tür und begann, wie sie das jeden Tag tat: »Ich komme wegen des Essens, Herr Graf. Zum Frühstück habe ich Hechtkoteletten mit Morchelsoße, dann dachte ich . . .«

Allein Streith winkte ab: »Genug, geben Sie eine Tasse Bouillon und eine Omelette, das genügt. Übrigens wird das Diner sich heute ein wenig verspäten, denn ich will noch einmal nach den Schnepfen sehen.«

Frau Buche neigte den Kopf und fuhr dann fort: »Für das Diner habe ich eine Krebssuppe vorbereitet, dann haben wir das Haselhuhn, dann dachte ich ...«

Aber Streith unterbrach sie wieder: »Es ist gut, Frau Buche, Sie werden es schon machen.«

Die alte Frau zog ihre Mundwinkel herab, was ein verhaltenes Lächeln bedeutete, und meinte: »Der Herr Graf muß heute wichtige Dinge im Kopfe haben, daß er nicht an unser Essen denken mag.«

Streith lehnte sich in seinen Stuhl zurück, blies den Rauch seiner Zigarette vor sich hin und betrachtete aufmerksam das Gesicht der Mamsell und sagte: »An Essen denken ist eine gute Sache, aber zu jeder guten Sache gehört auch die rechte Stimmung. Sind Sie immer in der Stimmung, an Essen zu denken?«

Frau Buche wurde ernst: »Bei mir, Herr Graf, ist es Pflicht, wollte ich nicht an das Essen denken, so wäre das Sünde.«

Streith zuckte die Achseln. »Sünde, Frau Buche, ist ein großes Wort, aber sagen Sie, waren Sie immer so still befriedigt, oder gab es in Ihrem Leben auch Leidenschaften?«

Die alte Frau errötete. »Von Leidenschaften weiß ich nichts«, erwiderte sie abweisend.

»Das war doch Herr Buche«, warf Streith ein.

»Buche war ein starker Mann,« berichtete die Mamsell, »und ein jähzorniger Mann, ich war jung und dumm, das ist nun vorüber, ich habe jetzt meine Arbeit und keine Sorgen, bis auf die Sorge um das ewige Seelenheil.«

»Beste Frau Buche,« rief Streith, »wenn Sie sich auch für die Ewigkeit einrichten wollen, dann werden Sie nie fertig.«

Die alte Frau kniff die Lippen zusammen, darüber wollte sie nicht sprechen. Sie wartete noch einen Augenblick, fragte dann, ob der Herr Graf noch etwas befehle, und als Streith verneinte, verließ sie das Zimmer.

Streith stand auch auf und ging in sein Arbeitszimmer hinüber. Dort lagen neuangekommene Bücher bereit, die er durchsehen wollte. Als er jedoch in seinem Sessel saß, das Falzbein in der Hand, verfiel er wieder in Sinnen. Der Abend gestern drüben auf dem Schlosse hatte ihn beunruhigt. Eine Verbindung mit der fürstlichen Frau betrachtete er als die Krönung seines Lebens. Sie sollte es zu jener kostbaren Ausnahme machen, die Donalt von Streiths Leben sein mußte. Seit er die Fürstin kannte, schon am Birkensteiner Hof, als sie die unglückliche Gattin eines allzu lebenslustigen Fürsten gewesen war, hatte er in ihr das auserlesenste Wesen der Schöpfung verehrt. Sie wußte, daß er sie liebte, daß er auf sie wartete, sie ließ das nicht nur geschehen, nein, sie wollte es. Nun waren gestern wieder mütterliche Gefühle und Skrupel in ihr aufgestiegen, die seine Hoffnungen bedrohten. Ein leiser Ton machte ihn aus seinen Gedanken aufschrecken, das Schildkrötfalzbein in seinen Händen war mitten entzweigebrochen. Ungeduldig warf er es fort, erhob sich und ging schnell in den Flügel des Schlosses hinüber. Dort befanden sich drei Zimmer, deren Einrichtung noch unvollständig war. Die Wände des ersten Zimmers bedeckte eine hübsche japanische Seidentapete, auf mattblauem Grunde blühende Kirschzweige und ein Zug silbergrauer Kraniche. Ein Chippendale-Schreibtisch stand da noch, eine Vitrine mit Porzellanfigürchen und kleine mattblaue Möbel. Die anderen Zimmer waren fast leer, nur ein Spiegel in silbernem Rahmen, eine fliederfarbene Couchette und ein weißes Bärenfell befanden sich dort. Streith ging hin und her, rückte an den Möbeln, dachte nach. An diesen Räumen dichtete er schon manches Jahr, jetzt aber mußte das mit mehr Eifer betrieben werden. Roller war seinem Herrn gefolgt, stand da, sah ihn mit geduldigen Hundeaugen an und war freudig überrascht, als Streith ihn anredete: »Roller, mein Alter,« sagte er, »eile, wir haben Eile.« Damit verließ er das Gemach, nahm seinen Hut und ging in den Hof hinaus.

An der einen Seite des Schlößchens wurde ein Wintergarten angebaut, die Mauern standen schon, und die Arbeiter waren eben dabei, die Tragbalken hinaufzuwinden. Streith blieb stehen, um der Arbeit zuzuschauen.

Der Baumeister trat an ihn heran, ein grämlicher Alter mit grauem Ziegenbart, und begann Bericht zu erstatten.

Streith hörte ihm nicht zu, er interessierte sich für die großen, blonden Burschen, die sich da mit den großen, gelben Balken zu schaffen machten. Die Sonne setzte ihnen hart zu, sie hatten die Mützen in den Nacken geschoben, die Gesichter waren gerötet, und auf den Rücken der Kittel zeigten sich nasse Flecken. Es war jedoch hübsch, wie sie die schweren, heißen Glieder als Werkzeuge benutzten, mit ihnen hoben, stützten und stemmten, wie die Muskeln sich spannten und die jugendliche Kraft die Körper schwellte. Streith wurde es ganz warm bei diesem Anblicke, doch plötzlich wandte er sich ab, ließ den Baumeister mitten in seinem Berichte stehen und ging in seinen Garten hinüber. Dort schritt er langsam an den Rosenbüschen entlang, allein er beachtete sie nicht, er war verstimmt, denn er fühlte sich heute als ältlichen Herrn, der langsam auf und ab geht, um sich in der Sonne zu erwärmen.

Nach dem Frühstück ritt Streith aus. In den Waldschneisen zwischen den dichten Wänden der jungen Tannen war die Luft warm und feucht, sie machten den Reiter und das Pferd schlaff. Streith ließ den Falben gehen, wie er wollte, er selbst gab sich seinen Gedanken hin, aber auch diese hatten heute nicht den rechten Fluß. Immer wieder hakten sie sich an kleine Widerwärtigkeiten und kamen nicht davon los. Als er wieder um sich schaute, befand er sich am Rande seines Waldes, drüben begann der Tirnowsche Wald, dort lag auch der graue Holzbau des alten Forsthauses. In dem kleinen Gemüsegarten vor dem Hause ging eine schlanke Dame in dunklem Kleide, die Gießkanne in der Hand, langsam die Beete entlang und begoß die Kohlpflänzchen. Als sie den Hufschlag des Pferdes hörte, wandte sie ein wenig den Kopf, kehrte ihn jedoch gleich wieder ab, als gäbe es da nichts zu sehen und fuhr in ihrer Beschäftigung wieder fort. Ah, die kompromittierte Dame, dachte Streith, die Bankiersfrau mit dem Roman, die sich in die Einsamkeit zurückgezogen hat. Auf der anderen Seite des Hauses lag eine kleine, eingezäunte Wiese, auf der zwei braune Kälber weideten, ein Kind hütete sie, ein kleines, verkümmertes Wesen mit einem roten Tuche auf dem Kopfe. Neben dem Kinde auf dem Boden saß ein junges Mädchen in blauem Leinwandkleide, der Wind ließ das krause, schwarze Haar um das runde, rosige Gesicht flattern. Beide, das Kind und das Mädchen, sangen aus vollem Halse. Als Streith vorüberritt, sprang das Mädchen auf, lief zum Zaune, stützte die Arme in den zu kurzen Ärmeln auf die Zaunlatten und betrachtete den Reiter. Streith waren diese großen, dunkeln Augen peinlich, die ihn mit ruhiger Neugierde anstarrten, als sei er eine Sache. Er trieb sein Pferd an, vom Hause rief eine Stimme: »Britta! Britta!«

Wie das mit Leben protzt, ging es Streith durch den Sinn. In scharfem Trabe ritt er der Landstraße zu und dann an Gutheiden vorüber. Durch das Gartengitter sah er die Fürstin und Roxane langsam den breiten Kiesweg entlang gehen, zuweilen blieben die Damen vor einem Beete stehen und beugten sich auf die Frühlingsblumen nieder. Es schien Streith, als wehe ihm aus diesem Garten wieder die feine, milde Luft entgegen, die zu atmen er gewohnt war, und er wurde wieder heiter.

Die gute Stimmung hielt auch an, als er sich zu Hause in seinem Arbeitszimmer auf den Diwan ausstreckte, um ein wenig zu ruhen. Im Halbtraum sah er noch die edle Gestalt der Fürstin, die leichte Bewegung der dunkelvioletten Schleppe auf dem gelben Kies, das gütige Sichniederbeugen zu den Hyazinthen und Krokussen des Gartenbeetes.

Um Sonnenuntergang ging Streith auf den Schnepfenstand. Nicht weit vom Hause lag eine kleine, feuchte Wiese mitten im Walde. Dort stellte er sich auf. Die Sonne war im Untergehen, goldene und rosige Wolkenflocken hingen am blaßblauen Himmel, die Vögel lärmten aufgeregt im Unterholze, Züge von Krähen flogen eilig über die Wipfel hin und riefen einander ihre heiseren Nachrichten zu, und unten in den Wasserlachen quarrten die Frösche. Streith war diese Lebhaftigkeit peinlich, er war froh, als die Sonne vollends unterging, er freute sich auf die Abendstille. Nun hörte er eine Schnepfe kommen, es war, als flöge sie direkt aus dem Gold des westlichen Abendhimmels heraus, langsam näherte sie sich, es schien, als schwimme sie wohlig in der Luft, die schwer von Düften und bunt von Farben war. Als sie nahe genug war, schoß Streith, sie fiel und Roller eilte, sie seinem Herrn zu bringen. Fatal, dachte Streith, als er den toten Vogel in der Hand hielt, aus einer so hübschen Situation so herausgerissen zu werden. Dann lud er sein Gewehr und wartete wieder. Die Farben am Himmel verblaßten, die Vögel wurden stiller, und das Quarren der Frösche klang jetzt beruhigt und eintönig. Streith hörte neben sich auf dem feuchten Boden Schritte, und als er hinschaute, gewahrte er zwischen den Erlenbüschen ein Mädchen. Das ist die Tochter vom Forsthause, sagte er sich, diese Britta. Er erkannte sie an den großen schwarzen Augen. Britta grüßte, indem sie die Hand an den kleinen, grünen Filzhut legte.

»Darf ich hier stehen?« fragte sie.

»Bitte«, erwiderte Streith kühl und wandte sich ab. Britta stand nun da, die Hände in die Taschen der grauen Lodenjacke gesteckt, den Kopf zurückgebogen, gespannt lauschend. Ihr Gesicht war vom Gange heiß, die Lippen halb geöffnet, atmete sie schnell. Als sich jetzt in der Ferne eine Schnepfe hören ließ, wandten Roller und Britta die Köpfe der Richtung des Tones zu, und Britta sagte: »Jetzt kommt sie.« Hoch und schnell flog die Schnepfe heran, Streith schoß, die Schnepfe machte eine Zickzackbewegung und flog weiter. Streith hörte Britta leise lachen. »Zu hoch«, murmelte er und ärgerte sich darüber, daß er sich vor dem Mädchen wegen des Fehlschusses entschuldigte. Aber das kam von solch ungebetenen Zuschauern. Eine Weile stand er noch da, durchsichtig und farblos wurde der Himmel, leichte Nebel stiegen von der Wiese auf, und die Tannenwipfel wurden schwarz. »Sie kommen nicht mehr«, sagte Streith endlich und warf sein Gewehr über die Schulter.

»Sie kommen nicht mehr«, wiederholte Britta. Erstaunt schaute Streith zu ihr hinüber, da griff sie wieder an den Rand ihres Filzhutes, sagte: »Guten Abend, danke«, und wandte sich zum Gehen.

»Mein Fräulein,« rief Streith ihr nach, »der Weg dort ist sumpfig. Sie tun besser, hier die Schneise hinabzugehen.«

Gehorsam kehrte Britta um, sie blieb neben Streith stehen und schaute ihn an, als erwartete sie von ihm weitere Befehle. »Ja,« sagte Streith, »das ist auch mein Weg.« So gingen sie denn nebeneinander über die Wiese, Britta, die Hände noch immer in den Taschen ihrer Jacke, trat kräftig in die Wasserlachen, und es schien ihr Freude zu machen, wenn es tüchtig um sie her aufspritzte.

»Sie interessieren sich für die Jagd«, begann Streith die Unterhaltung.

»Ja, sonst gibt es hier nichts zu sehen«, erwiderte Britta; ihre Stimme hatte einen gedämpften, warmen Klang, gemischt mit ein wenig Herbigkeit, wie sie Mädchen aus dem Volke haben, die ihre Kehlen in der freien Luft nicht schonen.

»Im Forsthaus ist es wohl einsam?« fragte Streith weiter.

»Im Winter,« berichtete Britta, »wenn es früh dunkel wird, und wenn Schritte am Hause vorübergehen und vor den Fenstern stehenbleiben und wieder weitergehen, dann fürchten wir uns wohl.«

»Sind die Damen ganz allein?«

Nein, der rote Andree wohnte bei ihnen, er pflegte den Schimmel. Er war aber des Nachts oft nicht zu Hause. Streith lachte: »Weil er wildert.«

»Ja, aber er ist noch nie erwischt worden«, verteidigte ihn Britta. »Ich wollte, er soll mich einmal mitnehmen, aber er tut es nicht.«

»Das würde sich für eine junge Dame auch nicht schicken«, bemerkte Streith zurechtweisend.

»Für eine junge Dame,« bemerkte Britta nachdenklich, »nein, das würde sich nicht schicken, aber wer kümmert sich um uns? Übrigens fahre ich jede Woche einmal in die Stadt, um Musikstunden zu nehmen. Ich habe dort auch Freundinnen, die Tochter des Bahninspektors Müller und die Töchter des Postmeisters. Die wollen eine Gesellschaft geben, aber ich tanze so schlecht, Mama tanzt mich ein, dann ist aber niemand da, der Klavier spielt.«

»Hm, ja, das ist schlimm«, bemerkte Streith.

Die Unterhaltung verstummte für eine Weile, schweigend gingen beide nebeneinander her. Unter den großen Tannen dunkelte es bereits, in den Wasserlöchern begannen die Unken ihr dünnes Liebeslied vor sich hin zu singen, drüben im Walde riefen zwei Käuzchen leidenschaftlich einander zu, über das Moos huschten leise Schritte, und es war, als würde ein keuchender Atem hörbar, das mochte wohl ein Dachs auf der Nachtwanderung sein. Streith wurde wunderlich zumute, als er in dieses heimliche Lokken, Schleichen und Werben hineinhorchte, dazu neben ihm dieses Kind, dem die Mainacht wie starker Wein in das Blut gehen mußte.

Britta blieb stehen: »Hören Sie, da ist er wieder.« Aus der Ferne kam der Ton eines kollernden Birkhahns herüber. »Er kommt immer noch heraus,« fuhr Britta leise fort, »gestern habe ich ihn ganz nahe gesehen, ich mußte über ihn lachen. Warum springt er da ganz allein herum? Die Hennen kommen ja doch nicht mehr.«

»Vielleicht gerade, weil er so allein ist«, sagte Streith, um etwas zu sagen, und begann weiterzugehen.

»Das ist wahr,« bestätigte Britta eifrig, »wenn man ganz allein ist, will man sich zuweilen drehen, drehen, bis man umfällt.« Dann lachte sie plötzlich.

»Warum lachen Sie?« fragte Streith.

»Ich dachte,« antwortete Britta zögernd, »wie das aussehen würde, wenn Sie sich auf der Wiese ganz allein drehen würden. Aber verzeihen Sie, das war dumm.«

Streith lachte gezwungen. »Das wäre allerdings merkwürdig«, meinte er.

Nun waren sie an die Stelle gekommen, wo der Weg sich teilte.

»Sie müssen dort hinabgehen«, sagte Streith. »Fürchten Sie sich nicht, allein zu gehen?«

»Ich fürchte mich nicht«, erwiderte Britta zuversichtlich. »Gute Nacht.«

Sie bog in den Weg ein, tauchte unter in die flüsternde Nacht, als gehörte sie zu ihr. Streith hörte noch eine Weile ihren Schritt auf dem feuchten Grunde. Während er langsam nach Hause ging, war es ihm zuweilen, als hörte er noch in der Finsternis des Waldesdickichts den leisen Atem des Mädchens.

Zu Hause zog Streith sich um. Er liebte es, auch wenn er bei sich allein war, zum Mittagessen feierlich angezogen zu sein. Im Eßsaal erwartete ihn der hübsche Mittagstisch, übersät mit den kleinen Feuern, welche die Kerzen im Kristall und Silber entzündeten. Oskar stand da im Glanze seiner weißen Hemdbrust. Streith war hungrig, es konnte also behaglich werden. Während des Essens jedoch bemerkte er, daß es ihm nicht soviel Vergnügen gewährte, als er geglaubt hatte. Ja, er war froh, als es zu Ende war. Er blieb am Tische sitzen, zündete sich eine Zigarre an und goß mehr Burgunder in sein Glas. Sonst, wenn er von der Jagd kam, liebte er es, sich in einem Sessel auszustrecken, die wohltuende Müdigkeit zu genießen und den grünen Waldbildern nachzuträumen, bis der Schlaf kam. Heute fand er diese angenehme Ruhe nicht. Da war etwas, das mit Burgunder hinuntergespült werden mußte, eine unbegreifliche Melancholie, ja, ganz unbegreiflich.

In Gutheiden war es Sitte, im Mai eine Nachtigallenpartie nach der Webbra zu machen, einem dicht mit Erlen bestandenen Hügel auf einem der Vorwerke. Die Fürstinnen hatten gewünscht, auch dieses wieder zu erleben, so wurden die Diener mit Feldstühlen und Decken, mit der Waldmeisterbowle und Kuchen vorausgeschickt. Die Gräfin Dühnen mit Felix, die Üchtlitzschen Damen und die Pfarrerstöchter waren eingeladen worden.

Als Streith zur Gesellschaft stieß, ging die Sonne rot und strahlenlos unter.

»Der Sonnenuntergang ist heute nicht prima«, meinte Graf Minsky.

Aber Fräulein von Dietheim sagte: »Ich finde ihn dramatisch.«

Die Damen saßen auf den Feldstühlen, die Herren hatten sich auf die Decken gelagert. Marie saß ein wenig abseits unter den jungen Mädchen, bei denen die klaren, lauten Stimmen der Pfarrerstöchter die Unterhaltung beherrschten. Pfarrers Johanna neckte Felix Dühnen, der schweigsam und verstimmt seine Bowle trank.

»Es ist sehr schade, daß Graf Dühnen heute wieder ganz le beau ténébreux ist, und ich hatte soviel von der Liebenswürdigkeit der Berliner Leutnants gehört.«

»Es ist ja Urlaub«, warf Felix hin.

Die Pfarrerstöchter lachten zu gleicher Zeit hell auf, und Pfarrers Wilhelmine rief: »Natürlich, für uns arme Mädchen vom Lande ist diese Liebenswürdigkeit nicht, die wird für die Damen der Hauptstadt aufgespart.«

»So war er schon gestern auf der Krebspartie,« berichtete Henriette von Üchtlitz, »er trank Bowle, sprach kein Wort, und als es dunkel wurde, verschwand er.«

»Wie geheimnisvoll«, meinte Johanna.

In der Gesellschaft der älteren Leute sprach man von Nachtigallen. »Warum singt die Nachtigall bei Nacht?« fragte Fräulein von Dietheim den Hauptmann von Keck.

»Wohl, weil sie bei Tage keine Zeit hat«, erwiderte dieser mürrisch.

Aber das Fräulein war damit nicht zufrieden. »Ach, Keck, was Sie einem immer für Antworten geben«, sagte sie gereizt.

Da ergriff die Baronin Dünhof das Wort, man hörte ihrer Stimme an, daß der Abend sie bereits gefühlvoll machte: »Herr von Keck hat ganz recht, der Tag mit seinem Lärm zerstreut, erst wenn es dunkel und still ist, kann die Nachtigall ihren einen schönen Lieblingsgedanken immer wieder denken.«

»Ja, es ist merkwürdig,« begann Fräulein von Dachsberg, »wenn alles um uns still und ruhig ist, dann kommt oft *ein* Gedanke, den wir immer wieder und wieder denken können.«

»Zum Beispiel an unsere Schulden«, flüsterte Graf Minsky dem Baron Fürwit zu. Das Fräulein von Dietheim jedoch hatte es gehört und sagte: »Schämen Sie sich, Graf.«

»Die Nachtigall hat ganz recht,« begann jetzt die Fürstin, »wenn wir ein Gefühl haben, das uns glücklich macht, oder einen schönen Gedanken, warum sollen wir dieses Gefühl nicht immer fühlen und diesen Gedanken nicht immer wieder denken?«

Eifrig stimmten alle zu, und Baron Fürwit murmelte: »Sehr schön.«

»Mein Onkel, der General Bagration,« berichtete Graf Minsky, »haßt die Nachtigallen. Wenn sich eine in seinen Park verirrt, läßt er sie abschießen. Er sagt: der Gesang der Nachtigall klinge nach bösem Gewissen.«

»Dann hat der Herr wohl selbst kein gutes Gewissen«, bemerkte die Fürstin Kusmin.

»Sehr möglich,« bestätigte der Graf, »wenn man lange General im Kaukasus gewesen ist, da hat man manches erlebt.«

»Jetzt fängt sie an«, sagte die Fürstin.

»Ja, bitte um Ruhe«, flüsterte Baron Fürwit, und er wandte sich auch an die jüngere Gesellschaft, um Ruhe für die Nachtigall zu erlangen.

Aus dem Erlendickicht, das in der niedersinkenden Dämmerung schwarz und regungslos dastand, klangen die ersten Töne von der Nachtigall herüber, zuerst zögernd und wie suchend, dann wurde die kleine, erregte Stimme sicherer und lauter, bis sie endlich leidenschaftlich und hastig ihr Lied in den Abend hinausrief. Die Zuhörer nahmen weiche, nachdenkliche Stellungen an, die Augen schauten verträumt vor sich hin, die Fürstin Kusmin bedeckte die Augen mit der Hand, Fräulein von Dachsberg hatte ein mitleidiges Lächeln auf den Lippen, und der Graf Minsky saß da, den Kopf zur Schulter geneigt. Eine zweite Nachtigall setzte jetzt ein, es war, als wollte sie ihre Gefährtin übertönen, und auf der anderen Seite erwachte ein ganzer Chor, aus allen Büschen erklang das Flöten und Rollen, und jede dieser vielen Stimmen behielt doch ihre Einsamkeit, erzählte für sich ihre kleine leidenschaftliche Geschichte. In der Gesellschaft entstand einen Augenblick eine Bewegung, der Baron Fürwit flüsterte der Fürstin Kusmin zu: »Die Erbprinzessin weint.« Die Fürstin gab die Nachricht an Fräulein von Dietheim weiter, und diese erhob sich leise, ging zur Erbprinzessin hinüber, um ihr Kölnisches Wasser anzubieten. Auch drüben bei den jungen Mädchen wurde es unruhig, die Pfarrerstöchter konnten nicht mehr stillsitzen, sie mußten ein wenig gehen, und Henriette von Üchtlitz schloß sich ihnen an. Hilda berührte Mariens Schulter und flüsterte: »Gehen wir auch?«

»Gewiß«, erwiderte Marie erfreut und nahm Hildas Arm. Felix sprang auf, um die Freundinnen zu begleiten. Seit den Tennispartien im Schlosse hielt er das für sein Recht.

Schmale Wege führten durch das Erlengebüsch hindurch. Hier

war es dämmerig und duftete stark nach jungem Laub, am Rande des Hügels aber sah man auf das Land herab, das flach und farblos dalag, nur die Nebel, die vom Bache aufstiegen, zeichneten ein leuchtend weißes Band hinein. Unten im Vorwerk erglommen in den Fenstern trübe, rote Lichter, und vor den Häusern schlangen Kinder einen Reigen, sie waren im Hemde, kleine, weiße Gestalten, hielten sich an den Händen und sangen ein Lied vom »blauen, blauen Fingerhut«, und die dünnen, heiseren Stimmchen mischten sich in das Schlagen der Nachtigallen.

»Ich weiß sehr gut, warum du heute wieder die Flügel hängen lässest,« sagte Hilda zu Felix, und ihre Stimme klang gereizt, »du hast wohl die Auseinandersetzung mit deinem Vater gehabt.«

»Nun ja,« erwiderte Felix, »so etwas erhöht nicht gerade die Stimmung, aber sollen wir jetzt davon sprechen?«

»Ja, ja, gerade davon will ich sprechen,« fuhr Hilda fort, »ich finde es unmännlich, sich so niederdrücken zu lassen. Als du deine Schulden machtest, wußtest du, daß die Szene mit deinem Vater kommen mußte; kann man so etwas nicht ertragen, nun, so macht man keine Schulden. Macht man die Dummheiten aber doch, so erträgt man die Folgen und macht nicht ein Gesicht wie ein Bube, der in den Winkel gestellt worden ist.«

»Du hast gut predigen,« entgegnete Felix, die Stimme heiser vor Erregung, »laß dich einmal so behandeln, als wärest du der Auswurf der Menschheit, als wärest du unwürdig, noch zur Familie zu gehören, und was weiß ich, nur um einiger hundert Mark willen. Gut, man ist abhängig, aber es ist nicht angenehm, wenn an dem Stricke, der einen bindet, immer wieder gezerrt wird.«

»Gut, ist das zu demütigend,« meinte Hilda, »dann mache keine Schulden; aber ich finde es lächerlich, wenn ein Mann nicht den Mut seiner Dummheiten hat.«

»Ach, ich kann das so verstehen,« mischte sich nun Marie in das Gespräch, »ich würde in solchen Augenblicken sterben.«

»Nicht wahr,« rief Felix, froh über den unerwarteten Beistand, »aber Hilda versteht das nicht, sie hat so ein Heldenideal, und wenn man nicht ganz so ist, wie ihre Romanhelden, dann verachtet sie einen.«

»Von Helden ist hier nicht die Rede,« höhnte Hilda, ihre Stimme zitterte, und das Weinen war ihr nah, »mir ist nur diese Weichlichkeit zuwider. Übrigens, wenn ihr euch so gut versteht, bin ich ja unnütz, bitte.«

Sie ließ Mariens Arm los, trat zurück und verschwand hinter den Büschen. Betroffen blieben die beiden stehen, Felix zuckte die Achseln und meinte: »So ist sie immer, ein gutes Mädchen, aber zu leidenschaftlich. Man soll immer so sein, wie sie es verlangt, aber ich habe nun mal nicht diese edle Männlichkeit, von der sie träumt, wo soll ich sie hernehmen?«

»Das muß schrecklich sein, Schulden zu haben«, sagte Marie.

Felix lachte: »Oh, das ist nicht so schlimm.« Beide schwiegen dann, Marie schaute befangen zu Boden. Endlich fragte Felix leise: »Es ist wohl etwas Unerhörtes, daß Hilda uns hier so allein läßt?«

Marie lachte: »Ja, aber ich habe schon zuweilen etwas Unerhörtes getan.«

»So, nun dann können wir noch ein wenig weiter gehen.« Sie schritten langsam zwischen den Büschen hin.

»Gestern um die Mittagszeit,« erzählte Felix, »war ich in Gutheiden im Park.«

»Bei uns?« fragte Marie.

»Ja, es ist natürlich unschicklich, ohne Erlaubnis in einen fremden Park zu gehen, aber was angenehm ist, ist gewöhnlich unschicklich. Dort ist ein kleiner, schwarzer Teich und Fliederbüsche und eine Steinbank, dort saß ich. Durch die langen Alleen hindurch konnte ich bis zum Schlosse sehen, gerade ein Stück der Gartentreppe sah ich und kleine, blaue und rosa Gestalten, die dort ab- und zugingen.«

Marie blieb stehen und sagte besorgt: »Ich glaube, wir müssen zu den anderen zurückgehen. Ich fürchte, Fräulein von Dachsberg fängt schon an, mich zu suchen.«

»Gut,« erwiderte Felix, »aber bitte, wollen wir noch einen Augenblick hier stehen, nur so einen Augenblick still beieinander stehen.«

Sie waren dicht vom Erlengestrüpp umgeben, der Nachttau raschelte im Laub, ganz nah bei ihnen schlug eine Nachtigall. Marie sah Felix an, sein Gesicht hatte einen hübschen, andächtigen Ausdruck, er schaute an ihr vorüber. Wenn ich nicht eine Prinzessin wäre, dachte Marie, würde er mich jetzt küssen, und dann wurde ihr seltsam weich um das Herz, denn sie fühlte, daß ihre Augen sich mit Tränen füllten. Sie fuhr mit der Hand nach den Augen.

»Weinen?« fragte Felix.

»Nein, nein,« sagte Marie angstvoll, »gehen wir schnell zu den anderen zurück.«

Eilig und schweigend schlugen sie den Rückweg ein.

Nur einmal sagte Felix: »Wenn wir hier gehen, kommen wir unbemerkt zu den anderen.«

Ihr Wiedererscheinen in der Gesellschaft fiel nicht auf, denn es war dort eben eine kleine Aufregung entstanden, Fräulein von Dietheim war ohnmächtig geworden und wurde von den besorgten Damen umringt.

»Sie verträgt die Nachtigallen nicht«, sagte Streith zu Roxane.

»So nervös zu sein«, erwiderte diese.

Streith hatte den ganzen Abend versucht, eine Unterhaltung mit Roxane anzuknüpfen, hatte jedoch stets kühle und abweisende Antworten erhalten.

Da es stark zu dunkeln begann und der Abend feucht wurde, gab die Fürstin das Zeichen zum Aufbruch. Streith führte sie den Hügel hinab.

»Es war sehr schön,« sagte die Fürstin, »wir in unserem stillen Winkel werden eben zu einfachen Menschen. Die Armen, die aus der großen Welt mit ihren komplizierten Herzen kommen, die greift ein Nachtigallenabend an.«

»Einfach, ja, hm,« meinte Streith, »stark werden wir.«

Unten standen die Wagen bereit. Die Pfarrerstöchter wollten zu Fuß gehen, und die Fahrenden hörten noch vom Feldwege her die klaren Stimmen der beiden Mädchen in die Mainacht hinaussingen:

»In einem kühlen Grunde
Da rauscht ein Mühlenrad,
Mein Liebchen ist verschwunden,
Das dort gewohnet hat.«

Graf Dühnen hatte bei Streith gefrühstückt, jetzt saßen sie im Gartensaale und nahmen den Kaffee. Streith liebte diesen alten Herrn mit dem gelben Gesicht des Leberkranken, den bleichen, bösen Augen und dem zu blanken Gebisse nicht. Graf Dühnen war mit allem unzufrieden, mit dem Reich, mit der Regierung, die nichts für die Landwirtschaft tat, selbst mit Seiner Majestät, und er behandelte diese Dinge mit einer säuerlichen Beredsamkeit, die ermüdete. Nun saß er schon eine ganze Weile im Gartensaale und hatte ein neues Thema aufgenommen, das ausgiebig zu werden versprach, den Leichtsinn seines Sohnes Felix.

»Den heutigen jungen Leuten fehlt es an Würde«, sagte er und schlug mit dem Zeigefinger hart auf die Tischplatte. »Ich bin auch jung gewesen, ich habe als Kürassierleutnant den siebziger Krieg mitgemacht. Wir waren damals auch heiter, ja ausgelassen, machten tolle Streiche, aber wir vergaßen nie, was das heißt, des Königs Rock tragen. Schulden, nun ja, kleine Ausstände gab es auch damals, aber daß ich zu meinem Vater gekommen wäre, so ganz leger wie zu einem Bankier und gesagt hätte, ich habe ein paar tausend Mark Schulden, ich habe gejeut, das gab es nicht, lieber eine Kugel vor den Kopf. Also ich habe zu meinem Felix gesagt: Bon! Ich bezahle dieses Mal deine Schulden, und weil ich ein guter Vater bin, erhöhe ich deine Zulage. Aber es ist zwischen uns beiden nie mehr von Schulden, die du gemacht hast, die Rede. Hast du Schulden, so werde mit ihnen fertig, wie du kannst, auf mich rechne nicht. Ich werde nicht des einen wegen meine anderen Söhne benachteiligen, die vielleicht die Wertvolleren sind. So, und nun weißt du, wie wir miteinander stehen.«

»Sie sind streng«, warf Streith zerstreut ein.

»Ich bin sehr streng,« fuhr der Graf fort, »ich habe drei Söhne, ich bin ein guter Vater, ich liebe meine Kinder, aber ich will wertvolle Menschen, gute Edelleute und würdige Dühnens erziehen. Will einer das nicht, nun dann, so schmerzhaft das ist, ziehe ich meine Hand von ihm ab. Nur so, mein Lieber, können wir in diesen schweren demokratischen Zeiten den Adel hochhalten. Strengste Auslese ohne Gefühlsduselei. Leichtsinn, ich weiß überhaupt gar nicht, wie der Leichtsinn in meine Familie kommt.«

»Vererbung bei den vielen Ahnen,« bemerkte Streith und unterdrückte ein Gähnen, »die Dühnens sind sehr alt, sie haben schon die Kreuzzüge mitgemacht. Dort in Palästina mag das Leben ein wenig wild gewesen sein. Diese ganzen Kreuzzüge waren ja eigentlich ein Leichtsinn, so was vererbt sich.«

»Das ist nichts, mein Lieber,« sagte Graf Dühnen ärgerlich und machte mit der Hand eine Bewegung, als verscheuche er eine Fliege, »auf Vererbung berufen sich nur Leute, die schlecht erzogen sind. Ich werde meinen Söhnen die Vererbung schon forterziehen.«

»Sehr verdienstvoll«, stimmte Streith zu. Dann schien das Thema erschöpft, und der Graf stand auf, um sich zu verabschieden.

Streith atmete auf, als sein Gast fort war. Solch ein Besuch, dachte er, hinterläßt einen bitteren Geschmack im Munde. Er pfiff Roller und eilte in den Wald hinaus. Der Tag war kühl, weiße Wolkenballen wurden schnell über den hellblauen Himmel getrieben, ein lebhafter Ostwind fuhr in die Tannen, ließ sie mit den großen Zweigen leidenschaftlich um sich greifen und mächtig aufrauschen. Die tiefe, ereignisvolle Stimme des Waldes tat Streith wohl. Er nahm den Hut ab und ging gegen den Wind an, es war ihm, als fühle er so angenehm die Elastizität seiner Glieder. Er ging schnell, als hätte er ein Ziel. Bald war er an der Grenze seines Waldes angelangt und stand vor dem alten Forsthause. Wieder weideten die braunen Kälber, wieder saßen Britta und das Kind mit dem roten Tuche auf dem Rasen und sangen. Sie sangen sehr laut, um die Begleitung des Waldesrauschens zu übertönen. Streith grüßte.

Als Britta ihn sah, sprang sie auf, lief zum Zaune und streckte Streith ihre Hand entgegen. Sie lachte über das ganze Gesicht, legte die andere Hand auf ihr Haar und sagte: »Der Wind zerzaust einen heute so.«

»Ja, hm,« meinte Streith und lehnte sich an den Zaun, »der Wind ist allerdings lebhaft. Sie haben da hübsche Kälber.«

»Es sind Kuhkälber,« erklärte Britta, »wir wollen sie aufziehen, sie sind aber zuweilen sehr wild.«

»Es muß ihnen deshalb vorgesungen werden?« fragte Streith.

»Das ist es nicht,« erwiderte Britta, »wir singen, was soll man anders tun!«

Am Fenster des Hauses erschien Frau von Syrman: »Margusch!« rief sie, »treibe die Kälber nach Hause.« Als sie Britta im Gespräch mit Streith sah, grüßte sie und trat zurück.

»Jetzt werden Sie etwas sehen«, rief Britta und öffnete die Pforte des Zaunes. Mit einem wilden »ho! ho!« trieb Margusch die Kälber vor sich her, diese sprangen und galoppierten, und als sie endlich die Pforte passiert hatten, erschreckten sie sich vor Roller und jagten dem Walde zu, Margusch und Britta folgten ihnen. »Laufen Sie dort vor, Herr Graf«, rief Britta, und Streith lief und wehrte mit seinem Stock den Kälbern den Durchgang. Aus dem Hause stürzte eine alte Frau, groß wie ein Mann, mit flatternden, grauen Haarsträhnen und beteiligte sich mit einem wilden »hü, hü« an dem Treiben. Endlich waren die Kälber eingekreist und glücklich in den Stall gebracht.

Streith stand an der Stalltür, ein wenig atemlos, das Herz klopfte ihm stark.

Da trat Frau von Syrman aus dem Hause, sie hatte sich eine Federboa umgelegt und ging mit kleinen Schritten über den unreinlichen Hof, wie eine Dame auf der Promenade. Sie lächelte. »Aber Kind,« sagte sie, »wie kannst du den Herrn Grafen so bemühen.«

»Oh, es war sehr interessant,« versicherte Streith, »Ihre Kälber sind in der Tat recht temperamentvoll.«

»Das ist so die Aufregung des Abends«, meinte Frau von Syrman.

»Der Abendsport«, sagte Streith.

Frau von Syrman zuckte leicht mit den Schultern: »Ich fürchte, hier in unserer Wildnis werden wir alle ein wenig wild. Aber wollen Sie sich nicht setzen, Herr Graf, hier haben wir eine sogenannte Veranda, alles sehr primitiv, natürlich.« Frau von Syrman ging auf die Haustür zu, vor der unter einem kleinen Vordach zwei Bänke standen.

Streith folgte zögernd, diese Einladung kam ihm nicht gelegen.

»Bitte, Platz zu nehmen,« sagte Frau von Syrman, »Britta, Kind, komm, setze dich her. Wie erhitzt du bist.«

Streith setzte sich, Frau von Syrman lehnte in der Tür, immer noch ihr melancholisch nachsichtiges Lächeln auf den Lippen. »Ein beschauliches Plätzchen,« meinte sie, »auch im Sommer ist es hier kühl. Hier verbringen wir unsere langen, stillen Sommerabende.«

»Eine sehr hübsche Aussicht«, bemerkte Streith.

»Sie entschuldigen einen Augenblick«, sagte Frau von Syrman dann und zog sich in das Haus zurück.

Britta saß Streith gegenüber, die Sonne schien ihr gerade in das Gesicht, das Schwarz der großen Augen bekam einen rötlichen Schein und kleine, goldene Punkte entzündeten sich in ihnen.

Streith lächelte, er wußte nicht warum, wohl nur, weil dies Gesicht ihm gegenüber so jung und hübsch war. »Ob die Kälber schon schlafen?« sagte er, um etwas zu sagen.

Britta blieb ernst. »Die armen Kälber«, erwiderte sie, »Wenn das mit den Kälbern vorüber ist, dann wird es hier ganz still, dann geschieht hier nichts mehr.« Sie hielt die Hände im Schoße gefaltet, breite Hände von noch kindlicher Form, sie waren rot und schienen rauh.

Streith schaute diese Hände an, sie rührten ihn.

Britta war seinem Blick gefolgt, sah auch auf ihre Hände nieder und sagte: »Ja, sie sind rot. Im Winter springt die Haut, aber ich mag keine Handschuhe tragen.«

»In der warmen Jahreszeit gibt sich das«, tröstete Streith.

Aber Britta schüttelte den Kopf: »Ach nein. Fräulein Wolwer, meine Klavierlehrerin in der Stadt, will, daß ich mir eine Salbe des Nachts auf die Hände streiche und Handschuhe anziehe, aber mit Handschuhen könnte ich nicht schlafen.«

»Allerdings, das müßte peinlich sein«, bestätigte Streith.

»Mama hat immer weiße Hände,« fuhr Britta fort, »was sie auch tut, kleine, weiße Hände. Die Prinzessinnen drüben haben wohl auch sehr weiße Hände?«

»Hm, ja,« erwiderte Streith, »ich denke, die haben recht weiße Hände.«

»Natürlich, Prinzessinnen«, äußerte kurz Britta.

Frau von Syrman erschien wieder in der Tür: »Ich bitte, Herr Graf, nehmen Sie nicht ein Täßchen Kaffee? Der Kaffee ist ganz frisch gemacht.«

Erschrocken sprang Streith auf: »Ich danke, gnädige Frau,« rief er, »aber ich darf Ihre Güte nicht weiter in Anspruch nehmen, ich bin schon zu lange geblieben.«

»Das hilft jetzt nichts,« meinte Frau von Syrman kokett und einschmeichelnd, »jetzt müssen Sie auch bei uns eine Tasse Kaffee einnehmen.« Sie ging in den Flur voraus, und Streith folgte ihr mit finsterem Gesicht.

Das Wohnzimmer war ein breiter, etwas niedriger Raum, grellblaue Tapeten an den Wänden, viele Möbel befanden sich hier, die nicht zueinander zu gehören schienen, ein großes mit Roßhaar bezogenes Sofa, Stühle, ein runder, gelber Tisch, daneben ein kleiner, elfenbeineingelegter Nähtisch, ein Klavier, eine zierliche, metallbeschlagene Kommode, auf ihr eine goldbronzene Uhr, Tasso, vor ihm auf einem antiken Säulenstumpf ein aufgeschlagenes Buch. An den Wänden hingen Photographien und ein Pastellbild der

Herrin des Hauses, ein hübsches Köpfchen mit Botticelli-Frisur, verträumten Augen und einem feinen, klugen Munde.

»Bitte, Platz zu nehmen«, sagte Frau von Syrman. Sie selbst setzte sich auf das Sofa, schenkte den Kaffee aus einer blauen Kanne in eine große, blaue Tasse, schob den Zucker, den Teller mit gelbem Kuchen näher. »Zucker gefällig? Bitte, sich mit Cake zu versorgen.« Dabei begann sie gleich die Unterhaltung mit der lässigen Sicherheit einer geübten Wirtin eleganter five o'clocks. »Ein merkwürdig schönes Frühjahr haben wir. Aus Cannes schreibt man mir, es sei dort so heiß, daß alles flieht.« Ja, Streith glaubte das wohl. »Planten die Hoheiten nicht auch eine Reise?«

Streith hatte davon nichts gehört.

Britta hatte sich auch an den Tisch gesetzt, sie trank Milch aus einem großen Glase, tauchte ihre breiten, roten Lippen in all das Weiß, blinzelte mit den Wimpern und schaute Streith über den Rand des Glases ruhig und nachdenklich an.

Frau von Syrman lehnte sich in die Sofaecke zurück, zog die Federboa fester um die Schultern und zündete sich eine Zigarette an. »An unsere Wildnis hier,« sagte sie, »gewöhnt man sich ja mit der Zeit. Wenn das Schicksal einen in diese Einsamkeit verschlägt, so gewinnt man die Einsamkeit auch lieb.«

»Die Stadt ist nicht weit«, wandte Streith ein.

Frau von Syrman zuckte mit den Schultern: »Ach, diese kleinstädtische Gesellschaft bietet nicht viel. Nein, ich habe immer die Natur geliebt, unsere nordische Natur, und doch –. Sehen Sie, Herr Graf, es ist merkwürdig, ich bin in Deutschland geboren, schon mein Vater war Deutscher, aber unsere Familie stammt aus Italien, Arci war mein Mädchenname, nun und da gab es von Jugend auf Momente in mir, in denen ich meine Umgebung, meine nordische Umgebung als mir fremd, als etwas nicht zu mir Gehöriges empfand. In Italien, in Nizza, in Mentone, da ging mir das Herz auf. Seltsam, das muß doch der Rest des fremden Blutes sein.«

»Hm, ja«, murmelte Streith.

»Und dieser Zwiespalt im Blute,« fuhr Frau von Syrman sinnend fort, »der erklärt, glaube ich, manches. Auch in dieser,« und Frau Syrman wies mit dem Kopf nach Britta, »ist viel fremdländisches Blut, und auch bei ihr erklärt sich daraus manches, das vielleicht nicht sein sollte.«

Britta machte ein böses Gesicht, stand auf und ging an das Fenster.

Ihre Mutter lachte gerührt. »Sie liebt es nicht, daß man von ihr spricht,« sagte sie, dann seufzte sie, »sie hat aber auch viel Germanisches, viel von ihrem Vater.«

Schräg fiel die Abendsonne in das Zimmer, streifte den goldenen Tasso, beschien den Tisch, den gelben Kuchen, die große, blaue Tasse mit dem dünnen Kaffee und verfing sich in die Rauchwölkchen der Zigarette. Frau von Syrman sprach weiter mit klagender Stimme, Britta stand am Fenster und schaute düster hinaus.

Das ist traurig, ging es Streit durch den Sinn, unerträglich traurig. Warum sitze ich hier?

»Mein Mann war ein echter Germane,« fuhr Frau von Syrman fort, »groß, blond, blaue Augen, sehr musikalisch, ein guter Geschäftsmann und –« sie seufzte, »und ein naiver Egoist. War jemand ihm nicht recht, so hatte er eine Art, ihn beiseite zu schieben, wie ein Satter seinen Teller beiseite schiebt, und, Sie verstehen, das kränkt, das empört.«

Streith beugte sich tiefer auf seine Tasse nieder, es ärgerte ihn, so in die Verhältnisse der Syrmanschen Familie eingeweiht zu werden, er fürchtete, nun würde auch der Roman mit dem amerikanischen Versicherungsbeamten kommen, von dem er gerüchtweise gehört hatte. Um abzubrechen, sagte er daher: »Solche Blutmischungen, meine Gnädige, sind oft sehr wertvoll. Aber ich halte die Damen schon zu lange auf.«

Frau von Syrman lächelte melancholisch: »Aufhalten, Herr Graf, wir haben nie etwas vor.«

Streith erhob sich, um sich zu verabschieden.

Frau von Syrman reichte ihm mit lässiger Kameradschaftlichkeit die Hand und sagte: »Ich hoffe, Herr Graf, Ihr Spaziergang führt Sie recht bald wieder an unserer Hütte vorüber.«

Streith wandte sich Britta zu, diese hielt ihren Filzhut in der Hand, wie bereit zum Gehen, und meldete ernst: »Ich begleite den Herrn Grafen.«

Frau von Syrman schüttelte unzufrieden den Kopf. »Wenn er es gestattet, Närrchen«, meinte sie.

»Sehr angenehm«, murmelte Streith. So gingen sie miteinander fort.

Britta schwieg. Auf ihrem Gesicht lag noch immer der ernste, mißmutige Ausdruck, im Vorübergehen streifte sie die jungen Sprossen von den Tannenzweigen und zerbiß sie.

Streith dachte über einen Gesprächsstoff nach, er wollte etwas sagen, das dem jungen Mädchen wohltat, es erheiterte. Da ihm jedoch nichts Besseres einfiel, fragte er: »Warum sehen Sie so böse aus?«

»Es ärgert mich,« erwiderte Britta, und ihre Stimme wurde tief vor Erregung, »es ärgert mich, daß jedem, der zu uns kommt, die alten Geschichten von Schicksal und Blut und Einsamkeit erzählt werden müssen. Es ist so, als wollten wir uns entschuldigen, als müßten wir erklärt werden wie Wundertiere. Wir sind nun einmal, wie wir sind.«

»Gewiß, gewiß«, bestätigte Streith und schaute erstaunt in das hübsche Gesicht, das jetzt so leidenschaftlich und zornig aussah. »Nur würde ich mir durch solchen Ärger nicht den schönen Abend verderben lassen.«

Britta lächelte wieder, zuckte mit den Schultern und meinte: »Ach ja, das sind Dummheiten. Wissen Sie, daß ich gestern morgen, als Sie ausgegangen waren, bei Ihrem Hause war? Ich sah mir durch das Gitter den Garten an, dann stieg ich auf die Bank vor dem Hause und sah durch das Fenster hinein. Ich weiß wohl, daß man das nicht tun darf, daß das unanständig ist, aber ich war so neugierig. Ich sah ein wunderschönes Zimmer, viele Bilder in goldenen Rahmen und ein wunderschönes Tigerfell. Ein alter, böse aussehender Mann kam dann in das Zimmer, und da bin ich fortgelaufen.«

Streith lachte wohlwollend: »So, so, Sie sollten sich das Zimmer von innen ansehen.«

Britta erwiderte nichts, und Streith bedauerte sofort seine Worte. Warum lud er dieses Mädchen ein? Was gingen ihn diese Leute an? Er hatte sich heute einfangen lassen. Zugleich fühlte er ein quälendes Mitleid mit diesem Kinde, er hätte etwas für Britta tun mögen, er wünschte, er wäre jung wie sie, um ihr ein heiterer Kamerad zu sein, und alles das paßte nicht zu ihm, gehörte nicht in sein Leben hinein. Britta blieb stehen: »Jetzt gehe ich nach Hause«, sagte sie.

Streith reichte ihr die Hand. »Ich danke Ihnen für Ihre Begleitung.«

»Ich war so froh, daß ich mitgehen durfte,« erwiderte Britta,

»ich hätte jetzt unmöglich zu Hause bleiben können.« Dann ging sie mit ihren ein wenig langen, gleitenden Schritten den Waldpfad zurück und verschwand im Dickicht.

Roxane und Eleonore saßen auf der Gartenveranda und schauten in den Garten hinab, der friedlich im Nachmittagssonnenscheine dalag. Endlich sagte Eleonore: »Wo sind sie? Mama ist schon eine ganze Weile verschwunden, und die Kleine geht auch ihre eigenen Wege. Beide haben ein merkwürdiges Bedürfnis nach Alleinsein. Was geht denn hier vor?«

»Nach uns ist das Bedürfnis nicht groß«, meinte Roxane.

Eleonore seufzte: »Wie habe ich mich hierher nach Hause gesehnt.«

»Und nun?« fragte Roxane.

»Nun,« fuhr Eleonore nachdenklich fort, »ist es doch nicht, wie ich glaubte. Es ist sich ja alles so lächerlich gleich geblieben, und doch ist es anders. Ich bin nur ein fremder Besuch, selbst die Hunde gehen an mir vorüber, als ob ich eine Fremde wäre.«

»Das erste Jahr drüben in Petersburg,« sagte Roxane, »als ich die Nächte vor Heimweh nicht schlafen konnte, da ging ich in Gedanken durch das Haus, hörte das Knarren des Parketts, den bekannten Ton der Türen und Türklinken, erinnerte mich an den Geruch jedes Zimmers, ich dachte an die Runzeln der alten Exzellenz und an die Augenbrauen von Fräulein von Dachsberg, wie sie sie hinaufzieht, wenn sie pikiert ist. Das tröstete mich, war mir heimatlich und lieb, und jetzt, das ist alles noch da, aber ich weiß nicht, es ist kleiner und verblaßter. Die alte Exzellenz und Fräulein von Dachsberg sind wie zusammengeschrumpft und altmodisch, in meinen Träumen lebte das alles stärker. Und dann, es ist seltsam, ich komme mir trotzdem soviel älter vor als sie alle, älter als die Exzellenz und die Dachsberg und die Dünhof mit ihren angemalten Bäckchen, älter als die Mama und hundert Jahre älter als die Kleine.«

»Ja ja, so ist es,« stimmte Eleonore zu, »denke dir, gestern ging ich an die alte Kommode im Schlafzimmer und nahm die Puppe Eva heraus, die ich so sehr geliebt habe, die mit den blonden Locken, den hellblauen Augen und dem kleinen, roten Munde; aber die Locken waren hart und verstaubt, der Mund blaß, das Gesicht dumm und tot, und ich verstehe nicht mehr, was ich an ihr geliebt habe. Ein wenig so ist es mit allem hier. Aber schließlich, wir haben unsere Geschichte weiter gelebt, *die hier* leben ihre Geschichte auch weiter.«

Roxane zuckte die Achseln. »Die Geschichte, die sie hier weiter leben, scheint mir recht unnütz«, sagte sie scharf.

Eleonore lachte. »Ja, das mit dem Grafen;« und nach einer Pause fügte sie hinzu, »nur der alte Garten ist noch, wie er war, obgleich auch er traurig ist. Wenn ich in Birkenstein von ihm träumte, dann lag immer so ein stilles, bleiches Licht über ihm, das ihn einsam erscheinen ließ, und jetzt, siehst du, schaut er gerade so aus.«

»Es ist Zeit abzureisen«, meinte Roxane, und dann schauten sie wieder schweigend den gelben Gartenweg hinab.

Unterdessen ging die Fürstin die Alleen des Parkes entlang, sie hielt ein Körbchen in der Hand und sammelte Veilchen. Die Wohltat dieses Frühlingstages empfand sie so stark, daß sie allein sein wollte, damit niemand ihre Freude störe. Im hellgrauen Frühlingskostüm, den grauen Filzhut auf dem Kopfe, fühlte sie sich hübsch und jugendlich, Wangen und Lippen waren heiß vom lauen Frühlingswinde. Durch das hintere Parktor kam Streith ihr entgegen, er wollte zum Major in die Kanzlei gehen und hatte seinen Weg durch den Park genommen. »Ah, Streith,« rief die Fürstin, »sieht man Sie auch wieder. Sie waren in letzter Zeit ja ganz verschwunden.« Sie streckte ihm die Hand entgegen. Streith sah, daß sie sich freute.

»Ich wollte nicht stören«, erwiderte er und küßte die dargebotene Hand. Das Gesicht der Fürstin wurde einen Augenblick ernst.

»Ach ja, der Kinder wegen«, meinte sie. Gleich aber lächelte sie wieder: »Ist das wieder ein Tag! Ich glaube, kein Frühling noch hat mich so glücklich gemacht wie dieser.«

»Der Frühling ist dieses Jahr allerdings ziemlich gewaltsam«, erwiderte Streith. Sie gingen langsam nebeneinander die Allee hinab.

»Was haben Sie getan?« fragte die Fürstin.

»Ich habe meinen Wald revidiert,« berichtete Streith, »habe gearbeitet, habe mich eingerichtet.«

Die Fürstin lachte: »Eingerichtet? Streith, Streith, Sie werden nie fertig.«

»Doch, einmal werde ich fertig«, murmelte Streith.

»Hat Frau Buche Ihnen gut gekocht?« fragte die Fürstin weiter.

»Oh, die Buche ist jetzt großartig in Morchelsoßen und Krebssuppen«, erwiderte Streith.

Dann erkundigte sich die Fürstin, warum Roller nicht mitgekommen sei. Roller hatte heute morgen einen Hasen aufgenommen und mußte zur Strafe zu Hause bleiben.

Am Ende der Allee stand eine Bank. »Setzen wir uns«, sagte die Fürstin. Nun saßen sie, ganz überwölbt von dem grellen Grün der jungen Ahornblätter. Zu ihren Füßen auf dem Rasen zitterten die Blätterschatten, und ihnen gegenüber kam die Sonne die Allee hinab, eine Flut rotgoldenen Glanzes, und die vielen lautlosen, kleinen Flügel, welche die Luft erfüllten, schwammen alle in Gold.

»An einem solchen Tage,« sagte die Fürstin und atmete tief auf, »an einem solchen Tage vergißt man es wirklich, daß man eine alte Frau ist.«

Streith wußte, daß er jetzt widersprechen mußte, es dauerte jedoch einige Augenblicke, bis er das Rechte fand, und dann kam es umständlich und lehrhaft heraus. »Mit dem Begriff der Jugend,« begann er, »wird eigentlich Unfug getrieben. Jugend, gewiß, gewiß, sie hat ihr Gutes, aber sie wird gewissermaßen überschätzt. Wenn ich so unsere Jugend ansehe oder an die eigene Jugend denke, so finde ich, wir gleichen in den Jahren unglücklichen Klavierschülern, die ein schweres Stück üben, sie legen all ihre Begeisterung und ihr Feuer hinein, aber in jedem Augenblick kommt ein falscher Ton oder ein unreiner Akkord.«

»Jugend ist Jugend«, sagte die Fürstin zärtlich.

»Ich sage nichts gegen die Jugend,« fuhr Streith fort, »ich meine nur, diese sogenannte Jugendzeit ist es nicht, auf die es ankommt, für die das Leben eigentlich da ist, sondern eine Zeit, in der wir das Leben verstehen, uns mit ihm befreundet haben, da läßt sich was daraus machen. Das Leben ist ein zu schwieriges Instrument, um in die Schulstuben zu gehören.«

Die Fürstin sah Streith freundlich an. »Ja, Sie können das vielleicht, Streith«, sagte sie, dann blickte sie in ihr Körbchen nieder und spielte mit den Veilchen. Während des Schweigens, das nun entstand, fühlte Streith deutlich, daß der Augenblick gekommen war, etwas Wichtiges zu sagen, etwas, das ihn und die Fürstin anging, die Fürstin wartete darauf. Es ging ihm manches durch den Kopf, er verwarf es jedoch, es schien ihm alles gemacht und lächerlich. Die Fürstin blickte wieder auf, etwas wie Erstaunen lag in ihren Augen. »Sie haben mir noch nichts von Ihren Rosen erzählt«, sagte sie, um die Unterhaltung wieder aufzunehmen.

»Die Rosen«, wiederholte Streith, er war befangen, was ihm selten geschah. »Nun, die Rosen haben gut überwintert, ich habe zwei neue angeschafft, eine große rote mit violettem Schimmer, sie heißt Miß Vanderbilt.«

»So demokratisch«, warf die Fürstin ein.

Streith zuckte die Achseln: »Auch die Rosen werden demokratisch. Die andere ist eine kleine schwefelgelbe Rose, die sehr süß duftet, sie heißt, ich weiß nicht warum, ›Diane vaincue‹.«

»Wie hübsch,« rief die Fürstin, »das muß ich alles sehen, Sie sollten mir und der Baronin Dünhof wieder einmal einen Tee arrangieren.«

Streith verbeugte sich. »Wenn ich darf«, sagte er.

Die Fürstin sah nach der Uhr und erhob sich. »Es ist Zeit nach Hause zu gehen,« meinte sie, »heute ist Donnerstag, also Gesellschaftstee, kommen Sie auch?«

Nein, Streith wollte nach Hause gehen und arbeiten.

»Dann auf Wiedersehen«, schloß die Fürstin. »Lassen Sie den armen Roller frei.« Und als sie sich zum Gehen anschickte, wandte sie sich noch einmal um und sagte mit einem koketten Lächeln: »Wollen Sie auch Veilchen?« Streith streckte seine Hand aus wie zu einem Almosen, und die Fürstin füllte diese Hand mit Veilchen.

Während Streith durch den Park zurückging, steckte er seine Nase in die Veilchen, welche er in der Hand hielt. Er war empört über sich selbst. Sonst, wenn er mit einer schönen Frau zusammengewesen war, hatte er mit untrüglicher Sicherheit den Augenblick erkannt, in dem die schöne Frau erwartete, daß er etwas sage, das sie einander ganz nahe brachte, den Augenblick, in dem sie erobert und besiegt sein wollte. Und heute – er hatte sich benommen wie ein Lehramtskandidat. Dazu noch das steife Gerede über die Jugend. Unbegreiflich. Und plötzlich dachte er an Britta, dachte an sie, als sei sie die Jugend selbst, die er geschmäht hatte.

Die Fürstinnen sollten Gutheiden mit dem Morgenzuge verlassen. Alle waren früh aufgestanden, die Abreise brachte eine plötzliche Aufregung in das Haus, Zofen und Lakaien liefen hin und her, Koffer wurden getragen, und die Damen und Herren des Gefolges standen noch ein wenig verschlafen beieinander und unterhielten sich zerstreut. Die Familie saß im Boudoir der Fürstin, Eleonore und die Fürstin weinten, auch über Roxanes ruhiges Gesicht rannen Tränen herab, Marie war sehr betrübt, die Trennung von den Schwestern schmerzte sie; aber sie konnte nicht weinen, und das war fatal. Man unterhielt sich mit traurigen Stimmen über gleichgültige Dinge, über Abfahrts- und Ankunftszeit, über Stationen und über das Wetter. Der Baron Fürwit, der seines Podagras wegen ein guter Wetterprophet war, hatte für heute ein Gewitter vorausgesagt. Endlich war der Augenblick des Abschiedes da, und als die Wagen davonrollten, kam eine große Ruhe über das Haus, und um die Mittagszeit war das Haus so still wie bei Nacht. Alle hatten sich zurückgezogen, um den versäumten Morgenschlaf nachzuholen.

Auch Marie sollte schlafen, allein sie fand keine Ruhe. Sie hatte dieses Frühjahr das Gefühl, als müßte sie stets auf dem Posten stehen, um nicht ein Erlebnis zu versäumen. Sie ging hinaus in die leere Zimmerflucht, hinter den zugezogenen Vorhängen hielten die gelben Atlasmöbel ihre Mittagsruhe, in die anstoßende Galerie hatte sich durch das offene Fenster eine Biene hereinverirrt und summte unzufrieden an den Nasen der großen Ahnenbilder vorüber. Im Rauchzimmer endlich lag der Baron Fürwit in einem Sessel, den Kopf zurückgebogen, und schlief, aus seinem geöffneten Munde kam ein heiser verschlafener Ton wie das Ticken einer alten, rostigen Uhr. Leise ging Marie wieder zurück. Schon als Kind, wenn sie sich um diese Zeit in den leeren, sonnigen Zimmern befand, hatte sie eine seltsame Unternehmungslust gespürt, es mußte etwas getan werden, die Bahn war frei. Heute war diese Empfindung, daß etwas auf sie warte, besonders stark in ihr, sie hatte etwas zu tun, auf das sie sich freute und das sie mit schlechtem Gewissen tun würde, und dann wußte sie auch, was es war, sie hatte in den Park hinauszugehen.

Der Garten war still und sonnig wie das Haus, regungslos standen Tulpen und Narzissen auf den Beeten, und als Marie zwei Narzissen pflückte, waren die Blüten warm wie Menschenlippen. Sie eilte dem Park zu, sie erinnerte sich nicht, um diese Zeit hier gewesen zu sein, und alles hatte ein ungewohntes Aussehen. Da war der Teich, schwarz und unbewegt, kleine Karauschen lagen scharenweise an der Oberfläche und sonnten sich, Enten hatten sich an das Ufer in den Schatten der Weiden geflüchtet und schnatterten leise vor sich hin, selbst der Geruch des sonnenwarmen

Wassers, der sonnenwarmen Blätter schien Marie neu. Weiter fort unter einer großen Ulme lagen zwei Gartenburschen auf dem Rasen und schliefen, sie streckten Arme und Füße von sich, die Mützen hatten sie über die Augen gezogen, und sie schnarchten beide, daß es wie ein rauhes Zwiegespräch klang. Marie blieb einen Augenblick stehen, diese großen Männerkörper, von dem tiefen Schlafe so hilflos und schlaff niedergeworfen, erschienen ihr merkwürdig. Als sie weiterging, erblickte sie vor sich am Ende der Allee ein rot- und weißgestreiftes Figürchen, das eilig, eilig vorwärtshastete, die niederhängenden Arme schwangen in regelmäßiger Bewegung hin und her. Das ist ja die kleine Zofe Emilie, dachte Marie, wohin die laufen mag. Jetzt biegt sie vom großen Wege ab und verschwindet hinter den Fliederbüschen, dort bleibt sie stehen, ihr weiß- und rotgestreiftes Kleid schimmert ein wenig durch, ein grüner Hut taucht auf, das mußte der junge Gärtner sein. Was sich hier nicht alles ereignet in dieser stillen, seltsamen Mittagstunde. Marie stieg eine sanfte Anhöhe hinan, dort lag der kleine Teich, ein großes, rundes Loch mit tintenschwarzem Wasser. An seinem Ufer stand die Faulbaumlaube mit dem Steintisch und der Steinbank. Auf der Bank saß Felix, den Hut hatte er abgenommen und schlief, den Kopf auf die Brust gesenkt. Marie blieb stehen und betrachtete ihn. Das durch das Laub fallende Licht machte sein Gesicht bleich, und der Schlaf gab ihm einen kindlichen Ausdruck, und doch lag etwas Bekümmertes in seinen Zügen. Der Arme, dachte Marie, das machen wohl die entsetzlichen Schulden.

Jetzt schlug er die Augen auf, einen Augenblick starrte er Marie schlaftrunken an, dann sprang er auf. »Ich bitte um Vergebung,« sagte er, »ich glaube, ich habe geschlafen.«

»Wie fest Sie schliefen«, erwiderte Marie. »Ich ging hier zufällig vorüber, und da sah ich Sie.«

Felixens Lippen zuckten, Marie kannte das, wenn seine Lippen so zuckten, wenn seine Augen dunkel wurden, dann war er zornig, dann sah er grausam aus, und sie fragte sich, was ihn wohl jetzt ärgern mochte.

»Natürlich,« begann er, »ich glaube ohnehin nicht, daß es um meinetwillen geschah. Prinzessinnen gehen immer nur zufällig vorüber.«

Maries Augen wurden rund vor Schrecken. »Warum sagen Sie das?« fragte sie. »Warum sprechen Sie so mit mir?«

Felix zog die Augenbrauen zusammen und nagte an seiner Unterlippe. »Ich bitte um Vergebung,« sagte er förmlich, »ich vergesse mich, ich weiß, ich benehme mich schlecht, ich bitte um Vergebung. Ich hoffe, Durchlaucht werden deshalb nicht gleich fortgehen. Ich verspreche tadellos korrekt zu sein, tadellos korrekt.«

Jetzt aber wurde Marie heftig, sie schlug mit den Narzissen auf die Steinplatte des Tisches, und ihre Stimme klang, als seien die Tränen ihr nahe: »Ich will gar nicht, daß man mit mir immer tadellos und korrekt spricht, aber ich weiß, es ist Hilda, die Ihnen das eingeredet hat, daß man mit Prinzessinnen nur steif und langweilig sprechen kann. Hilda verachtet Prinzessinnen, weil sie sich nicht entwickeln, weil sie nicht moderne Mädchen sind.«

Nun lächelte Felix wieder gutmütig, das erregte, blonde Mädchen mit den runden, feuchten Augen gefiel ihm so gut, und er spürte es angenehm, daß er Macht über dieses hübsche Mädchen hatte. »Wollen Durchlaucht sich nicht setzen?« sagte er.

Marie ging zur Bank und setzte sich, die Knie zitterten ihr, und das Stehen fiel ihr ohnehin schwer. »Von der ewigen Prinzessin,« fuhr sie klagend fort, »höre ich schon genug von Fräulein von Dachsberg. Prinzessin, das ist so wie ein Riegel, der vor alle Türen vorgeschoben wird, hinter denen es lustig zugeht. Sprechen Sie doch, wie Sie zu anderen Mädchen sprechen, wie Sie zu Hilda sprechen, sagen Sie, was Sie wollen, Sie brauchen auch nicht immer Durchlaucht zu sagen, das hält nur auf.«

»Wie soll ich sagen?« fragte Felix.

»Wie Sie wollen,« erwiderte Marie ärgerlich, »das müssen Sie doch besser wissen.«

Felix schaute Marie mit einem Blick nachdenklicher Überlegenheit an. »Eine Prinzessin,« meinte er, »ist ja etwas Hübsches, sie ist wie diese kleinen Madonnen, die haben rosa Gesichter und Goldtressen auf den Kleidern, sie stehen in kleinen Schilderhäuschen, und wer an ihnen vorübergeht, der verbeugt sich.«

»Ich will aber nicht allein im Schilderhäuschen stehen,« rief Marie, »was muß man denn tun, was tun die anderen Mädchen? Was tut ein modernes Mädchen?«

Felix wiegte bedächtig seinen Kopf hin und her. »Ein modernes Mädchen,« meinte er, »wenn es in den Park geht, um jemanden zu treffen, dann sagt es nicht, es sei zufällig vorübergegangen.«

Marie wurde dunkelrot. »Ach, die lügen auch zuweilen,« sagte sie, »nun gut, ich bin hergekommen, weil ich wußte, daß Sie hier sitzen werden.«

Felix lachte über das ganze Gesicht und schlug sich mit der flachen Hand auf das Knie: »Dann ist alles gut. Wie ich Sie anbete! Und sagen darf ich auch, was ich will.«

Marie nickte: »Also sagen Sie.«

»Damals dort unter den Johannisbeeren,« begann Felix, »da fing es an, und seitdem hat es mich nicht losgelassen. Als Sie vorigen Sommer verreist und als Sie im Winter in Italien waren, da war der Urlaub für mich wie verloren, traurig wie die Kaserne. Hilda war wütend, sie sagte, es sei dumm, sich in eine Prinzessin zu verlieben, dabei komme nichts heraus. Nein, vielleicht kommt dabei nichts heraus, ein Avancement gibt es dabei Gott sei Dank nicht, für das man sich schinden muß. Bei den schönsten Dingen kommt nie etwas heraus, die haben keine Zukunft. Und wenn Sie heute hierhergekommen sind und wenn wir hier beieinandersitzen und ich Ihnen alles sagen darf, ist das nicht schon viel? Ist das nicht kolossal viel?«

Marie hielt die Hände im Schoße gefaltet, ihr Gesicht war ernst, als hörte sie einer Andacht zu, einer seltsam erregenden Andacht.

»Eines könnten wir noch tun«, sagte Felix nachdenklich.

Marie lächelte matt, ließ die Arme schlaff an sich niedergleiten und fragte: »Was muß ich noch tun?«

Diese Willenlosigkeit, die sie schwach machte, tat ihr wohl. »Ich denke, wir gehen dort durch das Tor hinaus,« schlug Felix vor, »drüben ist ein Stück Heideland und eine kleine Kiesgrube, und dort in der Kiesgrube da muß es jetzt wundervoll sein.«

Marie schüttelte den Kopf, nein, das war zu gefährlich.

»Es ist gefährlich,« gab Felix zu, »aber zusammen in einer Gefahr sein, das befreundet.«

Allein, Marie wollte das nicht wagen, das ging nicht.

»So, so, das geht nicht«, wiederholte Felix kleinlaut. Einen Augenblick schwiegen beide. Drüben in der Allee tauchte wieder das rot- und weißgestreifte Figürchen der Zofe auf und rannte, die Arme hin und her schwingend, dem Schlosse zu. »Diese kleine Zofe,« sagte Felix, »sehe ich jedesmal, wenn ich hier sitze. Sie läuft in die Fliederbüsche zu ihrem Burschen.«

Marie erhob sich von der Bank. »Gehen wir also in Ihre Kiesgrube«, sagte sie entschlossen.

Vorsichtig schlichen sie unter den Flieder- und Faulbaumbüschen bis an das Parktor. Dort führte die Landstraße vorüber, und jenseits derselben lag das Heideland und die kleine Kiesgrube. Es ging steil in sie hinab und Marie mußte sich fest auf Felix stützen. Unten war es voller Sonnenschein, vorjähriges Heidekraut bedeckte die Wände, hier und da das große Blatt einer Klettenstaude und die goldene Puschel einer Löwenzahnblüte, es roch nach warmem Sand.

»Bitte, sich zu setzen,« sagte Felix und rieb sich vergnügt die Hände, »hier auf das Heidekraut, das knistert wie Seide, nicht wahr? Ein famoses Chambre à part. Wir sind hier sozusagen aus der Welt fort, nichts ist mehr da, fühlen Sie nicht, wie die Prinzessin hier von Ihnen abfällt?«

»Ja,« meinte Marie, »ich glaube, ich fühle so etwas.«

Da schob Felix seinen Arm um ihre Taille, sie wunderte sich ein wenig darüber, sie dachte jedoch, das muß wohl so sein. Dann beugte er sich über sie und küßte sie.

Marie fühlte seine heißen Lippen, seinen kleinen Schnurrbart auf ihren Lippen. Es ging ihr durch den Sinn: Also das ist das, wovon Hilde spricht, und habe ich dabei auch etwas zu tun, vielleicht muß ich meine Arme um seinen Hals schlingen, und sie schlang ihre Arme um seinen Hals. Es mußte wohl das Rechte sein, denn ihr wurde dabei warm um das Herz.

Befriedigt lehnte Felix sich in das Heidekraut zurück und schloß die Augen. »Ach, süße Durchlaucht,« sagte er, »schön, schön ist es hier, wenn ich die Augen schließe, höre ich etwas klingen, das ist mein Blut, es zirpt wie die Feldgrillen.«

»Ich kann die Augen nicht schließen,« erklärte Marie kleinlaut, »wenn ich die Augen schließe, dann fürchte ich mich; ich fürchte mich davor, daß ich hier bin und daß Sie hier sind, und ich sehe das Schloß und Fräulein von Dachsberg, die mich sucht.«

»Nur keine Gewissensbisse,« fuhr Felix auf, »Gewissensbisse sind gewöhnlich, Gewissensbisse verderben alles. Wir werden uns solange nicht wiedersehen,« fuhr er gefühlvoll fort, »heute nachmittag fahre ich mit meinem Vater zu einem langweiligen, alten Onkel, dort bleiben wir zwei Tage und kommen dann abends spät nach Hause, und morgens früh geht es dann wieder fort in den Dienst. Also nur eine Nacht bin ich noch hier, aber diese eine ganze Nacht werde ich dort im Parke auf der Bank sitzen.«

»Im Park?« fragte Marie erstaunt. »Ich kann doch bei Nacht nicht in den Park kommen.«

»Nein, das können Sie vielleicht nicht,« fuhr Felix fort, »gleichviel, ich werde die ganze Nacht auf der Bank sitzen und an Sie denken und auf etwas Unmögliches warten, auf ein Wunder.«

»Ich kann ja nicht einmal aus meinem Zimmer heraus,« stöhnte Marie gequält, »ohne daß Emilie es merkt.«

»Nun, die kleine Zofe Emilie,« meinte Felix, »die würde die richtigen Wege wohl wissen. Aber ich sage nicht, daß es möglich ist, ich sage nur, ich werde auf der Bank sitzen.«

Unruhig wandte Marie sich im Heidekraut hin und her. »Nie werde ich das tun!« wimmerte sie. Sie empfand jetzt diesen fremden Willen, der Macht über sie hatte, wie etwas Schmerzhaftes. Felix antwortete nicht.

Lautlos schwirrten kleine blaue und goldbraune Schmetterlinge über sie hin, leise vor sich hin scheltend kamen Hummeln zu den Löwenzahnblüten, hoch oben aber über den hellblauen Himmel flogen Schwalben pfeilschnell dahin und stießen schrille, kleine Jauchzer aus, die Marie unendlich sorglos schienen.

»Jetzt müssen wir wohl gehen«, sagte Felix.

Sie standen auf und kletterten die steile Wand der Kiesgrube hinan. Sie sprachen nicht miteinander, Marie hatte das Gefühl, schuldig zu sein, und das machte sie elend. Als sie glücklich am Parktor angelangt waren, küßte Felix ernst Marie die Hand und sagte: »Leben Sie wohl, hier auf der Bank werde ich an Sie denken.« Marie wußte nichts darauf zu erwidern, und so trennten sie sich.

Jetzt hatte Marie Eile, nach Hause zu kommen, sie lief fast, und unwillkürlich schwenkte sie die Arme, wie sie es bei der Zofe Emilie gesehen. Im Schlosse ging Fräulein von Dachsberg schon durch die Zimmer und suchte die Prinzessin; sie war sehr ungehalten, daß Marie so erhitzt war, der Doktor hatte jede stärkere Erhitzung verboten. Das Sitzen um die Mittagszeit im Garten war unzuträglich, jetzt konnte an einen Spaziergang nicht gedacht werden, die Prinzessin sollte ruhig im Boudoir sitzen und Fräulein von Dachsberg wollte ihr vorlesen. Sie nahm Vilmars Literaturgeschichte und las von den Meistersängern in Nürnberg. In ihrer Stimme zitterte die Unzufriedenheit nach. Marie lag im Sessel und hörte nicht zu. Sie hatte Herzklopfen und war todmüde. An das eben Erlebte dachte sie wie an etwas, das schon sehr fern schien, es war so unwahrscheinlich. Was hatte die kränkliche Prinzessin hier, der Fräulein von Dachsberg Vilmar vorlas, zu tun mit dem Mädchen dort in der Kiesgrube, das sich von Felix küssen ließ? Von diesem Mädchen ließ sich auch das Unmögliche erwarten, es würde ruhig bei Nacht in den Park gehen. Mit der kleinen Emilie ließ sich reden, sie konnte ihr Geld geben, sie konnte ihr damit drohen, daß sie gesehen hatte, wie sie in die Fliederbüsche zum jungen Gärtner ging. Das wäre natürlich unedel, aber so war das Leben.

Die Fürstin und die Baronin Dünhof fuhren am Nachmittage in das Waldschlößchen, der Graf Streith hatte sie zum Tee eingeladen. Die Fürstin trug ein leichtes himbeerfarbenes Kleid und einen Hut, der über und über mit Maiblumen bedeckt war. Sie war sehr heiter, lachte über kleine, unbedeutende Dinge und neckte die Baronin Dünhof mit dem Grafen Minsky. »Wenn er sich zu Ihnen setzte, machte er ganz süße Augen.« Die Baronin übertrieb ihre Entrüstung darüber, um die Fürstin zu unterhalten. »Dieser schreckliche Mensch, er kommt mir vor wie eine Tasse Kaffee, in die man zuviel Zucker getan.«

Im Schlößchen empfing der Graf die Damen am Fuße seiner Treppe und führte die Fürstin in den Gartensaal. »Ich denke, wir gehen zuerst in den Garten«, schlug die Fürstin vor.

Die Gartenwege waren frisch mit einem hübschen, rötlichen Sande bestreut und von Reihen kleiner, feuerfarbener Tulpen eingefaßt, dahinter standen die Rosenstöcke, ein jeder trug an einem weißen Täfelchen seinen Namen. Auf dem Rasenplatz befanden sich runde Inseln voll weißer und roter Tulpen und voll Hyazinthen. Das kleine Wasserbecken aber, in dessen Mitte ein Triton aus seiner Muschel einen dünnen Wasserstrahl in die Luft blies, umgab ein dichter Kranz weißer Narzissen. In der hellen Frühlingssonne leuchteten die Farben lustig auf, als sei alles frisch gewaschen und beginge hier in dem stillen Garten einen Festtag.

»Ach, Streith, schön, schön«, sagte die Fürstin, und die Baronin Dünhof rief begeistert aus: »Wie gemalt!«

Streith erklärte seine Rosen: dieses war der Sultan von Sansibar, diese die Baronin Rothschild, hier Madame de Récamier. Streith hoffte, sie würden dieses Jahr zu gleicher Zeit blühen, und dann wollte er sie Ihrer Hoheit vorführen. »Ja, dann komme ich,« sagte die Fürstin, »ich weiß nicht, ich habe doch auch Tulpen und Narzissen und Rosen, aber bei uns sind sie fern und fremd, der Gärtner stellt sie in die Vasen, oder wir gehen vorüber und riechen einmal an ihnen, das ist alles. Hier bei Ihnen sind sie so wesenhaft, sie stehen beieinander wie eine vornehme Gesellschaft, in der man gern ›reçu‹ sein möchte.«

»Das ist nicht leicht,« meinte Streith, »Blumen sind sehr exklusive Wesen, es ist nicht möglich, ihnen nahezukommen, sie halten uns immer in Distanz. Zuweilen beschleiche ich die Tulpen abends, fasse sie an, aber wie abweisend sind dann die geschlossenen, feuchten Kelche. Ich kann sie wohl brechen, aber das ist dann rohe Gewalt, sie dulden still und vornehm wie die Aristokratinnen, die zur Guillotine geführt wurden.«

»Nein, nein,« versetzte die Fürstin, »Sie sind mit Ihren Blumen befreundet.«

Der kleine Blumengarten, flach wie ein buntes Schachbrett, wurde von einer Wand blühender Fliedersträucher abgeschlossen, hinter denen der Obst- und Gemüsegarten lag.

»Natürlich will ich den Gemüsegarten sehen,« sagte die Fürstin, »alles will ich sehen. Wo sind Ihre Igel?«

»Die schlafen bei Tage,« erwiderte Streith, »die Nachtschwärmer.«

Die Obstbäume standen in Blüte, und die windstille Luft war voll langsam und lautlos zur Erde niederflatternden, weißen Blütenblättern.

Streith stellte seine Bäume vor: »Dies sind die Reinetten, dies die Gravensteiner, hier die Kaneelbirnen, die einen eigentümlichen Rokokogeschmack haben, hier die Spalierbirne.«

»Wie wohlerzogen das alles aussieht,« meinte die Fürstin, »sehen Sie, Dünhof, die Gemüsebeete, wie mit dem Lineal gezogen. Es war mir nie aufgefallen, daß Gemüsebeete so hübsch sein können.« Die Fürstin ließ Streiths Arm los, um zwischen den Gemüsebeeten entlang zu gehen. »Da sind ja Kohlpflänzchen und Erbsen. Dieses sind wohl Karotten – essen Sie Karotten? Ich esse sie nicht.«

»Doch,« erwiderte Streith, »sehr weich gekocht und ganz jung haben sie einen leichten Aprikosengeschmack.«

Die Fürstin legte ihr Lorgnon vor die Augen und beugte sich

tief auf das Beet hinab. »Oh, wirklich,« meinte sie, »aber das sind vielleicht nur Ihre Karotten.«

»Hier ist eine neue Sorte weißer Erdbeeren,« erklärte Streith, »und dort die Spargel, denen der Gärtner und ich eine besonders liebevolle Aufmerksamkeit widmen.«

»Und dort sind die Treibbeete,« rief die Fürstin, »die muß ich auch sehen. Wie hübsch glatt die kleinen Wege zwischen den Beete sind, wie zum Tanzen.« Die Fürstin machte einige gleitende Tanzschritte und lachte. Die Treibbeete lagen auf einem Hügel, die Glasfenster waren geöffnet, und dort sonnten sich die Radieschen, die Gurken- und Melonenpflanzen. Die Fürstin setzte sich auf den Holzrand eines Treibbeetes und atmete wohlig den scharfen Duft ein, der ringsumher von den Kräutern aufstieg. »Wie warm es hier ist und wie gemütlich,« sagte sie, »wenn ich Sorgen habe, möchte ich hier sitzen, es ist hier so friedlich, man sitzt hier wie unter guten Menschen. Geben Sie mir doch auch eines Ihrer Radieschen zu kosten.«

Vorsichtig zog Streith einige Radieschen aus dem Beete, ging zum Brunnen, um sie abzuspülen und bot sie den Damen an.

»Köstlich, köstlich,« rief die Fürstin, »ich glaube, das schmeckt auch ein wenig nach Aprikosen, nicht wahr, liebe Dünhof?«

Nun war es Zeit, wieder in das Haus zu gehen. Im Gartensaal wurde der Tee serviert. Die Fürstin lehnte sich in die Sofaecke zurück, die Sonne hatte sie erhitzt, ihre Augen glitzerten, und ihr Gesicht trug einen angeregt jugendlichen Ausdruck, der es verschönte. »Vorigen Tag sprachen Sie, lieber Graf, davon,« begann sie sinnend, »daß wir uns mit dem Leben befreunden, ja, Sie können das, Sie wohl. Als ich jung war, stand ich mit dem Leben wie mit einer Gouvernante und später wie mit einer Oberhofmeisterin.«

Streith lachte. »Nun, bei aller Freundschaft,« versetzte er, »behalten wir doch einiges Mißtrauen. Ich war als Knabe sehr mißtrauisch. Wenn meinem Bruder und mir etwas Angenehmes bevorstand, ein Spaziergang oder ein festliches Essen, dann freute sich mein Bruder aufrichtig, in mir aber stiegen dunkle Ahnungen auf: wahrscheinlich wird es regnen, wahrscheinlich werden die Erwachsenen unfreundlich sein, oder die Stiefel werden drücken, wahrscheinlich wird der Kuchen so schwer sein, daß wir ganz wenig davon bekommen werden. Ich weiß, daß dieses meinen Bruder zur

Verzweiflung brachte, er klagte meiner Mutter, ich verdürbe ihm die Freude. Ich wurde bestraft, durfte nicht mit auf den Spaziergang oder bekam keinen Kuchen.«

»Der arme kleine Donald«, sagte die Fürstin mitleidig.

Streith jedoch fand das ganz richtig, Kinder müssen lernen, sich zu freuen.

»Es gibt aber doch nichts Traurigeres,« meinte die Baronin, »als ein enttäuschtes Kind.«

»Und Kinder sind immer enttäuscht,« versetzte die Fürstin lebhaft, »seltsam, jeder von uns ist ein Kind gewesen, und doch verstehen wir Kinder so wenig wie Blumen. Jeder von uns erinnert sich doch, daß er als Kind von den Erwachsenen mißverstanden wurde.«

»Ja, merkwürdig«, bestätigte Streith und griff nach einem Teller mit Sandwiches und bot sie der Fürstin an. »Wollen Hoheit nicht diese Sandwiches versuchen, sie sind eine eigene Erfindung meiner Frau Buche.«

Die Fürstin nahm eins der Brötchen und sah es aufmerksam an. »Enttäuscht Frau Buche Sie nie?« fragte sie, »ich meine so mit Hechtkoteletten und Sandwiches.«

»Nie«, antwortete Streith. »Mit den Jahren finden wir denn doch dieses und jenes im Leben, auf das wir uns verlassen können, so einige treue Bundesgenossen.«

»Ein Bundesgenosse ist gut«, sagte die Fürstin und ließ die Worte gefühlvoll klingen. »Drüben in Birkenstein, da hatte ich auch einen treuen Bundesgenossen.«

Die Baronin schlug die Augen nieder und drückte sich tiefer in den Sessel hinein, als wollte sie ihre Gegenwart vergessen machen.

Streith lächelte feierlich und blickte auf den Mund der Fürstin, auf die schmalen, sehr roten Lippen und auf die feinen Striche, die sich von den Mundwinkeln abwärts zogen und diesem Munde etwas Rührendes und Pathetisches gaben. Keiner sprach eine Weile, es war, als sollte die Bedeutsamkeit der letzten Worte nicht verwischt werden. Die Fürstin begann langsam den Sandwich zu essen, den sie in der Hand hielt. Endlich sagte sie: »Jetzt, Graf, müssen Sie uns etwas vorspielen, das gehört noch dazu.«

Gehorsam stand Streith auf und ging an das Klavier. Er begann zu spielen. Schumanns »Glückes genug«. Er spielte ganz leise und zart, und in den verhaltenen Jubel dieser Melodie mischte sich das leidenschaftliche Pfeifen eines Stares, der auf der Kastanie vor dem Fenster saß.

Ein leises Geräusch am offenen Fenster ließ Streith von den Tasten aufsehen.

Britta stand da vor dem Fenster, den Filzhut im Nacken, das dunkle Haar in die Stirn hängend. Sie lachte, Streith sah deutlich den weißen Glanz ihrer Zähne. Dann warf sie etwas in das Zimmer und verschwand.

»Wer ist das?« riefen die beiden Damen und fuhren mit den Lorgnons an die Augen.

Streith ging an das Fenster, er fühlte, daß er errötete wie ein Knabe.

»Vorübergehende Kinder,« sagte er, »ein Unfug, ich muß die Bank vor dem Fenster fortnehmen lassen.«

»Das sind ja Veilchen, die Ihnen hereingeworfen werden,« rief die Fürstin, »also eine Ovation.«

Streith hatte sich gefaßt und wandte sich wieder den Damen zu. »Dieses Mal sind es Veilchen,« meinte er, »ein anderes Mal weniger willkommene Dinge.«

»War das nicht die Tochter dieser Walddame?« fragte die Baronin, »dieser Frau von Syrman?«

»Ich kenne diese Leute nicht«, antwortete Streith, trocken und bestimmt. Er setzte sich wieder an seinen Platz, tat, als sei der Vorfall nicht der Beachtung wert, obgleich er ihn so stark erregte, daß ihn fröstelte. Man sprach von gleichgültigen Dingen, vom Klavierspiel der Fürstin Kusmin, vom russischen Hofe, und dann brachen die Damen auf.

»Ich danke Ihnen, Streith,« sagte die Fürstin, »ich komme bald wieder.«

Auf der Fahrt schwieg die Fürstin und versank in tiefe Gedanken. Nur kurz vor dem Schloß legte sie ihre Hand auf die Hand der Baronin und sagte: »Gertrud,« in innigen Augenblicken nannte sie die Baronin Gertrud, »ich glaube, ich bin mit mir einig.«

»Gott sei Dank«, flüsterte die Baronin.

Streith ging unterdessen in seinem Gartensaale auf und nieder und ließ seinem Ärger freien Lauf. Nein, das war nicht möglich, diese Leute, die sich an ihn gehängt hatten, wurden ja zu einer Gefahr. Das konnte so nicht weitergehen. Er wollte gleich mit dem

Mädchen ein ernstes Wort reden. Er rief Oskar, befahl ihm, Hut und Stock zu bringen, und auf die Veilchen, die am Boden lagen, weisend, sagte er: »Nehmen Sie das fort.«

Er schlug den kürzesten Weg zum Forsthause ein. Während er schnell vorwärts ging, begann er im Geiste schon Britta zu schelten, sie hatte ihm einen argen Streich gespielt. Gerade als die Stimmung harmonisch und weihevoll wurde, mußte sie mit ihren verdammten Veilchen kommen. Aus einem Tannendickicht in der Nähe des Forsthauses leuchtete etwas Blaues hervor, es war Brittas Kleid. Zur Erde niedergebeugt, sammelte sie dort etwas in ihre Schürze hinein. Streith ging auf sie zu. »Guten Abend«, schnarrte er.

Britta richtete sich jäh auf, sie errötete, und auf ihrem Gesichte malten sich Schrecken und Angst so deutlich wie auf dem Gesichte eines Kindes. Regungslos blieb sie stehen und schaute Streith an.

Dieser lehnte sich gegen einen Baumstamm, er war schnell gegangen, und das Herz schlug etwas zu stark. »Gut, daß ich Sie hier finde, mein Fräulein,« begann er, »ich wollte Sie bitten, mir ähnliche Überraschungen nächstens zu ersparen, ich bin überhaupt kein Freund von Überraschungen und nun gar so durchs Fenster. Was sollen die Leute, die bei mir sind, davon denken? Entweder kommt man zu mir durch die Haustür, oder man kommt nicht zu mir. So geht das nicht, dieser Verkehr durch die Fenster ist bei uns nicht Sitte. Das wollte ich gesagt haben.«

Britta stand noch immer regungslos da und schaute Streith an, ihre Augen füllten sich langsam mit Tränen, und Tränen überströmten ihre Wangen. Die Zipfel der Schürze, die sie gehalten, ließ sie fahren, um die Arme schlaff niederhängen zu lassen, und die Frühjahrsmorcheln, die sie gesammelt, fielen zu Boden.

»Auch für Sie, mein Fräulein,« fuhr Streith fort, jetzt milder und väterlicher, »auch für Sie, mein Fräulein, dürfte solch ein Verhalten nicht empfehlenswert sein. Wohlerzogene junge Damen steigen nicht an die Fenster fremder Häuser, um Herren Veilchen zuzuwerfen. Davon ist durchaus abzuraten, und Ihre Frau Mutter dürfte das kaum billigen. Also das wollte ich gesagt haben.«

Seltsam war es, wie aller Ärger plötzlich fort war und Streith nicht mehr wußte, was zu sagen, er empfand nur einen starken Widerwillen dagegen, hier der scheltende alte Herr zu sein, der dieses weinende junge Wesen quälte.

Britta wartete einen Augenblick, ob Streith weitersprechen würde, und als er schwieg, sagte sie: »Dann ist also jetzt alles aus.«

»Was ist aus?« fuhr Streith auf, »was soll denn aus sein?«

»Ich habe gleich gewußt, daß alles aus sein würde«, wiederholte Britta.

»Was sprechen Sie, Kind,« unterbrach sie Streith, »warum soll es aus sein? Ich habe mich ein wenig alteriert, entschuldigen Sie, es hat mich so überrascht, wäre ich allein gewesen, so hätten wir darüber gelacht, ha, ha. Sprechen wir nicht darüber, und vor allem, weinen Sie nicht. Sehen Sie, die schönen Schwämme haben Sie jetzt zur Erde fallen lassen.«

»Ach die«, sagte Britta und stieß mit dem Fuß nach den Schwämmen.

»Jedenfalls,« fuhr Streith fort, »wischen Sie sich die Tränen vom Gesicht, und dann wollen wir ein wenig gehen. So können Sie nicht nach Hause, Ihre Frau Mutter würde sich erschrecken.«

Gehorsam wischte sich Britta die Tränen vom Gesicht, und sie gingen langsam einen schmalen Weg zwischen den Tannen hin. Eine Weile stand der Wald auf sehr blankem Goldgrunde, dann wurde es dämmrig und kühl, ein ganz weißer Mond hing am Himmel.

»Haben Sie sich vor mir gefürchtet?« fragte Streith weich.

»Als Sie kamen,« erwiderte Britta, »habe ich mich sehr gefürchtet. Wie böse Sie sein können, Ihre Augen wurden ganz gelb, und ich glaubte, Sie würden mich schlagen.«

»Das muß häßlich gewesen sein.«

»Ach nein, das war schön,« meinte Britta, »Sie sahen aus wie ein Ritter, und es tat mir fast leid, daß Sie mich nicht schlugen, da ich meinte, daß nun doch alles aus sei.«

»Schmerzte es Sie, daß alles aus sein sollte?« fragte Streith.

»Ja,« antwortete Britta, »seit Sie bei uns waren, seit ich mit Ihnen gehen und sprechen darf, ist doch etwas am Tage, auf das ich warten, auf das ich mich freuen kann. Sie sind so hübsch angezogen, und es riecht um Sie nach kölnischem Wasser, und Ihre Ringe blitzen so schön, und wenn Sie etwas sagen, klingt es wie aus einer anderen, feinen Welt. Wenn ich bei Ihnen bin, habe ich so ein Gefühl, als ob ich mein Sonntagskleid anhätte.«

»So, so«, meinte Streith. »Aber ich denke, Sie sollten sich beim Erwachen auf jeden Tag freuen.«

»Warum?«

»Nun, weil Sie da sind, weil Sie jung sind.«

Britta zuckte die Achseln: »Das kenne ich schon.«

»Sie sollten,« fuhr Streith fort, »ganz still im Sonnenschein sitzen und fühlen, wie das Leben und die Jugend in Ihnen brennt.«

Britta schüttelte den Kopf: »Das ist langweilig, ja, wenn alles hübsch und vornehm um mich wäre, dann könnte ich auch so dasitzen wie die Prinzessinnen im Garten und so vor mich hinsehen, oder bei Ihnen in Ihrem Zimmer mit den vielen Bildern. Dort muß es sein wie in der Kirche, man geht mit kleinen, langsamen Schritten, es fährt einem so kühl über den Rücken, und es riecht nach Sonntag.«

»Können Sie das nicht hier auch im Walde?« fragte Streith, und er wünschte, daß Britta weiterplaudere.

»Nein,« erwiderte Britta, »dazu muß man eine wohlerzogene junge Dame sein, wie Sie sagen, und das bin ich nicht. Mama ist eine Dame von Welt; wenn sie in den Stall zu den Schweinen geht, sieht es aus, als machte sie eine Visite, aber ich – vielleicht kommt das von der Blutmischung, von der Mama immer spricht.«

»Nun, nun,« tröstete Streith, »das kommt mit der Zeit. Um eine Weltdame zu sein, muß man die Welt kennen.«

Britta sann eine Weile still vor sich hin, dann lachte sie hell auf. »Die Damen bei Ihnen,« sagte sie, »müssen sich aber erschreckt haben, plötzlich erscheint so eine Schwarze am Fenster und wirft Veilchen in das Zimmer.«

Streith versuchte auch zu lachen: »Ja, hm, überraschend war es.«

Allmählich waren sie bis zum Forsthause gekommen, durch das geöffnete Fenster sahen sie die brennende Lampe auf dem großen Tische stehen und Frau von Syrman mit einem Buche auf dem Sofa sitzen.

»Gute Nacht,« sagte Streith, »Sie sind mir also nicht mehr böse?«

»Sie waren ja böse«, erwiderte Britta.

Streith lachte: »Ja so, nun gleichviel, gute Nacht.«

»Kommen Sie nicht zu uns herein?« fragte Britta.

Streith lehnte ab, Frau Buche wartete zu Hause mit dem Diner.

»Ah, das Diner,« sagte Britta ehrfürchtig, darauf fügte sie hinzu, »wenn ich nicht müßte, würde ich auch nicht um eine Welt in das alte blaue Zimmer da hineingehen. Gute Nacht.«

Auf dem Heimwege fühlte Streith, daß der Abend kalt und

feucht war, er schlug seinen Rockkragen auf, denn er war in der Eile ohne Paletot fortgegangen. Das kann eine Erkältung geben, dachte er, das eine Bein schmerzte ihn schon ein wenig. Zu Hause ließ er sich von Oskar entkleiden und mit kölnischem Wasser abreiben, dann zog er weiche, warme Hauskleider an und setzte sich zu seinem Essen. Er war hungrig und das Essen schmeckte ihm.

Frau Buche hatte ein kleines Sauté aus frischen Gemüsen gemacht, das aller Beachtung wert war. Gleich nach dem Essen legte er sich zu Bett, Frau Buche hatte heißen Tee gemacht und brachte eine Wärmflasche. Sie war sehr ungehalten. Wenn der Herr sich ohne Paletot im Nebel herumtreibe, dann sei es kein Wunder, wenn der Rheumatismus sich melde.

Wohlig streckte sich Streith im Bette aus und zündete eine Zigarette an. Oskar berichtete vom Tierarzt, der dagewesen sei, und sprach von den Pferden, bis er entlassen wurde. Streith schloß die Augen. Lesen wollte er nicht, er wollte denken, an die Fürstin denken; allein immer wieder drängte sich Brittas Gestalt vor, Britta am Fenster, Britta unter den Tannen, das Gesicht von Tränen überströmt, und in dieser Vorstellung lag etwas, das ihn quälte. Sein Zimmer, sein Bett, der Tee, die Wärmflasche, die ganze Alteherrenbehaglichkeit, sie schienen ihn unendlich weit von Britta zu entfernen, und das tat ihm weh. Um dem ein Ende zu machen, rief er Oskar und ließ sich ein Schlafpulver geben.

Die Fürstin faltete den Brief, den sie gelesen hatte, zusammen, lehnte sich in den Stuhl zurück und schaute die Baronin Dünhof mit einem verhaltenen Lächeln an. »Meine Schwägerin, die Prinzessin Agnes, kommt,« sagte sie; »es scheint, die Familie beunruhigt sich über etwas, und meine Schwägerin soll nach dem Rechten sehen.« Dann zuckte sie leicht mit den Schultern, als schüttle sie etwas von sich ab: »Es ist doch gut, daß wir nicht unser ganzes Leben hindurch unter der Herrschaft der anderen stehen.«

»Wie wahr«, sagte die Baronin Dünhof.

Am Nachmittag langte die Prinzessin Agnes mit ihrer Kammerjungfer und ihrer jungen Hofdame Fräulein von Reckhausen an. Die Prinzessin hatte immer ganz junge Hofdamen. »Ich will Jugend um mich«, pflegte sie zu sagen. Der Dienst jedoch war so aufregend, daß die Damen bald nervös wurden und oft gewechselt werden mußten. Prinzessin Agnes war eine kleine, runde, alte

Dame mit einem blanken, bräunlichen Gesicht und grauen Haartrompeten unter der weißen Blondenhaube, trug gern fußfreie, graue Seidenkleider und knarrende Schuhe.

»Hier bin ich,« sagte sie, als sie auf dem Sofa im Grünen Zimmer saß, »ich mußte doch wieder einmal nach euch sehen. Du, liebe Adelheid, ziehst dich ja so zurück, daß du fast verschollen bist.«

»Wenn wir einen schönen, ruhigen Winkel gefunden haben,« erwiderte die Fürstin, »dann verlassen wir ihn ungern.«

»Es mag ja ganz schön sein«, meinte die Prinzessin, »auf dem Lande die Schäferin zu spielen, aber die Familie hat auch ihre Ansprüche. Ah, da bist du ja, Kleine,« wandte sie sich an Marie, die in das Zimmer trat, »du bist ja groß geworden und recht hübsch. Aber dieses Weiß und Rosa wie eine Porzellantasse nützt auch nicht viel, ordentlich gesunde Backen solltest du haben. Na, setze dich zu mir, meine Tochter. Fräulein von Reckhausen, bitte, bringen Sie mir meinen Sack.«

Das Fräulein brachte einen großen Sack aus lawendelfarbener Seide, der ganz mit kleinen Seidenflecken gefüllt war, diese zu zerzupfen, war die stete Beschäftigung der Prinzessin. »Da hast du auch einen schönen, roten Flecken,« sagte sie zu Marie, »das ist eine gute Beschäftigung. Ich lasse die Fäden dann mit Wolle mischen und einen dauerhaften Stoff daraus weben, den bekommen dann arme Mädchen. Das unsolide, putzige Zeug, mit dem diese Mädchen sich jetzt kleiden, ist ein Skandal.«

Die Prinzessin zupfte nun eifrig an ihren Seidenflecken und erzählte von der Großherzogin von Oldenburg, die kränklich, aber sehr geduldig, von der Fürstin von Schwarzburg-Sondershausen, die eine ganz prächtige Frau war. Die Nachmittagsonne schien in das Zimmer und machte die Luft heiß und beklemmend. Marie mit ihrem unruhigen Herzen und dem seltsamen Fieber ihrer Gedanken, das in den letzten Tagen sie nicht verließ, fühlte sich sehr unglücklich; die Seidenfäden hängten sich an ihre Nägel und machten sie nervös, die behäbig forterzählende Stimme der Prinzessin Agnes, die Geschichten von den prächtigen Fürstinnen erschienen ihr wie ein Protest gegen alles, was im Leben schön und heiter ist. Sie hätte weinen mögen.

Am nächsten Morgen stand die Prinzessin Agnes sehr früh auf und ging mit dem Fräulein von Reckhausen durch das Haus, durch den Hof und die Ställe, sie ging auch ein Stück die Landstraße entlang, um die Felder zu sehen, sie sprach mit den Leuten und streichelte die Hunde. Als sie zum zweiten Frühstück erschien, war sie über alles gut unterrichtet. Nach dem Frühstück saß sie mit der Fürstin im Boudoir und zupfte an ihren Seidenflecken. »Es ist hier bei dir recht hübsch,« sagte sie, »der Major scheint ein tüchtiger Mann zu sein. Von großem Fleiß allerdings habe ich nicht viel gesehen. Der Kutscher und der Chauffeur saßen in der Futterkammer und plauderten, der Inspektor stand vor dem Hause und unterhielt sich mit der Kammerjungfer, die zum Fenster hinauslehnte. Aber so scheint es hier zu sein: Ihr geht alle ein wenig umher wie im Traum. Die Kleine finde ich auf der Veranda, sie hält ein Buch in der Hand und starrt vor sich hin. Im Saal steht die Dachsberg am Fenster und schaut hinaus. Auf der Hoftreppe steht der alte Fürwit und tritt von einem Bein auf das andere.«

Die Fürstin lachte: »Ja, hier auf dem Lande ist das Leben beschaulich.«

»Beschaulichkeit mag ganz gut sein,« meinte die Prinzessin, »wenn dabei nur nicht dumme Gedanken kommen. Für die Kleine sollte man sich nach einer Beschäftigung umsehen.«

»Sie ist so zart,« erwiderte die Fürstin, »ich bin froh, wenn sie einigermaßen gesund ist.«

»Gerade weil sie kränklich ist«, versetzte die Prinzessin. »Nun, davon sprechen wir später. Ich wollte dich etwas fragen, liebe Adelheid. In Birkenstein und auch in Karlstadt tauchten Gerüchte auf von gewissen Absichten, die du haben solltest, von gewissen Entschlüssen.«

»In Birkenstein tauchen immer Gerüchte auf«, sagte die Fürstin.

»Das ist richtig,« gab die Prinzessin zu, »allein dieses Mal scheinen sie nicht grundlos.«

Die Fürstin blieb ganz ruhig, nur die Hände, die müßig im Schoß lagen, begannen nervös eine die andere zu streicheln. »Ich weiß nicht, welche Absichten und Entschlüsse du meinst«, sagte sie.

Die Prinzessin zupfte eifrig an ihren Seidenflecken. »So, so«, meinte sie. »Nun, in unserer heutigen Zeit geschieht in unseren Kreisen so viel Seltsames, daß man nie weiß; all diese Ehen. Zu meiner Zeit fiel es uns doch nicht ein, daß wir irgendeinen Leutnant heiraten könnten, weil er gut tanzte. Oder irgendeinen Kammerherrn, weil er gut gewachsen war. Gab es keinen Prinzen, so blieb man unverheiratet wie ich. Was kommt auch bei solchen Heiraten heraus? Bei Hof geht die Frau durch die eine Tür herein, und der Mann muß durch eine andere Tür. Was denkt sich solch ein Mann dabei?«

»Er denkt sich,« erwiderte die Fürstin und zog die Augenbrauen empor, »er denkt sich wohl, eine Tür ist wie die andere.«

Die Prinzessin schaute die Fürstin über ihre Brillengläser hinweg scharf an, und ein wenig Rot stieg in die braunen Wangen: »Eine Tür ist nicht wie die andere, sonst wäre auch ein Mensch wie der andere. Gut, vor Gott sind wir alle gleich, aber Gott hat gewollt, daß es Fürsten gibt, und wenn es Fürsten gibt, dann müssen diese sich danach halten, dann ist eben eine Tür nicht wie die andere und ein Mensch nicht wie der andere, sonst glaubt man uns die ganze Geschichte nicht. Wenn heute eine Frau Schulze oder eine Frau Müller eine geborene Prinzessin Soundso oder eine Fürstin Soundso sein können, dann wird nächstens auch eine Fürstin Soundso eine geborene Schulze oder Müller sein können. Die Männer neigen sowieso zu Unregelmäßigkeiten, wir Frauen müssen daher streng auf Ordnung halten, es muß ja nicht immer geheiratet werden.«

»Ich weiß nicht, liebe Agnes, worüber du dich aufregst,« antwortete die Fürstin, und ein schärferes Glitzern kam in ihre Augen, »es liegt ja nichts vor. Aber du kannst sicher sein, wenn ich Entschlüsse fasse, dann wird die Familie sie von mir zuerst hören. Und ebenso gewiß ist es, daß ich mich dieser Entschlüsse nicht zu schämen haben werde. Ich habe der Familie lange genug gedient, und als ich Witwe wurde, brauchte ich, Gott sei Dank, mein Leben nicht, so wie die Kronjuwelen, der Familie zurückzuerstatten.«

»Gut, gut, ich weiß Bescheid,« sagte die Prinzessin Agnes und zupfte so stark an ihrem Seidenflecken, daß dieser sich arg verzog, »keiner will jetzt die Lasten des Standes tragen, in den ihn Gott gesetzt hat. Glaubst du, es sei ein großes Glück, die alte Prinzessin Agnes zu sein, die mit ihrem Fräulein im Gartenpavillon wohnt? Es ist aber nun einmal so, und ich klage nicht. Heutzutage spricht eine jede von der Stimme ihres Herzens. Wir hatten auch Herzen, als wir jung waren, aber es war von ihnen nicht die Rede. Heute spricht eine jede von ihrem Herzen, als sei es ein Generalleutnant, dem gehorcht werden muß.«

Da die Fürstin darauf nicht antwortete, so entstand eine Pause, bis die Prinzessin eilig ihren Sack beiseite warf und erklärte, sie müsse in den Garten hinausgehen, sie habe sich zu sehr erhitzt.

Auf der Veranda fand sie Fräulein von Dachsberg und Fräulein von Reckhausen, die miteinander flüsterten. Fräulein von Reckhausen erzählte von den Eigenheiten der Prinzessin.

»Wo ist die Prinzessin Marie?« fragte die Prinzessin Agnes.

»Die Prinzessin ist wohl in der Fliederlaube,« berichtete Fräulein von Dachsberg; »um diese Zeit wünscht die Prinzessin allein zu sein.«

»Warum allein?« forschte die Prinzessin Agnes streng weiter.

Fräulein von Dachsberg zuckte leicht mit den Schultern. »Es ist befohlen, die Prinzessin in ihren Neigungen nicht zu stören.«

»Dummes Zeug«, brummte Prinzessin Agnes und ging weiter.

Marie saß in der Fliederlaube, ein Buch lag auf ihren Knien, den Kopf hatte sie zurückgezogen und schaute durch die blauvioletten Blüten wie durch ein Gitter in den blauen Himmel. Sie erlebte jetzt eine bedeutsame Zeit. Zum ersten Male fühlte sie sich leben, fühlte ihren Körper und ihr Blut, sie fühlte sich als etwas, das wundersam blüht; zum ersten Male sah sie sich leben und wartete gespannt, was ihre Liebe und ihr Schmerz sie zu tun und zu denken heißen würden. Ob sie nun hier in der Fliederlaube saß und an Felix dachte oder in den Park ging und auf der Steinbank saß, auf der er diese Nacht sitzen würde, ob sie des Abends zum Mond aufschaute oder des Nachts aufwachte und weinen mußte oder sich von den heißen Schauern ihres Blutes schütteln ließ, alles war neu und erregend.

»Da bist du, Kleine,« weckte die Stimme der Prinzessin Agnes Marie aus ihren Träumen, »hier bei dir ist es schön kühl, ich will mich mal zu dir setzen.« Sie setzte sich auf die Bank, erhitzt und atemlos von ihrem Gange schwieg sie einige Augenblicke, und ihre kleinen, von den fetten Lidern beengten Augen sahen Marie scharf an. »Nun, meine Tochter,« begann sie endlich, »wie lebst du? Was tust du?«

»Nichts, Tante«, erwiderte Marie ziemlich verdrossen.

»Das sehe ich,« fuhr die alte Dame fort, »hier bei euch wird nicht viel getan, aber für dich ist das nicht gut. Du mußt eine Beschäftigung haben, eine Einteilung.«

»Warum gerade ich?« fragte Marie.

»Weil du es mit der Gesundheit zu tun hast,« erwiderte die Prinzessin, »und ein stilles Leben führen mußt, und da ist es gut, etwas zu haben, wofür man lebt. Da ist die Wohltätigkeit, du könntest eine Kochschule gründen für die Mädchen des Dorfes oder eine Nähschule und ihnen zu Weihnachten bescheren.«

»Ich verstehe nicht zu kochen und nähe sehr schlecht«, sagte Marie, und ihr Gesicht nahm einen immer eigensinnigeren Ausdruck an.

»Das macht nichts,« meinte die Prinzessin, »man ist Protektrize, man geht hin, fragt, schmeckt, läßt sich die Arbeiten zeigen, das genügt.«

Marie schüttelte den Kopf und zog die Augenbrauen zusammen: »Ich will aber gar nicht eine Kochschule oder eine Nähschule gründen.«

»So, du willst nicht?« versetzte die Prinzessin, und ihre Stimme wurde streng und scheltend, »was willst du denn? Stillsitzen und warten, bis das Glück um die Ecke biegt? Es biegt aber nicht um die Ecke. So hat schon manche gesessen und gewartet, bis sie alt und sauer wurde. Sieh, mein Kind, ich bin mein Lebtag gesund gewesen, habe gesunde Lungen und ein gesundes Herz gehabt, und doch habe ich nicht geheiratet. Das ist mit Prinzessinnen jetzt so eine Sache, da ist es denn gut, wir sehen uns nach etwas um, was unserem Leben einen Inhalt gibt, um nicht einsam und lächerlich zu werden. Die Wohltätigkeit ist da noch das beste, nicht so dieses sogenannte Gehen in die Hütten der Armen, dort kriegt man nur Krankheiten und Flöhe, aber eine Kochschule, eine Nähschule, so was. Mit der Wohltätigkeit ist zwar auch nicht viel los, kein Mensch ist uns dankbar dafür, aber es bleibt uns nicht viel anderes übrig.«

Jetzt lächelte die Prinzessin und schaute Marie in das zornige Gesicht. »Ja, das hörst du nicht gern, aber die alte Tante Agnes hat doch recht. Mit dem Heiraten kriegt auch nicht jede eine Anweisung auf das Glück. Sieh nur deine Schwester Lore an. Nein, das Leben ist eben kein Tanzsaal. Jetzt will ich noch einen Spaziergang machen.« Sie strich mit zwei Fingern über Maries heiße Wange, erhob sich und ging. Marie schaute ihr nach, die kurze, runde Gestalt im grauen Seidenkleide, den großen Sommerhut auf dem Kopf, wie sie mit kleinen, festen Schritten den Weg entlang ging, erschien ihr als die Verkörperung der Einsamkeit und Freudlosigkeit. Wie glücklich war Marie eben gewesen. Über ihr selbst und über der Welt hatte ein geheimnisvoller und heiliger Schimmer gelegen, und nun war diese alte Frau gekommen und hatte alles wie mit Spinnweben verhängt, und das Leben sah grau und traurig aus. Nein, lieber wollte Marie sterben, als das Leben der Tante Agnes leben, als die einsame, kränkliche Prinzessin sein, die für die Dorfkinder wollene Hauben strickt. Sie wollte heute nacht in den Park gehen, um Felix zu treffen, so unmöglich ihr das auch erschien, sie wollte alles tun, was Tante Agnes mißbilligte. Sie wollte sich an das Süße, Wilde, Verbotene des Lebens klammern.

Zum Diner kam Streith. Die Prinzessin Agnes begrüßte ihn wie einen alten Bekannten. »Freut mich, lieber Graf, Sie zu sehen; Sie sehen gut aus. Älter geworden, natürlich; wir alle werden alt, davor kann man sich auch hier in der Einsamkeit nicht verstecken.«

Der Graf lachte. »Gewiß, nur daß hier in der Einsamkeit nicht so viele da sind, die es einem sagen.«

»Das mag sein,« meinte die Prinzessin, »aber so alt sind Sie doch eigentlich nicht, daß Sie nicht noch dem Lande nützen könnten, statt hier Ihren Kohl zu bauen.«

»Ich denke,« erwiderte der Graf, »das Land braucht auch Kohl.«

»Ach was, Kohl gibt es genug in der Welt,« versetzte die Prinzessin ärgerlich, »aber das ist so eine Art Hochmut. Man hält sich zu gut für die Welt und zieht sich daher in die Einsamkeit zurück. Na, und in der Einsamkeit, da kommen unnütze Gedanken.«

Der Graf verneigte sich. »Ich freue mich, daß Durchlaucht wieder einmal geruhen, mich auszuzanken.«

Die Prinzessin nickte: »Ja, ja, mit der alten Prinzessin Agnes läßt sich nicht spaßen.«

Während des Essens wurde von Birkenstein, von Karlstadt und anderen Höfen gesprochen. Marie hörte nicht zu; nur, als der Name Dühnen an ihr Ohr schlug, horchte sie auf. »Mit dem ältesten Sohn haben sie Sorgen,« sagte der Graf, »er macht Schulden, jeut und scheint undiszipliniert. Dühnen war bei mir und sprach sich recht pessimistisch über den jungen Mann aus.«

Die Baronin Dünhof seufzte: »Sehr schade. Ein hübscher junger Mensch, aber es wird kein gutes Ende mit ihm nehmen.«

»Dühnen ist nicht gefühlvoll,« berichtete der Graf weiter, »er meint, er habe drei Söhne, gelingt es mit dem einen nicht, so sind die beiden anderen als Reserve da.«

»Ganz richtig,« sagte die Prinzessin, »wenn einer nichts taugt, dann fort mit ihm.«

Marie sah die Sprechenden bitterböse an. Was wußten die alten grausamen Leute von Felix? Die Tränen waren ihr nahe.

Nach dem Diner spielten die Prinzessin und die Fürstin mit Fürwit und Streith Whist, die Baronin Dünhof spielte mit dem Major Halma, während Fräulein von Dachsberg und Fräulein von Reckhausen zusammen saßen und miteinander flüsterten. Fräulein von Reckhausen erzählte von den Schwierigkeiten ihrer Stellung. Marie hatte sich zu den Halmaspielern gesetzt, als wollte sie ihnen zuschauen, sie schaute aber unverwandt auf die dunkeln Scheiben der Glastür und dachte nur das eine: In diese schwarze Nacht muß ich heute noch hinaus.

Als das Schloß still und dunkel war, schlichen zwei Gestalten durch die Hintertür in den Garten und eilten dem Parke zu, Marie und die Zofe Emilie. Der Himmel war bewölkt und die Nacht finster. Scheu drängten die beiden Mädchen sich aneinander, alles ängstigte sie, das Aufrauschen der Bäume, das Knarren eines Zweiges, der Flügelschlag eines Vogels in einem Wipfel. Verschüchtert und atemlos stiegen sie die Anhöhe zum kleinen Teich hinan und blieben am Steintisch stehen. Es war so dunkel, daß sie nichts zu sehen vermochten.

»Felix!« flüsterte Marie, da fühlte sie sich von zwei Armen umfangen und auf die Bank niedergezogen. Felix kicherte leise, sie schmiegte sich an ihn, zum ersten Male fühlte sie die wunderbare Geborgenheit vor einer dunkeln, drohenden Welt und vor der Unruhe des eigenen Herzens, in zwei sie fest umschließenden Armen und in dem Rausche des eigenen fiebernden Blutes. »Fräulein,« sagte Felix zu Emilie, »dort am Teiche ist ein Baumstumpf, dort könnten Sie ein wenig sitzen.« Emilie verschwand. Marie weinte, die Spannung ihres ganzen Wesens war zu groß gewesen.

»Warum weinen Sie?« fragte Felix.

»Ach, sage nicht Sie zu mir,« sagte Marie, »du bist das Einzige, was ich habe. Ich habe mich so sehr gefürchtet, alles ist schrecklich und traurig, wenn du nicht da bist, wenn du mich vergissest, wenn du mich nicht liebst, dann werde ich eine alte Prinzessin, die wollene Hauben strickt und Kochschulen einrichtet. Du mußt mir schwören, daß du mich nie verlässest.«

»Nun ja, natürlich,« erwiderte Felix, und aus seiner Stimme klang etwas wie Ungeduld, »was ist da viel zu sprechen, wir sind doch nicht hierher gekommen, um zu weinen und zu klagen.«

»Herr Graf,« ertönte Emilies Stimme plötzlich, und die Zofe stand wieder am Steintisch, »ich kann dort nicht bleiben, es hebt sich etwas Schwarzes aus dem Wasser und macht: ›Bu! Bu!‹«

»Unsinn,« meinte Felix ärgerlich, »das ist ja Einbildung. Sitzen Sie nur ganz ruhig noch ein wenig auf Ihrem Baumstumpf, wir sind ja ganz nahe.«

»Ich werde es versuchen, Herr Graf«, erwiderte Emilie und verschwand.

»Von dir sprechen sie auch alle so schlecht,« begann Marie wieder mit klagender Stimme, »warum kannst du nicht gut sein? Um meinetwillen gut sein.«

»Gut?« fuhr Felix auf, »was heißt das? Sind das Vorwürfe? Bin ich dazu in der Nacht hierhergekommen, um auch hier Vorwürfe zu hören? Danke, von denen habe ich bei Tage genug.«

»Ach nein, ich mache dir keine Vorwürfe,« schluchzte Marie, »aber wenn du nicht gut bist, was soll dann aus mir werden? Ich habe doch nur dich. Und da sind deine – deine Verlegenheiten, ich würde dir so gern helfen, Geld habe ich nicht viel, aber ich habe Schmucksachen.«

»Schweig!« herrschte Felix sie an, »ich verbiete dir, von diesen widerwärtigen Sachen zu sprechen, das fehlte mir noch. Ich denke, ich komme hierher, um noch einmal so ein recht süßes Stündchen zu haben, und nun wird von so etwas gesprochen.«

»Jetzt bist du böse,« jammerte Marie, »aber was kann ich tun, du bist ja mein einziges, und wenn du nicht gut bist, was habe ich dann? Lieber will ich dann sterben, als immer die kränkliche Prinzessin sein.«

»Auch das noch«, murmelte Felix.

Sie schwiegen eine Weile, Marie starrte in die Dunkelheit hinein, drüben bei den Weiden am Teich rief ein Wasservogel einen hellen Laut eigensinnig und klagend in die Nacht hinaus. Marie schien alles sehr traurig.

»Das kommt davon,« begann Felix wieder, »ihr sitzt in den Schlössern und wißt nicht, was Leben heißt. Wenn wir immer daran denken sollen, was kommen wird, dann können wir überhaupt nicht leben. Nein, nichts denken, all die Widerwärtigkeiten vergessen, die ja doch immer um uns herumstehen und auf uns warten, nur so können wir leben. Sieh, das ist Leben.« Er beugte sich auf Marie nieder und drückte seinen Mund fest auf ihre Lippen. Sie seufzte tief auf. »Ja, das ist Leben«, flüsterte sie.

»Herr Graf,« tönte Emiliens Stimme aus dem Dunkel, sie stand wieder am Steintisch, »Herr Graf, ich halte es nicht mehr aus, es kommt wieder schwarz aus dem Wasser und macht ›Bu! Bu!‹ Wenn Durchlaucht nicht nach Hause gehen, so gehe ich allein. Man kann hier ja vor Angst sterben.«

»Nein, Emilie, ich komme«, rief Marie erschrocken.

»Ach, diese Weiber«, seufzte Felix.

Marie drückte noch einmal ihr tränenfeuchtes Gesicht an Felix' Wange. »Vergiß mich nicht!« flüsterte sie, dann trennten sie sich.

Felix blieb auf der Bank sitzen und hörte, wie die eiligen Schritte der Mädchen sich entfernten. Er streckte sich und gähnte. Nein, das war keine Liebesstunde nach seinem Sinn gewesen. Wie hübsch hatte er es sich gedacht, von einer Prinzessin geliebt zu werden, aber diese Tränen und Klagen, diese Vorwürfe und Traurigkeit, die waren nichts für ihn. Es wurde ihm ordentlich bedrückend und bange hier in dem dunkeln Park, im schwülen Duft des Flieders, dazu noch dieser verfluchte Vogel mit seinem einen, jammervollen Klagelaut, das war ja zum Heulen. Felix sprang auf und eilte aus dem Park hinaus.

Hier draußen wehte eine freiere Luft. Felix atmete auf und begann leise einen Marsch vor sich hinzupfeifen, während er langsam die Dorfstraße hinaufschlenderte, an den stillen, schlafenden Katen vorüber. Er bog in eine kleine Seitengasse ein, in der ein Haus mitten in einem Garten lag. Aus einem der Fenster schimmerte noch ein Licht. Felix blieb vor dem Gartenzaun stehen, der ganz mit Bohnenranken überwuchert war, und fuhr fort, leise seinen Marsch vor sich hinzupfeifen. Von der hinteren Seite des Hauses her wurden Schritte vernehmbar; es war, als sprängen nackte Füße leicht über den Kies und dann über die Gemüsebeete hin, ein Mädchen, in ein dunkles Tuch gehüllt, trat an den Gartenzaun und stützte seine Arme in die Bohnenranken.

»Nun?« sagte Felix und legte seine Hand auf einen Arm, der feucht vom Nachttau war.

»Gleich löscht er das Licht aus und geht zu Bett,« flüsterte das Mädchen, »dann komme ich, warte.«

Damit wandte es sich um und sprang wieder in die Dunkelheit hinein. Felix wartete, er steckte die Hände, um sie zu kühlen, in die Bohnenranken hinein. Von den Gemüsebeeten stieg ein kühler, würziger Duft auf, in den Salatblättern raschelten Kröten, irgendwo in einem Hause weinte ein Kind, und draußen im jungen Korn schnarrten die Wachteln. So war es gut, in der Frühlingsnacht zu stehen und auf ein Mädchen zu warten, da war Leben, da konnte man wohl die Prinzessinschmerzen vergessen, dachte Felix.

Es regnete den ganzen Tag über. Streith beschäftigte sich am Morgen mit seinen Wirtschafts- und Rechnungsbüchern, später hatte er eine Unterredung mit dem Inspektor, dann mit dem Baumeister und der Großmagd. Er vertiefte sich mit Eifer in die Gespräche über Düngung, Kühe und Kälber. Das dauerte bis zum Frühstück.

Nach dem Frühstück setzte Streith sich zu seinen Büchern, da lagen auf seinem Tisch ein dicker Band über Forstkultur und eine Broschüre über die Regeneration der konservativen Partei. Er griff zuerst nach dem dicken Band, las darin, legte ihn wieder beiseite, nahm die Broschüre, schaute hinein und warf auch sie fort. Es schien ihm heute, als stünde auf diesen Blättern nichts, was ihn anging. Er bog den Kopf auf die Stuhllehne zurück; ganz unvermittelt kam ihm eine sehr ferne Knabenerinnerung. Er war Gymnasiast in dem kleinen Städtchen und liebte Emma, die blonde Tochter des Oberlehrers Müller. Er dachte den ganzen Tag an Emma, er ging an ihrem Hause vorüber, um sie am Fenster zu sehen, ging die Straße entlang, um ihr zu begegnen. In dieser Zeit war es auch, daß er seine Schulbücher bitter haßte. Cäsars Kommentaren, in Xenophons Anabasis stand nichts von Emma; sie waren nur dazu da, um Emma weiter von ihm fortzurücken und zu verhindern, daß er an sie dachte. Seltsam, wenn wir so und so viel Jahre gelebt haben, so sind wir alt, das ist die Ordnung. Allein unser Wesen macht diese Rechnung nicht mit. Was das Leben auch an Erfahrung und Weisheit hinzutut, in uns bleibt doch alles, was wir einst gewesen. In uns versteckt sich immer noch der Knabe mit seinen Torheiten, und taucht er in späteren Jahren wieder auf, dann gibt es die großen Überraschungen des Lebens. Es war doch widersinnig, daß er, Streith, der Abgeklärte, der Lebenskünstler, heute keine Ruhe fand, nur weil es regnete und er nicht die Möglichkeit haben würde, ein achtzehnjähriges Mädchen zu sehen, das ihn nichts anging und das nicht zu ihm gehörte. In letzter Zeit hatte er sich daran gewöhnt, täglich auf seinem Spaziergang Britta zu treffen, sie zu sehen, sie sprechen zu hören, sich als ihren Kameraden zu fühlen, sie wirkte auf ihn wie ein Jugendelixier, und heute, da er sie nicht sehen durfte, hungerte er nach ihr wie der Morphiumsüchtige nach der Morphiumspritze. Es war absurd. Sein Ordnungsgefühl litt unter der Verwirrung, die all das in sein Leben brachte, er schämte sich, denn der überlegene, ironische Kritiker war auch noch in ihm wach, er schämte sich vor sich selbst, vor seinen Räumen, seinen Möbeln und Bildern, die ihn feierlich umstanden, als seien sie sich der Pflicht wohl bewußt, die Umgebung eines weisen, auserlesenen Mannes zu bilden. Er schämte sich vor manchem anderen noch, und es machte ihn oft todmüde, die Gedanken immer wieder von Bahnen abzulenken, auf denen Schmerzhaftes sie erwartete. Aber an alledem war nichts zu ändern, er wußte, dieses Erlebnis mußte durchlebt werden. Es gibt eben Zeiten, in denen unser Leben neben uns herzulaufen scheint wie etwas Fremdes, etwas Selbständiges, über das wir keine Macht haben. Nervös erhob Streith sich von seinem Sessel, schritt einige Male im Zimmer auf und ab, stellte sich an das Fenster und trommelte mit den Fingern auf die Fensterscheibe. Der Regen hatte aufgehört; ein wenig Sonne stach durch die Wolken, große Tropfen fielen vom Dachfirst, und aus der Traufe ergoß sich ein Wasserfall.

Ein jähes Freudengefühl durchzuckte ihn plötzlich so stark, daß er errötete. Dem Fenster gegenüber auf dem Wege erschien Britta, sie trug einen grauen Wettermantel, die Kapuze hatte sie über den Kopf gezogen, sie nickte und lachte über das ganze Gesicht. Streith öffnete das Fenster. »Warum stehen Sie da im Regen?« rief er, »kommen Sie herein.«

Britta schüttelte den Kopf: »Nein, es regnet nicht mehr, kommen Sie heraus.«

»Gut, ich komme.«

Streith nahm sich nicht die Zeit, Oskar zu rufen; hastig holte er seinen Mantel, seinen Hut und Stock und eilte hinaus.

»So, jetzt wird es schön«, meinte Britta.

Streith atmete tief die feuchte Luft ein, alle Grämlichkeit war fort.

Britta sah ihn verständnisvoll an und fragte: »Gut, nicht wahr?«

»Ja, hm, angenehm,« erwiderte Streith, »gehen wir.«

Sie gingen einen schmalen Waldpfad entlang. Die Tannen hingen voller Tropfen, in denen die durchbrechende Sonne kleine, strahlende Lichter entzündete, und überall auf dem Moose, auf dem Kraut der Heidelbeeren und auf den Farnen lag weißer Glanz. Und mitten darin dieses Mädchen im grauen Wettermantel, die Kapuze auf dem Kopf, feucht vom Regen; es erschien Streith so nahe dem Walde verwandt, wie aus ihm hervorgegangen und zu ihm gehörig. »Sie konnten es zu Hause nicht aushalten,« begann er die Unterhaltung, »Sie mußten natürlich in den Wald hinaus.«

»Nein, ich hielt es in unserer Stube nicht aus,« erwiderte Britta, »eine Stube kann schrecklich sein, vielleicht, weil sie so viel von uns weiß.«

»Sehr möglich,« bestätigte Streith ernst, »der Wald ist diskreter.«

»Ach, im Walde,« meinte Britta, »da weiß einer vom anderen nichts, und dann ist es doch immer am gemütlichsten, wenn einer vom anderen nichts weiß.«

»So, hm, das ist neu,« versetzte Streith, »aber was haben Sie den Tag über getan?«

»Am Morgen habe ich Klavier geübt,« berichtete Britta, »so stark und so falsch, daß Mama, die heute natürlich nervös ist, wimmerte. Aber ich war boshaft und spielte nur noch stärker und falscher. Später hielt Mama mir meine Fehler vor.«

»Haben Sie viele Fehler?« fragte Streith.

Britta zuckte die Achseln: »Ja, ich habe viele Fehler. Ich denke zuweilen, wenn die anderen wüßten, wie es in mir ausschaut, dann würden sie Augen machen. Aber die Fehler, die Mama mir vorwirft, habe ich gewöhnlich nicht. Nun, das schadet nichts, sie ist die Mutter und glaubt, sie muß erziehen.«

Streith lachte: »Die armen Mütter, es wird von ihnen erwartet, daß sie erziehen, und so müssen sie denn tun, als verstünden sie diese kleinen Rätsel, die ihre Kinder sind.«

Britta schaute Streith aufmerksam an, sie verstand ihn nicht ganz, plötzlich hob sie ihren Arm, griff nach einem der Zweige, unter denen sie hingingen, und schüttelte ihn. Ein Tropfenregen prasselte auf beide nieder, Britta lachte und blinzelte mit den Wimpern, an denen Tropfen hingen. »Das tut gut,« sagte sie, »das hilft gegen die stärkste Traurigkeit.«

»Allerdings erfrischend«, meinte Streith und wischte sich die Tropfen aus dem Bart.

Der Weg führte jetzt aus den Tannen heraus an einer kleinen Wiese hin, die blaßlila von Schwalbenaugen war.

»Hübsch«, bemerkte Streith.

Allein Britta zog die Nase kraus, sie mochte diese Blumen nicht. »Die sehen aus wie das Sonntagskleid der alten Trine. Aber die dort mag ich,« und sie wies auf den höher gelegenen Teil der Wiese, der gelb von Trollblumen war, »die wollen wir pflücken.« Sie bog vom Wege in die Wiese ab, ungeachtet des hohen, nassen Grases.

Streith folgte ihr, vorsichtig die Beine hochhebend.

Britta machte sich eifrig an das Pflücken. »So pflücken Sie doch, Herr Graf,« rief sie, »wir wollen einen Kranz flechten.«

Streith gehorchte, die Beschäftigung war ihm ungewohnt, das viele Sichniederbeugen, das Pflücken der harten, feuchten Stengel schien ihm beschwerlich. Wie sie mich beherrscht, dachte er.

Britta hatte bald die Arme voller Blumen und erklärte, es sei genug; sie verließen die Wiese, Britta setzte sich auf einen Baumstumpf und begann ihren Kranz zu flechten.

Streith saß ihr gegenüber auf einem anderen Baumstumpf und rauchte eine Zigarette. Es war hier sehr ruhevoll unter dem leisen Klingen der von den Zweigen niederfallenden Tropfen.

»Sie waren wohl ein schönes, kleines Kind«, begann Streith.

»Ja,« erwiderte Britta, »ich war ein schönes Kind. Wir wohnten damals in der Stadt, und ich ging jeden Tag mit meinem Kinderfräulein in den Anlagen spazieren. Dort blieben die Leute stehen und sagten: ›Oh, das schöne Kind!‹ Ich muß damals sehr artig gewesen sein, denn dieses Spazierengehen in den Anlagen war doch gewiß kein Vergnügen. Wären wir in der Stadt geblieben, würde ich vielleicht eine Weltdame geworden sein wie Mama.«

»Wozu?« bemerkte Streith.

Britta schaute erstaunt auf: »Sie lieben doch Weltdamen? Alle die vielen Damen, die Sie geliebt haben, waren doch Weltdamen.«

Streith lächelte. »Es ist nun nicht so gewiß,« sagte er, »daß ich so viele Damen geliebt habe, und dann, wenn einer eine Weltdame liebt, so liebt er nicht die Weltdame in ihr, sondern das, was sie noch neben der Weltdame ist.«

»Ach ja,« meinte Britta überlegen, »das gute Herz, natürlich.«

Streith antwortete darauf nicht, er schaute eine Weile schweigend zu, wie sie in dem blassen Gold der Blumen wühlte und ihren Kranz band.

Jetzt war sie fertig, sie streifte die Kapuze vom Kopfe, nahm den Hut ab und setzte den Kranz auf. Die feuchten Blumen streuten Tropfen in das Haar und auf die Stirn, Britta sah Streith an und lächelte befangen.

»Schön«, sagte Streith. Und wirklich, die Bewunderung für dieses goldbekränzte Mädchen vor ihm ging ihm heiß ins Blut, wie südlicher Wein, er hätte niederknien mögen vor diesen Farben, diesem Lächeln, dieser Jugend, er hätte sie an sich nehmen wollen, damit keiner sie ihm raube. Allein er tat nichts von alledem. Donald von Streith konnte all das nicht tun, es hätte sich für ihn nicht geschickt. Daher sagte er nur: »Melusine.«

»Wer war Melusine?« fragte Britta.

»Das erzähle ich Ihnen ein andermal«, erwiderte Streith.

Britta saß ruhig da, sie wurde ernst und feierlich, wie es Mädchen werden, die sich schön fühlen.

Die Sonne versteckte sich hinter Wolken, über dem Rasen und in den Zweigen begann es zu flüstern, ein Regenschauer ging über das Land.

»Wir müssen nach Hause«, rief Britta, sprang auf und zog die Kapuze über den Kranz. Auf dem Heimwege sprachen sie wenig, dieser Augenblick der Schönheit und der Bewunderung hatte sie ergriffen und einsilbig gemacht. Nur am Kreuzwege, als sie sich trennten, sagte Britta: »Eines wünsche ich mir noch.«

»Was ist es denn?« fragte Streith.

»Einmal auf dem großen, falben Pferde sitzen zu dürfen.«

Streith lachte: »Wenn es nur das ist, das machen wir.«

Die Prinzessin Agnes war abgereist, und die Einwohner des Schlosses fühlten sich seitdem freier und jünger. Die Fürstin ritt am Nachmittage aus. Sie trabte durch den Park in den Wald, der Tag war sonnig, die Luft leicht bewegt, die großen Föhren rauschten leise und gleichmäßig, als erzählte eine tiefe Stimme eine lange, ruhige Geschichte. Die Fürstin freute sich, daß trotz der Schwägerin Agnes doch der Frühling allenthalben blühte, doch das Leben voller Versprechungen und nicht nur würdige Entsagung war.

Dort am Ende der Schneise lag die kleine Waldlichtung, und dort würde Streith auf seinem Falben sie erwarten. Sie trieb ihr Pferd an und bog scharf um die Ecke. Da lag die Waldlichtung vor ihr, gelb von Sonnenschein; mitten auf ihr stand der Falbe, und auf ihm saß ein Mädchen mit dunklem Haar, rundem, rosigem Gesicht und großen, schwarzen Augen. Vor ihm stand Streith, die eine Hand am Zügel, die andere auf dem Sattel. Er sah zu den schwarzen Augen auf und lachte ein so jugendlich heiteres Lachen, wie es die Fürstin an ihm noch nie gesehen hatte. Sie wandte den Kopf ab und jagte vorüber. Sie mäßigte auch den Schritt ihres Pferdes nicht, als die Lichtung schon weit hinter ihr lag. Es war ihr, als müßte sie dem Bilde entfliehen, das sie doch mit grausamer Deutlichkeit vor sich sah, das große, blanke Pferd, auf ihm das dunkle Mädchen, und davor der lachende Streith, und all das grell übergossen vom gelben Sonnenschein.

Als sie am Schlosse anlangte, war das Pferd in Schaum. Die Fürstin ging schnell auf ihr Zimmer und schellte nach ihrer Zofe, sie wollte sich umkleiden. Heute war Donnerstag und der Gesellschaftstee für die Nachbarn, so mußte größere Toilette gemacht werden. Vor allem aber wollte sie nicht allein sein, sie kleidete sich langsam und sorgsam an und sprach dabei mit der Zofe. Es handelte sich um eine Schneiderin, die aus dem Städtchen in das Schloß kommen sollte, und die Fürstin wünschte einiges über das Vorleben dieser Schneiderin zu erfahren.

Endlich jedoch war die Toilette beendet, die Zofe hatte nichts mehr zu tun und mußte entlassen werden. Die Fürstin ging an das Fenster und schaute in den Garten hinaus. Während sie dort stand, stieg der Zorn in ihr auf, ganz heiß; es tat ihr wohl, seine Flamme in sich zu spüren. Der elende Mensch, wie sie ihn verachtete, wie ihr vor ihm ekelte! Nie mehr sollte er dieses Haus betreten, sie wollte sich an ihm rächen, ihn demütigen, das Gespött der ganzen Gegend sollte er sein. Und sie sann auf Lebenslagen, in denen sie Streith vernichten könnte. Allein der Zorn mit seiner aufrechterhaltenden Kraft hielt nicht stand. Die Fürstin fühlte sich wieder schwach und mutlos. Sie setzte sich auf einen Sessel, schlug die Hände ineinander, und die schönen, strengen Züge nahmen einen hilflosen Ausdruck an, wie ihn Kindergesichter haben, wenn sie weinen wollen. So war denn alles vorüber. Streith war die Poesie in ihrem Leben gewesen. Schon in der traurigen Birkensteiner Zeit, als sie für alle die arme, engelsgute Fürstin gewesen war, die man bemitleidete, schon damals hatte es sie getröstet, zuweilen an den jungen Kammerherrn zu denken, an seine etwas umständliche Ritterlichkeit, an die bewundernden Blicke, die er auf ihr ruhen ließ.

Da war einer, dem sie mehr war als die arme, engelsgute Fürstin. Und später, als sie Witwe wurde und er in ihre Nähe zog, da wußte sie, er wartet. Sie brauchte nur ein Wort zu sagen, und ein stilles, seltsames Glück wurde ihr geschenkt. Oft hatte sie in stillen Stunden davon geträumt, sie brauchte noch nicht zu entsagen. Solange Streith da war, konnte sie an das Leben denken, wie ein Schulkind an die Woche denkt, in der es einen Feiertag gibt. Und nun, sie war genarrt und betrogen worden wie ein Dorfmädchen, sie war nichts als eine lächerliche, alte Frau, die sich eingebildet hatte, noch geliebt zu werden. Andere Frauen konnten weinen und klagen, sie konnten sich rächen oder sterben, sie mußte schweigen. Der Gedanke, irgend jemand könnte ahnen, was ihr angetan worden war, erschien ihr unerträglich. Sie war wieder die unnahbare, engelsgute Fürstin. Das Leben ging an ihr vorüber, und ihr blieb nur ihre Würde.

Sie hörte draußen Wagen rollen, das waren ihre Gäste. Sie erhob sich, trat vor den Spiegel, fuhr sich mit der Puderquaste leicht über die Augenlider, richtete sich gerade auf und ging hinaus.

Im Grünen Salon waren die Gäste schon versammelt, die Fürstin begrüßte sie mit ihrem huldvollen Lächeln, der Landrat sagte etwas, über das die Fürstin lachte, die Fürstin sagte etwas, und alle lachten.

Der Tee wurde serviert, die Fürstin saß neben der Gräfin Dühnen, die von Franzensbad sprach, der Landrat erzählte von Seiner Majestät. Der Kaiser war hier durchgefahren, und der Landrat hatte ihn auf der Station begrüßt. Seine Majestät sah prächtig aus, dieser Blick, der wahre Herrscherblick!

»Wo ist denn Graf Streith?« fragte die Gräfin Dühnen, »man sieht ihn jetzt selten.«

»Er vergräbt sich wohl in seine Landwirtschaft«, erwiderte die Fürstin ruhig.

»Es scheint,« fuhr die Gräfin Dühnen fort, »daß er in letzter Zeit unsere Mietbewohner vom alten Forsthause protegiert, diese Frau von Syrman und Tochter. Er ist dort gesehen worden.«

Die Fürstin legte die Tasse, die sie in der Hand hielt, auf den Tisch zurück; sie fürchtete, die Hand könnte zittern. Dann lächelte sie ein nachsichtiges Lächeln und meinte: »Ja, ältere Herren müssen immer etwas zu protegieren haben.«

Am nächsten Morgen fand Streith auf seinem Frühstückstische

einen Brief von Frau von Syrman. Sie bat den werten Grafen, auf seinem Spaziergang bei ihr vorzusprechen, nur auf ein Wort, Britta wäre in die Stadt gefahren, um ihre Musik- und Tanzstunde zu nehmen. Natürlich, dachte Streith, während er den Brief langsam wieder in den Umschlag zurücksteckte, das mußte kommen.

Also der heutige Vormittag war den unangenehmen Angelegenheiten gewidmet, denn er hatte auch vor, in die Kanzlei des Schlosses zu gehen, um Papiere zurückzugeben und dem Major mitzuteilen, daß er zu verreisen beabsichtige. Das war jetzt nötig geworden. Gut, er war auch in der rechten Stimmung, eine grimmige Entschlossenheit erfüllte ihn. Dazu kam etwas wie höhnische Grausamkeit gegen sich selbst. Während er sich anschickte, das zu zerstören, was er solange für den wertvollsten und heiligsten Inhalt seines Lebens gehalten hatte, sah er mit Ironie auf sich selbst, auf den Weisen und Lebenskünstler herab. Jetzt stand er ganz auf der Seite seiner Torheit und war entschlossen, mit ihr bis an das Ende zu gehen. So machte er sich denn auf den Weg. Im Gehen dachte er nicht an sich und seine Angelegenheiten, kritisch betrachtete er die Roggenfelder, an denen er vorüberkam, prüfte mit dem Spazierstock die Gräben, ob sie gut ausgegraben seien. Am Gitter des Schloßgartens warf er keinen Blick in den Garten; seinen Weg in die Kanzlei nahm er durch den Hof.

Der Major saß am Schreibtisch über seinen Kontobüchern.

»Guten Morgen, Major«, sagte Streith, als er eintrat, und gab seiner Stimme einen heiteren Klang.

Der Major blickte auf, streckte dem Grafen die Hand hin und sagte auch seinerseits: »Guten Morgen.«

Am Ausdruck des Gesichtes aber, an der Art, wie er ihm die Hand entgegenstreckte, erkannte Streith, daß der Major befangen war. Er wußte also etwas. Der Stallmeister, der die Fürstin auf den Spazierritten zu begleiten pflegte, hatte wohl dem ganzen Schlosse schon sein gestriges Erlebnis erzählt. »Ich bringe Ihnen hier Papiere zurück,« versetzte Streith, »bitte, sie durchzusehen, mehr habe ich nicht. Ich beabsichtige nämlich, eine Reise zu machen.«

»Oh, wirklich,« murmelte der Major, »längere Reise?«

»Eine Sommerreise,« erwiderte Streith und setzte sich auf den Stuhl, auf dem er hier zu sitzen pflegte. »Luftveränderung ist für die Gesundheit nötig, das stete Sitzen auf einem Fleck bringt uns herunter. Von Zeit zu Zeit müssen wir uns vergewissern, ob wir nicht an unserer Scholle angewachsen sind. Sie sollten sich auch einmal herausrühren, Major.«

»Ich fühle mich ganz wohl,« antwortete der Major, ohne von seinen Papieren aufzusehen, »ich verlasse meine Arbeit nicht gern.«

»Eine Erneuerung hat der Mensch von Zeit zu Zeit nötig«, meinte Streith. »Selbst die Schlange schlüpft ab und zu aus ihrer alten Haut heraus, und kann sie das nicht mehr, dann ist sie krank.«

»Ich danke,« erwiderte der Major gereizt, »ich bin mit meiner Haut ganz zufrieden. Sie hat mir lange genug gute Dienste geleistet.«

Streith lachte: »Oh, ich sage nichts gegen sie, aber nicht jeder ist immer so zufrieden in seiner Haut.«

Der Major antwortete nicht.

Streith zündete sich eine Zigarette an und streckte die Beine von sich. Dieser ihm solange vertraute Raum mit seinem Tinten- und Papiergeruch, den Schälchen voller Getreideproben und den großen Brummfliegen, die durch das offene Fenster aus und ein flogen, er teilte ihm diese Trägheit mit, die von altgewohnten Dingen auszugehen pflegt. So wie der Major still und zufrieden auf einem Fleck zu sitzen, mußte ruhevoll und gemütlich sein.

Ein leiser Ton wurde vor der Tür vernehmbar, die Tür öffnete sich, und die Fürstin stand auf der Schwelle. Die beiden Herren erhoben sich von ihren Sitzen und verbeugten sich. Die Fürstin stand regungslos da in ihrem weißen Morgenkleide, die Arme schlaff niederhängend, und die Augen schauten in das Zimmer hinein, als blickten sie in eine gleichgültige Ferne hinaus. Dann wandte sie sich um und schloß leise hinter sich die Tür.

Der Major warf Streith einen scheuen Blick zu.

Streith war blaß geworden, langsam setzte er sich wieder auf seinen Stuhl und fuhr fort, zu rauchen. In seinen Ohren klang der leise, trockene Ton der sich schließenden Tür nach, der hatte Eindruck auf ihn gemacht. Dieser Ton schien etwas zu sagen, das ihm noch nie in seinem Leben gesagt worden war.

Endlich erhob er sich, um Abschied zu nehmen. »Leben Sie wohl, Major«, sagte er. Der Major drückte fest Streiths Hand, und die hervortretenden, blauen Augen wurden feucht. Im Hinausgehen wandte Streith sich noch einmal um und bemerkte: »Wenn wir uns entschließen, aus unserer alten Haut hinauszuschlüpfen, so sollten wir nie mehr in sie zurückkehren, auch nicht für einen Augenblick.«

Zufrieden mit diesem Abgang, verließ er das Zimmer.

Es war Mittagszeit und der Hof menschenleer. Auch das Schloß und der Garten lagen schweigend und wie verlassen im grellen Sonnenschein da. Wie gestorben, ging es Streith durch den Sinn, für mich gestorben. Und wirklich, das Schloß schien ihm jetzt jenen Häusern zu gleichen, die wir einst gekannt haben und die wir im Traume oder in unserer Erinnerung wiedersehen, auch über ihnen liegt diese schwermütige Stille; es ist, als trauerten sie darüber, daß sie in der Vergangenheit wohnen müssen. Recht der Augenblick, um gefühlvoll zu werden, dachte Streith, allein er stellte mit Befriedigung fest, daß er nicht gefühlvoll war. Er trat fest auf, er bog den Kopf zurück, um einer Lerche zuzuschauen, die trillernd über ihm im Blauen hing. Er spitzte die Lippen und versuchte den Triller nachzupfeifen.

Im Forsthause empfing Frau von Syrman ihn vor der Haustür. Sie trug ein hellgelbes Morgenkleid und ein weißes Häubchen auf dem Kopfe. »Wie liebenswürdig, Graf, so pünktlich zu sein,« rief sie ihm entgegen, »ich hoffe, ich habe Sie nicht inkommodiert.«

»Ich stehe ganz zu Ihrer Verfügung, gnädige Frau«, antwortete Streith förmlich.

»Nun, dann, denke ich, setzen wir uns hier draußen hinaus,« schlug Frau von Syrman vor, »es weht hier ein angenehmes Lüftchen.« Sie setzten sich einander gegenüber auf die Bänke vor die Haustür; Streith stützte beide Hände auf die Krücke seines Spazierstockes und wartete. Sein Gesicht nahm dabei einen strengen und starren Ausdruck an. Frau von Syrman sann einen Augenblick vor sich hin, und als sie zu sprechen begann, zitterte ihre Stimme: »Was ich zu sagen habe, werter Graf, ist nicht leicht zu sagen, aber Sie sind ein so feiner Welt- und Menschenkenner, daß Sie mich verstehen werden. Es handelt sich um Britta, und, nicht wahr, das entschuldigt alles. Ich bin Ihnen sehr dankbar dafür, daß Sie sich des Kindes annehmen, Ihr Umgang wirkt veredelnd und erzieherisch, ja, geradezu erzieherisch, und das Kind ist dabei so glücklich. Aber Sie und ich, wir kennen die Welt, wir wissen, daß die Menschen nichts Schönes und Edles sehen können, ohne es zu entstellen und zu verleumden. Gestern in der Stadt wurden mir

Gerüchte zugetragen, aus denen ich ersehe, daß die Leute nichts Besseres zu tun haben, als die Köpfe zusammenzustecken und über uns zu reden. Natürlich darf dadurch der uns so werte Umgang mit Ihnen nicht gestört werden, anderseits, da es sich um mein Kind handelt, darf ich die Sache nicht ganz unbeachtet lassen. Da sagte ich mir, du nimmst dir ein Herz und sprichst mit dem Grafen, er wird Rat wissen.«

Sie neigte den Kopf auf die eine Schulter und sah Streith besorgt an. Dieser hatte aufmerksam zugehört, nun richtete er sich auf und sagte langsam, als läse er ein wichtiges Dokument vor: »Ich erlaube mir hiermit, gnädige Frau, Sie um die Hand Ihrer Tochter, Fräulein Britta, zu bitten.«

Frau von Syrman errötete. Die Überraschung ließ sie nicht gleich Worte finden, sie streckte dem Grafen beide Hände hin: »Ach, Graf,« rief sie, »Sie sind edel und hochherzig, wem könnte ich mein Kind mit größerem Vertrauen in die Arme legen als Ihnen, unter wessen Schutz könnte ich mein Kind sicherer wissen, als unter Ihrem Schutze? Meinen Segen haben Sie, und Britta, sie denkt ja nur an Sie, sie spricht ja nur von Ihnen, Sie sind ihr Ideal. Natürlich an so etwas hat sie nicht gedacht, sie ist ja noch ein Kind, ein unbeschriebenes Blatt. Aber wenn etwas auf diesem Blatte steht, so ist es Ihr Name, lieber Graf.«

Streith verneigte sich: »Ich danke Ihnen, gnädige Frau, für Ihr Vertrauen, das mich ehrt. Fräulein Brittas Zustimmung, auf die Sie mir so gütig Aussicht machen, vorausgesetzt, hätte ich noch eine Bitte vorzutragen. Mein Wunsch ist, daß die Sache geheimbleibe. Wir könnten in das Ausland reisen, wo die Angelegenheit dann ihren regelrechten Abschluß finden würde.«

»Wie Sie es einrichten, lieber Graf,« meinte Frau von Syrman, »so wird es am besten sein.«

»Was das Gerede der Leute anbetrifft«, fuhr Streith in seinem trockenen, sachlichen Tone fort. Frau von Syrman aber unterbrach ihn lebhaft: »Die Leute sollen reden, was sie wollen, ich kenne das. Früher war ich verwundbar und litt darunter, aber mit der Zeit habe ich gelernt, das boshafte Gerde der Leute zu verachten. Beunruhigen Sie sich darüber nicht, aber nicht wahr, Sie kommen dann heute abend zu uns, um sich von dem Kinde selbst das Jawort zu holen?«

Streith verneigte sich wieder. »Ich danke Ihnen, gnädige Frau,«

sagte er, »für all Ihre Güte, jetzt darf ich Sie nicht länger aufhalten.« Er erhob sich, küßte Frau von Syrmans Hand und ging.

Frau von Syrman blieb in der Tür stehen, sie hielt ihr Taschentuch in der Hand, sie wollte damit winken, wenn Streith noch einmal zurückschauen würde, er schaute jedoch nicht zurück.

Abends nach Sonnenuntergang ging Streith wieder in das Forsthaus hinüber. Er hatte daran gedacht, einen Blumenstrauß mitzubringen, gab jedoch die Absicht auf; der Gedanke, sich als regelrechter Freiwerber, einen Strauß in der Hand, bei Syrmans einzustellen, widerstand ihm.

Im Forsthause war das Wohnzimmer hell erleuchtet. Als Streith eintrat, kam Frau von Syrman ihm entgegen, sehr hübsch in einem roten Seidenkleid, in der Hand hielt sie einen großen, roten Federfächer. »Willkommen, Graf, willkommen«, rief sie. Hinter ihr stand Britta in einem weißen Kleide mit weinroten Schleifen. Frau von Syrman faßte ihre Tochter an die Schultern und schob sie Streith zu. »Nehmen Sie sie, Graf, nehmen Sie sie«, sagte sie.

Streith küßte Brittas Hand, Frau von Syrman aber legte die eine ihrer Hände auf den Kopf ihrer Tochter, die andere auf Streiths Schulter und sprach gerührt: »Gott segne euch, meine Kinder. Jetzt aber muß ich nach meinem Braten sehen, ihr werdet euch wohl manches zu sagen haben.« Damit raffte sie ihre Schleppe auf und lief mit kleinen Schritten in die Küche hinaus.

»Sollen wir uns nicht setzen?« schlug Streith vor und legte seinen Arm um Brittas Taille, die sich gerade aufrichtete. Sie setzten sich auf das Sofa. Vor ihnen, mitten im Zimmer, stand der feierlich gedeckte Tisch, den ein Strauß Trollblumen schmückte. Streith war verlegen, was ihn wunderte. Es klang, seiner Ansicht nach, zu feierlich, als er zu sprechen begann: »Ich habe es noch nicht aus Ihrem Munde gehört, daß Sie, hm –, daß Sie die Meine werden wollen.«

»Ja, wenn Sie das wollen,« erwiderte Britta ernst, »ich bin so gern bei Ihnen. Bei Ihnen ist es behaglich und sonntäglich.«

»Behaglich und sonntäglich,« wiederholte Streith lebhaft, »so muß es auch bleiben. Sollen wir nicht du zueinander sagen?«

Aber Britta schüttelte den Kopf, sie glaubte nicht, daß das heute schon gehen würde, es war so ungewohnt.

»Gut, das kommt noch«, beruhigte sie Streith.

»Ich habe nie daran gedacht,« sagte Britta nachdenklich, »daß

Sie mich heiraten wollen. Die Leute sagten, Sie würden die Fürstin heiraten.«

»Ach was, die Leute«, murmelte Streith ärgerlich.

»Ich habe auch nie daran gedacht,« fuhr Britta fort, »daß ich eine Gräfin werden könnte, Mama hat mir den ganzen Nachmittag die Gräfin vorgehalten, so daß ich gar nicht mehr an sie denken mag.«

»Nun, wir brauchen auch nicht an sie zu denken«, meinte Streith heiter.

Britta seufzte: »Gemütlicher war es vorher.«

»Vorher?« fragte Streith.

»Ja, vor der Verlobung.«

Streith lachte: »Wir wollen es schon so einrichten, daß die Verlobung uns nicht stört.«

Frau von Syrman kehrte in das Zimmer zurück, gefolgt von Trine, die eine Schüssel trug. Trine hatte ihr mattlila Sonntagskleid angezogen und versuchte es, ihr Gesicht, das dem Gesicht eines bösen, alten Mannes glich, freundlich zu verziehen.

»Ich bitte zum Souper,« lud Frau von Syrman ein, »das Brautpaar sitzt zusammen mir gegenüber.« Trine setzte die Schüssel auf den Tisch, es waren Eierschnitte in Remuladensoße mit frischem Salat. »Eine kleine Vorspeise,« sagte Frau von Syrman, »bitte, sich zu versorgen. Unser Souper ist ländlich und einfach, wie sollte es anders sein.«

»Das sind die besten Soupers«, bemerkte Streith höflich.

»Das behauptete auch immer die Gräfin Erdödi«, erzählte Frau von Syrman. »Früher traf ich die Gräfin fast jedes Jahr entweder in Kissingen oder in Franzensbad. Ich kann wohl sagen, ich war mit der Gräfin befreundet. Die Gräfin erzählte gern davon, wie sie sich einmal in Ungarn auf dem Spazierritt verirrte, sie kam an ein kleines Bauernhaus, sie stieg vom Pferde, und da sie hungrig war, ließ sie sich etwas zu essen geben. Sie setzte sich an den groben Holztisch, und ihr wurde auf einem blauen Fayenceteller ein Stück Schwarzbrot und ein Käse vorgesetzt, dazu ein Glas trüben Weines; diese Mahlzeit, sagte sie, sei die beste gewesen, die sie in ihrem Leben genossen. Sie erinnerte sich ihrer auch, als sie im nächsten Winter elend und appetitlos war; ein blauer Fayenceteller mußte in der Stadt aufgetrieben werden, sie ging in die Küche, setzte sich an den Küchentisch, ließ sich auf dem Fayenceteller Schwarzbrot und Käse servieren, dazu ein Glas Wein, ›aber,‹ pflegte sie zu sagen, ›es war doch nicht dasselbe‹.«

»Wir erleben eben niemals zweimal dasselbe«, bemerkte Streith.

»Sehr wahr«, sagte Frau von Syrman.

Trine erschien wieder und trug eine Kalbskeule mit jungem Gemüse auf.

»Die Früchte des Landes«, erklärte Frau von Syrman, und als alle versorgt waren, nahm sie die Unterhaltung wieder auf: »Die Gräfin erzählte mir auch viel vom Wiener Hof, die strenge Etikette muß doch lästig sein.«

»Wer sie kennt, dem ist sie angenehm wie jede Ordnung«, erwiderte Streith ein wenig scharf.

»Das ist gewiß richtig«, beeilte sich Frau von Syrman zuzugeben. »Sie kennen ja das Hofleben so gut. Das Hofleben muß doch interessant sein.«

Das schien Streith aber auch nicht recht zu sein, es klang ärgerlich, als er antwortete: »Bei Hof geschieht vielerlei, aber interessant ist wohl nicht das rechte Wort dafür.«

»Natürlich,« meinte Frau von Syrman, »Ihren geistigen Bedürfnissen genügt das nicht.«

Streith schwieg darauf, und es entstand im Gespräch eine Pause. Trine kam, trug die Kalbskeule ab und servierte eine kleine Torte, einem Sektkühler entnahm sie eine Flasche Sekt, ließ den Korken springen und goß den Wein in die hohen, spitzen Gläser.

»Frappiert ist er nicht,« entschuldigte Frau von Syrman, »er wird wohl auch zu süß sein. Früher trank ich gern Champagner, aber er mußte sehr sec sein. Nun, à la guerre comme à la guerre, wollen wir anstoßen. Auf euer Glück, meine geliebten Kinder.«

Die Gläser klangen aneinander, Frau von Syrman wurde gerührt, sie lehnte sich in ihren Stuhl zurück, fächelte sich mit dem Fächer Luft zu und sagte klagend: »Ich hätte nicht geglaubt, daß mir in meinem Leben noch eine so glückliche Stunde geschenkt werden würde.«

Britta nippte an ihrem Glase und lachte, sie behauptete, der Wein kitzele sie in der Kehle. »Unser Kind ist heute auch schweigsam,« fuhr Frau von Syrman fort, »viel Glück macht stille.«

»Aber geschmeckt hat es?« fragte Streith und legte seine Hand auf Brittas Hand. Er bedauerte jedoch sofort diese Frage, denn sie klang wie die wohlwollende Frage, die ein Onkel an seine Nichte richtet. Frau von Syrman antwortete für ihre Tochter: »Sie hat wenig gegessen, Glück macht auch satt. Erzähle uns doch, mein Kind, was du in der Stadt erlebt hast.«

»In der Stadt habe ich zuerst schlecht Klavier gespielt,« berichtete Britta, »später in der Tanzstunde fand Herr Hilte, daß ich keine Grazie habe.«

»Was Herr Hilte Grazie nennt,« bemerkte Streith, »ist vielleicht nicht leicht zu erraten.«

»Nein, ich tanze wirklich schlecht, es geht eben nicht. Aber Sie, Herr Graf, Sie müssen schön tanzen.«

»Tanzen gehörte früher zu meinem Berufe«, erwiderte Streith. »Jetzt habe ich diese Kunst längere Zeit nicht geübt.«

»Nein, nein,« rief Britta, »Sie müssen herrlich tanzen, mit Ihnen könnte ich tanzen.« Und sie sprang auf, rief nach Trine, der Tisch mußte beiseite gestellt werden, denn sie wollte mit Streith tanzen.

»Solch ein Kind«, sagte Frau von Syrman lächelnd und zog die Schleifen an Brittas Kleide zurecht. »So, jetzt geh, kleine Gräfin.« Sie selbst setzte sich an das Klavier und spielte einen Walzer. Streith und Britta tanzten. Durch die geöffneten Fenster klang das Rauschen der Tannen in die Walzermelodie hinein wie der Ton einer großen Baßgeige. Vor den Fenstern standen Trine, Andree, Annlise, Andrees Mutter und Margusch, Andrees Tochter, und schauten dem Tanze zu. Britta konnte nicht genug haben, allein Streith wurde schwindlig, und er mußte sich setzen. Britta saß neben ihm, stark atmend, die Lippen halb geöffnet, die Augen blank. »Das war schön,« sagte sie und lehnte ihr heißes Gesicht an Streiths Schulter, »ich glaube, so tanzt man im Himmel.«

Frau von Syrman spielte jetzt eine leise, süße Melodie. Streith beugte sich zu Britta herab. »Du weinst?« fragte er erstaunt.

»Ja, es ist dumm,« erwiderte sie und wischte sich die Tränen aus den Augen, »ich weiß nicht warum, aber plötzlich wurde alles so traurig.«

Besorgt eilte Frau von Syrman herbei. »Das Kind ist nervös,« sagte sie, »zuviel Glück an einem Tage macht nervös. Wir wollen tüchtig ausschlafen und morgen unserem Freunde ein heiteres Gesicht zeigen.«

Streith verabschiedete sich und ging. Von draußen schaute er noch einmal zurück, am Fenster sah er Brittas Gestalt dunkel gegen das helle Zimmer, der Wind fuhr ihr in die Haare und ließ die krausen Haarsträhnen wie kleine, rege Schatten um ihren Kopf flattern.

Britta verlangte von Streith, er solle abends mit ihr an den Bach gehen, um Krebse zu fangen. »Gut,« sagte Streith, »Oskar kann einen Imbiß in den Korb tun und ihn uns nachtragen.«

»Nein,« bat Britta, »nicht der strenge, ältliche Herr, dann können wir nicht lustig sein, Margusch soll den Korb tragen.«

So trug Margusch den Korb mit dem Imbiß und Andree trug die kleinen, runden, an langen Stöcken befestigten Netze. Als sie auf die Wiese kamen, herrschte noch die ruhige Helligkeit, die an Sommerabenden gleich nach Sonnenuntergang über dem Lande zu liegen pflegt. Britta half Andree und Margusch die Köder auf die Netze binden und die Netze in das Wasser stecken. Streith hatte sich auf einen Rasenhümpel gesetzt; die Luft war schwül und drückend, nur der Bach atmete eine feuchte Kühlung aus. Vor Streith lag weites, offenes Land, Äcker, Landstraßen, Pappelalleen, hier und da ein Gehöft, in dem schon ein blasses Licht aufglomm, alles ein wenig farblos und wesenlos in der niedersinkenden Dämmerung. Am Horizonte stand eine violette Wolkenwand, die zuweilen von einem Wetterleuchten vergoldet wurde. »Unwirklich, unglaubhaft«, dachte Streith. Das war das Gefühl, das ihn jetzt immer wieder ergriff, was er erlebte, war hübsch und so, wie er es wollte, und dennoch unwirklich, unglaubhaft. Es schien ihm zuweilen, als lebe er das Leben eines anderen, wie uns das wohl im Traume zu geschehen pflegt.

Britta kam und setzte sich zu ihm. »Andree sagt,« berichtete sie, »es wird Gewitter geben. Es ist hier auch so unheimlich still, es ist so, als ob sie alle auf etwas warteten.«

»Sie warten darauf aufzuwachen«, erwiderte Streith zerstreut.

»Wie?« fragte Britta verwundert.

»O nichts,« meinte Streith, »gehen wir nicht jetzt, die Netze nachzusehen?«

Während Britta dicht an den Bachrand trat, um sich vorzubeugen und das Netz herauszuziehen, stand Streith hinter ihr und hielt sie an ihrem Gürtel fest. Margusch mit einem Korbe stand neben ihnen, um die Krebse in Empfang zu nehmen. Andree schmunzelte. »Bei einem so stillen Wetterchen,« meinte er, »steigen die Luder wie toll.«

Allerdings waren die Netze ganz voll. Wenn Britta die Tiere vorsichtig mit zwei Fingern aus dem Netze hob, um sie in den Korb zu werfen, dann lachte sie und stieß kleine Schreie aus. Im Korbe rieben die Krebse leise ihre Schalen aneinander, daß es wie Flüstern klang. Aus dem Wasser stieg ein leichter Sumpfgeruch auf, gemischt mit dem Dufte des Schilfes und des Blütenstaubes der Froschlöffel.

»Hübsch,« dachte Streith wieder, »aber unwahrscheinlich.«

Als alle Netze nachgesehen waren, fühlte Britta sich erschöpft; die Luft machte die Glieder schwer. »Jetzt essen wir«, schlug Britta vor. Sie setzten sich auf den Rasen, Margusch trug den Imbiß heran. Britta aß langsam und mit Behagen, trank dazu einen hellen, süßen Wein, und als sie fertig war, lehnte sie sich befriedigt zurück und sagte: »So, nun zünde deine Zigarette an, die riecht so vornehm.«

Die Dämmerung war auf die Wiese herabgesunken, und die Wolkenwand des Horizontes mit ihrem Wetterleuchten war höher gestiegen.

»Eigentlich ist es ein Wetter zum Fürchten,« versetzte Britta, »wenn du nicht da wärest.«

»Und jetzt?« fragte Streith.

»Jetzt ist es gut«, fuhr Britta fort. »Das ist immer so, ein Mensch kann alles gut machen. Wenn ich als Kind in der Sommerdämmerung allein im Bette lag, dann fürchtete ich mich, in jeder Ecke stand etwas, vor dem ich mich fürchtete; aber wenn die Kinderfrau hereinkam, dann war alles fort, und das Kinderzimmer war wieder das alte, gute Kinderzimmer. Ja, so ist es. Hast du dich auch als Kind gefürchtet? Erzähle doch von der Zeit, als du noch nicht ein feiner, vornehmer Herr warst, sondern ein kleines Kind. Warst du glücklich?«

»Ich hatte keinen Grund, nicht glücklich zu sein,« erwiderte Streith sinnend, »ich hatte gütige Eltern, ein älterer Bruder war da, mit dem ich zuweilen raufte, das hat mir aber das Leben nicht weiter verbittert. In der Stadt wohnten wir in einem schönen Hause mit einem großen Garten, nein, ich war nicht unglücklich, aber ich war, glaube ich, ein einsames Kind, was wohl an mir lag. Kinder haben ja stets ihre eigene Welt, von der sie mit den Erwachsenen nicht sprechen, weil sie ja doch nicht verstanden werden. Meine Welt muß besonders kraus gewesen sein, denn ich war besonders schweigsam. Ich war gern allein und spielte so für mich hin. Das Haupterlebnis aber dieser Kinderjahre war Deborah.«

»Deborah?« fragte Britta und richtete sich auf, »erzähle doch.«

»Mein Kinderzimmer lag an der Schmalseite des Hauses«, fuhr Streith fort. »Ihm gegenüber durch eine enge Straße getrennt lag die Schmalseite eines anderen, schönen Hauses, das reichen Juden gehörte. Diese Leute hatten eine einzige Tochter, Deborah, die in meinem Alter war. Das Fenster von Deborahs Kinderzimmer lag dem Fenster unseres Kinderzimmers gegenüber, und sie liebte es, stundenlang auf dem Fensterbrette zu sitzen und zu mir herüberzuschauen, während ich an unserem Fenster stand und zu ihr hinübersah. Deborah zu bewundern war für mich ein großer, erregender Genuß, und ihr schien es Vergnügen zu machen, sich von mir bewundern zu lassen. Ich fand sie sehr schön; sie hatte schwarze, blanke Locken, ein kleines, gelbes Gesicht und große, dunkle Augen. Sie war auch meiner Ansicht nach immer prachtvoll gekleidet, ich erinnere mich eines roten Kleides mit einer Goldspitze und eines gelben Kleides mit weißen Spitzen. Zuweilen, wahrscheinlich wenn die Mutter nicht zu Hause war, holte Deborah eine goldene Kette mit einem grünen Edelstein hervor und wand sie sich um den Kopf. Dann saß sie regungslos da wie ein kleines Götzenbild und ließ sich von mir anstaunen. Auch sonst beschäftigte Deborah stark meine Phantasie.«

»Du warst verliebt in sie«, schaltete Britta ein.

»Vielleicht,« meinte Streith, »obgleich die Liebe in den Jahren doch anders aussieht als unsere Liebe späterer Jahre. Ich erinnere mich nicht, mich danach gesehnt zu haben, Deborah näherzutreten, mit ihr zu sprechen oder sie zu umarmen und zu küssen. Was ich wünschte, war, Deborah selbst zu sein, so schön wie sie zu sein, solche langen Locken und großen Augen wie sie zu haben, solche schönen Kleider zu tragen und eine goldene Kette mir um den Kopf zu winden. Das war es, was ich wollte. Ich erträumte mir Lebenslagen, in denen ich Deborah war; ich selbst kam mir dabei sehr gering vor, und ich litt unter dem bitteren Gefühl, nur ein häßlicher kleiner Junge zu sein.«

»Seltsam«, sagte Britta. »Und was wurde aus ihr?«

»Eine Zeitlang erschien Deborah nicht mehr an ihrem Fenster,« erzählte Streith weiter, »ich hörte, sie sei krank, und dann sagte man mir, sie sei gestorben. Das erregte mich sehr, ich lief in den Garten hinaus, warf mich auf den Rasen hin und dachte an Deborah. Ich entsinne mich noch gut dieses Spätsommernachmittages mit seinen vielen bunten Dahlien und Astern und den Spinnweben, die durch die Luft flogen. Ich kann nicht sagen, daß ich um Deborah trauerte, der Tod erschien mir als eine große Ehre, wie sie nur einem so hübschen kleinen Mädchen widerfahren konnte, er erhöhte sie in meinen Augen, hob sie hoch über mich empor, denn solche häßlichen kleinen Jungen wie ich sterben nicht. Jetzt wünschte ich nur noch eins: Deborah zu sehen. Ich ging auf die Straße hinaus, trieb mich vor der Tür des Judenhauses umher und wagte mich endlich bis in den Flur vor. Dort stand ein alter Mann mit langem, weißem Bart. ›Du willst wohl unsere Kleine sehen?‹ sagte er freundlich, nahm mich bei der Hand und führte mich in einen Saal. Dort waren viele Menschen, Damen in schwarzen Kleidern und schwarzen Schleiern, Herren in schwarzen Röcken. Auf großen silbernen Kandelabern brannten Kerzen, und sehr viel Blumen machten die Luft des Zimmers schwer und süß. Mitten aber zwischen den Kerzen und Blumen lag Deborah in einem weißen Sarge, ihre Augen waren geschlossen, ihr Gesicht erschien mir schmäler und gelber noch als sonst, umrahmt von den langen, schwarzen Locken. Sie trug ein weißes Seidenkleid, und in die kleinen, gelben Hände hatte man ihr eine Lilie gelegt. Was mich aber besonders entzückte, waren die kleinen, steifen Füße, die in Goldschuhen steckten. Atemlos vor Bewunderung sah ich Deborah an, ich glaubte nie etwas Schöneres gesehen zu haben. Nach einer Weile führte der alte Herr mich wieder hinaus. Ich ging in den Garten, warf mich platt auf den Rasen hin, und jetzt weinte ich, ich weinte, weil ich nicht auch so daliegen konnte zwischen Kerzen und Blumen im weißen Seidenkleide mit Goldschuhen, um mich her weinende Damen und feierliche alte Herren.«

»Die arme Deborah«, sagte Britta und stützte ihren Kopf an Streiths Schulter. »Aber sage, wünschest du jetzt auch zuweilen, du wärest ich?«

Streith lächelte: »Jetzt ist es anders; aber es ist möglich, daß in der Liebe zu dir manchmal etwas von dem alten Knabengefühle auftaucht.«

»Und sag,« fragte Britta weiter, »wenn du ich wärest, wie wäre es dann?«

»Gut,« erwiderte Streith, »ich glaube, es müßte köstlich warm in den Adern brennen.«

»Ach, du Armer, dich friert«, rief Britta, und sie umschlang ihn mit ihren Armen, schmiegte sich eng an ihn, freigebig mit ihrem jungen Körper, stolz darauf, dem anderen wohlzutun.

Der Himmel bewölkte sich, die steigende Wolkenwand verschlang einen Stern nach dem andern, häufige Blitze fuhren durch sie hin, und in der Ferne grollte der Donner. »Wir müssen machen, daß wir nach Hause kommen,« mahnte Andree, »es ist schneller heraufgekommen, als ich dachte.«

»Gehen wir«, sagte Streith und legte Brittas Arm in den seinen.

Große, lauwarme Tropfen begannen niederzufallen. Im Walde war es sehr finster, der Regen raschelte und raunte in den Zweigen, zuweilen erhellte ein Blitz das Land, groß und schwarz standen die Tannen in dem blauen Licht. Dann schaute Streith in Brittas Gesicht, blaue Funken sprühten in ihren Augen, sie warf den Kopf zurück und lächelte zu dem Blitz hinauf.

»Ich denke,« sagte die Fürstin zu der Baronin Dünhof und schaute dabei sinnend ihre Tochter an, »ich denke, wir müssen für die Kleine so etwas wie ein Feld der Tätigkeit finden. Sie könnte in die Sonntagsschule der Pfarrerstöchter gehen, vielleicht faßt sie dafür ein Interesse. Auch plane ich monatliche Zusammenkünfte der Damen der Nachbarschaft bei mir. Wir würden Handarbeiten machen, die zugunsten der Mission verkauft werden, und der Pastor könnte uns einen Missionsbericht vorlesen.«

»Wie hübsch«, sagte die Baronin.

Marie zog die Augenbrauen zusammen und machte ihr verstocktes Gesicht; sie sah die Notwendigkeit dieser Pläne nicht ein. Schon die täglichen Beschäftigungen, das Lesen und Spazierengehen mit Fräulein von Dachsberg, die Spazierfahrten mit ihrer Mutter empfand sie als Störungen, ihr gab ihre Liebe genug zu tun. Oft wunderte sie sich selbst darüber, daß Liebe das Leben so ausfüllen konnte. Zuweilen war es nur ein Stilliegen im Sonnenschein, ein Hinaufstarren in den Himmel, während das Fühlen des großen Erlebnisses wohlig das Blut erwärmte. Allein auch das schon hielt Marie für viel wichtiger als alle Sonntagsschulen und Missionskränzchen. Die Hauptsache jedoch waren die Briefe an Felix. Bis tief in die Nacht hinein saß sie auf, um diese langen

Briefe zu schreiben, in die sie ihre ganze Seele legte. Wenn sie solch einen Brief wieder durchlas, erstaunte sie über den Reichtum an Gefühlen, die sie in sich entdeckte. Abgesandt wurden diese Briefe allerdings nicht, sondern sorgsam im Schreibtisch verschlossen, dennoch gaben sie ihr ein erregendes Glück. Bald jedoch genügte Marie das nicht mehr, sie wollte Antwort haben, und so schrieb sie denn in Felixens Namen auch die Antwort, Briefe voll zärtlicher Leidenschaft, und das war noch ergreifender, als die eigenen Briefe zu schreiben. War solch ein Brief fertig, dann steckte sie ihn zu sich, ging in den Park, setzte sich auf die Bank, auf der sie mit Felix gesessen, und las den Brief. Oder sie schlich zur Kiesgrube hinaus, lag dort, wo sie mit Felix gelegen hatte, die Wangen gerötet, die Augen schimmernd und weit offen, und in der fiebernden Mädchenphantasie bekamen Felix, sie selbst, ihre Liebe, ein seltsam unwirkliches, mythisches Leben, das weit ablag von dem stillen Getriebe des Gutheidener Alltags.

Eines Abends saßen die Herrschaften zur gewohnten Zeit bei dem Diner. Jetzt, da Streith nicht mehr erschien, waren die Diners uninteressant. Die Fürstin sprach wenig, und der Baron Fürwit versuchte es zwar, die Unterhaltung zu leiten, es fiel ihm jedoch nicht viel ein. Heute machte er ein angeregtes Gesicht; das war ein Zeichen, daß er eine Neuigkeit mitzuteilen hatte, und sobald man bei Tische saß, begann er: »Die armen Dühnens!«

»Warum?« fragte die Baronin Dünhof, »macht Felix ihnen wieder Sorge?«

»Ja«, berichtete der Baron, und sein Gesicht nahm einen betrübten Ausdruck an, »der junge Mann ist wieder zu Hause, und dieses Mal ist es mit dem Dienste vorbei. Schlichter Abschied. Eine böse Spielaffäre, eine ganz böse Geschichte.«

»Die arme Mutter!« meinte die Fürstin.

»Und der Vater,« fuhr der Baron Fürwit fort, »wir kennen ja Dühnen, der redet sich in einen Fanatismus der Härte hinein; der Junge taugt nichts, sagt er, also fort mit ihm nach Amerika, ich habe noch zwei Jungen, vielleicht geraten die besser.«

»Wie schrecklich«, sagte Fräulein von Dachsberg, und der Major sagte düster: »Jetzt kostet so etwas nur eine Reise nach Amerika, zu meiner Zeit überlebte ein Offizier nicht leicht eine solche Affäre.«

Niemand antwortete darauf, Baron Fürwit sah den Major mißbilligend an; er fand es taktlos, vor den Damen so etwas zu sagen.

Maries Herz begann stark zu schlagen, aber sie richtete sich gerade auf, schaute auf ihren Teller nieder und faltete ihre kalten Hände krampfhaft über der Serviette. Jetzt nur nicht weinen, dachte sie, jetzt nur nichts merken lassen.

Die Unterhaltung nahm eine andere Wendung; die Fürstin sprach von einem Missionar, der im Dorfe predigen sollte.

»Ja,« sagte Baron Fürwit, »er kommt aus Bir-kir-kra.«

Das Wort gefiel ihm, er wiederholte: »Bir-kir-kra.«

Fräulein von Dachsberg lachte und behauptete, so etwas gäbe es nicht. Lautlos gingen die Diener um den Tisch, schenkten Wein ein und reichten den Nachtisch herum.

Marie konnte ruhig sein; sie alle merkten nichts davon, daß das junge Mädchen, das so wohlerzogen gerade unter ihnen saß, zitternd auf dem Posten stand vor der Not ihrer Seele, damit sie sich niemand verrate.

Nach dem Diner blieb die Gesellschaft im Gartensaale. Die Baronin Dünhof und Baron Fürwit spielten Halma, Fräulein von Dachsberg las aus der »Revue des deux Mondes« vor, während die Fürstin sich mit einer Stickerei beschäftigte.

Marie setzte sich abseits von den anderen in eine dunkle Ecke; sie zog die Knie an sich, kauerte sich fröstelnd in den großen Sessel hinein und saß dort ganz stille. In ihr aber klagte es: Was soll ich tun? Was soll ich tun? Felix ist in Not, Felix ist von allen verlassen und verstoßen, Felix muß für immer fort, was soll ich tun? Und während dieses Grausame geschieht, können sie hier sitzen, als wüßten sie von nichts. Fräulein von Dachsberg liest mit ihrer tiefen, belehrenden Stimme, Baron Fürwit meckert sein leises Lachen, das er stets hören läßt, wenn er eine Partie gewonnen hat.

Wie Marie all diese herzlosen, tiefberuhigten Menschen haßte.

Während der schlaflosen Nacht faßte Marie ihren Beschluß. Sie mußte Hilda sprechen, und sie mußte Felix sehen.

Am nächsten Morgen äußerte Marie den Wunsch, nach Schlochtin zu fahren.

Die Fürstin war nicht zufrieden damit. »Was willst du bei dieser unruhigen Familie?« fragte sie. Als sie jedoch das angstvolle Gesicht ihrer Tochter sah, fügte sie hinzu: »Gut, gut, fahre; die Baronin Dünhof wird dich begleiten.«

Am Nachmittage fuhren Marie und die Baronin Dünhof nach Schlochtin. Dort schien der Besuch nicht gelegen zu kommen. Die Baronin Üchtlitz selbst war nicht sichtbar, die Töchter empfingen die Gäste mit bleichen, verstörten Gesichtern, und als die Gesellschaft auf der Gartenveranda beisammen saß, kostete es ersichtliche Anstrengung, eine unbefangene Unterhaltung zu führen. Hilda saß abseits und schwieg.

Marie mußte sie bewundernd anschauen, denn ein Ausdruck hochmütiger Entschlossenheit verschönte seltsam das blasse Gesicht.

Endlich erschien die Baronin Üchtlitz, sie setzte sich zu ihren Gästen, nahm zerstreut am Gespräche teil und bat dann die Baronin Dünhof, mit ihr in das Wohnzimmer zu kommen.

»Und wir gehen in den Garten«, sagte Marie zu Hilda.

Diese stand schweigend auf und bot Marie den Arm.

Sobald die beiden Mädchen allein im Garten waren, begann Marie: »Was ist es mit Felix?«

»Felix,« erwiderte Hilda ruhig, »Felix hat eine große Dummheit begangen. Ich wußte, daß es so kommen würde. Er hat sein Leben hier verdorben, aber was will das heißen? Die Welt und das Leben sind ja weit.«

»Muß er fort?« fragte Marie weiter.

Hilda schaute zu den Kastanienzweigen auf, unter denen sie hingingen, und sagte feierlich: »Felix geht fort, und ich gehe mit ihm.«

»Du?« Maries Augen wurden groß und klar vor Erstaunen.

»Ja, ich gehe mit ihm,« fuhr Hilda fort, »denn sonst ist er verloren. Er ist so schwach und leichtsinnig; ich werde ihm helfen, ein neues Leben zu beginnen und ein Mann zu werden. Wir haben uns verlobt.«

»Und deine Eltern?« forschte Marie.

Hilda zuckte die Achseln: »Es tut mir sehr leid, daß meine Eltern nicht damit einverstanden sind, aber ich bin in dem Alter, selbst über mich zu bestimmen. Ich gehöre ja nicht meinen Eltern, sondern mir und Felix.«

Marie schwieg einen Augenblick, und dann brach es erregt aus ihr hervor: »Liebst du ihn denn?«

Hilda lächelte: »Wie du fragst, Kleine. Natürlich liebe ich ihn.«

»Und er?« fragte Marie. »Liebt *er* dich?«

»Ach ja,« erwiderte Hilda nachdenklich, »gewiß liebt er mich, aber wie die Männer schon lieben, das ist unsicher und flackernd, bis wir Ordnung schaffen.«

»Das verstehe ich nicht,« rief Marie mit blitzenden Augen, »das ist doch nicht möglich!«

»Warum soll das nicht möglich sein?« meinte Hilda. »Ah so, du meinst dieses Frühjahres wegen. Mein Gott, so etwas ist doch vorüber, wenn das Leben ernst wird. Gut, ihr habt zusammen in der Fliederlaube gesessen. Das ist so eine Urlaubsunterhaltung, eine Spielerei, wie die Männer sie nötig haben. Kannst du ihm denn helfen, kannst du ihn denn retten? Kannst du ihm etwas sein? Du weißt ja in deinem Schlosse nicht einmal, was das Leben ist. Wenn du einmal ohne Erlaubnis in den Park gehst, glaubst du, du hast viel für ihn getan. Aber jetzt ist es nicht die Zeit, an solche Kindereien zu denken, jetzt geht es ums Leben.«

Marie wurde ganz rot, und das Weinen war ihr nahe. »Ich weiß, du hast immer so gesprochen,« sagte sie, »du hast immer so getan, als sei es lächerlich, daß einer mich liebt, als sei es eine Kinderei und Spielerei und Dummheit. Nur wenn einer dich liebt, dann ist es Ernst. Du warst immer eifersüchtig und wolltest ihn für dich haben.«

Hilda lächelte mitleidig: »Armes Hühnchen, rege dich nicht auf. Es war unrecht von Felix, aber die Männer sind nun einmal so. Es tut vielleicht ein bißchen weh, aber du wirst es bald vergessen. Du wirst einen anderen finden, der mit dir in der Fliederlaube sitzt.«

Unter dieser Beleidigung beugte Marie den Kopf und schwieg. Diesem selbstbewußten, stolzen Mädchen gegenüber fühlte sie sich ganz schwach und hilflos, und als sie zu sprechen begann, klang es wie ein Wimmern: »Ich will Felix sehen.«

»Wozu?« meinte Hilda, »was könnt ihr euch noch zu sagen haben!«

Sie waren die Kastanienallee hinabgegangen und gelangten an einen Teich. Dort stand Felix im hellen Sommeranzug, den Strohhut auf dem Kopf, und ließ flache Kiesel über das Wasser springen.

»Da ist er!« rief Marie.

Felix hatte die Kommenden gesehen und schlenderte ihnen langsam entgegen. Er grüßte und lächelte ein verlegenes Lächeln.

»Ich habe die Ehre, meine Damen.«

»Warum bist du hier?« fragte Hilda streng.

Felix lachte. »Warum soll ich nicht hier sein? – Sie sehen, Prinzessin,« wandte er sich an Marie, »wie ich hier empfangen werde. Darf ich mich nach dem Befinden erkundigen?« fügte er höflich hinzu.

»Ich danke«, antwortete Marie und wurde blaß bis in die Lippen.

»Es ist heute wieder sehr schwül«, fuhr Felix fort. »Ein merkwürdiges Jahr; schon im Mai beginnen die Hundstage.«

»Ja, es ist sehr heiß«, stimmte Marie zu. Eine große Schwäche machte ihr das Stehen schwer. Vor ihren Augen begannen die Blätter der Bäume und die Sonnenstrahlen zu schwingen und sich zu drehen, dann wurde es dunkel, und sie sank lautlos auf den Rasen nieder.

Als sie wieder zu sich kam, fühlte sie, daß ein feuchtes Tuch ihr auf die Stirn gedrückt wurde. Sie war noch zu matt, um die Augen zu öffnen oder sich zu regen, sie hörte jedoch, wie Hilda und Felix leise miteinander sprachen.

»Sie kommt schon zu sich«, sagte Hilda.

»Die arme Kleine«, erklang Felixens mitleidige Stimme.

»Jetzt ist Mitleid billig«, bemerkte Hilda scharf. »Warum machst du solche Sachen?«

»Ich wußte nicht, daß sie das so schwer nimmt«, meinte Felix. »Wenn sie es nur übersteht.«

Hilda lachte leise: »Das ist so eure Eitelkeit, du verlangst wohl noch, daß sie deinetwegen an gebrochenem Herzen stirbt? Du kannst ruhig sein, sie wird ohne dich ganz friedlich ihr Prinzessinnenleben abhaspeln.«

Marie öffnete die Augen, Hilda beugte sich über sie und fragte: »Ist dir besser, Kleine?«

Ja, es war vorüber, und sie versuchte sich aufzurichten. Felix und Hilda halfen ihr. »Gehen wir nach Hause«, sagte sie und stützte sich auf Hildas Arm.

»Es ist die große Hitze,« meinte Felix, »ich wünsche gute Besserung.«

Marie neigte ein wenig den Kopf, dann gingen die beiden Mädchen schweigend dem Hause zu.

Dort erwartete sie die Baronin Dünhof, und der Wagen stand zur Abfahrt bereit.

Die Sonne ging sehr festlich unter, rote Wolken loderten wie große Flammen am Himmel hinan, die Dorfstraße war voll Kinder, die berauscht von dem roten Lichte lärmten und wilde Tänze aufführten. Marie schaute gleichgültig auf das Getriebe, in ihr war es leer und tot. Was sollte sie denken, was sollte sie fühlen?

Im Schloß ging die Baronin Dünhof sogleich zur Fürstin, um dieser mitzuteilen, was sich in Schlochtin ereignet hatte, und als Marie in das Zimmer trat, rief die Fürstin ihr klagend entgegen: »Mein armes Kind, hast du all diese Dinge anhören müssen, du bist ganz blaß.« Sie nahm Maries Hände. »Ich glaube, sie fiebert«, sagte sie. »Es ist wohl am besten, sie geht zu Bett.«

Marie war auch das recht, sie wurde zu Bett gebracht, sie lag still da in der Sommerdämmerung, später kam die Lampe, Malwine kam, saß bei der Lampe und strickte, und ihr Schatten fiel groß und grau auf die Wand, und wenn Marie ihn mit halbgeschlossenen Augen ansah, dann schien er zu wachsen, immer zu wachsen. Sonst war ja nichts da, nur der große, graue Schatten, der alles verschlang.

»Also ich bin krank«, sagte sich Streith, als er nach einer Nacht voll qualvoller Schmerzen am Morgen todesmatt in seinem Bette lag. Das war nicht vorausgesehen. Immer diese unnützen Überraschungen. Jetzt wartete er ungeduldig auf den Arzt. Endlich ließ sich im Vorzimmer Doktor Rucks frische, laute Stimme vernehmen: »Was? Der Herr Graf hat Schmerzen? Was habt ihr denn angefangen? So etwas!« Dann kam er zu Streith, die Backen rot, der runde Schädel voll kurzgeschnittener, blonder Haare, die kurzsichtigen braunen Augen blank hinter den großen Brillengläsern.

»Was, Graf, Schmerzen?« rief er schon an der Tür, »wo haben Sie die her?«

»Das weiß ich nicht,« erwiderte Streith grimmig, »das ist für die Behandlung auch unwesentlich.«

»So, so, unsere Laune ist nicht die beste«, stellte der Doktor fest.

»Wenn Sie, lieber Doktor,« sagte Streith, »das Gefühl hätten, als ob Hunde Sie zerfleischen und dabei so matt wären, daß Ihre eigene Haut Sie drückte wie ein schlecht gemachter, zu schwerer Wintermantel, dann würde Ihre Laune auch nicht die beste sein.«

»Sehr möglich,« gab der Doktor zu, »nun, wir wollen nachsehen.«

Er beugte sich über den Kranken, um ihn zu untersuchen. »Eine dumme Geschichte,« brummte er, »ein rheumatisches Fieber, daß das schmerzt, glaube ich. Und unser Herz mischt sich auch da hinein, das muß bei allem dabei sein. Ich will mal etwas aufschreiben.«

Er ging seine Rezepte schreiben, besprach mit Oskar die Verordnungen, mit Frau Buche die Diät, und als er wieder händereibend vor Streiths Bette stand, sah er diesen verheißungsvoll an: »Wir werden es schon machen, die Pulver werden den Schmerz benehmen, und unser Herz werden wir zur Ordnung rufen.«

»Sagen Sie, Doktor,« begann Streith nachdenklich, »es wird allgemein geklagt, die Leute hätten heutzutage kein Herz, und das, was sich am schnellsten abbraucht, ist doch immer das Herz.«

»Freilich,« meinte der Doktor, »nur, fürchte ich, ist es nicht die Nächstenliebe, die es abbraucht.«

»So, meinen Sie?« sagte Streith. »Möglich. Setzen Sie sich noch ein wenig her, Doktor. Sie haben so etwas Belebendes.«

Der Doktor setzte sich und lächelte geschmeichelt. »Belebend?« wiederholte er, »nun ja, das ist auch mein Beruf.«

»Ein schöner Beruf«, meinte Streith. »Was gibt es denn Neues?«

Der Doktor dachte nach: »Ich wüßte nicht, doch ja: die alte Exzellenz im Schlosse ist auch krank, eine Lungenaffektion. Bei seinem hohen Alter bedenklich.«

»Also der Alte auch«, murmelte Streith. »Sehen Sie, Doktor, wenn man so bedenkt, wer alles stirbt, so kann man den Respekt vor dem Tode verlieren.«

»Ein Privilegium ist der Tod nicht«, erwiderte der Doktor ein wenig gereizt.

Streith seufzte: »Ach, Doktor, Sie sind ein Demokrat.«

Der Doktor lachte: »Gut, gut, mit dem Philosophieren geht es noch. Ich schaue heute abend wieder nach. Guten Morgen.« Damit ging er.

Streith schloß die Augen und begann wieder aufmerksam der stillen Arbeit der Krankheit in seinem Körper zu folgen. Als die Pulver kamen und er eins genommen hatte, schlief er ein wenig.

Er erwachte von einem leichten Geräusch an seinem Bette. Er schlug die Augen auf, da saß Britta auf einem Stuhle an seinem Bette, sehr gerade, und die dunklen, strahlenden Augen waren angstvoll und gespannt auf ihn gerichtet. »Wie muß ich ausschauen,« dachte Streith, »daß sie mich so ansieht.« Er versuchte zu lächeln: »Du bist es, Kind?«

»Doktor Ruck sagt, du seiest krank,« begann Britta, »da sind wir gekommen. Wie geht es dir jetzt?«

»Nicht gut«, erwiderte Streith.

Brittas Augen wurden größer und angstvoller: »Das tut mir sehr leid.«

»Nichts zu machen«, meinte Streith. »Was hast du denn getrieben?«

»Ich? O nichts. Ich weiß nicht.« Sie errötete, sie fühlte, jetzt müsse sie etwas erzählen, um den Kranken zu unterhalten, sie fand jedoch nichts. Vorsichtig wurde die Tür geöffnet, und Frau von Syrman trat in das Zimmer. Mit ihren kleinen Schritten und unter dem leisen Klingeln ihrer Armbänder kam sie bis an das Bett, blieb stehen und drohte mit dem Finger: »Schwiegersohn, Schwiegersohn, was Sie uns für Sorgen machen. Als wir hörten, daß Sie krank seien, war meine Kleine nicht mehr zu halten. Sie müssen ihr schon erlauben, bei Ihnen zu sein. Kann ich nicht etwas tun? Soll ich nicht Ihre Kissen richten? Kranke haben mir gesagt, ich hätte eine besonders glückliche Hand darin.«

»Ich danke«, erwiderte Streith abweisend. »Oskar macht das sehr gut.«

»Das ist ja schön,« versetzte Frau von Syrman und schaute sich im Zimmer um, »aber soll ich nicht das Fenster schließen, es geht draußen ein kleiner Wind.«

»Ich bitte, das Fenster offen zu lassen«, entgegnete Streith nachdrücklich.

»So, so.« Frau von Syrman wurde unsicher. »Du bleibst wohl noch hier, Kind? Ich glaube, zwei sind zuviel für das Krankenzimmer. Auf baldige gute Besserung, lieber Schwiegersohn.« Damit ging sie.

Streith und Britta schwiegen eine Weile. Streith verzog schmerzhaft sein Gesicht, und endlich sagte er: »Im Garten soll eine Rose aufgeblüht sein, die ›Baronin Rothschild‹. Willst du nicht hinausgehen und sie dir ansehen?«

»Ja«, erwiderte Britta gehorsam, stand auf und ging hinaus.

Nun lauschte Streith auf die Stimmen und Schritte im Nebenzimmer, er hörte Frau von Syrmans spitze Absätze auf und ab klappen. Jetzt geht sie und faßt meine Sachen an, dachte er ingrimmig. Im Garten begann Roller laut zu bellen. Streith klingelte. Als Oskar kam, fragte er ungeduldig: »Warum bellt Roller?«

»Das gnädige Fräulein läuft mit ihm um den Rasenplatz«, berichtete Oskar.

»Roller soll hereingerufen werden,« befahl Streith, »und zu mir wird niemand mehr hereingelassen, ich schlafe.« Damit kehrte er sich der Wand zu.

Streith hatte eine schlimme Nacht. Am Tage lag er in leichtem Schlummer oder wachte über seine Schmerzen. Er beobachtete, wie sie kamen, zunahmen, nachließen, wieder mit neuer Kraft einsetzten; diesen Feind zu studieren war ihm eine peinvolle und ermüdende Aufgabe. Für die Phantasie des Fiebernden nahmen die Schmerzen Gestalt an, er sah das graue Hundegesicht mit den bleichen Augen und den gelben Zähnen, das sich wütend in seine Glieder verbiß.

Am Nachmittage, während Streith im Halbschlafe dalag, fühlte er, daß jemand neben seinem Bette saß. Er wußte, es war Britta; er wußte, jetzt sah sie ihn mit ihren großen, angstvollen Augen an, der Stuhl, auf dem sie saß, knarrte leise. Eine Weile konnte er sich nicht entschließen, die Augen zu öffnen, er war zu müde, um zu lächeln, zu sprechen. Endlich schlug er doch die Augen auf, Britta saß an seinem Bett, sie trug ihr rotes Sonntagskleid. Sie mußte schnell gegangen sein, denn das Gesicht war ganz rosig unter dem Gewirr schwarzer Haare; auf ihren Knien lag ein großer Strauß gelber Trollblumen, der einen leichten Geruch von Honig und feuchten Blättern um sich verbreitete.

»Guten Tag, Kind«, sagte Streith leise.

»Guten Tag,« erwiderte Britta, »wie geht es dir?«

»Nicht gut«, meinte Streith. »Schöne Blumen.«

»Ja, ich habe dir einige Trollblumen gebracht.«

»So, blühen die noch?«

»Ja, die blühen noch.«

Streith wurde unruhig, die Gewaltsamkeit der Farben an dem Mädchen, der Glanz der Augen, das starke Blühen dieser Jugend, dieses Leben bedrückten ihn und taten ihm weh. Er sah zur Decke auf, sein hageres Gesicht mit der kühn geschwungenen, bleichen Nase sah streng und unzufrieden aus. »Liebes Kind, ich wollte dir etwas sagen«, begann er.

»Ach ja«, rief Britta und beugte sich vor, bereit, etwas für ihn zu tun.

»Es ist sehr liebenswürdig von dir und deiner Mutter, zu mir zu kommen,« fuhr er fort, »sehr liebenswürdig, und ich bin äußerst dankbar dafür. Aber siehst du, der Mensch, wenn er krank ist, ist eben ein anderer; er ist eigentlich nur ein halber Mensch und ein uninteressantes, unliebenswürdiges Wesen. Auch bin ich gewohnt, allein zu sein, wenn ich krank bin. Krankheit ist nun einmal eine einsame Sache, Ruhe brauche ich, sonst nichts. Und du, was sollst du in einem Krankenzimmer? Du gehörst in den Wald und in den Sonnenschein. Wenn es besser geht, schicke ich nach dir, aber bis dahin –.«

Britta schlug beide Hände vor das Gesicht und begann zu schluchzen.

Ungeduldig zog Streith die Augenbrauen zusammen: »Warum weinst du?« fragte er. »Da ist ja nichts zu weinen.«

Sie aber glitt von ihrem Stuhl herab, kniete vor dem Bett, beugte sich auf seine Hand nieder und stöhnte: »Du magst mich nicht mehr.«

»Ach, Kind,« sagte Streith müde, »wie habe ich deine Jugend, deine Schönheit angebetet. Jetzt möchte ich, daß es ein wenig stille um mich ist. Später vielleicht gehen wir wieder zusammen in den Wald oder wir tanzen zusammen in der blauen Stube. Vielleicht, wer kann das wissen.«

Britta erhob den Kopf, ihr Gesicht war von Tränen überströmt, und mit einer Stimme, die heiser vom Weinen war, sagte sie böse: »Warum mußt du krank sein!«

»Das weiß ich nicht,« erwiderte Streith, »geh jetzt, Kind.«

Britta stand auf und verließ das Zimmer, den Kopf gesenkt, wie ein gescholtenes Kind.

Sie ging hinaus in den Wald, gerade vor sich hin, und während sie ging, flossen die Tränen über ihr Gesicht, sie weinte über Streith, über sein bleiches, kummervolles Gesicht, das sie so fremd und alt angesehen hatte, aber sie weinte auch aus Zorn, am liebsten hätte sie laut in den Wald hineingescholten: »Warum das, warum das? Krank sein, Sterben, das verdirbt alles, das zerstört alles. Warum?« Sie ging, bis sie müde wurde, dann warf sie sich auf das Moos nieder, lag regungslos da und horchte in sich hinein, auf die ungewohnte Klage ihres ganzen Wesens.

Sie mochte lange dort gelegen haben, denn ihre Haare und ihre Kleider wurden feucht vom Nachttau, sie sprang auf, tiefe Dämmerung herrschte unter den Bäumen, der Wald war ganz still, und Nebel schlichen über den Sumpf. Britta fürchtete sich, zum ersten Male fürchtete sie sich im Walde und begann schnell zu gehen, sie wußte nicht, wohin, nur nach Hause wollte sie nicht. Jetzt in der blauen Stube bei der Lampe sitzen und ihre Mutter sprechen hören, das konnte sie nicht. Auf einer kleinen Lichtung sah sie sich um, grau in der grauen Dämmerung stand hier das Häuschen der alten Annlise, dahin wollte sie. Britta kannte Annlise gut, sie war Andrees Mutter und Marguschs Großmutter. Früher, wenn Frau von Syrman verreiste, mußte Annlise kommen, auf die kleine Britta achtgeben.

Britta trat in das Häuschen. Die niedrige Stube war finster, nur die glimmenden Kohlen des Herdes warfen ihren roten Schein in die Dämmerung. Es roch hier nach Rauch und den Kräutern, die Annlise zu sammeln pflegte. Aus einer Ecke tönte leises Schnarchen, Margusch war es, die dort schlief, Annlise saß müßig vor ihrem Herde. »Was ist das, mein Fräulein kommt so spät?« sagte sie.

»Ja, Annlise,« erwiderte Britta, »ich komme zu dir, nach Hause will ich nicht, ich bleibe bei dir.«

»So, so,« brummte die Alte, »komm nur her.«

Britta setzte sich auf einen Schemel zu Annlise; jetzt in der sanften Wärme des Herdes fühlte sie, daß sie müde war und gefroren hatte.

»Mein Fräulein ist ja naß,« sagte Annlise und strich mit der Hand über Brittas Haar, »was ist denn geschehen? Dein Herr ist krank, ich habe es gehört, ist es denn so schlecht? Jung ist er ja auch nicht mehr.«

Da fuhr Britta auf: »Warum sprichst du so, Annlise? Ich glaubte, bei dir wird es ruhig und gemütlich sein, und nun sprichst du solche Dinge.«

»Ich sag' ja nichts, sei nur ruhig«, meinte die Alte.

Britta schwieg einen Augenblick und schaute in die Kohlen, dann fragte sie: »Fürchtest du dich vor dem Tode?«

»Was soll ich mich fürchten?« brummte die Alte. »Ich habe mich genug geplagt im Leben, was kann der Tod mir tun?«

Das klang so beruhigend, fast gemütlich. »Ich bin hungrig«, sagte Britta.

»Brot haben wir heute gebacken«, erwiderte Annlise, stand auf, holte eine Tasse Milch und ein Stück Brot. »Iß, Kind, iß«, sagte sie.

Britta trank und aß, jetzt fühlte sie sich hier sicher und geborgen, und als sie satt war, wurde sie heiterer. »Jetzt, Annlise,« sagte sie, »mußt du erzählen, aber nichts Trauriges. Erzähl' so was von Liebe. Wie war es, als Andrees Vater dich liebte?«

»Da ist nicht viel Gutes zu erzählen,« antwortete Annlise, aber Britta drängte sie: »Erzähle, erzähle.«

»Nun, er war hier beim Grafen bei den Pferden, der Peter,« begann die Alte, »ich war bei der Wäsche. Damals wurden die Arbeitspferde im Sommer bei Nacht auf den Klee getrieben, um zu weiden. Er hatte eine kleine Holzhütte auf Rädern, sowie ein Hundehaus, die schob er sich auf das Feld, und da konnte er hineinkriechen, wenn es regnete. Nun, wie Marjellen schon sind, ich ging damals oft des Nachts zu dem Peter hinaus auf das Feld.«

»Das war hübsch«, schaltete Britta ein.

»In den hellen Nächten war es ganz gut,« fuhr die Alte fort, »aber später, wenn die Nächte dunkel wurden, da hatten wir unsere liebe Not. Immerfort mußte der Peter nach den Pferden sehen, viel Zigeunervolk trieb sich damals hier herum, leicht konnte einer ein Pferd fortführen, ohne daß der Peter und der Hund es merkten. Wenn nun der Peter fort war, um nach den Pferden zu sehen, dann saß ich allein vor der Hütte, und da fürchtete ich mich zuweilen, besonders auf dem einen Felde, bei dem das Wasser ganz nahe ist, in dem der lange Jakob ertrank. Besoffen ist er da bei Nacht hineingegangen, nur seinen Hut und Stock fand man, ihn selbst hat man nicht gefunden, so tief ist das schwarze Wasser dort. So sitze ich einmal vor der Hütte, die Nacht ist ganz schwarz und mir so eigen zumute. Da merke ich, daß einer vor mir steht, ich denke, es ist der Peter. ›Bist du es, Peter?‹ fragte ich. Er antwortet nicht, ich fühle aber, wie es ganz kalt zu mir herüberkommt, als ob ein Windchen den Nebel vom Wasser heranbläst, und ich rieche auch einen ganz starken Geruch nach Schlamm und Sumpf. Da weiß ich, es ist der lange Jakob. Vor Furcht kann ich nicht sprechen, und ich zittere nur so am ganzen Leibe. Da höre ich, wie er einmal ganz tief aufseufzt, dann höre ich nichts mehr. Als der Peter kommt, frage ich ihn: ›Warst du eben hier?‹ ›Nein‹, sagt er. ›Dann war's der lange Jakob‹, sage ich. ›Dummheiten,‹

sagt er, ›komm, kriechen wir in die Hütte‹, und da krochen wir in die Hütte.«

»Da war es sicher,« bemerkte Britta; »wenn man nah beieinander ist, dann ist es sicher, wenn auch draußen die Gespenster herumlaufen.«

»Freilich,« meinte Annlise, »ich bin damals auch nicht früher nach Hause gegangen, als bis es hell war. Ja, das waren so Zeiten. Was half es? Der Peter ging zum Militär, und ich saß da.«

»Nein, nicht das,« fuhr Britta heftig auf, »nicht das! Warum muß alles traurig enden?«

Die Alte seufzte: »Da ist nichts zu machen, Kindchen, zum Lachen sind wir nicht auf der Welt.«

Beide schwiegen nun, Britta stützte die Ellbogen auf die Knie und das Gesicht in die Hände und starrte in die Kohlen, die flüsternd verglommen.

Es gab Stunden, in denen Streith das Glück des Kranken genoß, das müde Glück, wenn die Schmerzen für eine Weile ihn verließen, er erschöpft wie von schwerer Arbeit dalag und dachte: Wie leicht ist doch das Leben ohne Schmerzen. Dann ließ er die Tür seines Zimmers öffnen, um in die Zimmerflucht hinabschauen zu können, er wollte sehen, wie das Licht und die Blätterschatten auf dem blanken Parkett lagen, wie Roller auf seinem sonnigen Plätzchen schlief, wie die Möbel feierlich an den Wänden standen und die Goldrahmen der Bilder blitzten. Die Fenster waren geöffnet, vom Garten strömten warme Düfte herein, zuweilen verirrte eine Biene sich in das Zimmer und erzählte mit ihrem Summen von den sonnenbeschienenen Rosen draußen. Übermannte der Schlummer ihn in solchen Stunden, so kamen angenehme Traumbilder, Bilder früherer Reisen. Er saß in einer Gondel, greller Sonnenschein fiel auf den Kanal, und der Widerschein des Lichtes zitterte wie kleine, rege Goldwellen an den roten Mauern der Paläste hinauf. Oder er stand unter Hollands grünlichem Himmel vor einem blauen Hyazinthenfelde; tiefes, sattes Blau, wohin er auch sah. Ab und zu kam Frau Buche mit ihrer weißen Schürze und ihren friedlichen, grauen Augen und reichte ihm eine Tasse Fleischbrühe. »Ganz frische Hühnerbouillon,« sagte sie, »einige Spargelköpfe habe ich hineingetan, von den kleinen, dunklen. Die großen sind wohl süßer, aber die kleinen bitteren haben noch so die Kraft der Erde.«

»Sie mögen recht haben«, meinte Streith, schob ein Spargelköpfchen in den Mund und sah Frau Buche mit dem hilflosen Blick des Kranken an. »Sie mögen recht haben, das schmeckt allerdings nach Kraft.« Und dann fragte er, wie er das in letzter Zeit öfter getan: »Ist niemand gekommen?«

»Niemand, Herr Graf«, war die Antwort.

»Wen erwartet er denn«, sagte Frau Buche zu Oskar. »Sind es wieder die vom Forsthause?«

»Nein, die sind es nicht«, antwortete Oskar geheimnisvoll.

Das Rollen eines Wagens vor dem Hause ließ Streith gespannt aufhorchen. Der Wagen hielt, eine Tür ging, Stimmen wurden laut, Oskar kam eilig in Streiths Zimmer und meldete: »Ihre Hoheit, die Frau Fürstin sind da und lassen fragen, ob sie den Herrn Grafen sehen dürfen.«

»Ich lasse bitten«, erwiderte Streith und fuhr mit der Hand ordnend über Bart und Haar.

Die Fürstin trat in das Zimmer, sie blieb vor dem Bette stehen und sagte: »Ich wollte doch nach Ihnen sehen, lieber Graf.«

»Sehr gnädig«, antwortete Streith und versuchte es, in das Nikken seines Kopfes etwas Zeremonielles zu legen.

»Dann setze ich mich zu Ihnen«, fuhr die Fürstin fort und setzte sich auf den Stuhl, der an Streiths Bette stand. Als sie jedoch dort saß, fand sie nicht sogleich etwas zu sagen. Sie schaute Streith an mit ihren klaren, ruhevollen Augen; die Wangen waren von der Luft leicht gerötet, die Lippen lächelten ein befangenes Lächeln.

Den kleinen, hellen Sommermantel kannte Streith, die leichte Seide des Kleides hatte eine milde Heliotropfarbe, und am gelben Strohhut steckte ein weißer Möwenflügel. Vor der milden Feierlichkeit dieser Gestalt fühlte Streith wieder die andächtige Zärtlichkeit, die ihm einst so wohl getan hatte.

»Freuen Sie sich ein wenig?« fragte die Fürstin, und eine leichte Aufregung bebte in ihrer Stimme.

»Ja, ich freue mich,« erwiderte Streith ernst, »nur wünschte ich mehr Kraft zu haben, um mich zu freuen.«

»Das kommt noch,« tröstete die Fürstin, »Sie werden sehen, bald geht es wieder aufwärts.«

»Bald,« wiederholte Streith, »bald muß es sein, denn sonst kommt der Mut zum Aufwärtsgehen abhanden. Oft denke ich schon, vielleicht ist es genug, obgleich,« seine Stimme wurde schwach und leise, »hat man da so viel Zeit verschwendet, eine gute Figur zu machen.«

»Wie meinen Sie?« fragte die Fürstin und beugte sich ein wenig vor.

»Ich meine,« versetzte Streith lauter, »wir können aus unserem Leben doch nicht das machen, was wir daraus machen wollen, es tut immer, was es selbst will.«

»Ach, Streith, so geht es uns allen,« meinte die Fürstin, und die Erregung ließ ihre Augen glitzern, »wir alle glauben, würde unser Leben uns gegeben, damit wir es noch einmal leben, wir würden es besser machen. Wenn es so Korrekturbogen – nicht wahr, so nennt man das? – Korrekturbogen des Lebens gäbe.«

Streith lächelte: »Korrekturbogen, ganz richtig, in denen wir alles, was uns mißfällt, mit dicken, schwarzen Strichen ausstreichen könnten.«

»Und doch,« sagte die Fürstin sinnend, »in guten Stunden, wenn wir geneigt sind zu verzeihen, dann verzeihen wir auch unserem Leben.«

»Es bleibt uns wohl nichts anderes übrig,« antwortete Streith, »besonders da mir jetzt der Verdacht gekommen ist, daß es gar nicht für uns ist, daß wir leben. Meine Großmutter erzählte uns Kindern das Märchen von der hochmütigen Rosine, die glaubte, der Kuchen wäre nur deshalb gebacken, damit sie ein weiches und warmes Bett habe.« Streith lachte, und auch die Fürstin lachte; es tat ihr wohl, wieder einmal wie früher mit Streith lachen zu können. Aber eine plötzliche Schwäche machte Streiths Gesicht ganz bleich, und er schloß die Augen.

»Das Sprechen greift Sie an,« rief die Fürstin besorgt, »Sie müssen stilliegen, Sie müssen versuchen, zu schlafen. Ich sitze noch ein wenig hier, wenn es Ihnen gut tut.«

»Ja, das tut gut«, sagte Streith leise.

Nun saß die Fürstin schweigend da, die Hände im Schoß gefaltet, sie schaute zum Fenster hinaus, und der Blick ihrer Augen wurde stetig, wie er es in Augen wird, die nicht auf ihre Umgebung, sondern träumend auf ein fernes Erinnerungsbild schauen. Da Streith wirklich ruhig zu schlafen schien, erhob sich die Fürstin und verließ leise das Gemach.

Rote Abendlichter glitten schon über die Wand, als Streith erwachte. Doktor Ruck stand vor dem Bette und rieb sich die Hände. »Geschlafen, das sehe ich gern«, sagte er und griff nach dem Puls des Patienten. »Unser Puls gefällt mir zwar nicht recht. Nun, wir wollen eine kleine Spritze geben.« Er ging zum Tische, um seine Spritze vorzubereiten. Streith richtete sich ein wenig in den Kissen auf; das abends zunehmende Fieber regte ihn an, es verlangte ihn danach, zu sprechen und sprechen zu hören. »Wie geht es Ihren Kindern, Doktor?« fragte er.

»Danke, gut,« antwortete der Doktor, »lauter Musterbuben.«

»Wie viele?« fragte Streith weiter.

»Bis jetzt vier.«

»Bis jetzt?« wiederholte Streith, »rechnen Sie auf mehr?«

»Das will ich meinen,« erwiderte der Doktor, »Kinder sind doch das Beste, das wir der Welt geben können, sie sind doch sozusagen unsere Unsterblichkeit.«

»So, so, Ihre Unsterblichkeit,« meinte Streith, »ich weiß nicht, ob diese Unsterblichkeit mich besonders locken würde; aber das sind doch so die eigentlichen Lebensgeschäfte, und ich bin gegenwärtig nicht recht in der Lage, kompetent darüber mitzureden.«

Der Doktor trat an Streiths Bett: »Ach was,« sagte er, »wenn Sie die Spritze im Leibe haben, dann sind Sie wieder in der Lage, über alles mitzureden.« Er beugte sich über den Kranken, um die Einspritzung zu machen, und als er fertig war, setzte er sich auf Streiths Bett und sagte befriedigt: »So. Nun fühlen wir uns gleich frischer.«

»Ja, vielleicht«, gab Streith zögernd zu. »Aber, sagen Sie, Doktor, Sie sprechen von Ihrer Unsterblichkeit. Sie glauben also, daß mit diesem Leben alles zu Ende sei.«

»Ich weiß nicht,« erwiderte der Doktor und schaute ein wenig betroffen drein, »es sieht fast so aus.«

»Gut, gut,« fuhr Streith fort, »es kommt nur darauf an, ob das Wort ›zu Ende‹ über unser Leben hinaus noch einen Sinn hat, oder ob das nicht nur eine irdische Einrichtung ist, daß etwas zu Ende geht.«

»Wie gesagt . . .« stotterte der Doktor.

»Sie wissen es nicht,« unterbrach ihn Streith, »woher sollten Sie auch. Ich meine nur, wenn nach unserem Leben hier doch etwas anderes kommt, müßten wir nicht etwas davon spüren, wenn wir ihm nahe sind? Wenn hier alles anfängt zu verblassen, müßten wir dann nicht ganz in der Ferne, so etwas wie Farben sehen? Na, gleichviel, hören Sie, Doktor, sind Sie einmal so vom Binnenlande her dem Meere zugefahren?«

»Nein, ich erinnere mich nicht«, antwortete der Doktor.

»Ich bin einmal in Pommern«, fuhr Streith fort, »durch den Wald dem Meere zugefahren. Es war der heißeste Tag, dessen ich mich erinnern kann. Die Föhrenstämme, an denen ich hinfuhr, glühten wie überheizte Öfen, die Luft lag auf mir wie eine wollene Decke. Das Atmen war unter diesen Umständen kein Vergnügen, so ließ ich mich stumm und gedankenlos durch den heißen Sand vorwärtsschleppen. Da plötzlich fühlte ich, als würde der Druck, der auf mir lag, leichter, das Atmen wurde bequemer, ein Windchen kam und spielte mir um die Lippen und schmeckte so gut, wir mir lange nichts geschmeckt hatte, und je weiter wir fuhren, um so angenehmer wurde das Atmen, und der kleine Wind kam immer häufiger und verstärkte sich. Er fing schon an, in den Föhrennadeln zu flüstern und wurde zu einem leisen Rauschen, und ich sperrte den Mund auf und die Nasenflügel und trank diesen Wind in mich hinein, denn er schmeckte nach Weite; er roch köstlich nach unendlicher Weite. Und dann hörte ich einen Ton, ganz weit, ganz leise, und doch lag in ihm etwas Großes, etwas Befreiendes, Kühlendes, es lag in diesem leisen, fernen Ton etwas wie das Donnern der Stimme der Unendlichkeit. Sehen Sie, Doktor, das war das Meer.«

Streith schwieg und schloß die Augen, auch der Doktor schwieg eine Weile, und als er zu sprechen begann, mußte er sich räuspern, er fürchtete, seine Stimme würde unsicher klingen. »Jetzt werden Sie schlafen, lieber Graf,« sagte er, »und angenehm träumen, vielleicht von der großen Stimme.«

»Ja, vielleicht von der großen Stimme,« antwortete Streith schlaftrunken, »gute Nacht, Doktor.«

Graf Donalt Streith war gestorben. Im Schlosse hörte man, der Bruder des Grafen sei gekommen, um die Leiche auf das Stammgut der Streiths überführen zu lassen, am Vormittag sollte der Wagen mit dem Sarge unten auf der Landstraße am Schlosse vorüberfahren. Um dieses zu sehen, ließ Baron Fürwit, Rekonvaleszent und noch schwach, einen Sessel auf die Hoftreppe stellen, dort saß er und wartete. Neben ihm stand der Major, die hervortretenden, blauen Augen starrten traurig vor sich hin. »Ein edler, ein nobler Mensch war unser Streith, es ist schade um ihn«, sagte er.

»Natürlich war er edel und nobel,« meinte der Baron, und seine Stimme nahm etwas Zänkisches an, »ich bin gewiß der letzte, der von einem verstorbenen guten Bekannten etwas Schlechtes sagt, aber er wußte nicht, was er wollte. Bald wollte er dies, bald wieder etwas ganz anderes. Er hatte ein unruhiges Herz und, sehen Sie, Major, ein unruhiges Herz taugt nicht, ist nicht gesund, unruhige Herzen dauern nicht.«

»Das mag sein,« erwiderte der Major, »wir alle irren. Ich habe unseren Streith verehrt.«

Das schien den Baron zu ärgern: »Ja, ja, wer sagt denn etwas anderes? Nun, das ist nicht zu leugnen. Sehen Sie, Major, es gibt eben Menschen, die sich einzurichten verstehen und Menschen, die sich nicht einzurichten verstehen. Streith war einer von denen, die sich *nicht* einzurichten verstehen.«

Auf der anderen Seite des Schlosses auf der Gartenveranda lag Prinzessin Marie in einem Korbsessel, und die runden, blauen Augen sahen in den Mittagsonnenschein hinein, ruhig und ein wenig traurig, Augen, die nicht mehr erwarten, daß dort vor ihnen in dem flimmernden Lichte etwas Schönes und Erregendes auftauchen könnte. Neben der Prinzessin saß Fräulein von Dachsberg und warf eine weißwollene Haube auf, welche die Prinzessin für eine arme Frau im Dorfe stricken sollte.

Die Fürstin aber war in den Garten hinabgestiegen, sie ging bis zum Gartengitter, blieb dort stehen, schützte die Augen mit der Hand und spähte auf die Landstraße hinaus. Auf der anderen Seite der Straße, am Waldrande, standen zwei Frauen in schwarzen Trauerkleidern, Frau von Syrman und ihre Tochter. Britta hielt einen großen Feldblumenkranz, flammend von den Farben der Trollblumen, Lichtnelken, Sumpforchideen und Skabiosen. Nun hörte man den Hufschlag von Pferden, und der Leichenwagen kam, mit einem Viererzuge bespannt. Der Sarg war mit einer schwarz und silbernen Decke überdeckt und auf ihr lagen Palmenzweige und große Kränze aus weißen Rosen. Als der Wagen langsam am Waldrande hinfuhr, traten die beiden Frauen vor, und Britta legte ihren Kranz auf den Sarg. Dann setzte Britta sich am Wegrain nieder, schlug die Hände vor das Gesicht und weinte. Die Fürstin stand noch immer regungslos da und schaute dem Wagen nach, wie er die Allee hinabfuhr, umgeben von dem blonden Flimmern einer leichten Staubwolke, immer kleiner wurde mit seinem schwarzbedeckten Sarge, seinen weißen Kränzen, in deren Mitte Brittas Kranz lag, heiter in seiner Farbenpracht, wie ein helles Jugendlachen.

AM SÜDHANG

Erzählung

(1914)

Karl Erdmann von West-Wallbaum war Leutnant geworden, und während er durch den Sommerabend dem elterlichen Landhause zufuhr, sagte er sich, daß all die klugen, hochmütigen Leute, welche schlecht vom Leben sprachen, ja, daß seine eigenen weltschmerzlichen Stunden dem Leben unrecht taten. Es gab wirklich ganz einwandfreie Lebenslagen. Und mit wie geringen Mitteln baute das Leben oft solch ein Glück auf. Wie viele junge Leute wurden jedes Jahr Leutnant, und mit dem Leutnant war schließlich auch noch nicht allzuviel erreicht. Dennoch, und es war vielleicht lächerlich, aber dieser Leutnant machte ihn glücklich. Er hatte das Gefühl, als sei etwas Neues in ihm; das ihn zu einem anderen machte, zu einem, der mehr Recht auf Liebe, Bewunderung und alles Gute der Welt hatte als der frühere Karl Erdmann. Das würden sie dort zu Hause wohl verstehen. Das war es ja, was das Leben zu Hause so weich und verwöhnend machte, daß man so mühelos einander verstand. Menschen, die einander leicht verstehen, wissen, daß sie einander leicht verwunden können. Daher kam vielleicht in das Leben dort zu Hause die köstliche Behutsamkeit des Umganges, die Karl Erdmann stets die Empfindung gab, als sei sie etwas sehr Kostbares, das zart angefaßt werden mußte. Nun lagen zwei Monate in dem Elternhause vor ihm, zwei ganz sorglose Monate, denn die Schulden hatte er schon gebeichtet. Er würde nichts anderes zu tun haben, als im alten Garten umherschlendern, auf den Wiesen liegen, von seiner Mutter und seinen Schwestern sich verwöhnen lassen, des Vaters gute Zigarren rauchen und ungestört dieses Gefühlvolle in sich gewähren lassen, wie es nur in den alten elterlichen Landhäusern gedieh. Seltsam war es, wie sich dort jedes kleine Ereignis mit einer Gefühlsatmosphäre umgab, die es groß und farbig erscheinen ließ wie den durch Abenddünste aufsteigenden Mond. Karl Erdmann war häufig schon verliebt gewesen, als Kadett und als Fähnrich. Und draußen in der Garnison hatte manche Liebesaffäre gespielt. Allein das war ganz etwas anderes, als zu Hause in den Ferien verliebt zu sein. Da war es eine stille, stetige und erregende Beschäftigung. Man lag stundenlang im Grase und war verliebt, ließ sich von einem starken, süßen, ein wenig erschlaffenden Gefühle wiegen. Draußen konnte Karl Erdmann zynisch und schneidig sein, hier wurde er empfindlich und feinschalig wie eine Frucht, die auf dem Südhange gereift ist. Karl Erdmann war also in den Ferien immer verliebt gewesen, und zwar immer in Frau von Bardow. Das gehörte zu den Ferien wie das Glitzern des Weihnachtsschnees oder wie die gelben Augustbirnen. Eigentlich waren alle zu Hause in Frau von Bardow verliebt, selbst der Vater holte, wenn er mit ihr sprach, seine alten ritterlichen Gardedukorpsmanieren hervor, und Frau von Bardow schien das zu wollen. Sie sprach mit allen diesen Männern so, als wünschte sie, ihnen den Kopf zu verdrehen, oder als bestände zwischen einem jeden von ihnen und ihr ein einzigartiges Verhältnis. So war es mit Botho, dem Hauptmann, Karl Erdmanns älterem Bruder, so mit dem Legationsrat Grafen Ottomar von der Lynck, dem Verlobten von Karl Erdmanns Schwester Oda; ja sogar mit dem fünfzehnjährigen Leo und seinem Hauslehrer Herrn Aristides Dorn hatte Frau von Bardow eine besondere erregende Art zu verkehren. Nur mit ihm, Karl Erdmann, hatte sie stets eine schwesterliche, fast mütterliche Art des Verkehrs gehabt. Und doch hatte er schon als Knabe den Zauber dieser seltsamen, schönen Frau stärker als alle anderen empfunden, so stark, daß er oft wehrlos gegen das eigene Gefühl auf die Wiese hinausrannte, sich auf einen Heuhaufen warf, das Gesicht in das Heu steckte und weinte. Frau von Bardow aber tat nie so, als merkte sie etwas davon, während sie doch bei allen anderen Herren von vornherein so tat, als sei es kein Zweifel, daß sie ganz unter ihrem Zauber standen. Nun, der Leutnant würde auch hier alles verändern, und diese Überzeugung trug nicht wenig zu Karl Erdmanns augenblicklichem Glücke bei.

Daniela von Bardow war von ihrem Gemahl geschieden. Karl Erdmann erinnerte sich des seltsamen geheimnisvollen Mitleidgefühls, das er als Knabe empfunden hatte, wenn die Erwachsenen andeutungsweise davon sprachen, daß Bardow ein schlechter

Mensch sei, daß die arme Daniela viel gelitten habe und noch immer von der Welt verkannt und falsch beurteilt werde. Frau von West-Wallbaum liebte Daniela sehr und verteidigte sie stets leidenschaftlich. »Es tut immer weh,« pflegte sie zu sagen, »wenn jemand leidet, weil ihm Unrecht geschieht. Wenn aber Daniela beleidigt wird und leidet, dann empört das wie eine sinnlose Grausamkeit. Es ist so, als ob jemand eine Blume beleidigt.« Karl Erdmann verstand das wohl, und jetzt, da er für Daniela doch auch etwas bedeuten würde, jetzt sollte sie erfahren, wie tief er für sie fühlte. Er hob die Arme und streckte sich behaglich, so daß das Seidenfutter der neuen Uniform angenehm knisterte. Also für die nächsten zwei Monate stand lauter Gutes und Schönes in Aussicht, und Karl Erdmann wollte es sich schmecken lassen. Da war noch zwar dieses Duell, aber das sollte ihn nicht stören. An ein Duell dachte man wie an eine unvermeidliche Geschäftssache, die abgemacht werden mußte, nicht anders. Es war eine häßliche Szene gewesen drüben in der Garnison mit einem betrunkenen Referendar, der sich Redensarten gegen das Regiment erlaubt hatte. Übrigens hatten der Ehrenrat und die Kameraden anerkannt, daß Karl Erdmann sich gut benommen hatte. Natürlich bat der Referendar um Aufschub, weil er noch manches zu ordnen hatte, Zivilisten bitten immer um Aufschub und haben immer etwas zu ordnen. Aber in den nächsten Wochen sollte das Duell stattfinden. Gut, Karl Erdmann störte das nicht, im Gegenteil, es fiel ihm zwar nicht ein, gefühlvoll an dies Duell zu denken, allein die Tatsache, daß es zu den Ereignissen dieses Sommers gehören würde, gab dem Bilde dieses Sommers, gab der Gestalt Karl Erdmanns doch ein eigenes, ein wenig mystisches Licht. So störte denn nichts seine Freude.

Der Wagen bog in die lange Lindenallee ein. Hier war es dunkel und so still, daß das Rascheln des Taues in den Blättern hörbar war. Karl Erdmann wurde es ganz feierlich zumute. Hier erst schien es ihm, als ließe er endgültig die Welt der Garnisonen, des Kasinos, der Rekruten und der frechen, kleinen Mädchen hinter sich und fuhr durch diesen stillen, finsteren Korridor, in dem es erfrischend nach feuchtem Laub duftete, dem Erdflecken zu, auf dem es galt, nichts zu tun, als tief zu fühlen, gut zu essen und sich verwöhnen zu lassen.

Da war schon das Landhaus mit der langen, weißen Front. Auf der Freitreppe hatte sich die ganze Familie versammelt, all die großen blonden Gestalten, aus der Sommerdämmerung schimmerten die weißen Kleider der Mädchen und die roten Pünktchen der brennenden Zigarren. Eine sich überschlagende Knabenstimme rief: »Hurra.« Karl Erdmann eilte sporenklirrend die Treppe hinan und suchte sich unter den großen Gestalten die kleinste heraus, um sie in seine Arme zu nehmen, seine Mutter. Dann begann das Begrüßen der anderen. Niemand sprach. Es hatte etwas Sakramentales, so von einem zum anderen zu gehen und sich küssen zu lassen. Zuerst die Schwestern Oda und Heida, dann der Bruder Hauptmann und der fünfzehnjährige Leo. Selbst der kühle Legationsrat, Odas Bräutigam, küßte Karl Erdmann auf beide Wangen. Fräulein Undamm, die Gouvernante, und Herr Dorn, der Hauslehrer, drückten Karl Erdmanns Hand so innig, wie man es sonst nur bei Begräbnissen oder Trauungen zu tun pflegt. In einer Ecke stand eine schmale, weiße Gestalt, in der Dämmerung erschien auch das Gesicht sehr weiß zwischen den schwarzen Scheiteln. Es war Frau von Bardow. Als Karl Erdmann ihr die Hand küßte, sagte sie mit ihrer hübschen, singenden Stimme: »Gut, daß Sie da sind, nun ist der Sommer komplett.«

»Na, also!« rief Herr von West-Wallbaum laut, als wollte er dadurch den Schluß einer feierlichen Zeremonie ankündigen, und man ging in das Haus.

Die Zimmer waren voller Licht, voller Blumen und weißer Mullgardinen. Durch die geöffneten Fenster duftete der dunkle Garten herein. Nach der stillen Fahrt machten die vielen Menschen, das Kommen und Gehen, all die Stimmen Karl Erdmann ein wenig schwindlig. Er unterhielt sich ernst mit seinem Vater, mit seinem Bruder über die Flotte und das Regiment, dabei bemerkte er, daß in dem Gespräch der beiden Herren mit ihm ein Ton achtungsvoller Gleichstellung durchklang, der ihm neu war. Neben ihm stand schweigend seine Mutter und hielt seinen Arm. Das kleine Gesicht mit den vielen Fältchen unter der großen Spitzenhaube war erhitzt, weiß und und rosa wie das Gesicht eines Kindes.

Während der Abendmahlzeit dauerten die militärischen Gespräche fort, und alle an der langen Tafel hörten zu und sahen Karl Erdmann an, wie etwas, das sie sehr interessierte und das sie bewunderten. Alle, auch die Kinder, selbst Herr Aristides Dorn, der dabei zwar sein verhaltenes hochmütiges Lächeln lächelte und sich immer wieder eine schwarze Haarlocke aus der Stirn strich, mit einer Bewegung, die wie ein Protest aussah. Nur Daniela war unaufmerksam, ordnete die Brotkrümchen auf dem Tischtuch zu kleinen Mustern, flüsterte ihrem Nachbar etwas zu, worüber gelacht wurde, und benahm sich wie jemand, der entschlossen ist, die Andacht einer Zeremonie nicht zu teilen. Das quälte Karl Erdmann; er fand sie wieder ergreifend schön, das schmale Gesicht mit der wunderbaren Klarheit der feinen Züge, dazu die schieferblauen Augen, die von den Wimpern so seltsam umschattet wurden, und der hellrote Mund, dessen Lächeln dem strengen Gesicht etwas Strahlendes und Blühendes verlieh. Bei Gott, diese Frau wirkte auf Karl Erdmann so stark, daß, wenn er sie ansah, er sich so wehrlos und schwach wie ein verliebter Schuljunge fühlte.

Nach dem Essen trank man zur Feier des Tages auf der Gartentreppe eine Bowle. Man saß da zusammen in der Dämmerung der nordischen Sommernacht, die schwer von Düften war, und Karl Erdmann, direkt von der Garnison hier hineingekommen, empfand alles als seltsam traumhaft und unwirklich, den so in der Finsternis getrunkenen Wein, die Zigarre, die Stimmen, die in die Dunkelheit hineinsprachen. Der Vater fragte noch immer nach dem Oberstleutnant von Treskow und dem General von Langen, und dann begann er die oft erzählten Geschichten aus seiner Militärzeit zu erzählen. Die anderen hielten es nicht lange beim Wein aus, einer nach dem anderen schlich sich in den Garten hinab. Der Graf Lynck legte seinen Arm um Odas Taille, um mit ihr die dunkle Kastanienallee entlang zu gehen. Karl Erdmann sah noch, wie Odas hohe üppige Gestalt sich fest an den Grafen anschmiegte, und er dachte ärgerlich: was nur dieses herrliche Mädchen an dem schmalschulterigen, fischblütigen Diplomaten haben kann. Die beiden Kinder suchten im feuchten Rasen nach den Frühbirnen, die man in der Dunkelheit vom Baum fallen hörte. Botho unterhielt sich mit Daniela. Er sprach halblaut und machte seine Stimme weich und musikalisch, wie die meisten Männer es taten, die mit Daniela sprachen. Daniela antwortete zögernd, als müßte sie über das, was Botho sagte, nachdenken. Und dann plötzlich erhob sie sich, stieg die Treppenstufen hinab und rief eine dunkle Gestalt an, die unten auf dem Gartenwege stand: »Ach, Herr Dorn, Sie haben mir da ein Buch gegeben, das ich nicht verstehe.« Sie lachte, sie blieb dort unten stehen und unterhielt sich mit Aristides Dorn. Ja, das war Daniela, Karl Erdmann kannte das, sie ruhte nicht eher, als bis der Zauber der Sommernacht für alle Männer um sie her voll von ihr war. Nur mit ihm hatte sie heute noch nicht gesprochen. Nun, er gehörte heute noch nicht dazu, er kam sich selber ein wenig wie ein fremder Besuch vor, aber das würde morgen vorüber sein.

Man trennte sich spät. Karl Erdmann schlief mit Leo in einem Zimmer. Der Knabe erwachte, als Karl Erdmann eintrat, und sagte schlaftrunken: »Ah, der Leutnant! Man wird sehen, ob er weniger schnarcht als der Fähnrich.« Später kam noch Botho, um von Karl Erdmann noch Genaueres über die Affäre zu hören. Sie sprachen halblaut, um Leo nicht zu wecken, Botho ließ sich alles genau erzählen, äußerte sich sehr sachlich über den Fall und sagte, es freue ihn außerordentlich, daß alles so korrekt abgelaufen sei, und daß Karl Erdmann sich so gut gemacht habe: »Also in nächster Zeit muß es zum Klappen kommen, schön, schön. Gute Nacht«, und damit ging er anscheinend sehr befriedigt.

Karl Erdmann stand noch einen Augenblick am geöffneten Fenster und schaute in den Garten hinab. Das Lob des Bruders hatte ihm wohlgetan, auch er war zufrieden damit, daß alles korrekt verlaufen war, und dabei war er ein wenig stolz darauf, so einer auserwählten Klasse von Menschen zu gehören, die sich über so etwas freuten. Unten im Garten trieb sich noch eine einsame Gestalt umher, das war ja der unheimliche Hauslehrer, den ließ wohl die Liebe zu Daniela nicht schlafen. Wenn Daniela vom Duell wüßte, fuhr es Karl Erdmann durch den Kopf, würde er dann nicht für sie ein anderer sein? Würde er ihr dann nicht wichtiger werden? Ach lächerlich. Die ungewohnte Stille der Nacht machte ihn sentimental, er wollte lieber schlafen gehen.

Den nächsten Tag begann Karl Erdmann damit, sich, wie er es nannte, systematisch zu akklimatisieren. Er ging durch das ganze Haus, hörte den bekannten Ton jeder Türklinke, roch den jedem Zimmer eigentümlichen Geruch. In einem Zimmer fand er Heida, die bei Fräulein Undamm Unterricht nahm. Die Gouvernante sah sehr klein und braun aus neben dem großen Mädchen mit dem honigblonden Haar. Fräulein Undamm errötete und sagte: »Ah, der Herr Leutnant gibt uns die Ehre.« Heida lachte über das ganze rosa Gesicht, es war ihr, als sei mit Karl Erdmann eine Flut von Ferienluft in das Zimmer gedrungen. »Ach,« meinte sie, »heute ist er gar nicht mehr imposant, ja, gestern in der Uniform.« – »Ich will nicht imponieren,« erwiderte Karl Erdmann, »ich will mich akklimatisieren. Entschuldigen Sie, ich gehe schon weiter.« Im anstoßenden Zimmer fand er Herrn Dorn, der Leo eine lateinische Stunde erteilte. Herr Dorn begrüßte Karl Erdmann sehr formell, lächelte ironisch und strich sich die schwarze Locke aus der Stirn.

»Der Herr Leutnant wollen vielleicht ein wenig prüfen?« Aber Leo zog die Augenbrauen hoch und äußerte: »Prüfen? Bei der Kadettenbildung!«

»Nein, nein,« sagte Karl Erdmann, »ich wollte nur hier dringewesen sein; entschuldigen Sie.«

Er ging in den Hof hinunter, um die Hunde zu sehen, um im Stall den Pferden auf die blanken Hälse zu klopfen, um den Geruch von Heu, Teer, von in der Sonne heißgewordenen Steinen und Holz einzuatmen. Dann ging er wieder ins Haus, um seine Mutter zu begrüßen.

Frau von Wallbaums Zimmer, himmelblau und weiß, sah aus wie das Zimmer eines jungen Mädchens. Sie selbst im hellgeblümten Sommerkleide, blaue Bänder auf der weißen Morgenhaube, saß an ihrem Schreibtisch und schrieb ihr Tagebuch. Sie war die einzige der Familie, die ein Tagebuch schrieb. Als ihr Sohn eintrat, lächelte sie ihm entgegen, den Kopf ein wenig zurückgebogen, damit der Kneifer nicht von der Nase falle. »Ah, da bist du«, sagte sie. »Ich habe eben deine Ankunft ganz ausführlich beschrieben, und jetzt wollen wir in den Garten gehen.« Sie hing sich in seinen Arm, und sie stiegen über die sonnenheißen Steinstufen der Gartentreppe in den Garten hinab. Es war ein altmodischer Garten mit langen Rabatten voll altmodischer Blumen, dicke Zentifolien an niedrigen Büschen, Gebrochenes Herz und gelbe Immortellen, die in der Sonne wie Zwanzigmarkstücke glänzten. Unter den Fenstern aber stand die Reihe der Lilien weiß und feierlich.

»Ach Kind,« sagte Frau von Wallbaum, »ich habe die ganze Nacht nicht geschlafen vor Freude, daß du da bist. Es ist, glaube ich, mehr als die Freude darüber, daß ich mein Kind wieder habe; wenn du da bist, ist es mir, als hätte ich einen Verbündeten. Die anderen sind ja alle so gut und lieb, aber sie sind doch alle vernünftiger als ich. Noch gestern sagte Heida, als ich etwas tun wollte: ›Ach, Mama, laß mich das machen, du kannst das ja doch nicht.‹ Und sie hat auch recht. Aber mit dir habe ich das Gefühl, daß ich so unvernünftig, wie ich will, sein kann, daß du mich doch verstehst. Ja, mit dir und mit Daniela habe ich dies Gefühl, wie es vielleicht Kinder haben, wenn die Erwachsenen fortgehen und die Kinder ungestört miteinander ihre Sprache sprechen können. Aber was ich nicht für Zeug zusammenspreche.« Sie bog ihren Kopf zurück, um zu Karl Erdmann hinaufzusehen und lächelte. Als jedoch Karl Erdmann sagte: »Daniela, wie geht es ihr? Gestern schien sie heiter«, da machte Frau von Wallbaum gleich wieder ein besorgtes Gesicht:

»Heiter! Mein Gott, die arme Frau hat auch ihre Kämpfe, sie hat Feinde, die alles falsch deuten, was sie tut. Daniela erträgt es nun einmal nicht, daß es um sie her traurig oder alltäglich ist, sie kann nichts dafür. Lilien können auch nichts dafür, daß es um sie her süß und ein wenig schwül duftet, nicht wahr? Nun, bei uns wird sie immer Schutz finden, und für mich ist sie eine große Freude. Mit Daniela fühle ich mich so jung. Wenn wir abends zusammen bis zur Wiese gehen, um den Sonnenuntergang zu sehen, dann habe ich zuweilen das Gefühl, wie an Festtagen in meiner Jugend. Und dann – mit Daniela kann ich so lachen wie sonst nur noch mit dir.« Plötzlich wurde Frau von Wallbaum zerstreut und hielt inne. Sie hatte auf dem Rasenplatz zwei gelbe Löwenzahnblüten entdeckt. Der Löwenzahn war ihr Feind, sie trug stets kleine Werkzeuge bei sich, um ihn auszurotten. »Da sind wieder zwei,« rief sie und ließ den Arm ihres Sohnes los, »geh nur weiter, geh zu Daniela, sie sitzt in der Bohnenlaube, ich muß die beiden dort haben.« Und geschäftig eilte sie zum Rasenplatz.

Karl Erdmann schlenderte langsam den Kiesweg entlang. In der Bohnenlaube fand er Daniela. Sie trug ein erdbeerfarbenes Sommerkleid, ein Buch lag vor ihr aufgeschlagen, aber sie lehnte den kleinen Kopf mit den schwarzen Scheiteln zurück in das Laub und die roten Blüten der Bohnen. Als Karl Erdmann in die Laube trat, nickte sie freundlich; freundlich, ja, dachte Karl Erdmann, aber ihr strahlendes Lächeln, das sie für die andern hat, hat sie für mich nicht. Er setzte sich zu ihr und fragte: »Störe ich?« – »O nein«, erwiderte Daniela. »Heute sind Sie schon ganz Hausgenosse. Gestern ja, da waren Sie ein wenig imposant wie – wie die Puppen, die man zu Weihnachten bekam und die noch zu blank waren, um damit zu spielen.«

»Können Sie heute mit mir spielen?« fragte Karl Erdmann

schnell. Daniela lachte: »Es ist sehr hübsch, ein Leutnant muß ja wohl Damen hübsche Sachen sagen, aber dieses war ungewöhnlich hübsch.«

Karl Erdmann lachte nicht mit. Er zog die Augenbrauen ein wenig zusammen und meinte: »Ich glaube, für Sie ist ein Leutnant an sich etwas Lächerliches.«

»O nein,« erwiderte Daniela ernst, »und jetzt am wenigsten, da Ihre Mutter um Ihretwillen um den Leutnant etwas wie einen Heiligenschein gelegt hat. Wenn Ihre Mutter jetzt von Leutnants spricht, dann scheint mir ein Leutnant etwas sehr Schönes, und Sie wissen, ich schaue alles am liebsten mit den Augen Ihrer Mutter an, das macht mich glücklich.« –

»Hm, recht schön,« brummte Karl Erdmann, »nur würde ich gern wissen, wie ich ausschaue, wenn Sie mich mit Ihren eigenen Augen ansehen.«

Daniela zog die Augenbrauen ein wenig empor: »Warum wollen Sie das, seien Sie zufrieden, daß Sie mit den gütigsten Augen der Welt angesehen werden.« Das klang hübsch und schwesterlich und kränkte Karl Erdmann doch. Beide schwiegen jetzt und schauten auf einen Trauermantel nieder, der vor ihnen auf dem besonnten Kies lag wie ein kleines Stück Samt. Über Danielas Stirn hingen rote Bohnenblüten wie Blutstropfen, und all das Laub ringsum mischte viel Grün in das Schieferblaue ihrer Augen, daß sie zu schimmern begannen wie die Brust eines Pfaues.

Plötzlich stand Botho vor ihnen in seinem hellen Sommeranzuge, den Strohhut im Nacken, der Schnurrbart sehr blank, die Augen sehr blau. Er lächelte ein zärtliches Lächeln zu Daniela hinüber. Karl Erdmann sah ihn mit Abneigung an. Ihm mißfiel dies Prachtexemplar von Mann. Er hatte stets das Gefühl gehabt, daß Botho ihn verachte, weil er schmalschulterig und braun und nicht groß und blond wie die anderen der Familie war. Und jetzt noch dieses süße Lächeln.

»Nun, Daniela,« sagte Botho, »das ist ja Ihre Stunde. Soll ich Sie nicht wieder unter den Weiden hinrudern?«

Daniela schien sich wirklich darüber zu freuen. »Ach ja, das wird schön sein. Mit Karl Erdmann sind wir im Gespräch so wie so bis zu einem Absatz gekommen.«

Sie stand eilig auf und griff nach ihrem Sonnenschirm. Karl Erdmann schaute den beiden nach, wie sie nebeneinander den Kiesweg hinabgingen, bis Danielas roter Sonnenschirm unter den Parkbäumen verschwand. Plötzlich war Karl Erdmanns froherregte Stimmung verflogen. Was sollte er denn jetzt tun? Was tat man denn überhaupt hier in dieser Zeit, wenn – wenn man nicht bei Daniela war? Er erhob sich und ging langsam, leise vor sich hinpfeifend, auch den Kiesweg hinab und auch dem Parke zu. Dort setzte er sich auf eine Bank, die im Schatten der großen Ulmen stand. Er konnte ein Stück des Teiches sehen, der mit einer grellgrünen Pflanzendecke überdeckt war, er sah das Boot und Danielas roten Sonnenschirm, die langsam unter den Weiden dahinfuhren. Gut, das war es also, was man hier tat. Man sitzt auf einer schattigen Bank, sieht einen roten Sonnenschirm durch all das Grün fahren und denkt an nichts. Nur daß, wenn man von da draußen kommt, so was immer wieder gelernt werden will.

»Guten Morgen«, sagte eine hohe, schnarrende Stimme, der Legationsrat war die Allee herabgekommen und stand vor Karl Erdmann, im weißen Pikeeanzug, das Gesicht mit den scharfen, ein wenig gespannten Zügen war bleich und müde, das Monokel war ganz grün von dem Laub, das sich in ihm spiegelte. »Du sitzest hier ja sehr schön«, fuhr er fort. »Erlaube, daß ich mich zu dir setze.« Er setzte sich auf die Bank und betrachtete eine Weile schweigend seine polierten Nägel. »Ich sitze nämlich,« begann er in seiner nachlässigen und schnarrenden Weise, »ich sitze nämlich sehr gern neben dir, denn ich vermute, daß du heute derjenige im Hause bist, der die beste Laune hat. Ich weiß, in deiner Situation fühlt man sich immer sehr glücklich, und neben einem solchen zu sitzen ist recht zuträglich.«

Karl Erdmann lachte. »Du gefällst mir. Ich denke, du bist hier der Glückliche. Wenn man verlobt ist, ist man doch glücklich.«

»O gewiß,« erwiderte der Graf höflich, »besonders wenn man mit deiner Schwester verlobt ist. Aber in der Technik des Glücklichseins kann man von euch jungen Leuten immer etwas lernen.« Jetzt schwiegen sie beide und schauten dem roten Sonnenschirm unter den Weiden nach. Endlich sagte Karl Erdmann halblaut: »Und das da drüben? Was geht da vor?«

Der Graf zuckte die Achseln: »O nichts, gar nichts. Frau von Bardow schafft sich ihre Atmosphäre. Eine scharmante Frau. In Petersburg kannte ich einen alten Fürsten. Er besaß ein Gut in Südrußland und verbrachte im Sommer einige Wochen auf diesem

Gute. Da wurde nun erzählt, daß er eines Tages spazieren fährt und eine Windmühle sieht, die still steht. Er ruft einen Bauer heran und fragt: ›Warum dreht sich die Windmühle nicht?‹ ›Weil wir keinen Wind haben, Exzellenz‹, sagt der Bauer. Da fährt ihn der Fürst an: ›Sage dem Inspektor, ich befehle, daß, wo hier bei mir Windmühlen stehen, sie sich auch drehen sollen.‹ ›Zu Befehl, Exzellenz‹, sagte der Bauer ... Nun ja, Frau von Bardow will eben auch, daß, wenn Windmühlen um sie her sind, sie sich drehen. Ah, da kommt Oda.«

Er stand auf und ging Oda entgegen, die ohne Hut im weißen Kleide unter den Bäumen in dem grünen zitternden Lichte stand. Als er den Arm um ihre Taille legte, bog Oda sich wieder mit der hübschen, leidenschaftlich hingebenden Bewegung zurück. Karl Erdmann wandte sich ab, er wollte das nicht sehen, Oda tat ihm leid. Dieser Herr, dachte er, braucht noch irgendeine Technik des Glückes bei andern zu lernen; mit solch einem Mädchen. Und dann die dumme Windmühlengeschichte. Der Platz war ihm verleidet. Er erhob sich. Es hatte um diese Stunde ja doch niemand Zeit für ihn, so wollte er denn auf der Hoftreppe sitzen, dem Treiben dort zusehen und auf das zweite Frühstück warten. Das gehörte ohnehin zum Urlaubsleben auf dem Lande, daß man immer auf eine Mahlzeit wartete. So saß er denn auf der Hoftreppe und sah, wie der Koch ganz weiß, das blanke Küchenmesser in der Hand, zum Eiskeller ging, Milchmädchen mit ihren Eimern ab und zu liefen. Am Stall longierte der Kutscher den Braunen, und im Stallteich wurden Arbeitspferde geschwemmt. Dem zuzuschauen war heimatlich und interessant, aber plötzlich ging Karl Erdmann ein unerwarteter Gedanke durch den Kopf. Das Bewußtsein, daß dieses Treiben hier ruhig fortging, wenn er drüben in der Garnison war, das war beruhigend und angenehm, aber zu denken, daß, wenn er überhaupt nicht mehr wäre – nach dem Duell vielleicht – alles hier so weiter ginge, dieser Gedanke war unerträglich, fast demütigend. Ärgerlich fuhr er auf. Was war es denn heute mit ihm? So etwas denkt man doch nicht.

In den Nachmittagsstunden dieser langen Sommertage pflegte es im Hause, Hof und Garten stille zu werden. Frau von Wallbaum nahm Daniela in ihr Zimmer, die Herren zogen sich zurück. Botho behauptete in der Bibliothek lesen zu wollen und schlief in dem großen Sessel ein. Den Grafen Lynck machten die Nachmittagsstunden nervös, und er mußte in seinem Zimmer still auf der Couchette liegen. Nur den beiden Kindern ließ der Sommer keine Ruhe. Sie trieben sich draußen unter den Obstbäumen umher, und über den einsamen Hof hastete nur die Kammerjungfer Lina sehr erhitzt, die Stirn voll nasser Haarsträhne. Sie kam von einem Stelldichein hinter den Jasminbüschen, denn Lina hatte zu jeder Tageszeit Stelldicheins hinter den Jasminbüschen.

Karl Erdmann hatte es früher auch nicht anders gekannt, als daß man sich um diese Zeit faul hinstreckte. Er wunderte sich daher über sich selbst, über die seltsame Unruhe, die ihm jetzt im Blute saß, als könnte er etwas versäumen, als müßte etwas geschehen, etwas getan werden. Es war ihm, als hätte er die Aufgabe, etwas sehr Wichtiges seines Lebens zu erleben und sei ungeduldig, daß die Sache nicht schnell genug vorwärts ginge. Nein, so etwas hatte er noch nie empfunden. Er hoffte sehr, daß dieses nicht mit sentimentalen Kommißgedanken an Tod und solchen Geschichten zusammenhing. Aber da es nun einmal so war, so konnte er ja in den Garten zu den Kindern gehen.

Als er aus dem Hause trat, fand er unter zwei großen Linden Oda in der Hängematte liegen. Sie hielt ein Buch in der Hand, aber sie hielt die Augen geschlossen. Er ging zu ihr hinüber und sah, daß ihr Gesicht feucht von Tränen war. »Warum weinst du, Oda?« fragte er, »quält er dich?«

Oda schlug die Augen auf und errötete: »Es ist nichts,« sagte sie, »nein, warum soll er mich quälen. Komm, Karl Erdmann, es ist gut, daß du da bist, es ist so beruhigend, mit dir zu sprechen, du bist, wie sagt man doch, so neutral.«

»Oh, bin ich neutral?« fragte Karl Erdmann und zog die Augenbrauen hinauf.

Oda schaute in die Baumzweige und sprach langsam vor sich hin, als setzte sie ein Gespräch fort: »Ich glaube, es liegt daran, daß wir hier in unserem stillen Winkel ein wenig einfältig werden. So stellte ich mir immer vor, Sich-lieben und Sich-verloben, das sei eine einfache Sache. Nun sehe ich aber, daß Sich-lieben etwas ganz Kompliziertes ist. Zuweilen kommt es mir vor wie eine sehr schwierige Rechnung so mit Klammern und X-en. Ottomar sagt wohl, das sei so ein sentimentaler Unsinn, daß Menschen, die sich lieben, sich verstehen müssen. Menschen können sich wohl lieben, aber verstehen werden sie sich doch nicht. Wozu auch? Lieben ist doch genug. Das ist gewiß schön und mag so sein; aber, ich weiß nicht, wenn man nicht versteht, wird es leicht unheimlich, und du erinnerst dich, ich fürchtete mich von jeher im Dunkeln.«

»Warum er dich mit seiner Rätselhaftigkeit einängstigt, verstehe ich nicht«, fuhr Karl Erdmann auf.

»Nein, sag' nichts gegen ihn«, sagte Oda und schloß wieder die Augen. Sie schwieg jetzt und lag regungslos da. Karl Erdmann saß noch eine Weile auf der Bank und schaute das stille Mädchen an. Also sie fürchtet sich vor ihrer Liebe, wie Mädchen sich vor dem Dunkeln fürchten. Na wirklich, der Herr Legationsrat, unser Herr Graf, müßte sich wirklich eine andere Technik anlegen. Dann erhob er sich und ging tiefer in den Garten hinein.

Leo stand unter einem Birnbaum und warf mit Steinen nach Birnen. Heida saß auf dem Aste eines alten, schiefen Pflaumenbaumes, aß wachsgelbe Eierpflaumen und spie die Kerne weit von sich. Als sie Karl Erdmann erblickte, sprang sie herunter. »Gott sei Dank, daß du kommst,« sagte sie, »dann brauche ich nicht mehr diese Pflaumen zu essen, man denkt, sie sind gleich vorüber und man muß sie essen, aber es ist nicht immer leicht.«

»Ach ja,« meinte Karl Erdmann, »ich erinnere mich der Zeit, wo man solche Pflichten hatte.« Heida nahm Karl Erdmanns Arm. »Wollen wir in den Schatten gehen,« schlug sie vor, »heute kann man ja mit dir sprechen, heute bist du nicht mehr der fremde Herr von gestern, heute bist du reçu.«

»So, so, sehr gütig,« sagte Karl Erdmann, »aber ganz eingeweiht bin ich doch noch nicht. Warum liegt nämlich Oda in der Hängematte und weint?«

»Das kann ich dir sagen«, berichtete Heida eifrig. »Weil sie eifersüchtig auf Daniela ist. Das ist auch natürlich. Zuweilen macht Ottomar Daniela so feurig den Hof, als ob es keine Oda gäbe. Noch vorgestern ging er mit Daniela bis elf Uhr abends den Gartenweg auf und ab, und Oda saß in ihrem Zimer und hatte rotgeweinte Augen. Das ist auch etwas Angenehmes an dir, daß du, glaube ich, noch nicht in Daniela verliebt bist. Sonst alle, auch Leo. Er will, wenn sie reitet, Kletten unter den Sattel legen, damit, wenn das Pferd durchgeht, er sie retten kann. Solch ein Unsinn. Und dann Herr Dorn. Fräulein Undamm weint sich deshalb die Augen aus. Und Botho. Daniela ist gewiß reizend, aber ich wundere mich, daß alle in eine und dieselbe verliebt sind, das hat doch keinen Sinn.«

»Das ist ja recht interessant,« bemerkte Karl Erdmann, »nur wundert es mich, daß ein kleines Mädchen wie du den Kopf so voller Liebesgeschichten hat.« Heida zuckte die Achseln: »Was kann ich dafür, das liegt hier in der Luft. Das atmet man ein. Selbst Lina, wenn sie mich abends frisiert, fragt mich: ›Haben Fräuleinchen den neuen Gärtner gesehen?‹ Und dann sieht sie zur Decke hinauf und sagt: ›Der ist ein Mann!‹«

Dann plötzlich wurde ihr Gesicht ganz ernst, und sie schaute zu Karl Erdmann auf mit weit offenen, erschreckten Augen, die feucht glänzten: »Und ist es wahr, daß du ein – ein Duell haben wirst? Ach, du brauchst nicht so böse auszusehen, ich weiß, ich weiß, es ist ein Geheimnis und niemand darf es wissen. Aber Leo hat gehört, wie du mit Botho sprachst.«

Karl Erdmann wurde blaß vor Zorn. »Leo hat geträumt,« sagte er, »und es ist sehr unrecht von euch, solche Dinge zu erzählen, die ihr nicht versteht. Ihr könnt großes Unheil anrichten.«

Heida nickte bekümmert: »Natürlich, wir durften es nicht wissen, wir sagen es auch niemand. Aber gestern abend im Bett habe ich darüber weinen müssen. Fräulein Undamm sagte, als sie es hörte –.«

»Fräulein Undamm«, fuhr Karl Erdmann auf.

»Ja, ihr haben wir es gesagt«, meinte Heida. »Sie schweigt schon, aber sie sagte, als sie das hörte: ›Er sei so jung und hoffnungsreich.‹ Daran mußte ich immer denken.«

»Das ist ja aber alles nicht wahr«, rief Karl Erdmann. »Nur du und Leo seid ungezogene Kinder, und ich verbitte mir das.« – »Das mag sein,« sagte Heida ruhig, »aber ergreifend ist es doch«, und jetzt rannen wirklich Tränen über die Wangen des Mädchens. Karl Erdmann wandte sich ab und ging. Er war sehr ärgerlich über das, was er gehört hatte, und ärgerlich darüber, daß dieses kleine Mädchen, das über ihn weinte, ihn mit einer Rührung erfüllte, die ihm die Kehle zusammenschnürte.

Gegen Abend, als die Jalousien aufgezogen und die Fenster geöffnet wurden, erwachte das Leben wieder, und Karl Erdmann empfand es deutlich, daß er jetzt wieder ganz zu diesem Leben gehörte, er fand sogar, daß er hier besonders beliebt war. Ein jeder hatte ihn nötig, wollte bei ihm sein und mit ihm sprechen. Er kannte die Scherze, über die gelacht wurde, und konnte mitlachen. Er verstand wieder so leicht und wurde wieder so leicht verstanden, wie er es hier gewohnt war. Aber ein Vorfall überraschte ihn doch. Es war nach dem Abendessen. Man saß wieder auf der Gartentreppe in der Sommernacht oder ging langsam die dunklen Gartenwege entlang. Karl Erdmann brauchte nicht mehr wie ein Herr, der zum Besuch da ist, neben seinem Vater zu sitzen und von alten Garnisongeschichten zu sprechen. Er stieg die Treppe hinab, um zu seinen Schwestern zu gehen, die er drüben bei den Lilien lachen hörte. Mitten auf dem Gartenwege stand Daniela. Der Graf Lynck kam auf sie zu, er blieb vor ihr stehen, und sich ein wenig vorbeugend, sagte er leise etwas zu ihr. Daniela lachte, wandte sich dann kurz ab und ging Karl Erdmann entgegen: »Kommen Sie, Karl Erdmann,« sagte sie und nahm seinen Arm, »gehen wir sehen, wie es über dem Walde wetterleuchtet.« Während sie zusammen den Weg hinabgingen, dachte Karl Erdmann darüber nach, was er sagen sollte. Es sollte nichts Gewöhnliches sein, jetzt mußte ein Erlebnis beginnen, allein er war so erregt, daß ihm nichts einfiel. Unterdessen begann Daniela unbefangen zu plaudern: »Mit Ihnen ist es so gemütlich. Was man mit Ihnen unternimmt, ist ganz einfach und selbstverständlich, wir gehen sehen, wie es wetterleuchtet, das ist ganz einfach, nicht wahr? Sie wollen nicht, daß das ein Symbol sei oder irgendwie tief.« Karl Erdmann versuchte zu lachen, aber es klang gezwungen. »Also,« meinte er, »Sie halten mich für gemütlich, harmlos und sehr einfach.« Daniela schüttelte ein wenig seinen Arm. »Nein, nein,« sagte sie, »Sie sollen nicht auch kompliziert sein wollen, alle wollen jetzt kompliziert und geheimnisvoll sein, sie glauben, dann gefallen sie uns. Was heißt denn dies ›Interessantsein‹ anders, als ich leide an mir selber und bin bereit, dich an diesem Leiden teilnehmen zu lassen. Ach Gott, wenn die Männer doch wüßten, wie angenehm sie sind, wenn sie glücklich und verständlich sind.«

»Dazu gehört,« begann Karl Erdmann mit Anstrengung, denn jetzt glaubte er es gefunden zu haben, das Bedeutungsvolle, »dazu gehört, daß einer einen glücklich macht und versteht.«

Daniela antwortete nicht darauf, sie standen jetzt am Ende des Weges und schauten über die Wiese zum Walde hinüber, der drüben wie eine stille schwarze Mauer stand. Über ihm hing eine schwere, graublaue Wolke, in der sich beständig ein grelles Gold regte. So zu stehen in dem Duft der Abendnebel und neben sich diese Frau atmen zu hören, ergriff Karl Erdmann so stark, daß er sein eigenes Herz klopfen hörte. »Heute sprach ich mit Ihrer Mutter,« begann Daniela wieder, und er wunderte sich, daß ihre Stimme so ruhig in seine Erregung hineinklang, »ich sprach heute mit Ihrer Mutter von Ihrer künftigen Frau. Wir waren uns darüber einig, daß sie eines jener entzückenden, kleinen, rundlichen, blonden Wesen sein muß. Ein rundes rosa Gesicht und einen sehr roten Mund.«

»Oh, ich kenne diese runden Apfelgesichter«, sagte Karl Erdmann bitter. »Zu denen gehört dann gewöhnlich ein Paar dummer fayenceblauer Augen.«

»Durchaus nicht,« widersprach Daniela, »sie wird hellbraune Augen haben. Die lassen sich so hübsch vom Licht durchleuchten. Und dumm, das wird sie nicht sein, sie wird sehr gescheit sein, sie wird sofort verstehen, daß es Sie schmerzt, wenn Sie nicht für kompliziert und geheimnisvoll gehalten werden und, obgleich sie Sie deshalb lieben wird, weil Sie frisch und klar sind, so wird sie doch tun, als müsse sie irgendein geheimnisvolles Leiden, eine geheimnisvolle Zerrissenheit an Ihnen heilen und trösten.«

»Was für ein lächerliches Paar das geben wird«, warf Karl Erdmann verächtlich hin.

»Nein, ein glückliches,« sagte Daniela, »gehen wir jetzt.« Während sie wieder dem Hause zuschritten, schwieg Karl Erdmann, aber es war, als schnürte etwas Böses, etwas, das Daniela erschrecken und erschüttern sollte, das er sagen wollte, ihm die Kehle zusammen. Er brachte es jedoch nur zu einem kleinlauten: »Daniela, Sie sagen das alles, um mich zu kränken.« – »Kränkt Sie das, armer Karl Erdmann?« erwiderte sie, und im Schein eines Wetterleuchtens sah er, wie das schmale weiße Gesicht zu ihm aufblickte und mitleidig lächelte. Dann sprachen sie nichts mehr und gingen in das Haus hinein.

Die Nacht war schwül, und Karl Erdmann konnte sich nicht entschließen, sich niederzulegen. Er stand am geöffneten Fenster seines Schlafzimmers und schaute in den Garten hinab, und in das tiefe Dunkel fuhr zuweilen das Wetterleuchten wie eine plötzliche Erregung. Karl Erdmann fühlte in sich eine quälende Lebensungeduld, ein zorniges Verlangen, als würde ihm versagt, worauf er doch ein Recht hatte, und allerhand seltsame waghalsige Pläne gingen ihm durch den Kopf. Diese Gewitternacht regte ihn auf wie eine Nacht am Spieltische. Unten auf den Gartenwegen irrte die einsame Gestalt Aristides Dorns umher. Den läßt wieder die Liebe zu Daniela nicht schlafen, dachte Karl Erdmann. Nun, der Gedanke, dort unten umherzuirren, war nicht schlecht, und dann mit jemand zu sprechen, der jetzt gewiß auch nur an Daniela dachte, konnte wohltuend sein. So beschloß er auch hinunterzugehen.

Als er unten zwischen den Levkoienbeeten Aristides Dorn begegnete, schrak dieser ein wenig zusammen, dann lachte er leise und sagte: »Oh, der Herr Leutnant ist es, Sie können wohl auch nicht schlafen?«

»Ja, die Gewitternacht macht es«, erwiderte Karl Erdmann. – »Vielleicht ja,« erwiderte Dorn zögernd, »ich finde, man schläft hier überhaupt nicht gut.« – Karl Erdmann lachte. »Ich habe hier schon viele Jahre vortrefflich geschlafen.« Die beiden jungen Leute hatten begonnen langsam nebeneinander herzugehen. Aristides Dorn hielt den Kopf gesenkt; nur wenn ein Wetterleuchten den Garten erhellte, schaute er auf und strich sich die Locke aus der Stirn. Er begann wieder zu sprechen, leise und versonnen: »Natürlich, Sie sind hier in dieser Luft aufgewachsen, ich meine die ganze Lebensatmosphäre, aber wenn einer von außen kommt, aus einer ganz anderen Atmosphäre, dann wirkt das seltsam stark auf ihn.«

»Gefällt Ihnen das Leben hier nicht?« fragte Karl Erdmann leichthin. Der schwere, gedrückte Ton, in dem Dorn sprach, war ihm unbehaglich. »So etwas gefällt immer,« erwiderte Dorn, »es ist ja hier alles zusammengetragen, was gefallen muß, und nach Möglichkeit alles ausgeschaltet, was verletzen könnte. Das ist alles sehr schön, natürlich sollte es solch ein Leben nicht geben.«

»Erlauben Sie,« fuhr Karl Erdmann auf, »warum darf es das nicht geben? Es ist doch genug Häßliches auf der Welt, warum soll es nicht solche stillen Reservoirs geben, in denen sich das Hübsche und Vornehme und Kultivierte ansammelt, so Musterwirtschaften des Lebens?« Aristides Dorn schwieg eine Weile, ehe er wieder begann: »Es ist sehr hübsch gesagt, ein Reservoir für das Schöne, Vornehme und Kultivierte. Im Mai, glaube ich, war es, daß der Geburtstag von Fräulein Oda gefeiert wurde. Für das Diner waren Birnen aus der Stadt geholt worden. Es waren die größten Birnen, die ich je gegessen habe, und auch wohl die süßesten und die saftigsten, wundervolle Birnen, aber genau genommen, sind solche wundervollen Birnen kranke Birnen. Es sollte vielleicht solche Birnen nicht geben.«

Der Herr erlaubt sich etwas, ging es Karl Erdmann durch den Sinn, deshalb nahm er seinen Ton etwas hochmütig, als er sagte: »Das Bild ist originell, aber ich finde, daß wir hier alle recht kräftig und gesund gediehen sind.«

»Gewiß!« gab Dorn höflich zu, »hier gedeiht und blüht ja alles prächtig. Ich spreche ja natürlich nur von meinen eigenen persönlichen Erfahrungen. Da scheint es mir denn, daß hier das Lebensbild einigermaßen gefälscht wird. Das Leben ist doch eine gefährliche, drohende Sache, in die einiges Hübsche hineingestreut ist und sehr viel Hinwegdenken über alles Schlimme. Hier soll es nur weich und hübsch sein und ganz aus dem Hinwegdenken über das Schlimme bestehen. Ich habe gefunden, daß uns das ein wenig widerstandslos, ein wenig feige gegen uns selbst macht. Es ist natürlich lächerlich, wenn ich wieder auf die großen Birnen zurückkomme, aber wirklich, ich habe daran gedacht, daß ich einige Ähnlichkeit mit solch einer Birne bekomme, so weich und innerlich ganz süß. Wenn man nicht geboren ist, um in Seidenpapier gewickelt zu werden, so ist das gefährlich.« Dorn schwieg, sah in das Wetterleuchten und lächelte sein hochmütiges ironisches Lächeln. Das ärgerte Karl Erdmann, und er schnarrte im Leutnantstone: »Sehr unangenehm allerdings, eine Duchessebirne zu werden, und Sie sind recht streng mit uns hier, aber vielleicht sind es Ihre politischen Ansichten, die Zustände hier zu hassen.«

»Politische Ansichten? O nein«, erwiderte Dorn lebhafter als früher, und jetzt klang es, als mache es ihm Vergnügen zu sprechen. »Wir, das heißt ich und meine Freunde, wollen keine politischen Überzeugungen haben, wir wollen Weltanschauungen haben. Es ist ja sehr gut, zu versuchen, den Besitz gleichmäßig zu verteilen, so daß jeder genug zu essen und zu leben hat, aber ist das auch erreicht, dann sind die Daseinsfragen, die uns quälen, damit um keinen Schritt ihrer Lösung näher gerückt. Hassen, sagen Sie, nun ja, vielleicht hasse ich das Leben hier, ich lehne es ab. Natürlich, das muß ich, das ist meine Art, mich zu verteidigen, so etwas wie eine Schutzimpfung. Denn sonst könnte es mir passieren, daß ich nicht mehr hinaus könnte. Solche Erfahrungen sind ja sehr interessant, aber manche gehen dabei zugrunde. Nun schließlich, irgendeine Erfahrung bringt uns immer um.« Er wartete einen Augenblick, ob Karl Erdmann etwas sagen würde, da dieser jedoch schwieg und nicht wußte, was er mit diesen Geständnissen machen sollte, so fuhr Aristides Dorn fort: »Ja, ich habe eigentümliche Züge an mir beobachtet, die neu sind. So war ich früher sehr schnell, ja hastig von Entschluß. Jetzt passiert es mir, daß ich etwas tun will und Abend für Abend umhergehe und mich nicht dazu entschließen kann. Und jetzt, daß ich Ihnen alles das sage, das hätte ich früher nicht getan, ich war immer sehr verschlossen gegen Fremde, und nun schwatze ich und schwatze ich.«

»Machen Sie sich nichts daraus, Herr Dorn,« sagte Karl Erdmann gutmütig, »in solch einer elektrisch geladenen Nacht wird man mitteilsam, morgen bei Tage sieht das alles anders aus.«

Im Gespräch waren sie durch den ganzen Garten gegangen, aus den Düften der Rosen waren sie in den Duft der reifen Pflaumen gekommen und von da in den Gemüsegarten mit den scharfen Gerüchen der Sellerie- und der Zwiebelpflanzen. Dann gingen sie den Weg zurück und standen wieder vor dem Hause. Die lange Front war dunkel bis auf ein Fenster, aus dem ein Lichtschein durch die Vorhänge fiel. »In der Bibliothek ist noch Licht«, bemerkte Karl Erdmann. – »Ja,« erwiderte Dorn, »dort ist gewöhnlich noch Licht. Frau von Bardow pflegt dort noch zu lesen. Sie ist es gewohnt, spät zu Bette zu gehen.«

Schweigend standen die beiden jungen Leute eine Weile da und schauten den Lichtschein an. Plötzlich sagte Karl Erdmann: »Gute Nacht, Herr Dorn, es hat mich sehr interessiert, Sie bleiben wohl noch draußen.« – »Ich gehe hier noch ein wenig umher,« antwortete Dorn, »gute Nacht, Sie – Sie gehen wohl noch in die Bibliothek?« – »Ja, vielleicht«, sagte Karl Erdmann leichthin. Er reichte Dorn die Hand und ging. Das ist es, lieber Freund, dachte er, wozu du dich nicht entschließen kannst.

Mit leichten hastigen Schritten eilte er durch die dunkle Zimmerflucht. Die Tür zur Bibliothek stand offen. Es wurde dort gesprochen, Ottomar Lyncks Stimme war es, die Worte konnte Karl Erdmann nicht verstehen, aber die Stimme erschien ihm ungewöhnlich wach und eindringlich. Jetzt sprach Daniela, langsam und eintönig, wie wir sprechen, wenn wir ein wenig schläfrig sind: »Wenn das nun alles so ist, so vergessen Sie eins, lieber Graf, daß Sie von Ihren Gefühlen sprechen, nicht von meinen Gefühlen.«

Nun bemerkte sie Karl Erdmann, der in der Tür stand. »Karl Erdmann ist auch da,« sagte sie, »können Sie auch nicht schlafen?« Sie saß in einem der großen Sessel, hatte den Kopf zurückgebogen, und ihr Gesicht trug den Ausdruck von jemand, der sich etwas müde von einer Musik einschläfern läßt. Am Kamin stand der Graf Lynck, zwei rote Flecken brannten auf seinen Wangen, die ihn hübscher und jünger machten. Auch er lächelte Karl Erdmann entgegen und meinte, »in solchen Gewitternächten gespenstern wir alle umher.« Brillante Haltung! dachte Karl Erdmann, denn er ist doch wütend, daß ich komme, und dann berichtete er, daß er noch unten im Garten spazierengegangen sei, und da er hier oben Stimmen gehört habe, sei er gekommen, um auch dabei zu sein. »Ja,« sagte Daniela, »der Graf Lynck erzählte mir hier seltsame und interessante Dinge, nur fürchte ich, daß ich nicht recht imstande war, ihm zu folgen.«

»Es ist ja auch spät«, meinte der Graf höflich und schaute nach der Uhr. »So werde ich denn gute Nacht wünschen. Karl Erdmann gelingt es vielleicht, verständlicher zu sein.« Er verbeugte sich freundlich und unbefangen und ging. Karl Erdmann hatte sich auf einen Stuhl gesetzt, saß gerade da wie gespannt auf etwas, das da kommen sollte. Daniela lag noch immer regungslos in ihrem Sessel. Eine Weile schwiegen beide. Endlich begann Karl Erdmann: »Ottomar Lynck hat Ihnen ganz einfach eine Liebeserklärung gemacht, ich hab' es seiner Stimme angehört.«

»Konnte man ihr das anhören?« erwiderte Daniela, noch immer in dem ruhigen, müden Tone. »Ach ja, es kam vielleicht auf so etwas hinaus, aber sehr auf Umwegen. Durch was für Gefühlslabyrinthe sind wir nicht geirrt. Eine Liebeserklärung? Natürlich. Diese Herren der großen Welt sind alle Pedanten, weil sich in ihrem Leben so oft die gleichen Lebenslagen wiederholen. Man ist eben nicht erfinderisch in der großen Welt, deshalb tun sie in der gleichen Lebenslage immer das gleiche. Eine gewitterschwüle Sommernacht, es ist spät in der Nacht, eine Dame ist allein in einer Bibliothek, da nicht eine Liebeserklärung zu machen ist für diese Herren ebenso unmöglich, wie zum Frack eine schwarze Krawatte umzulegen.«

Karl Erdmann lachte nicht, er sah böse zu Daniela hinüber und sagte: »Ich hörte seiner Stimme aber auch an, daß er litt.« Daniela zog die Augenbrauen ein wenig empor: »Gott, wer leidet nicht zuweilen, und wenn ein Herr, der von einem Mädchen wie Oda geliebt wird, leidet, wer kann ihm da helfen?«

Das Gewitter war heraufgezogen, der Birnbaum vor den Fenstern begann plötzlich eifrig zu rauschen und streute seine Birnen auf den Rasenplatz. Der Donner ließ sich vernehmen, aber ganz fern, ein tiefes weiches Rollen. Karl Erdmann schwieg eine Weile, als warte er, bis der Donner ausgesprochen hatte, dann begann er wieder zu sprechen und es klang eigensinnig und ungeduldig: »Es ist mir auch ganz gleichgültig, ob Ottomar Lynck leidet oder nicht. Ich bin gerade viel zu sehr damit beschäftigt, selbst zu leiden.«

»Sie?« fragte Daniela und richtete sich in ihrem Stuhle auf, um Karl Erdmann anzusehen, »ach nein, das sollen Sie nicht.«

»Warum soll ich das nicht,« fuhr er böse fort, »wahrscheinlich weil ich ein so guter, gemütlicher, einfacher Junge bin, und weil ich so furchtbar glücklich bin und so neutral, wie Oda sagt, das ist doch die Rolle, die Sie mir zugedacht haben. Aber Sie wissen sehr gut, daß ich all das nicht bin. Warum lassen Sie es denn zu, daß Ottomar und Botho und der Hauslehrer in Sie verliebt sind, und wenn Sie den Arm um Leos Schulter legen, so macht es Ihnen Spaß, daß der Junge ganz rot wird und wie hypnotisiert ist. Aber ich, nein, ich soll der Harmlose sein, der Kameradschaftliche. Ich kann das nicht, ich kann das weniger als all die anderen. Bei Ottomar Lynck ist die Liebe eine Gemütskomplikation, und bei Botho ein Urlaubsflirt, und bei dem Hauslehrer eine Krankheit, aber bei mir ist es Ernst. Sie halten mich ja für einen einfachen, harmlosen Menschen, nun, bei denen wird so was immer Ernst. Es hilft ja nichts, daß ich Ihnen das sage, aber ich will, daß Sie es wissen. Ich will nicht mehr den harmlosen Kameraden spielen, das ertrage ich nicht mehr.«

Daniela ließ ihn sprechen und schaute ihn dabei teilnehmend und ein wenig ratlos an, als ob sie einen Kranken anblickte und über das Mittel nachsänne, das ihm Linderung verschaffen könnte. Als er zu Ende gesprochen hatte, errötete sie, zog die Augenbrauen zusammen und schlug mit der Hand auf die Stuhllehne: »Nein, das will ich nicht, das habe ich nie gewollt und das ist auch nicht, Sie täuschen sich, Karl Erdmann, es kommt Ihnen heute vielleicht so vor, aber morgen wird das ganz anders sein. Was würde Ihre Mutter sagen, wenn sie das hörte, sie will Sie doch ruhig und glücklich sehen. Es käme mir vor, als ob ich irgendein Heiligtum Ihrer Mutter zerstörte, etwas ihren geliebten Rasenplätzen antun würde oder so was.«

Karl Erdmann lachte schmerzhaft: »Oder als ob Sie die Meißner Zuckerdose zerschlügen. Es tut mir leid, ich bin aber nicht mehr in der Lage, die Rolle einer friedlichen Lieblingssache zu spielen. Sie verstehen es wohl zu machen, daß die Männer Sie lieben, aber wenn Sie wollen, daß *einer* Sie nicht liebt, dann sind Sie machtlos.«

Daniela hatte sich erhoben und war zu Karl Erdmann hinübergegangen. Sie blieb vor ihm stehen und schaute ihm sorgenvoll in das bleiche erregte Gesicht: »Sie sehen schlecht aus,« sagte sie, »Sie müssen krank sein. Legen Sie sich jetzt zu Bett, morgen, wenn es nicht mehr so schwül ist, dann wird alles anders sein.« Sie redete ihm zu wie einem Kinde, streichelte seinen Rockärmel, legte die Hand auf seine Stirn: »Ja, Ihre Stirn ist heiß, warten Sie, ich habe Brom bei mir, ich hole Ihnen etwas, trinken Sie das, Sie werden sehen, es tut Ihnen gut.« Geschäftig eilte sie aus dem Zimmer. Karl Erdmann blieb sitzen, er fühlte sich kraftlos vor Rührung, vor Mitleid mit sich selber und schämte sich dessen. Dann sprang er plötzlich auf, er durfte hier nicht warten. Wenn er hier noch ihre Medizin nahm, dann war er unrettbar lächerlich, und hastig ging er auf sein Zimmer.

Herr von Wallbaum kam von seinen Feldern zurück, wo er dem Roggenmähen zugesehen hatte, sein Gesicht war rot und erhitzt unter dem weißen Leinwandhelm, der lange Backenbart glänzte wie Silber. Als ihm Karl Erdmann im Hofe begegnete, stieß er seinen Stock in die Erde und schmunzelte: »Nun, mein Junge, was tust du, was treibst du? Du willst wohl Enten schießen. Na ja, du weißt, ich liebe es nicht, wenn man so früh auf den See geht, aber dies Jahr können wir mal eine Ausnahme machen, schieß' meinetwegen deine Enten.«

Gewiß, Karl Erdmann wollte gern Enten schießen, er fragte sich jedoch, warum dieses Jahr diese Ausnahme. Er fand, daß er in letzter Zeit von kleinen Rücksichten umgeben war, die ihn verwirrten. Da war der Rauentaler, der beim Mittagessen öfters erschien als sonst, die große Bockzigarre, welche der Vater sonst nur nachmittags herumreichte und die Karl Erdmann auch jetzt zuweilen abends bekam. Unerträglich waren die beiden Kinder. Sie sahen ihn mit erstaunten, erschreckten Augen an und erwiesen ihm kleine, gerührte Aufmerksamkeiten. Fräulein Undamm, wenn sie ihm ihr »Gute Nacht, Herr Leutnant« sagte, nahm einen Ton an, als sei es ein Abschied fürs Leben. Das alles kam natürlich von dem albernen Gerede der Kinder, aber es war ihm unangenehm, die Atmosphäre um ihn wurde so weich, und er wurde, ohne es zu wollen, in eine feierliche Ausnahmestimmung hineingetrieben. Und zu all dem war doch gewiß kein Grund vorhanden. Nur seine Mutter war ganz unbefangen und Daniela, ja, trotz des Gespräches in der Bibliothek war Daniela ganz unbefangen, vielleicht noch schwesterlicher und kameradschaftlicher als sonst. Als sie abends mit Frau von Wallbaum zur Wiese gingen, nahm sie seinen Arm und sagte: »Karl Erdmann, kommen Sie mit, Sie sind ja auch eine Art Freundin.« Das Gespräch in der Bibliothek hatte ihn nicht befriedigt, dennoch gab es ihm eine Art Ruhe. Jetzt wußte sie alles, und wenn sie tat, als sei nichts geschehen, so verstellte sie sich. Jeden Augenblick konnte er das Gespräch jener Nacht wieder aufnehmen; jede Andeutung, jeden Blick mußte sie verstehen, und nun galt es nur etwas zu tun, etwas zu sagen, das sie von dem furchtbaren Ernst seiner Liebe überzeugte. Was war das? Daran zu denken, das war die Grundbeschäftigung dieser Tage. Ein jeder hatte hier ja solch einen stetigen Gedanken, den er immer wieder hervorholte, der in der heißen Mittagstille anders aussah als abends unter dem Dunkel der Parkbäume oder als in den heißen, schlaflosen Nächten. Oda riet an ihrer Liebe herum, Aristides Dorn fühlte sich in seiner Verliebtheit weich und süß werden wie eine Birne, Leo hatte die Aufregungen seiner Knabenjahre, und Ottomar Lynck träumte von dem Labyrinth seiner Seele, in das sich alle schönen Frauen verirren sollten. Das gehörte zu diesen goldenen, schwülen Tagen.

Er ging auf die Landstraße hinaus, die gelb und heiß in der Mittagsonne dalag. Die Blätter des Huflattichs, die Disteln und Wegwarte standen am Rain graubestaubt, als kämen sie von der Reise. Karl Erdmann bog in den kleinen Pfad ein, der zwischen den Feldern hinführte, und ging die blanken gelben Wände des reifenden Korns entlang. Unter einer Eiche waren Schnitter versammelt, die ihre Mahlzeit einnahmen. Die Männer hatten sich auf den Erdboden hingestreckt und schnitten sich große Stücke vom schwarzen Brote ab, um sie langsam in den Mund zu schieben und träge zu kauen, während die Augen starr und ruhig über das Land hinschauten. Vor ihnen hockten ihre Frauen, die Hände um die Knie geschlungen, und sahen regungslos zu, wie ihre Männer aßen. Die tun so, dachte Karl Erdmann, als würde dieser Tag ewig dauern. Mitten in einem Kornfelde, fast bis zur Brust in dem blonden Glanz der Halme, standen ein Bursch und ein Mädchen, sie standen da und blickten sich mit blauen, ausdruckslosen Augen unverwandt an. Auch das machte Karl Erdmann ungeduldig. Warum standen sie da? Warum nahmen sie sich, warum faßten sie sich nicht? Gott, hatten alle diese Menschen Zeit! Das Land war um diese Mittagstunde sehr still, überall der seidige Glanz der Felder, über dem fernen Walde lag blauer Duft, und zwischen den grünen Schilfinseln des Sees dort unten funkelte das Wasser hart und grell wie Metall. Nur die Feldgrillen waren allerort dabei, ihr endloses Lied abzuschnurren. Man sitzt auf seinem Halme, dachte Karl Erdmann, und schnurrt sein Lied ab, das ist dann Leben. Er hatte auch sein Lied abzuschnurren, seinen stetigen Gedanken zu denken. Wenn er nicht aß, nicht mit den anderen plauderte, nicht Tennis spielte oder in den Stall zu den Pferden ging, dann dachte er an den Brief, den er sich entschlossen hatte an Daniela zu schreiben. Das sollte ein Brief werden, der mit einem Male die schöne, spielerische Sicherheit dieser grausamen kleinen Frau in Stücke riß und ein Menschenschicksal schwer und furchtbar in ihre Hände legte. So ungefähr lauteten die Sätze, bei denen er jetzt angelangt war: »Ihnen, Daniela, ist die Liebe der Männer, welche Sie umgeben, eine angenehme Gewohnheit, aber Sie vergessen, daß es auch eine Liebe gibt, die –,« ja, jetzt mußte etwas kommen, das erschüttert, das erschreckt, fast verwundet. Drüben vom See erscholl plötzlich der Schrei eines Tauchers; laut, unendlich klagend wie der Aufschrei einer furchtbaren Not klang er in die Mittagstille hinein. Es war, als machte dieser Schrei einen Riß in die schläfrige Ruhe, die über dem Lande brütete. Ja, so mußte es sein, das, was er Daniela zu sagen hatte, so ein Schrei aus tiefster Not. Aber wo das finden? Hier in der Mittagschwüle, in der alle so viel Zeit hatten, fiel ihm nichts ein, das so verzweifelt ungeduldig und böse klang wie der Schrei des Tauchers dort drüben.

Den Brief schrieb Karl Erdmann in der Nacht in seinem Schlafzimmer. Wenn er sich zum offenen Fenster hinausbeugte, konnte er den Lichtschein von dem Bibliothekfenster auf den Lilien vor dem Hause liegen sehen, und in der Dunkelheit hörte er Aristides Dorns rastlose Schritte auf den Kieswegen. Karl Erdmann hatte diesen Brief all diese Tage hindurch unaufhörlich überdacht und redigiert, allein jetzt wurde er doch ganz anders, ganz neu für ihn. Die leidenschaftlichen Worte, die er hinschrieb, überraschten ihn selbst, sie erschütterten ihn. Er hatte an der Kraft seiner Liebe nie gezweifelt, aber daß sie so gewaltsam und drohend sein konnte, das erfuhr er erst aus diesem Brief, den er schrieb. Da war eine Stelle, die ihm ganz Neues über sein eigenes Leben offenbarte. Sie sprach davon, wie öde und leer das Soldatenleben war, dem er von Jugend auf angehörte, und wie das einzig Reine, Schöne und Starke in ihm von Jugend auf die Liebe zu Daniela gewesen sei. »Dieses Reine, Schöne und Starke,« hieß es weiter, »können Sie mit Ihrem Spott und Ihrer spielerischen Verachtung totschlagen, aber dann liegt auch an mir nichts mehr.« Zuweilen mußte er im Schreiben innehalten. Er lehnte sich in seinen Stuhl zurück, schloß die Augen und ließ die Musik der großen Worte in sich nachklingen, ließ sich von ihr das Blut erwärmen, und sie brachte ihm Daniela so nahe, als stünde sie dort hinter seinem Stuhle und beugte sich auf ihn nieder, besiegt und gebrochen von all seiner Leidenschaft.

Es war spät geworden, als er den Brief beendete. Aristides Dorns Schritte auf dem Kies waren nicht mehr hörbar, aber der Lichtschein aus dem Bibliothekfenster lag noch immer auf den Lilien.

Karl Erdmann beschloß leise in den Garten hinabzugehen und seinen Brief durch das geöffnete Fenster in das Bibliothekzimmer zu werfen. Da sollte er denn plötzlich und geheimnisvoll wie ein Schicksal vor Danielas Füßen liegen. Diese Unternehmung erregte in Karl Erdmann den angenehmen Kitzel, den er als Knabe bei gewagten Streichen empfunden hatte. Behutsam schlich er die Treppe hinab, näherte sich vorsichtig dem Fenster, stand dort einen Augenblick mitten unter den feuchten Lilien und horchte. Deutlich hörte er das leise Knistern der Blätter eines Buches, die umgeschlagen wurden. Nun warf er den Brief durch die halbgeöffneten Vorhänge geschickt ins Zimmer. Dann wartete er, noch so erregt, daß er mit seinen heißen Händen in die kühlen Lilien hineingriff. Als sich drinnen nichts regte, schlich er davon. Oben in seinem Zimmer atmete er tief auf, als sei ihm eine gefahrvolle Aufgabe gelungen, sein Herz klopfte noch heftig, seine Hände waren voller

Lilienblätter, und er lächelte stolz und zufrieden, als hätte er einen großen Sieg errungen.

Daniela saß, wie jeden Morgen, in der Bohnenlaube und schrieb einen Brief. Zuweilen hob sie den Kopf und blinzelte aus ihrem Schattenversteck in die gelbe Welt des Sonnenscheins hinaus, in der die Farben so grell und heiß auf den Blumenbeeten standen. Sie schaute zur Spiräahecke hinüber, wo schon geraume Zeit Karl Erdmann tief in Gedanken versunken auf und ab schritt. Wenn sie sich überzeugt hatte, daß er immer noch dort auf und ab ging und sich noch nicht anschickte, zur Bohnenlaube herüberzukommen, dann beugte sie sich wieder auf ihren Briefbogen nieder und schrieb ruhig und gleichmäßig weiter. Einmal jedoch, als sie aufblickte, fand sie, daß er schon auf halbem Wege zu ihr war. Sie beendete den angefangenen Satz ihres Briefes, legte die Feder nieder, lehnte sich in die Bohnenranken zurück und sah ihm nachdenklich entgegen. Karl Erdmann schien sehr ernst, verbeugte sich förmlich und fragte: »Störe ich?« Daniela schüttelte den Kopf. Da setzte er sich und schaute schweigend vor sich nieder. »Ach, geben Sie mir eine Zigarette«, sagte Daniela. Karl Erdmann reichte ihr die Zigarette und ein brennendes Zündholz. »Rauchen Sie nicht?« fragte Daniela, »schade, es plaudert sich gemütlicher, wenn beide rauchen.« Karl Erdmann zuckte mit den Schultern und sagte ein wenig feierlich: »Ich bedaure, aber ich sagte es Ihnen schon, Gemütlichkeit ist nicht meine Spezialität.« Daniela hatte sich wieder zurückgelehnt, der Genuß der ersten Züge ihrer Zigarette machte sie zerstreut; sie ließ den Rauch sich langsam zwischen den halbgeöffneten Lippen hervorkräuseln und schauerte wohlig in sich zusammen, als fühlte sie all die grünlichen Schatten, welche über sie hinrannen, wie ein angenehmes, kühles Bad. Dann dachte sie wieder an Karl Erdmann. »Sie haben mir einen Brief geschrieben,« sagte sie, »davon wollen wir jetzt sprechen. Natürlich sollten Sie lieber nicht solche Briefe schreiben. Das Zusammenleben ist doch ohne solche Briefe viel einfacher und angenehmer.« Karl Erdmann antwortete nicht, er zuckte wieder die Achseln und lächelte, ein mattes, ironisches Lächeln. »Da nun aber Ihr Brief einmal geschrieben ist,« fuhr Daniela fort, »so muß ich sagen, daß er mich beruhigt hat. Vorige Nacht in der Bibliothek haben Sie mich ein wenig erschreckt, aber dieser Brief beruhigt mich. Er ist so hübsch lang und so hübsch in jeder Hinsicht. Sie pflegen Ihren Stil, da sind schöne Gedanken und schöne Worte drin, es muß Ihnen Vergnügen gemacht haben, ihn zu schreiben, und es muß Sie beruhigt haben, nicht wahr?« Da Daniela innehielt und eine Antwort zu erwarten schien, schaute Karl Erdmann auf, er war sehr bleich geworden, und es klang feindselig, als er sagte: »Oh, bitte, sprechen Sie nur, ich höre.«

Daniela schwieg eine Weile, rauchte und sann. Einen Augenblick nur ruhten ihre Augen auf Karl Erdmann mit dem scharfen forschenden Blick, der zuweilen in Frauenaugen kommt und goldene Funken in ihnen erweckt, wie in den Augen eines sichernden Wildes. »Ach ja,« begann sie dann, »Sie können den Rat einer älteren und erfahrenen Frau wohl anhören, er kann Ihnen für Ihr späteres Leben nutzen, für eine Gelegenheit, in der für Sie wirklich etwas auf dem Spiele steht.«

»Bitte«, sagte Karl Erdmann und bemühte sich, das kalt und höhnisch zu sagen.

»Also,« fuhr Daniela fort, »solche Briefe dürfen Sie nicht schreiben, wenn es einmal Ernst wird. Wenn Sie ihn schreiben, fühlen Sie vielleicht stark und wird Ihnen warm ums Herz, aber glauben Sie mir, solch ein hübscher Brief macht keinen Eindruck. Wir lesen darüber hinweg wie über eine Romanseite. Ich weiß nicht, Männer, die in einem Brief einen so schönen Stil schreiben, kommen mir immer verheiratet vor, und dann, nur Näherinnen und Konfektionsfräulein lieben lange, hübsche Liebesbriefe, über die sie dann weinen.«

»Sehr interessant,« warf Karl Erdmann ein, seine Stimme war heiser und zitterte ein wenig, »wie muß denn so ein Brief sein?«

»Kurz muß er sein«, erwiderte Daniela. »Wenn ein Mann einer Frau sagt, daß er sie liebt, so ist das doch bald gesagt, darüber läßt sich doch nicht viel herumreden, alles andere ist für die beiden doch uninteressant, und für jeden anderen als die beiden muß wieder dieser Brief uninteressant sein. Liebe ist doch nur für die beiden, die es angeht, nicht trivial. Ich kann mir denken, daß ein Telegramm zur rechten Zeit abgeschickt, und in dem nichts weiter steht als: ›Ich liebe dich‹, die stärkste Wirkung tut. Da haben wir also Ihren Brief.« Daniela entnahm ihrer Mappe Karl Erdmanns Brief, entfaltete ihn und beugte sich darüber. Karl Erdmann bemerkte, daß einige Worte und Sätze des Briefes mit Rotstift angestrichen waren. Sie hat also den Brief korrigiert, dachte er, und die Fehler angestrichen. Daniela las halblaut einige Sätze des Briefes: »Also hier, ›den Ernst eines Menschenschicksals in Ihre kleinen Hände legen‹ usw., das ist so hübsche Literatur, daß, wer das geschrieben hat, schon ganz befriedigt ist, er ist verliebt in seinen Stil und die Geliebte ist ihm treu. Und dann hier dies von Ihrer Liebe, die das einzige Wertvolle in Ihnen ist. Was soll denn die Frau an Ihnen lieben? Nein, wenn Sie einer Frau Ihre Liebe erklären, müssen Sie immer tun, als machten Sie ihr ein längst erwartetes großes Geschenk. So, nun habe ich Ihnen einen Vortrag gehalten, hier ist Ihr Brief.« Sie steckte den Brief in den Umschlag und legte ihn vor Karl Erdmann hin. Sie lächelte ihm dabei freundlich zu und schaute ihn an, als sei er ein Kind, das sie gescholten und dem sie nun verziehen hatte. »Ich sehe dort Herrn Dorn mit seinen Büchern aus dem Hause kommen,« fügte sie hinzu, »ich nehme nämlich jetzt griechische Stunden bei Herrn Dorn.«

»Dann muß ich wohl gehen«, bemerkte Karl Erdmann. Er erhob sich, nahm den Brief, der auf dem Tisch lag und begann ihn langsam zu zerreißen. Er schien dabei angestrengt nachzudenken. Plötzlich erhellte ein heiteres, wirklich ausgelassenes Lächeln sein Gesicht. »Sehen Sie, Daniela,« sagte er, »was Sie da tun, beruhigt mich wieder. Sie geben sich kolossal Mühe für mich. Wenn Ottomar Lynck Ihnen eine Liebeserklärung macht, dann hören Sie zu, als ob er Ihnen Klarinette vorspielte. Bei Herrn Aristides Dorn nehmen Sie griechische Stunden. Für mich aber verstellen Sie sich. Sie versuchen anders zu sein, als Sie wirklich sind, Sie spielen Rollen, die Ihnen gar nicht gut stehen, die Rolle der Schwester und der erfahrenen Frau und der Gouvernante der Liebe, und das ist mehr, als Sie für die anderen tun, und das beruhigt mich ein wenig.«

Daniela hatte erstaunt aufgeblickt, und dann schauten ihre Augen vor sich hin, ohne zu sehen, wie es Frauen tun, die in sich hineinhorchen, weil ein starkes Gefühl in ihnen erwacht ist. »Ich mache also Herrn Aristides Dorn Platz,« schloß Karl Erdmann, »Herrn Aristides Dorn, auf den ich natürlich nicht eifersüchtig bin, denn er ist nur, wie Ottomar Lynck sagt, eine Windmühle, die sich drehen muß.« Damit verbeugte er sich, grüßte und ging. Er spürte es an seinen Beinen, daß sein Gang nicht natürlich war, aber das kam daher, daß sein Abgang ihn so außerordentlich befriedigte.

Frühmorgens brach man zur Entenjagd auf. Auf der großen Bankdroschke sollte zum See gefahren werden, und die ganze Familie nahm an der Jagd teil. Nur Frau von Wallbaum blieb zu Hause. Sie stand bei der Abfahrt auf der Treppe in ihrem hellen Morgenkleide, das Gesicht ganz rosa von der Teilnahme an der Jagderregung der anderen. »Unterhaltet euch gut, vertragt euch gut«, rief sie hinab. Sie hob dabei die Hände und winkte wie eine kleine Priesterin der Heiterkeit, die ihre Gläubigen segnet.

Der Morgen war hell, und der Tag versprach heiß zu werden. Jetzt sandten noch die tauigen Felder eine leichte, starkduftende Kühle herüber, die sich köstlich atmete und das Blut erregte. Überall auf dem Lande, an dem sie vorüberfuhren, fing das Licht sich in Tropfen und feuchten Spinnweben. Auf dem Felde waren die Schnitter bei der Arbeit, weiße Gestalten, die in lauter Glanz zu waten schienen. Wenn der Wagen an ihnen vorüberfuhr, hielten die Männer in ihrer Arbeit inne, schauten blinzelnd auf, zogen die Mützen und lachten über das ganze Gesicht.

»Wie gutmütig dieses Volk ist,« sagte Aristides Dorn, »sie müssen arbeiten, und wir fahren müßig in den Morgen hinein, und doch lachen sie und zeigen keine Spur von Neid.« Dorn fühlte sich heute angeregt und sicher, daher wollte er mit einer hübschen Bemerkung die Unterhaltung beleben, da gerade keiner sprach. Der Graf Lynck zog die Augenbrauen ein wenig empor und meinte: »Gott, Neid! Man kann doch nicht vom Morgen bis zum Abend beneiden, und an einem Sommermorgen bei gutem Wetter denkt man nicht an die soziale Frage. Das kommt abends, wenn der Rücken schmerzt.«

»Die Leute lachen, weil das hübsch ist, was an ihnen vorüberfährt, das ist doch natürlich«, bemerkte Oda, und es klang ein wenig gereizt. Dorn lächelte hochmütig und griff nach seiner Stirnlocke. Er empfand jedoch, daß seine Bemerkung der Gesellschaft nicht sympathisch war. Er schaute zu Daniela hinüber, diese schien nichts gehört zu haben, sie blickte vor sich hin mit glitzernden Augen, die Lippen halb geöffnet, ganz versunken in ein starkes körperliches Genießen.

»Überhaupt Neid,« nahm Herr von Wallbaum jetzt das Wort, der heute ganz wohlwollendes und gut gelauntes Familienoberhaupt war, »was fehlt denn den Kerls mit solchen Gliedern? Um die könnte ich sie jetzt beneiden. Na ja, früher, meine Generation die war nicht so feingliedrig wie ihr Heutigen. Damals eine Entenjagd war doch eine andere Sache. Man band sich Bastschuhe an die Füße, ging am Seeufer entlang und sank jeden Augenblick bis zur Brust in den Sumpf ein. Da war noch was von Gefahr, ein bißchen Wildheit dabei, so was von Urinstinkten. Heute gehen Damen und Kinder auf die Jagd.« Herr von Wallbaum lachte und beugte sich vor, um seinen langen Backenbart im Winde flattern zu lassen, was ihm besonders wohlzutun schien.

»Wildheit und Urinstinkte,« meinte Graf Lynck, »müssen etwas Berauschendes haben, denn diejenigen, die sie verspürt zu haben meinen, sprechen davon, wie man von einem ganz hohen Bordeaux spricht.«

»Ich liebe wilde Männer«, erklang Heidas Stimme, und als sie das laute Lachen der anderen hörte, wurde sie dunkelrot. Leo aber meinte: »Für Legationssekretäre also bei Heida keine Aussicht.« – »Still!« befahl Herr von Wallbaum, »bei Kindern wünsche ich weniger Urinstinkt und mehr Haltung.«

»Freuen Sie sich?« fragte Karl Erdmann Daniela leise.

»Ja«, antwortete sie ebenso leise, ohne ihn anzusehen, als wollte sie sich im Genuß von Licht und Luft nicht stören lassen. »Ich freue mich sehr auf diesen Tag. Und Sie, freuen Sie sich? Oder sind Sie heute auch düster und geheimnisvoll?«

»Nein, nein,« sagte Karl Erdmann, »ich freue mich kolossal.« Das leise Zwiegespräch machte ihn glücklich, es schien ihm, als verbände es ihn mit Daniela und rückte sie beide zusammen, von den anderen ab. – »Still!« kommandierte Herr von Wallbaum jetzt, »sonst fliegen die Enten aus.« In der Nähe des Sees hielt der Wagen, die Gesellschaft stieg aus und ging schweigend zum Seeufer, wo die Kähne bereitlagen. Herr von Wallbaum hielt streng darauf, daß das Besteigen der Kähne ganz geräuschlos vor sich ging. Daniela fuhr mit Karl Erdmann und Leo, sie war die einzige Dame, die schießen wollte. Ein Waldhüter stieß mit einer langen Stange den Kahn vorsichtig in das Schilf hinein.

Der See glich einem großen Felde voll hellgrüner Halme, das hier und da von breiten Wasserstraßen durchkreuzt wurde. Kein Luftzug regte sich, unbeweglich stand das Schilf da, und das Zittern des Lichtes auf dem Wasser und auf den feuchten Spitzen der Schachtelhalme schien die einzige Bewegung. Große Stille lag über der Fläche, nur zuweilen erklang schläfrig und klagend der Ruf eines Bläßhuhns, oder ein Fisch schnalzte, oder es raschelte leise wie von Wesen, die heimlich durch das Schilf schritten. »Köstlich!« flüsterte Daniela, »ist das nicht wie ein großes, vornehmes Haus, in dem die Herrschaft noch schläft, und in dem nur die Dienstboten schon leise bei der Arbeit sind.« – »Und wir sind die Einbrecher«, ergänzte Leo. – »Ach ja,« meinte Daniela, »wer weiß, ob Einbrecher, wenn sie in ein Haus schleichen, auch so angenehmes Herzklopfen haben, wie ich jetzt.« – »Ganz gewiß«, versicherte Leo. Dann plötzlich rauschte und klatschte es von allen Seiten, und schwerfällig stiegen die Enten auf. Daniela war aufgesprungen, sie stützte das eine Knie auf das Sitzbrett des Bootes und schoß. Karl Erdmann vergaß zu schießen, weil es ihn so interessierte, Daniela anzusehen, wie die schlanke Gestalt im grauen Leinwandkleide, einen Knabenhut aus weißem Stroh auf dem Kopfe, die Wangen heiß, sich in der Erregung aufrichtete und straffte. Und wenn sie geschossen hatte, und der große Vogel dort in der Luft schlaff wurde, wie ein abgespannter Bogen, und schwer in das Wasser fiel, dann ließ sie das Gewehr ein wenig sinken, und es zuckte um ihre Lippen ein seltsames, fast leidenschaftliches Lächeln. Dann aber regte sie sich sofort auf, sie fürchtete, die Ente könnte verloren gehen, sie rief dem Waldhüter zu, hinzusteuern, beugte sich weit aus dem Kahn, faßte die Ente an den Ständern und hob sie triumphierend empor. Allmählich wurde auch Karl Erdmann von der Jagdleidenschaft erfaßt, wurde ganz Auge und Ohr, und alles um ihn her, das Schilf und die Blätter wurden zur Partei, wurden zu Dingen, die entweder auf Seite der Jäger oder auf Seite der Enten waren. Lange und hitzig war die Verfolgung eines alten mausernden Erpels, der ihnen immer wieder entwischte und immer wieder neue Listen erfand, um sich zu verstecken und zu entkommen. Daniela war so erregt, daß sie zitterte und kleine schrille Schreie ausstieß. Endlich hatten sie ihn, Daniela faßte ihn, warf ihn in das Boot und lachte. Und da überkam Karl Erdmann plötzlich ein wunderliches und unerwartetes Gefühl. Er sah auf den Haufen toter Vögel nieder, die im Boot lagen, auf die schlaff wie müde gebogenen Hälse, auf das geronnene Blut, er sah, wie der eben geschossene Vogel noch matt und hilflos die Ständer bewegte, und ein Zucken wie eine plötzliche Angst seinen Körper schüttelte, wie er sich streckte und dann schlaff und regungslos liegen blieb. Das empfand Karl Erdmann als furchtbar traurig, ja es wurde ihm so unerträglich, daß es ihm die Kehle zusammenschnürte und er merkte, daß er sein Gesicht verzog. Schnell blickte er auf, besorgt, jemand könnte es gesehen haben. Daniela saß auf ihrem Sitzbrett und schaute ihn so angstvoll an, daß es ihm schien, als ahmte sie unwillkürlich den Ausdruck seines Gesichtes nach. Sie weiß alles, dachte Karl Erdmann sofort. Er errötete und wandte sein Gesicht ab, er schämte sich wie nach einer schlechten Tat. Da hörte er Daniela mit einer Stimme, die sehr heiter und unbefangen zu klingen sich bemühte, ausrufen: »Sehen Sie, wie da etwas durch die Schachtelhalme fortschießt, ein Hecht wohl. Möchten Sie auch so dahinschießen können? Das muß doch gut sein.«

»Für einen Krieger wohl kein passender Wunsch«, bemerkte Leo. Darüber begannen sie nun alle drei zu lachen, sie lachten sehr laut und sehr lange, als könnte das Lachen sie vor etwas schützen, das für einen Augenblick unheimlich und hinterrücks sie überfallen hatte.

Die Sonne stand schon hoch am Himmel, und zwischen dem Schilf und dem Kolbenrohr wurde es schwül. Enten wollten auch nicht mehr steigen. Wie eine große Schläfrigkeit legte es sich über den See, regungslos standen die Fische im Wasser, und die Frösche saßen schweigend auf den Blättern der Wasserrosen und schienen zu schlafen. »Fühlen Sie, wie die Mittagstunde einem in die Glieder fährt?« fragte Karl Erdmann. Ja, Daniela fühlte es und war müde. Alle drei setzten sich auf die Sitzbretter des Kahnes und legten die Gewehre beiseite. »Fahr' ans Land zum Frühstück«, befahl Karl Erdmann dem Waldhüter. – »Wir haben gute Arbeit getan«, meinte Daniela. – »Ja,« sagte Karl Erdmann, »zusammen eine Arbeit tun und dann zusammen müde sein, das ist sehr gemütlich, das verstehen die Wenigsten.« –

»Wie muß man das machen?« fragte Daniela.

»So,« Karl Erdmann legte beide Hände mit gespreizten Fingern auf seine Knie, »und dann starrt man einander an mit ganz leeren friedlichen Augen. Das habe ich bei den Bauern gesehen, wenn sie sich um die Mittagszeit unter die Eiche setzen und nach dem Essen noch ein wenig warten, ehe sie sich ausstrecken, um zu schlafen.«

Gehorsam legte Daniela ihre Hände auf die Knie und sah vor sich hin. »Wirklich,« meinte sie, »es ist sehr angenehm.« So saßen sie nun alle drei da und schwiegen. Endlich schloß Daniela die

Augen. »Seltsam,« rief sie, »wenn Sie die Augen schließen, hören Sie einen einzigen Ton, einen Ton, als ob jemand schläft und leise zu schnarchen beginnt.« – »Ich behalte die Augen lieber offen,« sagte Karl Erdmann, »wenn ich die Augen schließe, dann bin ich allein, und wir wollen doch zusammen müde sein.« Daniela schlug die Augen auf: »Gewiß,« versetzte sie schnell, »wir wollen beisammen sein.« Ihre Stimme klang bei diesen Worten freundlich und mitleidig, als spräche sie zu einem Kranken. Daß ihn das plötzlich rührte, fand Karl Erdmann albern genug.

Sie näherten sich jetzt einer schmalen mit Erlen bestandenen Landzunge, dort sollte das Frühstück eingenommen werden. Die anderen waren schon da, die Herren hatten sich um ein weißes Tischtuch auf den Rasen hingestreckt, Heida und Oda packten die Vorräte aus.

»Kommen Sie«, sagte Daniela, als sie ans Land stiegen, und legte einen Arm in Leos, den anderen in Karl Erdmanns Arm. »Jetzt wollen wir essen wie Ihre Bauern, ganz still, lange kauen und dabei zum Horizont hinabsehen, und vor allem uns um die anderen gar nicht kümmern.« Auf dem Frühstücksplatz setzten sie sich ein wenig abseits von den anderen. »Ist das eine Demonstration?« fragte Botho. – »Wir sind eine Gruppe für uns,« erwiderte Daniela, »und ich werde meine Herren bedienen.« – »Bitte!« meinte Heida ein wenig gereizt, »wir sind hier auch exklusiv.« – »Gruppe, Gruppe!« begann Herr von Wallbaum und lächelte. Er wollte etwas Hübsches sagen, denn er fühlte sich jugendlich und galant. »Eigen, daß Damen, schöne Damen, immer Parteibildungen begünstigen. Das kommt wohl daher, daß Damen, schöne Damen, geborene Parteihäupter sind.« Er sah die anderen an, um Beifall für seine Bemerkung zu ernten, allein nur Aristides Dorn lächelte ironisch. »Die Sache ist die,« erklärte Leo, »wir sind zusammen müde, das ist Karl Erdmanns neueste Erfindung, das soll ein großer Genuß sein.«

Graf Lynck klemmte sein Glas in sein linkes Auge und schaute zu Daniela hinüber. »Ah,« meinte er, »das scheint allerdings eine gute Erfindung zu sein, ziemlich raffiniert, zu der kann man Karl Erdmann Glück wünschen.« Oda lehnte ihren blonden Kopf an die Schulter ihres Bräutigams und sagte klagend: »Ach, Lieber, das haben wir doch schon längst erfunden.«

Die Gesellschaft wurde jetzt einsilbig, jeder aß und trank schweigend, Botho schien verstimmt, die anderen Herren waren nachdenklich, Graf Lynck gähnte diskret, und um sie her standen die sonnenwarmen Erlenbüsche voll mittäglichen Gesummes, als wollten sie die Gesellschaft in Schlaf singen.

Endlich hielt es Aristides Dorn nicht länger aus, so still von Daniela unbemerkt dazusitzen, er eröffnete daher wieder die Unterhaltung, er sprach scharf und ein wenig zu laut, weil es ihn aufregte, so in die Stille hineinzusprechen: »Müde, ich gebe zu, daß wir müde sind, wir haben uns aufgeregt, ich gebe zu, ich habe mich aufgeregt, als gälte es etwas ganz Großes, und warum das alles? Einiger Enten wegen, eines Bratens wegen. Ist das nicht seltsam? Ist das ein Resultat?« Er schaute gespannt zu Daniela hinüber, errötete und drehte seine schwarze Stirnlocke. Aber Botho ärgerte diese Rede. »Was wollen Sie denn für Resultate haben?« sagte er. »Ein Vergnügen hat eben kein Resultat, das man einkassieren kann. Ist es vorüber, dann muß es vorüber sein, wie ein gutes Parfüm, das auch verfliegt und nichts zurückläßt.« – Graf Lynck hatte sich flach auf den Rasen gelegt, rauchte eine Zigarette und schaute zum Himmel hinauf. »Ich kannte in England einen alten Lord, begann er langsam und knarrend zu erzählen, »der hatte irgendein böses Magenleiden. Er litt an starkem Hunger, aber wenn er sich zu Tische gesetzt hatte und zu essen beginnen wollte, bekam er einen solchen Widerwillen vor den Speisen, daß er die Tafel verlassen mußte. Nun, dieser alte Herr pflegte zu sagen, ihr braucht mich nicht zu bedauern; wenn ich mich zu Tische setze, so freue ich mich so stark auf das Essen, daß ich mehr Vergnügen daran habe als ihr an eurem ganzen Diner.« Niemand fand darauf etwas zu sagen, und die Unterhaltung verstummte wieder, nur Heida flüsterte Fräulein Undamm zu: »So geht es immer. Daniela sucht sich ein oder zwei Herren als Privatbesitz aus; das kann sie ja tun, nur daß alle anderen Herren dann verstimmt und langweilig werden.«

Endlich gab Herr von Wallbaum das Zeichen zum Aufbruch, und man bestieg wieder die Kähne. Allein die heißen Nachmittagstunden dämpften die Jagdlust. Daniela und Karl Erdmann spannten bald ihre Gewehre ab, setzten sich und sahen zu, wie Leo schoß. Dabei unterhielten sie sich in abgebrochenen Sätzen, sprachen von friedlichen Dingen, von den Sonntagmittagessen im Kadettenhause, von früheren Jagden und früheren Sommern, und dann, als wären sie auch noch dazu zu träge, verstummte das Gespräch. Daniela versank in Sinnen, ließ ihre Hände über den Rand des Bootes hinabhängen und zog, um sie zu kühlen, die Schachtelhalme durch die Finger. Jetzt könnte es langweilig, fast traurig werden, dachte Karl Erdmann. Es gibt Stunden, wie es Menschen gibt, die mit säuerlicher Nüchternheit uns die Freuden und Hoffnungen des Lebens ausreden. Karl Erdmann hatte plötzlich das Bedürfnis, sich über etwas zu ärgern, daher sagte er: »Der Ottomar Lynck hat immer so dumme Geschichten. Was ist das nun wieder mit dem alten Mann, dessen größte Freude es ist, sich zu Tisch zu setzen und mit leerem Magen aufzustehen. Phantasien eines verdorbenen Magens; Ottomar Lynck ist, glaube ich, auch so einer, der sich immerfort zu Tisch setzen möchte und dem die Suppe schon die Illusion verdirbt.«

Daniela zuckte leicht mit den Schultern und schaute zerstreut dem lautlosen Fluge der Libellen über den Wasserrosen zu. »Nun ja,« meinte sie, »aber wir sitzen alle immer zu lange bei Tisch. So diese Jagd, nicht wahr? Das Wahre ist, sich lange auf ein Glück freuen, und dann kommt das Glück ganz stark und schnell, und dann ist es wieder fort, dann ist es aus, und um uns ist es still und dunkel. Möchten Sie das nicht auch?«

»Ja«, sagte Karl Erdmann leise. Er errötete dabei und fühlte es deutlich, daß Daniela von ihm sprach. Eine starke Freude fuhr ihm heiß in die Glieder, und plötzlich sah er sich wieder in seiner eigenen, schönen und traurigen Geschichte, empfand die Erregung alles dessen, was er noch erleben mußte. –

Die Jagd war zu Ende, und alle waren zufrieden damit. Jetzt kam das angenehme Nachhausefahren mit dem kühler werdenden Abend, die Sonne stand schon tief und lag rotgolden über den Grannen der Gerstenfelder, und die Hütejungen sangen aus Leibeskräften auf den Weiden. Dann kam das Mittagessen mit dem großen Appetit und das Beieinandersitzen auf der Veranda. Alle waren müde, streckten die heißen Glieder von sich, starrten mit den Augen, die zu viel grelles Licht hatten trinken müssen, in die kühle Finsternis des Gartens hinein. Zum Sprechen hatte keiner Lust, nur Frau von Wallbaum sprach mit ihrer gleichmäßigen, freundlichen Stimme, als wollte sie die anderen einschläfern. Sie erzählte ihren Tag, sie hatte ihr Tagebuch geschrieben und Jagd auf Löwenzahn gemacht, endlich war sie hinausgegangen, um ihre

Kühe auf der Weide zu sehen. Auf dem Wege jedoch hatte sie, zwischen den Feldern eingeschlossen, ein kleines, ungemähtes Stückchen Wiese bemerkt, das heiß von Sonnenschein und voller Schafgarbenduft und kleiner blauer Schmetterlinge war. Das hatte ihr gefallen, sie hatte sich dort niedergesetzt, um den Thomas a Kempis zu lesen bis zum zweiten Frühstück. Später war sie durch das Haus gegangen, durch die stillen leeren Zimmer, und hatte sich gefreut, daß sie über die Stille und Leere nicht betrübt zu sein brauchte, denn gleich würden alle wieder da sein und würden wieder gemütlich und glücklich beieinander sitzen. »Ach ja,« dachte Karl Erdmann, »glücklich und gemütlich beieinander sitzen!« Eine Ewigkeit hätte er so dasitzen können, die müden Glieder von sich strecken, die laue Luft einatmen, die ganz süß von den Düften des Gartens war, die schlaff machte, daß er glaubte, er werde nie mehr etwas wollen können, und dennoch das Blut seltsam erhitzte und aufpeitschte. »Ein schnelles, starkes Glück, das uns überrumpelt,« hatte Daniela gesagt, »und dann Stille und Dunkelheit.« So mußte diese Stille sein und diese Dunkelheit, in der er fühlte, daß Daniela nicht fern von ihm saß.

Am nächsten Tage kam ein Brief des Baron von Asch, Sekundanten des Referendars von Treschke an den Grafen Lynck, der wiederum Karl Erdmanns Sekundant sein sollte. Der Baron schlug den Herren eine Zusammenkunft für den nachnächsten Tag im Staatswalde beim Lehtschen Kruge in früher Morgenstunde vor. Hatten die Herren etwas gegen diesen Vorschlag einzuwenden und wollten einen anderen Vorschlag machen, so war der Referendar von Treschke zu allem bereit und erkannte dankbar das ihm in dieser Affäre bisher erwiesene Entgegenkommen an, usw.

In Herrn von Wallbaums Zimmer versammelten sich die Herren zu einer Beratung. Die Sache wurde gründlich und sachlich durchgesprochen. Man beschloß den Vorschlag anzunehmen. Am nächsten Tage schon sollten Karl Erdmann, Graf Lynck und Botho in den Staatswald fahren und beim Sturre Waldhüter übernachten, um am bestimmten Tage zeitig auf dem Platze zu sein. Unterwegs wollten sie beim Doktorat anfahren und den Doktor Ulich mitnehmen. Der Familie gegenüber aber konnte die Fahrt als Jagdpartie hingestellt werden, Jagd auf Birkhühner. So war alles wohlgeordnet, und die Beratung nahm jetzt einen mehr heiteren Charakter an, als die Herren ihre Duellerfahrungen zu erzählen begannen. Herr von Wallbaum blieb zwar ernst, allein über diese Ehrenaffäre hin und her zu reden, gewährte ihm doch einige Befriedigung. Er saß soldatisch stramm in seinem Sessel, strich sich energisch den Backenbart, sprach von Duellen mit sehr scharfen Bedingungen, die er früher mitgemacht, und gab Ratschläge. »Vor allem schnell schießen, der erste sein, das ist die Hauptsache«, und er hob die Hand empor, kniff das eine Auge zu, zielte und tat, als drücke er ab. Damit wurde die Sitzung geschlossen, und Karl Erdmann war froh, daß alles so hübsch und praktisch eingerichtet war, und in bester Laune beschloß er, den Rest des Tages recht angenehm zu verbringen.

Draußen ging ein plötzlicher, heftiger Regen nieder, in den zuweilen die Sonne hineinschien, wie durch ein gläsernes Gitter. Durch die geöffneten Fenster sandte er sein Rauschen und seine Kühle in die Zimmer und regte die Menschen auf, als vollzöge sich da draußen ein lustiges Ereignis. Frau von Wallbaum, Oda, Heida standen jede an einem Fenster, schauten hinaus und lächelten. Daniela hatte sich ans Klavier gesetzt und spielte einen Walzer, während Leo Fräulein Undamm zwang, mit ihm zu tanzen. Als die Herren von ihrer Beratung in das Wohnzimmer kamen, verkündete Herr von Wallbaum den Jagdplan. Frau von Wallbaum war sehr zufrieden damit und beschloß, den Herren viel und gut zu essen mitzugeben. Oda schaute Karl Erdmann erschrocken an, und Heida an ihrem Fenster begann zu weinen. Fräulein Undamm mußte sie hinausführen, damit Frau von Wallbaum es nicht bemerke. Karl Erdmann war sehr ärgerlich darüber, er zog Oda in eine Fensternische und sprach sich scharf aus: »Das kommt davon, wenn Kinder die Angelegenheiten der Erwachsenen ausspionieren. Dieses Getue ist unerträglich. Da die Affäre nun unglücklicherweise bekannt ist, so nehmt euch zusammen. Es ist wirklich kein Grund, Aufhebens zu machen.«

Wirklich, sie schienen sich zusammenzunehmen, denn um ihn her begann ein ganz unbefangenes, heiteres Treiben. Er hörte Heida im Nebenzimmer wieder recht ausgelassen mit Leo lachen, Oda zog sich mit ihrem Bräutigam in die Bibliothek zurück, und Daniela forderte Botho auf zu singen. Er sang Schuberts ›Wanderer‹, und sie begleitete ihn. Das war alles gut, aber was sollte er, Karl Erdmann, jetzt tun? Etwas ganz Unbefangenes, ganz Natürliches. Das war das Fatale. Ihn genierte dieses Duell gewiß nicht, er hätte gar nicht daran gedacht, allein die anderen konnten denken, er sei heute anders als sonst, konnten denken, er wolle sich interessant machen oder sei gezwungen heiter. Das alles gab ihm das Unbehagen eines Menschen, der zuviel Wein getrunken hat und in Gesellschaft sich bemüht, ganz natürlich zu erscheinen. Er saß da und hörte dem Gesange zu, ärgerte sich über den großen Aufwand an Gefühl, den Botho in das »Wo bist du, mein geliebtes Land?« legte, ja, er begann überhaupt sich zu ärgern. Es gelang den anderen doch ein wenig zu gut, so zu tun, als sei nichts geschehen. Jedenfalls war es nicht nötig, daß niemand sich um ihn bekümmerte.

Plötzlich, wie der Regen gekommen war, hörte er auch auf. Karl Erdmann nahm seine Mütze und ging in den Garten hinaus, auf die Gefahr hin, melancholisch zu erscheinen. Er irrte auf den Kieswegen hin und her, besah sich die Blumen, die blank vom Regen waren, ging in den Park, hörte dem Klingen der Tropfen in den Bäumen zu, atmete den köstlichen, feuchten Duft ein. Nun wollte er auch angenehme Gedanken haben, aber er wurde ein verstimmtes, bitteres Gefühl nicht los. Er verlangte gewiß nicht, daß etwas Besonderes für ihn geschehen sollte, nur war auch kein Grund da, daß dieser Tag für ihn ereignisloser und alltäglicher sein sollte als andere. Warum mußte er heute gerade allein hier spazieren gehen? Daniela würde noch Zeit genug haben, Botho den ›Wanderer‹ singen zu lassen, und Oda, sich mit Ottomar Lynck zu zanken. Karl Erdmann konnte es ja ertragen, allein spazierenzugehen, nur wunderte er sich darüber, daß die anderen, da sie nun einmal wußten, was ihm bevorstand, das zuließen. Man nimmt sein eigenes Duell leicht, allein, daß die anderen es so leicht nahmen, war doch seltsam. Jedenfalls mit den angenehmen Gedanken war es jetzt nichts, daher ging Karl Erdmann in den Pferdestall. Dort war es hübsch, die Nachmittagsonne lag hell auf den Steinfliesen des Fußbodens, auf dem Stroh, auf den blanken Leibern der Tiere, das sah lustig und herrschaftlich aus. Karl Erdmann setzte sich auf die Haferkiste und begann eine Unterhaltung mit dem alten Kutscher, ließ sich vom Charakter der einzelnen Pferde erzählen, von dem Charakter früherer Pferde, und hier fühlte er sich endlich ganz gemütlich und ganz unbefangen.

Der Sommertag ging friedlich und ereignislos zu Ende. Als Karl

Erdmann aus dem Stalle wieder auf den Hof trat, war die Sonne im Untergehen. Vom Tennisplatz klangen Stimmen herüber, eine große Partie war dort im Gange. Mich haben sie dazu nicht nötig gehabt, nun, so will ich auch nicht hingehen, dachte Karl Erdmann. Solche kleine Empfindlichkeiten waren ihm an sich selbst neu, allein in dieser seltsamen Zeit hatte er so manche Entdeckungen an sich zu machen. Er beschloß, den Sonnenuntergang zu betrachten. Die Sonne stand rot über dem Waldrande, große Wolken hingen in dem glashellen Himmel, schmal und langgestreckt, rot und goldangeleuchtet wie riesige, purpurne, goldverbrämte Hechte, die in einem blaßrosa Meere schwimmen. Er steckte die Hände in die Rocktaschen und betrachtete das, als wäre es eine ihm zugedachte Aufmerksamkeit.

Später am Abend auf der Gartenveranda wurde es recht heiter, und hier fühlte Karl Erdmann wieder, daß seine Schwestern und die anderen ihm heute gewissermaßen mehr Beachtung schenkten als sonst. Über seine Witze und Geschichten wurde mehr gelacht, als er es gewohnt war. Das tat ihm wohl. Es freute ihn auch, daß er so ausgelassen sein konnte, nur bisweilen empfand er ein unbändiges Bedürfnis nach Feierlichkeit und Sentimentalität, am liebsten hätte er eine seiner Schwestern beiseite genommen, um ihr etwas ganz lächerlich Gefühlvolles zu sagen, wie zum Beispiel: »Komm, ich möchte noch einmal die Lilien riechen.« Gut, daß die anderen das nicht merkten. Statt dessen sagte er zu Leo: »Komm zu den Birnen, ich höre welche fallen.« Sie gingen zum Birnbaum und begannen die kalten feuchten Birnen zu essen. Dabei kann man auch sentimental sein, dachte Karl Erdmann.

Herr von Wallbaum mahnte heute früher zum Aufbruch wegen der für morgen festgesetzten Fahrt. Man wünschte sich gute Nacht, und Karl Erdmann bemühte sich, sein Gutenacht ganz gewöhnlich und obenhin zu sagen. Als er noch ein wenig auf der Veranda zurückblieb und in den dunklen Garten hinaussah, legte sich eine Hand leicht auf seinen Arm und Daniela sagte leise: »Wollen wir heute noch beisammen sein? Dann erwarten Sie mich im Park auf der Bank unter dem Ahorn.« Dann war sie fort.

Er blieb eine Weile auf demselben Fleck stehen, eine große Ruhe legte sich über ihn, es war, als löste sich etwas in ihm, denn das war es, was kommen mußte, das war es, auf das er den ganzen Tag gewartet hatte. Jetzt war es gut. Er zündete sich eine Zigarette an, stieg in den Garten hinunter und begann langsam dem Parke zuzugehen, ganz langsam, denn jetzt waren Stunden seines Lebens gekommen, die sehr behutsam Minute für Minute ausgekostet werden mußten. Alle Sinne waren in ihm wach, jedes Gefühl und jeder Eindruck wurden nun etwas Kostbares und Seltenes, der Duft der Spiräahecke, an der er vorüberging, der feuchte Samt einer Blume, über die er leicht mit der Hand hinstrich, die dicke Kröte, die träge über den Kiesweg ihren nächtlichen Freuden nachschlich, all das gehörte von nun ab zu dem Unvergeßlichen seines Lebens. Vor der Bank an dem Ahorn angelangt, setzte er sich, lehnte den Kopf zurück und schloß die Augen. Wie ruhevoll war es nicht, an alles mögliche denken, alles mögliche fühlen zu müssen, sondern nur ganz voll von der reinen, starken, freudigen Erwartung zu sein.

Er vernahm ein leises, seidiges Knistern neben sich, und der Duft von Teerosen und Ambra, den Daniela an sich zu haben liebte, schlug ihm entgegen. Zwei kühle Hände legten sich auf seine Stirn, und Daniela sagte leise: »Armer, wenn ich ein Glück bin, soll es kommen.« Sie stützte die Arme auf seine Schultern, die helle, schmale Gestalt beugte sich über ihn und glitt dann auf ihn nieder.

Durch das Laub der Bäume lief ein beständiges Rauschen und Wispern, kühle Tropfen regneten auf die Bank nieder. In irgendeinem Baumwipfel regte sich eine verschlafene Krähe und schlug laut mit den Flügeln. Ganz fern auf der dunklen Wiese wurde eine Stimme laut, ein einsames Rufen oder Singen. Karl Erdmann hörte das alles, aber es schien nicht außer ihm, sondern mit ihm eins zu sein, eins mit der Bewegung seines Blutes, mit dem Pulsschlag der Arme, die ihn umschlangen, mit dem Leben der Lippen, die sich auf die seinen drückten. Die ganze große Finsternis um ihn her mit ihrem Wehen und Klingen war ganz nur sein eigenes Fühlen.

Eine Elster begann leise in einem Busch vor sich hin zu plaudern, auf dem Wasser des Teiches lag es wie ein blinder Glanz, die Gestalten der Bäume und die Nebel auf den Rasenplätzen, grau in der grauen Dämmerung, wurden sichtbar. »Der Morgen kommt«, sagte Daniela. Sie stand vor Karl Erdmann, schauerte ein wenig in sich zusammen und strich sich das vom Tau feuchte Haar aus der Stirn. Dann nahm sie seinen Kopf mit beiden Händen, küßte seinen Mund, und er fühlte, wie zwei warme Tropfen auf sein Gesicht niederfielen. Sie weint, dachte Karl Erdmann, ach ja, weil ich sterben werde. Leise knisterten Danielas Kleider wieder, und sie lief die Allee hinab in die aufsteigenden Nebel hinein. Karl Erdmann blieb auf der Bank sitzen und schloß wieder die Augen, wie jemand, der einen schönen Traum geträumt hat und, einen Augenblick erwacht, nun diesen Traum weiterträumen will. Allein das Weiterträumen solcher Träume ist mühsam und will nie recht gelingen. Ringsum erwachten immer neue Vogelstimmen und im Teich begann ein plätscherndes Leben. Er fror und erhob sich, um ein wenig zu gehen, er hatte noch immer die Empfindung, als träume er, nur daß ein anderer Traum gekommen war, nebelgrau und voll einer starken Traurigkeit.

Während er langsam und versonnen am Teich entlang ging, sah er plötzlich vor sich auf einer Bank Aristides Dorn sitzen. Er hatte seinen Hut abgenommen, schwer und feucht hing ihm die Locke in die Stirne, dunkel und erregt schauten die Augen aus dem bleichen Gesicht. Er schien zu frieren, denn die Lippen waren bläulich, lächelten nur mühsam ihr ironisches Lächeln, und die Hände rieb er eifrig aneinander. Karl Erdmann wunderte sich nicht, in dieser gespenstischen Dämmerungswelt konnte ihn nichts überraschen. Er nickte und sagte: »Guten Morgen, Herr Dorn, Sie sind schon auf?« Dorn erwiderte den Gruß, ohne aufzustehen: »Guten Morgen, Herr von Wallbaum, ja, ich bin schon auf, oder vielmehr ich habe auch nicht die Nacht geschlafen.« »So, so,« meinte Karl Erdmann zerstreut und setzte sich zu Dorn auf die Bank, »ein frischer Morgen.« Er hatte das Bedürfnis, jemand sprechen zu hören; als Dorn jedoch zu sprechen begann, da hörte er ihm kaum zu. »Nun ja«, sagte Dorn und drückte seine frierenden Hände, so daß sie leise knackten. »Sie haben ja auch ein erregendes oder sozusagen dramatisches Ereignis vor. Sie gehen einer Gefahr entgegen, wie ich höre.« Karl Erdmann zuckte leicht mit den Schultern: »Ach, da haben die Kinder so etwas erlauscht, aber das ist nicht so schlimm, das ist nun mal eine Einrichtung.«

»Eine Einrichtung,« wiederholte Dorn, »ja, das ist es, und zwar eine in ihrer Art fein erfundene Einrichtung. Sie erreicht ihren Zweck, sie drapiert, möchte ich sagen. Gefahr drapiert immer. Die Todesmöglichkeit als Dekoration, aha.« Dorn lachte mit seinen frierenden, steifen Lippen.

»Sehr gut«, sagte Karl Erdmann und lachte auch, obgleich er nicht zugehört hatte.

»Aber sie müssen hier so etwas haben,« fuhr Dorn fort, »hier, wo niemand den Alltag vertragen kann. Leo ist in den Unterrichtsstunden unmöglich, wenn nichts los ist, wenn nicht irgendein Extravergnügen in Aussicht steht. Aber das ist nun die Regel dieses Lebens hier, immer ausschmücken, und da muß denn so etwas Dramatisches Effekt machen, Todesgefahr ist eine Art bengalischer Beleuchtung. Dagegen kommt natürlich ein einfacher Werktagsmensch wie ich nicht auf. Solch einer nimmt sich ebenso lächerlich aus wie ein Theaterarbeiter, der sich auf der Bühne verspätet hat, wenn das Drama schon anfängt. Ich habe das einmal bei einer Vorstellung gesehen, und hier habe ich oft an diesen grauen Arbeiter auf der Bühne denken müssen.«

Karl Erdmann wurde aufmerksam, Dorn sprach jetzt schnell, und seine Stimme hatte einen hohen, zänkischen Klang. »Herr, was sprechen Sie da?« fragte Karl Erdmann, »wem machen Sie Vorwürfe? Ich habe nicht recht verstanden? Ich glaube, Sie sind krank, ja, Sie sehen krank aus. Sie sollten von hier fortgehen, Sie vertragen die Luft hier nicht.«

Artistides Dorn war wieder ganz ruhig geworden, mit nervösen Fingern griff er nach seiner Stirnlocke und meinte: »Ach nein, wem sollte ich Vorwürfe machen? Es ist ja möglich, daß ich krank bin, vielleicht vertrage ich die Luft hier nicht, aber das ist meine Sache. Vielleicht muß ich von hier fortgehen, ob ich das kann und ob ich das nicht kann, das ist meine Sache.« Seine Stimme zitterte ein wenig und klang seltsam kummervoll und mutlos. Karl Erdmann tat der bleiche junge Mann leid, gutmütig klopfte er ihm auf die Schulter. »Wissen Sie was,« sagte er, »Sie sollten schlafen gehen. Die Morgendämmerung gibt einen Katzenjammer, man weiß nicht wovon. Dagegen gibt es nur ein Mittel: schlafen. Sie werden sehen, vom Bett aus nimmt sich die Welt wieder ganz erträglich aus.«

»Ich danke,« erwiderte Dorn steif und sah Karl Erdmann mit Abneigung an, »ich möchte hier noch eine Weile sitzen. Es gibt Dinge, die man fürchtet mit in den Schlaf hineinzunehmen.«

Karl Erdmann zuckte die Achseln und stand auf. »Na, wie Sie wollen, ich wenigstens freue mich kolossal auf mein Bett. Dann also guten Morgen.« Damit ging er eilig dem Hause zu.

Die Abfahrt zu früher Stunde war lustig. Frau von Wallbaum stand wieder auf der Treppe, hob segnend die Hände und sagte: »Unterhaltet euch gut.« Die Herren lehnten sich behaglich in den Landauer zurück und zündeten ihre Morgenzigarren an. »Angenehme Lebenslage«, sagte Graf Lynck. »Ja, sehr angenehm«, bestätigte Karl Erdmann. Trotz der wenigen Stunden Schlaf fühlte er sich ausgeruht und war mit dem Leben zufrieden, zufrieden mit dem, was er erlebt hatte, und dem, was er erleben sollte. Vor allem aber war er heute mit sich selbst ganz einverstanden, er war sozusagen gern mit sich selbst zusammen, mit diesem Karl Erdmann, der geliebt und beweint wurde und nun fröhlich seiner ritterlichen Pflicht entgegenfuhr. Bis zur Wohnung des Doktors Ulich war es eine Stunde. Dort hielt dann der Wagen vor dem roten Backsteinhause, das mitten in einem flachen baumlosen Garten lag, der voller Gemüsebeete, roter Verbenen und Johannisbeerbüsche war. Der Doktor wartete bereits vor der Haustür, ein junger Mensch mit einem runden Kindergesicht, dem wie zum Scherz ein roter Backenbart angeklebt schien. Als er in den Wagen stieg, richtete er sich noch einmal auf, um in den Garten hinüberzugrüßen, wo seine Frau bei den Johannisbeeren beschäftigt war. Die kleine Frau, der die dicken blonden Zöpfe sich wie ein gelber Metallhelm um den Kopf legten, hob die Hände, die rot von Johannisbeeren waren, in den Sonnenschein hinein und winkte. Dann fuhr man ab.

»Sehr hübsch dieser Garten,« bemerkte Graf Lynck, »all das viele Rot im Sonnenschein, die roten Verbenen, die rotbemalten Hände Ihrer Frau Gemahlin.« Doktor Ulich errötete und lächelte: »Ja, Johannisbeeren, wir haben sehr viele Johannisbeeren, da gibt es zu tun. Meine Frau macht sie für den Winter ein, das ist sehr angenehm, aber – –,« er hielt inne und schaute Karl Erdmann erschrocken an, »ich erzähle hier von Johannisbeeren, es ist wohl nicht am Platz, – die Herren haben gewiß an andere, ernste Dinge zu denken.« – »Daß ich nicht wüßte,« sagte Graf Lynck, »im Gegenteil, ich denke gern an Johannisbeeren. Der Geruch und der Geschmack von Johannisbeeren sind mir mit einer hübschen Jugenderinnerung verbunden. An einem Johannisbeerbusch machte ich als Achtzehnjähriger meine erste Liebeserklärung, und zwar der Engländerin meiner Schwester; eine blonde junge Dame, weiß und rot wie Porzellan, und sie hatte einen kleinen runden Mund, der aussah, als sei er vom vielen ›O‹-sagen selbst ein blutrotes O geworden. Sie war sehr erschrocken über meine Erklärung und zerdrückte in ihren Händen die Johannisbeeren, die sie hielt, so daß sie ganz rote Hände bekam.« Ja, die Engländerinnen, Botho hatte auch welche gekannt. Und nun sprach man von Engländerinnen und von andern Damen, endlich von Weibern im allgemeinen. Der Doktor hörte aufmerksam zu und lachte viel, indem er den Mund dabei weit öffnete.

Es begann sehr heiß zu werden, dichte Staubwolken hüllten den Wagen ein. Die Herren zogen die Kapuzen ihrer Staubmäntel über die Köpfe und wurden schläfrig. Einer nach dem andern schloß die Augen, nur der Doktor behielt seine runden, blauen Augen weit offen, er wollte keinen Augenblick des interessanten Erlebnisses versäumen.

Um die Mittagszeit wurde vor einem Kruge haltgemacht, die Pferde sollten ein wenig ausruhen, und die Herren gingen in die Krugstube, um dort ihren Imbiß zu nehmen. Die Stube roch nach Kalk und Bier, an den Fenstern lärmten zahllose Fliegen, und hinter seinem Schenktische schlummerte dick und erhitzt der Wirt. In einer Ecke des Zimmers saßen drei wandernde Musikanten vor ihrem Glase Bier, grau vom Straßenstaub, vor sich hinstarrend, als könnten sie sich vor Hitze und Müdigkeit nicht regen. »Auch Musik ist da, das ist gut«, sagte Karl Erdmann, und während Graf Lynck sorgsam das Frühstück auspackte, den Wein eingoß, ermunterte Karl Erdmann die drei schlaffen Burschen: »Spielt etwas, so was Patriotisches, einen Marsch oder ›Heil dir im Siegerkranz‹!«

Widerwillig zogen die Musikanten ihre Hörner hervor und spielten traurig und falsch einen Marsch, während die Herren frühstückten. »Köstlich, famos,« sagte der Doktor, »dieser Wein, diese Musik, diese ganze Lebenslage, unerhört interessant.«

»Margusch, bedien' die Herren«, rief der Wirt, und Margusch kam, eine seltsam grelle, farbige Gestalt, unter dem roten Kopftuch quoll das ungeordnete schwarze Haar hervor, in dem blanken, bräunlichen Gesicht saßen die Augen wie braunrote Glaskugeln, und der Mund sah aus, als hätte ein in Karmin getauchter Pinsel einen saftigen roten Fleck in das Gesicht gemacht. »Ein Farbkasten, die Person«, bemerkte Lynck. – »Neapel!« rief der Doktor begeistert. Da die Musikanten jetzt einen Walzer spielten, so erhob Karl Erdmann sich und tanzte mit Margusch, die dabei ganz ernst blieb, die Augen schloß und sich mit Gewalt drehte. Endlich war

Karl Erdmann atemlos, er ließ das Mädchen stehen und sagte: »Nun, meine Herren, jetzt können Sie tanzen.« – »Ich will lieber nach den Pferden sehen,« sagte Botho, »komm, Margusch.« Er erhob sich und ging mit dem Mädchen hinaus. Doktor Ulich rieb sich die Hände und murmelte: »Herrlich, herrlich. Ich bin glücklich, das zu erleben. Man denkt sich das alles ganz anders, ein Duell, mein Gott, und nun –.«

»Trinken Sie, Doktor,« sagte Karl Erdmann und schlug Ulich auf die Schulter, »Sie sind wirklich von einer erfrischenden Empfänglichkeit.«

Als die Fahrt fortgesetzt wurde, führte der Weg durch den Wald, an prachtvollen Föhrenstämmen hin und dann durch alten Tannenbestand, in dem es fast dämmerig war. Die Feierlichkeit des Waldes machte die Herren schweigsam, und nachdenklich ließen sie die großen Baumgestalten an sich vorüberziehen, sie machten ernste Gesichter, als müßten sie jetzt einer Zeremonie beiwohnen.

Bei Sonnenuntergang hielten sie vor der Waldhüterei. Ein niedriges Holzhaus stand zwischen den großen Tannen, daneben ein kleiner, offener Heuschober und ein Stall. Die Gebäude waren noch neu und schimmerten grell und unruhig aus der großen Ruhe des Waldesschattens heraus. Vor der Tür stand der Waldhüter, ein Riese, den Kopf und das Gesicht voll struppiger Haare, neben ihm seine Frau, hübsch und bleich, ein Kind an der Brust.

»Es ist alles fertig, wie die Herren es bestellt haben«, sagte der Waldhüter, und die Frau sah die Ankommenden ernst und feindselig an. Die Herren mußten durch eine dunkle Küche gehen, in der der Rauch ihnen die Tränen in die Augen trieb, dann kamen sie in die beiden Zimmer, die für sie bereitet waren. Es roch hier nach frischen Brettern, nach Harz und feuchtem Leim. »Herrlich,« rief Doktor Ulich, »man steht mitten im Märchen, man hätte Lust zu sagen, laßt die Hexe herein.« Graf Lynck verzog sein Gesicht: »Ja, wenn wir nur die zum Komfort nötig hätten, dann würde es ja gehen.«

Botho und Graf Lynck machten sich zum nahegelegenen Kruge auf, um mit den Herren, die dort ihr Quartier aufgeschlagen hatten, die Verabredung für morgen zu treffen. Doktor Ulich ging unter den Tannen auf und ab, den Hut in der Hand, um sich ganz in die Natur zu versenken. Karl Erdmann trat vor die Haustür. Es dunkelte schon stark, an der Hauswand lehnten zwei weiße Gestalten, ein großes Mädchen, nur mit Rock und Hemd bekleidet, und ein Bursche in einer weißen Leinwandhose. Sie standen schweigend da, ließen die nackten Arme schlaff niederhängen und kühlten sich. Auf einer niedrigen Holzbank saß in Tücher gewickelt und in sich zusammengebogen eine ganz alte Frau. Karl Erdmann setzte sich zu ihr auf die Bank. »Nun, Mutter, gut ist es hier«, sagte er.

»Kalt,« antwortete die Alte verdrießlich, »wie kann es gut sein, wenn es kalt ist, mir ist immer kalt.«

»Aber am Tage,« wandte Karl Erdmann ein, »wenn die Sonne da ist?«

Die Stimme der Alten wurde tiefer und böser, als sie erwiderte: »Die Bäume, die Luder, lassen sie nicht heran,« und dann wies sie mit einem seltsam knorrigen Finger zu dem Mädchen und dem Burschen hin, »die da schwitzen und mir ist kalt, anders ist es nicht. Ist man jung, dann ist einem zu heiß, ist man alt, dann friert man, anders ist es nicht.«

Durch die geöffnete Haustür klang das Wimmern eines Kindes, das Schelten einer Frauenstimme, Schritte nackter Füße auf Steinfliesen. Hinten im Stall grunzten Schweine, die beim Schlafengehen wohl in Streit geraten sein mochten. Die Finsternis sank immer tiefer hernieder. »Kalt, kalt«, sprach die böse Stimme der Alten zuweilen vor sich hin. Über dem allen aber, aus den schwarzen Wipfeln, ertönte das große Rauschen des Waldes langatmig und ernst. Karl Erdmann schloß die Augen, um ihm zuzuhören, um zu hören, wie es die kleinen, kummervollen Töne um ihn her überdeckte, als unwesentlich und sinnlos auslöschte. Es mag wohl sein, dachte Karl Erdmann, daß es sich in dem großen Rufen dort oben um andere wichtige Sachen handelt, als wir hier treiben.

Endlich kehrten Botho und Graf Lynck von ihrem Gange zurück. Botho rief nach Essen, und Graf Lynck ließ einen Tisch, Stühle und eine brennende Petroleumlampe an der Schmalseite des Hauses aufstellen. Dann begann er sehr sorgsam die Eßvorräte auszupacken und auf dem Tische anzuordnen. »So, meine Herren, das Souper ist bereit«, sagte er und setzte sich. Der Doktor rieb sich vergnügt die Hände, beugte sich mit seinen kurzsichtigen Augen nahe auf die Speisen nieder und murmelte: »Welche Herrlichkeiten! Da sind Rebhühner und Eier, und sogar Gänseleberpastete, und der göttliche Östricher! Was nimmt man zuerst? Ich möchte keinen Fehler begehen.«

»Nun,« meinte der Graf ernst, »ich würde zur Pastete raten, denn die Trüffel verlangt sozusagen eine noch jungfräuliche Zunge.«

»Ich danke, Herr Graf, ich werde mir das merken«, sagte der Doktor.

Eine Weile aßen nun die Herren eifrig und schweigend, allein nach dem dritten Glase Rheinwein vermochte der Doktor mit seiner Begeisterung nicht mehr an sich zu halten. »Wir tafeln hier, und hinter unsern Stühlen steht der Wald wie ein Diener, groß und schwarz.« – »Das ist allerdings ein wenig seltsam,« bemerkte Botho, »diese Dunkelheit da. Ich habe die ganze Zeit das Gefühl, als stünde dort jemand und schaute uns zu.« – »Sie schauen uns zu,« rief der Doktor, »sie schauen uns zu, die Bäume und die Sterne und die ganze große Natur. Wir sitzen hier wie auf einer kleinen mystischen Lichtinsel – –.«

»Sie schreiben wohl ein Tagebuch, Herr Doktor«, warf Graf Lynck ein. – »Warum?« fragte der Doktor. – »Nun, weil Sie jede Situation gern gleich druckfertig machen.« – Der Doktor errötete. »Früher als Junggeselle, ja, da schrieb ich alles nieder, aber jetzt, wo ich verheiratet bin, wozu! Ich erzähle meine Eindrücke meiner Frau, das ist einfacher.« – »So, so,« meinte Botho, »das mag gewiß ein Hauptvorteil der Ehe sein, daß man in ihr stets sein Publikum hat.« Aber der Doktor wollte sich in seiner Begeisterung nicht stören lassen. »Mystisch,« begann er wieder, »alles ist hier mystisch. Wenn wir bedenken, wozu wir hier sind –, und doch die Ruhe und Gemütlichkeit. Mut ist doch was Großes und Schönes.«

»Ach was, Mut«, brummte Karl Erdmann ärgerlich, und Botho versetzte zerstreut: »Mut, Mut, na ja, man hat Mut, wie man eine Nase hat.« – Das entzückte den Doktor vollends: »Das ist es ja; Ihnen ist das selbstverständlich; und überhaupt ein Duell, an sich ein Mysterium, eine erhabene Sinnlosigkeit, eine sakramentale Handlung, credo quia absurdum est. Wer hat einen Vorteil davon, bitte? Und doch welch eine Wirkung.« Graf Lynck lächelte ironisch: »Es ist ein Mittel gegen ein Übel. Sie, lieber Doktor, wissen doch auch nicht, wodurch die Mittel, die Sie Ihren Kranken eingeben, wirken.«

Die Waldhütersfrau kam, um die Teller fortzuräumen, und unterbrach das Gespräch. Die Herren zündeten die Zigarren an, füllten die Weingläser und lauschten eine Weile schweigend dem Rauschen des Waldes.

Endlich begann der Graf wieder, als hätte er in Gedanken das Gespräch fortgesetzt: »Man gewinnt nichts dabei, meinen Sie, na, darüber ließe sich doch manches sagen, aber wissen Sie, daß zuweilen beim höchsten Spiel der eine zwar einen für ihn sehr wichtigen Einsatz verlieren kann, der andere aber nichts dabei gewinnt als die Genugtuung über den Verlust seines Gegenspielers. Kein gutes Zeichen für die Liebenswürdigkeit der menschlichen Natur. Da erinnere ich mich, in Dresden einen Polen gekannt zu haben, von Kirbitzky hieß er, seine Leidenschaft und sein Beruf waren das Spiel. Da erzählte man mir eines Tages, Kirbitzky hat in vergangener Nacht in irgendeinem Cercle ein sehr hohes Spiel gespielt und alles, was er besaß, verloren. Als er nichts mehr zu setzen hatte, setzte er sein rechtes Ohr, das der Gegenspieler für einen ansehnlichen Betrag als Einsatz gelten ließ. Nun, Kirbitzky hatte Glück und gewann. Als ich bald darauf den Herrn traf, fragte ich ihn nach der Geschichte, und er bestätigte sie mir. ›Gut,‹ sagte ich, ›wenn Sie nun verloren hätten, was hätten Sie getan?‹ ›Ich hätte mir natürlich das Ohr abgeschnitten‹, sagte er, ›und hätte mir das Haar über die rechte Seite gekämmt, übrigens hat man Ihnen die Geschichte nicht ganz richtig erzählt. Als ich mein Ohr setzte und gewann, da bog ich die Karte.‹«

Doktor Ulich hatte vom Wein und der Erregung rote Backen und blanke Augen bekommen, er legte beide Hände an die Schläfen, als sei ihm der Kopf zu voll von Gedanken. »Unbegreiflich!« rief er. »Was ist der Mensch für ein unheimliches Wesen, ›un monstre incompréhensible‹, sagt Pascal; aber schließlich ist ein Ohr doch nur ein Ohr. Aber wenn der Tod sich hereinmischt, da wird die Sache feierlich. Immer, wenn wir eine Sache erhaben und feierlich machen wollen, muß immer irgendwie der Tod dabei sein. Haben Sie das nicht bemerkt, meine Herren?«

»Nun, das ist richtig,« meinte Botho, »so in Theatern und in Büchern und auch sonst wird ein bißchen Tod gern als Gewürz benutzt.«

»Und doch, man weiß immer noch nicht, was er ist«, sagte Karl Erdmann. Auf die drei andern wirkten diese Worte seltsam, sie machten Gesichter wie Leute, die sich einer Taktlosigkeit bewußt werden, und schauten Karl Erdmann ein wenig erschrocken an.

Dieser errötete und lachte verlegen. »Sie, Doktor,« sagte er, »haben da viel mit diesen Dingen zu tun, haben Sie nie etwas bemerkt, was einen Aufschluß geben könnte?«

Der Doktor zuckte die Achseln und sagte bedauernd: »Nein, wirklich, ich habe nichts bemerkt. Wenn der Patient den letzten Atemzug getan hat, wenn ich ihm die Augen zudrücke und die Morphiumspritze einpacke, dann kommt es mir vor, als würde ganz brutal vor mir eine Tür zugeschlagen. Ja, wirklich, ich komme mir geradezu hinausgeworfen vor.«

»Nicht sehr schmeichelhaft für die Menschheit,« knarrte Graf Lynck, die Zigarre zwischen den Zähnen behaltend, »der Tod ist nun eine millionenjahrealte Erfahrung, und es ist ihm doch gelungen, sein Inkognito zu wahren.«

Doktor Ulich trank hastig und erregt sein Glas leer und lächelte geheimnisvoll. »Und doch,« sagte er, »es gibt Augenblicke, in denen wir fast etwas zu wissen glauben.«

»Nun?« fragte Karl Erdmann und beugte sich ein wenig vor.

»Nein, nein, nicht wissen,« wehrte der Doktor ab, »wie sollte ich etwas wissen, aber ahnen, fühlen, wie es vielleicht sein könnte. Also wir sitzen auf unserer gelben Lichtinsel eng und gemütlich beieinander. Um uns steht die Finsternis ganz nah und unbekannt, aber wir wissen, dort rauscht es und weht es, dort treibt ein großes Sein sein Wesen. Und plötzlich entwische ich aus unserer Lichtinsel hinein in die große Finsternis. Ich verliere mich ganz in sie, ich schmelze in sie hinein. Werde ich dann nicht ein unendlich wohltuendes Strecken und Dehnen fühlen, ein Atmen, wie mit immer weiter werdenden Lungen, etwas wird sich in mir lösen, in das ich eingeschnürt war, etwas wird von mir abfallen, und was sich löst und was abfällt, das werde ich sein, das wird Friedrich Karl Ulich sein, und statt dessen werde ich auch als das große Wesen, als die große Finsternis, als das große Sein mein Wesen treiben. Das kann doch gut sein.« Er hatte laut und von seinen Worten hingerissen, gesprochen, aber plötzlich wurde er befangen, errötete und schwieg.

Graf Lynck schaute ihn neugierig an, dann lächelte er spöttisch und bemerkte: »Gott, ich weiß nicht, man hat sich nun mal an sich selbst gewöhnt.«

»Kalt, dunkel«, brummte Botho vor sich hin und schaute mit Abneigung in diese Dunkelheit, die sie da so eng einschloß. Ja, wirklich, es schien ihm, als bedrückte sie ihn, als würde es ihm schwer, zwischen diesen schwarzen Wänden zu atmen. Teufel, dieser Doktor mit seinen Visionen hatte nicht gerade einen heiteren Rausch. Alle schwiegen jetzt, rauchten und sannen vor sich hin. Endlich erhob sich Graf Lynck und sagte: »Ich denke, wir gehen schlafen, unsere Unterhaltung ist ja ohnehin so weit gediehen, daß es wohl nichts mehr zu sagen gibt.« Sie schickten sich an, ins Haus zu gehen, nur Karl Erdmann blieb zurück. »Kommst du nicht?« fragte Botho.

»Nein, geht nur,« erwiderte er, »der Wein hat mich heiß gemacht, ich will mich ein wenig abkühlen.« Damit ging er eilig in den Wald hinein.

Der breite Waldweg lag wie eine bleichere Finsternis zwischen dem Schwarz der Tannen. Hier unten war alles still und regungslos, oben aber ging eine starke Bewegung durch die Wipfel, ein dunkles Flattern, Sichneigen und Biegen. Wenn Karl Erdmann emporschaute, sah er zwischen den Zweigen Sterne auftauchen und verschwinden, sie schienen durch die Nacht zu laufen wie Funken durch eine verlöschende Kohle. Gespannt lauschte er in sich hinein, er wollte etwas von den Gefühlen entdecken, von denen der Doktor gesprochen hatte; dieses Hinschmelzen, dieses Lösen war etwas, das er gern erlebt hätte. Allein er spürte nichts, immer nur fand er sich selbst mit seiner Freudlosigkeit, die ihn heute quälte, mit einer kindischen Neigung, sich selbst zu bemitleiden, etwas Großes, Befreiendes wollte sich nicht einstellen, es war recht ärgerlich. Er begann schneller zu gehen. Auf einer kleinen Lichtung, an der er vorüberkam, lag der Nebel wie eine unsichere Helligkeit, ein Rehbock schreckte auf und brach bellend durch das Unterholz. Nein, dachte Karl Erdmann, ich bin wohl sehr weit davon entfernt, mit der Nacht eins zu sein, ich störe nur, sie bellt mich böse und leidenschaftlich an. Der Weg wurde enger, eine vom Wind gebrochene Tanne lag quer über ihn hingeworfen da. Karl Erdmann fühlte sich erschöpft und setzte sich auf den Stamm der Tanne. So würde es vielleicht eher gehen. Es gab doch indische Heilige, die jahrelang auf einem Flecke sitzen und nichts tun als von sich fortdenken, und die sich dann eins fühlen mit dem All oder so etwas. Er schloß die Augen, das Rauschen über ihm hatte etwas, das gefangennahm, emporhob, ein wenig schwindlig machte, es war nicht *ein* Rauschen, sondern es war, als kämen immer wieder neue, große Flügel herangesaust, und sie kamen von sehr weit, aus einem unendlichen Raum, und flogen eilig, eilig vorüber, von sehr weit, von sehr weit. Ja, als er das dachte, da war es dagewesen, das Gefühl, aber nun war es doch gleich vorüber. Nah vor sich hörte er jetzt ein Schnaufen und Blasen, eine unförmliche Gestalt schlich langsam über den Weg, ein Dachs auf seiner nächtlichen Jagd. Karl Erdmann regte sich nicht, um das Tier nicht zu verscheuchen, die Gegenwart dieses dicken Gesellen, der so gemütlich fauchend und blasend ganz nahe an ihm vorüberging, tat ihm wohl, die Unendlichkeit war fort, und der Wald wurde zu etwas Vertrautem und Gemütlichem, in dem man seine Höhle hat und seine vertrauten Wege, auf denen man nach Wurzeln und Käfern sucht. Als der Dachs fort war, fühlte Karl Erdmann sich einsam, er stand auf und machte sich auf den Heimweg. Das ist alles Unsinn, dachte er, was weiß denn der Doktor. Er war übrigens betrunken heute abend.

In der Waldhüterei war schon alles still. Als Karl Erdmann an dem offenen Schuppen vorüberging, sah er, daß der Bursche und das Mädchen fest aneinandergeschmiegt auf dem Heu lagen und schliefen. Die Küche war voll des eifrigen Schrillens der Heimchen, von nebenan wurden die lauten Atemzüge der schlafenden Waldhütersfamilie vernehmbar. Na ja, dachte Karl Erdmann, eng zusammenkriechen, beieinander sein, das ist schon verständlicher. Man ist eben noch nicht das All. Er wollte machen, daß er zu Bett kam, wollte an zu Hause, an den Garten, an Daniela denken, bis er einschlief.

Karl Erdmann erwachte davon, daß Doktor Ulich sehr gefühlvoll sagte: »Ach, lassen Sie ihn doch noch ein wenig schlafen.« Worauf Graf Lynck kühl erwiderte: »Es ist aber Zeit.« Karl Erdmann richtete sich auf und lachte den Doktor an: »Wissen Sie, Doktor, wie Sie das eben sagten? So, als ob Sie im Gefängnis am Bette eines Delinquenten ständen. Nun lassen Sie es gut sein, ich bin gleich fertig.«

Der Platz der Zusammenkunft war von der Waldhüterei zwanzig Minuten entfernt. Der Weg führte durch den Wald, die Tannen hingen voller Tropfen und hauchten eine empfindliche Kühle aus. Der Himmel war bewölkt und gleichmäßig grau. »Es ist fatal,« sagte Botho, »daß solche Affären immer zu so früher Morgenstunde stattfinden, das gibt ihnen etwas so ungemütlich Examenhaftes.« – »Gemütlich ist es nicht,« meinte Graf Lynck, »ich kannte einen merkwürdigen Herrn –.« »Hör', Ottomar«, unterbrach ihn Karl Erdmann, »es ist bewunderungswürdig, daß du zu so früher Morgenstunde schon einen Herrn gekannt hast, an den sich eine Anekdote hängt.« Graf Lynck zog bedauernd die Augenbrauen empor und behielt seine Geschichte für sich. Auf einer kleinen Waldlichtung fanden sie die Herren der Gegenpartei schon versammelt. Herr von Asch kam ihnen grüßend entgegen, klein, elegant, er lachte ohne besonderen Grund und zeigte dabei sehr weiße Zähne, die voller blanker Plomben waren. Dann kam auch Graf Wirks, Unparteiischer, ein starker Herr mit Kaiser-Friedrich-Bart und tiefer Stimme, er war sehr feierlich und gemessen. Der Referendar stand abseits, schmalschultrig und blond, der lange Schnurrbart, eben aus der Bartbinde entlassen, war zu stark noch oben gedreht und entstellte ein wenig das hübsche, junge Gesicht. Alle drei aber waren bleich und sahen aus wie Leute, die sich unbehaglich fühlen, weil sie zu früh aufgestanden sind. Während die anderen an das Abmessen der Distanz gingen, trat Karl Erdmann beiseite und zündete sich eine Zigarette an. Soll ich ihm auf die Beine halten, oder soll ich überhaupt nicht zielen, dachte er. Doktor Ulich trat zu ihm, seine blauen Augen waren rund, klar vor Erregung. Karl Erdmann lachte, als er ihn ansah: »Nun, Doktor, ein wenig Kopfweh von gestern?« – »Ach nein, das ist es nicht,« erwiderte Doktor Ulich, »obgleich ich fürchte, ich habe mich gestern ungehörig benommen. Es war taktlos, von diesen Dingen zu sprechen, aber das ist mein Unglück, ich bin zuweilen taktlos, und jetzt bin ich sehr aufgeregt –, Sie verstehen. Ich habe nie so etwas durchgemacht.«

»Beruhigen Sie sich«, meinte Karl Erdmann. »Sie werden sehen, es ist ganz undramatisch. Und was das gestrige Gespräch anbetrifft, so war es doch etwas Neues, denn Ottomar Lyncks diplomatische und meines Bruders militärische Anekdoten kenne ich schon alle. Aber jetzt ist es wohl Zeit anzutreten.«

Die Gegner stellten sich gegenüber, Karl Erdmann hielt seine Pistole und sah das Bein des Referendars an, ein ziemlich dünnes Bein, in einer grau in grau gestreiften Hose, es zitterte ein wenig; er friert wohl, dachte er. Dann begann Graf Wirks zu zählen, Karl Erdmann schoß, er wußte nicht, ob er auf das Bein des Referendars schoß, er hörte auch den Schuß seines Gegners, Graf Wirks zählte noch einen Augenblick, dann war es zu Ende. Karl Erdmann gab seine Pistole dem Grafen Lynck ab und steckte die Hände in die Taschen, weil sie ihm froren. Er sah zum Referendar hinüber und fand, daß dieser ziemlich ungelenk von einem Fuß auf den anderen trat, wie jemand, der in Verlegenheit ist, was er tun soll. Wahrscheinlich sehe ich jetzt auch ein wenig komisch aus, ging es Karl Erdmann durch den Kopf. Die Sekundanten schossen ihre Pistolen aus, Graf Wirks unternahm es, die Gegner zu versöhnen, endlich trat der Referendar auf Karl Erdmann zu und reichte ihm eine unangenehm weiche, kalte Hand. Man stand noch eine Weile beieinander, sprach von dem Walde und dem Wildstande, endlich trennte man sich. »Wir brauchen uns nicht zu sehr zu beeilen,« sagte Botho auf dem Heimwege, »wir können ruhig frühstücken, ich schicke einen reitenden Boten voraus, der wird zu Hause melden, daß an Bord alles gesund ist.«

Die Stimmung beim Frühstück war gedrückt. Graf Lynck gähnte viel, behauptete, schlecht geschlafen zu haben und klagte über Gerüche des Hauses. Botho war gereizt, und als Karl Erdmann etwas Militärisches erzählte, widersprach er ihm ironisch, und es entstand eine spitze Diskussion zwischen den Brüdern. Der Doktor schwieg. Später auf der Fahrt begannen Botho und Graf Lynck sofort zu schlafen. Auch Karl Erdmann war müde, die Augenlider wurden ihm schwer. Trotz des bewölkten Himmels herrschte drükkende Schwüle, dazu die dichten Staubwolken, die den Wagen umgaben, das Atmen erschwerten und in der Nase kitzelten. Karl Erdmann nickte zuweilen ein, fuhr immer wieder aus dem Schlafe auf, und jedesmal hatte er das seltsame Gefühl, als sei etwas Unangenehmes, Widerwärtiges geschehen. Er mußte sich auf sich selbst besinnen, sich sagen, daß nichts geschehen sei, im Gegenteil, alles war in bester Ordnung, es wurde weiter gelebt, und das war doch bequem und gemütlich. Einmal fiel sein Blick auf den Doktor, dieser schlief nicht, sondern saß da mit gesenktem Kopf, die Hände gefaltet, drehte die Daumen umeinander, und sein Gesicht hatte einen so mißmutigen Ausdruck, daß Karl Erdmann lachen mußte. »Doktor,« sagte er, »Sie sind verstimmt und enttäuscht.« Der Doktor fuhr auf: »Enttäuscht, o nein, Herr von Wallbaum, ich bin glücklich darüber, daß alles so gut abgelaufen ist, sehr glücklich.« – »Und doch«, wandte Karl Erdmann ein. Doktor

Ulich lächelte ein kindlich befangenes Lächeln: »Ja, ich weiß nicht, was das ist, wahrscheinlich liegt darin eine besondere Vornehmheit und Feinheit, daß alles so nüchtern und alltäglich aussah. Sie wollten doch dem Herrn Referendar nichts tun und er Ihnen auch nichts. Aber entschuldigen Sie, es ist wohl unschicklich, davon zu sprechen, natürlich liegt es an mir, ich hatte mich ein wenig aufgeregt, ich hatte sozusagen innerlich zu große Vorbereitungen getroffen; wir sind doch auch geizig mit unseren Erregungen, es verstimmt ein wenig, wenn wir an ein Erlebnis mehr Erregung gewandt haben, als nötig war. Es ist vielleicht, obgleich der Vergleich gewiß unpassend ist, es ist vielleicht doch etwas Ähnliches wie der Ärger, den wir fühlen, wenn wir uns im Hotel durch eine unnütze Anwandlung von Großartigkeit haben hinreißen lassen, dem Oberkellner ein zu großes Trinkgeld zu geben. Sie lachen, Herr von Wallbaum, und es ist gewiß lächerlich, was ich da sage. Eben mußte ich an etwas denken, etwas – aber es ist sozusagen eine literarische Reminiszenz.«

»O bitte, das macht nichts«, meinte Karl Erdmann fröhlich. »Ich verstehe zwar wenig von Literatur, aber ich habe nichts gegen sie.«

»Lichtenberg erzählt einmal,« begann der Doktor, »von einem Traum. Er steht auf einem Marktplatze und sieht zwei Männern zu, die ein Spiel spielen mit Würfeln, glaube ich. Nachdem er eine Weile mit Interesse zugesehen hatte, fragte er einen der Männer: ›Was kann man bei diesem Spiele gewinnen?‹ ›Nichts‹, antwortete der Mann. ›Was kann man verlieren?‹ fragte er gleich weiter. ›Nichts‹, antwortete der Mann. Und dieses Spiel schien mir ein sehr wichtiges Spiel, endet der Bericht. Schön, nur glaube ich, daß der Professor Lichtenberg, als er von diesem Traum erwachte, einen Augenblick etwas ärgerlich, etwas beschämt darüber gewesen ist, daß er das Traumspiel so wichtig genommen hatte. Übrigens, Kutscher, halten Sie an, hier geht ein Richtweg durch den Wald bis zu meiner Wohnung, ich möchte ein wenig gehen. Die Herren schlafen, ich will sie nicht stören, leben Sie wohl, Herr von Wallbaum, ich bin sehr glücklich, daß alles so gut abgelaufen ist.« Er schüttelte Karl Erdmann herzlich die Hand, sprang aus dem Wagen und schlug einen Fußpfad über eine Wiese ein. Karl Erdmann schaute ihm nach, wie er nachdenklich mit gesenktem Haupte dahinging, wie er sich allmählich aufrichtete, wie ein jugendliches, lustiges Sichwiegen in die Gestalt kam. Jetzt nahm er den Hut ab und streckte den Arm aus. Ich glaube, der Kerl singt, dachte Karl Erdmann, der ist froh, uns los zu sein. Wir kommen ihm wohl etwas unheimlich, vielleicht ein bißchen lächerlich vor. Ein wunderlicher Kauz mit seinen inneren Vorbereitungen, eigentlich eine Frechheit, was er da gesagt hat, und doch – er dachte an die Nacht im Park, an Danielas Tränen, die auf sein Gesicht fielen, an die schmerzhafte und doch so wundervolle Gespanntheit seiner Seele in jener Nacht. Es mochte nicht ganz leicht sein, da wieder anzuknüpfen, als sei nichts geschehen. Aber schließlich war er doch nicht verpflichtet, tot zu sein; und als es gegen Abend kühler wurde, der westliche Himmel sich rot und golden färbte, und aus den Wiesen und Feldern der Sommer wieder stark und süß zu duften begann, da erschien dieses Anknüpfen ans Leben Karl Erdmann immer leichter. Als endlich am Ende der Allee das Haus auftauchte und die Freitreppe, auf der sich im Abendlichte Gestalten in hellen Sommerkleidern bewegten, da freute er sich wieder stark auf das Leben, das ihn dort erwartete.

Leo rief »Hurra«, und Frau von Wallbaum lehnte ihren Kopf an Karl Erdmanns Brust und weinte: »Ach, diese schrecklichen Sachen, die die Männer tun«, klagte sie. Aber Herr von Wallbaum klopfte ihr auf den Rücken und beruhigte sie: »Nun, nun, jetzt ist's ja vorüber, jetzt braucht man nicht mehr davon zu sprechen und daran zu denken.« – »Ach ja,« sagte Frau von Wallbaum und wischte sich die Augen, »jetzt braucht man an diese schrecklichen Dinge nicht mehr zu denken.«

Karl Erdmann sah sich nach Daniela um. Sie stand ein wenig abseits und schaute sich ruhig, als gehörte sie nicht dazu, die Familienbegrüßung an. Als Karl Erdmann auf sie zutrat, reichte sie ihm die Hand und sagte: »Nun also.« Er wollte ihr in die Augen sehen, sie aber sah an ihm vorüber, das kränkte ihn. Allein er tröstete sich, jetzt hatte er ja Zeit, es war doch gut, wenn man nicht mehr Eile zu haben braucht.

Die Familie wartete heute einigermaßen gespannt auf das Abendessen, große Krebse waren angekommen und sollten serviert werden. Herr von Wallbaum beriet mit Graf Lynck und Botho über den Moselwein, der dazu getrunken werden sollte, auch Karl Erdmann interessierte sich für den Moselwein. Die Mahlzeit gestaltete sich nun auch sehr angeregt, und Karl Erdmann faßte die Heiterkeit um ihn her als Ovation für sich auf, er wurde ganz ausgelassen. Zuweilen schaute er zu Daniela hinüber, sie war ja doch der eigentlichste tiefste Grund seiner Heiterkeit und seines Glückes. Sie saß wieder so da, als hätte sie keinen rechten Anteil an der Familienheiterkeit, die wohlwollende Fremde, die von der Familie ein wenig abrückt. Sie sollte nur abrücken, Karl Erdmann wußte wohl, von ihm konnte sie nicht fortrücken. Er fühlte sich ordentlich erhoben von dem starken männlichen Besitz- und Machtbewußtsein.

Nach dem Essen auf der Veranda mußte Karl Erdmann neben seiner Mutter sitzen, sie hielt seine Hand und erzählte vom gestrigen Tage, und er empfand es wieder, daß es nichts Beruhigenderes gab als diese Stimme. Es war die alte Kindergewohnheit, und das Kind hatte gewußt, daß, wo diese Stimme erklang, ihm nichts geschehen konnte. Während er behaglich zuhörte, versuchte er unter den Gestalten, die sich vor ihm im Dunkeln auf der Veranda bewegten, Daniela zu erkennen. Dort war sie, schmal, weiß, aufrecht, gefolgt von dem leisen Rauschen ihrer Schleppe. Jetzt stieg sie einige Stufen der Treppe hinab, jetzt stand sie und sprach mit jemand. Es war Dorn. »Ach, Herr Dorn,« sagte sie, »ich habe meine griechische Lektion für morgen noch nicht gelernt, wie werde ich morgen bestehen.« – »Morgen, gnädige Frau,« erwiderte Dorn, »bis morgen ist es noch eine Unendlichkeit hin.«

Karl Erdmann ärgerte sich darüber, daß dieser Herr die einfachsten Dinge so pathetisch sagte, als sollte es eigentlich eine Liebeserklärung sein. Als Daniela gleich darauf allein auf dem Gartenwege stand, ging er zu ihr hinüber. »Daniela,« sagte er leise und heiser vor Erregung, »für Sie – für dich scheint es, bin ich noch nicht zurückgekommen.« Er griff nach ihrer Hand, die einen Augenblick kühl und schlaff in der seinen lag und sich ihm dann entzog. »Bitte, lassen Sie«, sagte Daniela. »Ach, Karl Erdmann, Sie gehören auch zu jenen, die nie verstehen.« Karl Erdmann schwieg, starrte vor sich ins Dunkle hinaus – nein, er verstand nicht, er wußte nur, daß er sich plötzlich so elend fühlte, daß er fror. Daniela war nicht mehr neben ihm, er stand allein da und sann. Eine große Wut stieg in ihm auf. »Was will sie?« murmelte er vor sich hin. Er ging abseits, sich in eine dunkle Ecke der Veranda zu setzen. Das Gespräch der anderen klang jetzt wie etwas Fernes, das ihn nichts anging, zu ihm herüber. Jemand rief: »Karl

Erdmann!« Er antwortete nicht, er drückte sich in seine Ecke und versuchte zu verstehen.

Durch die Stille des nächtlichen Gartens kam ein Ton, ein kurzer, trockener Ton. »Es war ein Schuß«, sagte Herr von Wallbaum. – «Ja, drüben im Park«, sagte Botho. Nun hörte man hastige Schritte über den Kies laufen, sie kamen aus der Allee auf die Treppe zu. Jemand im hellen Kleide blieb vor der Treppe stehen, und man hörte ein lautes Weinen. »Was gibt es?« rief Herr von Wallbaum und stieg die Treppe hinab, »wer ist da? Sie, Lina? Wo kommen Sie her? Was ist denn geschehen? Wer hat geschossen?« – »Ach Gott, ach Gott,« jammerte Lina, »ich weiß nicht, wir – ich war drüben am Teich, da hat einer geschossen. Jetzt liegt er auf der Bank unter dem Ahorn.«

»Wer denn? So sprechen Sie, Mädchen«, herrschte Herr von Wallbaum sie an.

»Aristides Dorn«, sagte jemand. Karl Erdmann trat schnell zu den anderen; war es nicht Daniela gewesen, die ›Aristides Dorn‹ gesagt hatte? Eine große Aufregung entstand jetzt, Herr von Wallbaum rief nach den Dienern, nach Laternen. Von allen Seiten kamen Leute, und man machte sich auf, in den Park zu gehen. Karl Erdmann ging mit, aber er war noch so in seine Gedanken versunken, daß er ein wenig zurückblieb. Warum hatte Daniela ›Aristides Dorn‹ gesagt, wie wußte sie das? ›Sie sind von denen, welche nie verstehen‹, hatte sie gesagt, und nicht zu verstehen, sie nicht zu verstehen, empfand er als quälende Demütigung. Die anderen waren schon an der Bank unter dem Ahorn angelangt, als Karl Erdmann sie einholte. Auf dem Boden lag Aristides Dorn ausgestreckt, die Laternen beleuchteten hell sein Gesicht, das von einer graugelben Blässe und leicht verzogen war, wie im Schmerz oder als wollte es weinen. Von der Schläfe lief ein dunkler Blutstreif auf die Wange herab. Bei ihm aber kniete Daniela, sie hatte den Kopf des Toten auf ihre Knie gelegt, beugte sich auf ihn nieder und strich ihm sanft mit der Hand die schwarze Locke aus der Stirn. Zuweilen erhob sie den Kopf und sagte etwas zu den Umstehenden. Ihre Wangen waren leicht gerötet, ihr Gesicht feucht von Tränen, und ihre Augen hatten den strahlenden Glanz überstarken Fühlens, der auch im Schmerz etwas wie die Erregung eines Glückes in sie hineinlegte. Karl Erdmann sah all das ganz deutlich, ja, er sah nur das, so furchtbar ergriff ihn diese bei dem

Toten kniende Frau. Männer kamen mit einer Art Tragbahre, auf die Aristides Dorn gelegt wurde, und dann setzte sich der Zug langsam dem Hause zu in Bewegung. Daniela ging neben der Bahre her, als würde dort etwas getragen, das ihr gehörte. Am Hause gab Herr von Wallbaum leise seine Befehle, die Leiche sollte in dem leeren Zimmer neben dem Wintergarten aufgebahrt werden, Leute sollten nebenan wachen, der Arzt mußte geholt werden, der Totenschau wegen. Karl Erdmann wurde es unerträglich, bei der Bahre zu stehen, er ging ins Haus.

Im Gartensaal standen die Frauen verschüchtert beieinander. Als Karl Erdmann eintrat, schauten ihn alle aufgeregt an. Er nickte und sagte leise: »Ja, es ist Dorn.« Er wollte nicht mehr sprechen, stellte sich an ein Fenster und schaute hinaus. »Warum?« fragte Frau von Wallbaum. Er zuckte die Achseln. Lina, die in einer Ecke des Zimmers stand, begann laut zu weinen und wurde von Frau von Wallbaum zur Ruhe verwiesen. Als dann auch Leo heftig zu weinen begann, mußte ihm Lina Wasser holen. Dann schwiegen alle, saßen da und schauten vor sich hin, als warteten sie auf etwas. Einmal sagte Frau von Wallbaum zu Lina: »So schließen Sie doch die Gartentür, es ist unerträglich, so ins Dunkle hineinzusehen.« Endlich kamen die anderen. Herr von Wallbaum hatte das Bedürfnis, laut und schnell zu sprechen: »Fatal, sehr fatal. So ein junger Mensch schießt sich tot mir nichts dir nichts. Und warum? Keiner hat ihm was getan. Aber das ist die Schlappheit der heutigen Jugend. Keine Zucht. Zu meiner Zeit schoß man sich tot, wenn der Karren so verfahren war, daß er nicht mehr weiterging. Die heutigen jungen Leute machen ihren Abendspaziergang und schießen sich eine Kugel durch den Kopf, wie ein anderer sich eine Zigarette anzündet. Widerlich.« Er ging in das Eßzimmer hinüber, trank einen Kognak, kam dann zurück, sprach weiter: »Kann einer mir sagen warum? Hat einer eine Ahnung warum?« Da niemand antwortete, ließ er sich in seinen Sessel fallen und schwieg auch. Als eine Tür aufging, schreckten alle ein wenig zusammen.

Daniela erschien. Sie kam aus ihrem Zimmer, hatte einen schwarzen Mantel umgelegt und ging eilig zur Gartentür. Einen Augenblick blieb sie stehen und sagte zu Frau von Wallbaum: »Ich gehe noch hinüber.« Dann verschwand sie. Alle schauten ihr nach, als hätte etwas Unerklärliches sich eben ereignet. Graf Lynck trat an das Fenster, um hinauszuschauen. »Was tut sie?« fragte Herr von

Wallbaum leise. – »Jetzt pflückt sie die Lilien«, berichtete Graf Lynck. – »Meine Lilien!« klagte Frau von Wallbaum leise. – »Jetzt geht sie in den Wintergarten«, meldete Graf Lynck weiter. Herr von Wallbaum schlug sich mit der flachen Hand auf das Knie: »Ist denn heute alles toll geworden! Weiß einer, was die Daniela mit diesem jungen Menschen zu tun hat. Lauter ganz unverständliche Sachen!« Graf Lynck lächelte sein überlegenes Lächeln und meinte: »Es gibt eben Frauen, die nicht genug fünfte Akte erleben können.« Aber Herr von Wallbaum ärgerte sich darüber: »Das ist eine Redensart, mein Lieber, im besten Fall ein Witz, erklärt aber nichts.« Da keiner Lust zu haben schien, eine Erklärung zu geben, erhob sich Herr von Wallbaum: »Jetzt ist nichts zu machen. Wenn der Doktor kommt und so, gibt es Schreibereien genug für mich, also gute Nacht.« – »Ja, gehen wir,« sagte Frau von Wallbaum, »nicht wahr, Mann, du kommst bald nach.« – »Ich schlafe heute Nacht bei Oda«, sagte Heida, und »Lina schläft bei mir«, verkündete Fräulein Undamm.

»Wovor fürchtet ihr euch denn?« fragte Botho erstaunt.

»Des armen Herrn Dorns wegen,« meinte Heida, »fürchte ich mich nicht. Das eigentlich Unheimliche ist Daniela.«

So zogen sie sich alle zurück, nur Karl Erdmann blieb und ging unruhig im Saale auf und ab. Er konnte Daniela nicht allein lassen dort bei dem Toten, die anderen alle verließen sie, flüsterten über sie, fürchteten sich vor ihr. Ein qualvolles Mitleid stieg in ihm auf. Mit der Liebe und der Eifersucht hatte er Not genug, nun kam noch dieses Mitleid und machte ihn vollends wehrlos und krank. Ich gehe zu ihr, beschloß er und stieg in den Garten hinunter. Er näherte sich dem Wintergarten, um durch das Fenster zu schauen. Das große, weißgetünchte Zimmer war von Kerzen hell erleuchtet, auf einem weißen Ruhebette lag Aristides Dorn, seine Züge hatten jetzt eine strenge, überlegene Ruhe, die Locke lag tintenschwarz auf seiner bleichen Stirn. Ein großes Büschel Lilien war ihm auf die Brust gelegt. Abseits in einer Ecke saß Daniela in einem Gartenstuhl, fest in ihren Mantel gewickelt. Sie schaute tief in Gedanken gerade vor sich hin und ihr Gesicht hatte einen aufmerksamen und belebten Ausdruck, wie sie ihn zuweilen in Gesprächen hatte, die ihr Gefühl erregten. Karl Erdmann öffnete leise die Tür und trat ein. Daniela schreckte ein wenig zusammen und wandte sich nach ihm um. »Sie, Karl Erdmann, warum kommen Sie?« fragte sie flüsternd. – »Ich komme Sie holen, Daniela«, antwortete er ebenso leise. »Sie dürfen hier nicht allein bleiben, kommen Sie zu uns.« Daniela wandte ihren Kopf wieder von ihm ab und sagte abweisend: »Ach nein, ich bleibe noch ein wenig, ich glaube, es würde ihm wohltun, wenn er wüßte, daß ich hier bei ihm sitze.«

Karl Erdmann zuckte die Achseln: »Er? – Ihm können wir doch nicht helfen.«

Daniela schien das nicht zu hören, sie sprach weiter, erhob ein wenig die Stimme, als spräche sie dort zu dem Toten hinüber: »Wissen Sie, daß sie einen Zettel bei ihm gefunden haben, auf dem hat er in seiner guten ordnungsliebenden Art geschrieben: ›Der Ordnung wegen bemerke ich, daß ich freiwillig aus dem Leben gehe‹, ich weiß aber, daß er um mich gestorben ist.«

»Ein Kranker,« unterbrach Karl Erdmann sie ungeduldig, »er hat es mir selbst gesagt, daß er krank war.«

Daniela lächelte wie zu einer Torheit: »Sie wissen nicht, Karl Erdmann, wie schrecklich es ist, wenn etwas so unendlich Großes wie solch eine Liebe uns ganz nahe gewesen ist, und wir haben sie nicht beachtet, und wir haben es geschehen lassen, daß sie sich still fortschleicht.«

»Seine schwächliche Liebe«, stieß Karl Erdmann mühsam vor Erregung heraus, aber Daniela unterbrach ihn: »Sagen Sie nichts, Karl Erdmann, Sie können das nicht verstehen, bitte, gehen Sie, stören Sie uns nicht, Ihnen kann es doch gleich sein, ob ich hier sitze oder nicht.« Sie lehnte den Kopf zurück und schloß die Augen.

Karl Erdmann stand noch da, er sah zu Aristides Dorn hinüber, schaute dies Gesicht an, das so streng und überlegen zwischen den weißen Lilien lag, und ein heißes Gefühl des Zornes schnürte ihm die Kehle zusammen, und dann schämte er sich dieses Zornes gegen den hilflosen Toten. Leise verließ er das Zimmer.

Draußen in der lauwarmen Dunkelheit begann er langsam wie eine Schildwache vor dem Wintergarten hin und her zu gehen. Aber Aristides Dorns bleiches Gesicht stand deutlich wie eine Vision vor seinen Augen, und dann war es nicht mehr das Gesicht des Toten dort, sondern des Lebenden, wie er in der Morgendämmerung auf der Bank gesessen hatte, die frierenden Lippen lächelten mühsam ihr hochmütiges Lächeln und sagten: ›Sie vertragen hier keinen Alltag, da kommt ein armer Werktagsmensch nicht auf, der zählt nicht.‹ Karl Erdmann blieb stehen, ein Gedanke, der ihm durch den Kopf schoß, erschütterte ihn. Aristides Dorn hatte nicht mehr alltäglich sein wollen, und er, Karl Erdmann, war wieder alltäglich. Jetzt verstand er, aber das Verstehen war bitterer noch als das Nichtverstehen.

Am nächsten Morgen reiste Daniela von Bardow ab. Sie nahm nur von Frau von Wallbaum Abschied. »Ich danke dir für deine Liebe«, sagte sie. »Dieses traurige Ereignis hat mich so seltsam verwirrt, daß ich euch zu stören fürchte. Ich passe nicht mehr in euer freundliches Leben.« Frau von Wallbaum weinte zwar ein wenig, fühlte sich aber Daniela gegenüber befangen. Aristides Dorn wurde in seine Heimat gebracht, um dort bestattet zu werden, und nur wenige der langen Sommertage waren nötig, damit all diese Geschehnisse recht weit zurückzuliegen schienen. – Frau von Wallbaum stand im Morgensonnenschein wieder auf der Veranda, und als Karl Erdmann zu ihr trat, stützte sie sich auf seinen Arm und begann die Gedanken auszusprechen, die sie eben beschäftigt hatten: »Nun sind wir wieder in unserer Ordnung, nur meine Lilien sind fort. Es ist so sicher, nur die Seinen um sich zu wissen; denn mit den Fremden, man weiß nie – –. Daniela habe ich sehr geliebt, ich glaubte sie zu kennen, und dann plötzlich in einer Nacht wird sie jemand ganz Unbekanntes, Unverständliches. Nun, das ist vorüber, und wir haben wieder unser gutes bekanntes Leben. Morgen, denke ich, lasse ich die Pflaumen abnehmen, es wird Zeit sein, ich will noch einmal nachsehen.« Damit verließ sie Karl Erdmann und ging in den Garten hinab. Er blieb auf der Veranda stehen und pfiff leise vor sich hin. Das gute bekannte Leben –, er hatte nichts dagegen, aber wenn er es recht bedachte, war für ihn der Inhalt dieses guten Lebens doch nur ein beständiges Zurückdenken an die Tage, die eben vergangen waren. Das war kaum mehr erregend, sondern wie ein stets gegenwärtiger Traum, der die friedlichen Vorkommnisse der Tage begleitete. Karl Erdmann stieg auch in den Garten hinab, um zu Oda zu gehen, die drüben unter den Bäumen in der Hängematte lag. Er lehnte sich neben sie an einen Baum und schaute sie an. Es war hübsch, wie die Blätterschatten rege über das schöne blonde Mädchen hinflirrten und hinrieselten.

»Nicht wahr, Karl Erdmann,« sagte Oda, indem sie in die Baumkronen hinaufblickte, »dir erscheint der Garten wohl jetzt sehr leer und einsam. Das kenne ich. Immer, wenn jemand fort war, den ich liebte, schien es mir, als könnte es nichts Einsameres geben als diesen Sonnenschein auf diesen Rasenplätzen.« –

»Ich denke, ich werde abreisen zum Regiment«, sagte Karl Erdmann.

Oda hob die Arme, schob sich die gefalteten Hände in den Nacken und reckte behaglich ihre ganze Gestalt. »So, du willst fort«, sagte sie. »Ja, vielleicht ist das gut. Ein Kummer hier bei uns vergeht nicht, es ist hier zu geschützt, er gedeiht hier zu gut, wie alles, wie die dicken Rosen und die großen gelben Pflaumen.«

»Und wird süß wie sie, würde Aristides Dorn sagen«, ergänzte Karl Erdmann.

»Hat das der arme Herr Dorn gesagt?« fuhr Oda fort. »Er wird süß, ja, das auch, er wird zu einer Beschäftigung und reiht sich sanft in das Leben ein. Vorigen Tag hörte ich, daß Heida nach mir fragte, und Leo antwortete: ›Du weißt doch, von elf bis zwölf liegt Oda in der Hängematte und ist traurig.‹ So ist es auch, wir wehren uns hier nicht. Wir liegen in der Hängematte und lassen uns von unserem Kummer einhüllen und einwiegen. Nein, ich glaube, ein Mann, der noch etwas tun will, der sollte mit seinem Kummer nicht hier bei uns bleiben.«

HARMONIE

Erzählung

(1921)

Die Station war zwei Stunden von dem Schloß entfernt. Als Felix von Bassenow sich dort in seinen Wagen setzte, war die Sonne im Untergehn. Felix drückte sich behaglich in die Wagenecke und zog die Reisedecke über die Knie hinauf. Die nordische Frühlingsluft fühlt sich ein wenig scharf an, wenn man von dort unten aus der Sonne kommt: »Sieh – sieh!« dachte er, »hier sind ja auch Farben!« Die Wolken am letzten Abend in Amalfi waren nicht blanker gewesen, als er auf der Hotelterrasse stand und die kleine Engländerin neben ihm immer wieder: O – luck – luck sagte und ihn mit ihren seltsam wassergrünen Augen ansah, als meinte sie nicht den Himmel, sondern sich selbst. Aber beruhigter war es hier, und der Duft! Teufel! Man wagte kaum seine Zigarre anzustecken.

Der Wagen fuhr durch Felder hin. Ebnes, grellgrünes Land, über das seidige, blaue Schatten hinschillerten. Leute kamen von der Arbeit. Sie mochten Gerste gesät haben. Langsam ging einer hinter dem andern her, graue Gestalten, denen das Abendlicht die Gesichter rot malte. Weiber standen am Wege in ihren farbigen Kamisolen, sehr bunt und schwer in all dem Grün. Sie schützten die Augen mit der Hand und schauten dem Wagen mit einem starren Lächeln nach.

Felix freute sich, das wiederzusehen. Aber es war unterhaltend, – wenn er die Augen schloß, war all das fort und ganz andere Bilder drängten heran, Stücke von Bildern, kleine, grelle Visionen, die nicht zur Ruhe kommen konnten, wie wirr durcheinanderfuhren, wie aufgescheucht. Immer viel tiefes Blau, gewaltsames Licht über großen, starren Linien. Ein roter Blütenzweig auf dem gelblichen Atlas einer Felswand. Die Berührung eines Frauenkörpers, einer Haut, in die es sich wie Bernstein mischte. Der leidenschaftliche Mißton eines Kamelgeschreies in der Stille einer ganz blauen Nacht.

Wenn er dann wieder die Lider aufschlug, erschien das grüne Land, über das rote Lichter hinstrichen, in seiner Stille und Kühle fremd und unwahrscheinlich. Er mußte darüber lächeln, wie all diese Bilder in ihm stritten, um für ihn wirklich zu sein.

Die Abendlichter verblaßten. Der Weg führte jetzt durch den Wald. Unter den Bäumen war es finster. Hier und da leuchtete ein weißer Birkenstamm aus dem Schwarz des Nadelholzes, darüber wurde der Himmel farblos und glasig. Die bleiche Dämmerung der Frühlingsnacht sank auf die dunklen Wipfel nieder. Es war sehr ruhevoll. Dennoch schien es, als kämen sie im Walde, in dieser Luft, die erregend voll der bitteren Düfte von Knospen und Blättern hing, nicht recht zur Ruhe: ein Flügelrauschen, der verschlafne Lockton eines Vogels. Heimlich knisterte und flüsterte es im Dunkeln. Sehr hoch im weißen Himmel erklang noch das gespenstische Lachen einer Bekassine, und plötzlich begannen zwei Käuze einander zu rufen, leidenschaftlich und klagend.

Etwas wie heimliche Brunst atmete all das aus. Die beiden blonden Burschen auf dem Kutschbock, die abstehenden Ohren sehr rot unter den Tressenmützen, fingen an miteinander zu flüstern und zu kichern. Weit fort hinter dem Walde begann ein Mann zu singen, eine eintönige Notenfolge, ein langgezogenes, einsames Rufen.

Felix saß regungslos da. Die Lippen halb geöffnet, atmete er tief. Alles Fremde war fort. Er war zu Hause. Bei jeder Biegung der Straße wußte er, was nun kommen würde, und nun wußte er auch, daß er sich danach gesehnt hatte. Er hatte es satt, durch die Welt zu fahren, nur ein Gefäß für fremde Eindrücke, immer sich mit Schönheiten füttern zu lassen, die ihn nichts angingen, immer nur das zu haben, was alle andern auch hatten, nie die Hauptperson zu sein. Er wollte wieder Arbeit, Verantwortlichkeit – Befehlen, wieder Herr – etwas wie der liebe Gott sein, wollte es spüren, wie seine laute Stimme den großen, blonden Bauernjungen in die Glieder fährt.

Auf einer Waldlichtung stand der Waldkrug. Durch die kleinen Fensterscheiben schielte etwas unreines, rötliches Licht in die Mainacht hinaus. Die Krugsleute saßen vor dem Hause auf einer Bank, die Hände flach auf die Knie gelegt. Im Garten blühte der Faulbaum. Sein gewaltsamer Duft benahm fast den Atem.

Der Wagen hielt vor dem Krug. Hier sollten die Pferde sich verschnaufen. Der Kutscher und der Diener bekamen Bier. Das war alte Gerechtigkeit.

Die Wirtin brachte das Bier. Sie stand wartend neben dem Wagen, eine junge Frau, groß wie ein Mann. Sie legte die Hände flach auf ihren mächtigen, gesegneten Leib und schaute aus den blauen Augen Felix schläfrig und unverwandt an, als sei er eine Sache.

Der Wirt trat heran, im roten Gesicht viel blondes Bartgestrüpp. Er begrüßte den Herrn und berichtete. Ja, er hatte die Tochter des früheren Krügers geheiratet. Der Alte war gestorben. Die Mutter lebte noch, aber war zu nichts mehr nutze. Das Land war schlecht. Rehe kamen heraus und taten den Feldern Schaden. Was konnte man machen!

Zerstreut hörte Felix der knarrend forterzählenden Stimme zu und schaute dabei zu der hohen Werfschaukel hinüber, die neben dem Kruge aufragte. Auf dem schmalen Brett standen ein Mädchen und ein Bursche, Brust an Brust und schaukelten. Immer wieder flogen die beiden schwarzen Figürchen in den dämmerigen Himmel hinauf und fielen immer wieder in den Schatten zurück, rastlos und schweigend.

Als Felix weiter fuhr, wollte er an dieses Bild denken, das beruhigte und machte ein wenig schläfrig, allein jetzt kamen andere Gedanken, Gedanken, die die ganze Zeit über da in ihm gewartet hatten, daß sie an die Reihe kämen.

Solche Frühlingstage waren es gewesen, als er vor zwei Jahren seine junge Ehe begann. Die Ehe hatte er sich immer hübsch gedacht, aber er hatte es nicht gewußt, daß sie so unterhaltend sein konnte. Es war zu merkwürdig, dieses kleine Mädchen mit dem schmalen, geistreichen Gesicht immer bei sich zu haben, zuzusehn, wie selbstherrlich dieses halbe Kind das Leben für sich zurecht bog, alles ruhig fortschob, was ihm nicht recht war, genau wußte, wie es das Leben wollte: »Nein, ich danke, das ist nicht für mich.« Damit tat Annemarie alles ab, was nicht zu ihr stimmte. Der echte, letzte Sproß einer Rasse, die immer davon überzeugt gewesen war, daß für sie die Auslese des Lebens bestimmt sei. Annemariens Vater, die Exzellenz, hätte auch um keinen Preis einen Wein getrunken, der ein wenig nach dem Korken schmeckte, und ihm schmeckte ein Wein sehr leicht nach dem Korken. Auch von ihm, ihrem Mann, konnte Annemarie nur eine Auslese gebrauchen, sie sah das, was ihr an ihm gefiel, das andere wies sie ab mit dem leichten, ein wenig grausamen Zucken der Lippen, das er fürchtete. Gott! er hatte sich oft höllisch zusammennehmen müssen, um so zu sein, wie sie ihn sah.

Zwischen den hohen Föhren war es dunkel und feierlich still. In dieser Dunkelheit sah er Annemarie so deutlich wie eine Vision, das weiße Körperchen mit den abfallenden Schultern, den feinen Gelenken, den kleinen, spitzen Brüsten, diese Haut, die bleich und glatt war wie Blätter von Blumen, die im Schatten blühn.

Aus Bildern hatte er sich nie viel gemacht. Man steht einen Augenblick davor und dann ist es gut. Aber in Rom, in einer Galerie, war da ein Bild gewesen, zu dem er öfters gegangen war. Da saß auch solch ein kleines, schmales Mädchen, eine Danae, stand im Katalog, auf einem blauen Lager, und das hatte auch den kühlen Perlmutterglanz auf den schmächtigen Gliedern, und das nahm die Liebe des Gottes mit einer vornehmen Selbstverständlichkeit hin, wie etwas Hübsches, das ihm zukäme. Vor diesem Bilde hatte er an Annemarie gedacht.

Zwischen den schwarzen Wänden der Föhren schien es wärmer. Der Frühling duftete hier schwüler. Felix' Lippen wurden heiß, in seinem Blute fieberte wieder das köstliche Gefühl, das ihn ergriff, wenn er Annemarie in die Arme nahm – das Gefühl, etwas sehr Erregendes und Kostbares zu halten.

– Aber, da war ja das andere, das Schreckliche gekommen, das Kind und der Tod des Kindes und diese grausame Krankheit. Annemarie kauerte auf ihrem Bette, die Augen angstvoll weit aufgerissen, und horchte hinaus und hörte Dinge, die sie schreckten, vor denen sie geschützt sein wollte und er wußte nicht wie. Oder sie saß stundenlang teilnahmlos da und spielte mit kleinen, weißen, blanken Sachen, Perlmutterdöschen und Messerchen, die Sachen konnten nicht weiß und blank genug sein. Sie wurde in ein Nervensanatorium gebracht, und Felix ging auf Reisen. Es war vielleicht herzlos, daß er reiste, aber er wollte von diesem Mitleid loskommen, das wie eine Krankheit an ihm zehrte. Selbst einen Schmerz ertragen, das ging, aber gegen Mitleid konnte er sich nicht wehren.

Jetzt war Annemarie gesund. Frau von Malten, ihre alte Freundin und Gesellschafterin, hatte geschrieben: »Sie ist ganz wieder unser lieber Engel wie sonst. Ein wenig zart und reizbar, aber wie gern schützen wir sie vor allem, was sie verletzen könnte.«

Die Lichter des Schlosses schimmerten schon durch die Parkbäume. Der frisch gestreute Kies knirschte angenehm unter den Rädern. Über der Haustür des Schlosses hing ein Transparent, auf dem »Willkommen« stand, und im Dunkel bewegten sich Gestalten und sangen einen Choral. Felix freute sich darüber. Ein angenehmes Herrengefühl kitzelte ihm das Herz.

Frau von Malten, in ihrem schwarzen Schleppkleide, das schwarze Spitzentuch um das scharfe, gelbe Gesicht, stand im weißen Türrahmen des Speisesaals und begrüßte Felix mit ihrer diskreten, ein wenig traurigen Stimme: »Willkommen! Gott segne Sie.« Hinter ihr war der Saal ganz hell. Die Goldborten flimmerten im weißen Getäfel.

»Und Annemarie?« fragte er.

»Annemarie schläft schon,« berichtete die diskrete Stimme, »sie darf noch nicht so lange aufbleiben. O! es geht ihr gut. Gott sei Dank!«

»– So – so.«

Während er auf das Essen wartete, ging Felix in der Zimmerflucht immer auf und ab. Überall war viel Licht und weiße Spitzenvorhänge. Es duftete nach Hyazinthen und Tazetten. Auf allen Tischen standen Schalen mit Frühlingsblumen. Und all das stand und wartete auf ihn. In einer Fensternische regte sich etwas. Da lehnte ein Mädchen, das ihn mit runden, grellblanken Augen neugierig ansah. Schweres, schwarzes Haar um ein erhitztes, bräunliches Gesicht, das gewaltsam errötete. Ein rotes Kleid, in dem sich volle Glieder ungeduldig regten.

»Ah,« sagte Felix, »Sie sind wohl Mila – Mila, Frau von Maltens Pflegetochter?«

Mila verbeugte sich hastig.

»Ja – ja! ich weiß,« fuhr Felix fort, »Sie sind die, welche die angenehme Stimme hat. Meine Frau schrieb mir davon. Sie lesen ihr vor. Ach! sprechen Sie etwas, damit ich die angenehme Stimme höre.« Mila lachte und legte dabei den Handrücken auf den Mund wie ein Dorfkind. »So – so,« meinte Felix und ging wieder auf und ab. Das war auch gut, daß dieses Mädchen in der Fensternische ihm zuschaute. Er rieb sich vergnügt sachte die Hände, ging elastisch, ließ das Parkett unter seinen Schritten knacken. Ihm war ordentlich feierlich zumute.

Während des Essens saß Frau von Malten bei ihm und unterhielt ihn: »Neapel, ach ja! das mußte schön sein, das würde Annemarie gut tun: Sie hat viel Licht nötig. So war das Getäfel hier ihr zu dunkel, es mußte weiß sein. Ich schrieb Ihnen davon. Der alte Heinrich? Ach, der wurde entlassen. Die Augen wurden ihm rot und tränten ihm zuweilen, Annemarie mochte das nicht. O! er ist sehr glücklich. Er wohnt in dem Häuschen hinter dem Park. Meine Mila haben Sie gesehn? Ja, ein gutes Kind. Sie hat eine angenehme Stimme. Sie ist noch zuweilen etwas laut, das fällt Annemarie auf die Nerven. Gott! man möchte die ganze Welt für sie wattieren.« Frau von Malten zog die Augenbrauen ein wenig hinauf und sah Felix mit ihren trüben, grauen Augen ernst an. Ja, Felix kannte das, hinter den Elegien der guten Malten steckte immer eine Lehre. Sie betrachtete Annemarie wie eine Kirche, und sie war der Küster, der jeden an die Heiligkeit des Ortes zu erinnern hatte.

Und dann ging die Türe auf, und lautlos auf weißen Pantöffelchen kam Annemarie. In dem langen blaßblauen Nachtkleide sah sie größer aus, als Felix sie in der Erinnerung hatte. Die dunkelblonden Zöpfe fielen lang über den Rücken nieder. Sie mußte geschlafen haben, denn ihre Augen hatten den frischen Glanz von Augen, die eben erwacht sind.

Felix sprang auf, sehr erregt und ein wenig befangen: »Annemarie,« rief er, dabei hörte er es, daß seine Stimme innig klang, und es war ihm angenehm, die Arme leidenschaftlich auszubreiten. Er nahm die kleine, blaßblaue Gestalt vorsichtig an sich. Annemarie bog ruhig den Kopf zurück und ließ sich auf die Lippen küssen.

»Malten wollte mich ausschließen,« sagte sie und lehnte sich leicht gegen seinen Arm. »Ich sollte schlafen. Aber ich hörte deine Stimme. Eine Hausherrnstimme haben wir so lange nicht gehört.«

Die Malten bog den Kopf zur Seite und lächelte, die schmale Linie ihrer Lippen ein wenig schief verziehend.

»Jetzt mußt du essen, du Armer,« sagte Annemarie.

Felix setzte sich und aß. Annemarie stützte die Ellenbogen auf den Tisch, das Gesicht in die Hände und schaute ihm zu. Felix fühlte den aufmerksamen Blick der blauen Augen langsam über sich hingleiten. Sie sah sein Haar, seine Augenbrauen, seine Lippen an.

»Ach! Du trägst den Bart spitz geschnitten« – bemerkte sie. – »Ja. Gefällt dir das?«

»Ja – das ist hübsch. Immer noch die schönen, langen Wimpern.«

Er blinzelte ein wenig mit den langen Wimpern, um sie zu spüren. Dann begann er von gleichgültigen Dingen zu erzählen, von Zügen und Unannehmlichkeiten mit dem Gepäck, mit betrügerischen Droschkenkutschern. Er hörte sich selbst kaum zu. Der Wein ließ eine angenehme Wärme durch seine Glieder rinnen, die ein wenig schwer von Müdigkeit waren. Er fühlte das Bedürfnis, zärtlich zu sein, griff nach Annemaries Hand, die kühl und geduldig in der seinen lag, er beugte sich vor, um den Duft des dunkelblonden Haares einzuatmen, den feinen, frischen Duft nach Waldblumen, die unter Tannen wachsen.

»Und du,« sagte er, »sprich von dir.«

Annemaries Augenlider wurden schon schwer und der Blick wurde stätig, wie bei Kindern, wenn sie schläfrig werden. »Ich? Ach, mir geht's gut! Aber sprich weiter von diesen bunten Dingen, Eisenbahnen und Gepäck und Menschen. Ich sehe das alles ganz – ganz weit, und es ist angenehm, daß das so weit ist.« Felix lachte: »Ja, das ist angenehm – und – und« – er wollte etwas Poetisches sagen – »und daß die Lapislazuli-Augen so nah sind.«

»Lapislazuli-Augen?« fragte Annemarie. »Ja – mit goldenen Äderchen darin.« »– So! das ist ja sehr schön,« schloß Annemarie die Unterhaltung. »Gehn wir schlafen. Ich führe dich zu deinem Zimmer.«

Vor seiner Tür umarmte er Annemarie. »Jetzt wollen wir sehr glücklich sein,« sagte er, und das kam wirklich ganz warm und geheimnisvoll heraus.

»O ja! natürlich werden wir glücklich sein,« erwiderte Annemarie. »Gute Nacht – Lieber.«

Felix lag in seinem Bette noch eine Weile wach. Erregter und gerührter hatte er sich das Wiedersehen zwar gedacht. Dennoch war ihm feierlich und wohlig zumute. Hier war man doch ein anderer als da draußen. Wie in eine blanke Perlmuttermuschel, wie Annemarie sie liebte, kroch man hier herein. Gut! man war zuweilen gewöhnlich und trivial auf Reisen oder im Klub, – aber eigentlich gehörte er hierher, das merkte er schon an den hübschen, reinen Gedanken, die ihn wiegten, als er sich im Bette, zwischen den Laken, die leicht nach Lavendel dufteten, ausstreckte.

Im Hause hörte er noch leise Schritte. Die Diener löschten die

Lampen aus. Im Korridor raschelte eine Schleppe, und Frau von Malten flüsterte mit jemandem. Endlich wurde es ganz still. Draußen rauschte ein starker Frühlingsregen nieder. Dieses Rauschen sprach in Felix' Träume hinein, füllte sie mit einem weißen, blanken Niederrinnen, das kühl nach Waldblumen duftete, die unter Tannen blühen.

Am nächsten Morgen, eh Felix seine Zimmer verließ, ging er an das Fenster und schaute hinaus. Der Garten war ganz feucht und blank im hellgelben Sonnenschein. In der fetten, schwarzen Erde der Beete standen grellgoldene Krokus und dicke, dunkelblaue Hyazinthen. Ein leichter Wind trug ihm den Geruch der nassen Erde und der feuchten Knospen zu. Frauenstimmen ließen sich vernehmen. Annemarie, am Arm von Frau von Malten, ging den Gartenweg entlang, ohne Hut, unter einem blauen Sonnenschirm. Sie blieben an den Beeten stehn, beugten sich nah über die Blumen nieder, sprachen angelegentlich, lachten zuweilen, als hätte eine Blume einen Witz gemacht. Der alte Gärtner kam heran. Annemarie rief ihn, die klare, wohlausgeruhte Stimme erhebend: »Guten Morgen, lieber Gärtner. Hat es gefroren heute nacht?«

Der Gärtner erzählte undeutlich in seinen Bart hinein etwas von Rosen und Mäusen. Es schien Felix, daß er sehr lange an all das, an Rosen und Mäuse nicht gedacht hatte, und er fand es jetzt gut und hübsch, daß daran gedacht wurde.

Während des Frühstücks sagte Annemarie nachdenklich: »Am Vormittag gehst du wohl in deine Wirtschaft mit dem großen grauen Filzhut und den hohen Stiefeln. Wenn du am Fenster vorüberkommst, sprich laut. Du kannst ja jemand schelten. Es wird angenehm sein, dich zu hören – Und dann kommst du zu uns – –.« Ernsthaft rangierte sie ihn in ihr Leben ein. »Später kommen auch der Papa und Onkel Thilo – und so – – –«

»Heute zu Mittag sollte der neue Kandidat kommen,« meldete Frau von Malten leise.

Ach nein, Annemarie wollte das nicht: »Kandidaten haben feuchte Hände und Knöpfmanschetten.«

Felix lachte sehr laut darüber.

»Es ist garstig, daß ich das sage,« meinte Annemarie, »aber lachst du jetzt so?«

»Gott! wie's kommt,« erwiderte Felix ärgerlich.

Annemarie lachte, das Lachen, das sich so sorglos über das Gesicht breitete, ohne die strenge Reinheit der Linien zu stören: »Natürlich! Du kannst ja hier lachen, wie du willst. Ich frage nur. Aber der Kandidat kommt heute nicht. Heute gibt es Krebssuppe, Waldschnepfen und pain d'ananas und wir trinken Sekt. Später im blauen Zimmer, in der Dämmerung, erzählst du von den fremden Gegenden. Die Nachtigall singt. Wir öffnen das Fenster und hören zu. So soll es heute sein.«

Frau von Malten hielt in ihrer Hantierung inne und hörte aufmerksam zu, nahm all das wie einen Auftrag entgegen, die Schnepfen, den Sekt, die Dämmerung und die Nachtigall.

Felix setzte den grauen Filzhut auf, zog die hohen Stiefel an und ging auf den Hof hinaus. Dort stand er, schlug mit dem Stock in die Wasserpfützen und schaute das Haus an. Sehr weiß stand es da im Mittagslichte mit seiner etwas renommistischen Attika. Die Fensterreihe flimmerte. Er sah, wie von innen Frau von Malten an den Fenstern hinging und die weißen Vorhänge niederließ. Ja, so war es immer, mit Annemarie war man stets in einer Welt für sich – einer Welt für sie, und stets war die Malten da, um die Vorhänge gegen die Außenwelt vorzuziehn. Gut! er war stolz darauf, zu der Welt hinter den Vorhängen zu gehören. Dafür hatte er immer viel übrig gehabt. Die Bassenows zwar waren von jeher mehr für das Ländliche gewesen, aber seine Mutter war eine Raafs-Pelsock gewesen und hatte sich mit seinem Vater oft gestritten, weil nichts ihr vornehm genug war. Daher hatte er sich auch sofort in Annemarie verliebt. Die Elmts waren so vornehm, daß sie kaum leben konnten. Sie starben auch aus. Der Onkel Thilo heiratete nicht, um der letzte Reichsgraf zu Elmt zu sein. Aussterben ist vornehm. Und jetzt, dachte Felix, konnte er ruhig das Bassenowsche in sich spazieren führen, später kam der hübsche Tag, den Annemarie eingerichtet hatte – für das Raafs-Pelsocksche.

Pitke, der alte Inspektor, kam, die Nase sehr rot zwischen den weißen Haarsträhnen. Felix war jovial: »Na, mein alter Pitke. Man wird immer weißer. – Ja – jünger werden wir alle nicht.«

Sie gingen an den Ställen entlang. Der Kuhstall war voll von dem warmen Dampfe der großen, ruhenden Tiere. All das Gelb des Strohs nahm in der Sonne metalligen Glanz an. Man hörte die mächtigen Mäuler kauen und schmatzen und die Milch in die Eimer rinnen. Denn es war Melkstunde. Neben den Kühen hockten die Mägde, schwer und heiß wie die Kühe, mit den breiten Händen in die angeschwollenen Euter fassend.

»Das sind Herrschaften,« sagte Pitke und zeigte auf die Kühe – »fressen und sich bedienen lassen – was?«

Der fette Dunst der Tiere, der Milch, der Menschen legte sich warm und erschlaffend auf Felix. »Wie ruhig man hier wird! Man hat fast Lust, auch so unbewegt gleichmütig aus großen, starren Augen zu sehen wie die Kühe und still vor sich hinzukauen.« Als die Mägde mit wiegenden Brüsten, den vollen Milcheimer in der Hand, an ihm vorübergingen, bemerkte er: »Auch eine Rasse.« – »Faul sind die Luders, daher werden sie dick,« erwiderte Pitke.

Aber Felix hatte auch für sie was übrig! Seltsam! Aber hier mitten in all dieser ruhenden Kraft fühlte er sich auch stark. Er spürte die Breite seiner Brust, das Schwellen seiner Muskeln.

Als sie wieder in den Sonnenschein hinaustraten, stampfte Felix schwerer und breitbeiniger durch die Pfützen. Er fühlte das Gewicht seines Körpers. Pitke sprach von den Feldern, wies auf die grüne Fläche hinaus: »Dem da haben wir Kali zu fressen gegeben.« Plötzlich stockte er, dann fluchte er los: »Schockschwernot! Mischka! Teufel von Polacke!« Nicht weit von ihnen fuhr ein untersetzter schwarzer Kerl einen mit Ziegeln beladenen Wagen den nassen Weg entlang. Ein Rad des Wagens war in ein zu tiefes Geleise geraten, die Pferde mühten sich umsonst, den Wagen herauszuziehen. Der Knecht hatte den Peitschenstiel umgedreht und hieb in sinnloser Wut auf die Tiere ein.

Felix fühlte, wie es ihm heiß durch die Adern rann. Dann war er bei dem Burschen, packte ihn, hob ihn empor, schüttelte ihn, ja, es war ordentlich ein Genuß, diesen schweren Körper zu schütteln, zu spüren, wie er sich vergebens sträubte. Dann ließ Felix ihn los. »Geh, hol Leute,« sagte er, »geh!« schrie er ihn an.

Pitke lachte: »Das war sehr hübsch. Der hat den Herrn gespürt.«

Felix lächelte geschmeichelt. Er rieb sich die Hände, er fühlte an seinen Fingern noch das grobe Tuch des Rockes und die stahlharten Muskeln des Burschen.

Beim zweiten Frühstück erzählte Felix die Sache mit Mischka, erzählte angeregt, lebhaft: »So faßte ich ihn, so hielt ich ihn.« Plötzlich brach er ab. Es war ihm, als habe seine Erzählung keinen Erfolg. Annemarie beugte ihren Kopf auf ihren Teller nieder und bemerkte: »Mußt du das selbst machen. Kann nicht Pitke« – – dabei schaute sie sinnend auf seine Hände, als wären sie ihr in diesem Augenblick nicht sympathisch. Felix zuckte verstimmt die Achseln: »– Gott! ich tu das sehr gern zuweilen.«

»So, das war etwas anderes,« gab Annemarie höflich zu, »ja, es muß merkwürdig sein, wenn man so stark ist. Man sitzt ruhig, mit einemmal fällt es einem ein: mein Arm ist sehr stark, und dann muß man etwas heben, einen Tisch oder einen Mann. Thilo sagt, viele Herren sehen so aus, als ob sie immer nur an ihren schönen Bart denken. Aber manche sehen doch auch aus, als dächten sie immer an ihre Muskeln. Nicht wahr?«

Felix wollte auf diese Beobachtung nicht eingehn, er bemerkte vielmehr ironisch: »Thilo –, ja der hat ja im Leben nichts anderes zu tun, als etwas zu sagen.«

Annemarie errötete: »Wieso? Er ist doch Abgeordneter.«

»Abgeordneter ist man doch auch nur, um etwas zu sagen.«

Es entstand ein befangenes Stillschweigen, bis Frau von Malten berichtete, die Equipage der Gräfin Proseck sei unten am Park vorübergefahren. Ob die Gräfin selbst darin saß? Und wohin mochte sie gefahren sein? Das blieb fraglich.

Das Frühstück ging zu Ende.

»Du weißt, jetzt mußt du tanzen,« sagte Annemarie zu Felix.

»Tanzen?«

Ja, der Arzt hatte ihr Bewegung verordnet, daher tanzte sie täglich mit Mila, Malten spielte. Aber jetzt hatten sie einen Herrn. »Mila, hol unsere Fächer und setzen wir uns in den Saal.« Der Saal war voller Sonnenschein. Das Licht brach sich in den Kristallen des großen Kronleuchters und übersäte die Wände mit kleinen Stücken Regenbogen. Annemarie und Mila saßen in den gelben Atlassesseln wie in schwergoldenem Licht. Felix tanzte zuerst mit Annemarie. Es war sehr genußreich zu fühlen, wie die Töne ihr in die Glieder fuhren, die ganze Gestalt mit Rhythmus erfüllten, selbst der schnellere Atem, der ihre Brust hob, schien im Walzertakt zu gehn. Dann kam Mila an die Reihe. Sie tanzte ein wenig schwer; kam sie in Schwung, so war der Schwung nicht leicht aufzuhalten.

»Le dos, Mila, tenez – vous droite,« rief Frau von Malten vom Klavier herüber. Aber wer konnte diesen wilden Mädchenkörper regieren!

Später in seinem Zimmer saß Felix müßig am Fenster und hörte dem Schrillen der Spatzen zu. Er hatte die Milchbücher durchsehen wollen, aber nun war es ihm ganz gleichgültig, wieviel Milch die Kühe gaben. Etwas tun, das war keine Kunst, da konnte man bald einen Tag hinbringen. Aber stille sitzen und an hübsche, helle Dinge denken, das ist Kultur.

Das Abendlicht lag wie rötlicher Staub in der Luft, über den Wipfeln der Parkbäume. Die Stare schlugen erregt und unermüdlich. Es war merkwürdig warm für die Jahreszeit. Die Glastüren des Saales standen offen. Die Gesellschaft ging auf der Veranda auf und ab und wartete auf das Mittagessen. Die Damen hatten sich hübsch angezogen. Annemarie trug ihr teerosenfarbnes, leichtes Seidenkleid und rote Monatsrosen im Gürtel. Mila war in Weiß mit einem großen, kindlichen Spitzenkragen. Felix lehnte mit dem Rücken gegen die Brüstung: »Geht – geht –« sagte er, »das sieht unwahrscheinlich gut aus.« Sie gingen langsam vor ihm auf und ab.

»Heute ist es nicht schwer, hübsch zu sein,« bemerkte Annemarie – »nicht wahr, Mila? Heute ist so 'ne Festluft. Ich merke das gleich beim Atmen, ob ein Fest in der Luft liegt.«

In der Ferne sangen von der Arbeit heimkehrende Arbeiter. Annemarie blieb stehen und lauschte.

»Jetzt sind die doch auch froh,« sagte sie, etwas Ungeduld in der Stimme, als widerspräche sie jemandem.

»Was werden sie nicht,« erwiderte Felix zerstreut.

»Nun also! Komm, gehn wir essen.«

Frau von Malten in ihrem schwarzen Atlaskleide legte bedächtig die Suppe vor.

»In der Tat! Frau von Malten versteht aus jeder Mahlzeit ein Fest zu machen,« bemerkte Felix höflich.

»Malten! O ja!« bestätigte Annemarie, »und das ist auch nötig. Essen wird so leicht langweilig oder schlimmer noch. Ich höre es sehr gern, wenn Malten von der Wirtschaft spricht. Da kommt nicht immer so was von Stehlen und so vor. Ich glaube, Mozart sprach von seinen Kompositionen so wie Malten von ihrer Wirtschaft.«

»So!« Felix hob den Löffel mit einem Krebsschwanz zum Munde und liebäugelte mit ihm: »Es gibt wohl Leute, die sich beim Essen nicht so leicht langweilen.«

Annemarie hatte ihren Teller geleert und lehnte sich befriedigt zurück:

»Ach ja! die armen Leute, die wenig zu essen haben. Natürlich! ich weiß. Aber sonst. Als Kind – wenn die Eltern nicht zu Hause waren und Mrs. Flemmers herrschte, fand ich das Mittagessen immer alltäglich. Sie bestellte gern Sauerbraten mit Salzgurken. Das schmeckt ja ganz gut, aber es macht traurig. Mich macht Sauerbraten mit Salzgurken heute noch traurig.« Als der Sekt getrunken wurde, bekamen die Damen rote Flecken auf den Wangen und lachten über geringfügige Dinge. Felix fand es heute leicht, witzig zu sein.

Im blauen Zimmer brannte ein kleines Feuer im Kamin. Dort streckte man sich nach dem Essen in den großen Sesseln aus.

»Sonst las Malten jetzt die Kreuzzeitung vor. Es ist sehr interessant, sie weiß bei den Familiennachrichten alle Verwandtschaften.« Annemarie plauderte so ein wenig schläfrig vor sich hin: »Ach, Lieber, laß dich doch auch in den Reichstag wählen. Wenn Malten eine Rede von Onkel Thilo liest und da steht ›Heiterkeit links‹, dann sagt Malten immer ganz böse: ›Ils rirent, ils ne savent pas de quoi.‹«

Frau von Malten meldete: »Die Nachtigall hat angefangen.« Im Nebenzimmer wurde das Fenster geöffnet, die Diener wurden ermahnt, leise zu sein, und man hörte zu.

Annemarie lag regungslos da, die Hände im Schoß gefaltet, Mila schloß die Augen und öffnete die feuchten Lippen, als träumte sie angestrengt. Es war eine sehr leidenschaftliche Nachtigall. Wenn sie die Stimme steigerte, als schwelle ihr das Herz, klang es fast herbe, und dann wurden die Töne wieder süß und eindringlich. Felix streckte sich ordentlich vor Gefühl in seinem Sessel. Er hatte es selbst nicht geglaubt, daß soviel Gefühl in ihm stecke. Mila schlug die Augen auf, sah böse zum Fenster hinüber und sagte: »Ich seh sie.« – Alle wollten nun den dunkeln Punkt im Fliederbusch sehn. Der Garten war weiß vom Mondenschein. Da hinaus mußte Annemarie. Es wurde nach Tüchern gerufen. Wenn Annemarie etwas wollte, hatte es Eile, als fürchtete sie, es könnte etwas dazwischen kommen. Sie nahm Felix' Arm und so gingen sie den Gartenweg hinab. Die Nacht war ungewöhnlich warm. Über der Wiese stand eine schwarze Wolkenwand, in der es unablässig wetterleuchtete. »Unser erstes Gewitter,« bemerkte Felix. Ja, Annemarie spürte das im Blut: wie ein kleines Fieber. Als ob da drin auch so was Goldnes kommt und geht wie in den Wolken. Ah! Sie bog ihren Kopf zurück, atmete tief: »Morgen werden alle Bäume blühen, alle weiß sein.«

»Tut dir das gut?« fragte Felix. Er fühlte die Zärtlichkeit in sich stark werden, fast schmerzhaft, wie Mitleid.

»Ja, gut. Heute war ein schöner Tag. Ich fürchtete mich eigentlich vor ihm.« – »Vor mir?«

»Vielleicht auch vor dir. Man weiß nie. Plötzlich kommt etwas – ist da und man will dann gar nicht mehr leben.« Annemarie lachte vor sich hin: »Seltsam ist's, so in die Sterne zu sehn. Schwindelig macht es. Ich seh, wie sie hängen und sich bewegen. Durstig macht es auch, man möchte es trinken. Nicht wahr? So ein Getränk müßte es geben – blau und gold und kühl. Ich werde Malten fragen, die kennt alle Rezepte.«

Felix beugte sich über das Gesicht, das zu den Sternen aufsah, und küßte es. Hinter den Berberitzenhecken, wo das Gesindehaus lag, erscholl das Aufkreischen einer Mädchenstimme, dann Männerlachen. Annemarie schrak zusammen.

»Die Stallburschen und die Milchmädchen,« erklärte Felix. »Die freuen sich auch dieser Nacht. Die regt sie auch auf.«

»Auch?« sagte Annemarie und richtete sich auf: »Ach ja, die haben ja da so ihre Sitten. Wollen wir tiefer in den Park gehn, dort wird es stiller sein.«

Im Park war das Schattennetz auf den beschienenen Wegen dichter. Der Teich schlief still und glatt. Das Mondlicht schwamm auf dem schwarzen Wasser wie goldenes Öl. »Hier müssen Veilchen in der Nähe sein, riechst du's?« fragte Annemarie.

»Ja,« sagte Felix, obgleich er nichts roch. –

In dem Laube begann es zu flüstern und ein Windstoß fuhr in die Wipfel. Felix nahm Annemarie auf die Arme und lief dem Hause zu. Das Gewitter. Sie lag ganz still – nur einmal sagte sie: »Das ist gut.«

Als Felix später, durch das stille, dunkele Haus, zu Annemarie hinüber ging, fand er sie in dem weißen Zimmer, unter einer weißen Ampel, auf ihrem Bette sitzen, selbst ganz weiß, nur die Augen schienen fast schwarz in all dem Weiß und schauten ihm ruhig und sinnend entgegen.

»Danae,« dachte er. Dann fiel es ihm ein, ob er in seinem weißen Flanell-Nachtanzug mit den gelben türkischen Pantoffeln ihr nicht lächerlich erschiene.

Es war zehn Uhr nachts. Die anderen hatten sich früher zurückgezogen. Felix ging in sein Zimmer, stieß das Fenster auf und pfiff melancholisch in die Mondnacht hinaus.

»Hübsch, hübsch, aber hol's der Kuckuck,« murmelte er, »wie in 'nem Glasladen geht man hier herum!«

So heute abend wieder. Er war guter Laune gewesen, hatte Mila geneckt, Anekdoten erzählt, sich recht gemütlich gehen lassen, bis er gemerkt hatte, daß die Malten ergeben in den Schoß sah und Annemarie ihr gelangweiltes, spöttisches Gesicht machte. Was an ihm mißfiel, wußte er nicht. Man war früher aufgebrochen und ihm war die ganze Stimmung verdorben.

Alles hatte hier Nerven, alle Menschen, alle Möbel, alle Blumen. Er selbst bekam auch Nerven. War es denn natürlich, daß er hier saß und an seine eigene Frau dachte, wie als Knabe, wenn er verliebt war, nachts aus dem Fenster stieg, sich in den dunkeln Garten schlich, um unter den Pflaumenbäumen zu hocken, die kalten, taufeuchten Pflaumen zu essen und sich krank vor Liebe zu fühlen? Das war unnatürlich und unwahrscheinlich und mußte anders werden.

Ärgerlich schlug er das Fenster zu.

Als Felix abends von der Schnepfenjagd nach Hause kam, fand er seinen Schwiegervater und den Onkel Thilo vor. Die dicke Exzellenz mit dem rosa Gesicht und der gelockten, braunen Perücke begrüßte ihn, als hätten sie sich gestern erst gesehen. Thilo war förmlich, wie immer. Er sah prachtvoll aus mit dem klassischen Profil und dem seidigen, aschblonden Backenbart. Er lehnte sich in den Sessel zurück, schlug die schweren Augenlider nieder und erzählte Annemarie mit leiser Stimme eine Geschichte. – Annemarie hörte sehr aufmerksam zu, die Wangen leicht gerötet. Im Zimmer roch es nach Attkinsonschem Parfüm und englischen Zigaretten. Beim Mittagessen erzählte die Exzellenz Bismarckanekdoten, die alle schon kannten, Thilo sprach mit Frau von Malten über einen Malten, der Gesandter in Bukarest gewesen war. Am Ende der Mahlzeit verließen die Damen die Tafel, und die Herren tranken alten Portwein. Wenn Thilo da war, folgte man dieser englischen Sitte.

Die Exzellenz begann sehr leise von Weibern zu sprechen: »Man darf das nicht verwechseln. Es gab drei Tänzerinnen: die Pepita, die Petitpas und die Petitia. Ich hab sie alle drei gekannt. Die Petitpas aß Schaltiere besonders viel, sie sagte, diese Tiere machen die Haut durchsichtig. Wenn man zu ihr ging, mußte man ihr Krabben mitbringen.«

Thilo strich vorsichtig seinen Bart: »Tänzerinnen,« meinte er, »sind gut auf der Bühne und hinter den Kulissen, wenn sie sich die Schuhe binden oder üben. Hübsches Fleisch bei der Arbeit. Aber wenn das ißt und spricht – nein.«

Felix erzählte nun seine Erfahrungen mit Tänzerinnen, die schienen jedoch Thilo nicht zu gefallen, er stand auf und ging zu den Damen hinüber.

Als Felix und sein Schwiegervater in das blaue Zimmer nachkamen, saß Thilo bereits zwischen Annemarie und der Malten und erzählte mit seiner leisen, singenden Stimme. Die beiden Frauen hingen an seinen Lippen und schauten auf, als die Herren eintraten, als würden sie in einer Andacht gestört. Die Exzellenz begann eine Patience zu legen. Felix setzte sich ein wenig abseits. Eine unbehagliche Verstimmung quälte ihn. »Nun, und deine Reise?« fragte ihn Thilo. »O! sehr hübsch,« erwiderte Felix. Jetzt wollte er erzählen: »Gerade um diese Zeit voriges Jahr in Capri. Vollmond von der einen Seite, auf der anderen der Vesuv mit einem riesigen Feuerbusch auf dem Kopf, das Meer, Neapel mit den Lichtern – unglaublich.«

»Capri,« sagte Thilo, »ist eine Theaterloge. Was wir von da aus sehn, kommt uns nicht wirklich vor.«

»Sehr gut« – flüsterte Frau von Malten.

»Amalfi ist mir auch lieber,« fuhr Felix fort. Er wollte sich seine Erzählung nicht fortnehmen lassen.

»Nach Amalfi solltest du mit deiner Frau reisen,« unterbrach ihn Thilo. »Als ich auf der Hotelterrasse saß – fehlte Annemarie geradezu, sie gehört da hinein, das ist ihr Hintergrund, das blauseidene Meer – und so –«

»Nur des Hintergrundes wegen?« fragte Felix spöttisch.

»Warum nicht?« meinte Thilo. »Wenn man seiner Frau eine Toilette kauft, die ihr steht, kann man auch eine Reise machen, um ihr den rechten Hintergrund zu schaffen. Ich habe dich dort sehr vermißt –« wandte er sich an Annemarie, die leicht errötete.

»Weiber sind ja genug dort,« murmelte Felix, mit dem deutlichen Bewußtsein, etwas Unpassendes zu sagen. Thilo zog die

Augenbrauen empor. »Gott! ja! Wenn ich diese Damen da sah, dachte ich, die wagen denn doch ein wenig zu viel, wenn sie sich dort hinstellen!«

Felix lehnte sich in seinen Sessel zurück und sog an seiner Zigarre. Gut! wenn Thilo doch alles besser wußte und sagte, sollte er sprechen. Die Malten meldete die Nachtigall, und nun hörte man zu. Die Exzellenz klatschte zuweilen in die Hände und sagte: »Brava – brava!«

»Eine merkwürdige Nachtigall« – erklärte Thilo, »die singt, als hätte sie einen Konflikt hinter sich.«

»Ehekonflikt,« kicherte die Exzellenz. Felix lachte so laut auf, daß ihn alle ansahn.

»Ich denke,« sagte er, »daß es gut ist, daß wir nicht nach Ehekonflikten in den Fliederbusch steigen müssen und die Nacht durch singen.« Wirklich herzlich lachte nur Mila darüber. »Mich rührt sie,« sagte Annemarie. »Sie singt – als ob sie sich fürchtete – vor etwas, das kommen könnte, wenn alles still und dunkel und sie allein ist.« »Leisten wir ihr deshalb Gesellschaft?« fragte die Exzellenz.

Felix lachte spöttisch: »Ja, wir sind hier so weichherzig, daß wir nächstens neben jedes Vogelnest eine Nachtlampe hängen werden, damit die Vögel sich im Dunkeln nicht fürchten.«

Als die andern sich zurückgezogen hatten, saßen Thilo und Felix noch eine Weile beisammen und rauchten. Sie hatten sich nicht viel zu sagen.

»Du bist wohl froh, wieder zu Hause zu sein,« warf Thilo hin.

»Ja – o ja!« erwiderte Felix. Er hatte Lust, mehr zu sagen, diesem Manne, der alles wußte, den sie alle bewunderten und dem sie recht gaben, von sich zu sprechen. »Obgleich –,« begann er zögernd, »wenn das Leben einmal gewaltsam gestört ist, dann ist es nicht leicht, daß es gleich wieder – einfach – selbstverständlich wird.«

Thilo warf seine Zigarette in den Kamin und stand auf.

»Selbstverständlich?« wiederholte er – »Nein – das wird es wohl nicht sein. Und warum sollte es das auch? Gute Nacht.« – »Unangenehmes altes Orakel« – brummte Felix ihm nach.

Es war Felix, als rückte er von dem Leben seines Hauses weiter fort. Wenn er von draußen hereinkam, fand er, daß die andern sich gut unterhielten. Annemarie spielte vierhändig mit ihrem Vater oder man saß auf der Veranda und setzte ein Gespräch fort, dessen Anfang er nicht gehört hatte, man lachte über Scherze, die gemacht worden waren, als er nicht da war. Am Vormittage saßen Annemarie und Thilo im blauen Zimmer und lasen Dante. Wenn er kam, hielten sie im Lesen inne, er wurde nach der Wirtschaft gefragt, nach dem Wetter. Annemarie war freundlich, wie wir es sind, wenn wir uns glücklich fühlen. »Warum bist du nicht bei uns, Lieber? Ach, die dumme Wirtschaft!« sagte sie zerstreut. Die Mahlzeiten kamen, die Patience, die Nachtigall, Felix war einsilbig. Was half es, etwas zu sagen, wenn Thilo ihn unterbrach, um etwas zu sagen, das die andern viel besser fanden?

Wenn er in seiner Wirtschaft umherging, trieb es ihn immer wieder an das Gartengitter. Er sah Annemarie und Thilo die Wege entlang gehn, vor den Blumen stehen bleiben. Thilo sprach, und Annemarie bog den Kopf zurück, um ihn anzusehen. Sie lachten. Felix versuchte es, ihnen nah zu kommen, zu hören. Er versteckte sich hinter Büsche, selbst ganz erstaunt darüber, daß er das tat. Annemarie stellte sich unter die Obstbäume, die voller Blüten, wie Alabasterkuppeln sich über sie wölbten. Sie lächelte ihr sorgloses Lächeln, wiegte sich leicht, wie berauscht von all dem Weiß. »Jetzt kommt er!« rief Thilo. Es war der Wind, der kam. Er fuhr in die weißen Wipfel. Die Blütenblätter regneten dicht auf Annemarie nieder. Sie bog den Kopf zurück, stieß einen kleinen Schrei aus. Die Blätter fielen über ihr Gesicht, hingen sich in ihr Haar. Thilo stand dabei, den Bart voller Kirschblüten, schlug seine schweren Augenlider auf und sah das Bild vor sich mit wohliger Verträumtheit an. Er hatte sich dieses Spiel erdacht, nannte das Blütenbäder, die er Annemarie verordnet hatte.

Felix wandte sich ab und ging auf das Feld. Er setzte sich an den Wegrain. Vor ihm pflügte ein alter Mann mit einem alten Pferde Wickenland auf. Blank und schwer legten sich die Erdschollen um. Das Pferd und der Mann gingen müde und faul immer wieder das Stück Acker auf und ab. Das Land lag still unter der Mittagsonne da. Mitten im Felde blühte eine Weide, ganz bedeckt von weiß und gelben Puscheln, die süß nach warmem Honig dufteten. Der Baum war voller Bienen, so daß es klang, als singe er schläfrig vor sich hin.

Felix fühlte sich elend. Das lag ihm in den Gliedern, dem Herzen, der Kehle. Er wollte gar nicht darüber nachdenken. Die da drüben würden Gesichter machen, wenn sie wüßten, daß er hier saß und – und – eifersüchtig war. Der Schwiegervater würde lautlos lachen, Thilo würde die Augenbrauen hinaufziehen und aussehen, als wollte er sagen: »So etwas übergehe ich.« Und Annemarie? Ach Gott! ja! Er hatte Lust, einmal in dieses hübsche, glatte Leben einen Ton hineinzurufen, der sie alle aufhorchen machte.

»Wir wollen die Freuden des Landlebens genießen,« sagte die Exzellenz. »Die Nachtigall und Milch, warm von der Kuh, haben wir gehabt. Jetzt wollen wir den Schnepfenstand und nasse Füße.«

Auf der langen Bankdroschke fuhr die Gesellschaft durch den Wald. Die Sonne schien rot durch die Tannen. Der Wald glich einer stillen, dämmerigen Stube, in der stark geräuchert worden ist.

An einem kleinen Sumpf wurde halt gemacht. Dort stand das vorjährige Gras gelb und struppig zwischen den schwarzen Wasserlachen. Vorsichtig mußte die Gesellschaft zwischen den verkrüppelten Kiefern und den kleinen, schlohweißen Birken von Hümpel zu Hümpel springen.

Felix stellte die Herren ab. Bei der Exzellenz blieb Frau von Malten, Annemarie bei Thilo und Mila bei Felix. Die Hände tief in die Taschen des grauen Paletots gesteckt, eine weiße Sportmütze auf dem Kopf, stand sie, ein wenig breitbeinig, da und schaute in die Höhe, wartete auf die Schnepfen. Sie sah dabei aus wie ein hübscher, etwas gewalttätiger Knabe. Böse schob sie die Unterlippe vor:

»Wenn die da nebenan so laut sprechen,« bemerkte sie, »dann ziehen die Schnepfen hoch.«

Nebenan hörten sie Thilo sprechen und Annemarie lachen. Felix zuckte die Achseln, aber lauschte angestrengt hinüber.

Der Himmel wurde rosenfarben. Die Vögel begannen zu lärmen. Das rote Licht regte alle auf. Die Hunde in den Bauernhöfen bellten, nicht das traurige Bellen der Nachtwache, sondern ein lustiges Sprechen der Unterhaltung. Die Hüterjungen und Hütermädchen schrien aus Leibeskräften.

Dann – wurde es still.

»Sie kommt« – meldete Mila.

Vom Walde her tönte das ölige Quarren. Die Schnepfe flog sehr schwarz gegen den blassen Himmel, über die Birkenwipfel. Auf Felix' Schuß fiel sie. In der Ferne ließ sich eine zweite vernehmen.

Felix wandte sich dem Ton zu. Als er geschossen hatte und laden wollte, sah er Mila die angeschossene Schnepfe in der Hand halten. Die breiten Finger der anderen Hand schob sie unter die Flügel der Schnepfe und drückte die Brust des Vogels zusammen, ruhig und aufmerksam. Das Schnepfengesicht mit den blanken Augenperlen und dem langen Schnabel schaute unverändert, fast gemütlich vor sich hin. Allmählich schlossen sich die Augen, der Kopf neigte sich in einer müden, hoffnungslosen Bewegung.

»Was tun Sie da?« fragte Felix.

»So muß man's doch machen« – erwiderte Mila, warf den toten Vogel fort, steckte die Hände wieder in die Taschen und sah empor, wachsam wie ein Hühnerhund.

Felix schaute das Mädchen an. Teufel! das ist heißes Blut, dachte er – und angenehm leicht zu verstehen. Mila merkte, daß er sie ansah. Sie warf ihm einen flüchtigen, blanken Blick zu – zeigte in einem kurzen Lachen ihre grellweißen Zähne: »Es kommt wieder eine,« meldete sie.

Es dunkelte schon. Man brach auf. Nebel flossen über den Sumpf. Erdkrebse begannen ihr helles, eintöniges Klingen an den schwarzen Wassern. Im Birkenwipfel hing ein Stück Mond.

»Komm,« sagte Felix. Nahm Annemarie an seinen Arm und führte sie über den Sumpf.

Annemarie war sehr angeregt: »Köstlich ist es; wie hübsch sie hier alle im weißen Nebel schlafen gehen! Und die kleinen Tiere, die an den Wassern singen!« – »Ihr lachtet viel?« fragte Felix.

»Ach ja! Thilo war auch köstlich!« erwiderte Annemarie.

Die Droschke fuhr durch den dunkeln Wald, wie zwischen hohen, schwarzen Wänden hin. Mila saß neben Felix und drückte ihre runde Schulter fest gegen seinen Arm. »Frech ist die Kröte,« dachte er, aber sie war wenigstens eine, die nicht nur darauf wartete, ob Thilo etwas Geistreiches sagen würde. So zog er seinen Arm nicht zurück. Da sagte Thilo schon mit seiner weichen Stimme, die so passend in die Frühlingsnacht hineinklang: »Ein merkwürdiger Tod, so'n Schnepfentod! Man fliegt zum Stelldichein unter einem rosa Himmel. Und dann fällt ein Schuß und es ist aus.«

»Ach, der Tod ist nicht schlimm,« erwiderte Annemaries helle, beruhigte Stimme in die Dunkelheit hinein, »Vorhänge, die fest zugezogen werden –, das ist sicher. Und vielleicht . . .«

Die Exzellenz kicherte. Ihr war die Wendung des Gespräches zu düster. »Lieber wär's dem Schnepfenjüngling, daß der Schuß fällt, wenn er vom Rendezvous zurückkommt.«

»Warum?« meinte Thilo. »Ihm wird vielleicht eine Enttäuschung erspart. Sie sind nicht immer zur Stelle.«

»Sehr hübsch« – bestätigte die Malten. Das Gespräch versiegte. Ein jeder träumte schweigend in die duftschwere Dunkelheit hinaus.

Felix wollte zur Stadt. Es war Pferdemarkt, bei der Gelegenheit sollte man auch ein wenig über die Wahlen sprechen.

»Du hast recht« – sagte sein Schwiegervater, »sich mit den Standesbrüdern zuweilen bei Rotwein für die Getreidezölle zu begeistern, ist gesund.«

Felix freute sich auf diese Ausfahrt. Es hatte geregnet. Jetzt schien die Sonne wieder. Der Marktplatz war feucht und blank. Die Tiere glänzten, als wären sie frisch lackiert. Überall traf Felix Bekannte. »Was Teufel! Bassenow wieder da!« »Ah, Bassenow, der Ausreißer. Na, jetzt haben wir ihn fest.« Es war hübsch, den Pferden auf die seidigen Flanken zu klopfen, ihnen ins Maul zu sehn und sie am Schweif zu ziehen und die Juden zu necken. Später im ›Kronprinzen‹ gab es ein Frühstück. Man sprach sehr laut über Politik, schlug auf den Tisch, wurde ganz heiß von schneidiger Opposition. Als die älteren Herren fort waren, saßen die jüngeren noch beim Sekt zusammen. Die Zigarre zwischen den Zähnen, die Arme auf den Tisch gestützt, erzählten sie sich Weibergeschichten, nannten die Dinge beim rechten Namen, lachten ganz laut. Felix gab Reiseerlebnisse zum besten, sehr starke Geschichten, die selbst den blonden Pankow verblüfften, der sich doch sonst für den Erfahrensten in diesen Sachen hielt. Aber, als man sich zum Jeu niedersetzte, mußte Felix nach Hause fahren.

Er kutschte selbst, trieb die Pferde an. Der Sekt war ihm zu Kopf gestiegen. Er hatte viel und schnell getrunken, lachte noch vor sich hin über die Geschichten, die er erzählt hatte, und fühlte sich leicht und heiter. Das Leben erschien ihm eine gute, einfache Sache.

Zu Hause stellte er sich unter die kalte Dusche. Er dachte darüber nach, ob er ganz natürlich gewesen war, als er aus dem Wagen stieg und die anderen auf der Treppe begrüßte. Na – gleichviel.

Während des Mittagessens war er sehr aufgeräumt, erzählte, lachte – sehr unbefangen und natürlich, nur fand er, daß die andern nicht ganz unbefangen waren. Sie gaben ihm so schnell recht, antworteten so ruhig, als wollten sie es unterstreichen, daß nichts Besonderes an ihm sei. Annemarie schob ihren Teller zurück. Ihre Lippen zuckten hochmütig. Sie tauschte flüchtige Blicke mit der Malten. Wenn er schwieg, sprachen die anderen von gleichgültigen Dingen, die sie selbst nicht zu interessieren schienen. Einer der Diener ließ klirrend die Kompottschale fallen. Felix sprang auf, sehr rot im Gesicht. »Was ist das?« schrie er. »Sind Sie betrunken?« dabei klatschte er mit seiner Serviette wie mit einer Peitsche. Die Malten winkte dem Diener fortzugehen.

»So ein Kerl!« sagte Felix und setzte sich wieder.

»Ein wenig ungeschickt noch,« flüsterte die Malten.

Eine Pause entstand, die Frau von Malten endlich mit der Nachricht unterbrach: ihre Schwester hätte geschrieben, in Mecklenburg regne es. Dann begann die Exzellenz ziemlich unvermittelt eine alte Geschichte zu erzählen, von einem polnischen Grafen, der im Spiel all sein Geld verloren hatte und zuletzt sein Ohr setzte und als er darauf gewann, die Karte noch bog.

»Wie schrecklich,« meinte Frau von Malten. Mila lachte so heftig, daß man merkte, es war nicht das Ohr des polnischen Grafen, über das sie lachte, es war aufgespeichertes Lachen, das ausbrach.

»Unglaublich! So die Schüssel hinzuwerfen!« hörte Felix sich sagen. Er wußte, daß das lächerlich war, aber es kam wie von selbst heraus. Niemand antwortete darauf, Annemarie biß sich auf die Unterlippe, machte ein Gesicht, als schmerze sie etwas, und hob die Tafel auf.

Drüben im Kaminzimmer war es nicht besser. Die Unterhaltung ging wieder ruhig und gleichgültig über Felix hinweg, als sei er ein Kranker und die anderen sprächen Dinge, die ihn nicht aufregen sollten. Annemarie, sehr bleich, schwieg, auf dem Gesicht den kühlen, abweisenden Ausdruck, der soviel heißen sollte, wie – »O, nein – danke – nicht für mich.« Dazu war es heiß und beklommen im Zimmer, der Duft von Thilos englischen Zigaretten fiel Felix auf die Nerven. Er saß still da und dachte darüber nach, wie er es machen sollte, um unbefangen das Zimmer zu verlassen. Endlich erhob er sich: »Ob es noch regnet?« warf er hin.

»Ach ja – wer weiß –« sagte die Malten.

»Ich will mal nachsehen« – dabei schlenderte er aus dem Zimmer auf die Veranda hinaus.

Es war sternhell. Das Narzissenbeet glänzte weiß aus der Dämmerung. Da sang ja auch die Nachtigall. Jemand stand vor dem Fliederbusch, eine Gestalt, die sich bückte, etwas von der Erde aufhob und gegen den Busch warf. Die Nachtigall verstummte, dann flatterte sie mit eiligen Flügelschlägen in die Dunkelheit hinein. Die Gestalt wandte sich ab und ging den Gartenweg hinab. Das waren die großen Schritte, das lässige Sichwiegen in den Hüften, das Mila annahm, wenn Frau von Malten sie nicht sah. Was wollte sie? Felix ging ihr nach. Am Abhang blieb sie stehen, legte sich glatt auf den Rasen und rollte den Abhang hinab. Dabei stieß sie leise, schrille Schreie aus, wie das Pfeifen einer Fledermaus. Unten angekommen, stand sie auf und lief wieder den Abhang hinan. Felix ging ihr entgegen.

»Werden Sie nochmal runterrollen?« fragte er.

Mila blieb stehen, atemlos, ihre Zähne leuchteten weiß im Sternenschein. »Ja,« sagte sie.

»Ist das angenehm?«

»Ja, das ist gut, und drin . . .«

»Erstickt man« – ergänzte Felix.

»Ameisen laufen einem über die Beine vom Sitzen« – meinte Mila.

»Ich möchte auch so runterrollen,« versetzte Felix nachdenklich.

»Sie« – Mila legte den Handrücken auf den Mund und lachte.

»Kommen Sie,« sagte Felix. Gehorsam ging Mila neben ihm her. »Kommen Sie oft hierher so runterrollen?« fragte er.

Mila schwang beim Gehen die Arme hin und her, als könnte sie nicht genug Bewegung haben: »Oft? Ach nein, ich kann nicht oft heraus. Aber heute schläft die Alte unten bei ihr.«

Die spricht, als wären wir im Einverständnis – ging es Felix durch den Kopf – wie zwei Dienstboten, wenn die Herrschaft sie nicht hört. »Und die Nachtigall, was hat die Ihnen getan?« fragte er weiter.

»Die? Ich mag sie nicht. Man muß ihr immer so lange zuhören.«

Sie bogen in die große Kastanienallee ein. Dort war es vollends dunkel. Felix blieb stehen, faßte schnell und hart nach dem Arm des Mädchens, zog es an sich. Mila atmete hastiger und lauter, aber sie ließ sich ruhig fassen, ja, sie duckte sich fast wie eine Birkhenne.

Sie setzten sich auf den Rasen und Felix nahm Mila wieder an sich – mit einem rauhen, bösen Begehren, als wollte er es das Mädchen entgelten lassen – daß er so – so sein konnte.

Am Abend im Kaminzimmer sagte die Exzellenz: »Nun Thilo –, du fährst morgen nicht mit mir?«

Thilo streichelte zart seinen Bart. »Nein – Annemarie hat mich aufgefordert, noch ein wenig hier zu bleiben. Wenn ihr mich also behaltet – – –«

»Ach ja,« riefen Annemarie und die Malten zu gleicher Zeit.

»Sehr angenehm« – murmelte Felix, aber eine große Bitterkeit stieg in ihm auf. Warum wollte der bleiben? Er wandte den Kopf ab, denn er fühlte, daß er ein eigentümliches Gesicht machte. Keiner jedoch achtete auf ihn, nur Mila sah ihn mit ihren blanken Augen an. Das Mädchen hatte es jetzt aufgenommen, ihn so hungrig anzusehen, daß es ihn verlegen machte. Er rüttelte sich auf. Er wollte etwas Gleichgültiges sagen.

»Den Pankow sah ich heute,« berichtete er. »Er fuhr unten am Park vorüber.«

»So. Was sagte er?« frug die Exzellenz.

Felix lachte. »Er erzählte gleich einige tolle Geschichten. Ein netter Junge. Er wollte uns nächstens besuchen.«

»Der!« sagte Annemarie gelangweilt. »Ich mag ihn nicht. Seine Geschichten sind immer so lang und nicht ganz reinlich und er lacht selbst so lange über sie.«

»Ja« – stimmte Thilo bei, »solche Menschen sind nicht angenehm, die in ihren Geschichten wie in einem warmen Bade sitzen, aus dem sie nur ungern wieder heraussteigen.«

Felix fuhr auf. »Ich mag ihn sehr. Wer soll denn zu uns kommen? Wir leben wie in einem verzauberten Schloß. Der eine darf nicht kommen, weil er Knöpfmanschetten trägt, der nicht, weil er lange Geschichten erzählt, Hermann darf nicht bedienen, weil er rote Augen hat. Nächstens wird jeder, der über unsere Schwelle kommt, ein Examen in Ästhetik ablegen müssen. Das ist lächerlich. Wo haben wir denn unser Diplom als Engel? Pankow ist mein Freund und er wird kommen.« Es tat ihm wohl, dieses so laut und brutal herauszusprudeln.

»Gewiß, er soll kommen,« sagte Annemarie mit ein wenig zitternder Stimme. »Ich sage nur, ob er mir gefällt oder nicht.«

Die Malten schneuzte sich laut. Thilo bog den Kopf zurück und schloß die Augen. Annemarie stand auf und ging hinaus, gefolgt von der Malten. Mila schlüpfte zur Türe und sah Felix an, als wollte sie ihm ein Zeichen geben.

Im Zimmer herrschte Schweigen. Die Exzellenz legte eifrig an ihrer Patience. Das Aufklappen der Karten war eine Weile der einzige Ton. Endlich schlug Thilo die Augen auf und sagte:

»Ich glaube, deine Frau ging ein wenig erregt fort. Ob du nicht nachschaust?«

Das kam Felix recht. »Erregt,« rief er. »Man kann doch ein Wort sagen. Ich habe doch recht.«

»Vielleicht,« meinte Thilo, »aber das ist doch so gleichgültig.«

»Wieso gleichgültig?« Felix erhob sich und ging erregt auf und ab. »Dieses ist doch mein Haus. Aber man wagt ja nicht mehr den Mund aufzutun. Überall stößt man an. Immer Mißverständnisse.«

»Ja, das ist so die alte Geschichte,« meinte Thilo. »Wir heiraten diese exquisiten Geschöpfe – wie – wie man sich ein kostbares Instrument kauft, das man nicht zu spielen versteht. – Wir alle.«

»Alle?« Felix blieb stehen und sah böse auf Thilo herab. »Du ja nicht!«

»Gott!« erwiderte Thilo gelangweilt. »Mir würde es nicht anders gehen. Die Frauen sind uns in der Kultur voraus.«

»Die armen Frauen! Sie würden weniger mißverstanden sein, wenn sie mit den feinsinnigen Junggesellen verheiratet sein könnten.« Als Felix das gesagt hatte, war er selbst überrascht von der Bitterkeit seiner Worte. Thilo lächelte matt. »Entschuldige,« brummte Felix, »ich wollte nicht unhöflich . . .«

»O!« unterbrach ihn Thilo. »Du brauchst dich nicht zu entschuldigen. Es ist witzig, was du da sagst. Ich muß mich entschuldigen. Ich rede dir da in deine Sachen hinein.«

»Jedenfalls habe ich recht,« fuhr Felix sicherer fort. »Man muß sich mit seiner Frau aussprechen können.«

»Das ist wohl das berühmte Teilen von Leid und Freude?« fragte Thilo.

– »Gewiß!«

»Merkwürdig!« Thilo sprach leise und tonlos vor sich hin. »Unsere Frauen werden so erzogen, daß ihnen bei Tisch die Schüssel zuerst gereicht wird, und wir erwarten von ihnen, daß sie vom Hühnerbraten alle Lebern nehmen – und von der Torte alle Früchte von oben. So wollen wir sie. Und dann plötzlich wollen wir mit ihnen teilen, das, was uns selbst nicht schmeckt.«

»Ach was!« sagte Felix, der nicht zugehört hatte. »Ich esse die Hühnerlebern sowieso nicht.« Er dachte daran, ob Annemarie in ihrem Zimmer vielleicht weinte, um seinetwillen weinte? Sollte er zu ihr gehen? Man spricht erregt miteinander, man versöhnt sich. Das bringt näher. »Ich will mal nachsehen,« sagte er und verließ das Zimmer.

»Auch so ein Stück Unkultur,« murmelte Thilo, als Felix fort war. »Dieser Genuß am Rechthaben. Als ob Unrechthaben nicht ebenso genußreich sein kann.«

Die Exzellenz lachte lautlos in sich hinein, daß ihr die Schultern bebten.

An der Türe zu Annemariens Zimmer hörte Felix die Malten und Annemarie sprechen und lachen. Geweint schien dadrin nicht zu werden. Er war enttäuscht. Er fand Annemarie in ihrem Frisiermantel vor dem Spiegel sitzen, die Malten stand hinter ihr und bürstete ihr das lange dunkelblonde Haar. Annemarie sah im Spiegel ihn eintreten. Das Gesicht, das eben noch gelacht, wurde ruhig und müde. »Ah, du bist's,« sagte sie.

Felix war ein wenig befangen. »Ja, ich komme noch.« Er setzte sich. Die Malten verschwand lautlos. »Du warst erregt,« fuhr er fort. »Ich wollte nachschauen. Hab ich dich gekränkt?«

Annemarie lächelte. »Nein, es war nichts. Ich hätte es nicht sagen sollen. Aber nun ist es vorüber. Wir brauchen nicht noch über Herrn von Pankow zu sprechen.«

»Pankow ist hier Nebensache,« fuhr Felix auf. »Die Hauptsache ist, daß ich mir wie – wie beiseite geschoben vorkomme – wie – wie abgesetzt. Ich gehöre einfach nicht mehr dazu. Ich bin nicht so geistreich und so elegant wie Thilo, gut. Aber schließlich heiratet man nicht, um geistreich zu sein.«

»Thilo – warum Thilo?« fragte Annemarie und sah ihr Spiegelbild an, und beide, sie und das Spiegelbild, erröteten.

»Gerade er,« sagte Felix heiser vor Erregung. »Es ist vielleicht lächerlich und unharmonisch, daß ich so fühle – aber es macht mich unglücklich – so zu leben –. Und ich habe ein Recht, hier glücklich zu sein – kein anderer – und – und auf meine Weise.« Felix schwieg und sah Annemarie hilflos an.

»Du Armer« – sprach Annemarie in den Spiegel hinein. Dabei sahen sie und das Spiegelbild sich an, als wollten sie sagen: »Nein – damit wollen wir nichts zu tun haben!« – »Was kann man da tun?« – fuhr sie kummervoll fort. Mit beiden Händen ergriff sie ihr Haar, zog es nach vorn, kreuzte es über der Brust, als wolle sie sich in diesen braungoldenen Brokat einhüllen.

Felix schwieg einen Augenblick, als könnte er sich nicht entschließen, etwas zu sagen, dann brachte er kleinlaut heraus: »Thilo könnte ja fortfahren.«

»Ja – das wird er wohl müssen« – meinte Annemarie leise und müde.

Beide schwiegen nun. Annemarie zog ihr Haar fester um ihre Brust und schaute in den Spiegel, als wartete sie auf etwas.

»Sie wartet darauf, daß ich gehe« – dachte Felix. Er stand auf, er versuchte es, seiner Stimme einen frischen Ton zu geben, als er sagte: »So wird noch alles gut. Es ist besser, man spricht sich aus. Nicht? Du bist wohl müde?« Er beugte sich auf sie nieder, küßte ihre kühle, bleiche Stirn: »Gute Nacht.«

Als er das Zimmer verließ, fand er im Vorzimmer die Malten eine beruhigende Limonade rühren.

Was nun? Er war mit sich, mit Annemarie unzufrieden. Sie – ernst und ablehnend ihr Spiegelbild ansehend, schien ihm fremder und ferner denn je. Und doch war der Wunsch, ganz zu ihr zu gehören, gerade so quälend stark. Schlafen konnte er nicht. Er fürchtete sich vor der Stille seines Schlafzimmers. In den Park hinunter zu Mila wollte er nicht. Nein – nicht jetzt! Er nahm sein Gewehr und ging dem Walde zu.

Das weite Land, das still unter dem Sternschein schlief, das Wehen, das über feuchte Wiesen hingestrichen war, taten wohl. Er bog in den Wald ab, ging durch die Finsternis. Die taufeuchten Bärte der alten Tannen strichen über sein Gesicht. Ein Dachs ging schnaufend an ihm vorüber. Aus dem Dickicht trat der Waldhüter Peter zu ihm.

»Ach – der Herr! Der Herr will vielleicht den Birkhahn schießen, der auf die Wiese herauskommt?«

Ja – Felix entsann sich, daß Peter davon gesprochen hatte. Nun schritt der blonde Riese mit dem runden Knabengesicht neben ihm her und sprach von den Hähnen. Wie toll waren sie dieses Jahr.

»Du hast ja geheiratet?« fragte Felix.

»Ja – die Marri. Sie diente im Schloß und hat dort gelernt, gutes Brot zu backen.«

Felix erinnerte sich ihrer. »Ein großes, hübsches Mädchen.«

»So habe ich keinen Fehler an ihr gefunden,« bestätigte Peter. »Ein bißchen böse ist sie.«

»Nun – und – haust du sie auch zuweilen?«

Peter lachte. »Wie's kommt. Ganz ohne dem geht's wohl nicht.«

Felix interessierte sich dafür: »Und – wie – worauf – schlägst du sie?«

»Wo's kommt, Herr –«

»Und dann?«

»Na, sie heult – und dann ist sie wieder hübsch freundlich. Wie schon die Weiber –«

»Ja wie schon die Weiber« – wiederholte Felix nachdenklich.

Auf der Wiese kroch Felix in die kleine, aus Wacholderzweigen zusammengebogene Hütte.

»Hier muß er kommen,« sagte Peter und ging.

Die Dämmerung lag noch über der Wiese. Im Osten hing ein weißer Lichtstreifen am Horizont. Vom nahen Walde kam ein leises, gleichmäßiges Rauschen herüber. Felix streckte sich aus. Eine leichte Schläfrigkeit machte ihm die Lider schwer. Nachtfalter streichelten mit kühlen Sammetflügeln seine Wangen. Sehr hoch über sich hörte er schon die Morgenschnepfen quarren. Gott! wie fern – fern und wesenlos schien ihm zu Hause sein Zimmer – der Nachttisch mit dem Leuchter – und dann das weiße Zimmer mit der weißen Ampel. Alles fern – wer wußte hier davon! Hier ruhte – rauschte man und atmete ganz tief. Mehr brauchte man nicht.

Die Dämmerung wurde durchsichtiger. Spinnweben bedeckten die Wiese wie mit grauen Tüchern. Eine Elster begann irgendwo zu plaudern. Dann erwachten am Waldrande auf ihren Tannen auch die Birkhähne und fauchten. Jetzt rauschte es und sie flogen heran.

Einer saß dicht vor der Hütte, blies sich auf, drehte sich, kollerte eifrig und unablässig. Und eine Henne kam heran, schaute zu, wartete, daß an sie die Reihe in diesem wunderlichen Tanze käme. Von allen Seiten antworteten andere Hähne. Über die ganze Wiese waren die seltsamen, kleinen Gestalten verstreut, die sich unermüdlich drehten. Felix schoß nicht. Es tat ihm wohl, zuzusehen, dieser eintönigen und doch leidenschaftlichen Musik zuzuhören. Das war so selbstverständlich! Die Wolken wurden rosenfarben. Die ersten Sonnenstrahlen fielen schräg auf die Wiese. Der Tau auf den Halmen begann zu flimmern.

Plötzlich schwieg alles. Es rauschte ringsum. Die Hähne flogen auf. Was gab es? Felix spähte über die Wiese hin.

Auf der anderen Seite stand ein buntes Figürchen, ein Bauernmädchen. Es hatte sein helles Kattunkleid sehr hoch über dem kurzen, roten Unterrock aufgeschürzt und ging, die Beine in den weißen Strümpfen hoch über das tauige Gras hebend, quer über die Wiese. Das große, rosa Gesicht glänzte in der Morgensonne.

»Es ist Sonntag,« fiel es Felix ein. »Die geht zur Kirche.«

Aus dem Waldrande trat ein Bursche, auch sonntäglich gekleidet, die Mütze im Nacken, das Gesicht rot vom Waschen. Beide, das Mädchen und der Bursche, blieben stehen, sahen sich an – gingen langsam gerade aufeinander zu. Nun waren sie beisammen, die breiten, lachenden Gesichter eng beieinander. Der Bursche griff nach dem Mädchen, mit ruhigen, festen Händen, als wollte er eine Frucht pflücken. Das Mädchen schlug nach ihm, und doch gingen sie engumschlungen dem Walde zu, verschwanden unter den Zweigen der Tannen.

»Die gehn heute nicht mehr zur Kirche,« sagte sich Felix.

Er machte sich auf den Heimweg. Die Nacht hatte ihn beruhigt und gestärkt. Gott! Das Leben war einfach, man muß es nur mit ruhiger, fester Hand angreifen, so wie der Bursche dort nach den Brüsten seines Mädchens griff. Mit Thilo wollte er offen sprechen. An den Masken, die man sich vorband, erstickte man ja. Das mit den Masken gefiel ihm. Das wollte er Thilo sagen. Der liebte solche Bilder.

Die Fenster des Schlosses flimmerten in der Sonne. Der Garten war voller Tulpen und Narzissen. Gerade standen sie in ihren Beeten – ganz rein – ganz parfümiert. So hatten sie die ganze Nacht gestanden und auf den Tag gewartet. Die ließen sich nie gehen. So etwas verlangte Annemarie wohl? Na, aber eine Narzisse war er nun einmal nicht. Darin mußte sie sich finden.

In seinem Zimmer legte er sich zu Bett und schlief fest in den Tag hinein.

Es war Mittag vorüber, als Felix aufstand. Vor seinem Fenster auf dem Rasenplatz sah er Annemarie und Thilo Federball spielen. Das hatte Thilo statt des Tanzens nach dem Frühstück eingeführt. »Das Tanzen paßte ihm wohl nicht mehr,« dachte Felix und streckte sich. Er fühlte sich heute angenehm jung und energisch.

Später fand er Thilo auf der Veranda nachdenklich seine Zigarre rauchend. Zerstreut fragte er nach der Jagd. Felix lehnte sich an das Gitter und sah in den Garten hinab.

»Ich wollte dir etwas sagen,« begann er, die Worte energisch unterstreichend. »Es ist nicht leicht. Aber du wirst es mir nicht übelnehmen. Es ist immer besser, man spricht sich offen aus.«

Er schaute auf. Thilo stand ruhig da und sah auf die langgewordene Aschenspitze seiner Zigarre nieder. Endlich sagte er, die Worte nachlässig dehnend: »Davon kann ich nur abraten. Solche Aussprachen und Offenheiten sind einem später immer unangenehm.«

Felix errötete; jetzt mußte das mit den Masken kommen. »Im Gegenteil. Wenn man immer eine Maske tragen soll, daran erstickt man ja.«

Thilo lächelte. »Ich glaube, Masken sind nicht zu verwerfen,« meinte er, als handelte es sich um eine ruhige Unterhaltung. »Ich habe es immer richtig gefunden, daß die Griechen ihren Schauspielern Masken vorbanden. So konnte es ihnen nie passieren, daß Ödipus aussah wie der Herr, der gestern in der Kneipe Bier trank und Rettich aß, oder Antigone wie die Dame, die im Restaurant die Ellenbogen auf den Tisch stützte und Zigaretten rauchte.«

»Das ist hier ganz gleichgültig« – fuhr Felix auf. »Ich will mit dir etwas besprechen, was mir am Herzen liegt – offen – wie unter Verwandten. Es fällt mir schwer ...«

»Ich rate von solchen Aussprachen immer ab,« unterbrach ihn Thilo.

Felix schwieg. Das hatte er nicht erwartet. Er drückte mit beiden Händen das Eisengitter so fest, daß ihm die Hände schmerzten. Was sollte er nun sagen?

Thilo entschloß sich, mit dem kleinen Finger die lange Aschenspitze seiner Zigarre abzustreifen, und die gelassene, diskrete Stimme sagte: »Diese Nacht sind mir einige Geschäfte eingefallen, die erledigt werden müssen. So kann ich eure freundliche Einladung, noch bei euch zu bleiben, leider doch nicht annehmen. Ich fahre heute mit deinem Schwiegervater. Es tut mir sehr leid – aber – –«

»So. Ach – sehr schade,« murmelte Felix. Er machte dabei ein enttäuschtes Gesicht. Dann war ja alles gut und all seine Entschlüsse umsonst. Alles machte sich von selbst. Thilo sprach von einem Durchhau in den Parkbäumen, der sich gut machen würde. Felix stimmte ihm eifrig zu.

Annemarie und Thilo gingen langsam und schweigend den Gartenweg hinab zur Fliederlaube. Dort setzten sie sich.

»Wohin gehst du dann?« fragte Annemarie.

»Ich suche mir irgend ein Schiff« – antwortete Thilo, »um mich eine Weile auf dem Wasser herumzutreiben. Das wird das Richtige sein!« Er blickte Annemarie sinnend an, wie wir ein Bild ansehn, in das wir uns hineinleben. Sie schloß die Augen, hielt unter diesem Blick wie unter einer Liebkosung still.

»Wir Vierziger,« fuhr Thilo fort, »gehn sorgsam mit unseren Gefühlen um. Haben wir mal eins, das wertvoll ist, dann gehen wir damit in die Einsamkeit, suchen die richtige Umgebung.«

»Ich sehe es deutlich,« sagte Annemarie. »Wie du allein auf dem Schiffe sitzest und auf das dämmerige Meer hinaussiehst.«

Thilo nickte. »So wird es sein. Es ist merkwürdig, wie deutlich unsere Visionen werden, wenn wir in der Dämmerung auf das Meer hinaussehn. Wunderliche Stunden. Du weißt:

– – l'ora che volge il desio
Ai naviganti e intenerisce il cuore«

Annemarie lächelte, das rührende Frauenlächeln, das die Tränen entschuldigen soll, die fließen wollen.

»Und du,« fragte Thilo und beugte sich vor.

Sie zuckte leicht mit den Schultern – »Desio – davon kann man auch leben?«

Thilo nahm vorsichtig Annemaries Hand, die auf der Rücklehne der Bank lag, und legte sie auf seine Handfläche. »Du,« – sagte er – – »du mußt immer ganz du sein. Nichts Fremdes herein lassen. Du bist eben ein Einfall des Schöpfers, der keine Striche verträgt.« Er sann einen Augenblick vor sich hin und strich leicht über die Hand, die regungslos auf der seinen lag: »Könntest du« – sagte er zögernd – »könntest du etwas wie eine Schuld – das Symbol einer Schuld – um – um meinetwillen ertragen? Sieh – so etwas wie eine Schuld austauschen, das bindet fester, als die – Ringe tauschen.« Er hatte leise mit seiner singenden Stimme gesprochen – nun hielt er inne. Als Annemarie schwieg, zog er sie sachte an sich heran, beugte sich über sie und berührte ganz leicht mit seinen Lippen ihre festgeschlossenen Lippen. Hastig richteten sie sich wieder auf: »Nahrung für die Vision,« sagte Thilo und lächelte. Dann sah er nach der Uhr, stand auf: »Ich muß nachschaun. Dein Vater wird leicht ungeduldig. Du bleibst noch?«

Annemarie nickte. Als Thilo fort war, ließ sie die Tränen ruhig über das bleiche, unbewegte Gesicht fließen.

Der Kies knirschte. Felix kam eilig heran.

»Wo bleibst du?« rief er. »Sie wollen fahren. Wie? du – du weinst?«

»Ach ja – ein wenig,« erwiderte Annemarie. »Es tut mir leid, daß sie fortfahren.«

»Natürlich. Schade« – brachte Felix hastig und kleinlaut heraus. »Was ist da zu machen! Komm jetzt. Sie warten.« –

Das Feld war frei. Ein anderes Leben sollte beginnen. Felix ließ seiner guten Laune freien Lauf. Beim Mittagessen erzählte er viel, neckte die Malten und Mila, strich zärtlich über Annemariens Hand. Er merkte es wohl, daß seine gute Laune nicht sympathisch war, allein, er wollte sich nicht stören lassen. Im Kaminzimmer, als Frau von Malten die Kreuzzeitung vorlas, war es auch nicht so recht gemütlich. Annemarie, einen beruhigtglücklichen Ausdruck auf ihrem Gesicht, schien mit ihren Gedanken sehr weit fort zu sein. Dieses Zimmer, diese Stunde waren noch so voll von Thilos Gegenwart. Mila benützte die Gelegenheit, ihren heißen Blick nicht von Felix abzuwenden – und Felix sog an seiner Zigarre und dachte törichte, gewaltsame Dinge. Wie wär es, wenn er jetzt etwas sagte, etwas täte, das wie ein Gewitter in diese Ruhe schlug, etwas, das niemand erwartete, das Annemarie auffahren, weinen machte, das die kühlen Glaswände, die hier Mensch von Menschen trennten, zerbrach?

Die Fenster standen offen. Die Nacht atmete süß in das Zimmer. Es rauschte zuweilen in den Linden, vor dem Fenster. Frau von Malten war bei den Familiennachrichten und ließ die alten Namen feierlich klingen.

Unterdes war ein tolles Blühen über die Natur gekommen. Der Flieder umgab das Haus wie mit einem Wall von weiß und blaßvioletten Musselinen. Wie lange Reihen bunter Flämmchen umsäumten die Tulpen die Gartenwege. Zu jeder Tageszeit konnte man Annemarie diese Wege auf und ab gehen sehen, das Gesicht beruhigt und glücklich. Sie sang leise vor sich hin, oder blieb stehn und horchte hinaus. »Sie ist immer mit ihm zusammen, immer,« sagte Felix. Wenn er sich zu ihr gesellte, nickte sie zerstreut, sprach von gleichgültigen Dingen, von »seiner Wirtschaft«, von dem Garten, unterhielt sich freundlich und wohlerzogen, wie wir mit einem Besucher sprechen, von dem wir hoffen, daß er bald gehn werde.

»Der Flieder ist schön dieses Jahr, nicht wahr?«

»Das macht dich glücklich?«

»Ja – ich hör ihn ordentlich. Von jeher hab ich gefunden, daß Farben klingen. Thilo sagt, er hört das auch.«

»Der! Natürlich,« brummte Felix.

»Er sagt,« fuhr Annemarie fort, »der Flieder klingt so, als ob fern in einer Kirche am Pfingstsonntage Kinder auf dem Chor singen.«

»So! Ich höre nichts,« schloß Felix ärgerlich die Unterhaltung und wandte sich zum Gehn. Annemarie nickte wieder freundlich und bog in einen Seitenweg ein, eilig, als stünde dort einer und wartete auf sie.

Oder er kam am Vormittag zu ihr. Er wollte es machen wie die andern. Der Ehemann kommt zwischen den Geschäften, in hohen Stiefeln, für einen Augenblick zu seiner Frau, trinkt einen Schnaps – sagt dieses und jenes.

Im Vorzimmer gab Frau von Malten dem jüngeren Diener Unterricht. Sie kam immer wieder zur Tür herein, und er mußte sie bei dem großen Sessel anmelden. Oder sie setzte sich, und er mußte sie immer wieder zu Tisch bitten.

Annemarie saß in ihrem Zimmer. Sie hatte die Perlschnur, die sie zu tragen pflegte, abgenommen und ließ sie langsam durch die Finger gleiten. »Ah! Du bist es,« sagte sie, wenn Felix eintrat. »Hast du deinen Schnaps gehabt?« Sie hörte ihm zu, sie tat, als sei es selbstverständlich, daß er da saß. Aber Felix fühlte es wohl, er hatte sie gestört, hatte sie in etwas unterbrochen. Und wenn er fortgehen würde, würde sie ihr eigentliches Leben wieder aufnehmen. Mila kam, ihr vorzulesen. Annemarie schaute auf dic Perlen nieder und sagte kurz:

»Nein, danke. Wir lesen nicht.«

Felix war überrascht von dem Ausdruck von Widerwillen, mit dem sie das sagte. Mila machte kehrt, daß die Röcke sausten.

»Läßt du dir nicht vorlesen? Hat Mila keine angenehme Stimme mehr?« fragte Felix.

»Nein,« erwiderte Annemarie, ohne aufzuschauen, »ihre Stimme ist mir nicht mehr angenehm.«

»O!« sagte Mila am Abend im Park, »die Alte merkt nichts. Aber sie, sie kann mich nicht mehr leiden. Wenn ich ins Zimmer komme, schickt sie mich fort, und wenn ich ihr die Hand küsse, macht sie, als ob ein Hund ihr die Hand leckt.«

»Sprich nie von ihr – nie,« fuhr Felix sie an, faßte sie an die Schulter und schüttelte sie. Mila weinte. Sie bog ihr Gesicht, das blank vor Tränen war, auf seines nieder und küßte ihn, als wollte sie ihre ganze Wut in diese Küsse legen.

»Diesem Leben ist nicht anzukommen,« dachte Felix, als er wieder am Wickenacker stand, dem weißen Pferde, dem alten Mann und den blanken Erdschollen zusah. – »Nicht anzukommen.« –

Aber sie und er wußten es besser. Etwas geschah, von dem der Tag mit seiner hübschen Ordnung nichts verriet. Kein Wort, kein Blick erinnerte daran. Aber Felix mußte dieses Bild immer mit sich herumtragen. Nachts – wenn es stille war, wenn in den dunkeln Zimmern die Möbel unter ihren weißen Bezügen schliefen, die Blumen in den Vasen welkten – das hübsche Uhrwerk der Malten angehalten war – dann kauerte in dem weißen Zimmer, unter der weißen Ampel, das weiße Figürchen auf dem Bette. Die Augen, sehr dunkel in all dem Weiß, schauten ihm angstvoll entgegen. Und der schmale kühle Körper lag regungslos in seinen Armen, das bleiche Gesicht hatte den Ausdruck hochmütig verschlossener Qual. – Nach solchen Nächten war das Herz ihm wund von einem bitteren, grausamen Machtgefühl. Und doch – er mußte das immer wieder erleben.

Eine seltsame Unruhe quälte Felix, nahm ihm den Schlaf. Er trieb sich draußen auf den nächtlichen Straßen umher. Diese weißen Nächte des Sommeranfangs lagen so gespenstisch über dem Lande, hingen voll schwüler Träume. Aus den Bauernhöfen klangen hier und da Harmonikatöne, die schläfrig und doch ruhelos eine hüpfende Melodie in die Dämmerung hinaussangen. Am Feldrain im Grase lag ein Bauernbursche, lang hingestreckt, das Gesicht den Sternen zugewandt, und schlief. Felix ging die Landstraße entlang, sich selbst fremd, wie wir es uns sind, wenn wir uns im Traum sehen, fremd in einer fremden Traumwelt. Hinter ihm lag das Schloß zwischen seinen Fliederhecken. Im weißen Zimmer kauerte die weiße Gestalt und horchte angstvoll hinaus – ob nicht ein Schritt – sein Schritt – sich nähere. Unten im Park saß Mila und weinte, weil er nicht kam, und er irrte hier auf den stillen Straßen umher. Warum – warum mußte das sein? Er konnte es nicht verstehen!

Er streckte sich am Wegrain aus, er wollte liegen wie jener Bursche dort, das Gesicht den Sternen zugewandt, schlafen, eingewiegt von dem müden Tanzlied der fernen Harmonika.

Ein Stück Mond hing wieder in den Wipfeln der Parkbäume. Felix lag auf dem Rasen unter der Kastanie. Mila saß neben ihm, hielt seine Hand und küßte sie mit regelmäßigen, kurzen Küssen. Zwischen jedem Kuß wiederholte sie: »Mein Herr – mein Herr.« Vor ihnen lag der Teich. Eine lichtgrüne Pflanzendecke breitete sich über das Wasser. Froschlöffel und Schachtelhalme waren aufgeschossen und fingen das Mondlicht wie in einem Gitterwerk. »Mein Herr – mein Herr,« wiederholte Mila mit ihrer weichen Stimme. Felix hörte es wie im Halbtraum, und noch ein Ton drang zu ihm, ein helles Singen – das näher kam. Er fühlte, wie Mila seine Hand fest drückte, er fuhr auf. Die Stimme war ganz nah: »Annemarie,« dachte er. Da ging sie auch schon an ihnen vorüber, langsam. – Einen Fliederzweig hielt sie in der Hand und bewegte ihn sachte, als schlüge sie den Takt zu ihrem Lied. Die Schleppe des weißen Musselinkleides rauschte leise auf dem Kies. Es war, als wendete sie den Kopf einen Augenblick nach der Seite, wo die beiden im Schatten saßen. Felix sah deutlich das schmale Gesicht – ruhig und fremd, die Lippen waren im Singen halb geöffnet. So ging sie vorüber. Der Gesang entfernte sich, wurde schwach, dann kam er wieder deutlicher über das Wasser, wie ein Wiegenlied klang es, ein Lied, das eine Mutter im Schein der Nachtlampe an einer weißen Wiege singt, wenn ihr die Augen halb zufallen. Jetzt war sie auf der andern Seite des Teiches. Die helle Gestalt ging den Brettersteg entlang, der in das Wasser hineingebaut war. Am Ende des Stegs blieb sie stehen, wiegte den Fliederzweig und sang. Felix war aufgesprungen.

»Annemarie!« rief er.

Aber die weiße Gestalt war fort. Ein Ton im Wasser. Wildenten flogen aus dem Schilf auf. Das Mondlicht auf dem Wasser drüben wurde einen Augenblick unruhig, fuhr kraus hin und her.

»Geh – ruf,« stöhnte Felix auf. Er stürzte an den Teich, warf seinen Rock ab, sprang in das Wasser. Er mußte hinüber. Mit seidigem Knistern schob sich die grüne Pflanzendecke vor ihm zurück. Das Wasser war lauwarm. Mitten im Teich lag eine Insel von Froschlöffel. Felix mußte hindurch. Die kleinen, aufrechten Blüten streuten ihm Blütenstaub in das Gesicht, der leicht nach Honig duftete. Nun war er mitten drin, da hielt etwas seinen Fuß. Er stieß kräftig mit den Armen. Da faßte es ihn an den Arm, und wie er los wollte, drängte es von allen Seiten heran, umschlang ihn mit weichen, kühlen Fingern. Atemlos kämpfte er gegen dieses Netz, das wich und wieder herandrängte, nachgebend und undurchdringlich. Er fuhr mit den Händen hinein, wie in einen Knäuel kalter, seidenglatter Glieder, er zerriß sie, hörte sie leise knirschen. Er vergaß alles in der Wut dieses Kampfes gegen das stumme, tückische Leben um ihn her. Und wenn er einen Augenblick stille hielt, um aufzuatmen, dann sah er um sich den Teich ruhig und mondbeglänzt. Nur die großen Blätter der Wasserrosen wiegten sich sachte. Eine letzte, verzweifelte Anstrengung und er war frei, um ihn klares Waser. Wohlig atmete er auf, streckte sich, wiegte sich auf dem Wasser – –, da sah er den Steg, und er wußte es wieder, warum er hier war: »Sie wartet – sie ist in Not.« Eilig schwamm er zum anderen Ufer. Hier mußte es sein. Das Wasser war tief und klar. Ein blühender Fliederzweig schwamm darauf. Felix tauchte einmal und dann wieder – es war ihm, als hielt er ein Kleid – einen Arm – eine Hand. Er schwamm zum Ufer, die kleine, kalte Hand fest in der seinen.

Er hob Annemarie an das Land, beugte sich über sie, riß hastig die Kleider von ihrem Körper, kniete vor ihr und sah sie an. Die Brust, die Glieder waren blank von Wasser und durchsichtig weiß. Das Gesicht fremd und streng in seiner tiefen Ruhe; die Lippen halb geöffnet. Der bläuliche Schmelz der Zähne schimmerte zwischen ihnen hervor. Die Oberlippe war ein wenig hinaufgezogen, hochmütig und abwehrend. Es war, als hätte Annemarie sich müde ausgestreckt und sagte: »O nein – ich danke – nicht für mich.« –

BEATE UND MAREILE

Eine Schloßgeschichte

(1903)

Erstes Kapitel

Aus dem Badezimmer erscholl ein gleichmäßiges Plätschern. Günther von Tarniff saß in seinem rotgelben Badebassin. Die lauwarme Dusche wurde in der Morgensonne ganz blank – fließendes Kristall. Das war so hübsch und angenehm, daß Günther sich nicht davon trennen konnte. Er saß da schon geraume Zeit und registrierte die behaglichen Empfindungen, die über seinen Körper hinglitten ... wachsam und aufmerksam, wie er jedes angenehme Gefühl in sich zu verfolgen pflegte, als müßte aus dieser Addition sich ein Glück herausrechnen lassen.

»Ziehen Herr Graf die neuen Weißen an?« fragte Peter aus dem Nebenzimmer.

»Ja. Gefallen sie dir nicht?« rief Günther zurück.

»'ne neue Mode. Wird man sehen«, meinte Peter.

Nun mußte Günther heraus. Peter rieb ihn behutsam mit einem weichen Tuch ab. Günther pflegte seinen Körper wie ein Brahmane. Er bewunderte ihn und achtete ihn, als die Tafel, auf der das Leben viele, wichtige Genüsse zu verzeichnen hat.

»Frau Gräfin waren schon auf, bei der Morgenandacht«, berichtete Peter. »Ja, bei den alten Herrschaften im Flügel ist Morgenandacht mit den Leuten vom Alten Testament, wie die Amalie sagt.«

»Teufel. Dann sind wir hier das Neue Testament – was? Bedeutend freche Jungfrau, die Amalie. Und du?«

»Gott, ich!« Peter zog die Augenbrauen über den kleinen litauer Augen empor: »Heute bin ich dabei gewesen. So 'n mal. Sonst, der Beckmann geht nich –«

»– So – der Beckmann ist dein Dienerideal? – Gott! Mit dem dummen Gesicht!«

Als Peter seinem Herrn das Beinkleid reichte, nahm er ein anderes Thema auf: »Schön is hier! Das Haus, der Garten. Alles gehört uns!«

»Ja«, meinte Günther und hielt im Ankleiden inne, um seine Bemerkung Peter eindringlich mitzuteilen: »Wie dieser Anzug. Alles weich – lose. Nicht? Und die Uniform war steif – und eng. Nun also. Wenn man den Dienst aufgibt und nach Kaltin zieht, dann zieht man eben die Uniform aus und dies hier an!«

Peter war voller Bewunderung: »Wie spitzig der Herr Graf das sagen! Ja, so 'n Kopf, wie unser Graf! Aber so stramm war unser Dienst nicht.«

»Ach was, Dienst! Das Leben, verstehst du? Die Zeit vergeht und noch zu wenig, zu wenig ...«

»Weiber«, half Peter ein.

»Ja, auch das. Das ist vorüber. Hier ist Ruhe.«

»Gott sei Dank«, schloß Peter die Unterhaltung.

Günther war fertig und stellte sich vor den Spiegel. Er sah gut aus, er konnte zufrieden sein: die matte Gesichtsfarbe, das schwarze Haar seiner italienischen Mutter, die braunen, blanken Frauenaugen mit den langen Wimpern, die Lippen so rot wie bei Knaben, in denen die Jugend noch wie ein Fieber brennt.

»Heute wieder wunderbar«, meinte Peter.

Sie hat auf mich gewartet, dachte Günther, als er in den Gartensaal trat und die zwei Gedecke auf dem Frühstückstische sah. Eine behagliche Rührung ergriff ihn bei diesem Anblick: »Angenehm ist das – wie – wie – reine Wäsche nach der Reise!«

Er trat auf die Veranda hinaus und blickte über die Kieswege und Blumenbeete hin. Die heiße Luft zitterte und flimmerte. Der Buchsbaum glänzte wie grünes Leder. Hinter dem Garten dehnte sich Wiesenland aus, dann niedrige Hügel, an denen die Äcker wie regelmäßige Seidenstreifen niederhingen. Unten, von der Buchsbaumhecke sah Günther seine Frau auf das Haus zulaufen. Die eine Hand hielt die Schleppe des weißen Kleides, die andere einen bunten Strauß Erbsenblüten. Ein wenig atemlos blieb Beate vor Günther stehen und lächelte. Die Gestalt schwankte leicht, wie zu biegsam.

»Riech mal«, sagte sie und hielt ihm den Strauß hin. »Das riecht wie Sommerferien, nicht?«

»Du kannst ja laufen wie ein Jöhr«, meinte Günther.

»Ja, ja!« Beate lachte: »Hier ist man wieder jung; weil alles umher so schön alt ist, so alt wie – wie Kinderfrauen.«

Sie gingen in den Gartensaal. Günther streckte sich in einem Sessel aus und ließ sich Tee einschenken.

»Gewiß! Gut ist's hier«, begann er, die Worte langsam vor sich hinschnarrend. »Wie's so aussieht, müßte der schon ein ungewandter Monsieur sein, der hier nicht auf seine Rechnung kommt, wie, Beating?«

Beate schlug die Augen zu ihm auf, für das schmale, weiße Gesicht sehr große Augen, durchsichtig und graublau, mit ein wenig feuchtem Golde auf dem Grunde. Eine freundliche, ruhige Ironie lag in ihrem Blick. Das machte Günther befangen. Er begann im Zimmer auf und ab zu gehen und angeregt zu sprechen:

»So wie hier, das lieb' ich; ruhige, königlich preußische Schönheit. Die ewigen Großartigkeiten fallen mir auf die Nerven. Na – ja du – du bist anders. Sorrent – Luzern – das ist dir wie dein Deputat.«

»Ja, Kaltin ist gut«, meinte Beate.

»Hier läßt man sich also nieder«, setzte Günther seine Betrachtung fort. »Das ist das Definitive – Ruhe – Abschluß.«

Beate zog die Augenbrauen empor.

»Womit schließt du denn ab? Jetzt fängt's doch gerade an – unser Leben.«

»Für euch Frauen,« dozierte Günther mit klingender Stimme, »für euch ist die Ehe ein Anfang – *der* Anfang. Für uns Männer ist die Ehe auch ein Ende. Das Frühere ist zu Ende – aus; verstehst du? – Frauen unserer Gesellschaft haben kein Früher. Sie haben Gouvernanten, aber keine Vergangenheit gehabt.«

»Dieses ›Früher‹ klingt ziemlich unsympathisch«, warf Beate ein wenig gereizt ein.

Günther lachte: »Ja, das könnt ihr nun mal nicht ändern. Ihr Ehefrauen seid immer 'ne Art Hafen. Du, Beating, bist ein hübscher, glatter, tiefer Hafen, gut ausgebaggert, man sieht bis auf den Grund.«

Beate schaute in der stillverschlossenen Art vor sich hin, die sie anzunehmen pflegte, wenn sie etwas gleichsam nicht zu sich hereinlassen wollte; es ihr zuwider war. Günther sprach schon von anderem: »Müssen wir nicht zu unseren alten Damen hinüber?«

»Ja, wenn du willst.«

»Sag, ist's dort noch so – so – düster?«

»Düster – dort?«

»Na ja, für dich – natürlich – da sind's die Kinderzimmer und so. Die Zimmer sind's auch nicht. Ich glaube, es ist die Tante Seneïde.«

»Tante?« rief Beate. »Aber Tante Seneïde ist doch wie – wie Mondschein im Ahnensaal.«

»So! Ist das nicht unheimlich, wenn man so ist?«

»Ach nein!« erklärte Beate. »Weißt du, wenn der Mond durch die oberen Fenster des Ahnensaals scheint, dann ist der Fußboden ganz voll von Lichtkringel. Als Kinder setzten Mareile und ich uns da mitten hinein. Tante Seneïde ging im Saale auf und ab und sagte ihre geistlichen Lieder her. Das war so echt Kaltinsch und das gehört Tante.«

»So,« meinte Günther, »als Knabe habe ich mich gefürchtet, wenn die Leute von der kranken Komtesse sprachen. Na, jetzt soll sie mir wie Mondschein im Ahnensaal sein. Komm!«

Zweites Kapitel

Lantin, das Stammgut der Tarniffs, grenzte an Kaltin, den Sitz der Losnitz'. Beate und Günther waren Nachbarskinder und verwandt. Die Tarniffs und die Losnitz' gehörten zu dem alteingesessenen Landadel, zu den »braungebrannten Herren«, von denen Bismarck spricht: »die man morgens früh um fünf auf ihren Feldern einhergehen oder reiten sieht.« Starke Leute, die das Leben und die Arbeit lieben, roh mit den Weibern und andächtig mit ihren Frauen umgehen und einen angeerbten Glauben und angeerbte Grundsätze haben. Der Lantiner Zweig der Tarniffs jedoch hatte durch mehrere Generationen dem Staat gute Diplomaten geliefert. Der Aufenthalt in der Fremde entrückte sie ihrem Landsitz. Die Schüler der Grumbkow, Hardenberg, Bismarck brachten etwas Fremdes in das Gleichgewicht und die ein wenig hochmütige Beschränkung der Landjunker; neue Gedanken und Appetite komplizierten ihr Seelenleben. Dazu schlossen die Herren auf ihren diplomatischen Posten Ehen mit Ausländerinnen. Das exotische Blut nagte an den starken Nerven der märkischen Rasse, erhitzte und schwächte sie mit seiner Erbschaft fremder Geschlechter.

Graf Botho, Günthers Vater, war mit einer italienischen Prinzessin vermählt gewesen; ein herrliches Geschöpf, wie Fra Sebastiano sie gerne malte: königliche, edelsteinharte Augen, eine bleiche Gesichtsfarbe, in die sich etwas wie grünliches Gold mischt. Die schöne Römerin konnte deutsche Luft und deutsche Menschen nicht vertragen. Getrennt von ihrem Gatten lebte sie mit ihrem einzigen Kinde, dem kleinen Günther, in ihrer Heimat. Noch jung erlag sie einem Brustleiden. Lantin hatte von seiner Herrschaft wenig gesehen. Jetzt langte Graf Botho in Lantin an mit seinem Kinde, dem Sarg seiner Frau und Komtesse Benigne, seiner alten Schwester. Der Sarg wurde in der Familiengruft beigesetzt, Benigne mit dem Kinde im Schloß eingerichtet und dann reiste Graf Botho wieder ab.

Hier verbrachte Günther seine Kindheit. Damals war es, daß er seine ersten Spiele mit Beate und Mareile, der braunen Inspektorstochter, zwischen den Levkojen und Lilienbeeten des Kaltiner Gartens spielte.

Die Baronin von Losnitz, früh verwitwet, lebte mit ihrer einzigen Tochter in Kaltin. Komtesse Seneïde Sallen, ihre Schwester, wohnte bei ihr. Irgendeine brutale Liebesgeschichte war in das stille Leben des Landfräuleins eingeschlagen und hatte es seelisch und geistig gebrochen. Jetzt lebte sie hier. Friedliche Beschäftigungen, die freundliche Narkose der Religion erhielten das Gleichgewicht dieses kranken Geistes.

Schloß Lantin wurde unterdes wieder leer. Komtesse Benigne starb, und Günther wurde in die Stadt gegeben. Lantin sah seinen Herrn zwar noch einmal, allein unter wunderlichen Umständen, wieder. Graf Botho langte mit einer fremden, schwarzlockigen Dame an. Frau Kulmann, Kastellanin und Kammerdienergattin, verstand es, ein undurchdringliches Dunkel um die Fremde zu breiten. Die Leute schüttelten die Köpfe. Begegneten sie dem Paar, dann rückten sie an den Mützen, verzogen jedoch höhnisch die Mäuler. Mankow, der Wildhüter und Vertraute des Grafen, erzählte abends im Waldkruge unheimliche Geschichten von der »verfluchten Schwarzen«. Über dem Portal des Schlosses hing in bemaltem Stein das Tarniffsche Wappen: auf dem Tartschenschilde in goldenem Felde drei schwarze Lindenblätter, darüber, auf gekröntem Stechhelm, zwischen dem offenen, goldenen Flug ein wachsender, schwarzer Brackenhals. »Die drei herzförmigen Blätter«, sagten die Lantiner, »sind die drei Weiberherzen, die jeder Tarniff bricht.« – »Ja,« sagte Mankow, »und der Hund da oben, das ist der Teufel, der sie holt. Unser Alter hat sich seinen Teufel selber mitgebracht.« Die Sache nahm kein gutes Ende: »So verfault is unser Alter auch noch nich«, meinte Mankow. »Was zu doll is, is zu doll! Das schwarze Aas hat die Reitpeitsch, die mit dem goldenen Knopf, wißt ihr, zu schmecken gekriegt.« Eine verschlossene Kutsche brachte die Schwarze eines Morgens zur Station. Der alte Herr verschloß sich in seine Gemächer, dann reiste er ab, kam wieder, vergrub sich in seine Bücher: »Alt is 'r«, sagte Mankow. »Er sagt, er hat das Leben satt. Muß der gefressen haben! Was? Jetzt sitzt er bei den Büchern, und das ist das Letzte.« Ein Schlaganfall beraubte den alten Herrn seiner Füße. Stundenlang schob Kulmann ihn im Rollstuhl die Alleen des Parkes auf und ab, und das große, bleiche Greisenantlitz wackelte mißmutig und ergeben bei jeder Bewegung des Rollstuhles. Endlich kam das Ende. Kulmann hatte seinen Herrn eines Nachmittags allein im Park gelassen, um zu Hause einen Grog zu trinken. Das mochte ein wenig lange gedauert haben. Als Kulmann gegen Abend seinen Grafen aufsuchte, fand er ihn in der Herbstdämmerung tot im Rollstuhl sitzen, feucht von Abendnebeln, überstreut von Herbstblättern, und den goldenen Knopf der Reitpeitsche fest zwischen die Zähne geklemmt.

Günther mied das Schloß. Frau Kulmann kämpfte mit Staub und Motten und dachte an lustigere Zeiten, da sie jung war und dem seligen Herrn gefiel.

Günther erwuchs zu einem sehr glänzenden Ulanenoffizier. Er durchspähte das Leben mit leidenschaftlicher Hast nach Genüssen, als fürchtete er beständig, irgendein Genuß, ein seltenes Glück könnte ihm unterschlagen werden. Nach einigen Jahren hieß es, seiner Gesundheit halber müsse er den Dienst verlassen. Andere erzählten, seine Beziehungen zu einer hochstehenden Dame hätten seine Entfernung aus Berlin wünschenswert gemacht. Er ging nach Athen, bei der Gesandtschaft diplomatische Kenntnisse zu sammeln. Einige Winter später trafen die Jugendgespielen sich in Berlin. Frau von Losnitz wollte Beate in die Gesellschaft einführen. Günther befand sich gerade in einer Krisis, die bei solchen nervösen, allzu gierigen Lebenstrinkern gegen Ende der zwanziger Jahre einzutreten pflegt. Er war satt. Von jeher hatte er das Weib für die Verschleißerin der wichtigsten Genüsse des Lebens angesehen. Für jede Stimmung das richtige Weib zu finden, erschien ihm als die bedeutsamste Kunst; und urplötzlich war er der Weiber so müde: »Es ist doch in der ganzen Welt immer wieder dieselbe kleine Schauspielerin mit den gemalten Augenbrauen und den geldgierigen Taubenaugen«, meinte er. »Ich kann Dir sagen,« schrieb er an den Maler Hans Berkow, seinen Freund, »ich gehe den Weibern wie einer Drehorgel, die eine zu oft gehörte Melodie spielt, aus dem Wege. Ich kann nur noch mit den stillen, kühlen Marmordamen im Museum verkehren.« In dieser Gemütslage mußte Beate stark auf Günther wirken. Dieses Mädchen, mit einer stilvollen Reinheit, schien ihm ein Glück zu versprechen, das ihm wirklich bisher unterschlagen worden war. »Sie ist ja die adelige Poesie in Person«, sagte er, denn er liebte die geschmückten Redewendungen. Einen schwungvolleren Bewerber hatte die kühle Berliner Gesellschaft noch nicht gesehen: »Je nun!« sagte der Fürst Kornowitz, »wir haben bei unseren Damen schon alle möglichen Manieren versucht, Jockeymanieren, Künstlermanieren, Dekadenzmanieren. Der Tarniff scheint die Troubadourmanier aufbringen zu wollen. Keine bequeme Manier das.«

Beate nahm Günthers Werbung in ihrer wohlerzogenen Art hin. In den Schlössern unseres Landadels wachsen noch, unter feiner berechneter Obhut, solche Mädchen von wunderbar naiver Reinheit heran. Das Gute und Schöne erwarten sie von dem Leben, wie das Selbstverständliche, und Günther erschien Beate als dieses Schöne und Gute. Im Winter verlobten sie sich, im April wurden sie getraut und im Juli des nächsten Jahres zog Günther nach Kaltin, entschlossen, dort ein glückliches Familienleben zu führen nach wohlbewährtem, altadeligem Rezepte.

Drittes Kapitel

Die alte Baronin von Losnitz saß in ihrem Voltairesessel und strickte einen blauen Kinderstrumpf. Schöne Haartrompeten, blank und weiß, rahmten das fette, weiße Gesicht ein mit den regelmäßigen Zügen. Seneïde saß am Fenster und nähte. Ihre Züge waren scharf und gezogen, die Lippen fast weiß und die Augen lagen tief in den Höhlen und gaben dem Gesichte einen kummervoll-erregten Ausdruck. Sie legte ihren Fingerhut mit einem lauten »Klap« auf den

Tisch, lehnte den Kopf zurück und schloß die Augen. »Beating,« begann sie, »war heute wieder wie sonst. Gestern, da war etwas Fremdes in ihrem Gesichte – etwas – ich weiß nicht?«

Die Baronin schaute ihre Schwester über die Brille hinweg an: »Hör, Seneïdchen, du machst die Dinge gern geheimnisvoll. Für ein junges Ehepaar ist das nichts. In deiner Milchkammer rührst du auch nicht in den Töpfen herum; du wartest doch ruhig, bis die Sahne sich absteht. Na – also!«

Seneïde beugte sich still auf ihre Arbeit nieder.

Nun kamen Günther und Beate. Günther begann sofort die alten Damen zu bezaubern. Nichts im Leben war ihm ungemütlicher, als wenn er nicht gefiel. Bei der Toilette bemühte er sich, Peter zu gefallen, und auf der Reise dem Schaffner. »O Mama, wie blühend du aussiehst, hübsch und sommerlich. Und Tante – Ihr Harmonium habe ich heute früh schon im Bette gehört. Geradezu heilig hab' ich dabei geschlafen – auf Ehre. Gott, hier muß man ja gut sein.«

Dann sprachen sie von Mareile Ziepe, der Inspektorstochter. »Oh, unsere Mareile,« rief Günther, »die ist groß! Also – nicht nur die berühmte Sängerin; sie ist die gefeiertste Schönheit der Gesellschaft – der Gesellschaft – bitte.«

Die Baronin lachte: »Meine Mareile! Die hatte immer eine feste Hand ... Wenn man Ziepe heißt und dann ...« »Na ja, Ziepe,« meinte Günther, »das hat sie abgelegt. Sie heißt Cibò! Ist auch besser. Die Fürstin Elise kann ohne Mareile nicht leben, der Fürst Kornowitz schmachtet sie an.«

Durch die Seitentür kam jetzt Frau Ziepe herein. Sie wollte die jungen Herrschaften begrüßen. Erhitzt und verlegen saß sie neben Beate und sprach von ihren Zwillingen. Plötzlich verklärte sich ihr Gesicht. Mareile war genannt worden.

»Auf Ihre Tochter,« wandte sich Günther an die Inspektorsfrau, »sind wir alle stolz.«

»Danke, Herr Graf, danke.« Frau Ziepe errötete. »Und ich hab' mich so vor der Kunst gefürchtet. Man spricht so viel. Aber Mareiling hat Charakter, Gott sei Dank.«

»Was tun wir?« fragte Günther seine Frau, als sie wieder allein in Beatens blauem Kabinett auf den weißlackierten Stühlchen saßen. »Natürlich beieinander sein!« Er nahm Beatens Hand und küßte vorsichtig jede Fingerspitze. »Ja, was tun wir?« wiederholte Beate.

Günther dachte nach. »In den Garten müssen wir, damit wir so das Sumsum des Sommers hören. Nicht? Im Park unter den Linden muß es jetzt gut sein. Suche ein Buch heraus. So was Altmodisches, ganz Süßes, weißt du. Ich bestelle die Hängematten?«

»Ah! So ist's gut!« rief Günther, als sie beide unter den Linden in den Hängematten lagen. »Nun lies, Schatz.«

Zwischen den starken Stämmen hindurch sah Günther ein Stück des Teiches mit seinen Inseln von Froschlöffel und Wasserlinsen. Libellen, kleine blanke Lichtgestalten wiegten sich in der heißen Luft. Unter den Weiden am Ufer aber saßen die Schwäne, weiße, regungslose Gebilde. Günther blickte auf die schmale, helle Gestalt neben sich in der Hängematte. Lichter und Blätterschatten huschten über sie hin: Gott ja! dachte er, unsere Frauen, die sind eigen! So 'ne kühle, klare Luft ist um sie her. Die anderen sind auch schön – o ja! Mareile zum Beispiel, aber so das – das Festliche fehlt.«

Beate hielt inne und blickte zu Günther hinüber. »Du hörst mir nicht zu. Woran denkst du?«

»Ich denke – ich denke an dich – und daß es gut ist, daß du hier in der Hängematte liegst und nicht – eine andere – Mareile oder sonst eine von den anderen.«

»Mareile? Warum?«

»Erinnerst du dich noch des Besuches der Rumpenower Kinder? Du und Mareile hattet damals lange, dünne Backfischbeine. Wir spielten Räuber im Garten. Ich weiß nicht, wie das kam, aber Mareile und ich mußten in den Rübenkeller flüchten. Kühl war's da und roch feucht nach Gemüsen. Wir waren stark gelaufen, unsere Herzen schlugen laut – tap – tap. Mareile hatte ein weißes Kleid an – und nackte Schultern. Nun da – bog ich mich vor und küßte eine dieser spitzen, heißen Backfischschultern. Früher war mir das nie eingefallen.«

»Oh! Wirklich?« warf Beate hin.

»Ja. Sie stieß mich vor die Brust und sagte: ›Dummer Junge‹.«

»Nun – und?«

»Ach nichts! Ich dachte daran. Übrigens glaub' ich doch, daß Mareile damals in mich verliebt war.«

»Möglich!« meinte Beate ein wenig hochmütig. »Sie sprach damals zuweilen vom Verlieben. Ich fand das lächerlich. Verlieben gehörte zur Kammerjungfer Lisette, zu Betty Ahlmeyer.«

»Ja – ja – natürlich!« rief Günther. »Das war Kaltinsch – ganz echt. Na, lies nur.« Günther schaute wieder in das Blätterdach hinauf. Ein Schwarm Mücken drehte sich wie blonder Staub in einem Sonnenstrahl. Das macht schwindelig und schläfrig.

Günther reckte sich: »Wie schön – wie schön!« Er pflegte jede Lebenslage genau auf die Summe von Befriedigung hin zu prüfen, die sie ihm bot; er stellte gern jedem Augenblick eine Zensur aus. Jetzt war er zufrieden. An dem Junggesellenleben war doch nichts Rechtes dran! Stille, helle Zimmer, gute Menschen, diese Frau – dieses beruhigende, weiße Rätsel, an dem herumzuraten eine so friedliche Beschäftigung war – das wollte er jetzt.

Das Ehejahr in Berlin zählte nicht. Was die Liebe der Junggesellenjahre lehrt, läßt sich bei den Beaten schlecht verwenden. Da muß umgelernt werden; das macht ungeschickt. Beate nahm dort etwas Erstauntes, bleich Ergebenes an; als hätte sie eine Enttäuschung erlebt. Daß er diese Enttäuschung sein könnte, war für Günther kränkend und quälend gewesen. Berlin war ohnehin für Beate nicht der rechte Hintergrund. Hier war's gut! Er streckte seine Hand zu der anderen Hängematte hinüber.

»Du hast geschlafen?« fragte Beate.

»Ja,« sagte Günther, »und geträumt. Ein Traum, ganz weiß von dir.«

Beckmanns schwarz und goldene Gestalt stand plötzlich in all dem Grün und meldete das Frühstück.

Zur Feier der Ankunft der jungen Herrschaft fand unten im Park ein Fest für die Gutsleute statt. Nach dem Diner begaben die Herrschaften sich auf den Festplatz. Die Buchen und Kastanien am Teiche steckten voll bunter Lampen; farbige Lichtpünktchen, verloren in all dem Schwarz ringsum. Auf dem Rasenplatze wurde getanzt. Auf einem Tische brannte eine Petroleumlampe ruhig und schläfrig, wie in einer Familienstube. Dort saßen Inspektor Ziepe und der Schulze beim Bier. Die Musikanten fiedelten einen Schleifer; dünne, schnurrende Töne, die, wie verirrt, in die große Nachtstille hinaushüpften; und über dem Ganzen lag der melancholische Ernst, wie er über den Lustbarkeiten des Volkes zu liegen pflegt.

Günther hielt eine Rede. Er stand auf einer Bank, machte weite Armbewegungen, wurde ganz warm von den großen Worten, die er zu den schweren Arbeitergestalten hinuntersprach, die andächtig, ein wenig schläfrig, zuhörten; ... das tat ihm wohl. Dann wurde getanzt. Peter besorgte für Günther als Tänzerin die Eve Mankow, ein großes, rothaariges Mädchen mit grellen, rotbraunen Augen in einem runden, rosa Gesichte. Beate tanzte mit Edse Maschnap, der Galoschen und einen Stadthut trug. Edse unterhielt seine Dame. »Ich bin zurück aus der Stadt. Na ja – der Vater hat die zweite Frau. Die sorgte für ihre Kinder – da muß ich sehen, daß nich alles so stille – stille – verschwindet – Frau Gräfin verstehen?«

Beate schaute zu Günther hinüber. Wie eifrig er sich mit dem großen, unangenehmen Mädchen unterhielt. Er erzählte etwas. Eve wandte sich ab, legte den Arm vor den Mund und lachte. Ja – er verstand es, jede zu nehmen! –

Der Tanz war zu Ende. Die Herrschaften wollten vom Kahn im Teiche aus das Feuerwerk ansehen. Günther wäre gern geblieben und hätte sich an der Verehrung der Leute erwärmt. Zu imponieren ist eine so angenehme Beschäftigung; er wagte jedoch den Vorschlag nicht; er fürchtete, Beate würde dazu ihre ironisch erstaunten Augen machen. Auf dem Teiche war es köstlich. All die schweren, warmen Menschen mit ihrer schweren, erhitzten Lustigkeit hatten Beate mit großem Unbehagen erfüllt. Hier war es kühl und still und dunkel. Beate lag auf dem Rücken und sah in die Sterne hinauf. Günther ruderte anfangs und sprach angeregt. Dann fragte er plötzlich: »Warum liegst du so weiß da und sagst nichts?«

»Ich höre lieber zu«, erwiderte Beate. »Das klingt sehr freundlich,« dachte Günther, »aber doch so 'n bißchen überlegen, als müßte man Nachsicht mit mir haben.« Er wurde schweigsam. Beate hatte recht. Auch er wollte daliegen und seinem Empfinden lauschen. Das gehörte zu dieser Lebenslage. Helle, wunderbar weiche Töne gingen und kamen über das Wasser, als atmete und lebte die dunkle Fläche. Günther streckte sich neben Beate aus, nahm eine ihrer kühlen Hände. Über die schwarzen Wipfel stieg eine Rakete auf; eilig und golden stieg sie auf, immer höher, dann neigte sie sich, wie müde, und die Leuchtkugeln, ein farbiges Aufblühen, regneten nieder. Die Leute am Ufer riefen: Hurra!

»Ja, die!« meinte Günther, »die verstehen noch zu schreien, wenn sie lustig sind.«

»Möchtest du denn auch schreien?« fragte Beate.

»Gott! Schreien! Nein. Ich sag' nur, die können's noch, wir nicht, wir sind zu – zu – stilisiert – um lustig zu sein.«

Der Mond stieg über den Ahornbäumen auf. Der Teich sprühte. Die Stengel der Froschlöffel, des Wasserknöterich, die weißen Köpfe der Wasserrose schienen größer, wie sie so unbeweglich in dem blauen Lichte standen.

Eine selige Trägheit, eine angenehme Wunschlosigkeit war über Beate gekommen. Als Günther sich auf sie niederbeugte und ihr die Lippen, die Augen küßte, ihren schmalen, ruhenden Körper in seine heißen, fiebernden Hände nahm, sagte sie: »Ach – laß – Liebster.«

Günther wurde sofort ruhig. Er seufzte. Ach ja! Man muß ruhig und poetisch sein. »Dieses kühle Mondscheingesicht«, sagte er ein wenig gereizt. Dann griff er in das Wasser, mitten in eine Gesellschaft Wasserrosen hinein und holte sich die ganze Hand voll schwerer, weißer Blütenköpfe heraus: »So, jetzt will ich dich putzen, warte.« Er steckte die feuchten Blumen in Beates Haar. Beate lachte unter dem Tropfenregen. »So ist's gut,« meinte Günther, »Schönheit – Schönheit – Schönheit, Amen.«

Beate saß in ihrem erdbeerfarbenen Nachtkleide noch auf. Amelie, das naseweise Gesichtchen rot vom Tanz, versuchte ein Gespräch.

»Ach nee, der Maschnap, über den hab' ich gelacht. Und die Eve, die war gut, wie 'n Pfannkuchen hat die sich gebläht.«

»Geben Sie mir die Bücher«, sagte Beate, und wenn die Gräfin sich die heiligen Bücher geben ließ, die Bibel und den Thomas a Kempis, dann mußte Amelie gehen.

Die Stille des alten Kaltin hatte Beate überempfindlich für jeden Eindruck gemacht. Jedes Erlebnis nahm tiefe Bedeutung an, wie Gestalten im Mondschein größer erscheinen.

Sie beugte sich über den Thomas a Kempis und las: »Mache mich stärker in der Liebe, daß ich im Innersten meines Herzens schmecken lerne, wie süß es ist, zu lieben und in Liebe aufzugehen, und ganz mich zu bewegen. Singen möchte ich das Lied der Liebe . . .«

Draußen schüttelte ein plötzliches Wehen den Baum vor dem Fenster. Beate schaute auf, dann, wie erschöpft von dem übermächtigen Gefühl, lehnte sie den Kopf zurück. Ihr Gesicht war blaß, von der feinen Blässe der alten Rassen, die von jahrhundertelangem Stehen auf geschützten Höhen müde geworden sind. Der Ausdruck des Gesichtes war wie Lächeln und doch wie Leiden. Die braunen Zöpfe, noch feucht von den Wasserrosen, hingen über ihre Schulter nieder. Gewiegt von einer köstlichen Schlaffheit, zuckte Beate mit den Wimpern, als blendete sie eine lichte Vision.

Eine Tür ging. Das Parkett knarrte unter Günthers leichtem Tritt. Beate schloß die Augen. Ein blasses Rot stieg ihr in die Wangen, und die Hände auf den Seitenlehnen des Sessels zitterten leicht.

Viertes Kapitel

Das Stationsgebäude lag jenseits des Dorfes auf einem schattenlosen Sandhügel. Die Mittagssonne stach sengend auf den Bahnsteig nieder. Die elektrische Glocke meldete den Schnellzug. Herr Ahlmeyer, der Stationsvorsteher, erschien, die rote Mütze im Nakken. Über ihm, im ersten Stock des Hauses, wurde ein Fenster geöffnet. Betty Ahlmeyer steckte den blonden Kopf heraus und blickte gespannt den Schienenweg hinab. So erwartete sie seit dreiundzwanzig Jahren jeden Zug.

Heute erlebte sie etwas. Als der Zug hielt, entstieg einem Wagen erster Klasse Mareile Ziepe. In einen rahmfarbenen Staubmantel gehüllt, stand sie auf dem Bahnsteig und wiegte eine kleine, rote Tasche hin und her. Ahlmeyer schoß auf sie zu: »Fräulein Mareile – signora – nicht möglich! Wir haben Sie nicht erwartet.«

»So ist kein Wagen da?« fragte Mareile ruhig. Nein, es war kein Wagen da. Aber wollte Mareile nicht Kaffee trinken? Wollte sie nicht Ahlmeyers Fuchs und Jagdwagen? Nein, Mareile wollte zu Fuß gehen. »Künstlerinnen sind unberechenbar!« meinte Ahlmeyer.

Mareile schlug den Fußpfad über die Heide ein. Das warme, staubige Kraut knisterte unter ihren Füßen. Es duftete schwer nach Wacholder, Wermut, Schafgarbe. Töne, wie das Schwirren einer Violinsaite, zogen über das Land. Die lichtgebadete Schläfrigkeit über den altbekannten Orten stimmte Mareile nachdenklich. Die Arbeit an ihrem Schicksal hatte ihr die Heimat so fern gerückt.

Sie war mit Beate zusammen im Schlosse erzogen worden. Schon damals erschien es ihr als das Höchste im Leben, ganz zu denen auf dem Schlosse zu gehören. Mit wunderlicher Reizbarkeit empfand sie alles, was an den Unterschied zwischen ihr und Beate gemahnte. Sie selbst verstand es, zu vergessen, daß sie die Tochter des Inspektors Ziepe war, daß die anderen es nicht vergaßen, brachte Gefühlsstürme in ihr hervor, die von ihrer Umgebung kaum begriffen wurden. In solchen Krisen hatte sie es geliebt, auf die Heide hinauszulaufen, zu laufen, zu laufen, bis ihr die Wangen brannten und sie müde an einem Wacholderbusch niederfiel. Dort, platt auf das Heidekraut hingestreckt, das Gesicht in die harten Stengel gedrückt, die Zöpfe voller Mittagsfalter, hatte sie unbändig geweint, weil sie kein Baroneßchen war.

Später kam Berlin mit dem Konservatorium, das Wohnen bei der Hauptmannswitwe, der Tante Oberau, die Reisen nach London und Wien, der Ruhm, endlich die Berliner Gesellschaft, in der Mareile durch Tarniffs eingeführt wurde. »Ich liebe sie wie meine Jugend«, sagte die Fürstin Elise Kornowitz von Mareile, und das war viel. Das Gefühl, daß dieses königliche Wesen eine gesellschaftliche Schöpfung der Fürstin Elise und ihrer Freundinnen war, begeisterte die Aristokratinnen für Mareile.

Still und staubig lag das Land da. Überall gelber Sand; Wiesen, Felder und Gärten lagen darauf, wie eine verblaßte Stickerei auf einem blindgewordenen Goldgrund. Die Feldgrillen schrillten am Wegrain. Mareile mußte über sie lächeln. Als Knabe hatte Günther sie damit geärgert, daß er sagte, die Feldgrillen riefen »Ziepe – Ziepe«. Ja! Alles rief hier »Ziepe« und schien nichts von der berühmtem Mareile Cibò, der Freundin der Fürstin Elise, zu wissen. Jetzt bog Mareile in die Lindenallee, die zum Schlosse führte, ein. Hier war es kühl und schattig. Das Ping-ping einer Schmiede tönte herüber. Ein Stallknecht, die Tressenmütze im Nacken, ritt ein großes, blankes Pferd aus; endlich das Schloß mit seiner schwarzgelben Fahne. Das war wieder Mareiles Welt. Über den sonnigen Hof ging sie zur Inspektorswohnung hinüber.

Gelber Sonnenschein lag in der kleinen Wohnstube auf den schwarz und rot gemusterten Möbeln. Auch der bekannte Geruch von Fettstiefeln und Suppe schlug Mareile entgegen. Wie still und unverändert das alles hier auf sie gewartet hatte! Auf dem Sofa schliefen die Zwillinge Jei und Sini, die Backen rot unter dem blonden Flimmern der Haare. Sini erwachte und weinte. »Werdet ihr die Mäuler halten!« rief Frau Ziepe von der Küche herüber. Sie erschien in der Tür – im kurzen Unterrock, die Ärmel aufgestreift, die nackten Füße in Pantoffeln. Sie errötete: »Mareiling – Kind!« Sie breitete die nackten Arme aus, ließ sie jedoch wieder sinken. »Nein, nein – komm nicht. Wie ich ausschau' – was? Ich muß den Fußboden scheuern, die Anna is so dumm. Ich komme gleich.« Sie verschwand wieder.

Vor dem Spiegel, hinter dem die Rute der Zwillinge steckte, nahm Mareile den Hut ab. Hinter ihr trat Vater Ziepe in das Zimmer, eine schwere Gestalt in weißem Leinwandanzuge, ein rotes Gesicht in einem gelben Bartgestrüpp. »Erschreckend«, dachte Mareile, die ihn im Spiegel betrachtete, dann wandte sie sich ihm zu. »Teufel, unsere Dame«, sagte Ziepe und küßte seine Tochter befangen auf den Scheitel. »Wo is Mutter?«

»Du willst wohl deinen Kognak, Vater?« erwiderte Mareile. Ziepe stand breitbeinig da und sah zu, wie seine Tochter zwischen Spind und Tisch hin und her ging unter dem leisen Klirren der Armbänder. »Hätte nicht pressiert«, brummte er, setzte sich und aß. Er wußte nichts zu sagen und schalt die Zwillinge. »Immer schlafen, wie die Spanferkel.«

Endlich kam Frau Ziepe im frischen Kattunkleide, die Augen voller Tränen. Ziepe fuhr sie an: »Was, heute wieder das Scheuerweib gespielt? Ich will das nicht. Ich hab' kein Scheuerweib geheiratet. Wozu is das Mädchen da – Teufel auch!«

Frau Ziepe hörte ihn nicht. »Wie das glänzt!« sagte sie und strich über den Diamant in Mareilens Ohr. Ziepe erhob sich, ging, froh, seiner vornehmen Tochter aus den Augen zu kommen.

Mareile lehnte sich in die Sofaecke zurück. Die Fliegen summten an den Fensterscheiben; die Suppe nebenan roch immer stärker. Frau Ziepe ging leise hin und her und diente ihrer Tochter, erzählte dabei von der Wirtschaft, den Herrschaften, dem Dienstmädchen. Die fünfzehnjährige Lene kam, kauerte zu Mareilens Füßen nieder und schaute andächtig zu der herrlichen Schwester auf. Das alles war rührend und lieb. Das findet man draußen in der Welt nicht. Und doch, warum ist all das so zum Weinen traurig? dachte Mareile.

Fünftes Kapitel

Günther wollte wirtschaften. Er ging auf das Feld hinaus. Es wurde gemäht. Brusttief regten sich die Leute in den Halmen, wie in knisternder, gelber Seide. Ziepe stand dabei und schimpfte: »Du kleines, schwarzes Aas, heißt das Setzen? Du brauchst nur mit deiner Rotznase anzustoßen, dann purzelt die Bude um.« Günther war sehr würdig und leutselig. »Hier ist ungleich gemäht«, bemerkte er. »Haben die Leute auch zu trinken? Ich will, daß nichts versäumt wird.« Er schritt an den Garben entlang, durch die Atmosphäre der heißen Ähren und heißen Menschen. Von einer Garbennehmerin, die hübsche Augen hatte, ließ er sich die Ackerwinden geben, die das Mädchen auf dem Strohhut hatte. Als er jedoch weiter dem Ellernbruch zuging, war er unzufrieden. Das müßte anders sein. Er müßte anders auf seine Leute wirken. Diese gleichgültigen Augen wollte er nicht. Teufel! Wenn man auf seine eigenen Arbeiter nicht wirkt, wo will man denn Effekt machen!

Im Ellernbruch fand Günther eine lange, bunte Gestalt im Grase liegen. Wie kam all das hierher? Der blau und weiß gestreifte Sommerflanell, das blauseidene Hemd, der rot und blau gestreifte Gürtel?

»Hans Berkow«, sagte Günther.

»Morjen, Tarniff«, meinte Berkow und gähnte. »Wie geht's?«

»Was machst du hier?«

»Siesta. Nimm doch Platz.«

Günther setzte sich auf das Moos. Was der Anblick von Hans Berkow nicht alles an Berliner Luft mitbrachte! »Studien«, berichtete Hans. »Ich wollte euer brutales Licht studieren, dicke Bauernmädchen. Das ewige Malen von Berlinerinnen macht den Pinsel flau.«

»Wo wohnst du? Warum bist du nicht bei uns?«

»Es ist nicht angenehm, der unvermeidliche Berkow zu sein. In Berlin ist er – in Kaltin wieder.« Das Gesicht hatte so regelmäßige Züge, daß es zuerst leer und starr erschien. Rotes Haar in kurzen Locken bedeckte wie eine Kappe den Kopf. Die enzianblauen Augen mit den roten Wimpern aber waren es, die dem Gesicht seine überraschende Schönheit gaben. »Ich wohne in einem Waldkruge. Schöne Bäume. Auch die Familie Mankow ist malerisch. Die Tochter Eva – eine gute Studie in Rot.«

»Dort kannst du nicht bleiben«, meinte Günther.

»Ja – wenn du was für mich tun willst –« Hans blinzelte mit den roten Wimpern nachdenklich zur Sonne auf. »Du hast da so 'n altes Schloß. Süperb vermoost. Wenn du mir gestatten würdest, dort –«

»Aber natürlich.«

»Danke.«

Eine Weile schwiegen beide. »Die schöne Mareile ist heute bei euch angelangt«, begann Hans wieder. »Du bist gut unterrichtet«, meinte Günther. »Bist du deshalb hier?«

»Ja – auch.« Berkow wälzte sich, wie im Bette, auf die andere Seite herum. »Ja – Mareile ist gut – nicht?« sagte er langsam. »Wenn sie sich ein wenig zurückbiegt –, dann die Linie den Busen hinauf zum Halsansatz –, das vergißt sich nicht so leicht. Und die Arme –, als wäre sie im Peplon geboren.«

»Du bist im Zuge«, bemerkte Günther. Berkow zog die Augenbrauen hinauf. »Was willst du! Wenn der Gedanke an ein Weib uns zu beißen anfängt, wie der bekannte spartanische Fuchs aus der Geschichtsstunde – na – dann muß was geschehen ... Wenn ein Weib eine unbequeme große Rolle in unseren Vorstellungen zu spielen beginnt, ja – dann müssen wir es eben besitzen, um es loszuwerden. Kann ich auf dich rechnen?«

»Gewiß, gewiß, mein Alter«, erwiderte Günther. »Soweit bei Mareile von Rechnen die Rede ist ... Sie ist unberechenbar.«

»Ach Gott! Die Mädchen haben ja doch alle denselben Generalnenner!« meinte Berkow. Günther lachte gezwungen. Der Gedanke an ein schönes Weib in Verbindung mit einem anderen als ihm selbst, war Günther stets zuwider gewesen.

Sechstes Kapitel

Zum Diner pflegte Mareile im Schlosse zu erscheinen. Sie war still und nachdenklich. »Das ist die Kaltiner Luft; in ihr wird man froh und ein wenig schläfrig«, sagte sie. Das Leben hier ergriff die Sängerin, wie ein großes Schweigen uns ergreift, wenn wir aus lautem Lärm kommen. Am Abend saß man im Gartensaal bei der Lampe zusammen. Der Duft tauiger Blumen strömte durch die geöffnete Tür in das Gemach. Beate lag im Sessel und schloß die Augen. Den Tag über einer unruhigen, launenhaften Sinnlichkeit dienen, das macht müde. Mareile sang. Ihre Stimme klang hoheitsvoll und wunderbar erregend durch die alten, tiefberuhigten Räume. Günther lehnte in der Tür und sah auf die Rosenbüsche hinaus, die schwarz und regungslos im Mondlichte standen. Er war bewegt wie ein Knabe. Die beiden schönen Frauen, die Musik, die Mondnacht. All das machte ihn unruhig. Er hätte gewollt, daß auch Mareile ihn liebte, oder, daß auch er so singen könnte, oder – er wußte es selber nicht.

Die frischgemähten Stoppelfelder glitzerten unter der grellen Herbstsonne, die Ebereschenallee war rot von Beeren, im Schloßgarten flammten die Gladiolen, Stockrosen und Georginen. Es war Zeit, die Hühnerjagd zu eröffnen. Beckmann stand auf der Freitreppe, schützte mit der Hand die Augen und sah die Landstraße hinab, ob von der Station der Besuch käme. Der Gartensaal füllte sich mit den gewohnten Gästen. Die Fürstin Elise Kornowitz mit ihrer gelehrten Gesellschafterin, dem Fräulein von Mikewitz, der Verfasserin eines Buches über »Die Stellung der Frau bei den Römern«, langten an. Die Fürstin war ein kleines, gutes Wesen. Das feine Gesichtchen weiß von Puder. Die ganz hellgrauen Augen sahen ein wenig müde unter der Wolke blonden Haares hervor. Sie trug das Haar, wie Charlotte von Stein es zu tragen pflegte, denn sie glaubte ihr zu gleichen. »Im Äußeren und in manchem anderen,« liebte sie zu sagen. »Bin ich dein Goethe?« fragte ihr Gemahl sie mit seinem ironischen, freudlosen Lächeln. »O nein,« meinte die Fürstin, »mein Goethe ist Mareiling.« Der Fürst Kornowitz kam allein. Er reiste immer allein. »Reisen macht unliebenswürdig,« behauptete er, »und geteilte Unliebenswürdigkeit ist doppelte Unliebenswürdigkeit.« Einige Offiziere füllten den Gartensaal mit leisem Sporenklirren und dem Duft Attkinsonscher Parfüms und feinen Juchtenleders. Die Grafen Egon und Botho Sterneck von den ersten Garde-Ulanen, Seiner Majestät schönste Offiziere; der Major von Tettau. Er rollte seine hervortretenden, fayenceblauen Augen, als sei ihm der gelbe Kürassierkragen zu eng, und versteckte unter dem großen, militärischen Schnurrbart ein kleines, gefühlvolles Mündchen. Leutnant von Remm, von den

Königshusaren, klein und blond, errötete wie ein Primaner. Die Gräfin Blankenhagen, die die schönsten Arme der Gegend hatte, war zu Pferde vom Nachbarsgut herübergekommen. Frau von Scharf mit ihrer Agnes kamen ohnehin zu jeder Jagd, denn für Agnes, mit den blauen Marlittaugen, mußte eine Partie gefunden werden.

Als Mareile in den Gartensaal trat, verbeugten sich die Herren sporenklirrend, sie hatten dabei alle ein blankes Flackern in den Augen. Major von Tettau murmelte: »Donnerwetter«, und zog seinen Mund süß zusammen, als schlürfte er Marasquino. Mareile grüßte flüchtig und zerstreut. Sie lächelte der Fürstin Elise entgegen und tat, als sehe sie nur diese, aber all die begehrenden Männerblicke erregten ein wohliges Gefühl in ihr, als stände sie unter einer warmen Dusche.

Günther war sehr angeregt. »Gut, daß sie alle da sind. Wir wollen ihnen mal zeigen, was 'ne Ehe ist«, sagte er zu Beate.

Es war Hühnerjagd angesagt.

Hans Berkow ging durch die tauigen Stoppelfelder dem Schlosse zu. Er dachte über Mareile nach.

Die machte ihn krank, da unter all den Männer, die auch nur sie begehrten. Und dazu dieses adelige Leben mit seinen festen, kalten Schranken. Ja, sich einmal, wie die Burschen unten im Kruge, um sein Mädchen raufen zu dürfen, das müßte gut tun!

Vor der Freitreppe des Schlosses waren die Jäger, Waldhüter und Hunde versammelt. Oben standen die Damen, feine Figürchen, die sich bunt von dem alten, sonnbeschienenen Portal abhoben. »Hübsch«, dachte Berkow. »Stil bis zu den Hunden. Dafür lassen diese Leute sich in Stücke hauen . . . und das steigt der Mareile zu Kopf. Verdammt.«

Günther kommandierte sehr laut, angeregt von all den Menschen, Hunden, von all dem Lärm und Licht um ihn her. »Egon, bitte hier hinauf. Sie, meine Herren, hier bitte, Mankow, zeig' den Weg. Renne in die Kartoffeln. Das Frühstück im Eichenwäldchen. Gut Heil! Sanho bei Fuß.«

Günther und Berkow schlenderten quer über ein Stoppelfeld. »Hör', Hans,« sagte Günther, »ist der Egon Sterneck dir bei der Mareile nicht ein wenig vor?«

Hans blieb stehen. »Weißt du, mein Lieber, daß ihr, mit eurer Schloßerziehung, dieses Mädchen unnütz kompliziert habt? Ja, ihr habt die eigentliche Mareile gefälscht. Möglich, daß sie's jetzt für ein Glück hält, in euer adeliges Regiment eingestellt zu werden; aber die wahre Mareile kann das nicht wollen.«

»Die will Hans Berkow?«

»Ja ... und siehst du, ihr Blut – – das prachtvolle, wilde Plebejerblut, das spricht für mich gegen Sterneck.«

Jetzt stand Sanho, und ein Volk Hühner schwirrte auf. Die Herren schossen; dann trennten sie sich. Hans pfiff ärgerlich seinem Hunde und streckte sich am Feldrain aus. –

Hans Berkow hatte sich studiert, wie ein geistreicher Diener seinen Herrn studiert. Er kannte seine starken und seine schwachen Seiten und all seine Mittel. Kühl und klug hatte er es stets verstanden, seine großen Appetite zu befriedigen. Hier, vor Mareile, wurde er mutlos; sie schien etwas zu sein, das nicht für ihn bestimmt war, und doch hatte er im Leben noch nichts so stark begehrt, wie dieses Weib. Verteufelt auch.

In dem Wäldchen war der Frühstückstisch gedeckt. Die Damen trugen alle helle Sommerkleider. Die Gräfin Blankenhagen in Gelb, die schönen Arme entblößt, Agnes Scharf, das Kind, in Rosa, die Fürstin Elise in Mattviolett. »Wie eine Roggengarbe voll bunter Unkräuter sieht die Gesellschaft aus«, sagte Günther. Mareile saß zwischen Egon Sterneck und dem Fürsten Kornowitz. In einem blau und rosa Musselinkleide, auf dem Strohhut blau und rosa gestreifte Rosen, »Cibò-Rosen«, wie sie im Modeblatt hießen, war ihre Schönheit heut wieder unmittelbar einleuchtend. Die Haut hatte einen warmen rosigen Ton, in den sich etwas wie Gold mischte. Die tokaierbraunen Augen strahlten. Jeder Mann, der Mareile ansah – bis zu den Waldhütern –, mußte lächeln. Sterneck unterhielt sie. Er sprach beständig mit einer eigensinnigen, gewaltsamen Liebenswürdigkeit, als wollte er keinem anderen Zeit lassen, Mareile anzureden. Der Fürst saß schweigend da, die trüben Augen teilnahmslos in die Ferne gerichtet, als warte er geduldig und kummervoll auf etwas.

Es war köstlich unter dem sonnenwarmen Laubdach. Lichtfunken und Blätterschatten zitterten über die Tafel hin. Große Hummeln verirrten sich in die Gläser. Baumblüten fielen in den Wein und in die Haare der Damen. Alle fühlten sich freier, einander näher, als drüben im Schloß.

Günther unterhielt sich mit der Gräfin Blankenhagen, die heute besonders wild mit ihm kokettierte. Er mußte jedoch immer wieder zu Mareile hinübersehen. Wenn die anderen einem schönen Mädchen den Hof machten, verstimmte es ihn, nicht mehr dabei, ausrangiert zu sein.

Nach dem Frühstück sollten die Damen die Herren in das Feld begleiten. Egon Sterneck nahm, als verstände es sich von selbst, Mareile für sich in Beschlag – – – und Hans Berkow fand, daß Mareile das auch selbstverständlich fand. Ihm war der Jagdtag verdorben. Immer mußte er auf dem Felde den bunten Fleck von Mareiles Kleid neben Sterknecks hoher Gestalt sehen. »Also – sie will doch in die gräfliche Zwangsjacke!« knurrte er. – – – – – – – – – – – – – – – – –

Am Abend war großer Ball. Mareile hatte sich eben in ihrem Stübchen angekleidet, ein erdbeerfarbenes Kreppkleid mit schwarzen Stiefmütterchen und dunkelroten Rosen »Sultan von Zanzibar«. Jetzt rauschte sie die Treppe zur Inspektorswohnung hinunter. Sie wollte ihre Mutter abholen.

In der Wohnstube herrschte Dämmerung. Vater Ziepe stand am Ofen und lachte, wie er zu lachen pflegte, wenn er die Mutter ärgern wollte. »Na, unsere Balldamen sind parat. Mutter hat sich schon seit einer Stunde dekolletiert – um mit dem Kandidaten Halm unten am Tisch zu sitzen. Die Ehre. Ha – ha.«

Mareile stand schweigend da, eine helle Gestalt, an der es seidig rauschte, leise – wie Gold – klingelte, süß duftete. Die beklommene Luft dieser Stube, in der es nach des Vaters garen Kartoffeln roch, die zankende Stimme, der säuerliche, trübe Werktag, schlugen ihr wie etwas Unreines, Feindliches entgegen, das sie und ihr Kleid beflecken wollten und denen sie entfliehen mußte. »Komm, Mareiling,« sagte die Mutter, »mit dem is heute wieder nicht zu reden.«

Für die heutige Gesellschaft waren die Festräume des alten Flügels geöffnet worden: das Eßzimmer mit der Schäferszenerie an den Wänden, der grüne Bildersaal, der auf den Wintergarten hinausführte, und der große Ahnensaal. Neben der Baronin saß die Gräfin Hochau und beobachtete mit ihrem strengen, blanken Gesicht Irma Blankenhagen, die mitten im Saal mit Egon Sterneck sprach.

»Aha,« meinte sie, »es scheint endlich dazu zu kommen.«

»Wir wollen es hoffen«, sagte die Baronin.

Mareile trat in den Saal. Egon wandte sich sofort von seiner Dame ab und ging auf Mareile zu.

»Das also ist Ihr Erzug, Liebe«, sagte die Gräfin Hochau und musterte Mareile. »Hm – charmant! Ja – diese Damen richten viel Unheil an ... das kennt man.«

»Meine Mareile ist doch ganz anders«, erwiderte die Baronin.

»So! Freut mich. Solche Aufzöglinge gelingen sonst selten«, meinte die Gräfin.

Zum Diner führte der Hauptmann Tettau Mareile. Egon saß ihr gegenüber – mit Irma Blankenhagen. Er unterhielt sich jedoch nur mit Mareile. Das hübsche Gesicht mit seiner ein wenig starren, nordischen Regelmäßigkeit war heute erregt wie das Gesicht eines glücklichen Knaben. Die übrige Gesellschaft fühlte, daß sich hier etwas ereigne. Die Unterhaltungen wurden zerstreut. Ein jeder wollte diese beiden beobachten, die sich so kameradschaftlich miteinander beschäftigten und taten, als wären sie allein. Agnes Scharfs Augen wurden immer größer, indem sie Mareile anschauten, und ihr rosa Gesicht nahm einen andächtigen Ausdruck an, als hörte sie einer Liebespredigt zu. »Sehr rassig, das Fräulein Cibò«, schnarrte Leutnant von Themm neben ihr. »Rassig? Himmlisch, wollen Sie sagen«, erwiderte Agnes verträumt. Themm errötete. »Ja – hm – natürlich«, murmelte er und merkte dabei, wie die Verliebtheit in die rassige Dame ihm die Kehle zuschnürte. Unten am Tische saß Frau Ziepe neben dem Kandidaten Halm. Beide schauten Mareile feierlich und schweigend an, als wären sie zu diesem Schauspiel eingeladen und genössen es jetzt still und glücklich.

Nach dem Speisen wurde getanzt. Günther als Tanzleiter war unermüdlich. Er führte die Quadrillenpromenade die breiten Treppen auf und ab und ließ auf einer Galerie ein jedes Paar vor Frau Bias, der alten Gärtnersfrau, und Frau Mandelkoch, der Mamsell, die dort schläfrig beieinandersaßen, eine Verbeugung machen. Dann mußten alle in den Garten hinaus, in die stillen, mondbeschienenen Gänge, an den schlafenden Blumenbeeten hin. Die weiße Feierlichkeit der Mondnacht strich erregend über die nackten Schultern und Arme, stieg allen wunderlich zu Kopf. Man wurde schweigsam auf diesem Gange zwischen den Tuberosen und Gladiolenbeeten, hier und da erscholl ein hysterisches Frauenlachen, Agnes Scharf bekam einen Weinkrampf, die Gräfin Blankenhagen ließ sich in einem Schattenwinkel von Botho Sterneck küssen. Egon Sterneck wich nicht von Mareiles Seite, und das erschien heute wie selbstverständlich; das schöne Paar, das sich rücksichtslos in die

Augen sah, war der beredte Ausdruck der Stimmung dieses Abends. »Der Tarniff versteht sich auf die Behandlung der Gesellschaftsnerven«, sagte der Graf Blankenhagen, der trotz seines weißen Kaiser-Wilhelm-Bartes mit Beate die Quadrille tanzte. »Sie Göttliche!« sagte Agnes Scharf und umarmte Mareile so leidenschaftlich, als sei Mareile die Liebe in Person.

Mareile ließ sich von diesem Strom der Bewunderung willig tragen. Sie fühlte ihre eigene Schönheit von sich ausstrahlen, wie etwas Erwärmendes und Beglückendes. Das Fazit des Abends konnte ja morgen herausgerechnet werden; heute war Feierabend.

Als Hans Berkow sich mit Mareile zu einem Konter niedersetzte, sagte er sich: »Jetzt muß es sein. So ist's zu dumm. Sie wird's schon spüren, daß ich anders wirklich bin, als all diese stilisierten, adligen Gespenster.« Ihnen gegenüber tanzte der Fürst Kornowitz mit der Gräfin Blankenhagen. Als sie sich zur ersten Figur erhoben, sagte Hans kurz:

»In der nächsten Pause frage ich Sie etwas.«

Als sie wieder saßen, sagte Mareile: »Und Ihre Frage, Herr Berkow?«

»Ja so – die Frage!« Hans begann lässig mit niedergeschlagenen Augen: »Ich schicke also voraus, daß ich Sie liebe. Es fragt sich nur – ob – ob,« er blickte zur Decke auf, suchte nach einem Ausdruck, ließ sich Zeit, »ob Sie das wissen, – ob Sie das so gewollt haben?«

»Ja – wissen Sie das denn auch sicher«, fragte Mareile freundlich. Sie war nicht überrascht. Es war, als müßten heute alle ihr von Liebe reden. Hans zuckte die Achseln: »Mein Gott! So etwas merkt man! Unsere Leidenschaften fallen uns an. Wir können nichts dafür. Vielleicht ist's dieses Mal etwas Gutes, *das* Gute, das mich angefallen hat und so . . .«

Er sprach jetzt leise und eindringlich; er schaute Mareile dabei bittend an, wie jemand, der in Not ist. »Ich bin sonst mißtrauisch gegen Gefühle, aber dieses Mal . . .«

Mareile fühlte, daß er sie ansah, daß er sie zwang, aufzuschauen, und dann erschütterte der Ausdruck der blauen Augen sie, die so gierig ihre Gestalt tranken. Sie machten Mareile sprach- und hilflos. Es war ihr, als müßte sie mit beiden Händen nach ihren Kleidern fassen, sie halten, um nicht nackt vor diesem Blicke dazustehen.

»Das müssen Sie doch gewollt haben«, sagte Hans leise.

Mareile schwieg noch immer. Vor diesen heißen Augen wurde ihr feierlich zumute. »Wir – wir beide miteinander werden anders frei sein, als die – hier«, setzte Hans hinzu.

»Das ist aber zu arg!« rief die Gräfin Blankenhagen. »Ich bitte zu tanzen. Es ist hier kein Rout.«

Als Mareile sich erhob, sagte sie – und ihre Stimme klang, als empörte sie sich gegen etwas: »Frei! Warum muß man frei sein?« Dann tanzten sie.

Der Tanz war zu Ende. Mareile eilte in den Wintergarten hinaus. Aus dem Palmenhause nebenan strömte eine heiße, duftschwere Luft herein. Mareile setzte sich auf eine versteckte Bank, die Phönixpalmen und Rhododendron umstanden. Sie fühlte sich seltsam ergriffen. Vor den Blicken und den Worten dieses Mannes war etwas in ihr geschmolzen. Verlangen und Widerwille kämpften in ihr und machten sie unglücklich. »Nein – nein – das nicht!« murmelte sie. Sie lehnte den Kopf in die Blüten der Rhododendron zurück und schloß die Augen. Sie sah Egon Sternecks Gesicht vor sich, die stahlblauen, von ihr begeisterten Augen. Hier waren keine schwülen Rätsel; nur sicheres Besitznehmen. Wer beschützt sein, wer fest und hoch stehen wollte, der mochte es bei den Augen gut haben. Dann mußte Mareile die Augen aufschlagen. Es war ihr, als sei jemand da und sähe sie an. Der Fürst Kornowitz stand vor ihr und schaute mit seinen müden, wartenden Augen auf sie herab.

»Hat Sie die Erklärung des Malers so stark ergriffen?« fragte er mit seiner leisen, heiseren Stimme.

»Wissen Sie davon?«

»So etwas sieht man.«

Mareile lächelte: »Natürlich! Wenn man uns von Liebe spricht, das ergreift uns immer.«

Der Fürst setzte sich zu Mareile. »Ja – ja,« meinte er, »natürlich, diese – jungen Herren sprechen Ihnen – von Liebe – natürlich. Und dann ist es vielleicht der eine oder der andere – und es kommt so 'ne brave Verlobung zustande – nicht wahr?«

»Gewiß!« Mareile errötete. »Ich will nichts anderes, als eine brave Verlobung. Ich will eingereiht werden und beschützt werden, und in Reih und Glied stehen. Für die Ausnahmsgöttin, die Sie aus mir machen, bin ich viel zu feige, vor der fürchte ich mich. Ja, so ist es, lieber Freund.«

Der Fürst lachte tonlos in sich hinein. »Ja, Sie sind klug. Sie wollen wie die anderen sein. In Reih und Glied, was? Fürchten sich vor sich, wie? Na, Sie werden schon den Mut zu Ihren Torheiten finden. Denken Sie dann an mich. Ich bin ein alter Kerl, ich habe Sie verpaßt. Nichts zu machen! Aber Sie haben mir ja erlaubt, Ihnen zuweilen zu sagen: ›Ich liebe Sie – ich liebe Sie – ich liebe Sie!‹ Ein kleines Almosen. Und – wer weiß – nach den großen Torheiten – wer weiß. Ich warte.«

»Gott schütze mich!« sagte Mareile tonlos. Dann wurde es still in der Laube. Mareile lehnte sich zurück, griff fest in die roten Blüten der hinter ihr stehenden Büsche, wie um ihre Hände zu kühlen, während der Fürst sie ansah – das Gesicht fahl, die Züge messerscharf, wie bei einer Leiche, die Augen, unter den schweren Lidern, vom Alter verschattet und getrübt.

Nebenan, hinter den Palmen, wurden Schritte vernehmbar. Die fette Stimme des Majors von Tettau sagte: »Du wirst zugeben, mon cher, daß du weder so jung bist, noch so situiert, um dich bei jeder, na – sagen wie beauté, so ins Zeug zu legen.«

»Bitte«, erwiderte Egon Sternecks Stimme leise und gereizt. »Darf ich fragen, was dich das . . .«

»Angeht, was?« ergänzte Tettau. »Na, älterer Kamerad, Verwandter.«

»Was willst du?«

»Reg' dich nicht auf!« knarrte Tettau.

»Ich sag' ja nichts. Charmante Dame, Künstlerin. Ich bin der erste, der da huldigt. Aber du affizierst dich heute so, man könnte denken – –«

»Nun und?« brummte Sterneck.

»Noch eine Frage, erlaube«, fuhr Tettau fort. »Kann der älteste Sterneck ein Fräulein Cibò oder Ziepe heiraten? Nein – also! Erlaube, ich bin gleich fertig. Du froissierst die Komtesse Irma und die Gräfin, und das geht nicht, das weißt du. Zuerst die Familie und das Regiment, dann die kleinen Passionen. Unsereiner wird nun mal mit der Kandare im Maul geboren.«

»Ach! Laß mich zufrieden!«

»Sofort. Also, mein Sohn, abgeschwenkt, es ist die höchste Zeit. Unsereiner muß Order parieren.«

Mareile war aufgestanden, bleich bis an die Lippen, die festgeballten Hände voll roter Blumenblätter. An der Saaltür mußte sie stehen bleiben, weil die Leute sich dort drängten.

»Fräulein Mareile«, sagte jemand neben ihr. Es war der Kandidat Halm. Seine Augen glitzerten erregt hinter den Brillengläsern und er errötete. »Fräulein Mareile, wollen Sie nicht mit mir einen Walzer versuchen? Sie wissen doch noch, ich walze – gut.«

»Ach nein«, sagte Mareile böse.

Halm rang vor Verlegenheit die Finger ineinander, daß sie knackten. »O! Entschuldigen Sie. Natürlich – sehr natürlich.«

Mareile wandte sich ab und ging. Sie ertrug all das nicht länger. Oben in ihrem finsteren Stübchen atmete sie auf. Die Stille tat gut. Durch das geöffnete Fenster kam die Nachtluft und kühlte Mareiles nackte Schultern. Der Mond stand zwischen großen, goldgesäumten Wolken und ließ alle Edelsteine an ihr aufblitzen, als sie jetzt mit leisem Rauschen vor ihrem Bette niedersank und weinte. Und deutlich klang ihr wieder Hans Berkows leise, leidenschaftliche Stimme in den Ohren: »Wir beide. Wie frei würden wir sein!« –

Am nächsten Morgen schaute Mareile trübselig auf den Hof nieder. Hinter dem Gartengitter, auf dem Tennisplatz, regten sich Herren in hellen Anzügen, Damen mit weichen, bunten Kappen auf den Köpfen. Das »out« und »play« der Spielenden klang lustig herüber. Nein! Zu denen konnte sie jetzt nicht. Sie grollte ihnen. Ein kleiner Wagen hielt vor dem Schloßtor. Von Günther geleitet, trat eine blaue Gestalt auf die Freitreppe hinaus. »Egon – Sterneck. Er fährt zur Station«, dachte Mareile. Sie mußte sich abwenden. »Er pariert Order«, sagte sie kummervoll vor sich hin. Ein unerträgliches Gefühl der Demütigung machte sie krank.

Am Nachmittag wurde ein Spazierritt nach dem Walnösee unternommen. Auf einem Hügel machte die Gesellschaft halt und lagerte sich unter den großen Tannen. Unten lag der See, ein rundes Wasserbecken, schwarz und regungslos. Es wollte nicht recht heiter werden in der Gesellschaft. Auf allen Gesichtern zeigte sich ein ruhevolles Sinnen.

»Wollen wir wenigstens singen, wenn wir uns nichts zu sagen haben«, sagte Günther, der solche Stimmungen nicht liebte: »Also, Verlassen, verlassen –«

Verlassen bin i –
Wie der Stein auf der Straße;
Kein Mensch mag mi ni.

Das war das Rechte. Alle sangen mit. Diese Klage tat ihnen wohl. Der See begann zu dampfen; straffgezogene Nebelstreifen hingen über dem Wasser. Rehe, von dem Gesange erschreckt, flohen leidenschaftlich bellend in den Wald. Mareile saß am Rande des Abhanges, die Hände im Schoße gefaltet, die Augen voller Abendschein, und um sie her der Fürst, Remm Tettau, Berkow. Alle dachten nur an sie, fühlten nur sie. Günther seufzte: »Ach ja, das gehört dazu! Ein Mädchen, das uns betrunken macht.« Warum zählte er nicht auch noch mit!

Auf dem Heimwege ritt Hans Berkow neben Mareile her. Im Walde dämmerte es bereits. Über den zerzausten Föhrenwipfeln hing ein Stück Mond im bleichen Himmel.

»Ich spreche natürlich wieder von – von meiner Liebe«, begann Berkow sofort. »Ist Ihnen das unangenehm?«

Mareile lächelte, aber es schien Berkow, als läge in diesem Lächeln etwas wie Kummer. »Ach, Herr Berkow, Sie wissen doch, wir haben einander immer widersprochen. Ich glaube, wir sind fast – so was – wie – wie Feinde.«

Berkow trabte eine Weile schweigend vorwärts, dann lachte er.

»Die Gesellschaftsdame der Fürstin Elise, das Fräulein von Mikewitz, ist doch sehr gelehrt?«

Mareile schaute verwundert auf. »Wie kommen Sie auf die arme Mikewitz?«

»Daß sie die *arme* Mikewitz ist, wußte ich nicht,« sagte Hans, »aber gelehrt ist sie. Sie macht gelehrte Vergleiche. Gestern sagte sie: ›Der Major tanzt wie ein Mylodon.‹ Mylodon soll ein Faultier der Tertiärperiode sein.«

»Warum erzählen Sie das – – jetzt – so –«

»Weil ich auch einen Vergleich wie Fräulein von Mikewitz machen möchte.«

»Nun?«

»Also. Es gibt zwei Stoffe. Wasserstoff und Sauerstoff. Gut. Also diese beiden vertragen sich nicht. Kommen sie zusammen, so bleiben sie in so starker Spannung, daß sie einen sehr explosiven Stoff abgeben. Leitet man nun einen elektrischen Funken durch sie hindurch, dann explodieren sie zwar, vereinigen sich jedoch zu einem kristallhellen, stillen Wassertropfen.«

Mareile sagte nichts. Sie waren an den Park von Lantin gekommen.

»Was sagen Sie von meinem Gleichnis?« fragte Hans.

»Gut ist es«, erwiderte Mareile und reichte ihm ihre Hand hinüber: »Gute Nacht.«

Hans hielt die kühle Hand fest, die wie kraftlos in der seinen lag. Er sah Mareile in das mondbeglänzte Gesicht, in die Augen mit dem schmelzenden Glanz, den Mädchenaugen annehmen, wenn das Gefühl den Willen übermannt. Er mußte lachen, so stark schüttelte ihn ein plötzliches Triumphgefühl. »Fräulein Mareile«, begann er, aber schon schnaufte Leutnant von Remms Stute hinter ihnen.

Am Vormittage saßen einige Damen unter der maurischen Bogenhalle im Garten und machten Handarbeit. Leutnant von Remm pendelte unablässig zwischen den Damen und der Lindenallee hin und her, wo Mareile und Hans Berkow schon eine Stunde lang auf und ab gingen.

»Jetzt ist's geschehen«, meldete er.

»Was? So sagen Sie doch«, drängte Agnes von Scharf.

»Er hat ihr die Hand geküßt«, meinte Remm und setzte sich bekümmert auf die Gartenbank.

»Sein Sie nicht tragisch, Remm,« sagte die Gräfin Blankenhagen, »Fräulein Cibò kann doch nicht auf alle Leutnants Rücksicht nehmen. Ich finde unseren Maler sehr nett.«

»Das muß so kommen«, dozierte Fräulein von Mikewitz. »Wenn auf sieben Meilen im Umkreise nur ein männliches und ein weibliches Individuum einer bestimmten Gattung, sagen wir einer Schneckenart, existiert, so finden sie sich doch zusammen. Die Natur will es. So auch hier.«

»Das Fräulein wird mit ihren gelehrten Vergleichen jedesmal unpassend«, flüsterte Frau von Scharf der Gräfin zu.

Auf dem Schlosse war es stille geworden. Mareile und Hans Berkow waren die einzigen Gäste. Die Ziepes hatten dem Brautpaar ein Festessen gegeben. Es war schon spät, als Mareile und Hans aus der Inspektorswohnung auf den Hof hinaustraten. Sie atmeten tief auf. Die kleinen Zimmer waren so voll von Speisen und erhitzten Menschen gewesen. Die Mondnacht war sehr hell. Vom Garten duftete es süß herüber. Die Feldgrillen schrillten in den Stoppeln und vom Teiche scholl das verträumte Plaudern der Enten herauf. In der Lindenallee gingen Günther und Beate langsam auf und ab. »Famos!« rief Günther dem Brautpaare zu. »Kommt, wir machen eine Nachtrunde.« Mareile und Beate faßten sich um die Taillen und gingen den Wiesenpfad entlang. »Eine Zigarre, mein Alter, bitte«, sagte Günther. »Also – wie – wie – wie bekommt es dir?«

Hans hob den Kopf, als wollte er den Rauch seiner Zigarre dem Monde in das Gesicht blasen.

»Danke – gut. Außerordentliche Wesen, diese unsere Damen. Was die nicht alles an uns für wirklich halten! Was?«

»Na, wir sind doch auch wirklich genug«, meinte Günther.

»So? Ja – o ja! Aber da ist doch wieder manches wirklich, an das sie nicht glauben; in uns nämlich. Wie der Mond, kehren wir unseren Frauen immer nur eine Seite unseres Wesens zu.«

Günther wurde ungeduldig. »Eine Seite! Ist das nicht genug? Und wenn's noch die helle ist. Auswendig brauchen die Frauen uns doch nicht zu wissen. Das unnütze Grübeln! 'ne Frau hat man über sich ergehen zu lassen wie die Dusche oder das Schicksal, nur dann wirkt sie.«

Sie waren bis an das Eichenwäldchen gelangt. Mitten darin lag eine kleine Lichtung, ganz mondbeglänzt.

»Ein Saal«, rief Günther. »Was könnten wir hier Besonderes tun? Etwas schwören? Nein, den Halmtanz tanzen! Du weißt, Hans, als wir jung waren, liebte der Kandidat Halm die Mareile. Natürlich. Zu ihrem Geburtstage hatte er ein altes Tanzlied komponiert, sehr hübsch ..., und wir tanzten den Halmtanz danach. Also.«

Sie faßten sich an den Händen und drehten sich im Kreise, dazu sangen sie:

»Springen wir den Reihen,
Nun Dame mein!
Freuen uns des Maien,
Der bei uns kehrt ein!
Der Winter, der der Heide
Brachte arge Not,
Ist ja nun vergangen,
Wonnig ist sie umfangen
Von Blumen rot,
Von Blumen rot.«

Rauschend flogen die Krähen auf, die in den Kronen der Eichen geschlafen, und die Nachtraben klatschten mit ihren Flügeln. »Sie klatschen Beifall«, meinte Günther.

Als man sich trennte und Hans nach Lantin zurückwanderte, nahm Günther seine beiden Damen unter den Arm und zog dem Schlosse zu. An jeder Seite eines dieser schönen Wesen, die Welt blau von Mondlicht – besser wünschte er es sich nicht. Unter den Klängen von Kandidat Halms Tanzliede marschierten sie über die hellbeschienene Landstraße:

»Springen wir die Reihen,
Nun Dame mein!
Freuen uns des Maien ...«

Siebentes Kapitel

Helle Spätherbsttage. Gelb lag der Sonnenschein auf den bunten Bäumen. Unten im Obstgarten wurde die Äpfelernte vorgenommen.

Günther war abwesend.

Beate hatte sich ihren Sessel in den Obstgarten stellen lassen, wo die Sonne noch schön wärmte. Sie war guter Hoffnung und schwerfällig geworden. So saß sie gern ruhig da und sann dem Wunderbaren nach, das in ihr vorging. Vor sich sah sie ihre Mutter bei den Mägden sitzen, welche die Äpfel in große Kisten packten, und Seneïde, die ihre langen, schwarzen Arme emporstreckte, um die Körbe in Empfang zu nehmen. Der Wind trug Obstdüfte zu Beate herüber. Wenn sie emporschaute, war der Himmel hellblau und voll segelnder Sommerfäden. Alles, was sie erlebt, schien ihr dann so ferne. Es war ihr, als sei sie noch das kleine Kaltiner Mädchen und wartete friedlich auf das Schöne, das im Leben für sie bereit lag. Doch dann faltete sie plötzlich die Hände und in ihren Augen erwogte ein angstvolles Flackern. Das war die Todesfurcht, die sie jetzt zuweilen erfaßte. Seneïde kam und setzte sich zu ihr.

»Wie geht es, Beating? Du machst solche Augen?«

»Ich dachte – wenn – wenn ich das Kind nicht erlebe – wenn ...«

»Was tut das«, sagte Seneïde heiter. »Eine Mutter, dort oben bei Gott, kann vielleicht mehr für ihr Kind sorgen, als wir hier ...«

Natürlich! Tante Seneïde ließ auf den Tod nichts kommen, das wußte man!

Jenseits des Zaunes begannen die Stoppelfelder schon rot zu werden in der Abendsonne. Die weidenden Gänse zogen schnatternd heim, und von den Wiesen wehte es feucht herüber. »Beating, geh hinein!« rief die Baronin.

Am Abend kam das Zusammensitzen im Wohnzimmer, die Gespräche über die Gravensteiner Äpfel, über Pastors und Ahlmeyers, über die Gänse und die Zeitungen, und alles bekam in diesen Gesprächen einen kleinen, friedlichen Nimbus. Die Meierin kam und berichtete vom Vieh: Kora hatte gerindert, Malo zum ersten Male gekalbt. Um zehn Uhr war die Abendandacht. Die Mandelkoch erschien mit ihrem strengen Pensionsvorsteheringesicht; Lisette, die Kammerjungfer, die Mägde. Sie brachten etwas von der feuchten Herbstluft in den schweren, wollenen Kleidern mit und standen schläfrig da, während Seneïde das Gebet vorlas mit ihrer singenden, erregten Stimme, wie ein schwärmerisches Wiegenlied für die arbeitsmüden Leute.

Als Beckmann die Lampen im linken Flügel anzündete und Beate still und bleich im Gartensaal saß und auf Günthers Rückkunft wartete, schien es ihr, als beginne jetzt wieder eine Arbeit, zu der sie sich ein wenig müde fühlte. Und dann war Günther da. Die helle, laute Stimme tönte durch das Haus. »Das ist hübsch! So 'ne Frau, die einen erwartet, das ist ja 'ne raffinierte Erfindung!« Draußen in Berlin hatte er sich neue Begeisterung für die »Heiligkeit« von Kaltin geholt, meinte er.

Eifrig machte er sich nun an das Familienleben. Er wußte genau, wie er sein wollte. »Hör, Beating,« sagte er beim Frühstück, »meine Leute sollen nicht im alten Flügel bei der Andacht schmarotzen. Ich werde selbst eine Andacht halten. Ja – ich werd' selbst eine schreiben, du sollst sehen.«

Am Vormittage ging er auf die lebhaftesten Arbeitsplätze, dort, wo es nach feuchtem Stroh, nach Teer und Fettstiefeln roch, wo er das Brummen der Maschine überschreien mußte und Augen, Nase und Haar voller Staub bekam. Das gab dann für den Abend eine angenehme Müdigkeit. Er streckte sich im Gartensaal in einem Sessel aus, sehr zufrieden mit sich selbst. »Erzähl', Beating,« sagte er zu seiner Frau, »wenn du erzählst, riecht es gut wie nach weißem Flieder von Pinaut, wie deine Sachen, du erzählst so reinlich.«

Beate mußte früh zur Ruhe gehen. Günther saß noch in seinem Zimmer auf. Er las ein landwirtschaftliches Buch und warf es bald fort. Dann begann er eine Liste landwirtschaftlicher Reformen zu entwerfen. Auch das wollte nicht recht gehen. Endlich begann er die Andacht für seine Leute zu schreiben, allein es fiel ihm nichts Erbauliches ein. An den Fenstern klagte der Wind; im Hause war es still. Wie einsam das war! Es war Günther plötzlich, als fühlte er in dieser Nachtstunde, wie kostbare Augenblicke seines Lebens leer und ereignislos verrannen. Nein! Das war nicht zu ertragen! Er mußte sprechen hören. Er rief Peter, der sollte ihm zuhören, ihn bewundern, ihn unterhalten.

Im Dezember fiel Schnee. Eines Morgens war das Land weiß. Die Gebäude, Zäune, das Ackergerät, alles hatte sich über Nacht mit weißen Puffen und Säumen geschmückt. Die Wohnräume erschienen größer und wie festlich im klaren, kalten Schneelichte. Das Leben im Schlosse war sehr still geworden. Es herrschte die Ruhe eines Krankenzimmers, denn Beate trug schwer an ihrer Schwangerschaft. Günther ging unruhig ab und zu. Seine Frau bleich und entstellt, wie zu einem grausamen Opfer ausersehen, vor sich zu haben, das quälte ihn. Rührung, Aufregung – gut! Das gehört zum Leben, aber dieses Mitleid, das an uns nagt, wie eine Krankheit, wozu das? Warum konnten solche Dinge nicht schön und heiter vor sich gehen.

Eines Abends saß die Familie, recht schweigsam, im Gartensaal beieinander. Günther machte Ringe aus dem Rauch seiner Zigarre und hing seinen unruhigen Gedanken nach. Da erschien Frau Ziepe mit frostroten Bäckchen. Das brachte ein wenig Leben in die schweigsame Stunde. Günther richtete sich angenehm auf. Frau Ziepe hatte einen Brief aus Bordighera von Mareile erhalten, und den wollte sie den Herrschaften mitteilen. Sie machte sich an das Vorlesen:

»Ich lebe hier ganz still,« hieß es, »auf diesem gesegneten Felsen und besinne mich auf mich selbst. Gerade, wenn wir ruhig dasitzen und in uns hineinhorchen, dann erleben wir die seltsamsten Dinge. Nicht wahr? Ich glaube, ich habe eine ganz neue Mareile entdeckt mit neuen Ansprüchen auf Glück und neuer Kraft für Glück. Daß Hans Berkow dazu nötig war, darüber wundere ich mich zuweilen; aber das ist nun mal nicht anders. Wie fern sind die armen Mädchenphantasien! Hier wird die Seele frei und heiß. Es ist mir, als dürfte ich ein lästiges Kleid abwerfen, weil ich verstehe, daß ich schöner bin als das Kleid. Das klingt wohl alles sehr fremd in Dein armes, liebes Wohnzimmer hinein und Du lächelst über Deine wilde Tochter.« Frau Ziepe hielt inne, lächelte, dann fuhr sie fort: »Wie dankbar bin ich der verehrten Baronin und den lieben Schloßbewohnern für alles, was sie an mir getan. Du weißt, wie ich diese von weißen, reinen Schleiern verhangene Welt geliebt habe. Aber die Welt ohne Schleier ist doch mächtiger. Hier bekennt alles sich zu seiner eigenen Schönheit. Das steckt an. Vor mir liegt das Meer, eine Fläche von blau und violetter Seide, schwer mit Gold beschlagen; aber Seide, die lebt, eine Seele hat, in ihrem Rauschen zu uns spricht. Das regt mich so stark auf, daß ich das Meer wie toll ansinge, es soll nicht allein schön sein. In solchen Zeiten schicke ich Hans fort, ich ertrage ihn kaum, ich muß mit der neuen Mareile allein sein.« – So ging es noch eine Weile fort und Frau Ziepe las ausdrucksvoll, als trüge sie ein kostbares Stück Literatur vor. Jetzt war der Brief zu Ende. Frau Ziepe schaute glücklich und erwartungsvoll auf. Allein die Damen arbeiteten emsig fort, die Köpfe auf die Stickereien niedergebeugt, und eine Weile sprach niemand. »Na,« bemerkte die Baronin endlich, »sie ist gesund, das ist die Hauptsache.«

»Ja – ja – ich bin auch so dankbar!« murmelte Frau Ziepe. Sie war befangen und enttäuscht. Es war ihr, als stieße sie hier auf etwas Kaltes, Mareile Feindliches. »Ja, nun will ich wieder gehen«, sagte sie kleinlaut und schlich niedergeschlagen über den beschneiten Hof der Inspektorswohnung zu.

Günther schritt im Gartensaale auf und ab. Mareiles Brief erregte ihn; es wehte ihn daraus so wundersam heiß an. Wie in einer Vision sah er Mareile auf dem Felsen von Bordighera stehen und ein leuchtendes Meer ansingen, und zwar eine seltsam veränderte Mareile, wild, frei, triumphierend, die sich stolz und froh ihrer Schönheit und ihrer Sinnlichkeit bewußt wird. Daß er, Günther, das nicht besitzen konnte! Der verdammte Hans Berkow!

»Daß sie so schreiben kann«, sagte Beate. Seneïde zuckte die Achseln.

»Und die gute Ziepe liest uns das alles ganz andächtig vor«, meinte die Baronin.

»Und das mit dem Kleide, wie unangenehm das klingt,« bemerkte Seneïde, »daran ist dieser Herr Berkow schuld.« Die Damen sahen sich an und lachten.

»Mir,« fuhr Günther auf, »mir gefällt der Brief. Mareile ist ein schönes, starkes Geschöpf und sie erfreut sich an sich selbst – und an der Welt – und an ihrer Freiheit.«

»Ich bitte Sie, welche Freiheit?« warf Seneïde ein.

»Nein, lieber Sohn«, sagte die Baronin. »So kann man nicht schreiben, das schickt sich nicht.«

Günther schwieg ärgerlich und setzte seine Wanderung durch das Gemach fort. Noch als alle sich zur Ruhe begeben hatten, schritt er sinnend auf und ab. Es war sehr still um ihn, nur die große englische Uhr des Eßsaales sprach zu der kleinen Bouleuhr des Gartensaales herüber. Das Parkett knackte unter Günthers unruhigen Füßen.

Warum hatte er nichts Starkes, Heißes? Die arme Beate schloß ihre geduldigen Opferaugen gerade vor allem, nach dem er sich jetzt sehnte. Die Luft hier war dünn und kühl. Er wollte Schwüle, wollte etwas, das berauscht. War es denn aus mit dem Erleben? Ungeduldig und feindlich dachte er an die Frauen hier, mit ihrem vornehmen Verhüllen aller schönen Nacktheit, an die Frau, deren Leib nach jeder Umarmung rein und keusch zu bleiben schien. Konnte das ihn satt machen! – – Heute mußte er etwas tun, das ihn daran erinnerte, daß er noch jung war. In das Schlafzimmer mit der schläfrigen Ampel konnte er heute nicht hinein. Er trat an das Fenster und zog den Vorhang zurück. Der Vollmond stand am Himmel. Der Schnee flimmerte bläulich. Wie festlich und weit das aussah! Und da sollte er, Günther, drinnen bleiben, bei den gelben Lampen, und zuhören, wie die gefräßigen Uhren ihm die ungenutzten Lebensaugenblicke forttickten? In solchen Nächten hatte er als Knabe seine ersten Liebesabenteuer unter Peters und Jagdabenteuer unter Mankows Leitung erlebt. Ja! Das war's! Wilddiebsjagd bei Mondschein – wie damals! »Peter – Peter,« rief Günther erregt, »Hasenjagd im Mondschein, wie früher in Lantin. Wir fahren zu Mankow und seiner roten Eva. Spann' den Braunen an.«

Als Günther mit Peter im Schlitten saß und in die Mondnacht, wie in eine blaue Glaswelt, hinausfuhr, da packte ihn die Jugendlust so stark, daß er Peter an den Pelzkragen faßte und rüttelte: »Daß du dich nicht unterstehst, alt und schläfrig zu sein.«

»Ich – schon nich' – Herr Graf«, meinte Peter.

Im Trabe ging es durch das schlafende Dorf. Hunde schlugen an, aber klagend, nicht böse, als hätte das Mondlicht auch sie gefühlvoll gemacht.

Der Schlitten bog jetzt in einen alten Kiefernbestand ein, eine weiße, stille Säulenhalle.

»Sehr gut«, schmunzelte Peter.

»Ach – schweig'!« herrschte ihn Günther an.

»Warum denn, Herr Graf?«

»Weil das nicht dazu da ist, damit *du* es bewunderst.«

»Aha – ich versteh', das is nur für Grafen.«

»Ja.«

Sie näherten sich dem Waldkruge, indem sie an einer Wand kleiner Tannen hinfuhren, die wie mit großen Händen in kalten, weißen Handschuhen die Gesichter der Fahrenden streiften.

»Der Mankow wird sich wundern«, bemerkte Günther.

»Nee, der wundert sich lange schon nich' mehr«, erwiderte Peter.

»Wenn er nur zu Hause ist!«

»Na, dann is die Eve zu Hause.«

»Du denkst auch nur an die Weiber.«

»Na ja, die gehören doch dazu.«

In der qualmigen Krugstube saß der alte Mankow an einem Tische bei einer trüben Unschlittkerze. Eine Brille auf der Nase, ein rotes Tuch vor Mund und Nase gebunden, drehte er Giftpillen für die Füchse. »Guten Abend, Alter!« rief Günther. Der Alte erhob sich, stand unbeweglich da, den Kopf vorgestreckt, wie ein sicherndes Wild. Er hatte seinen Herrn erkannt und wollte nichts tun und sagen, was ein Fehler sein könnte. »Na, Peter, mach's dem Alten klar, was wir wollen. Du siehst ja, wie sein Gewissen ihn beißt«, befahl Günther. Peter und Mankow gingen hinaus. Günther wärmte sich an dem großen, qualmenden Feuer. So war's gut! Hier wehte wenigstens die angenehme Luft versteckter Abenteuer, wenn man's nicht wie Hans Berkow haben konnte. In der niedrigen Tür der Nebenkammer stand plötzlich Eve Mankow und sah Günther unverwandt an. In ihrem kurzen, roten Rock, das rotblonde Haar wirr über dem heißen Gesicht, die nackten Arme, Schultern, Beine vom Ofenlicht beschienen, war sie eine bunte, leuchtende Gestalt in dem rußgeschwärzten Türrahmen.

»Warum schläfst du nicht?« fragte Günther.

»Ich mag nicht.«

»Na, dann komm.«

Eve kam, vorsichtig, mißtrauisch, wie die Menschen des Waldes es den Tieren nachtun.

»Willst du mit auf die Jagd? Du kannst ja schießen.«

»Ja, Herr.«

»Hast du auf mich gewartet?«

»Ich dachte, Sie werden mal kommen.«

»Wer sagte dir das denn?«

»Die Karten.«

Günther trat an Eve heran, nahm ihren Kopf in beide Hände, bog ihn zurück und küßte den breiten, roten, sehr heißen Mund. »So!« sagte er, »nun gehen wir zu den Hasen.« Eve war blaß geworden. Sie saß einen Augenblick still da, die grellen, rotbraunen Augen wurden klar und groß; sie seufzte so tief, daß die rauhen Spitzen der Brüste fast das Hemd durchstechen wollten. Dann erhob sie sich und ging in ihre Kammer hinüber.

Die Jäger stellten sich am Waldrande auf, während die wenigen Treiber leise pfeifend über die beschneiten Wintersaaten gingen und die dort zur Nachtäsung versammelten Hasen dem Walde zutrieben. Eve stand neben Günther. Vor ihnen die dämmerige Fläche, auf der es wie weißer Nebel lag. Die Flintenhähne knackten; dann Stille. Nur ein dumpfes Geräusch schlug an Günthers Ohr, wie Schritte in weichem Schnee. Das war der erregte Schlag seines eigenen Herzens. Jetzt huschten hier und dort rege Schatten über den Schnee, wunderliche, graue Gespenster mit langen Ohren, im unsicheren Lichte groß und wesenlos. Günther schoß, neben ihm schoß Eve. Nun blitzte es am ganzen Waldrande auf. »Der hat's gekriegt«, sagte eine vor Erregung heisere Stimme. Es war Eve. Auf ihren Flintenlauf gestützt, lachte sie unter der alten Fuchsfellmütze ihres Vaters Günther an, daß ihre Zähne im Mondlichte blitzten.

»Jetzt komm«, sagte Günther, und die anderen hinter sich lassend, gingen sie dem Waldkruge zu.

Günther liebte es jetzt, in der Dämmerstunde in seinem Zimmer zu sitzen, Rotwein zu trinken und sich von Peter von dem Waldkruge vorsprechen zu lassen.

»Ja, ja, die Eve,« meinte Peter, »die is ein klarer Apfel.«

»Unsinn,« sagte Günther, »hör' zu! Ich will dir was von meinen Vorfahren erzählen.«

»Bitte, Herr Graf, von Vorfahren hör' ich sehr gern.«

»Na also!« begann Günther nachdenklich. »Vor einigen hundert Jahren war's. Ein Graf Günther von Tarniff verließ sein deutsches verschneites Schloß und seine schöne, weiße Gräfin und zog in das gelobte Land. Nach drei Jahren kehrte er heim. Seine blonde Gräfin hatte treu auf ihn gewartet. Im Morgenlande aber hatte er in einem weißen Hause auf einem roten Felsen eine braune, schwarzäugige Gräfin zurückgelassen.«

»Aha! Ich versteh'«, warf Peter ein.

»Gut! Der Graf blieb drei Jahre bei seiner blonden Gräfin, da begann ihn die Sehnsucht nach den braunen Armen der Morgenländerin zu quälen, und er wollte sich auf die Reise machen. Nun gab's schon damals Diener, die mehr sprachen, als sie sollten. So 'n Kerl hatte der Gräfin mitgeteilt, was ihren Gemahl von ihr trieb. Die schöne Frau weinte zwar, aber sie sagte zu ihrem Grafen:

›Ich halte dich nicht. Geh deiner Sehnsucht nach. Gott gab dir ein zwiespältiges Herz; möge dieses Herz dich auch wieder zu mir zurückführen.‹«

»Bravo!« rief Peter.

»Daß an dem Bravo des Peter Ruskowski der Gräfin etwas gelegen gewesen wäre,« fuhr Günther fort, »glaube ich kaum. Also, der Graf pilgerte in das gelobte Land, wohnte in dem weißen Hause auf dem roten Felsen und trank sich toll und voll an der wilden Liebe seiner braunen Gräfin. Als nun die Zeit gekommen war, da ihn wieder nach Tannen, Schnee und der bleichen, blonden Frau verlangte, da tobte und schrie die braune Gräfin. ›Ich weiß, warum du mich verstößt. Du hast ein Weib jenseits des Meeres, und das gilt dir mehr als ich.‹ Der Graf tröstete sie. Er erzählte ihr von seinem zwiespältigen Herzen, und daß auch ihre Zeit wieder kommen würde. Die Frau wurde ruhig und der Graf schlief an ihrer braunen, heißen Brust ein. Da ergriff sie den Dolch, stieß ihn dem Grafen in das Herz und schrie: ›Ich will mir meine Herzenshälfte nehmen!‹«

Peter nickte nachdenklich: »Ja, Vorfahren, die haben immer solche Geschichten.«

»Maul halten!« schloß Günther die Unterhaltung.

Von nun an wartete der Braune mit dem Schlitten öfters bei Nacht hinter der verschneiten Spirrahecke. Dann jagte Günther in die Winternacht hinaus. Das erschien ihm wie ein angenehmer Protest gegen die ruhige Ordnung des Lebens um ihn her. Auf halbem Wege zum Kruge mußte Eve ihn erwarten. Im kurzen Schafspelz, die Fuchsfellmütze über die Ohren gezogen, trat sie aus dem weißen Dickicht hervor. Das Gesicht, das Haar, die Wimpern voll kalter Tropfen; und sie lachte, daß im Sternschein ihre Zähne blitzten.

Das kleine Hinterzimmer des Waldkruges duftete nach den Tannennadeln, die über den Boden gestreut worden waren. Im Ofen verglomm ein Feuer. Günther setzte sich auf das niedrige Bett und wärmte seine Hände am Feuer. Eve ging ab und zu; tauchte unter in die schwarzen Schatten der Ecken; trat wieder in den Feuerschein, bunt und leuchtend in ihrem roten Rock, ihrem roten Haar, das Fleisch blank und warm.

»Sitz'!« befahl Günther. »Kehr' das Gesicht zum Feuer hin. Laß die Zöpfe über die Schultern hängen. So!«

Eve gehorchte. Sie saß schweigend da, die Hände flach auf die Knie gelegt; die runden Augen, unverwandt auf Günther geheftet, verschleierten sich feucht vor Erregung.

»So.« Günther war zufrieden. Das große halbnackte Mädchen, mit seiner unbekümmerten Sinnlichkeit, atmete eine ruhige, zuversichtliche Kraft, von der etwas auch auf ihn überzugehen schien. Er glaubte den nervösen, unbefriedigten Günther für einige Augenblicke los zu sein.

Durch die halbangelehnte Tür sah er in der Schankstube pelzvermummte Gestalten mit Peitschen in den Händen am Tische sitzen. Sie flüsterten und tranken Schnaps. Auf der Ofenbank schlief der Hausierer Abbe.

»Wie war's, als du mit dem Pankow gingst?« fragte Günther. Eve schwieg. »Sprich!« befahl Günther.

»Der Hund«, sagte Eve heiser.

»Na ja, er sagt doch – daß er dich gehabt hat – nicht?«

Eve stand auf, ging in die dunkle Ecke des Zimmers. Günther hörte sie dort weinen.

So war's jedesmal. Das Starke in diesem wilden Mädchen zog Günther an, aber kaum fühlte er es in seiner Gewalt, dann trieb es ihn, es zu beugen. Er mußte Eve weinen und gehorchen sehen.

»Hierher!« rief Günther. Eve schwieg. »Hierher – hierher«, wiederholte Günther, als riefe er einen Hund. Eve kam langsam näher, das Gesicht warm und rosig vom Weinen. Die Augen richtete sie brennend, wie hungrig, auf Günther. »Totschießen werd' ich den Pankow. Fuchspillen soll er kriegen«, murmelte sie atemlos; dann sank sie schwer auf Günther nieder. Das Feuer verglomm. Durch das kleine Fenster schienen blanke Wintersterne, der Wald rauschte laut.

»Steh' auf – geh – « herrschte Günther dann plötzlich Eve an. Er stieß sie von sich, er wollte nicht mehr bleiben, er hatte es eilig, wieder in dem stillen Schlafgemach zu sein, in dem es nach weißem Flieder duftete und wo die matte Ampel über einer schlafenden, weißen Frau wachte.

Achtes Kapitel

In der Herrschaftsküche mit den blau und weißen Kachelwänden wurde die Weihnachtspastete gebacken. Herr Mieszeck, der Küchenchef, litt am Magen und war sehr nervös. Wenn er es mit Trine, der Küchenmagd, gar nicht aushalten konnte, ging er in einen kleinen Nebenraum und spielte die Flöte. In der allgemeinen Küche war es lauter. Frau Mandelkoch befahl hier. Beständig kamen Leute, die hier nichts zu tun hatten, um zu sehen, zu riechen, sich zu wärmen und die Mägde zu kneifen. Amelie, die Zofe, stand vor dem Feuer und starrte vor sich hin. Die anderen störten sie nicht, man sah sie zuweilen an und flüsterte.

Beckmann erschien in seiner schwarzgoldenen Livree, mit seinen dicken Waden und dem weißen Engländergesicht. Unnahbar durchschritt er den Raum und verschwand in der Herrschaftsküche. Amelie schaute auf, folgte ihm mit Augen, die blank vor Bewunderung wurden. Dann seufzte sie, strich ihre kleine Schürze glatt und ging hinaus. Als Beckmann den finsteren Gang hinuntereilte, der zur Außentür führte, faßte jemand ihn am Rockaufschlag und zog ihn auf die Schwelle. »Auf dich wart' ich«, sagte Amelie. Beckmanns starres Gesicht verzerrte sich. »Na – was denn? Hier doch nich.«

»Jawoll«, meinte Amelie. »Ich muß dich sprechen.«

Beckmann blieb stehen, steckte das Kinn tief in den hohen

Hemdkragen und seine Waden in den weißen Strümpfen zitterten vor Kälte. »Na – los«, brummte er. Amelie lehnte sich an ihn, strich mit ihren kleinen roten Händen über seinen Rockärmel. »Ich muß doch wissen, was nu sein wird.«

»Immer die alte Jacke,« schnarrte Beckmann, »das Vergnügen wollt ihr, und später sind wir schuld.«

»Wer sagt denn von Schuld, Beckmann«, flehte Amelie. »Ich frag' nur, was is nu? Die anderen sprechen schon. Ich geh' zur Frau Gräfin.«

Die weiße Lakaiennase hob sich streng zu den Sternen auf.

»Von mir kein Wort«, befahl er.

»Aber Beckmann, ich muß doch sagen, wer der Vater zu dem Kind is.« Amelie weinte nur leise.

»Kein Wort«, wiederholte Beckmann.

Jetzt schüttelte das Weinen den ganzen, runden Mädchenkörper.

»Hör',« sagte Beckmann mit seiner diskreten, leblosen Dienerstimme, »das Flennen hilft so nichts. Wenn du von mir nichts sagst – hm – verstehst du? Wenn du mir nicht den Dienst verdirbst, nachher geb' ich das Geld, damit du im Dorfe deine Sache abmachst. Das wird hübsch kosten.« Amelie drängte sich noch an ihn heran, sie lächelte, nahm seine Hand und stützte ihre tränenfeuchte Wange darauf. »Und später – Beckmann – sag' – später?« hauchte sie.

»Von später weiß ich nichts«, meinte Beckmann kühl. »Jetzt muß ich gehen.« Er wandte sich ab, als bemerkte er es nicht, wie das Mädchen sich auf die Fußspitzen stellte, um mit dem Gesicht an seine schmalen, bleichen Lippen zu reichen.

Als Beckmann fort war, wischte Amelie sich mit der Schürze die Augen und starrte trübselig auf den Hof hinaus, der in der bleichen Schneedämmerung sehr still zwischen den hohen, weißen Häusern lag. Ein grellgoldener Schein fiel auf den Schnee. Drüben bei Inspektors wurde der Weihnachtsbaum angesteckt. Amelie wandte sich ab. Das Herz war ihr voll Zorn gegen die Herrschaft, die sie fürchten mußte, und so voll von Liebe zu Beckmann, daß sie wieder weinte.

Am ersten Weihnachtstage saß Beate in ihrem Ankleidezimmer und wartete auf Amelie. Der letzte Abendschein war schon hinter den Parkbäumen verglommen. Beate war in einen leichten Halbschlummer verfallen. Als jemand in das Zimmer trat, fragte sie:

»Sind Sie es, Amelie? Dann stecken Sie die Lampe an.« Da es still und finster blieb, sagte Beate: »Machen Sie doch Licht. Ich muß mich ankleiden.«

Jetzt rauschte etwas neben ihr auf den Teppich nieder, ein nasses Gesicht legte sich auf ihre Hände. »Sind Sie's, Amelie?« fragte Beate. »Warum weinen Sie? Haben Sie etwas getan?«

»Schlecht – schlecht hab' ich getan!« schluchzte das Mädchen. »Und die Schande jetzt. Was soll ich tun? Frau Gräfin werden Erbarmen haben – verzeihen – ach! ach!«

Während Amelie sprach, fühlte sie, wie Beate allmählich vor ihr zurückwich, die Hand, das Knie, das Amelie umschlungen hielt, fortzog. »Stehen Sie auf«, sagte Beate leise, aber das geschulte Zofenohr hörte aus diesen Worten doch Strenge und Widerwillen heraus. »Wie konnten Sie das tun – Sie wissen doch . . .«

Amelie schluchzte unter ihrer Schürze, die sie über den Kopf geschlagen hatte: »Ja – ja – ich weiß. Sünde is – aber es kommt man so –«

Beate schwieg. Sie empfand Mitleid mit dem weinenden Mädchen. Mein Gott! Die Welt ist so voll Sünde und Elend; aber sie empfand auch Groll gegen Amelie. Was hatte sie ihre unreinliche Liebesgeschichte hier zu ihr, Beate, hereinzutragen! »Stecken Sie das Licht an!« befahl Beate. Als die Lampe brannte und Beate vor dem Spiegel saß, machte Amelie sich daran, ihre Herrin zu frisieren. Sobald Beate jedoch die Hände des Mädchens in ihren Haaren spürte, bog sie den Kopf zur Seite, wie von Ekel erfaßt.

»Lassen Sie«, sagte sie hastig. »Ich mach' das selbst. Gehen Sie hinaus, gehen Sie.«

Amelie schlug wieder die Schürze über den Kopf und verließ laut jammernd das Zimmer.

Um die Zeit des Sonnenuntergangs saß Beate im Ahnensaal und ruhte. Günther war abwesend. Seneïde, die Arme über der Brust verschränkt, ging im Saale auf und ab, dunkel und schmal in dem roten Lichte.

Peter brachte einen Brief. »Aus dem Dorf, von der Amelie«, sagte er.

»Oh – von der!« meinte Seneïde und zog die Augenbrauen empor. Beate sah den Brief mit Widerwillen an, wie wir ein unangenehmes Insekt anschauen, und schloß dann wieder die Augen.

Später im Wohnzimmer wurde die Lampe angesteckt. Die drei Frauen saßen um den runden Tisch. Die schweren, dunkeln Vorhänge wurden vor die Fenster gezogen, die alten dunkeln Türen geschlossen. Wieder einmal schien die Außenwelt mit ihrer Unreinlichkeit und Feindseligkeit ausgesperrt zu sein. Die Meierin kam und sprach von einer kranken Kuh. Beate öffnete widerwillig den Brief und las:

»Gnädige Frau Gräfin, Ziepe sagt, ich darf im Dorfe nicht bleiben. Er sagt, er muß mich 'rausschmeißen. Ich hab' nur getan, was andere Mädchen hier auch tun. Wer is denn so heilig? Wohin soll ich denn gehen? Wie 'n räudiges Vieh soll ich hier 'raus, sagt Ziepe, der so aufgeblasen ist, daß er bersten wird. Gott geb' es! Ich muß 'raus und die Eve Mankow darf bleiben und warten, daß der Herr Graf bei Nacht zu ihr 'rausfährt. Und dann prahlt das freche Mensch noch damit. Das ist Sünde. Ich fahre zu meiner Tante nach Stolpe, die wird christlicher sein als die Herrschaft. Adjö. Amelie Miller.«

Beate schaute auf. Die Meierin erzählte noch von der kranken Kuh. Das Zimmer lag im Lampenschein friedlich und wohl verwahrt da ... und doch etwas Fremdes, Entsetzliches war hereingekommen, war da. Beate fröstelte. Hastig mit zwei Fingern faßte sie den Brief und warf ihn in den Kamin. Wie das Papier aufflammte, wie es sich krümmte und wand! Jetzt war nur ein wenig schwarzer Staub übrig, der eilig in den Schlot hinauffuhr. Bleich lehnte sich Beate in den Sessel zurück. So – war's vernichtet – das – dem sie mit ihren Gedanken zu nahen – nicht wagte.

Erst als sie schlaflos im Bette lag, konnte sie dem Entsetzlichen nicht entrinnen. Sie sah beständig Eve Mankow vor sich, das große, hochbusige Mädchen, mit den grellen Augen. Ekel schüttelte sie; Ekel vor ihrem eigenen Körper, der wie Eve nach Günther verlangte, der Günther dasselbe bot, wie Eve. – Beate fuhr auf, als müßte sie etwas abwehren, sich von einer quälenden Gemeinschaft befreien. »Es ist nicht wahr!« flüsterte sie in das Dunkel hinein. Das beruhigte, das leuchtete ein. So etwas kann ja nicht wahr sein! Wie konnten die Even und Amelies an ihre, Beates, Ehe rühren! Nein, so etwas durfte, konnte nicht in ihr Leben hinein; das war ihr fester Wille. So etwas durfte nicht wahr sein. Und um ihre Seele ganz zu befreien, badete sie dieselbe in der Ekstase eines langen Gebetes.

Nach einer langwierigen, qualvollen Entbindung war dann endlich der Tarniffsche Erbe da. Günther küßte seine blasse Frau triumphierend auf die blasse Stirn. »Danke – Schatz. Er hat dir Mühe gemacht – was? Ja – so sind wir Tarniffs; wir machen Mühe.«

Beate langte nach Günthers Hand. »Ja – aber ihr seid gut – ihr Tarniffs – nicht?« sagte sie.

Günther lachte. »Gut. Natürlich sind wir gut, und ob!«

»Ein schönes, schweres Kind«, bemerkte die Hebamme.

»Ja, was haben Sie denn erwartet?« schloß Günther die Unterhaltung.

Neuntes Kapitel

Es war Mai geworden. Frau Ziepe saß müßig und gedankenvoll in ihrem Wohnzimmer. Vater Ziepe kam zum Zehnuhrfrühstück heim. »Na, Imbiß her!« rief er sehr laut. Frau Ziepe holte Schnaps und Wurst, aber so vornehm und ergeben, daß ihr Mann sie fragte: »Was is wieder los?«

»Mareile hat geschrieben«, antwortete sie und machte ihr unzufriedenes Gouvernantengesicht.

»So, unsere Malerin«, Ziepe lachte breit. »Stimmt's da nich? Oder kommt's Kind?«

Dieses Lachen, der Stallgeruch, alles verletzte Frau Ziepe heute an ihrem Manne und sie wurde um so vornehmer.

»Mein Gott! Ich versteh's selbst nicht recht. Es sind Nuancen. Aber mir ist so bang.«

»Nuancen – Unsinn, Mama!« fuhr Ziepe auf. »Zanken sie sich, oder läuft er zu Frauenzimmern, oder was ist?«

Frau Ziepe weinte jetzt. »Sie schreibt von dem großen Mißverständnis ihrer Ehe und von Recht auf Freiheit – und Enttäuschung – ich weiß nicht – aber gut ist das nicht.«

»Quatsch«, donnerte Ziepe. »Schreib' ihr, ich hab' dich auch enttäuscht, das is man so . . . und wenn eine 'nen Mann hat, soll sie ihn halten, Männer sind heutzutage rar. Das sag' ich, Vater Ziepe, und basta.« Er goß einen Gilka herunter und ging zu seiner Mistfuhre hinaus. –

Auch im Schloß erregte Mareiles seltsame Ehegeschichte alle.

Die Gräfin Blankenhagen in einem Reitkleide in der Art des Großen Kurfürsten und in Begleitung ihrer Tochter Ida und deren Gemahls Egon Sterneck, kam eigens von Steindorf herüber, um zu sehen, was für Gesichter die Kaltiner zu Mareiles Ehegeschichte machen würden.

Tatsache war, daß Mareile ganz plötzlich ihre Ehe gelöst hatte und zu der Fürstin Elise gezogen war. Hans Berkow war im Unrecht, das stand fest. Was er getan hatte, wußte man nicht, aber für die Gesellschaft war er ein toter Mann. Um Mareile zu heben, mußte Hans Berkow sehr tief hinabgedrückt werden. Die five o'clocks der Fürstin Elise waren sehr besucht. Eine jede wollte Mareile schön und unumwunden über ihre Ehe sprechen hören. All diese Frauen, die ihre Ehen vor der Öffentlichkeit mit weißen Schleiern zu verhängen liebten, sie konnten sich an Mareiles Evangelium von der Pflicht der Empörung gegen den Mann, der die Frau nicht zur Liebe zu zwingen versteht, nicht satt hören. »Man muß diese entzückende Frau selbst sprechen hören«, berichtete Ida Sterneck. »Sie sagt – wie sagt sie doch? Sie sagte: Wenn der Mann die Frau nur so als die Schönheitslinie zu seinem Gebrauche ansieht – dann – dann entwürdigt sich die Frau.«

»Das sind so Redensarten unserer guten Fürstin«, meinte die Baronin.

»Nein aber,« drängte die Gräfin Blankenhagen, »es müssen doch Geschichten passiert sein. Wenn eine Ehe auseinandergeht, müssen doch Geschichten da sein, nicht wahr?«

Da begann Günther zu sprechen, spöttisch und erregt: »Geschichten, meine gnädige Frau Gräfin, werden Sie noch genug darüber zu hören kriegen. Daß Mareile aber keine Geschichten nötig hat, um zu handeln, das ist das Große an dieser Frau. Ja, bitte, wenn Sie in einem Brief einen Satz angefangen haben, und Sie merken, der geht so nicht weiter, der gibt keinen Sinn, dann streichen Sie ihn durch, nicht? Na also! Grad so macht's Mareile. Der Anfang mit Hans Berkow gibt ihr keinen rechten Sinn. Gut, sie macht ihren Strich darüber, so 'nen dicken, schwarzen Strich, wissen Sie, mitten durch den armen Hans durch ... und sie wird einen besseren Satz anfangen.«

»Ach, sprecht nicht so von meinem armen Kinde!« klagte Seneïde und ihre fanatischen Augen wurden feucht.

»Ja, eigene Sache«, schnarrte Egon Sterneck. »Das mit dem

Strich, ganz hübsch. Nur wenn das Mode wird, ich meine bei unseren Frauen –«

»Unseren Frauen!« wiederholte Günther verwundert, »wer spricht denn von unseren Frauen? Ich spreche doch von den Mareilen.«

»Hm – ja so!«

Wie einst vor einem Jahre, stieg Mareile an der kleinen Kaltiner Station aus dem Zuge. »Wieder kein Wagen, ich bin untröstlich, Signora, gnädige Frau,« sagte der Stationsvorsteher Ahlmeyer, »und bei Ihrer Abneigung gegen meinen Fuchs, na ja, spatlahm, freilich . . .«

So wanderte Mareile denn wieder über die Heide. Die Sonne ging hinter den Hügeln unter. Ein angenehmer Wind, voll von dem Dufte der Wacholderbüsche, wehte. Mareiles Gesicht war schmaler geworden. In die hellen, blühenden Farben hatte sich etwas wie ein bleiches Leuchten gemischt. Die Augen, die »durstig-machenden Augen«, wie Hans Berkow sagte, schienen größer und reicher an Licht. Das Leben hatte auf dieser Schönheit die Spuren einer erregenden Erkenntnis zurückgelassen. Ja, heute war sie eine andere als damals, heute lächelte sie still vor sich hin, als genieße sie die süße Reife der eigenen Seele.

Der arme Hans! Er hatte sie in seiner Art geliebt, wie solch' eine morsche, abgetakelte Seele lieben kann. Sie konnte ihn nicht brauchen. Aber er hatte sie sehr stark begehrt und hatte sie ihre Sinne verstehen gelehrt, und erst, wenn ein Weib seine eigene Sinnlichkeit versteht, versteht es sich selbst. »Weißt du«, hatte Mareile zu Hans in Bordighera gesagt, in jenen wunderlich traumhaften Tagen des Eheanfangs, in denen Geist und Körper fiebern. »Weißt du, warum wir Mädchen, die auf den Schlössern aufwachsen, so dumm über die Liebe denken? Weil dort bei dem Gerede über die Liebe immer der Körper unterschlagen wird.«

»Das will ich meinen!« hatte Hans geantwortet. »Glaubst du, Diotima hätte so fein über die Liebe gesprochen, wenn sie von Tante Seneïde erzogen wäre?«

Eine glasige, graue Dämmerung sank auf das Land nieder. In der Kirche wurde der Sonntag eingeläutet. Unten auf der Dorfstraße tobten die Kinder vor dem Schlafengehen. Blonde Köpfe und nackte Beine legten helle Flecke in die Dämmerung. Nebel erhoben sich auf den Wiesen, spannen das Land in kühle Schleierstreifen ein. Im Felde begann eine Wachtel zu schnarchen, eintönig und unermüdlich, als spräche sie im Traum von unendlichen Kornfeldern. Das ergriff Mareile. So war's gut; hier wollte sie ruhen, bis das Erlebnis kam, das ihrer würdig wäre.

Über dem Schlosse stand der Mond. Aus den Fenstern drangen Stimmen und Klaviertöne, der hübsche Lärm jenes Lebens, das Mareile einst so schmerzhaft geliebt hatte.

Die Fenster des Inspektorhauses waren dunkel. Leise öffnete Mareile die Stubentür. Das Wohnzimmer war leer. Aus dem Schlafzimmer der Kinder aber klang Frau Ziepens Stimme. Sie sang ein Wiegenlied, müde und eintönig. Behutsam ging Mareile vor. Da saß die Mutter zwischen den Betten der Zwillinge. Etwas Mondlicht fiel in die matten Augen und auf die spitzen Züge des Gesichtes. Ihr zu Füßen kauerte die fünfzehnjährige Lene im Hemde. Den Kopf auf die Knie der Mutter gestützt, schlief sie.

»Hündchen hat den Mann gebissen,
Hat des Bettlers Rock zerrissen –«

nahm die geduldige, freudlose Stimme wieder auf. Mareile näherte sich leise und sank dann neben ihrer Mutter nieder. »Mareiling«, sagte Frau Ziepe tonlos; sie lehnte ihr heißes, eingefallenes Gesicht an Mareiles kühle Wange und weinte.

Auch Lene erwachte. Sie verstand nicht, was vorging, warum es wie Seide rauschte, warum es süß nach Orchideen duftete, warum Goldsachen im Mondschein flimmerten, bis auch sie die Arme ausbreitete und mit dem Seufzer schlaftrunkener Kinder: »Mareiling« flüsterte.

Die Baronin streichelte sanft Mareiles schönes Gesicht und sagte freundlich: »Ja, Kind, bleib bei uns. Du gehörst zu uns.« Von dem großen Eheevangelium war hier nicht die Rede, und Mareile tat es wohl, zu schweigen. Sie wußte, hier war es Sitte, seine Not und seine Wunden rücksichtsvoll zu verdecken, um die Harmonie nicht zu stören. Der Mittsommer war eine stille Zeit. Die Jalousien an der Sonnenseite des Schlosses wurden niedergelassen. Die Zimmer lagen im Dämmerlichte wie im Schlafe, unter dem leisen Brummen der Sommerfliegen und in dem Dufte der in den Vasen welkenden Blumen. Alte Tanten aus fernen Fräuleinstiften zogen in das Schloß ein; Tante Riecke, Tante Lolo, lange Losnitzer Feldherrennasen unter den schwarzen Spitzen des Altjungfernhäubchens. Sie füllten die Räume mit ihren verschollenen Parfüms Verthiver und Esbouquet und die Abende mit ihren verschollenen Geschichten.

Das Inspektorhaus war unerträglich; voller Sonne, Fliegen, Suppengeruch. Mareile wanderte daher schon am Morgen, unter dem roten Sonnenschirm, über den Hof in das Schloß. Dort saß sie gern allein und müßig in der Bibliothek und sann, sann dem nach, was kommen mußte. Sie fühlte sich reich und müde, wie nach einer Ernte. Oh, sie hatte keine Eile! Die Erlebnisse des Lebens konnten noch ein wenig warten; jetzt wollte sie ruhen und ihre Schönheit fühlen, wie ein Rosenstock mit all seinen Knospen unbeweglich dasteht in der Mittagsonne, froh der Gewißheit des Blühens.

Günther, nervös und unruhig durch die Zimmer wandernd, blieb in der Tür des Bibliothekzimmers stehen. »Sie sitzen hier so eigentümlich«, sagte er zu Mareile. »So – so – als ob Sie bei etwas Angenehmem wachhielten, das eben eingeschlafen ist.«

»Das ist hübsch, was Sie da sagen«, meinte Mareile.

Günther schwieg und sah sie an. »Sie haben sich verändert. Die frühere Mareile – wenn ich so denke . . .«

»War die nicht gut?«

»Doch, doch! Aber solche Fräulein, die leben vor verschlossenen Türen . . . jedenfalls ergreifen Sie mich jetzt mehr.«

»Das ist doch gut?«

»Freilich, freilich! Aber jetzt geh' ich mich unter die kalte Dusche stellen«, schloß Günther. »Reiten Sie nicht mehr?« fragte er im Fortgehen.

»Jetzt nicht«, erwiderte Mareile.

»Singen Sie nicht?«

»Jetzt nicht.«

»Ach so, ich verstehe. Sie wollen noch innere Komiteesitzung abhalten. Gut – gut!«

Am Abend saß Mareile im Gartensaal ein wenig abseits von den anderen an der geöffneten Glastür. Die Julinacht war schwarz und voll von dem süßen Dufte der Sommerblumen. Unter der Lampe las Seneïde der Gesellschaft die Kreuzzeitung vor.

Hübsch, hübsch, dachte Mareile, aber als könnte nichts anderes, Besseres mehr kommen, so beruhigt. Sie erinnerte sich, wie sie schon als Kind zuweilen ein unwiderstehliches Sichempören gegen dieses abgeklärte, hübsche Herrschaftsleben empfunden hatte, das sie doch so liebte. Aber in solchen Stunden mußte sie nein sagen zu allen heiligen Regeln. Statt zur französischen Stunde zu kommen, war sie einmal in den Wald gelaufen, hatte im See gebadet. Unerhörte Dinge. Aber der verzweifelte Wagemut brannte so köstlich im Blute. Später kam dann die Stunde der Reue in Tante Seneïdes Zimmer, wo die Blätterschatten lautlos über den Fußboden flirrten. »Wollen wir beten«, sagte Tante Seneïde. Mareile und Seneïde knieten nieder, mitten unter die Blätterschatten. Seneïde betete mit ihrer klagenden, heißen Stimme. Dieses Gebet erfüllte das Kind mit wunderlicher Erregung, Andacht war es und Märchenschauer; leises Flügelrauschen glaubte es hinter sich zu vernehmen.

So siegte damals stets das Kaltiner Leben über die Empörung der kleinen Mareile. Das war vorüber! Jetzt gehörte sie nicht mehr zu diesen guten Menschen, die ihr Lebenskapitel in der Bank jenseits des Grabes anlegten.

Aber da war noch einer, dessen unruhiger Schritt zu sagen schien, daß Mareile einen Gefährten ihrer Lebensungeduld hatte. Günther ging unablässig auf und ab. Zuweilen blieb er an der Gartentür stehen und horchte hinaus, als sollte durch die Nacht etwas zu ihm kommen. »Der wartet auch noch«, dachte Mareile. – – – –

Es war zwei Uhr nachmittags, die schläfrigste Zeit des Tages im Schlosse. Die alten Damen im Wohnzimmer nickten über ihren Strickereien ein. Beate saß an der Wiege ihres Kindes und summte leise vor sich hin. Da schlug ein Ton in diese Stille, laut und süß. Mareile sang im Musiksaal. Wie ein seltsam schönes, fremdes Ereignis zogen die Töne durch die verschlafenen Räume.

Tante Lolo schreckte aus dem Schlaf auf. »Mein Gott! Was gibt's?«

»Die Mareile singt«, sagte Tante Riecke und verzog das faltige Gesicht, als hätte sie einen Tropfen zu starken, süßen Weins getrunken.

»Ah, unsere Nachtigall singt wieder«, meinte die Baronin freundlich.

»Du, Peter,« sagte Günther, »öffne die Tür und verschwinde, deine Gestalt stört jetzt.«

»Ich weiß ja«, meinte Peter.

Lange hielt es Günther jedoch nicht aus, stille dazuliegen, er mußte dem neuen Ereignisse näher sein. Er eilte in den Musiksaal, streckte sich in einem Sessel aus, schloß die Augen, hörte zu. Das war gut. Er reckte seine Glieder ordentlich vor physischem Behagen. Aber was sang sie denn? War das nicht Isoldens Liebestod? Es klang jedoch fremd. Das Dämmerige, die süße Tiefe dieser Klage, in der Lieben und Sterben geheimnisvoll und einträchtiglich beieinander wohnen, das fehlte. Diese Musik war eine scharfe, klare, fast böse Leidenschaft. »Seltsam,« dachte Günther, »wie ein nordischer See unter einer südlichen Sonne. Ja, gerade so! Was hat die Frau nur, um das so zu singen?« Er schaute sie an. Die Linien ihres Körpers bebten sachte in der Anstrengung des Gesanges. Aus dem skabiosenblauen Sommerkleide leuchtete der Nacken hervor, wie Widerschein von Gold lag es auf ihm. Ein leichter Flaum bedeckte die Arme mit winzigen Lichtstricheln. In den runden Linien dieser Arme lag so viel Irdisch-Junges, lag etwas, das zum Volk gehörte, an Arbeit denken ließ.

Mareile sang:

»Wie sie schwellen,
Mich umrauschen,
Soll ich atmen?
Soll ich lauschen?
Soll ich schlürfen,
Süß in Düften
Mich verhauchen?
In des Wonnemeeres
Wogenden Schwall?«

Günther schloß wieder die Augen. Die Musik stellte mit visionärer Farbigkeit ferne, südliche Erinnerungen vor ihn hin. Rote Felsen, blonder Meersand, das Meer ein tiefblaues Atlastuch, das rauschend steife, blanke Falten schlägt. An der sonnenwarmen Felswand, auf den Sand niedergekauert, die kleine Photini, die junge Frau des alten Maoro Petros, des Zollaufsehers von Hydra. Dort wartete sie täglich auf Günther, wenn er vom Bade kam.

Regungslos hockte sie, das Kinn auf die Knie gestützt, die Augen schmal und schwarz in die Helligkeit hinausstarrend, wie schöne Raubtieraugen, die auf Beute lauern. Wenn er dann vor ihr stand, zuckten die Wimpern. Er beugte sich nieder und nahm das ganze, sonnenwarme Figürchen in seine Arme. Photini lachte ein schrilles Möwenlachen. So trug er sie in einen Winkel, den die überhängenden Felsen zu einer schattigen Kammer machten. Die Wellen hatten große Sandpolster hineingespült, blank und gewässert, wie alte Brokate. Es roch nach Stein und Algen. Hier streckte Photini sich aus, ein mattgelber Elfenbeinleib, der glänzte, als flösse Honig statt Blut in seinen Adern, dann warf sie sich auf Günther, umschlang ihn mit den blanken Armen, den blanken Beinen, eidechsenwohlig zu Hause in der sinnlichen Glut, wie in der Sonnenglut an der Felswand. Günther entsann sich, wie er einmal in dieser wilden Umarmung seine Sinne schwinden fühlte. Eine Ohnmacht überwältigte ihn. Als er zu sich kam, sah er Photinis schmale, blanke Augen über sich, ängstlich und neugierig, dann lachte sie ein wenig spöttisch, und mit der schrillen Musik ihrer Stimme rief sie »Ptochos«, »Armer«, das klang mitleidig und fast verächtlich.

»Schlafen Sie?« fragte Mareile. Sie hatte sich auf dem Stuhle umgewandt und lächelte Günther an. »Sie sehen aus, wie jemand, der angestrengt träumt.«

»Tu ich auch«, sagte Günther. »Bei Musik träumen wir so lebhaft, wie im Fieber. Aber sagen Sie, wie singen Sie das?«

»Schlecht, ich weiß«, meinte Mareile. »Noch kann ich nicht so recht. Es kommt immer Eigenes hinein. Nun, Isolde leiht mir wohl mal ihre Musik für meine eigenen Angelegenheiten.«

»O gewiß!« stimmte Günther zu. »Sie brauchen ein Stimmungsventil. Das versteh' ich. Wenn's sich in mir so rührt, dann geh' ich zu Peter und schreie ihn an. Wunderbar haben Sie gesungen.«

Beide schwiegen einen Augenblick. Mareile schlug sinnend einige Töne an.

»Sind Sie krank?« fragte sie dann. »Sie sehen so – still aus?«

»Ja, Azedi.«

»Ist das eine Krankheit?«

»Ja, eine Klosterkrankheit. Die Nönnchen kriegen das von zu viel Heiligkeit. Ach, das ist heilbar ... Es ist so 'ne Art Katzenjammer.«

»Was tut man dagegen?«

»Starke Verzückungen werden angewandt. Ein neuer Rausch, wie immer bei Katzenjammer. Aber singen Sie noch, das ist auch so 'n neuer Rausch.«

Mareile sang:

»Du bist der,
Nach dem ich verlangte
In frostigen Winters Frist.
Dich grüßet mein Herz
Mit heiligem Grauen.«

Günther nahm seinen Traum wieder auf. Die griechische Sonne, die roten Felsen gegen den unsagbar blauen Himmel . . . aber jetzt stand Mareile in alldem. Sie schaute mit den tokaierbraunen Augen den Strand entlang und wartete auf ihn. Auf ihn! Teufel! Das wäre etwas!

»Hell wie der Tag
Taut es mir auf
Wie tönender Schall –«

sang Mareile.

Wie sie im Singen bebte, wie die Töne in ihr schwollen! Plötzlich ging Günther hinaus. Er fürchtete, wunderlich auszusehen, mit dieser neuen, großen Aufregung im Herzen.

»Da Sie wieder singen,« sagte Günther zu Mareile, »so reiten Sie wohl auch wieder.«

Mareile hatte nichts dawider. »Gut!« bestimmte Günther. »Ich reite heute mit Ihrem Vater aufs Vorwerk hinaus. Sie kommen also mit!«

Am Nachmittag saß Mareile im olivgrünen Reitkleide, den niedrigen, blanken Hut auf dem Kopfe, auf der Fuchsstute. Sie liebte das Reiten. Die Freude machte ihr Gesicht rosa und kindlich.

»Achtgeben«, mahnte Vater Ziepe. »Ein Pferd ist kein Klavier.«

Ein Gewitterregen war über das Land gegangen, jetzt schien die Sonne wieder zwischen den großen, metalligen Wolkenballen hindurch. Glatt und grün lagen die gemähten Wiesen da. Die Schwalben schossen ganz niedrig darüber hin.

»Jetzt Galopp!« rief Mareile, »ho – ho – Grane.« Günther blieb neben ihr. Die Pferde nahmen a tempo einen Graben, sausten am Pfarrgarten hin, wo Betty Ahlmeyer, jetzt Pastorin Halm, Johannisbeeren abnahm und die wie in Blut getauchten Hände gegen die Sonne hielt, um den Reitern nachzuschauen. Plötzlich ließ Mareile ihr Pferd in Schritt fallen. »Ich kann nicht mehr«, sagte sie atemlos. Günther legte seine Hand auf Granes Sattel, beugte sich vor, sah Mareile mit einer brennenden Bewunderung in das Gesicht. Er wollte etwas Besonderes sagen: »Das nenn' ich beieinander sein, was – –? Alles andere bleibt zurück, kann nicht mit. Nur wir beide.« Er sprach schnell und undeutlich vor Erregung.

Als sie im Vorwerk anlangten, stand die Sonne schon tief. Günther ritt mit Ziepe zu einer Stauwiese. Mareile setzte sich auf einen umgestürzten Schiebkarren am Feldrande. Sie fühlte sich froh. Der Ritt, und dann, aus Günthers Augen hatte sie eben etwas angeglänzt, das sie eine Weile entbehrt hatte und das doch ihre eigenste Lebenslust war.

Die Sonne ging himbeerrot zwischen violetten Wolkenstreifen unter. Dämmerung legte sich über das Land. Ein roter Mond stand dicht über dem Horizonte. Die Arbeiter gingen auf dem Fußpfade zwischen den Feldern heim. Wo ein Bursche hinter einem Mädchen herging, da folgte Mareile ihnen mit den Augen, und wenn sie hinter den Erlen verschwanden, sagte sie sich:

»Jetzt bleiben sie stehen. Jetzt langt er nach seinem Mädchen«, und sie kam sich dort auf ihrem Schiebkarren plötzlich einsam und um ihr Recht an der Sommernacht betrogen vor.

Endlich kehrte Günther zurück. »Aufs Pferd, aufs Pferd«, rief er. »Vater Ziepe reitet einen anderen Weg. Heute ist gute, preußische Sentimentalität in der Luft, nicht?«

Der Mond war höher gestiegen. Nebel lagen auf den Wiesen. Es roch nach Moor und feuchtem Laub. Die Frösche quarrten in den Tümpeln und die Rebhühner lockten im Klee. »Jetzt gehen wir wieder miteinander durch – hoio!« rief Günther. Sie trieben die Pferde an. Anfangs ging es an jungen Kiefern hin, die mit ihren Blütenbüscheln, wie mit kleinen Affenhänden, nach Mareiles Reitkleide faßten. Dann kam der Hochwald, hohe, dunkle Stämme, vom Mondlicht silbern gestreift. Alles stürzte schnell, gewaltsam, wehend vorüber – Düfte, niederrieselnder Tau, flüchtige Bilder von Lichtungen, von weidenden Rehen, von großen, lautlosen Eulen.

»Geben Sie mir Ihre Hand, dann geht's besser«, rief Günther. Sie hielten sich an den Händen; diese Hände drückten sich, als wollten sie einander danken. Auf einer kleinen Waldwiese stand Eve Mankow und weidete verbotenerweise dort ihre Kuh. Sie schützte mit der Hand die Augen gegen das Mondlicht und starrte ernst den beiden nach, die Hand in Hand, einen Augenblick hell beschienen, wie Traumgestalten an ihr vorüberrasten.

Auf der Chaussee hielt Vater Ziepe und wartete.

Im Schlafe leben wir weiter. Unsere Gefühle reifen dann, uns unbewußt. Günther erwachte am nächsten Morgen mit einer neuen, fertigen Leidenschaft. Beate schlief noch. Er blieb eine Weile vor ihr stehen und schaute sie aufmerksam an. Sie sah fast kindlich aus, wie sie da lag, die Stirn voller Löckchen, die Lippen halb geöffnet. Günther war gerührt. Dieses auserlesene Wesen hier, war sein, er konnte es am empfindlichsten treffen und verwunden. Wiederum freute er sich an seiner eigenen Rührung vor dieser Frau, der er untreu zu werden fest entschlossen war. Stand dort zwischen Beates Augenbrauen nicht eine kleine aufrechte Falte, ein feiner Strich, wie mit einem Messer in die Haut geritzt? Die mußte eine Sorge um ihn da hineingezeichnet haben; wer sonst, als er, durfte solche Zeichen in dieses königliche Buch schreiben? Nie hatte er die sanfte Klarheit dieser Frau deutlicher empfunden. Kein Begehren mischte sich bei ihrem Anblick in sein Gefühl. Der Friede, der über ihr lag, war ganz tief und rein. Ein Heiligtum, das Günther mit Bedauern zu verlassen sich anschickte.

Er ging in den Hof hinunter. Es trieb ihn, vor Mareiles Fenster eine imponierende Gutsherrentätigkeit zu entfalten. Dann ließ er Grane vorführen, um zu sehen, ob sie gut gestriegelt sei. Grane gehörte ja jetzt zu Mareile. Plötzlich war Mareile da, in ihrem gelben Morgenkleide, unter dem rosafarbenen Sonnenschirm.

»Ist Grane unser Ritt bekommen?« fragte sie. Günther hatte so intensiv an Mareile gedacht, daß ihr Erscheinen ihm selbstverständlich erschien.

»Oh! Grane ist munter«, sagte er. »Wollen Sie nicht meinem Surhab auch guten Morgen wünschen? Er ist noch im Stall. Er gehört doch auch zu uns vieren?«

»Ja, zu uns«, meinte Mareile lächelnd.

Sie gingen in den Stall. »Setzen Sie sich, bis ich Grane an die

Kette lege«, sagte Günther. Eine starke Erregung bedrückte seine Stimme; er sprach, als wäre er gelaufen. »Hier ist's hübsch, nicht? Ich habe es mir hier gemütlich gemacht. Für manche Stimmungen ist dieses hier ein Kapitalort. Hier ist Andacht, finden Sie nicht? Warten Sie! Sprechen Sie nicht. Seien wir stille, damit Sie fühlen, was ich meine. Surhab schaut Sie an, er kennt Sie natürlich.«

Sie saßen auf rotlackierten Stühlen. Rundbogenfenster füllten den Raum mit ruhiger, weißer Helligkeit. Es roch nach Heu und Riemenzeug. Die Pferde atmeten einen feinen Dampf aus, der die Luft erwärmte. Ab und zu klirrte eine Kette, oder ein Huf schlug auf den Boden, und jeder Ton ließ über die blanken Flanken der Tiere ein Zittern hinlaufen.

Günther sah Mareile unverwandt an. »Fühlen Sie's?« Mareile nickte. »Es ist,« fuhr Günther fort, »es ist das Rasseblut, das hier niedergehalten wird. Verstehen Sie das? Ruhig, hübsch, einförmig, still muß es hier sein. Das wilde Blut und die feinen Nerven müssen eingeschläfert werden. Sehen Sie Surhab. Er schaut geduldig aus, so, als leide er; verachtungsvoll ruhig, nicht? Er weiß, er darf sich hier nicht ausgeben, weil, weil . . .« Günther suchte nach Worten, er wußte in seiner Aufregung nicht mehr recht, was er sprach. »Nun eben, weil er ein Rassepferd ist«, ergänzte Mareile und lachte . . . »weil er nicht auf die Weide gehen darf, wie die anderen, und nicht arbeiten.«

Günther schlug sich mit der Hand auf das Knie. »Das ist's, natürlich! Lebenslust aufspeichern, sich nicht ausgeben dürfen. Na, wenn die weißen, stillen Schlösser nicht wären und die weißen, strengen Damen und so – diese Luft – die auch weiß und still ist – Teufel – man würde sterben vor – vor Lebensverschwendung.«

Mareile schlug vor Günthers blankem, begehrendem Blick die Augen nieder, aber sie fühlte diesen Blick über sich hinstreichen, über ihre Stirn, ihre Augen, ihre Lippen. »Sollte es sein?« dachte sie. Günthers Stimme wurde gedämpft, klagend. »Aber die geduldigen Rassetiere haben auch ihre Stunden, in denen sie frei kommen. Da wird verschwendet, was aufgespart war. So bei Mondschein über die Wiese jagen, was? Nicht schlecht! Da vergessen sie alles. Wenn sie wieder in den Stall kommen, dann ist ihnen die Krippe und das Heubündel fremd. Sie scheuen und steilen wie toll. Ja, das gibt's schon.« Er beugte sich vor, um Mareile gierig in die Augen zu sehen. Das war jener wunderliche, fast feindliche Blick, den sie in Männeraugen kannte. Sie wurde ein wenig bleich. »Wenn es wäre!« dachte sie. Sofort erfüllte sie ein starkes, inneres Frohlocken. Es war ihr, als habe sie etwas erlangt, nach dem sie lange, lange, bis in die Kinderzeit hinein, gehungert hatte, damals, als sie am Ende der Ferien, wenn Günther fortreiste, sich in die finsteren Winkel des Hauses versteckte, um zu heulen, weil sie keine Baronesse war und nicht, wie Beate, Günther heiraten sollte. »Wenn es wäre«, dachte sie immer wieder. Günther sprach weiter. »Ja, Sie, Mareile, Sie können sich auch nicht gleich in den Gartensaal und die Kreuzzeitung finden, wenn wir von Mondschein und der Wiese kommen. Nicht wahr?« »Ich!« Mareile wollte scherzen, aber ihre Stimme hatte den fliegenden Atem des schnell schlagenden Herzens. »Ich! Ich bin kein Rassepferd. Ich habe doch keine vornehmen, resignierten Augen. Nein, ich habe freie Weide, Gott sei Dank!« –

»Sagen Sie, Mareile. Ist wirklich noch was vom Landmädchen in Ihnen, so von freier Weide, wie Sie sagen?«

Mareile errötete. »Oh, gewiß. Ich kann arbeiten, und ich spare, und flaches Land hab' ich nötig, um hinüberzusehen.«

»Und doch ist was Fremdes in Ihnen«, meinte Günther sinnend.

Mareile erhob sich. »Gehen wir. Die Luft hier, diese Rasseluft ist beklommen.«

Sie standen noch einen Augenblick und plauderten ruhig und unbefangen. »Sehen Sie die alte Fuchsstute dort,« bemerkte Günther, »die hat ihr Blut untergekriegt. Sehen Sie *den* Blick. Wie Tante Lolo, wenn sie die Kreuzzeitung liest.«

Mareile ging zur Heide hinab. Sie mußte nachdenken. Es lag sich gut auf dem Heidekraut mitten in dem Blinzeln und Schnurren der Mittagstunde.

Mareile verstand sich auf die Männer. Sie wußte, was jetzt in Günther vorging. Und hatte es nicht so kommen müssen? Sie fühlte wieder in sich etwas wie den Triumph des kleinen, neidischen Mädchens von früher, das vor Beate auch mal etwas voraus haben wollte. Sie streckte sich wohlig. Schon das Gefühl, daß, wie das Evangelium sagt, wieder einmal »eine Kraft von ihr ausgegangen« war, machte sie froh. Liebte Günther sie, gut, dann wollte sie diese Liebe genießen. Sie war stark genug, um ihn und sich selbst in Zaum zu halten. Aber Liebe ist schön, sie sollte dauern dürfen.

Oh! Sie würde schon dafür sorgen, daß daraus nicht etwas Häßliches würde. Das sollte eine Liebe werden von Mareiles eigenster Erfindung, wie die Cibò-Rosen. So! Damit war sie im reinen. Sie wühlte die Füße tiefer in die Halme, die ihr durch die seidenen Strümpfe stachen. Angenehm war es, klug, stark und schön zu sein! Sie schloß die Augen. Das Blut pochte heiß und unruhig in ihren Adern, als wollte es sie mit einer heimlichen, frohen Botschaft wecken. Mareile griff mit beiden Händen in das Heidekraut, um sich fester an die Erde, an all das Warme, Summende, Wachsende, Zeugende zu drücken. Fern am Rande der Heide lag das Feld, eine goldene Vision. Der Duft reifer Ähren wehte herüber. Dort wurde gearbeitet. Mareile mußte die Mittagzeit verträumt haben.

Die Prassawitz' aus Kastrow und der General Lassow waren zum Diner geblieben. Die Herren standen in der Gartentür, steckten die Köpfe zusammen und hörten einer Geschichte des Generals zu, die nicht für Damen war. Die Damen saßen um den runden Tisch und unterhielten sich ein wenig lässig. Den Kastrowschen Mädchen, mit den weiß und roten Pastellgesichtern, wurde es schwül in ihren enggeschnürten, weißen Besuchskleidern. Mareiles Erscheinen belebte die Gesellschaft, als läge in dem Orchideenduft, den sie verbreitete, etwas, das erregt und zu Kopf steigt. Der lange Prassawitz strich sich über seinen blonden Kaiser-Friedrich-Bart, ging auf Mareile zu und wich nicht von ihrer Seite, dabei lächelte er so einfältig entzückt, wie man, nach Günthers Behauptung, in Damengesellschaft nicht lächeln darf. Nach dem Diner setzten die Herren sich zum Whist, die jungen Damen spielten Chopinsche Walzer vor.

Mareile trat auf die Gartentreppe hinaus, sie erstickte da drinnen. Die Nacht war schwarz und lau. Ein leichtes Wehen brachte den Hauch nebeliger Wiesen, großer, tauiger Flächen herüber. Mareile schritt langsam auf und ab. Sie hätte weinen können, so stark war ihr Empfinden. Unten vom Parkteich tönte der einsame Ruf eines Wasservogels herauf. Dieser Ton nahm für Mareile Bedeutung an. Er wurde zur Melodie ihrer Seele. In die schwüle, duftschwere Finsternis immer den einen Ton hineinrufen, mit dem ganzen Verlangen, das sich in der Nachtstille hervorwagt. Mareile blieb stehen, streckte ihre Arme in die Dunkelheit hinein. Sie fühlte es, Günthers Seele war bei ihr, es war, als stände er neben ihr, schnell und heiß atmend, als striche sein Verlangen wie eine warme Hand über ihren Körper. Der Mond stieg über den Parkbäumen auf und warf die Schatten tintenschwarz auf die Terrasse. »Warum kam Günther nicht?« dachte Mareile. Sie stieg die Treppe hinunter. Ein Beet voller Hyacintha candida lag da, sehr weiß in all den Schatten. Sie hörte Schritte auf dem Kies. Das war Günther, sie wußte es. Sie ging bis zu den Hyacintha candida; dort wartete sie.

»Warum gehen Sie allein fort?« sagte Günther. »Sind Sie traurig?«

»Muß ich lustig sein?« erwiderte Mareile. »Eine einsame Frau, die ihr Leben neu aufzubauen hat.«

»Unsinn«, sagte Günther, und das klang gedrückt, zerstreut, als dächte er nicht an das, was er sagte. »Das klingt ja nach Literatur. Weiß Gott! Mir ist nicht nach Literatur zumute. Da drinnen halt' ich's nicht aus. Die Mama übernahm meine Partie. Ihr Leben, Mareile? Toll geliebt werden müssen Sie, das ist's.« Er stieß das heftig hervor. Die Spannung in seinen Zügen löste sich in ein Lächeln. Das war es, was er gedankenvoll hergetragen, nun warf er es heraus, Mareile sah es seinen Händen an, wie er es ihr hinwarf. »Sie müssen toll geliebt werden. Da!«

Sie nickte freundlich. Wo diese Frau einer Männerleidenschaft begegnete, da fühlte sie festen Boden unter den Füßen. »Ja, das wäre gut«, sagte sie einfach.

»Ach was! Quälen Sie mich nicht, Mareile«, brachte Günther ungeduldig heraus. »Natürlich quälen Sie mich. Sie müssen's doch wissen, daß ich Sie toll liebe. So was sieht man doch, fühlt man doch.«

Mareile streckte die Arme aus, um beide Hände in die weißen Blumen zu stecken. »Wer sagt es Ihnen, daß ich das nicht gewußt?«

»Mein Gott, Mareile, und dann konnten Sie mich so neben sich hergehen lassen – wie – wie – einen Kranken? Aber das ist jetzt gleich. Sagen Sie – nein – hören Sie lieber – also meine Liebe ... Gott, wie ruhig Sie sind!«

»Wenn ich Sie quäle, muß ich wohl gehen«, versetzte Mareile, die Hände noch immer über die Blumen, wie über ein weißes Feuer haltend.

»Gehen?« wiederholte Günther. »Gehen – jetzt? Das wäre eine schlechte Tat – verstehen Sie das nicht – Mädchen – Frau!«

»Ja – wenn es wird, wie ich will, dann – dann – kann ich bleiben«, meinte Mareile. Ein triumphierendes Gefühl beseelte sie. Sie glaubte auf einer gefährlichen Höhe zu stehen, auf der nur sie zu stehen vermochte. »Ich will eine Liebe, die niemandem etwas stiehlt, verstehen Sie? Eine Liebe, die nur Sie und ich haben. Das dürfen wir. Sie – in Ihrer Gesellschaft sind ja stark – Sie können ja kehrtmachen. Und ich, ich bin auch stark, wie man im Volke stark ist. Das kann dann schön sein.«

»Ich weiß nicht, was das ist«, sagte Günther leise und verwirrt. »Was Sie wollen. So was gibt's wohl nicht. Aber das ist ja egal. Sagen Sie ganz einfach, daß Sie mich liebhaben. Können Sie das?«

Mareile zog ihre Hände von den Blumen zurück und gab sie Günther, kühl und taufeucht. Ihr Gesicht war froh und ruhig, wie das Gesicht eines Menschen, der Heimatluft atmet. »Ja – ja – das kann ich«, sagte sie. »Ich liebe Sie, Günther.«

Günther seufzte tief auf. »Ah – so – ja – dann ist's gut.« Eine friedliche Schlaffheit kam über ihn, wie sie am Ende einer Angst, einer Spannung zu stehen pflegt. »Also dann – gute Nacht – Mareile.« Er freute sich auf den ruhigen Schlaf der Nacht.

Günther, bleich und müde, hielt es im lavendelfarbenen Wohnzimmer bei den guten, beruhigten Menschen nicht lange aus. Dort bedauerte Beate ihn und sah ihn aus hellen Augen freundlich an. Man sprach von der Ernte. Tante Lolo erzählte von längst vergangenen Ernten auf alten Familiengütern. Das Kind wurde gebracht, der kleine Went. Günther ließ ihn auf dem Knie reiten. »Vater und Sohn«, sagte Tante Lolo gefühlvoll; und bei all dem dachte Günther doch immer nur: »Wo ist Mareile? Wo ist Mareile?« Er stand auf, ging eilig fort, als riefe ihn ein dringendes Geschäft.

Mareile jedoch erschien erst am Abend im Schlosse. Wenn die anderen im Gartensaal saßen, ging sie draußen auf der Gartentreppe auf und ab. Sie versuchte es, mit ihrem Willen Günther vom Whisttisch herauszuziehen. Wenn man sich liebt, muß solch ein »Komm, komm« doch zwingen. Die Nacht war sehr schwarz. Ab und zu leuchtete ein Wetter auf und zeigte eine blaue Glaswelt. »Mareile«, rief Günther in die Dunkelheit hinein.

»Fühlten Sie, daß ich Sie zog?« fragte Mareile.

»Oh – ! Gewiß!« Dann lachten sie beide halblaut. »Was haben Sie den Tag über gemacht?« fragte Günther. »Ach! Nicht viel!« Sie sprachen über kleine, alltägliche Dinge, aber die Worte glichen einem sanften Halten der Hände. Oder sie lehnten am Gitter der Veranda und versuchten es, den Duft der Blumen zu unterscheiden. »Die Reseden spür' ich, die sind immer am unverschämtesten.«

»Jetzt kommt solch ein schwerer – schwüler Duft, was ist das?« – »Die Tuberosen.« – »Jetzt riech' ich den Duft des Geißblatts – süß – süß.« »Ich mag ihn nicht, er riecht nach Liebe von Pfarrerstöchtern.« Bald jedoch wurde Günther verzagt, fast feindselig. »Ich sehe Sie nicht, Mareile. Gehört das zu der neuen, dummen Liebe, die Sie sich ausgedacht haben? Was ist das für eine Liebe!«

»Sie vergessen, lieber Freund, daß Sie hier nicht eine Schuld eintreiben, sondern ein Geschenk nehmen.«

»Ja – ja – aber – weiß der Teufel!« sagte Günther kummervoll. »Ich glaube, Sie sind nicht freigebig. Ich bin wohl nur so 'ne Vorübung des Herzens. Sie sparen für einen, der kommen soll. Ist das nicht so? Denn sehen Sie, wenn man liebt – Teufel noch eins! Da kommt's nicht darauf an, ob daraus was Trauriges oder Heiteres, was Hübsches oder was Häßliches, was Gesegnetes oder Verfluchtes wird.«

»Nein, nein,« meinte Mareile, »verderben Sie mir meine Liebe nicht. Es ist doch gut, sich immer wieder zu sagen, daß wir uns lieben? Wie wir lieben? Immer, immer über die Seele des anderen gebeugt, diese Liebe zu fühlen? So führen wir ein Leben abseits, miteinander, allein für uns.«

Günther lachte grimmig. »Das müssen Sie von Tante Seneïde gelernt haben. Gut, wenn ich Tag und Nacht still liegen dürfte und Sie säßen neben mir und wiederholten immer wie ein Wiegenlied: ›Günther, ich liebe dich! Günther, ich liebe dich!‹ na, dann würde ich vielleicht verstehen, was Sie meinen – so – so – – die Liebe als Morphium.«

»Aber das tu ich«, sagte Mareile eindringlich. »Das ›Ich liebe dich‹ spreche ich Tag und Nacht. Hören Sie es denn nicht?«

Drinnen, im Gartensaal, wurde zur Abendandacht gerufen. An der Tür standen schon die Mägde mit erhitzten Backen, die Stirnlöckchen voller Lindenblüten, die Kleider verschoben und voller Geißblattduft und Tau. Tante Seneïde las die Andacht, dann wünschte man sich freundlich »Gute Nacht«. Ein jedes stellte sein

Leben, eine wohlgeordnete, reinliche Sache, für die Nacht beiseite, sicher, es den nächsten Morgen unverändert, reinlich und nett, wieder hervorholen zu können.

In dem engen Bette der Ziepeschen Logierstube verbrachte Mareile jetzt seltsam erregte Nächte, voll wacher Träume. Die nackten Arme unter dem Kopf verschränkt, starrte sie mit weit offenen Augen vor sich hin. Das Fensterkreuz schnitt den Himmel in enge Vierecke voll schwarzer Nacht oder voller Sterne, oder es ging ein Regen nieder, eine erfrischende, tröstende Musik. Und Mareiles Gedanken, ihr Fühlen nahmen eine köstliche Eintönigkeit an. Immer wieder das feste An-*ihn*-Gebunden-sein, und jeder Nerv ihres Körpers nahm an diesem Gedanken Anteil. »Er und ich. Er und ich.« Sie spürte es, wie er dort drüben im Schloß nach ihr verlangte, wie sie in das Blut des geliebten Mannes ihre Wärme goß. »Er und ich.« Schön waren diese schlaflosen Nächte mit ihrem einen Gedanken. Wenn die Fensterscheiben endlich im Morgenlichte weiß wurden und im Hof unten die Stalltüren knarrten, dann wandte Mareile ihr Gesicht traurig der Wand zu. Sie war mit ihrem einen Gedanken noch lange nicht fertig.

»Die gnädige Frau ist zum See 'runter«, meldete Peter. »Sah sehr gut aus.« Das war jetzt Peters Geschäft. Er mußte stets wissen, was Mareile tat, um es Günther zu melden.

Mareile war heute früher als sonst zum See hinuntergegangen, um zu baden. Der See war voller Sonnenschein. Der nächtige Regen hatte das Wasser ein wenig getrübt, es grau und undurchsichtig, wie Seide, gemacht. Mareile stand im Wasser, ließ sich von ihm heben und wiegen. Ringsum zitterte das Licht. In den blanken Schilfinseln schnatterten die Enten. Wie das Leben all dies trug und wärmte! Man hat nichts dazu zu tun – nehmen – genießen – immer nur dem dunkeln, geliebten Gesetze des Lebens nachgehen. Das machte Mareile heute still und froh. Regungslos im Wasser stehend, fühlte sie, wie der See sich an ihren heißen Körper schmiegte, mit kleinen, grünen Wellen nach ihren Brüsten griff, als verlange auch er nach ihr.

Als Mareile später den Ellernbruch entlang nach Hause ging, fand sie Günther dort stehen und warten. In seinem dunkelblauen Radfahreranzug, einen Strohhut auf dem Kopfe, sah er heute besonders jung aus. »Wie ein hübscher, böser Junge«, dachte Mareile.

»Ich warte hier auf Sie«, rief er ihr zu.

»Das ist hübsch«, sagte Mareile. Günther ging neben ihr her. »Hübsch!« wiederholte er, »ich dachte, Sie vermeiden mich am Tage. Sie haben mich auf Abendration gesetzt.« Mareile hörte wohl den Groll heraus, der in Günthers Stimme kochte. »Ja, aber heute kommen Sie mir recht«, sagte sie einfach.

»Recht oder nicht«, meinte Günther. »Ich kam, um Ihnen zu – sagen; ja – so geht es nicht. Ich halte es nicht aus, nur so – so – 'n Turnreck für Ihr Herz zu sein – für – für Ihre Kunst zu lieben – was weiß ich. Das ist alles verteufelt dummes Zeug.« Wirklicher Zorn lag jetzt in seinen Samtaugen. Mareile wurde ein wenig bleich; ruhig sagte sie: »Ja, dann ist es wohl aus.«

»Aus!« Günther lachte böse. »Sprechen Sie doch keine Gemeinheiten. Wie kann es aus sein? Man muß doch wissen, was man ist. Irgendwelche Schloßideen sind Ihnen angeflogen. Sie sind nun mal keine weiße, tugendhafte Frau. Sie sind Mareile, Sie zahlen bar. Aber plötzlich wollen Sie so 'n Gemisch von Mareile und Fürstin Elise und Tante Seneïde sein. Das ist unmoralisch. Wollen Sie was von mir? Gut – was wollen – Sie? Ich tu alles.«

Mareile senkte den Kopf und hörte schweigend zu. Wie Peitschenhiebe traf sie die Brutalität von Günthers Worten. Dennoch wünschte sie, er solle weiter sprechen. Die gewaltsamen Worte taten ihr wohl, schnürten ihr die Kehle zusammen, ließen ihr das Blut heiß in die Schläfen steigen.

»Warum sagen Sie nichts?« fragte Günther ein wenig kleinlaut. »Jetzt hab' ich Sie natürlich beleidigt? Sie fürchten sich vor mir.«

Mareile sah auf. Sie war selbst erstaunt über den ruhig überlegten Ton, mit dem sie sagte:

»O nein! Ich fürchte mich nicht.«

»Wollen Sie mit mir heute reiten?« Günther beugte den Kopf, um Mareile unter den Hut zu sehen. »Sie wollen nicht? Sehen Sie ...«

»Doch, warum nicht?« erwiderte Mareile und lächelte; sie zwang sich zu diesem Lächeln, denn ihre schöne Sicherheit war fort. Günther aber triumphierte. Er schwenkte seinen Hut, rief: »Haio! Dann ist ja alles gut!«

Um drei Uhr ritten sie aus. Die Sonne stach durch leichte, graue Wolken. Es war windstill und schwül. Unter den Hufen der Pferde erhoben sich Staubwolken. Grane, von Fliegen belästigt, war unruhig, Mareile mußte achtgeben. Günther gab ihr kurze Verhaltungsmaßregeln: »Wenn sie ausfällt, die Peitsche.« – »Gut im Zügel halten.« Mareile war niedergeschlagen. Alles schien ihr bedrückend und feindlich: der heiße Staub, die großen Schnaken, das Schrillen der Feldgrillen. Sie wollte hübsche Gedanken denken, aber diese ließen sich nicht rufen. Eines nur lebte in ihr, niedrig, staubig, wie die Wegwarte am Feldrain, eines nur, ein freudloses, bohrendes, dumpfes Verlangen, von Günther genommen zu werden – nur das ... Sie schaute zu Günther hinüber. Sein Gesicht trug einen müden, gequälten Ausdruck. »Wir sind alle traurig,« dachte Mareile, »der Wald und Günther und Grane und ich.«

Als sie einen Abhang hinabritten, spürten sie den kühlen Hauch des nahen Sees. Da lag er vor ihnen, schwarz und regungslos, eine stumme Trauer.

»Steigen wir hier ab?« fragte Günther.

»Wie Sie wollen«, erwiderte Mareile. Es lag ein demütiges Gehorchen in ihrem Ton, so daß Günther erstaunt aufblickte. Er half ihr vom Pferde, band die Tiere an einen Baum. Mareile starrte währenddessen gedankenlos auf den See, sah einer schwarzen Taucherente zu, die langsam, wie ein kleines, einsames Fahrzeug über das Wasser schiffte. Plötzlich stieß der Vogel seinen Ruf aus, so schrill und angstvoll, daß Mareile erschrocken fragte: »Was hat er?«

Günther stand neben ihr, sehr bleich, mit unruhig flimmernden Augen.

»Mareile,« begann er leise, kummervoll, »wir können nicht mehr.« Sie stand vor ihm, die Arme hingen schlaff an ihr nieder. Sie verstand ihn wohl! Sie wiederholte: »Nein, wir können nicht.« Da nahm Günther sie in seine Arme ...

Die Sonne schien schon schräg durch die Zweige, als Günther und Mareile noch am See beisammen waren. Er lehnte den Rücken gegen eine Tanne und rauchte eine Zigarette; sie lag in dem Moos und starrte zu den Baumwipfeln auf. »Also heruntergeholt!« sagte sie klagend vor sich hin, »jetzt ist sie so 'n gewöhnliches Ding wie – wie – wir's überall finden – in allen Gesindestuben.« Ungeduldig warf Günther die Zigarette fort und nahm Mareiles Hände, die schwer und heiß in den seinen lagen. »Sprichst du von unserer Liebe? Na, das verbitte ich mir. Erstens gleicht eine Liebe nie irgendeiner anderen Liebe. Und dann unsere! So was hat es noch nie gegeben; die ist einzig.«

»Ja, du bist jetzt der Herr«, erwiderte Mareile. »Was du aus ihr machst, das wird sie sein.«

»Froh sein, Schatz«, mahnte Günther. Auf seinem Gesicht glänzte wieder zuversichtliche, eigensinnige Lebensfreude. »Wir müssen an unsere Feste glauben, wenn wir sie feiern wollen. Gott! Wir wollen unsere Liebe schon herausputzen. Mit allem Schönen wollen wir sie füttern, nicht? Wir, zwei solche Prachtmenschen; kluge Köpfe mit Rosen umwunden; na, das soll eine Liebe werden!«

Mareile lächelte, lehnte ihren Kopf an Günthers Schulter und weinte. Er ließ sie weinen. Erst wenn ein Weib um seinetwillen geweint hatte, fühlte er es ganz als sein Eigentum. Rote Abendlichter hingen in den Zweigen. Lange Züge von Wildenten schwirrten pfeifend über den See. Am jenseitigen Ufer standen äsende Rehe, feine, rote Figürchen am schwarzen Wasser.

»Wir müssen heim,« sagte Günther, »die anderen warten.«

Mareile fuhr auf. »Die anderen, die sind auch alle noch da – das Diner – und die Tanten – und und . . .«

»Da sind sie,« tröstete Günther, »aber weißt du, nur so ganz verschwommen. Wirklich sind eigentlich – nur du und ich.«

Am Ende des Lantinschen Parkes, dort, wo der Wildpark anfing, lag auf einer kleinen Insel des Teiches ein Pavillon, mit geschweiftem, chinesischem Dache. Die Leute nannten ihn die Türkenbude und erzählten sich seltsame Geschichten, die in alten Zeiten die Türkenbude mit angesehen haben sollte. Jetzt war der Raum verwahrlost. Die chinesische Tapete hing in Fetzen von den Wänden, Fledermäuse schliefen hinter ihr ihren Tagesschlaf, die rosa Vorhänge waren verschossen, die Couchette und die Sessel mit den goldenen Beinchen wackelten. In einer Vitrine schliefen staubige Bücher und Vögel aus kleinen Muscheln geformt. Ein roher Küchentisch stand mitten unter den altersschwachen Sachen. An der Wand hing ein Pastellbild, der Kopf einer blonden Frau. Der untere Teil des Gesichtes war fortgewischt, aber an den harten, grellblauen Augen sah man noch, daß der Mund gelächelt hatte. Diesen

Ort hatte Günther für seine Zusammenkünfte mit Mareile gewählt. Die Mittagstunde, wenn es auf den Feldern und Wegen still wird, war ihre Liebesstunde.

Günther lag auf der Couchette, rauchte und wartete. Das Fenster zum Walde hin stand offen. Das Hämmern eines Spechtes, der Wachtruf eines Hähers, das Schnalzen der Fische im Teich klangen herein. Ein Lufthauch trug den Duft des Mooses, der Schwämme und Heidelbeeren ins Zimmer. Günther streckte sich. Oh! Die köstliche Luft seiner Liebesstunde! Neben ihm stand eine Flasche und ein venezianisches Glas. Es war griechischer Wein, jener Santoriner vino santo, der ihn an Photini und die Liebesstunden auf Hydra erinnerte. Frau Kuhlmann, die alte Kastellanin, froh, wieder die Hüterin eines herrschaftlichen Geheimnisses zu sein, hatte eine weiße Salatschüssel voller Zentifolien auf den Tisch gestellt.

Günther dachte immer wieder: Mareile – Mareile – Mareile! Seltsam kühn sind doch die Weiber! Mareile, die Musterfrau der Fürstin Elise, Mareile, die eben noch in Reih und Glied mit Beate, Seneïde marschierte, sie ließ plötzlich alles fallen, so mit einem Ruck, wie sie es liebte, ihre Kleider an sich niedergleiten zu lassen, um in ihrer schönen Nacktheit ihm zu gehören. Teufel auch! – Aber er wurde ungeduldig. Das Warten verlor seine Feierlichkeit. Kleinliche, unangenehme Gedanken kamen: an Verheimlichen, Verstecken, die ganze unreinliche Buchführung einer solchen Liebe.

Endlich knirschte der Kies unter dem Fenster; die Türklinke ließ ihr alterschwaches Knarren vernehmen und Mareile war da. Mit ihr durch die Tür kam ein wenig von dem hellen Widerschein des Wassers in das Zimmer und flirrte an den Tapeten hin. Günther blieb regungslos liegen. Die starke Spannung seines Wesens löste sich in glückliche Wunschlosigkeit. Nun war alles gut! Mareile schloß sorgsam die Tür, zog die Vorhänge vor das Fenster. Dann stand sie da, streifte die langen Handschuhe von den Armen und sah Günther an. Ein Lächeln stieg von ihren Lippen in ihre Augen hinauf. Sie trug ein Kleid von gelbrotem, spanischem Musselin, die milde Farbe trockener Rosenblätter. Ein orientalischer Gürtel aus bunten Metallfäden hielt es zusammen. Auf dem Kopfe saß der geschweifte Sommerhut aus blankem, gelbem Stroh wie ein Riesenchrysanthemum. Günther wollte etwas sagen, Mareile jedoch legte ihren Finger auf ihre Lippen und machte »Sst«. Sie löste die Schnalle ihres Gürtels, der mit hellem Klirren zur Erde fiel; dann rauschten die Kleider, indem sie niederglitten – ein seidiges – leises Rauschen. Einen Augenblick stand Mareile still, hob die Arme empor, als täte die Nacktheit ihr wohl, dann ging sie zu Günther hinüber, beugte sich auf ihn nieder, drückte ihren Mund auf seine Lippen, wie ein heißes Siegel, und Günther, bleich vor Erregung, schloß die Augen, lag da, begraben unter diesem warmen, fiebernden Frauenleibe.

Und welch ein Glück war es, nach solch einer Liebesstunde dazuliegen, satt und müde, und zuzusehen, wie Mareile durch die Rosadämmerung des Raumes hin und her ging, den Vorhang ein wenig von dem Fenster zog, um das schwere, goldene Nachmittagslicht hereinzulassen.

»Ihr Frauen,« sagte Günther, »Ihr seid nicht auszudenken.«

»Ihr Frauen!« wiederholte Mareile, »das gibt's nicht. Jede Frau ist für sich da und kommt so nicht wieder. Wie die Wolken, weißt du. Eine Wolke ist auch nur so für den da, der sie gerade sieht. Also, wozu nachdenken!« Sie lächelte dabei, die Arme hoch in den Sonnenschein emporhebend.

»Ja, ja,« meinte Günther behaglich, »über sich hingehen lassen, eine Welle, eine blanke, warme Welle«, wiederholte er und ließ die Worte klingen.

Mareile streckte sich jetzt in dem alten Sessel mit den goldenen Beinen aus. Die Füße legte sie auf den verblichenen roten Schemel. Günther liebte diese schmalen Füßchen mit den geschweiften Sohlen; sie waren lebendig und ausdrucksvoll, wie Füße der Dorfkinder, die, an Freiheit gewohnt, mit den langen Zehen geschickt nach den Kieseln im Bache fassen. Um die Fußgelenke und um die Arme trug Mareile glatte, goldene Reife. Günther hatte sie ihr gegeben. Auf jedem Reif stand der Vers des hohen Liedes: »Du bist schön, meine Freundin.« Mareile legte ihre Hand in die Zentifolien der weißen Schale und schloß die Augen. Das war der Augenblick, in dem Günther, von seinem Ruhebette aus, Fragen zu Mareile hinüberzuwerfen liebte, wunderlich unumwundene Fragen. Es ergötzte ihn, rücksichtslos in diese Frauenseele hineinzufassen.

»Sag', Schatz, wenn du jetzt an das Schloß denkst, an Seneïde, an die Tanten, an die Lampe im Gartensaal, wie siehst du das?«

»Ich sehe sie – sehr – sehr weit. Wie durch ein umgekehrtes Opernglas, ganz klein, ganz unwirklich.«

»Nun, und Vater Ziepe, die Inspektorsstube?«

»Oh, die sind deutlicher, näher.«

»Wirklich?«

»Ja – seit einiger Zeit sind sie näher als – als das Schloß.«

»Hm –«

Mareile lächelte ihren Gedanken zu:

»So muß es doch sein, Liebster, nicht? Wir, du und ich, wir haben unser Leben zusammengetan, *eine* Kasse. Und nun ist es stark und spricht ganz laut. Wir haben nur seine Stimme in den Ohren, verstehst du? Alles andere ist klein, unecht. Es gibt doch so alte Bilder: Ganz vorne steht ein Mensch, oder es stehen zwei beisammen, groß, farbig, ganz deutlich. Die leben; und hinter ihnen stehen Häuser und Bäume, und Menschen gehen über Brücken oder reiten auf Wegen, aber ganz klein, ganz bunt, eine Spielzeugwelt, unwirklich. Siehst du, so.«

Günther lachte. »Gut, gut! Du und ich, sonst nichts.« Er wiegte sich in diesen Worten: »Du und ich.«

»Ja, ja, du und ich«, wiederholte Mareile mit der verträumten Musik ihrer Stimme. Dann schwiegen sie. Große Hummeln sangen am Fenster vorüber. Die Sonnenstrahlen schienen rötlich und schräg in das Zimmer, und die großen, roten Kugeln der Zentifolien in der weißen Salatschüssel füllten welkend den Raum mit ihrem süßen Duft.

»Und Hans Berkow, kommt er noch zuweilen in deine Gedanken?« fragte Günther Mareile, als er eines Tages wieder auf dem Ruhebette lag und Mareile im Sessel vor der Schüssel voller Zentifolien saß. Er sah unter den halb geschlossenen Lidern zu ihr hinüber und wartete, wie diese Frage auf das ruhige Bild ihm gegenüber wirken würde.

»Oh, den – den sehe ich nicht mehr«, erwiderte Mareile träge.

»Aber du sahst ihn doch früher – ganz groß – im Vordergrunde«, meinte Günther.

»Groß!« wiederholte Mareile nachdenklich. »Nein, der war immer schattenhaft, unwirklich.«

»Und doch«, warf Günther ein.

Mareile zuckte die Achseln. »Mein Gott, ja! Er machte euch anderen Opposition, das gefiel mir damals. Und dann, eure Erziehung – dort, – die macht den Körper dumm. Er weiß ja nicht, was er wollen soll ... und so.« Mareile nahm eine Rose aus der Schüssel und spielte mit ihr wie mit einem roten Ball. »Hans Berkow«, fuhr sie sinnend fort, »verstand gut alles, was an mir zu sehen war. Wunderschön fühlte man sich, wenn er einen ansah.«

»Und dann?« drängte Günther.

»Dann – dann? Ja, er hatte diesen Schönheitsappetit; aber sich selber schön machen, sich für mich ein wenig Mühe geben, das konnte er nicht, ebensowenig, wie er seinem Pudding gefallen wollte. Er wollte so 'n Raffinierter sein, aber ich weiß nicht, es klebte an ihm doch etwas von ärmlichen Bierstuben mit Papierservietten und unreinlichen Kellnerinnen.«

»Und dann?« forschte Günther.

Mareile lächelte mitleidig einem fernen Bilde zu. »In Venedig war's. Ein grauer Morgen. Alles grau, der Himmel und das Wasser. Ich stand am Fenster und schaute hinaus. Mir war zumute wie als Kind, wenn Beate und die anderen ausgefahren waren und ich war nicht mitgenommen worden. Da rief Hans aus dem Nebenzimmer: ›Mareile, Mareile.‹ Du weißt, er schnarrt das r so häßlich. Das klang wie: ›Her – her zu mir – meine Sache – meine Speise – mein Imbiß – ich habe Appetit.‹ Da wußte ich es, daß ich ihn nicht mehr ertragen würde.« Sie begann, langsam die Rose, mit der sie spielte, zu zerpflücken. Wie Blut rannen die roten Blätter über ihre Finger in ihren Schoß. »Der arme Hans! Gott, wie wurde er häßlich! Hungrige können so häßlich sein. Aber das ist vorüber.« Sie stand auf. Die Rosenblätter regneten von ihrem Schoß an ihren Gliedern nieder. Sie setzte sich zu Günther, strich mit der Hand über seine Brust, ließ sie auf seinem Herzen ruhen. »Sprich du jetzt«, sagte sie.

»Von dir«, murmelte Günther wie im Traum. »Von dir könnte ich eine Ewigkeit sprechen. Dich fühle ich ganz ... Betty Halm, die ist ein Hauskleid – und Beate ist ein Sonntagskleid – du bist anders – ihr – dein Geschlecht – seid kostbare Träume – kostbar und vergänglich; nur für Festtage da – für heiße Stunden ganz voller Licht – für die Dämmerstunden sind die anderen da, die stillen, weißen Frauen ... aber ihr, ihr müßt vergehen, wenn ihr nicht glücklich seid.« Mareile lächelte. Günthers Worte taten ihr wohl. Sie wollte dieses kostbare, vergängliche und unverantwortliche Festtagswesen sein, das keinen Montag erleben konnte. Dann war es gut. Ziepens »lütte Mareile«, die gerne Baronesse wäre, die Inspektorstochter, die der Gräfin den Herrn stiehlt, all das war dann nicht mehr da.

»Ja – ja«, sagte sie mit der tragischen Musik ihrer Stimme. »Aber wenn wir da sind, sind wir alles.« Sie beugte sich auf Günther nieder, der die Augen schloß, bleich, fast ohnmächtig vor übergroßer Erregung.

Mit dem ersten flüggen Volke Rebhühner langten das Ehepaar Sterneck und der Major von Tettau in Kaltin an. Der Major meinte, wenn er sein erstes Rebhuhn im Jahr nicht in Kaltin schösse, dann fielen ihm die Bestien in dem Jahre nicht.

Es war vor dem Diner. Abendlicht lag über dem Garten. Der Duft der Reseden und Tuberosen mischte sich mit dem Dufte der Pflaumen und Frühbirnen. Die Herren und Damen, schon für das Diner angekleidet, gingen noch ein wenig zwischen den Blumenbeeten auf und ab. Seneïde und Beate standen auf der Veranda und schauten in den Garten hinab. Unten gingen Mareile und Günther eine Allee von Georginen entlang. Hübsch waren die hohen Pflanzen mit ihren weinroten Blumen; dazwischen Stockrosen, wie Pyramiden von zerknitterter, verschossener Seide. Mareile trug ein schwarzes Kleid, das ganz voll schwarzer Schmelzen war. Das ist hübsch, dachte Beate; dieses Bild erregte in ihr jedoch ein scharfes, fast quälendes Interesse. Sie strengte die Augen an, um den Ausdruck der Gesichter erkennen zu können.

»Wie schaust du aus, Beating?« rief Seneïde. Bei den geringfügigsten Anlässen hatte Seneïde die Art, so aufzuschrecken, angstvoll, als sähe sie ein Kind im Fenster des vierten Stockes stehen, bereit herabzustürzen.

»Ich?« sagte Beate. »Aber Tante, du erschreckst einen ja. Ich geh' noch zu Went hinüber«, fügte sie hinzu, als sei das das Mittel gegen etwas, das sie angefallen hatte.

Am Abend, als der Mond rund über den Parkbäumen stand, sollte eine Kahnfahrt unternommen werden. »Das zu versäumen, wäre barbarisch«, schnarrte Tettau. »Man hat doch auch seine Poesie im blauen Blut, nicht, meine Damen?«

Wie ein gespenstischer Tag lag die Mondhelle über dem Garten. Die Damen legten einander die Arme um die Taillen, hoben die

Gesichter zum Monde auf und sprachen in Ausrufen. Die Herren folgten. »Hören Sie, Tarniff,« meinte Tettau, »suberbes Weib, die Frau Berkow. Donnerwetter! Aber gut, daß wir dem Egon die Zügel anzogen; 'ne adlige Ehefrau, das is sie nu mal nich.«

»Überhaupt keine Ehefrau«, bemerkte Günther.

»So! Na ja, der Berkow, dummer Kerl, unsympathisch. Aber hören Sie, ich könnte nicht so wochenlang ruhig neben dieser Frau leben. Ehe – ganz schön; aber es gibt beauté's, die einen geradezu zu Dummheiten zwingen.«

Günther lachte. »Lieber Major, ich bin kein Engländer, der von jeder hübschen Sache ein Stück abbrechen und in die Tasche stekken muß.«

Tettau seufzte. »Da kann ich nur sagen: Oh! Meine Jugend!«

»Na, Major, zerschmelzen Sie nicht«, höhnte Günther.

Im Kahne saß Mareile an der Spitze. Die einzige, die dem Monde den Rücken zukehrt, dachte Beate gereizt. Nicht sehen, aber gesehen werden, dachte Ida Sterneck. Große Helligkeit lag über dem Wasser, oben das weiße Licht, das Wasser weiß von Licht. »Man kommt sich vor,« meinte Tettau, »wie eine Fliege, die in den Milchtopf gefallen ist.«

»Bravo, Major!« rief Günther. »Milch, natürlich, von einer goldenen Kuh, die silberne Milch gibt.«

»Jetzt muß Frau Berkow singen«, schlug Sterneck vor.

»Natürlich!« meinte der Major. »Für uns Deutsche ist eine Kahnfahrt ohne Gesang Sünde. Aber, gnädige Frau, ich bitte um etwas, das ins Blut geht, wie ganz heißer Kaffee, café double mit fine champagne.«

Mareile sang:

»O komm zu mir, wenn durch die Nacht
Wandelt der Sterne Heer,
Dann fährt mit uns, in Mondespracht,
Die Gondel übers Meer.«

Die eine Hand ließ sie leicht über das Wasser hinstreichen. Die Schmelzen ihres Kleides glänzten, als flösse dunkles Wasser an ihrer Gestalt nieder.

Sterneck wiegte sich vor Behagen. Tettau schwoll ordentlich vor Gefühlsseligkeit; sein gelber Kragen wurde ihm zu eng. Nur die beiden Frauen flüsterten und lachten. »Sieh die Augen des Majors,« sagte Ida, »sie sind so süß, daß sie kleben! Ach! Und mein Egon!« Eine Feindseligkeit gegen Mareile stieg in ihnen auf. »Wie sie den Zucker ausgießt; das ist schon dégoûtant«, sagte Ida bitter.

Das Lied war zu Ende. Günther erklärte, man müsse nach Hause. Er wollte Mareile, sein Wunder, das er die anderen hatte anstaunen lassen, wieder an sich nehmen; die begehrenden Augen der anderen Männer machten ihn nervös. Auf dem Heimwege flüsterte Günther Mareile zu: »Ich muß dich heute nacht sehen.« Mareile nickte. Die Feindseligkeit der beiden anderen Frauen bewog sie, zu dieser Unvorsichtigkeit ja zu sagen.

Im Gemüsegarten stand eine kleine Hütte, die zur Aufbewahrung von Gartengeräten, Blumentöpfen und Sämereien benutzt wurde. Dort trafen sich Günther und Mareile. Durch das kleine Fenster drang etwas Mondlicht in den Raum. Eine Fledermaus, die sich hier herein verirrt hatte, kreiste unablässig unter dem Dache. All das atmete schwere Traurigkeit, daß die Liebenden sich eng aneinander drängten, im Fieber der Sinne Schutz suchten.

Mareile jedoch fing an zu klagen. Jetzt also begann die Feindschaft derer, die in Reih und Glied stehen. Oh! Sie kannte das, wenn die Worte den Ton einer Türe annehmen, die höflich vor uns geschlossen wird. »Ja, häßlich ist es, hier unter ihnen zu leben. Ich betrüge sie, diese vornehmen Damen. Ja, wenn wir unsere Liebe so hinausschreien dürften, das wäre was, aber so.«

Günther ärgerte sich. Warum verdarb sie ihm die Liebesstunde. »Warum mußt du heute so sein?« sagte er traurig und enttäuscht; da weinte Mareile in ihrer stillen Art; die Tränen flossen reichlich, wie Kindertränen, aus den unbewegten Augen. »Verzeih!« sagte sie. »Aber heute ist alles so freudlos.« Dann schmiegte sie sich eng an ihn. »Nimm mich«, flüsterte sie. Das Mondlicht rückte langsam an der Wand hin; dann nach einer Weile, als Mareile hinschaute, war es fort; ein graues Licht drang durch das Fenster. Draußen ertönte ein fernes, gläsernes Klingen – die Lerche.

»Wir müssen heimgehen«, sagte Mareile. In dem verdrossenen Morgenlichte standen die Liebenden einander gegenüber, gramvoll wie zwei Sünder. In diesem Augenblicke lebte in ihnen nichts mehr von der Poesie ihrer Liebe. Schweigend gingen sie an den Gemüsebeeten hin, die grau vom Tau lagen; und sie lehnten sich in der Melancholie dieser Morgendämmerung aneinander, als beugte sie ein Gram. Günther war über die Hintertreppe in sein

Zimmer hinaufgeschlichen. Trotz der frühen Stunde hörte er Schritte, ferne Stimmen im Schloß. Jetzt näherten die Schritte sich seiner Tür, Beate erschien auf der Schwelle in ihrem langen Nachtkleide. Sie war ruhig, ein wenig befangen. »Da bist du,« sagte sie, »ich war schon einmal hier.«

»Ich war draußen,« brachte Günther unsicher heraus, »die Nacht war schön. Ich konnte nicht schlafen.«

Beate unterbrach ihn, immer noch befangen, als wollte sie schnell über etwas hinwegkommen. »Ach so! Ja, aber die Mama ist krank. Es ist schlimm, glaube ich. Ich habe nach dem Doktor geschickt.«

Günther warf sich mit Eifer auf die praktische Frage. »Wer ist gefahren? Die Braunen soll man nehmen.«

»Frau Ziepe wollte das besorgen«, berichtete Beate.

»Frau Ziepe?«

»Ja, ich ließ sie wecken.«

Beate sprach leise, als wäre sie noch im Krankenzimmer, und sehr geschäftsmäßig, dann wandte sie sich schnell ab ung ging. Günther stand mitten im Zimmer und sann. Es war ja doch möglich, daß er in der Nacht spazieren ging, nicht wahr? Aber Beates kaltes, scheues Gesicht? Und Frau Ziepe? War die nicht Mareile begegnet? ... Ach, diese verfluchte Welt! Jetzt kam das Krankenzimmer und Beates stillerstaunte Augen und Tante Seneïdes Todesbegeisterung, lauter Dinge, für die er nicht geschaffen war!

Ein Schlaganfall hatte die Baronin getroffen, und sie schwebte in ernster Gefahr. Die Gäste reisten ab. Beate und Seneïde gingen leise im Krankenzimmer ab und zu. In der Bibliothek saß der alte Hausarzt Doktor Joller, suchte in den Zeitungen nach neuen Gemeinheiten der Franzosen und wartete, daß er gerufen würde. »Hören Sie, Graf,« rief er den unstet durch die Zimmer irrenden Günther an, »die Natur unserer alten Dame – großartig! Die Nieren, die Lunge, das Blut – tadellos! Das ist Rasse! Ein Schlaganfall ist ein Unglück. Schließlich gehört der Tod auch zum Leben, nichts zu machen! Aber solche Nieren, solche Lungen mit ins Grab zu nehmen, da kann man stolz darauf sein. Die Verdauung und das Herz halten bei unseren Damen nicht weit. Der Magen muß alles aufnehmen, was Herr Miespeck kocht, und das Herz, das muß mit jedem Quark mitfühlen.«

»So, so, Doktor«, sagte Günther zerstreut und nahm wieder sein unruhiges Hin- und Hergehen durch die leeren, sonnigen Zimmer des neuen Flügels auf. Als er Mareile dort traf, sagte er flehend: »Ich muß wieder unsere Stunde dort – bei uns haben. Nur Krankenstubendämmerung ertrage ich nicht.«

»Ja, die müssen wir haben«, erwiderte Mareile ernst. So trafen sie sich in der Türkenbude.

»Zieh die Vorhänge vor das Fenster,« befahl Günther, »von draußen kommt Traurigkeit herein.« Die Liebenden drängten sich fest aneinander, sie wagten kaum, sich aus den Armen zu lassen, denn dann fielen unangenehme Gedanken sie an; Mareile sprach vom Schloß, von der Zukunft. Günther schloß müde die Augen. »Ach, so seid ihr Frauen. Für die Zukunft einhamstern. Was kommen wird? Ich weiß es nicht! Natürlich wird die Zukunft grau und unangenehm sein. Aber jetzt sind wir beieinander. Bitte, sei nicht bitter und enttäuscht und Mareile Ziepe! Nein, du findest heute nicht den Ton. Sprich heute nicht. Nimm dort das verstaubte kleine Buch und lies. Das sind Bücher, in denen frühere Mareilen gelesen haben, wenn sie hier auf Tarniffs warteten.«

Mareile nahm den kleinen Band zur Hand. Auf dem rosa Einband stand »Lucinde«. »Oh!« sagte Mareile. »Hier hat eine frühere Mareile etwas angestrichen.«

»Lies, lies.«

Mareile las: »Vernichten und Schaffen, eins und alles; und so schwebe der ewige Geist ewig auf dem ewigen Weltstrom der Zeit und des Lebens und nehme jede kühnere Welle wahr, ehe sie zerfließt.« Mareile hielt inne. »Weinst du?« fragte Günther mit geschlossenen Augen. Neben ihm rauschte es. Mareile war am Ruhebette niedergesunken und legte ihren Kopf auf seine Brust. »Kühnere Welle«, wiederholte Günther wie im Traum.

Beate verließ das Krankenzimmer. Die Mutter schlief. Neben ihr, auf dem Sessel, das Gesangbuch aufgeschlagen auf den Knien, schlief auch Seneïde.

Beate ging in den neuen Flügel hinüber, durch die Zimmer, in denen die hübschen, blanken Dinge in dem klaren Septemberlichte das stumme, selbstzufriedene Leben der Sachen lebten, das traurige Menschen noch trauriger macht. Sie stellte sich an das Fenster und schaute in den Garten hinaus. Die grellen Herbstblumen brannten auf den Beeten. Der Buchsbaum war ganz blank in der Sonne. Dort unten, wo der wilde Wein am Holzbogen den Garten von der Wiese abschließt, tauchte ein Figürchen auf, hell und klein in der Ferne auf dem Hintergrunde des bunten Lebens. Mareile war es, in ihrem mattfarbenen Mantel, den gelben Hut auf dem Kopfe. Hübsch, dachte Beate, wie ein Laterna-magica-Bildchen auf roter Wand. Sie will wohl unten durch das kleine Tor hinaus in den Wald. Dann war sie fort; aber ein zweites Bildchen tauchte auf der roten Laubwand auf, klein und hell. Günther war es, im grauen Sommeranzug, den Strohhut auf dem Kopfe. Er will wohl unten durch das kleine Tor hinaus in den Wald, kommentierten Beates Gedanken mechanisch; dann gab es ein Stutzen in den Gedanken, ein hastiges Arbeiten. Mareile geht in den Wald hinaus. Günther folgt ihr. Also, sie treffen sich im Walde. Wie eine bestimmte Nachricht erreichte das ihr Bewußtsein. Schnell, wie nur ein Frauenverdacht sich ein farbiges Bild ausmalt, sah sie alles vor sich. Jetzt sind sie bei den Ellern, jetzt am Teich. Dabei fühlte es Beate: das, was sie jetzt sah und ahnte, war nicht neu, lange schon hatte ein Wissen darum auf dem Grunde ihrer Seele geruht; alles, was dafür sprach, lag klar und scharf vor ihr, und sie ging es durch, wie eine Aufgabe, die sie schon einmal gewußt hatte. Sie hatte nur nicht sehen wollen, hatte den Kopf abgewandt und war an alldem vorübergeeilt, schnell und scheu, wie an einem Zimmer, in dem etwas Entsetzliches ihrer wartet. Aber jetzt – jetzt! Sie legte beide Hände an ihre Schläfen und zog sie mit einer Bewegung unendlichen Jammers langsam über die Wangen herab; dann holte sie geschäftig ihren Hut und Sonnenschirm und ging in den Garten hinunter, auf die kleine Pforte im Park zu. Fremdartige Gedanken kamen ihr während des Ganges und verlangten nach Worten, wie Beates Lippen sie nie ausgesprochen hatten; nichts war grausam und haßerfüllt genug. Und an dieser fremderregten Beate gingen die altbekannten Heimatbilder vorüber, als gehörten sie zu einem anderen Leben und zu einer anderen Beate: der Gemüsegarten, der Teich mit den kleinen, blanken Enten, vor der Schmiede stand Kaspar und ließ die alte Stute beschlagen. Vom Feldwege aus sah Beate Mareiles Hut und Günthers Gestalt im Walde verschwinden. Nein, ich habe sie nie lieben können. Immer war etwas an ihr, das mir gegen den Geschmack ging. Verlogen war sie und schlecht und grausam. Wie sie den armen Halm quälte und dann Hans Berkow – und jetzt Günther. Alle mußte sie haben. An Günther dachte Beate nicht, nur an Mareile, die sie betrogen, an Mareile, die sie gekränkt, an Mareile, die sie erniedrigt hatte. Was wagte diese Inspektorstochter? Ein Dienstbote mit Dienstbotenheimlichkeiten! Dabei schritt sie eilig vorwärts. Sie mußte jenen nach. Jetzt war sie im Walde. Über ihr rauschten Wipfel. Ein Häher stieß einen Ruf aus, als schrie er durch den Wald: »Sie kommt.« Da war die große Linie des Wildparkes, an deren Ende, mitten im grellblauen Wasser, die Türkenbude stand. Günther und Mareile waren fort. Beate blieb stehen. Eine plötzliche Erschlaffung kam über sie. Etwas raschelte neben ihr am Haselnußstrauch. O Gott! Nur jetzt kein Mensch! fuhr es Beate durch den Sinn, und sie errötete, als würde sie auf einer schlechten Tat ertappt. Unter dem Strauch am Boden hockte Eve Mankow. Das rote Haar flimmerte in der Sonne und hing wirr auf das breite, erhitzte Gesicht nieder. Natürlich, dachte Beate, die muß auch da sein. Die gehört ja auch zu dem Entsetzlichen, das ich erlebe. Eve streckte die Hand aus, eine kurze, braune Hand, wie Beate deutlich bemerkte, an der die harte Haut glänzte. Sie wies auf das Häuschen im Teich. »Da,« sagte Eve kläglich, »da drin sind sie. Da sind sie immer. Ich weiß. Ich warte jeden Morgen hier.« Beates Blicke ruhten einen Augenblick auf dem Häuschen, in dessen Fenster ein verblichener, roter Vorhang wehte, dann kam eine große Angst über sie, Angst vor dem kauernden Mädchen, vor dem Häuschen mit seinem verhangenen Fenster. O Gott! Nur fort! Sie wandte sich und lief den Waldweg hinab. Erst am Waldrande blieb sie stehen, um Atem zu schöpfen. Sie lehnte sich an eine Tanne, glitt an dem großen, rauhen Stamme nieder und weinte, nicht das stille Weinen der Erwachsenen, es war das Weinen böser Kinder, das das Gesicht verzieht und entstellt, und dabei jammerte sie leise: »Was soll ich tun! Was soll ich tun!«

Als Beate in der Nacht am Bette ihrer Mutter wachte, legte die Kranke ihre Hand auf Beates Hand, eine Hand weich wie welkende Malvenblätter; und sie begann zu sprechen, leise und mühsam: »Beating – es kommt viel vor – ich weiß – nie fortgehen – nie. Die armen Männer sind so unruhig – ich weiß. Warten müssen wir – warten, – sie kommen doch zu uns. Du glaubst nicht, – wieviel wir – vergessen können. Und dann kommt Friede – ich weiß – ich weiß.« Die Stimme wurde schwächer, versiegte. Beate weinte, aber in ihr empörte sich etwas gegen die Worte der Sterbenden. Warten? Auf wen? Günther? Wußte sie denn, wer dieses Gespenst dort in der Türkenbude hinter dem verblichenen Vorhange war? Die anderen konnten kommen – und ihr ihr Eigentum und ihren Frieden nehmen, und sie mußte vergessen – warten? Ich weiß – ich weiß, hatte die Mutter gesagt. Hatte denn auch dieses Leben solche dunkle, unbegreifliche Stellen gehabt? Beate sah ihren Vater vor sich, den Greis mit dem strengen Elfenbeingesicht über der leichtgebeugten Gestalt. Eine etwas bedrückende Luft von Ehrfurcht umwehte ihn. Die Kinder wurden in seiner Gegenwart still und scheu. Als er gestorben war, sprach die Mutter von ihm, »dem lieben Papa«, mit dem Stimmton, den sie sonst für heilige, sonntägliche Dinge hatte. Und doch! »Pfui!« sagte Beate vernehmlich in die Nacht hinein; dabei schreckte sie auf, sah das bleiche Gesicht in den Kissen an. Die Mutter lag mit offenen Augen da und schaute geduldig vor sich hin, wie Menschen es tun, die auf den Tod warten. Jetzt sagte sie etwas. Beate beugte sich vor. »Mareile – fort; es ist besser –« sagte die Kranke und seufzte.

Beate lehnte sich in ihren Stuhl zurück. Mareile mußte fort, das war es. Morgen wollte sie sie fortschicken, fortjagen, wie einen Dienstboten, wie Amélie, und Günther sollte es wissen. Hier war wieder ein Wollen, ein Entschluß, auf dem Beate ausruhen konnte; sie brauchte nicht mehr ratlos um die Not herumzuirren. Das Blut der alten Rasse, die von Schonung und Zucht geschwächten Instinkte fanden nicht mehr die Kraft zu einem Zorn, der fortreißt und wohltut. Aber hier war ein Entschluß – etwas wie Pflicht und Ordnung schaffen, das beruhigte sie. Also morgen. Aber noch war es lange nicht morgen, noch brauchte sie nicht zu handeln. Sie schloß die Augen. »Warten, warten, ich weiß«, klang es ihr wie ein trauriges Wiegenlied in die Ohren. Ein Gefühl unendlicher Einsamkeit legte sich schwer auf ihre Seele. In der Müdigkeit der Nachtwache wurde das Gefühl zum Bilde: helles Nebelgrau über dem herbstlichen Garten und dem verlassenen Hause. Oben in dem grauen Himmel ein Zug Raben, große, schwarze Vögel, die unablässig ihre Kreise zogen. Und auf dem feuchten Wege, vom Nebel umsponnen, eine einsame Frau mit einem Kinde. Ja, das Kind! Wenn ihre Gedanken sich der kleinen, blonden Gestalt näherten, dann bekam das Leben wieder Gestalt und Sinn. Zuweilen horchte sie gespannt auf die Uhr, auf das geschäftige Ticken, das wie der Ton kleiner Füße klang, die eilig, eilig dem entsetzlichen Morgen zuliefen. Dann wurde das Licht der Nachtlampe blasser. Roter Schein drang durch die Vorhänge. Seneïde kam Beate ablösen. Beate ging in den Garten, schritt dort lange an der Buchsbaumhecke entlang, auf und ab. Als sie Mareile über den Hof kommen sah, kehrte sie in den Gartensaal zurück, bleich von ihren Kämpfen und Gebeten, die Hände voll feuchter, weißer Astern. Mareile wollte sich nach der Kranken erkundigen. In ihrem elfenbeinfarbenen Morgenkleide, rote Skabiosen im Gürtel, mit den gut ausgeschlafenen, klaren Augen, erschien sie Beate wie triumphierend in ihrer Kraft und Schönheit.

»Wie war die Nacht?« fragte Mareile.

»Ruhig«, erwiderte Beate und schaute auf die Astern nieder; als sie dann aufblickte, mußte Mareile etwas Seltsames in Beates Zügen gelesen haben, denn ihre Augen wurden groß und rund vor erschrockenem Erstaunen, und dann hatte sie verstanden. Die beiden Frauen, die ihre Kindheit miteinander verlebt, kannten die Bedeutung eines jeden Zuckens auf dem Gesichte der anderen.

»Du mußt fort, Mareile, gleich fort von hier«, sagte Beate scharf und kalt. Mareile breitete die Arme aus in einer großen, trauervollen Bewegung, wie nur sie sie wagen konnte; dann begann sie leise und schnell zu sprechen: »Ja, ich geh'. Das ist dein Recht. Das mußte kommen. Das ist dein Recht. Aber sieh, das kannst du nicht verstehen, in meiner Art hab' ich auch recht . . .«

»Bitte«, unterbrach Beate sie. »Sprich nicht. Ich ertrag' es nicht. Geh! Recht –! Eine wie du, hat kein Recht.«

Mareiles Augen wurden durchsichtig und golden, dann wandte sie sich um und ging, sie lief fast aus dem Zimmer.

Gott, sind solche Augen entsetzlich! dachte Beate. So etwas, wie sie jetzt empfand, mußte derjenige fühlen, der zum ersten Male eine Wunde schlägt, wenn das fremde Blut warm über seine Hände fließt. Beate besorgte dann ihre Morgengeschäfte, prüfte den Speisezettel des Herrn Miespeck, sah nach Went, legte die Astern auf den Frühstückstisch; brachte die hübsche, harmonische Lebensmaschine in Gang. Endlich hörte sie die Türen gehen, hörte Günthers lustige Stimme. Er hielt Peter einen Vortrag. Ja, allen gehört er, dachte Beate, Eve und Mareile und Peter. Von allen will er bewundert und geliebt sein. Was war er? Ein Phantom, an das er selbst und sie, Beate, und die anderen glaubten und doch nicht zu fassen war. Bis in die Seele hinein fror es Beate bei diesem Gedanken. Günther kam.

»Guten Morgen, Herz«, rief er. »In der Nacht ist nichts passiert, hör' ich. Gott, siehst du bleich aus! Eine schöne, weiße Mumie.« Er beugte sich auf Beate nieder, um sie zu küssen. Jetzt, sagte sich Beate und sie begann zu sprechen in dem harten, kalten Ton, der ihr selbst fremd klang: »Ich, ich wollte dir sagen, Mareile verläßt Kaltin, heut. Ich – ich habe sie fortgeschickt.«

Günther errötete, dann machte er eine Handbewegung, die »Nichts zu machen« bedeuten sollte. Es wurde still im Gemach; Günther schritt auf und ab. Er fühlte sich sehr elend. Er empfand Mitleid um sich, mit Mareile, mit Beate. Jetzt sprechen, viel sprechen, große Worte, die guten, pathetischen Klang hatten, bei denen sich weite Bewegungen machen ließen, eine Szene, das war die Rettung. »Ich frage nicht weiter. Du mußt vielleicht so handeln. Dir scheint es wohl, als sei dir großes Unrecht geschehen. Was?« Beate schwieg. »Gut! Ich bin im Unrecht, ich gestehe es zu. Einer gewöhnlichen Frau hätte ich nichts mehr zu sagen. Von dir kann ich verlangen, daß du mich trotz allem auch verstehst.«

Beate zog die Augenbrauen empor und sagte: »Ich bin eine gewöhnliche Frau. Ich versteh' dich nicht.«

Günther wurde durch den Widerspruch wärmer: »Doch, doch! Du verstehst mich. Du weißt, daß ich dich liebe, wie du bist und weil du so bist, und daß ich zuweilen Sehnsucht haben kann – nach – nach heißem Blut – nach Leidenschaft – nach – nach . . . nun, mein Gott, nach allem, was du nicht geben kannst und sollst.«

Das Blut stieg Beate in das schmale, kummervolle Gesicht. Ihre Augen wurden feucht und böse. Sie sprach heiser und mühsam: »Und wer . . . wer sagt dir – daß ich nicht auch heißes Blut habe . . . daß ich nicht auch . . .«, sie kam nicht weiter. Mit beiden Händen bedeckte sie ihr Gesicht. Sie schämte sich. Die arme geknechtete, verleugnete Sinnlichkeit wollte sich wehren, aber sie schämte sich davor, sich selbst zu bekennen. Beate weinte: »Sprich nicht. Ich kann es nicht hören. Was soll ich tun!« klagte sie.

»Soll ich gehen?« fragte Günther kleinlaut. Beate nickte. Da verließ er das Gemach, leise, als fürchtete er einen Schläfer zu wecken.

An einem nebelgrauen Oktobermorgen starb die alte Herrin von Kaltin. Beate kniete bleich und tränenlos am Bette der Sterbenden.

Günther stand mit gebeugtem Kopfe am Bettende. Seneïde kniete mitten im Zimmer, die Hände betend erhoben. Große Begeisterung schüttelte ihren Körper. Die Nähe des Todes berauschte sie. Die Türen zu dem Saal nebenan standen weit offen, und dort knieten die Dienstboten des Hauses. Alle waren sie da, die breiten, ruhigen Gestalten mit dem schläfrigen Ausdruck, den große Andacht den Gesichtern der Leute aus dem Volke zu geben pflegt. Ab und zu schlich der eine oder der andere an die Tür, um neugierig auf die alte Frau zu sehen, die atemlos dort ihre letzte Arbeit verrichtete.

Wie schwere, feierliche Traurigkeit lag es in dieser ernsten Stunde über dem alten Schloß, über den leeren Zimmern, über Garten und Hof, die wie verlassen schienen; selbst die Hunde, von der Stille und Leere ringsum traurig und schläfrig gemacht, streckten sich seufzend auf der Freitreppe aus.

Zehntes Kapitel

Beate war im Schlosse mit ihrem Kinde allein. Günther war in Berlin. Er hatte es zu Hause nicht ausgehalten. Schuldgefühl, eine ergebene, bleiche Frau, Traurigkeit in allen Winkeln, das war mehr, als er ertragen konnte. Dazu das quälende Verlangen nach Mareile. Jeder Nerv in ihm hungerte nach ihr. Ein Narr wäre er, wollte er so weiter leben! Er rief Peter und ließ die Koffer packen. »Mach' schnell,« befahl er, »morgen um 7 Uhr 30 geht's nach Berlin!« und seine Stimme klang wieder hell und lebenslustig.

Seneïde mußte in eine Heilanstalt gebracht werden. Die Aufregung der letzten Zeit war zu stark für ihre kranken Nerven gewesen. Sie fühlte die Krankheit nahe, etwas Dunkles, Unheimliches, das sich eng um ihr Bewußtsein zusammenschob. Hilflose Angst lag in ihrem Blick. Unablässig ging sie in dem großen, leeren Ahnensaal auf und ab. Beate hörte beständig den rastlosen Schritt, begleitet von dem leisen Rauschen der Schleppe des langen Trauerkleides, und die klagende Stimme, die Bibelsprüche hersagte: »Laß mich eine kleine Weile, daß ich ausweine meinen Schmerz, ehe ich in das Land gehe, da es stockdickfinster und Nacht des Todes ist.«

Eines Morgens hielt die große, schwarze Kutsche vor der Tür. Frau Bier stand auf der Treppe und wartete auf Seneïde, um sie fortzubringen. Seneïde ließ sich teilnahmslos zum Wagen führen. Nur als ihr Blick auf Beate fiel, murmelte sie klagend: »Beating – bleibt allein im Sturm. Beating bleibt allein in der Wüste. Armes, armes Beating.«

Das Leben im Schlosse ging seinen gewohnten Gang. Beckmann schmückte den Eßtisch wie einen Altar. Miespeck klopfte seine Steaks und spielte die Flöte. Die Hunde lagen auf der Hoftreppe und schauten die Allee hinunter, ob nicht Besuch käme. Wenn Beate sich im Eßsaal fröstelnd zu ihrem Mahle niedersetzte, von Beckmann bedient, dann hätte sie sich vor sich selber fürchten können, so gespenstisch erschien ihr alles. Am Tage, im nüchternen Lichte, unter den gewohnten Beschäftigungen, da konnte das Weiterleben noch als selbstverständliche Sache erscheinen; aber es kamen die Abende, wenn die Stimmen im Hause verstummten, draußen der Hofhund in die Nacht hinausbellte und die Möbel in den Zimmern leise zu knacken begannen, als flüsterten sie miteinander; dann erwachte in Beate wieder das ermattende, unfruchtbare Herumraten an ihrem Schicksal. Warum mußte das sein? Warum wurde *ihr* alles genommen? Ihre Jugend bäumte sich gegen ihr Schicksal auf. Sie wollte jung sein, leben – wie die anderen. Die anderen, die mit dem heißen Blut, die, von denen Günther gesprochen hatte, die durften rücksichtslos lieben und genießen und sündigen. Sie begann in ihrer vor Einsamkeit fiebernden Seele gegen die Gesetze sich aufzulehnen, unter die sie sich ihr ganzes Leben hindurch gebeugt. Alles, nur dieses stumme Verkümmern nicht! Und doch, wenn ihr Körper nach Günther verlangte, nach ihm schrie, dann hätte sie ihn schlagen mögen. Wie die Even, die Mareilen sollte ihr Körper nicht fühlen. Und all das kam wunderlich deutlich mit Stimmen, Bildern, Gesichtern; es sprach und rief und stritt in ihr, bis sie todmüde, als käme sie aus einem Kampfe, ihr Zimmer aufsuchte, um schwer und traumlos zu schlafen.

Der November brachte starken Frost. Das Land war wie von Glas umsponnen. Die Bäume bogen sich unter der Kristallast. Der Gärtner band Seile an die Obstbäume und ließ sie von den Dorfbuben schütteln, dann regnete es klirrend von den Zweigen. Alles atmete auf, als Schnee kam. Die weiche, weiße Decke war doch behaglicher als die blanke Glaswelt.

Eines Tages hielt der Schlitten der Gräfin Blankenhagen vor

dem Schloß. Die Gräfin selbst und die Fürstin Elise entstiegen ihm. Die lange, bedeutungsvolle Umarmung der Fürstin verletzte Beate. Sie war heute der Gräfin Blankenhagen für ihre laute, burschikose Lustigkeit dankbar. Man sprach von der Nachbarschaft. Immer noch wurde in Grumbnitz schlecht gewirtschaftet, immer noch war Frau von Hallen auf Ternin eine geborene Lehmann, immer noch fand Frau von Scharf für Agnes keine Partie. Nach dem Diner setzte die Gräfin sich an das Klavier. Sofort griff die Fürstin Elise nach Beates Hand, ihre Augen wurden feucht, und sie flüsterte leidenschaftlich:

»Meine Beate! Glaubst du, ich – – wir alle – könnten das ruhig mit ansehen, was hier vorgeht?«

»Ihr?« wiederholte Beate. Alles in ihr schloß sich vor dieser Berührung, alles in ihr rief: Wache stehen! Niemand einlassen!

»Du weißt,« fuhr die Fürstin fort, »nächst dir leide ich bei alledem am tiefsten. Aber Leiden! Mein Gott! Die kann keiner uns abnehmen. Nicht wahr, mein Herz? Aber hier ... nein, sage nichts! Wir wissen, was hier vorgeht.«

»Was wißt ihr?« fragte Beate feindselig. Sie entzog der Fürstin ihre Hand, rückte von ihr fort. Die Fürstin weinte. Aus ihren hellblauen Augen rannen schnell kleine, blanke Tränen. »Was Schmerz ist, das weiß ich«, meinte sie. »Enttäuscht werden ist ja mein Gewerbe. Aber davon ist jetzt nicht die Rede. Dir helfen, das ist jetzt unsere Aufgabe. Hier, in der ganzen Gesellschaft sehen wir deine Sache als unsere Sache an. Wir stehen alle auf deiner Seite, da kannst du ruhig sein. Auch alle unsere Herren. Blankenhagen sagte gestern: ›Der Tarniff muß zur Ordnung gerufen werden.‹ Glaub' mir, etwas gesellschaftlicher Druck richtet viel aus. Das verstehen die Männer. Ich sag' dir, Beating, Mitleid für dich und Entrüstung gegen die anderen sind jetzt sozusagen die Leidenschaften unserer Gesellschaft. Von nichts anderem wird gesprochen.«

Beate kniff die Lippen fest aufeinander und machte ein böses Gesicht. Sie hörte mehr den eignen grollenden Gedanken, als dem zu, was die Fürstin sprach. Was wollten all diese Menschen mit ihrem schamlosen Mitleid? Warum ließen sie sie nicht in Ruhe? Kannten sie denn nicht die Keuschheit der großen Leiden? Wußten sie denn nicht, daß nur die niedrigsten Menschen am Wege sitzen und den Vorübergehenden ihre Wunde zeigen? O Gott, wären sie doch fort, diese mitleidigen Seelen!

»Wenn du willst, mein Herz«, klang wieder der Fürstin bedauernde Stimme an Beates Ohr. »Wenn du willst, so bleib ich bei dir. Oder du kommst zu mir mit deinem Jungen. Aber fort mußt du von hier. Es wird noch alles gut. Wir werden dich schon verteidigen.«

Beate fuhr auf. Sie wurde ganz heiß vor Zorn. »Nein, Elise, wir verstehen uns nicht. Fort soll ich aus meinem Hause? Warum? Mich wollt ihr verteidigen? Gegen wen? Mich braucht niemand zu verteidigen. Mich kann niemand verteidigen.«

»Beating – Herz – so versteh' doch!« warf die Fürstin ein, aber Beate wollte nicht verstehen. »Was ihr wißt und sprecht, weiß ich nicht. Ihr könnt und sollt nichts wissen. Weil ich vielleicht leide, glaubt jeder die Finger in das Wasser stecken zu dürfen, das ich trinken muß. Ich brauche keinen. Ich habe niemand gerufen. Ich – ich will allein sein.« Schnell und leise die Worte hervorzustoßen, tat wohl. Die Fürstin machte ein erstauntes und empfindliches Gesicht; als Beate jedoch schwieg, schmiegte die kleine Frau ihren Kopf verschüchtert an Beates Schulter.

»Ja – ja, Beating,« flüsterte sie, »ich weiß – ich weiß, – so bist du – so mußt du sein.«

Als die Damen fort waren, begab Beate sich in den alten Flügel zurück, und ihre Einsamkeit erschien ihr heute wie eine Zuflucht.

Elftes Kapitel

In Berlin wohnte Günther bei seinem Oheim, dem alten Grafen Eberhardt von Tarniff. Der Greis war ganz vereinsamt, dazu halb gelähmt. In einem Rollstuhl ließ er sich in den Zimmern und Korridoren seines Hauses in der Wilhelmstraße umherfahren, oder er saß am Fenster und schaute hämisch und unzufrieden auf die Straße hinab. Er hatte das Leben genossen. »Was an Pläsier zu haben war, nahm ich mit«, pflegte er zu sagen. Jetzt war die Welt langweilig. Die Jungen waren Duckmäuser und taten nichts, worüber die Alten einmal lachen konnten. »Na, der Günther,« meinte er, »der stellt noch hin und wieder was an, über das es sich zu reden lohnt.«

Jetzt war Günther der Gast seines Oheims, nachdem er für zwei

Monate verschwunden gewesen war. Man wollte ihn in Cannes, in Biarritz mit der schönen Frau Cibò-Berkow gesehen haben. Allerhand Gerüchte über ihn und Mareile beschäftigten die Berliner Gesellschaft sehr stark.

Mareile nahm eine Wohnung in der Bülowstraße. Ihre vornehmen Verbindungen hatte sie vergessen, als wären sie nie dagewesen. Sie wollte jetzt nur ihrer Kunst und ihrer Liebe leben. Eine frische, friedliche Luft sollte sie umwehen. Nichts von der schwülen Luxusatmosphäre der Damen, die außerhalb der Gesellschaft stehen. Günther, ja, auf den war ihr Leben jetzt gebaut. Ihn behalten, war ihre Aufgabe, denn sonst hatte alles, was sie getan und gewagt, keinen Sinn. Und sie verstand zu halten, was ihr gehörte, mit dem zähen Eigentumsgefühl der Bauern, ihrer Vorfahren. Noch war sie jedem Nerv, jedem Blutstropfen in Günther ein Lebensbedürfnis. Aber schon der Gedanke, daß das anders kommen könnte, nagte in schlaflosen Nächten an Mareiles selbstbewußtem Herzen.

Günther lebte in dem grauen, herbstlichen Berlin ein wildes Junggesellenleben, das ihm selbst zuwider war. Allein, was sollte er mit einem Leben anfangen, in welchem er weder rückwärts noch vorwärts zu schauen wagte? Er spielte und trank. Der einzige Zweck dieses Daseins war Mareile. Sie war für ihn das wirkungsvollste Betäubungsmittel. Er liebte sie, wie wir unsere Sünde lieben, und es kränkte ihn, daß sie ruhig, stark, harmonisch sein wollte. Krank am Leben, wie er, sollte sie sein. Sie sollte sich für ihn verderben, wie er sich für sie verdarb.

»Ich weiß nicht,« sagte er eines Nachmittags, als er in Mareiles Wohnzimmer saß und verstimmt auf die Straße hinabschaute, »zuweilen ist's bei dir so – so –«

»Sag's nur«, meinte Mareile und lächelte. Ihr Wollkleid in sterbendem Grün, mit großen, fliederfarbenen Mohnblüten gemustert, stimmte hübsch zu dem verschleierten Novembertage. Günther suchte nach dem rechten Wort. »Wie – wie ein Sonntagnachmittag bei einer Majorswitwe.« Er wollte Mareile ärgern, aber sie strich ihm nur leicht über das Haar und sagte: »Du Armer!« Das machte Günther weich.

»Ach, wollen wir fortgehen – irgendwohin, wo es still und heiß und blau mit Gold besetzt ist.«

Mareile schüttelte den Kopf.

»Warum?« fragte er böse.

»Weil ich arbeiten muß«, meinte sie.

»Arbeiten? Warum?«

»Um Geld zu haben.«

»Geld? Warum nimmst du nicht meines?«

»Weil ich eine selbständige Welle bin, wie das alte Buch in der Türkenbude sagt.«

Günther seufzte: »Die Liebe müßte eine schöne, tödliche Krankheit sein. Man liebt sich – und man weiß – das Ende kommt dann und dann – und die Liebe wird immer hastiger – man hat Eile, sie ganz zu genießen. Nur noch zwei Tage – noch eine Nacht. Aber so . . .«

Mareile setzte sich auf Günthers Schoß. Er tat ihr leid, und doch freute sie sich daran, wieviel stärker sie als dieser Mann war, und wie fest sie ihn hielt. Das machte ihn ihr noch lieber. »Warum,« sagte sie und lächelte noch immer, als spräche sie freundlich zu einem Kinde, »warum soll die Liebe nicht das Leben sein? Sie ist da. Wir gehen unseren Geschäften nach – leben unseren Werktag – aber wir wissen, sie ist da – sie wartet auf uns. Erinnerst du dich des Gefühles, das wir am Sonnabend nachmittag hatten.«

»Ja – ja – das war famos!«

»Sieh – so 'n Gefühl gibt die Liebe dem ganzen Leben, immer wartet ein Festtag auf uns.«

»Ja, aber dann, die verfluchten Sonntagabende«, wandte Günther ein. Seine trübe Laune wollte nicht weichen. »Ja, ihr seid klug, ihr Ziepes. Man tut seine Arbeit, hat seinen Bechstein, sein Gallé-glas, seinen Grafen, seine Liebe, Ordnung muß sein.«

Mareile erwiderte nichts, sie wand nur ihre Arme fester um Günthers Nacken und küßte ihn, küßte ihn so lange, bis seine Augen wieder den glücklichen Glanz eines süßen Rausches annahmen. Das war ihr letztes Argument gegen seine bösen, schwarzen Stunden.

Da kam ein Ereignis, das Günther ein wenig anregte. Eines Abends setzte er sich im Klub in das Kaminzimmer zu den alten »Junggesellen«. Graf Halken, Major von Tettleben, Baron Schibowitz; ältliche Herren, die es liebten, in der Kaminecke Böses von den Weibern zu reden. Günther saß hier in sich gekehrt und hörte den verblichenen Abenteuern der alten Schwerenöter zerstreut zu. Aus dem Spielzimmer schlenderte der Fürst Karnowitz heran, lehnte sich an den Kaminsims und schien in seiner teilnahmlosen, gefrorenen Art dem Gespräche zu folgen. Tettleben besprach einen traurigen Fall, der gerade in der Lebewelt Aufsehen erregte. »Die berühmte ›blonde Mary‹. Sie wissen, die mit dem Botticellikopf – hatte Wechsel, die ein Husarenleutnant ihr ausgestellt, brutal beigetrieben. Der junge Mann hatte sich eine Kugel vor den Kopf geschossen. Na – ja – natürlich, was soll er tun? Immer das bekannte Geschäft von Abraham und Moses, Wechsel – und prolongiert – und wieder Prozente – und dann wird die Falle zugeklappt und aus ist's. Und mit den Engelaugen ist das anders mörderisch als bei Abraham und Moses – was?« Die Herren schüttelten die Köpfe: »Nein, so was!« – »Was sagen Sie dazu, lieber Fürst? Saftiges Frauenzimmer das!« »Ich?« meinte der Fürst. Er sprach leise und heiser, als kümmerte es ihn nicht, ob die Hörer ihn verständen oder nicht. »Die jungen Herren haben die Damen, die sie verdienen. Moses und Abraham sind ja auch, wie diese Herren sie brauchen. Da scheint mir alles in Ordnung. Nur, wenn so edlere Frauengestalten in die Hände unserer kleinen Lebemänner fallen, dann ist's ärgerlich. Und das kommt vor. Sie werden bemerkt haben, daß Hunde sich mit Vorliebe die schönsten Statuen aussuchen, um stehen zu bleiben und das Bein aufzuheben.«

»Nein, das hab' ich noch nicht bemerkt«, murmelte Graf Halke verwirrt. Keiner wußte was mit diesem Ausfall anzufangen. Als Karnowitz der Gesellschaft den Rücken wandte, um langsam in das Spielzimmer zurückzukehren, folgte Günther ihm hastig. »Wissen Sie, Fürst,« begann er, »Ihr ethischer Vortrag da eben hat mir nicht sonderlich gefallen.«

»Das ist wohl möglich«, erwiderte der Fürst. Das bleiche Gesicht mit den Zügen, die scharf wie die eines Leichengesichtes waren, blieb regungslos, die bleifarbenen Augen sahen Günther teilnahmlos an.

»Wie meinen Sie das?« fuhr Günther auf.

»Ganz, wie es beliebt«, sagte Karnowitz und setzte seinen Weg zum Spielzimmer fort. Günther schaute dem gebeugten Rücken mit den zwei blanken Kammerherrenknöpfen am Frack mit einem Gefühle des Hasses nach, das in seiner Energie wohltat und erwärmte. Dann mußte er Sterneck und Tettau aufsuchen, um sie zum Fürsten zu schicken. Das Beraten und Besprechen, die Beschäftigung mit den hübschen, handlichen Gesetzen des Ehrenhandels waren für Günther ein Genuß. All das gab dem Leben wieder Gehalt, verlieh Mareile, Günther selbst, seiner Liebe neuen Wert.

Den Abend vor dem Duell war Günther bei Mareile ausgelassen wie ein Knabe; dann kam eine angenehme, weiche Stimmung über ihn. »Setz' dich dort auf den Sessel«, sagte er und ließ die goldene Schnalle an Mareiles Gürtel springen. »Ganz wie in der Türkenbude. So. Die Füße auf den Schemel. Hier sind rote Rosen, die kannst du wieder zerpflücken. Dann hängen die Blätter wie Blutstropfen an dir. Ja – so. Und ich liege hier.« Er streckte sich auf den Teppich aus, streichelte die nackten Füßchen mit den Goldreifen. »So ist es gut.«

»Ist etwas geschehen?« fragte Mareile. »Du bist heute anders. Nicht, Liebster? Als wäre etwas Schweres von dir abgefallen. Ja – wirklich – heut ist es wie dort in Lantin.«

»Ja – ja!« meinte Günther. »Es gibt Festzeiten – und wieder Alltagzeiten mit der endlosen Reihe der langweiligen Trinitatissonntage. Unsere Liebe hat eben einen Festtag. Das ist doch nicht so wunderbar. Nun, reg' dich nicht. Bleibe so. Gott! Du wirkst auf mich heute so mächtig – ich ertrage es kaum. Von dir strömt es in mein Blut hinein, immer heißer – das schmerzt, so schön ist das. Sag' – schmerzt es dich auch, all diese heiße Kraft auszugießen – sag' –«

»Ja – ja«, flüsterte Mareile. »Nimm, nimm alles!« Sie beugte sich über ihn und küßte ihn mit den Frauenlippen, die in der höchsten, hingebenden Erregung wie heiße Rosenblätter werden, als sei die Haut, die das Blut umschließt, zu einem feinen, kaum merkbaren Schleier geworden.

Frühmorgens weckte Sterneck Günther. Günther streckte sich. »Schon Dienst?« fragte er.

»Ja, Fürstendienst«, meinte Sterneck.

»Ach ja, unser Fürst! Mir wird sein, als müßte ich auf ein Ahnenbild schießen.«

Der Reif lag wie feine Asche auf den leeren Straßen, die Günther und Sterneck durchfuhren. Die Kähne standen auf der Spree im Nebel groß und schwarz auf einem Tintenfluß. Fröstelnd drückte Günther sich in die Wagenecke. Die leeren Straßen waren ihm zuwider; er wünschte schon draußen in der Vorstadt zu sein, wo die

Leute auf sind, wo die Milchwagen und Gemüsekarren über das Pflaster rattern. Günther sah Kaltin vor sich, sehr deutlich, mit dem gelben Sonnenlicht auf den Fenstern, die Levkojenbeete des Gartens, Beate in einem weißen Kleide, einen Strauß Astern in der Hand. Sterneck sprach von Dachsbauen und Teckeln. Jetzt fuhren sie langsam durch den Sand. Die Luft wurde freier und schneidender.

Am Waldrande standen die Wagen der anderen Herren. Tettau mit zwei Ärzten, der Fürst mit Graf Halke. Ein wenig mißmutig hüllten sie sich in ihre Mäntel, wie Leute, die nicht ausgeschlafen haben. Man begab sich in den Wald. Als die geeignete Stelle gefunden war, begannen die Herren die Entfernung zu messen. Günther saß wartend auf einem Baumstumpf. Vor ihm, auf einer Föhre, hockte ein Eichhörnchen. Das spitze, kleine Gesicht mit den roten Püscheln an den Ohren blinzelte freundlich und ironisch auf Günther nieder. Das machte ihm Spaß. Endlich meldete Sterneck, alles sei bereit. Günther legte seinen Mantel ab. »Der da«, meinte er, »wird sich wundern, was wir mit unseren Dummheiten bei ihm wollen.«

»Die Eichkatze da?« fragte Sterneck. »Na, die haben auch ihre Affären. Jeder Kreatur ihre Mensur.«

»Das ist ja 'n Vers!«

»Teufel, ja! Das kommt mir so zuweilen.«

Die Herren stellten sich auf ihre Plätze. Ein jeder dachte in diesem Augenblicke nur daran, die Zeremonie möglichst korrekt zu erledigen. Während der Unparteiische Probe zählte, sah Günther den Fürsten an. Das Gesicht war aschfahl wie immer, die Augen sahen teilnahmslos und schläfrig vor sich hin, die Lippen bewegten sich kaum merklich. Sollte er gerade eine Pfefferminzpastille saugen, wegen seines schlechten Magens? dachte Günther und nahm sich vor, später mit den Kameraden darüber zu lachen. Jetzt das Kommando, – aufgepaßt. Günther wollte eben abdrücken und zog die Pistole an dem dünnen Bein des Fürsten entlang, als er den schwachen Knall der Pistole seines Gegners hörte; zugleich traf ihn irgendwo ein Schlag. Was nun? dachte er, jetzt nur stehen bleiben – – – Jemand, sehr weit schien ihm, fragte: »Wo sitzt es?« Günther antwortete, aber seltsam, seine Stimme hatte keinen Klang. Dann war es, als schneite es, große, sehr blanke Flocken fielen nieder – immer schneller – immer schneller . . .

In dem Tarniffschen Hause in der Wilhelmstraße lag Günther krank. Die Kugel war auf der Seite in den Körper gedrungen. Die Ärzte erklärten den Fall für bedenklich. Der Kranke lag in hohem Fieber. Wirre Vorstellungen hetzten ihn; wie Sträflinge, die ihren Wärter besiegt haben, schlüpften sie aus den verborgensten Winkeln des Gehirns hervor, riefen durcheinander, stritten sich. Rätsel gab es, die gelöst sein wollten und doch unlösbar waren. Und all das hatte Eile, das wogte und drängte. Dann plötzlich wurde es still. Günther sah das Zimmer mit der grünverhangenen Lampe, auf dem Sessel nebenan saß ein fremdes, schwarzes Figürchen mit einer weißen Haube. »Ist es Nacht?« fragte er. »Abend«, antwortete eine fremde, sanfte Stimme. Das schwarze Figürchen kam und gab ihm etwas zu trinken. Günthers Blicke irrten im Zimmer umher. »Ja – Wilhelmstraße – Berlin«, sagte die fremde Stimme. »Ja – Berlin«, wiederholte er matt und wie enttäuscht.

Denselben Abend, als der alte Graf Eberhardt sich im Rollstuhl den hellerleuchteten Korridor auf und ab fahren ließ, was er seine Motion nannte, ließ sich Frau Cibò-Berkow melden. Das erfreute ihn. Er empfing Mareile mit seinem liebenswürdigen, lange nicht gebrauchten Lebemannslächeln: »Welche Ehre, meine Gnädige! Ich weiß, der Besuch gilt nicht mir altem Krüppel, aber man profitiert, wo man kann.«

»Ich wollte Nachricht von Ihrem Neffen«, sagte Mareile geschäftsmäßig.

Der Graf lächelte galant: »Beruhigen Sie sich, meine Gnädige, wir liefern ihn Ihnen schon wieder neuaufpoliert ab. Vorlaut sind unsere jungen Leute genug, aber daß sie uns alten das Sterben wegschnappten, das hoffe ich doch nicht.«

»Ich will ihn sehen«, versetzte Mareile. Der Graf kicherte: »Na, jetzt wird er sich nicht besonders präsentieren.« Aber Mareile wiederholte ernst: »Bitte, ich will ihn sehen.«

Der Graf wurde ärgerlich. »Ja, ja, das Sentiment ist jetzt Mode. Na, schließlich ist's Ihr Drama, Sie sind sozusagen die Verfasserin – ha – ha. Johann, führe die gnädige Frau hinauf.«

Im Krankenzimmer herrschte Dämmerlicht. Es roch nach Jodoform. Mareile atmete beklommen. Das waren Licht und Luft, in denen sie am schwersten zu leben vermochte. Die Diakonissin sagte vorwurfsvoll: »Er schläft.« Mareile nickte und setzte sich auf einen Stuhl neben dem Bette. Im Zimmer herrschte wieder die schwere, drohende Stille. Das schmale, weiße Gesicht in den Polstern erschien Mareile so fremd. Sie weinte leise; sie sehnte sich nach dem ihr bekannten Günther, nach seinem hübschen, leichtsinnigen Gesichte ... Diesen Günther mußte sie wieder haben, sie hatte ihn sich mit aller Rücksichtslosigkeit gegen andere und gegen sich selbst erkämpft. Wurde er ihr genommen, was war ihr Leben dann? Etwas Formloses, etwas, das schweigt und droht, wie diese Krankenstube. Er mußte leben. Sie fühlte es körperlich, wie ihr Lebenswille auf den bleichen Schläfer überströmte, warm, stark als brächen in ihr die heißen Bäche des Lebens auf, um ihn zu überschwemmen. Günther regte sich. Mareile beugte sich auf ihn nieder. »Willst du trinken?« fragte sie. Er nickte. Seine Augen sahen mit dem müden, freudlosen Blick der Kranken vor sich hin, ohne Mareile zu erkennen. Sie gab ihm zu trinken. Das Rauschen des Kleides, der Orchideenduft mußten ihm auffallen, er sah Mareile an. »Ja, ich – ich bin's«, flüsterte sie. Sie beugte ihr Gesicht nah auf das seine nieder, strahlte ihn mit ihren Augen an, ungeduldig, ihn aus der Ferne seiner Träume zurückzuholen. »Mareiling«, sagte er und lächelte matt; aber gleich wieder schloß er die Augen, und das Gesicht nahm wieder den ältlichen, mißmutigen Ausdruck an; dabei rückte er ein wenig von Mareile fort.

Die Nachtstunden verrannen. Die Straße war verstummt. Die Uhren schlugen durch das stille Haus. Es mochte vier Uhr sein, als Günther wieder zu trinken verlangte. Mareile bediente ihn. Günther sagte etwas, Mareile verstand ihn nicht. »Was sagst du, Liebster?« mußte sie fragen; da wiederholte er es ungeduldig: »Ist Beate noch nicht da? Warum kommt sie nicht?« Da Mareile nicht antwortete, ließ er mutlos und enttäuscht seinen Kopf zurücksinken und schloß die Augen. Als der Morgen über den Dächern zu grauen begann, stahl Mareile sich lautlos aus dem Krankenzimmer. Was half es ihr? Nahm der Tod ihn nicht von ihr, so tat es das Leben; sie mußte der anderen Platz machen.

Beate saß unterdessen im Wagen des Zuges, der sie nach Berlin brachte. Es war heiß und beklommen darin. Hinter den befrorenen Fensterscheiben stand eine schwarze Nacht, in welche die Lokomotive ihre Wolken goldener Funken hinauswarf. Zwei ältliche Damen im Coupé sprachen von einer Bertha, einem Schwiegersohn, der eine Emilie nicht verstand.

Gleich nach Empfang des Telegramms, das Günthers Verwundung meldete, war Beate abgereist. Günther war krank – sie mußte zu ihm, das war klar und selbstverständlich; hier brauchte Beate nur mit Mitleid und Pflicht zu rechnen, und das verstand sie. Jetzt, in der Stille dieser Nachtfahrt aber, wagten sich seltsame Gedanken hervor. Sie waren schlecht, und Beate fürchtete sich vor ihnen – allein, sie waren da und gehörten zu ihr. Stirbt Günther, dann – ja dann war ihr Leben wieder verständlich und klar. Wents Leben drohte kein Schatten mehr. Sie floh vor diesem Gedanken; aber er kam immer wieder. Das Stampfen des Zuges sprach davon, deutliche Bilder kamen; der Katafalk im Ahnensaal, Blumen, Kerzen, deren Flammen bleich und durchsichtig im weißen Schneelichte standen, das durch die hohen Fenster einfiel. Sie selbst im Trauerkleide, Went auf ihren Knien, einsam in dem alten Kaltin, das wieder seinen Frieden und seine Heiligkeit zurückgewonnen hatte. Beate fuhr auf. Gott, was war es denn, das in ihr so denken, so fühlen durfte? Aber kaum schloß sie die Augen, so kamen die Bilder wieder.

Frühmorgens langte Beate in Berlin an. Im Hause in der Wilhelmstraße schlief noch alles. Sie ließ sich in das Krankenzimmer führen, und dort, auf demselben Stuhl, den Mareile eben verlassen hatte, wartete sie auf Günthers Erwachen. Als er seine Augen aufschlug, sah er Beate an, anfangs teilnahmlos, dann jedoch kam ein zufriedener Ausdruck in das hagere Gesicht. »Näher«, flüsterte er, seufzte einen tiefen Seufzer der Erleichterung und drückte seinen Kopf tiefer in die Kissen, als könnte er nun ruhig einschlafen. Beate rückte näher heran. Alles Fremde in ihr war fort. Ihre Seele wandelte wieder auf bekannten, reinen Pfaden.

Günthers Krankheit zog sich lange hin. Die Ärzte fürchteten die Folgen der Verwundung. Günther nahm Beates Pflege freundlich und wie etwas selbstverständlich ihm Zukommendes entgegen. Das Leben ging wieder seinen hübschen, geordneten Gang. Stundenlang, wenn sie Günthers Schlaf bewachte, konnte Beate müßig in das Flirren der großen, weißen Flocken hinaussehen. Die weiße Decke, die sich über die große Stadt breitete, gefiel ihr, so wollte sie es, kühl und rein; verwischen und verdecken. Mädchenträume von Liebe und Glück, einst beunruhigend wie Frühlingsnächte, schienen jetzt sehr fern. Sie wollte sichere, reine Wege, wollte die Luft, die zu atmen sie gewohnt war.

Als nach einigen Wochen das Ehepaar Tarniff von der Kaltiner Station nach dem Schlosse fuhr und die erleuchteten Fenster zwischen den verschneiten Bäumen in der Winterdämmerung ihnen entgegenleuchteten, da war es Beate, als hörte sie die Stimme ihrer Mutter, die mühevolle Stimme der Sterbenden, die die Worte eintönig und langsam sich folgen läßt, als spräche sie mit jemandem, der weit fort ist. »Warten – warten – sie kommen zurück.« So war es. Er war gekommen, wund, vom Leben besudelt und gebrochen.

Es war Frühling geworden. Günther saß in seinem Zimmer am Fenster und schaute hinaus. Er war müde. Die Frühlingsluft griff seinen geschwächten Körper an. Die nassen Wege blitzten in der Sonne. Der Teich glitzerte hartblau. Die Enten trieben sich auf dem Hof umher und freuten sich, daß die ganze Welt ein Tümpel war. Das interessierte Günther alles. Ein angenehmes Herren- und Eigentumsgefühl stieg von diesem Hofe zu ihm auf. Es war, als schnatterten die Enten im Chor: »Dein – dein.«

Peter kam und überreichte einen Brief. »Ein Junge aus Lantin hat ihn gebracht. Er wartet auf Antwort.«

Gleichgültig öffnete Günther den Brief, dann nahm sein Gesicht einen erschrockenen, gequälten Ausdruck an. »Was stehst du und guckst mir auf die Nase?« fuhr er Peter an. Aha! dachte Peter und ging.

Der Brief enthielt wenige Zeilen von Mareiles Hand. »Ich bin in unserem Häuschen, und ich erwarte Dich heute abend. Was auch wird, ich muß Dich sehen.« Günther legte den Brief vor sich auf den Tisch und schaute wieder auf den Hof hinaus. Aus diesen Schriftzügen schlug ihm jene schwüle Liebesluft entgegen, die ihn einst so beglückt hatte und die zu atmen ihm jetzt weh tat. Es war ihm, als wollte jemand ihn aus der Ruhe seines kühlen Zimmers hinauslocken auf eine abenteuerliche, heiße Wanderschaft. Schon der Gedanke daran machte ihn müde. Nein, nur das nicht. Er konnte nicht zu Mareile gehen. Er wollte ihr schreiben. Natürlich mußte es ein Wort sein, das wie das Schlußwort einer Tragödie klang; etwas, wie ein schwerer, schwarzer Vorhang, der auf ihre Liebesgeschichte niederfällt. Gut! Aber was denn? Er fühlte sich so faul! Eben noch hatte er so gemütlich den Enten zugeschaut, und nun kam dieses. Er ging an den Schreibtisch und begann zu schreiben: »Liebe Mareile! Ein großer Mann hat gesagt ...« – Er besann sich. Welcher große Mann – und was hat er gesagt? Das war nichts. Er zerriß das Blatt.

»Liebe Mareile!« begann er wieder. »Alles, was wirklich schön ist – welkt – die Blume, die Jugend – die –...« Unsinn, wieso? Wütend zerriß er wieder das Blatt. Gott, wie reich an Bildern und kostbaren Gedanken war er früher gewesen, und jetzt nichts. Wie war das doch – das mit den Festtagen des Lebens – und mit der Dämmerung, für die die stillen, weißen Frauen sind. Daraus ließ sich vielleicht etwas machen. – Nebenan im Wohnzimmer wurde ein Tanz auf dem Klavier gespielt. Das war Beate, die für Went zum Tanz aufspielte. Günther sah dem gern zu. Es war zu hübsch, wenn so das blonde Figürchen, von den Enden der breiten, roten Schürze umflattert, sich langsam im Sonnenschein drehte.

»Ach was!« sagte er sich und schrieb eilig: »Liebe Mareile! Wenn ich nicht komme, so ist es, weil ich glaube, daß es besser für Dich und für mich ist. Die Erinnerung an das Glück, welches Du mir gegeben, wird mir mein Leben hindurch ein teurer Schatz sein. G.« Er überlas das Geschriebene, verzog die Lippen. War das glatt! Na, nichts zu machen.

Mareile war von der vorletzten Station vor Kaltin in einem Mietwagen in Lantin eingetroffen. Frau Kuhlmann freute sich, wieder etwas Geheimnisvolles unter der Hand zu haben. Sie setzte Mareile eine Mahlzeit vor, ging in die Türkenbude, um ein wenig abzustäuben, und füllte die weiße Salatschüssel mit Anemonen und Himmelschlüsseln.

Mareile saß in dem Türkenhäuschen und wartete. Die jungbelaubten Birken dufteten stark zu ihr herein. Im Walde rief der Kuckuck. Ihr Gesicht hatte eine strenge, fast scharfe Reinheit der Linien erhalten, die es älter erscheinen ließ. Sie war ganz ruhig. Sie war gekommen, ihr Eigentum wieder an sich zu nehmen, und hielt sich für stark genug dazu. Günther konnte ohne sie nicht leben; wer sie besessen hatte, mußte krank vor Verlangen nach ihr sein und konnte sich nicht mit den bleichen Beaten zufrieden geben. Er wäre fast für sie gestorben. Er gehörte ihr. Er würde kommen.

Es raschelte im Gemach. Mareile schaute auf. Da stand der rothaarige Junge des Hirten, lachte über das ganze, erhitzte Gesicht und hielt ihr einen Brief hin. Mareile las die flüchtig hingeworfenen Zeilen, dann legte sie das Blatt auf das Fensterbrett. Sie schaute sich nach dem Jungen um, aber er war fort. Er hatte sich gefürchtet, »weil die Dame so weiß im Gesichte geworden war«, berichtete er der Frau Kuhlmann.

Lange saß Mareile unbeweglich da. Die Sonne ging unter. Zwischen den Stämmen des Waldes glomm ein rotes Feuer. Über den Wipfeln ließ sich der pfeifende Flug der Wildenten hören, die vom See zu den Waldtümpeln zogen.

Mit weit offenen Augen starrte Mareile in den Abend hinaus, Augen, die nichts zu sehen schienen, nur die Strahlen der Abendsonne widerspiegelten und mit der Dämmerung dunkler wurden. Große Tränen rannen dabei über das regungslose, weiße Gesicht.

Anfangs war es ein hilfloses, schmerzhaftes Vermissen, das sie quälte, ein unerträgliches Verlangen nach Günther. Es fror sie nach seinem begehrenden Blick. Ein jammervolles Gefühl der Verlassenheit sank schwer auf sie nieder. Von außen ertönte eine Stimme: »Guten Abend, gnädige Frau!« Eve Mankow stand vor dem Fenster, stützte den Arm auf den Fensterrahmen und schaute zu Mareile hinein. Einen starken Duft von jungem Birkenlaub brachte sie mit, denn ihr alter Strohhut war ganz mit Birkenzweigen besteckt. Die grellen, runden Augen musterten Mareile neugierig. »Guten Abend, Eve«, erwiderte Mareile. Die Gegenwart des großen rothaarigen Mädchens tat ihr wohl.

»Er is nich gekommen?« fragte Eve.

»Nein«, sagte Mareile mechanisch.

Eve nickte. »Ich wußte, er wird nich kommen. So is schon. Die da im Schloß hat ihn nu wieder.« Eve schwieg eine Weile und sann, dann fragte sie: »Was werden Sie tun? Werden Sie ins Wasser gehn?«

»Ins Wasser?« wiederholte Mareile, »warum fragst du das?«

Eve zuckte mit den breiten Schultern. »Na so. Ich wollte auch ins Wasser, als Sie ihn mir wegnahmen.«

Aufmerksam beugte Mareile sich zu dem Mädchen hinaus. »Sag', Eve, wie – wie war das?«

»Na ja,« berichtete Eve, »als er mit Ihnen ging . . . ich hockte dort unter dem Haselnußstrauch, wenn Sie mit ihm hier drinnen waren. Ja, na zuerst dacht' ich, ich schieße Sie tot.«

»Aber?« fragte Mareile gespannt.

»Man will – man will,« meinte Eve, »na, und dann is die Courage nich da.«

»Und das mit dem Wasser?«

Eve lachte. »Ja, da wollt' ich auch 'rein. Zum schwarzen Auge ging ich. Sie wissen, das runde, schwarze Wasser unten im Sumpf. In der Mitte is es tief – tief. Nacht war's. Und der Mond war hell. Na ja! Wenn's dunkel is, dann gruselt's einem vor solchen Geschichten. Da ging ich nu – rein. Am Anfang ging's ganz gut. Wasser kam kalt an die Beine. Aber wie's nu tiefer wurde und das Wasser an den Bauch und die Brust 'rauf wollte, nee – nee – da –« Eve schwieg.

»Da?« fragte Mareile.

»Ich konnt's nicht. Sterben, nee, das versteh' ich nich.« Eve schüttelte sich, so daß die Birkenzweige um ihren Hut schwankten.

Die Dämmerung war vollends auf den Wald herabgesunken. Die Nebel stiegen aus den Wassern auf und spannen sich langsam über die Wiesen hin. »Gute Nacht«, sagte Eve leise und verschwand in den schwarzen Büschen. Mareile sann lange noch in die Dunkelheit hinein, bis alles um sie her wunderlich gespenstisch und unwirklich schien – ihr Leben – das Schloß – Günther – sie selbst. Ein Fiebertraum mit grellen Bildern, die ihr weh taten – und dann sah sie wieder die rote Eve im Mondschein in das schwarze Wasser steigen. Mareile begann sich zu fürchten.

Es war schon Nacht, als Mareile das Parkhaus verließ. Große Sterne hingen in den wirren Schöpfen der Föhren. Der Wald rauschte gleichmäßig und sachte, daß es wie der Atem eines starken, schlafenden Lebens klang. Mareile blieb stehen und lehnte sich an eine Tanne, drückte ihre Wange an den Stamm, der kühl war und nach Harz duftete. Dort am Ende der langen Waldlinie, ganz fern, lag Schloß Lantin mit seinen erleuchteten Fenstern, ein kleines, blankes Spielzeug, in all der ruhigen Dunkelheit. »Sterben, das versteh' ich nicht« – hatte Eve gesagt. Nein, sterben, das verstand auch Mareile nicht, und noch um die dort. O nein! Und sie erhob ihre kleine, festgeballte Faust drohend gegen das blanke Spielzeug dort unten in der Ferne.

ABENDLICHE HÄUSER

Roman

(1913)

Erstes Kapitel

Auf Schloß Paduren war es recht still geworden, seit so viel Unglück dort eingekehrt war. Das große braune Haus mit seinem schweren, wunderlich geschweiften Dache stand schweigsam und ein wenig mißmutig zwischen den entlaubten Kastanienbäumen. Wie dicke Falten ein altes Gesicht durchschnitten die großen Halbsäulen die braune Fassade. Auf der Freitreppe lag ein schwarzer Setter, streckte alle vier von sich und versuchte sich in der matten Novembersonne zu wärmen. Zuweilen ging eine Magd oder ein Stallbursche über den Hof langsam und lässig. Hier schien es, hatte niemand Eile. In der offenen Stalltür lehnte Mahling, der alte Kutscher mit dem weißen Bart, und gähnte. In der offenen Gartenpforte stand Garbe, der Gärtner, und verzog sein glattrasiertes Sektierergesicht und blinzelte in die Sonne. Dann begannen die beiden Männer aufeinander zuzugehen, mitten zwischen Stall und Garten blieben sie stehen, sprachen einige Worte zueinander, schwiegen, spuckten aus, ließen wieder einige Worte fallen.

Auf der anderen Seite des Hauses wurde eine Glastür geöffnet, die geradeswegs in den Garten führte, und der Schloßherr, der Baron von der Warthe, wurde in seinem Rollstuhl von seinem Diener Christoph hinausgefahren. Dicht in seinen Pelz gehüllt, eine Pelzmütze auf dem Kopfe, schwankte die in sich zusammengebogene Gestalt in Stuhle sachte hin und her. Das Gesicht war sehr bleich und in seiner strengen Regelmäßigkeit von einer müden Ausdruckslosigkeit, nur die hervortretenden Augen waren noch wunderlich klar und blau. Neben dem Rollstuhl schritt die Schwester des Barons, die Baronesse Arabella, hin, groß und hager in ihrem schwarzen Mantel und dem wehenden Trauerschleier, das Gesicht schmal und messerscharf zwischen den gebauschten weißen Scheiteln. So ging es die feuchten Herbstwege des Parks entlang, auf denen die Herbstblätter raschelten. Von den Bäumen fielen Tropfen, und die Wipfel waren voll lärmender Nebelkrähen. Christoph steckte das Kinn tiefer in den aufgeschlagenen Kragen des Livreemantels und schnaufte ein wenig in der Anstrengung des Stoßens. Dann hielt er plötzlich still, sein Herr hatte ein Zeichen mit der Hand gemacht, der Baron sah zu seiner Schwester auf und sagte mit einer Stimme, die ärgerlich und gequält klang: »Sag' mal, Arabella, was ist die Dachhausen für eine Geborene?« – »Birkmeier, die Fabrikantentocher«, erwiderte die Baronesse ruhig und wie mechanisch. Befriedigt ließ der Baron den Kopf sinken, und Christoph schob den Stuhl weiter.

Und doch vor wenigen Wochen noch war Paduren die Hochburg des adligen Lebens in dieser Gegend gewesen, und der Baron Siegwart von der Warthe hatte hier eine stille, aber unbestrittene Herrschaft über seine Standesgenossen ausgeübt. Der kleine rundliche Herr mit dem strengen, feierlichen Gesicht, das von dem weißen Haar und weißen Backenbart wie von einem silbernen Heiligenschein umrahmt wurde, war das Gewissen dieses Adelswinkels gewesen. Öffentliche Ämter mochte er nicht bekleiden, in Versammlungen schwieg er. »Ich bin kein Tribünenläufer«, pflegte er zu sagen, aber seine Ansicht war dennoch stets die ausschlaggebende, und in jeder wichtigen Sache war es die Hauptfrage: Was sagt von der Warthe? In Sachen der Politik und der Landwirtschaft, in Familienangelegenheiten und Ehrenhändeln, überall sprach er das wichtigste Wort mit. Er lieh Geld denen, die es nötig hatten und die er dessen würdig hielt, und wachte streng darüber, daß gute altedelmännische Sitte hier nicht in Verfall geriet. Wenn der Baron von der Warthe die greisen Augenbrauen in die Höhe zog, mit der flachen Hand durch die Luft von oben nach unten fuhr, als machte er einen Sargdeckel zu, und leise sagte: »Hm, – ja, schade, aber der Mann ist erledigt«, dann war der Mann für diese Gegend wirklich erledigt. Der Baron war sich seiner Stellung wohl bewußt, und er genoß sie, und sie war vielleicht die einzige wirkliche Freude seines Lebens. Immer wohlwollend würdig zu sein, geachtet und ein wenig gefürchtet zu werden, mag ein großes Gut sein, es macht jedoch einsam und ist nicht gerade heiter. Das gab dem Baron wohl auch den feierlichen, ein wenig ungemütlichen Ausdruck; er sah aus, als dürfe er sich nie gehen lassen und als sei ihm dieses selbst zuweilen unbequem. Dietz von Egloff, der es liebte, von älteren Herren respektlos zu sprechen, meinte: »Dem Gesicht des alten Warthe würde ich es gönnen, sich einmal eine Stunde lang nach Herzenslust verziehen zu dürfen, um sich von der ewigen Würde gründlich erholen zu können.« Der Baron liebte es, wenn es heiter um ihn her war, seine Jagden und sein Rotwein waren berühmt, aber er konnte sich nicht verhehlen, daß die Leute sich gerade dann am besten unterhielten, wenn er zufällig nicht zugegen war. Das mochte ihn zuweilen ein wenig melancholisch machen, aber er gestand sich das selbst nicht ein und war überzeugt, daß er das bessere Teil erwählt habe, die Weisheit, die Würde und die Macht. Die jungen Leute liebten ihn nicht, lachten über ihn, wenn sie unter sich waren, und nannten ihn den »Baron Mißbilligung«. Allein sie fürchteten ihn, und wenn sie in Schwierigkeit gerieten, wandten sie sich stets an ihn. Die alten Herren bewunderten ihn und lauschten seinen Worten wie einem Evangelium.

Am Kamin bei der Nachmittagszigarre liebte es der Baron, zu seinem alten Freunde, dem Baron Port auf Witzow, von seinen Grundsätzen zu sprechen: »Ansichten, die jungen Leute wollen jetzt allerhand Ansichten haben. Nun ja, ich bestreite ja nicht, es mag allerhand Ansichten und Grundsätze geben, die ganz gut und richtig sind für andere. Man braucht ja schließlich kein Edelmann zu sein, aber für uns gibt es gewisse Ansichten und Grundsätze, die richtig und wahr sind, nicht weil jemand sie uns bewiesen hat, sondern weil wir wollen, daß sie richtig und wahr sind. Mir braucht man nichts zu beweisen und zu erklären. Ich will, daß das und das wahr und richtig ist, weil, wenn das falsch ist, ich nicht mehr der von der Warthe bin, der ich bin, und du nicht von Port bist, der du bist, weil wir sonst beide alte Narren wären. Siehst du, das sage ich.«

Als sein Freund zu sprechen anfing, hatte der Baron Port sich aus der leichten Nachmittagsschläfrigkeit aufgerüttelt. Er beugte den schweren Oberkörper nach vorn, legte die Hand an das Ohr und hörte aufmerksam zu. Als die Rede zu Ende war, schlug er dem Baron von der Warthe mit der flachen Hand auf das Knie und meinte: »Da hast du wieder recht, Bruder.« Dann lehnten die beiden Herren sich in ihre Sessel zurück und sogen befriedigt an ihren Zigarren.

Vorbildlich wie die Ansichten und die Landwirtschaft des Barons von der Warthe für seine Nachbarn waren, so war es auch sein Haus; die hohen Zimmer voll weitläufiger, schwerer Mahagonimöbel, großer Kachelöfen, voller Ahnenbilder und alten Silbers, in denen sich ein Leben geregelter Wohlhabenheit behaglich abspann. »Unsere Vornehmheit ist schlicht«, pflegte der Baron zu sagen. Er liebte das Wort »schlicht« und fuhr gern, wenn er es aussprach, mit der flachen Hand wagerecht durch die Luft. Daß die beiden Kinder des Barons in Paduren, Fastrade und Bolko, Vorbilder für alle Kinder der Nachbarschaft waren, das wußte jedes Kind der Gegend. Die Baronin von der Warthe war bei der Geburt ihres zweiten Kindes gestorben, die Baronesse Arabella stand dem Haushalt ihres Bruders vor und erzog die Kinder, und auch diese Erziehung wurde allgemein bewundert. Da war der Hauslehrer, Herr Arno Holst, der Bolko auf die höheren Gymnasialklassen vorbereiten sollte und die eben erwachsene Fastrade noch in Literatur und Kunstgeschichte einführte. Ein schmalschulteriger junger Mann mit kurzsichtigen braunen Augen, blonden Locken und einem hübschen Mädchengesicht. Er war sehr musikalisch, sang mit einer schönen Baritonstimme, las Schillersche Dramen vor und war von einer fast knabenhaft schwärmerischen Begeisterung für alles Schöne. Der Padurensche Hauslehrer war in der ganzen Nachbarschaft berühmt. »Er ist toll,« sagte Baron Port zu seiner Frau, »wenn der Warthe sich was anschafft, so ist es unfehlbar erster Güte. Wie er das nur macht? Hat er einen Hühnerhund, so ist der hasenreiner als alle unsere Hunde, nimmt er sich einen Hauslehrer, so ist das gleich ein ungewöhnlich scharmanter Kerl.«

»Kränklich scheint er mir«, sagte die Baronin, die es nicht liebte, die Schattenseiten an Menschen und Sachen zu übersehen. Um so größeres Erstaunen erregte die Nachricht, Herr Holst habe das Schloß plötzlich verlassen. In Paduren tat man so, als sei nichts Besonderes geschehen, es sei eben an der Zeit, Bolko auf das Gymnasium zu schicken. Allein ein Gerücht, niemand wußte, woher es kam, wollte nicht verstummen, es erzählte von wunderlichen Dingen, welche sich in Paduren ereignet haben sollten. Hatte sich Herr Holst in Fastrade verliebt? Hatte Fastrade sich in den hübschen Hauslehrer verliebt? Hatten sie sich verlobt und hatte es einen bösen Familienauftritt gegeben? Niemand glaubte so recht daran, dennoch wurde auf den benachbarten Gütern eifrig darüber geflüstert, und es war, als sei den meisten der Gedanke nicht unangenehm, daß es auf Paduren auch nicht immer so einwandfrei hergehe, wie es scheinen wollte. Von Warthes war natürlich nichts zu erfahren. Bolko kam auf das Gymnasium, der Baron war würdig und voll Autorität wie immer, die Baronesse Arabella schwieg, und Fastrade sah man wie sonst auf ihrem kleinen Schimmel die Waldwege entlang jagen im blauen Reitkleid. Unter der weißen Knabenmütze flatterte blondes Haar um das runde, über und über rosa Gesicht, auf den Lippen ein stetiges Lächeln, als lächelte sie dem scharfen Luftzuge der tollen Bewegung zu. Auch in Gesellschaft war sie wie sonst das unbefangene heitere Mädchen mit dem hinreißenden Lachen. Sie bog dann den Kopf zurück, öffnete die Lippen ein wenig weit, und die Augen wurden glitzernd und feucht. »Die Augen der kleinen Warthe machen mich durstig,« hatte Dietz von Egloff gesagt, »auf der ganzen Welt habe ich nach einem Getränk gesucht, so stark blau und ganz durchsichtig, aber das gibt es nicht.«

Zwei Jahre vergingen, Bolko bezog die Universität, Fastrade feierte ihren einundzwanzigsten Geburtstag, als wiederum eine Nachricht die Gegend in Aufregung versetzte. Fastrade, hieß es, verlasse ihr väterliches Haus, um fern irgendwo, in Hamburg sagte man, im Krankenhause die Krankenpflege zu erlernen. Die Nachricht bestätigte sich und war doch so unglaublich. Wie oft hatten nicht alle es von dem Baron von der Warthe gehört: »Unsere Töchter gehören in unser Haus, bis sie ihr eigenes beziehen. Tochter eines adligen Hauses zu sein ist ein Beruf, der ebenso wichtig ist, wie jeder andere Beruf.« Und noch letzthin, als die zweite Tochter der Ports nach Dresden ging, um ihre Stimme auszubilden, hatte der Baron das eine Desertion genannt. Und nun desertierte seine einzige Tochter, ließ die beiden alten Leute allein. Was war geschehen? In Paduren schwieg man darüber wie immer. Man glaubte zu bemerken, daß der Baron nach der Abreise seiner Tochter strenger und unnachsichtiger in seinen Urteilen war, daß er ungeduldig wurde, wenn man ihm widersprach, aber sonst war keine Veränderung bemerkbar. Große Jagden wurden in Paduren abgehalten, bei denen er nervös die Jugend zur Heiterkeit aufmunterte. Ja, er selbst bemühte sich, heiter zu sein, sprach viel von Bolko, von dem Studentenleben, erzählte aus der eigenen Studentenzeit verschollene Studentenstreiche, über die nur er und der Baron Port lachten konnten.

An einem Novemberabend trat die Baronesse Arabella in das Arbeitszimmer ihres Bruders, sie fand ihn in seinem Sessel sitzend, den Kopf zurückgelehnt, das Gesicht grau und wie zerfallen, die Augen geschlossen, in der Hand hielt er ein Telegramm. »Mein Gott! Siegwart!« rief die Baronesse. Matt reichte er ihr mit der einen Hand das Telegramm, mit der anderen winkte er. Er wollte allein sein. Das Telegramm meldete, Bolko sei im Duell gefallen. Die Baronesse ging, um sich in ihr Zimmer zu verschließen und zu weinen. Im Schlosse wurde es eine Weile ganz still, als die Nacht aber hereingebrochen war, begannen Schritte unablässig durch die lange Zimmerflucht zu irren, und wenn sie an der Tür der Baronesse vorüberkamen, glaubte diese etwas wie ein leises Wimmern zu hören. Den nächsten Morgen war der Baron bleich und gefaßt, traf die Vorbereitungen für die Bestattung seines Sohnes und empfing die Trauerbesuche. Er war feierlich und würdevoll wie immer, nur schien es zuweilen, als gerieten diese Feierlichkeit und diese Würde ins Schwanken, als müßte er sie gewaltsam festhalten wie einen schweren Mantel, der von den Schultern herabzugleiten droht.

Nach dem harten Schlage, der sie getroffen, zeigten die Einwohner von Paduren sich nicht in der Nachbarschaft. Sie blieben zu Hause und gingen recht schweigsam in den großen Räumen nebeneinander her. Einmal sagte die Baronesse Arabella zu ihrem Bruder: »Unsere Fastrade, soll unsere Fastrade nicht kommen?« Er aber winkte ärgerlich ab. Die Nachbarn trauten sich nicht recht in das so still gewordene Schloß, nur der Baron Port besuchte seinen Freund. Dann saßen sie beide wie sonst am Kamin bei der Nachmittagszigarre, und der Baron von der Warthe sprach von seinen Grundsätzen und den falschen Ansichten der jungen Leute, er wollte sich wieder an den eigenen schönen und vernünftigen Worten erfreuen, aber es war, als schmeckten sie ihm nicht mehr, die Stimme begann zu zittern, wurde kleinlaut und mutlos und versiegte endlich ganz. Dann beugte sich der Baron Port vor und klopfte seinem alten Freunde sanft auf das Knie. – »Der Warthe ist nicht mehr der alte,« berichtete Baron Port seiner Frau, »er hält sich, er hält sich, aber das mit dem Sohn ist für ihn doch zu stark gewesen.«

Ja, es war für ihn zu stark gewesen. Als Christoph eines Nachmittags in das Arbeitszimmer seines Herrn trat, wo dieser auf einem großen Sessel seine Nachmittagsruhe zu halten pflegte, fand er ihn auf dem Fußboden liegend. Der kleine Herr lag da, Hände und Füße hilflos von sich gestreckt, das Gesicht grau und wie von einer Qual verzerrt inmitten des silbernen Heiligenscheines der Haare und des Backenbartes. Ein Schlaganfall hatte ihn getroffen, hatte den armen Baron »Mißbilligung« in einem Augenblick all seiner Feierlichkeit und seiner schönen Haltung entkleidet und ihn zu einem hilflosen alten Manne gemacht.

Zweites Kapitel

Die Baronesse Arabella hatte sich entschlossen, am Nachmittage einen Besuch bei der Baronin Port zu machen. Die Krankenstubenstille des Schlosses quälte sie wie eine Krankheit. Sie wollte Menschen sehen und sprechen, vor allem sprechen. So fuhr Mahling sie in der großen Kalesche nach Witzow hinüber. Die Herbstwege waren schlecht, das Wetter feucht und kalt unter einem niedrigen grauen Himmel, der Wind wühlte im feinen Gezweige der Hängebirken wie in feuchtem roten Haar. Zwischen den Schollen der aufgepflügten Äcker lag hier und da schon ein wenig Schnee. Alles sah unreinlich aus und als ob es friere. Aber die alte Dame blickte mit einem liebenswürdigen und angeregten Lächeln auf die Landschaft hinaus. Sie machte schon jetzt ihr Besuchsgesicht, denn sie freute sich wirklich herzlich auf ihren Nachmittag. Das weiße Witzowlandhaus mit der niedrigen Treppe, vor dem sie jetzt hielten, erschien ihr heute besonders anheimelnd, auch der große Flur, der stets nach feuchtem Kalk roch und in dem die Baronesse jedesmal dachte: Die gute Karoline kann sagen, was sie will, das Haus ist doch feucht.

Sylvia, die älteste Tochter des Hauses, ein schlankes, ältliches Mädchen mit einem bleichen Gesicht und einem gefühlvollen, ein wenig mitleidigen Lächeln, empfing die Baronesse. Sylvia hatte eine Art, die Leute zu begrüßen, als seien sie krank und bedürften der Teilnahme und der Schonung. Und das tat der alten Dame heute wohl. Im Wohnzimmer auf dem großen Sofa mit der zu steifen Rücklehne saß die Baronin Port, eine sehr starke Dame, das Gesicht stets rot und erhitzt unter der weißen Blondenhaube.

»Nun, meine gute Arabella,« sagte sie mit einer lauten, tiefen Stimme, »da sind Sie, ich habe an Sie schon wie an eine Verstorbene gedacht.« Die Baronesse lächelte wehmütig: »Ach ja, zuweilen möchte man wirklich schon gestorben sein.«

»Na, na, es kommen wieder bessere Zeiten,« beschwichtigte die Baronin, »setzen Sie sich, und erzählen Sie, wie geht es bei Ihnen?«

»Immer das gleiche,« erwiderte die Baronesse, »doch nein, eine gute Nachricht habe ich, unsere Fastrade kommt, ich habe an sie geschrieben, und sie kommt.«

»So.« Die kleinen Augen der Baronin wurden blank vor Neugierde, und sie lüftete die Blondenhaube ein wenig an den Ohren, um besser hören zu können. »So, die kommt also, jetzt erst.«

Die Baronesse zog traurig die greisen Augenbrauen empor und meinte: »Bisher hatte es der Vater nicht gewollt, aber jetzt –.« »Und immer wegen des jungen Menschen?« fragte die Baronin gespannt. Die Baronesse nickte, sie schwieg einen Augenblick, lehnte den Kopf zurück. Sie wußte, jetzt würde sie über alle diese Dinge sprechen, über die sie so lange hatte schweigen müssen. Aber sie konnte nicht anders. Sylvia ging leise ab und zu und servierte den Tee. Die Baronin nahm eine Strickarbeit mit klappernden elfenbeinernen Nadeln, wie beruhigt darüber, daß sie ihren Besuch jetzt dort hatte, wo sie ihn haben wollte.

»Ach ja! Was man nicht erlebt,« begann die Baronesse, »und denken Sie sich, ich hatte doch von allem nichts gemerkt, ich merke so etwas nie. Erst als eines Tages die beiden sich an der Hand faßten und in das Schreibzimmer meines Bruders gingen, da packte mich der Schrecken, die Knie zitterten mir so, daß ich mich setzen mußte.«

»Also einfach eine Verlobung«, bemerkte die Baronin sachlich.

»Ja,« erwiderte die Baronesse, »die armen Kinder dachten sich wohl so etwas, aber mein Bruder machte dem allen schnell ein Ende.«

»Wie ertrug es Fastrade?« inquirierte die Baronin weiter.

Die Baronesse seufzte, diese langverschwiegenen Dinge herauszusagen, ergriff sie so stark. »Fastrade, Sie kennen sie ja, ist ein so starkes und mutiges Mädchen, wenn sie gelitten, hat sie es uns nie gezeigt. Und wie die Zeit verging, glaubte ich, sie hätte ihn vergessen. Da kommt nun dieser Geburtstag, an dem sie dem Vater erklärt, sie muß fort in ein Krankenhaus, sie ist volljährig, sie hat

Geld von ihrer Mutter; was gesprochen wurde, weiß ich ja nicht, Sie kennen meine Feigheit; wenn so etwas in der Luft liegt, verkrieche ich mich in mein Zimmer. Da kommt nun das Kind, weiß wie ein Tuch, und sagt: Ich reise. Liebes Kind, sage ich, nur eins möchte ich wissen, ist es seinetwegen? Sie sieht mich ruhig an und sagt klar und fest: Er ist krank und in Not, da muß ich bei ihm sein. Was konnte ich da sagen, ich habe ja nie recht was zu ihr sagen können. Als sie noch ein kleines Mädchen war, fühlte ich, daß sie von uns beiden immer die Klügere und Stärkere war. So reiste sie denn. Es war gute Schlittenbahn, ich stand im großen Saal am Fenster und hörte noch den Schellen ihres Schlittens zu, die man bei uns ja so weit von der Landstraße hört, da kam mein Bruder aus seinem Zimmer, setzte sich an den Kamin, stocherte mit der Zange in den Kohlen herum und murmelte so vor sich hin: ›Auf dem Posten bleiben will keine. Das ist wohl auch schwerer, ein Fräulein von der Warthe zu sein, als so etwas anderes.‹«

»Also sie fuhr direkt zu dem jungen Menschen«, sagte die Baronin scharf.

»Nun ja,« erwiderte die Baronesse zögernd, »er war krank, lag im Krankenhause, da hat sie ihn wohl gepflegt und dann, dann starb er.«

Die Baronin ließ die Arbeit sinken und blickte überrascht auf: »Er starb? Gott sei Dank!«

»Wollen wir uns nicht versündigen, liebe Karoline,« meinte die Baronesse wehmütig, »der arme junge Mensch! Vielleicht war es so besser.«

»Viel besser,« bestätigte die Baronin, »überhaupt, die Sache ist dann nicht so schlimm, aber das kommt von der Geheimtuerei, da denkt man gleich wer weiß was.«

»Und dann, liebe Karoline,« versetzte die Baronesse und lächelte gerührt, »unserer Fastrade kann man dies alles nicht anrechnen, sie hat ein zu heißes Herz. Als unser kleiner Hund umkam, sie war noch ein kleines Kind, da hat sie doch die ganze Nacht geweint und geradezu gefiebert. Und später, als die alte Wärterin Knaut starb, – mein Bruder hatte gewünscht, daß die Kinder bei der Beerdigung mit auf den Friedhof genommen werden, sie sollten sich früh an solche Pflichten gewöhnen, sagte er –, nun gut, am Abend, es war im Juni, ist Fastrade fort. Man sucht sie und wo findet man sie? Sie sitzt auf dem Friedhofe in der Abenddämmerung am

Grabe der Knaut, sie will die Knaut nicht allein lassen. So war sie immer.«

Von ihrem Sitz aus konnte die Baronesse die dämmerige Zimmerflucht entlang sehen, an deren Ende jetzt die breite Gestalt des Baron Port erschien und langsam herankam. Er war von seinem Nachmittagschlafe aufgestanden und schien verstimmt, er begrüßte die Baronesse kurz und setzte sich an den Tisch. »Wir sprechen von der Fastrade,« sagte die Baronin, »sie kommt endlich nach Hause.«

Der Baron machte eine abwehrende Handbewegung und beugte sich über die Teetasse, welche seine Tochter vor ihn hingestellt hatte.

»Und Ihre Gertrud kehrt ja auch wieder zu Ihnen zurück«, versetzte die Baronesse.

Da begann der Baron zu sprechen, heiser und undeutlich, als läge ihm nichts daran, daß er verstanden werde: »Ja, zurück kommen sie alle, aber wie? Die Nerven kaputt, zerzaust wie die Hühner nach dem Regen, der arme Warthe hatte ganz recht, keine will auf dem Posten bleiben. Früher hatten die adeligen Fräulein nie solche Talente, die ausgebildet werden mußten, das ist auch so die neue Zeit.« Dieses knarrende Schelten schien ihm wohlzutun, er fuhr daher fort, verbiß sich in seinen Ärger: »So bin ich gestern bei Dachhausens zu Mittag. Na, daß es dort nach Finanz riecht, dafür können sie nichts, sie ist ja eine Fabrikantentochter, aber er ist ein braver Junge, und einer der Unseren. Gut, es wird also ein Rehbraten serviert, einer unserer ehrlichen, heimatlichen Böcke, aber ringsum auf derselben Schüssel liegen so halbe Orangeschalen voll Orangegefrorenem, so das süße Zeug, das man beim Konditor kriegt.«

»Ist das gut?« fragte die Baronesse teilnehmend.

Der Baron zuckte mit den Schultern: »Gut! In Berlin und Paris versucht man mal so abenteuerliches Zeug, aber hier bei uns – ich kann mir nicht helfen, mit kommt so was pervers vor. Na und unser anderer Nachbar, der Egloff in Sirow, daß er sein Haar gescheitelt trägt wie ein Mennonitenprediger, ist seine Sache, das soll amerikanisch sein. Also vorigen Tag war ich Geschäfte wegen bei ihm, da stellte er mir so einen kleinen Kerl vor, schwarz wie ein Tintenfaß, der ist ein portugiesischer Marquis, und einen langen Grauhaarigen mit einer blauen Brille, der ist wieder ein polnischer

Graf. Und die Großmutter, die alte Baronin, sieht diese unheimlichen Leute strahlend an und freut sich, daß ihr Dietz so vornehme Bekannte hat. Und wenn sie abends in ihrem Zimmer sitzt und sich von dem Fräulein Dussa die frommen Bücher vorlesen läßt, dann horcht sie hinaus auf das Toben der Herren im Spielzimmer und ist glücklich, daß ihr Dietz sich so gut unterhält dort am grünen Tisch, wo er das Familienvermögen riskiert.«

Der Baron schüttelte sich wie von Widerwillen übermannt und schloß düster: »Eins weiß ich, ich werde diese Komödie nicht mehr lange anzusehen haben, mein Parkettsitz wird bald leer sein.«

Alle schwiegen; die Dämmerung war vollends hereingebrochen. Als ihr Vater zu sprechen begonnen, hatte Sylvia sich erhoben und ging lautlos die Zimmerflucht auf und ab, zuweilen blieb sie an einem Fenster stehen und schaute hinaus auf den schwefelgelben Streifen, der am Abendhimmel über dem schwarzen Walde hing. Eine, die bleich und nachdenklich auf ihrem Posten geblieben war.

Da die Dunkelheit kam, machte die Baronesse sich auf den Heimweg. Als sie im Wagen saß, sagte sie sich, daß es dort bei Ports nicht eben heiter gewesen war, aber sie hatte sprechen können, und das empfand sie wie eine Erleichterung nach allem Schweigen.

Drittes Kapitel

Es war reichlich Schnee gefallen, die Abenddämmerung lag blau über der weißen Decke. Die Baronesse Arabella hatte zwei Lampen im großen Saal anzünden lassen und ging nun unablässig dort auf und ab, die eingefallenen Wangen leicht gerötet. Oft blieb sie stehen und lauschte hinaus auf ein Schellengeläute, das fern von der Landstraße herübertönte. Solchen Schellengeläute zuzuhören, wie es von der Straße herklang, an den Biegungen schwächer wurde, wie es sich entfernte oder näher kam, war ihr stets eine gewohnte Beschäftigung an stillen Winterabenden gewesen, und wie bedeutungsvoll war dieses Geläute zuweilen, an dem Abend, da Fastrade von ihnen fuhr, und wiederum an jenem Abend, da die Glocke der Estafette immer näher kam, welche die Nachricht von des armen Bolko Tode brachte. Seitdem schien es der Baronesse, als könnte sie aus den Stimmen der Schellen etwas von dem heraushören, was dort auf der Landstraße zu ihr herankam. Heute, glaubte sie, heute klängen die Schellen besonders hell und erregend, es war Fastrade, die da kam. Die alte Dame freute sich, aber in dieser Freude lag eine Aufregung, die sie fast schmerzte.

Jetzt war das Geklingel ganz nahe, es machte den großen Bogen im Hofe und hielt vor der Freitreppe. Geräuschvoll öffnete Christoph die Haustür. Die alte Dame stand regungslos da und horchte auf die Schritte im Flur. Fastrades Stimme mit ihrem metalligen Schwingen sagte: »Guten Abend, Christoph, wie unverändert Sie sind, nur grau sind Sie geworden.« – »Wir sind hier alle grau geworden, gnädiges Fräulein«, erwiderte Christoph. Jetzt öffnete sich die Tür, und Fastrade stand da in ihrer hübschen, aufrechten Haltung. Über dem schwarzen Trauerkleide nahm sich der blonde Kopf, das runde, von der Fahrt leicht gerötete Gesicht wunderbar hell und farbig aus. Sie lächelte ihr Lächeln, das ihr so leicht auf die Lippen stieg, und die Augen, von der Dämmerung verwöhnt, blinzelten in das Licht. Die Baronesse stand noch immer wie hilflos da und weinte. Erst als Fastrade sie in ihrer bekannten schützenden Art in die Arme nahm, den alten zerbrechlichen Körper hielt und leitete, da fühlte die Baronesse wieder die ganze Wärme dieser Gegenwart, nach der ihr alle Jahre hindurch gefroren hatte.

Fastrade führte die Baronesse zum Sofa, ließ sie dort niedersitzen, setzte sich neben sie und hielt die beiden alten Hände in den ihren. Die Baronesse weinte still vor sich hin, Fastrade saß ruhig da und ließ ihre Blicke im Zimmer umherschweifen, suchte die Sachen an ihren gewohnten Plätzen auf. Es stand alles dort, wo es einst gestanden, alles war unverändert, und dennoch schien es ihr, als sei es verblaßter, farbloser als das Bild, welches sie die ganze Zeit über in ihrer Erinnerung herumgetragen, das Getäfel schien dunkler, die Seide der Möbel verschossener, die Kristalle des Kronleuchters undurchsichtiger. All das erschien Fastrade wie eine Sache, die wir sorgsam verschließen, und wenn wir sie endlich wieder hervorholen, wundern wir uns, daß sie in ihrer Verborgenheit alt und blaß geworden ist. Und auch die Töne des Hauses waren die altbekannten. Aus dem Zimmer ihres Vaters hörte man die fette, knarrende Stimme des Inspektors Ruhke dringen, aus dem Eßzimmer klang das Klirren von Gläsern, das Klappern von Tellern herüber, und endlich im kleinen Kabinett neben dem Saale sang eine ganz dünne, zitternde Stimme eine hüpfende Melodie leise vor sich hin. Das war die uralte Französin Couchon, die schon die Lehrerin der Baronesse gewesen war. Sie saß an der grün verhangenen Lampe in sich zusammengebogen, das Gesicht ganz klein unter der enganliegenden grauen Samthaube, legte ihre Patience und trällerte leise ihre verschollene französische Melodie. Das ergriff Fastrade so stark, daß sie laut sagen mußte: »Ah, Ruhke ist bei Papa und Christoph deckt im Eßzimmer den Tisch, und Couchon sitzt noch bei ihrer Patience und singt.«

»Ja, Kind,« sagte die Baronesse, »wir haben nichts anderes zu tun, als zu sitzen und zu warten, bis eines nach dem anderen abbröckelt.«

Fastrade erhob sich schnell von ihrem Sitz, als wollte sie etwas abschütteln: »Ich will Couchon begrüßen«, sagte sie und ging in das Kabinett hinüber. Die alte Französin hob ihr kleines Gesicht zu Fastrade auf, lächelte mit dem lippenlosen Munde und sagte: »Tu voilà, ma fillette, à la bonne heure.« Dann wandte sie sich wieder ihren Karten zu. Jetzt beschloß Fastrade, zu ihrem Vater hineinzugehen. Auch dort erhellte eine Lampe mit grünem Schirm das Zimmer nur matt, der Baron saß auf seinem Sessel sehr gebeugt, der Kopf war ihm auf die Brust gesunken, er schien zu schlafen, das schöne Silberhaar war fort, und das Lampenlicht lag auf der blanken großen Glatze. In der Ecke stand der Inspektor Ruhke unförmlich groß und dick, und eine Atmosphäre von Schnee und Transtiefeln umgab ihn. Fastrade kniete vor ihrem Vater nieder und sagte: »Hier bin ich wieder, Papa.« Der Baron erhob seinen Kopf und sah sie an, die Augen waren noch immer klar und blau, aber das bleiche Gesicht schien zu müde zu sein, um einen Ausdruck zu haben. »So, so,« sagte der Baron und versuchte matt zu lächeln, »deine Tante sagte mir, du würdest kommen.« Dann strich er mit der Hand über Fastrades Wange. »Kalte Wangen,« bemerkte er, »so, so, setze dich dort hin, Kind, Ruhke ist noch nicht zu Ende, es ist gut, wenn du das mitanhörst. Nun, Ruhke, also die Ölkuchen.« Das Baron ließ wieder den Kopf auf die Brust sinken, Fastrade setzte sich in einen der großen Sessel, Ruhke räusperte sich verlegen und begann dann wieder mit der fetten, knarrenden Stimme zu sprechen, sprach von Ölkuchen, die von der Station abgeholt werden sollten, von einem Stier, der krank zu sein schien, von Brettern, die gesägt werden sollten, er sprach eintönig und mechanisch wie einer, der weiß, daß niemand ihm zuhört und endlich schwieg er ganz. Wie vom Stillschweigen geweckt, schaute der Baron auf und sagte: »Das ist alles? Nun dann guten Abend, Ruhke.« – »Guten Abend«, erwiderte der Inspektor und schob sich zur Tür hinaus. Jetzt wurde es ganz still im Zimmer mit seiner grünen Dämmerung, der Baron ließ wieder den Kopf sinken und schlummerte, einmal sah er auf und fragte: »Viel Schnee auf der Landstraße?« – »Ja, Papa«, erwiderte Fastrade. Danach schwiegen sie wieder. Fastrade saß da, die Hände im Schoß gefaltet, die Augen weit offen und auf dem Gesicht ein Ausdruck, als träumte sie einen schweren Traum. Draußen im Saal begann die große Uhr langsam und tief neun zu schlagen, Christoph kam, um seinen Herrn zu Bette zu bringen. »Ich gehe jetzt schlafen,« sagte der Baron, »du kommst dann wieder, Kind, und liest.« Und es kam in das bleiche Gesicht etwas wie Heiterkeit, als er hinzufügte: »Es ist gut, wenn man wieder beisammen ist.«

Im Eßsaale saßen die Baronesse und Fastrade sich gegenüber, und auch hier kam das vergangene Leben mit jedem Geräte und jeder Speise mächtig über Fastrade. Das Porzellan mit dem schwarzen Monogramm, der silberne Samowar, der Geschmack der Koteletten und der Semmel, als schien das Leben gerade da wieder anzuknüpfen, wo sie es vor Jahren verlassen hatte, und mechanisch wie früher stand Fastrade von ihrem Stuhle auf, um sich vor den Samowar zu stellen und den Tee zu machen. Die Baronesse erzählte unterdessen, erzählte geläufig und klagend von all dem Traurigen, das sich in den Jahren ereignet hatte. Nach dem Essen mußte Fastrade zu ihrem Vater gehen und vorlesen, sonst war es die Baronesse, die dort im Schlafzimmer die Memoiren des Herzogs de Saint Simon vortrug, bis er eingeschlafen war. Fastrade fand ihren Vater im Bette liegend mit geschlossenen Augen, er öffnete die Augen auch nicht, als sie eintrat, und murmelte nur ein leises »so, so«. Als sie sich jedoch an den Tisch mit der grünverhangenen Lampe setzte und das Buch zur Hand nahm, hörte sie die Stimme ihres Vaters klar und in dem früher gewohnten, belehrenden Tonfall das Wort *Pflichtenkreis* sagen. Sie las nun. Im Hause war es ganz still geworden, vom Bett her klang das schwere und mühsame Atmen des alten Mannes herüber, und all das war so furchtbar bedrückend, daß Fastrade es hörte, wie ihre eigene Stimme zuweilen zitterte und fast versagte, während sie die langwierige Geschichte von dem Streit der französischen Herzöge um den Vortritt vortrug. Endlich öffnete Christoph leise die Tür und machte ein Zeichen, daß es genug sei.

Als die Baronesse Fastrade in ihr Zimmer führte, weinte sie wieder und sagte: »Kind, nach all diesen Jahren werde ich zum ersten Male wieder mich glücklich zu Bett legen.«

Als sie allein war, blieb Fastrade mitten in ihrem Zimmer stehen und ließ die Arme schlaff herabhängen. Eine dunkle Traurigkeit machte sie todmüde. All das still zu Ende gehende Leben um sie her schwächte auch ihr Blut, nahm ihr die Kraft weiterzuleben; wir sitzen still und warten, bis eines nach dem anderen abbröckelt, klang es wie eine leise Klage in ihr Ohr und dann bäumte sich etwas in ihr auf, sie hätte die Traurigkeit von sich abreißen mögen wie ein lästiges Kleid. Schnell ging sie zum Fenster, öffnete die schweren Fensterläden, stieß das Fenster auf und schaute in den Garten hinab. Im Scheine großer, unruhig flimmernder Sterne lag die Winternacht da, weiß und schweigend, die Luft schlug ihr feucht und kalt entgegen, Bäume ragten wie große weiße Federn gegen den Nachthimmel auf, und an ihnen vorüber konnte Fastrade in eine Ferne sehen, die von einer weißen Dämmerung verschleiert unendlich schien. Hier war Raum, hier konnte sie atmen, hier in der Kühle schlief das große, starke Leben, zu dem sie gehörte. Und wie sie so hinausschaute in all das Weiße, mußte sie an das Krankenhaus denken mit den langen, weißen Korridoren, den weißen Türen, hinter denen das Leiden und die Schmerzen wohnten, aber die Leiden und der Schmerz dort waren etwas wie eine berechtigte Einrichtung, man diente ihnen, man lebte für sie, und auch das Mitleid war eine Einrichtung, man trug es leicht wie an einer Gewohnheit und stand nicht hilflos davor wie hier, als vor einer großen Qual. Wenn sie dort aus den Krankenstuben kam, fand sie draußen in den Korridoren geschäftiges Leben, eilige Ärzte in weißen Kitteln rannten an ihr vorüber, man rief sich etwas Heiteres zu, man lachte und man fühlte sich tapfer und nützlich in diesem frischen, fast munteren Kampfe gegen die Feinde des Lebens. Fastrade fror, aber sie empfand wieder, daß sie warmes junges Blut in ihren Adern hatte, empfand die Kraft ihres Körpers, und sie fühlte ihr Leben wieder als etwas, auf das sie sich trotz allem freuen durfte. Schnell schloß sie das Fenster, jetzt wollte sie schlafen.

Viertes Kapitel

Es war noch ganz finster, als Fastrade erwachte. Es mußte Zeit sein, die Nachtwache abzulösen, dachte sie und setzte sich im Bette auf, aber als sie hinaushorchte, herrschte draußen tiefes Schweigen, statt des Ab- und Zugehens leiser Schritte, das im Krankenhause nie verstummte. Da erinnerte sie sich, sie war zu Hause. Sie lehnte sich wieder in die Kissen zurück, hob die Arme empor, faltete die Hände über dem Scheitel und starrte in die Finsternis hinein. Anfangs war es ein Gefühl starken Wohlbehagens, liegenbleiben, schlafen zu dürfen, wie oft hatte sie sich im Krankenhause das gewünscht, allein der Schlaf kam nicht, und die Bilder von gestern abend stiegen wieder auf, das bleiche Gesicht ihres Vaters, die schmale, schwarze Gestalt der Tante Arabella, wie sie mitten in dem großen Saale stand und hilflos weinte. Sie fuhr auf, nein, diese schmerzhafte Hoffnungslosigkeit, die sie gestern abend krank gemacht, sollte nicht wieder über sie kommen. Sie zündete die Kerze an und begann sich anzukleiden. Das erfrischte sie; sie dachte an Kinderzeiten, wenn die kleine Fastrade es vergessen hatte, den französischen Aufsatz zu machen und sich frierend am Wintermorgen bei Kerzenschein ankleidete, während alles um sie her noch schlief.

Draußen in der langen Zimmerflucht herrschte noch Finsternis. Ab und zu ging eine Magd mit lautlosen Schritten, ein Lichtstümpfchen in einem Leuchter in der Hand, und die kleine Flamme ließ große Schatten die Wände entlang irren. Vor den mächtigen Kachelöfen hockten graue Gestalten, schichteten Holz in das Ofenloch, zündeten es an und die feuchten Scheite begannen laut und ärgerlich zu prasseln. Verwundert und fast ängstlich wie auf ein Gespenst schauten die Mägde Fastrade an, als sie da plötzlich unter ihnen erschien und langsam durch die Zimmer ging. Es war Fastrade, als könnte sie alle diese Gemächer jetzt, da sie in der Finsternis oder im flackernden Ofenschein zu schlafen schienen, leise beschleichen, um in ihnen all das wiederzufinden, was sie einst gekannt und geliebt hatte. Das Kabinett neben dem Saal war hell vom Ofenfeuer erleuchtet, vor dem Ofen saß Merlin, der alte Setter, und schaute ernst in die Flammen; als Fastrade eintrat, wandte er den Kopf nach ihr um und schaute sie ruhig an. »Merlin«, sagte Fastrade, da stand er langsam auf, ging zu ihr hin und rieb seinen Kopf sanft gegen ihr Knie; Fastrade mußte an die stille, müde Art denken, in der Tante Arabella sie gestern begrüßt hatte. »Komm, Merlin, wir wollen uns wärmen«, sagte sie und setzte sich auf einen Sessel am Ofen nieder; Merlin saß neben ihr und beide starrten jetzt in die Glut, und es war Fastrade, als wäre sie nie fortgewesen, als hätte sie nie aufgehört, zu diesem wunderlichen, alten Hause zu gehören, in dessen dunklen, verschlafenen Ecken überall eine stumme Klage zu wohnen schien.

Aber das Sitzen in der Wärme machte schlaff, dazu trug Merlins schwarzes Gesicht, trugen seine braunen Augen, die im Ofenschein glashell wurden, einen so hoffnungslos beruhigten Ausdruck zur Schau, als könnte sich im Leben nie mehr etwas ereignen. Ungeduldig stand Fastrade auf, ging wieder durch die Zimmer, die Fensterläden waren geöffnet worden, ein weißer, dunstiger Wintermorgen schaute durch die Fenster. Fastrade blickte in den Hof hinab, die Ställe und das Gesindehaus standen da mit der unfreundlichen Deutlichkeit, die das Licht vor Sonnenaufgang den Gegenständen gibt. Es mußte sehr kalt sein; aus der offenen Stalltür dampfte es, auf die Treppe des Gesindehauses trat Ruhke heraus, unförmlich groß und dick, ganz in einen langen Schafpelz gehüllt, das Gesicht bleich und gedunsen. Mißmutig schaute er den Weg zu den Wohnungen der Instleute hinab, und auf diesem Wege kam ein langer Zug grauer Gestalten langsam und widerwillig daher; fahle, mißfarbene Flecken in all dem Weiß. Es fror Fastrade; wie entsetzlich freudlos schien dieser graue Zug, mußte denn hier alles so freudlos sein, mußte denn hier alles, was man anschaute, wehe tun, konnte man denn hier nie von diesem Mitleid loskommen? Sie wandte sich ab, im Saal begegnete sie einem kleinen Dienstmädchen; in seiner rosa Kattunjacke, das rote Tuch auf dem Kopfe, stand es da, die Wangen weinrot vom Frost, die kleinen Augen blank. Als das Mädchen Fastrade sah, lachte es, öffnete den breiten, roten Mund und zeigte die weißen Zähne. Fastrade lachte auch. »Trine, du bist es,« sagte sie, »du bist groß geworden und du bist hübsch geworden.« Trine errötete über das ganze Gesicht, sie straffte ihren Körper unter dem dünnen Kamisol und schüttelte ihn ein wenig, als fühlte sie das Großsein und Hübschsein als etwas Angenehmes und Warmes. »Es wird heute kalt«, fuhr Fastrade fort, nur um das Mädchen noch zu halten, um dieses Junge, Farbige und Lachende noch vor sich zu sehen. »Ja, Fräulein.« – »Aber es wird heute schön.« – »Ja, Fräulein.« Jetzt ging die Sonne auf, rosenrotes Licht strömte in den Saal, glitt über das dunkle Getäfel, verfing sich in den Kristallen des Kronleuchters. Trine stand da, ganz rosig übergossen, und lachte ihr breites Lachen. Fastrade fühlte, wie auch das Licht über sie hinfloß, fühlte auch sich jung und hübsch. »Da ist die Sonne«, sagte sie. – »Ja, nun kommt sie«, meinte Trine und lief kichernd aus dem Zimmer.

Jetzt begann es sich im Hause zu regen, Christoph kam und deckte den Frühstückstisch, Fräulein Grün, die Mamsell, erschien und trug auf einem Brette die frischen Brötchen herein, sie begrüßte Fastrade mit lauter Stimme: »Unser gnädiges Fräulein wird uns wieder regieren, das ist gut für uns, wir verschimmeln ja hier.« Ja, Fastrade wollte hier wieder regieren; sie machte sich daran, wie früher den Frühstückstisch zu ordnen, legte die Brötchen in den Brotkorb, stellte sich vor den Samowar, um den Tee zu machen. Es sollte, es mußte hier wieder behaglich werden. Als die Baronesse Arabella in das Eßzimmer trat, war sie so überrascht, daß sie die Hände faltete und zu weinen begann, aber Fastrade wurde ungeduldig. »Hier gibt es doch nichts zu weinen, Tante, komm, setze dich, der Tee ist fertig.« Als die alte Dame an ihrem Platz saß, wischte sie sich die Augen und sagte nachdenklich: »Sieh, Kind, ist das nicht seltsam, sonst, wenn ich mich so allein an meinen Platz setzte, fror mich immer so stark, heute friert mich gar nicht.«

Der Wintertag war sehr hell geworden, die Zimmer waren voll gelben Sonnenscheins, der Baron erschien, um an Christophs Arm langsam seine Promenade durch die Zimmerflucht zu machen, er blieb vor Fastrade stehen, sah sie streng an und sagte: »Mein Kind, hast du deinen Pflichtenkreis gefunden?«

»Ich weiß nicht, Papa«, erwiderte Fastrade und errötete.

Der Baron dachte ein wenig nach und fragte dann: »Gehst du heute zu den Kühen?«

»Zu den Kühen?« Fastrade wunderte sich; sie war sonst nie zu den Kühen gegangen.

»Gut, lassen wir es zu morgen,« fuhr der Baron fort, »aber des Herrn Auge mästet das Vieh.« Als er weiter ging, fügte er noch hinzu: »Übrigens essen wir um Punkt eins, der Arzt hat es so verordnet.«

Einen Pflichtenkreis hatte Fastrade offenbar noch nicht. Sie trieb sich in den Zimmern umher, rückte an den Möbeln, als wollte sie dieselben wecken und ihnen melden, daß sie da sei. Endlich ging sie in das Kabinett, das ihr als Schreibzimmer diente, und setzte sich dort nieder. Da war ihr Schreibtisch, da standen ihre Sachen und Bücher, aber sie sagten ihr noch nichts, sie hatte noch kein Verhältnis zu ihnen. Sie war es nicht mehr gewohnt, einen Tag vor sich zu haben, über den sie selbst bestimmen konnte. Dort im Krankenhause zwang ja jede Minute zu einer bestimmten Arbeit. Was tat ich früher um diese Zeit? fragte sie sich. Da stieg wieder die Erinnerung jener früheren Zeit in ihr auf und mit ihr Arno Holsts hübsche, schmächtige Gestalt. Wie deutlich entsann sie sich jetzt des Abends, an dem sie zuerst gewußt hatte, daß sie Arno Holst liebte, oder sich entschlossen hatte, ihn zu lieben. Sie saß am Klavier und spielte Mendelssohn, Arno Holst stand hinter ihr und hörte zu. Als sie geendet hatte, ließ sie die Hände in den Schoß sinken, er lehnte sich an das Klavier und begann von seiner Mutter zu sprechen; sie hatte auch so schön die Mendelssohnschen Lieder gespielt. Er erinnerte sich dessen sehr gut, obgleich er noch ein Knabe gewesen war, als sie starb, deshalb wohl waren diese Melodien für ihn der Inbegriff des Heimatlichen und Geborgenen, denn mit dem Tode seiner Mutter war er heimatlos und einsam geworden, und einsam zu sein war wohl sein Schicksal. Das hatte Fastrade ergriffen. Sie war in den Park hinausgegangen; sie erinnerte sich deutlich dieses Vorfrühlingsabends: ein lauer Wind fuhr in die laublosen Bäume, eine ganz silberne Mondsichel hing am Himmel, die Parkwege waren naß, überall rannen und plauderten kleine Wasser, und es roch stark nach feuchter Erde. Dort nun war das Mitleid um Arno Holst ganz stark über sie gekommen, nicht ein Mitleid, das schmerzt, sondern eines, das berauscht. Nein, sie wollte nicht, daß er einsam sei, und dann war ihr eingefallen, daß das wohl Liebe sein könne, und das hatte sie beglückt. Sie hatte es plötzlich empfunden, daß dieses Mädchen, das da auf den feuchten Parkwegen gegen den Frühlingswind ankämpfte, in diesem Augenblicke etwas ganz Bedeutsames geworden war, das Schicksal und das Glück eines anderen. Sie hatte an jenen Abend lange nicht gedacht, denn ein anderes Bild hatte die Erinnerung verwischt, das Bild des armen Arno Holst, wie er im Krankenhause im Bette lag mit eingefallenen Wangen, fieberkranken Augen und todesmatt von den furchtbaren Hustenanfällen, die ihn schüttelten. Er hatte nur wenig zu ihr gesprochen, die kurzsichtigen, braunen Augen hatten sie erregt und hungrig angesehen, und wenn sie etwas für ihn tat, hatte er matt und dankbar gelächelt. Nur in einer der letzten Nächte, als sie an seinem Bette saß, hatte er plötzlich deutlich, und als sei er böse, gesagt: »Du darfst nicht so treu und so mitleidig sein, das bringt zu viel Leid.«

Christoph kam und meldete das Mittagessen. Der Baron saß schon in einem Sessel bei Tisch; er hatte sich von Christoph in seinen schwarzen Rock einknöpfen lassen, anders hätte ihm das Essen nicht geschmeckt. Auch Couchon saß an ihrem Platz und beugte den Kopf mit der grauen Samthaube tief auf ihren Teller nieder. Die Baronesse legte die Suppe vor. Während des Essens wurde von der Nachbarschaft gesprochen. »Bei Ports,« meinte die Baronesse, »ist es auch nicht recht gemütlich, die Gertrud muß ihre Singschule aufgeben und nach Hause kommen, und der Vater brummt, weil sie fortgegangen ist, und brummt, weil sie wiederkommt, er wird in letzter Zeit überhaupt recht schwierig. Nun, und die Egloffs, die alte Baronin, wird mit jedem Tage vornehmer, sie spricht nur noch von den Zeiten, da sie Palastdame war, und ihr Enkel, der Dietz, wird mit jedem Tage wilder, tobt herum, ladet allerhand fremde Leute ein, gibt Gesellschaften, Jagden, Schlittenpartien, und des Nachts sitzt er am grünen Tisch und spielt und spielt, es ist recht schade um das schöne Gut und das schöne Vermögen. Und dann, ich weiß es ja nicht, aber die Leute erzählen, er soll jetzt viel bei Dachhausens sein und der kleinen Frau ganz den Kopf verdrehen. Das würde mir für den guten Dachhausen leid tun. Nun, von ihr will ich nichts Schlechtes denken, aber bei diesen Damen, die nicht von Familie sind, weiß man ja nie. Ach ja, es ist recht traurig, so ein junger Mensch, der kein Gewissen hat.«

Fastrade lehnte sich in ihren Stuhl zurück, als machte das Essen ihr keine Freude mehr, und sagte: »Also etwas gemütlich und glücklich zu sein, das versteht hier keiner.«

»Liebes Kind,« meinte die Baronesse, »es hat eben jeder seine Sorgen.« Da legte der Baron die Gabel fort, richtete sich auf und sagte streng und ein wenig mühsam: »Es genügt nicht, als Edelmann geboren zu sein, man muß auch Edelmann sein wollen.«

»Du hast sehr recht, lieber Bruder«, unterbrach ihn die Baronesse, die fürchtete, daß er sich aufrege. Couchon beugte ihren Kopf tief auf den Teller nieder und murmelte: »Un bel homme tout de même!«

Am Nachmittage, wenn der Baron und die Baronesse sich in ihre Zimmer zurückgezogen hatten, war von jeher eine schläfrige Stille über das Haus gekommen. Fastrade mußte an den armen Bolko denken, der als Knabe stets gesagt hatte: »Um diese Stunde zieht es einen in allen Gliedern, man muß, muß etwas Unerlaubtes tun.« Sie liebte auch nicht diese Zeit des grellen Nachmittagsonnenscheins und der niedergelassenen Fenstervorhänge. Wenn das Licht rötlich zu werden begann und die Sonne tief über dem Walde stand, dann wich etwas wie ein Druck von dem Hause, und auch Fastrade fühlte neue Unternehmungslust. Sie ging hinaus in den Wald, es war hübsch, so bei Sonnenuntergang durch eine ganz rosa Welt zu gehen, die Wege glänzten wie buntes Glas, die ganze Luft war voll Farbe, alles in ihr bekam eine gefühlvolle Zartheit, selbst die grauen Gestalten der Arbeiter und die grauen Häuschen, zu denen sie langsam und müde heimgingen. Aber in diesem Lichte sah nichts traurig aus, und Fastrade meinte, sie seien in diesem einen farbigen Augenblicke so getröstet, wie sie selbst. Als sie in den Wald gelangte, war die Sonne untergegangen, alles stand wieder still und weiß um sie her, der frische Schnee lag wie Polster unter den Stämmen, auf großen gespreizten Händen wurde er vorsichtig von den Tannenzweigen gehalten, und unheimlich still war es hier, wo die großen ruhigen Baumgestalten einträchtig nebeneinander standen in ihrer schweigenden Schönheit, einschüchternd fast, meinte Fastrade in ihrer Vornehmheit. Ein leiser Ton erwachte, als huschten Schritte über Wolle, und ein Hase setzte über den Weg, tauchte in die weißen Schneepolster unter und wieder auf, es muß gut tun, dachte Fastrade. Ja, sie hätte gern auch wie einer dieser Bäume regungslos in der Dämmerung gestanden, eingehüllt in all dies kühle Weiß, und teilgenommen an diesem geheimnisvollen Schweigen und Träumen. Aber wenn sie tiefer zu ihnen hinein wollte, ließen die Tannen ihre Schneelast fallen, im Wipfel einer Föhre erwachte ein Rabe und flog mit lautem Flügelschlage auf. Es kam Unordnung hinein, sie fühlte sofort, daß sie ein Eindringling sei. Sie war eine Waldschneise entlang gegangen, jetzt kam sie an einen Bestand alter Föhren, auf hohen ganz geraden Stämmen hoben die Bäume ihre beschneiten Schöpfe zu den Sternen auf. Hier konnte Fastrade ungehindert zwischen ihnen hingehen, hier war es so feierlich, so heilig, daß ein kleiner Eindringling wie sie nicht stören konnte. Sie lehnte sich an einen der kalten Stämme und schaute empor, in einem der hohen regungslosen Föhrenschöpfe schien die Mondsichel zu hängen. Wie oft hatte Fastrade sie dort hängen gesehen, wie gut kannte sie diese Bäume, in allen Jahreszeiten und Tageszeiten war sie bei ihnen gewesen, im Frühling, wenn der Wind in die alten Schöpfe fuhr, daß sie tief und metallig rauschten, als ob sie plötzlich miteinander stritten, oder an heißen Mittagstunden, wenn es hier so stark nach den besonnten Nadeln duftete und über den Wipfeln der Falke revierte, ein bewegliches Stück Silber im grellblauen Himmel. Fastrade drückte ihre Wange gegen den Stamm, jetzt erst fühlte sie ganz deutlich, daß sie daheim war.

Vom Hügel, auf dem die Föhren standen, schaute sie auf eine Schonung junger Tannen nieder, das war das Ende des Padurenschen Waldes, dahinter begann der Sirowsche Wald, allein dort war alles verändert, früher hatte da eine geschlossene Wand alter Tannen gestanden, jetzt war es ein wüster, leerer Platz, die großen Balken waren am Boden hingestreckt, halb von Schnee verhüllt, wie Tote in ihren Leichentüchern, die Zweige waren überall verstreut, die Baumstöcke, von Schnee bedeckt, ragten auf wie kleine weiße Grabhügel, und das alles hier mitten in der vornehmen Stille des Waldes sah aus, als sei ein Verbrechen verübt worden, als sei hier etwas Hohes und Stolzes roh besiegt worden. Dieser Anblick verdarb Fastraden die ganze Feierlichkeit ihrer Stimmung, sie ging den Hügel hinab wieder dem Tannendickicht zu. Hier war es schon fast ganz finster geworden, und plötzlich war es ihr, als wohnte in dieser Dunkelheit, in der schweigend die großen weißen Bäume standen, eine Einsamkeit, die ihr fast bange machte. Sie eilte den Waldweg entlang, um auf die Landstraße zu gelangen, hier war es heller, hier konnte sie den Mond wieder sehen, und plötzlich war der Wald voll von einem hellen, munteren Schellengeläute. Eine Reihe von Schlitten fuhr an Fastrade vorüber, voran ein Schlitten mit einem großen schwarzen Pferde, darin saß ein Herr, neben ihm eine Dame, deren weißer Schleier wehte. Fastrade hörte den Herrn lachen, und seine Stimme klang klar in den Winterabend hinein: »Ja, das ist es eben, wir sind zu klug geworden, um uns zu verirren, schade!«

Andere Schlitten folgten, Herren und Damen saßen darin, alle plauderten, der leichte Wind brachte den Duft einer Zigarre bis zu Fastrade, und eine Frauenstimme sagte, als ein Schlitten nah an ihr vorüberfuhr: »Wer steht da so dunkel, wie unheimlich.«

»Die Einsamkeit selbst«, antwortete eine Herrenstimme und lachte. Dann waren sie vorüber, nur das Schellengeläute, hell und geschwätzig, war noch lange vernehmbar. Fastrade schlug den Heimweg ein, das klingende Leben, das da an ihr vorübergefahren war mit seinem Lachen, mit dem Wehen von Schleiern, mit dem Zigarrenduft und Schellengeläute, das hatte sie ganz warm gemacht. Gut, daß alles noch da war, zu Hause hätte sie das fast vergessen können.

Als sie daheim wieder in dem Zimmer ihres Vaters saß und zuhörte, wie Ruhke mit fetter, knarrender Stimme von Ölkuchen und Kälbern sprach, und der Baron den Kopf auf die Brust sinken ließ und schlummerte, während der Lampenschein auf die große blanke Glatze fiel, da klang das helle Lachen der Schlittenschellen mitten im verschneiten Walde ihr in das Ohr und erinnerte sie daran, daß da draußen jenseits der stillen Stuben mit den grün verhangenen Lampen das Leben lustig die Straßen entlang fuhr.

Fünftes Kapitel

Einige Tage später, als Fastrade von ihrem Spaziergange in der Abenddämmerung heimkam, sagte die Baronesse zu ihr: »Liebes Kind, dein Vater hat nach dir gefragt, du weißt, er will jetzt, daß du bei allen Geschäften, die das Gut betreffen, dabei bist.« – »Ja, ja,« meinte Fastrade, »wenn ich nur etwas davon verstünde. Bisher bin ich bei diesen Geschäften doch nur eine dekorative Figur. Was gibt es denn?«

»Der junge Egloff ist da,« berichtete die Baronesse, »es ist da etwas mit der Waldgrenze nicht in Ordnung, glaube ich.«

Fastrade seufzte: »Ach Gott, an die Waldgrenze habe ich noch nie gedacht. Gut, ich gehe.« Sie strich sich mit den Handflächen über das von den Abendnebeln feuchte Haar, und »wie ich ausschaue!« meinte sie.

Im Zimmer ihres Vaters fand sie Dietz von Egloff, sie kannte ihn schon lange, sie waren ja Nachbarskinder und Jugendgespielen gewesen, und auf den ersten Blick schien es ihr, als habe er sich nicht viel verändert. Die Gestalt war noch jugendlich schlank und biegsam, das in der Mitte gescheitelte blonde Haar gab der Stirn, gab dem ganzen schmalen Gesicht den jugendlichen Ausdruck, und die Augen waren noch immer so seltsam dunkel. Als er aufstand und Fastrade die Hand drückte, lächelte der schöne Mund noch das ein wenig schiefgezogene spöttische Lächeln, das sie am Knaben gekannt hatte. Sonst war er sehr förmlich, verbeugte sich steif und sagte im gleichgültigsten Tone der Höflichkeit: »Es freut mich, mein gnädiges Fräulein, daß Sie wieder in unserer Gegend sind.«

»Ja, ach ja, mich auch«, erwiderte Fastrade und errötete. Sie fühlte sich befangen und fügte daher etwas hinzu, was ihr mißfiel, als sie es aussprach: »Also hier handelt es sich um Geschäfte?«

»Ja,« sagte der Baron, »setze dich, mein Kind, Egloff kommt wegen der Waldgrenze. Egloff, erklären Sie es ihr.«

Egloff lächelte wieder, wurde aber dann ernst und berichtete in ruhigem Geschäftston, indem er seine Fingerspitzen vorsichtig aneinander legte: »Es handelt sich also um folgendes. Ich habe einen größeren Waldverkauf gemacht und schlage jetzt an der Padurenschen Grenze.«

»Das habe ich gesehen«, entfuhr es Fastrade in einem Tone der Entrüstung.

»Sie haben es gesehen?« fragte Egloff und schaute Fastrade aufmerksam an. Dabei fiel es ihr auf, daß sein Gesicht doch nicht mehr ganz das lustige Gesicht ihres früheren Spielkameraden war, es war sehr bleich, war schärfer und gespannter, die helle, ungezogene Heiterkeit von früher war fort. »Gewiß, ich habe es gesehen,« erwiderte Fastrade, »es sieht aus wie ein Schlachtfeld.«

Egloff zuckte die Achseln. »Ja, schön sieht das nicht aus,« meinte er nachdenklich, »und es ist auch keine schöne Sache, ein Schlachtfeld, sagen Sie, also eine Schlacht, in der wir über den Wald gesiegt haben. Aber wenn wir dann endlich so über den ganzen Wald gesiegt haben, dann sind wir doch die Geschlagenen.«

Der Baron schaute auf, sah Egloff unzufrieden an und sagte dozierend: »Die Wälder sind in unseren Familien recht eigentlich das, was die Generationen verbindet, wir genießen, was unsere Vorfahren gehegt und gepflanzt, und wir hegen und pflanzen für die kommenden Generationen.« Der Schluß der Rede klang müde und nicht mehr so eindringlich, der Baron ließ seinen Kopf wieder auf die Brust sinken. Egloff hatte andächtig zugehört, wie es die Gewohnheit aller jungen Leute der Gegend war, wenn der alte Baron sprach, dann sagte er, und Fastrade hörte aus seinen Worten wieder den ungezogenen Ton des Knaben heraus: »Nun, ich bin jetzt eben in der Lage, das genießen zu müssen, was meine Vorfahren pflanzten, aber,« wandte er sich an Fastrade, »Sie haben sich in der kurzen Zeit Ihr Gut schon genau angesehen.«

»Vorigen Abend war ich in den Wald hinausgegangen,« antwortete Fastrade, »und als ich auf dem Föhrenhügel stand, fehlte mir gegenüber die schöne Wand alter Tannen.«

»Ja, hm, die ist fort«, meinte Egloff, zog die Augenbrauen zusammen und sah auf seine Nägel nieder, als sei ihm das ernstlich unangenehm, dann schaute er auf und lächelte: »Dann waren Sie es wohl, die am Abend so schwarz am Waldrande stand, als wir im Schlitten vorüberfuhren.«

»Ja, das war ich,« erwiderte Fastrade, »und ein Herr in einem Schlitten sagte: ›Da steht die Einsamkeit selbst.‹«

»Oh, das war der Graf Betzow,« rief Egloff, »er will immer etwas Poetisches sagen und sagt dann jedesmal eine Dummheit. Warum sollen Sie die Einsamkeit sein? Wir waren doch sehr gesellig in unserer Jugend. Erinnern Sie sich der Quadrillen, die wir auf der Waldwiese zu reiten versuchten, Sie, Gertrud Port, Dachhausen und ich. Dachhausen war gerade Fähnrich und mir dadurch unendlich überlegen, er machte auch mehr Eindruck auf die Damen; das schmerzte mich, und ich wollte ihn fordern, er sagte aber ganz väterlich: ›Mach' dich nicht lächerlich, lieber Junge.‹«

Fastrade lachte: »Ja, ja, und mein Paris hatte gar kein Talent für die Quadrille.«

»Richtig,« meinte Egloff, »Paris hieß Ihr kleiner Schimmel, weil er schön und furchtsam war. Was ist aus ihm geworden?«

»Paris steht noch im Stall,« erwiderte Fastrade, »aber der Arme ist alt und melancholisch geworden, er hat schlechte Zähne und kann den Hafer und das Heu nicht recht beißen.«

Egloff machte ein ernstes Gesicht, als schmerzte ihn diese Nachricht. »Das ist schlimm,« sagte er, »Hafer und Heu nicht mehr beißen zu können, ist für ein Pferd die große Lebenskatastrophe und, wie ich die Pferde kenne, würden sie, wenn sie könnten, sich erschießen, statt wie die Menschen, wenn sie Hafer und Heu nicht mehr –.«

»Ach, was sprechen Sie,« unterbrach ihn Fastrade unwillig, »wer sagt Ihnen denn, ob Paris nicht noch seine guten Stunden hat, im Sonnenschein auf dem Kleefelde, und seine friedlichen Altersgedanken und manche kleine Lebensfreude.«

»Und Pflicht«, ertönte plötzlich die Stimme des Barons.

Fastrade und Egloff schwiegen erschrocken, sie hatten geglaubt, der alte Herr schlummere, und nun hatte er zugehört. Sie sahen einander an und machten angstvolle Gesichter wie früher in der Kindheit, wenn sie sich fürchteten, lachen zu müssen. Eine Pause entstand. Da jedoch der Baron nichts mehr sagte, begann Egloff wieder zu sprechen: »Bei Pflicht fällt mir ein, wir sollten ja von Geschäften reden.«

»Ach ja,« versetzte Fastrade, »was war es denn mit Ihrem armen Walde?«

»Nein, um Ihren Wald handelt es sich,« verbesserte Egloff sie, »das Unterholz hat die Grenzlinie so verwischt, daß ich fürchte, mit dem Schlagen in Ihren Wald hineinzugeraten. Es wäre daher gut, an Ort und Stelle die Karten zu vergleichen und die Linie neu durchschlagen zu lassen.«

»Das kann ich verstehen,« sagte Fastrade, »da wird dann wohl Ruhke mit der Karte hinfahren müssen.«

Jetzt hob der Baron wieder seinen Kopf und sagte laut und kräftig: »Grenzen sind heilige Sachen, ein Besitzer muß seine Grenzen kennen. Daher wäre es besser, mein Kind, du wärest auch dabei.«

»Ist das nötig?« fragte Fastrade erstaunt. – »Ihr Herr Vater hat gewiß recht,« meinte Egloff, »nur dadurch bekommt der Akt der Grenzfestlegung seine Feierlichkeit.« Der Baron nickte: »So wäre also das abgemacht«, murmelte er. Da erhob Egloff sich, um sich zu verabschieden. Als er Fastraden die Hand drückte, lächelte er sein spöttisches Lächeln und sagte: »Also wir sehen uns in Geschäften, sozusagen als Gegner.« Dann ging er.

Fastrade setzte sich in ihren Sessel zurück, ihr Vater schlummerte wieder, und das Schweigen dieses Zimmers mit seiner grünen Lampendämmerung erschien ihr heute besonders tief.

Egloff stieg die Freitreppe herunter zu seinem Schlitten, der dort wartete, hüllte sich in die Pelzdecken und überließ dem Kutscher die Zügel. »Nach Hause«, sagte er.

»Nach Hause?« fragte der Kutscher verwundert.

»Zum Teufel ja, nach Hause«, schrie Egloff ungeduldig, und der Rappe setzte sich in Trab. Die Nacht war dunkel, es schneite ganz ruhig, die Schneeflocken waren nicht sichtbar in der Finsternis, aber Egloff fühlte dieses stille Fallen um sich her, das ihn langsam in etwas Kaltes einhüllte. Er hatte allerdings nicht nach Hause fahren wollen, er war sehr verstimmt von zu Hause weggefahren, die Zeiten waren schlecht, er hatte stark im Spiel verloren, dann war da dieser Waldverkauf, der ihn anekelte, die Geschäftsfahrt zum alten Padurenschen Baron erschien ihm lästig und langweilig, darum hatte er beschlossen, von Paduren nach Barnewitz zu Dachhausen zu fahren, um sich dort mit der kleinen Frau die Zeit zu vertreiben, Dachhausen war nicht zu Hause, und sie hatte ihn an seinem letzten Besuch die Reise ihres Gatten mitgeteilt und dabei ihre schamlos süßen Augen gemacht. Und nun, als er auf die Padurensche Freitreppe hinausgetreten war, war die Lust zu dieser Fahrt vergangen gewesen, und er fuhr nach Hause. Gott ja, diese Fastrade war doch immer das aufrechte, hübsche Mädel von früher. Sehr warme Augen, schneidig war sie immer gewesen, er erinnerte sich, daß er als Knabe einmal in ihrer Gegenwart seinen Hund schlug, da war sie ganz rot geworden, hatte mit ihrer kleinen Faust ihn kräftig vor die Brust gestoßen und »Pfui!« gesagt, ein Pfui, das wie ein Peitschenhieb klang. Seitdem hatte sie ihn nicht recht leiden mögen. Ja, sie war immer riesig gut gewesen, diese Fastrade, aber diese Art Mädchen verliebt sich gewöhnlich in Hauslehrer, schade! Immerhin hatte sie viel Leben in sich, und es mußte hart für sie sein, dort in dem Hause zu wohnen, wo man nicht lebte, sondern nur umging. Er zog seinen Pelz fester um sich, er fror, es war nicht angenehm, so sacht, sacht in dieses kalte, weiße Laken eingehüllt zu werden, auch hauchten die großen weißen Tannenwände, zwischen denen sie jetzt hinfuhren, eine eisige Kälte aus. Gut, dachte Egloff, er würde heute also den Abend zu Hause verbringen, aber was würde er tun? In letzter Zeit war ihm das Alleinsein mit sich selbst qualvoll geworden, seine Großmutter und Fräulein von Dussa heute zu sehen, war kein angenehmer Gedanke, also er würde in seinem Zimmer auf dem Sofa liegen,

Rotwein trinken und sich vom Diener Klaus Geschichten erzählen lassen. Wenn er nur diese Geschichten von all den Mädchen der Umgegend nicht schon gekannt hätte, auch log der Kerl jetzt, und er log nicht unterhaltend. Trübe Aussicht. Wenn noch jemand dagewesen wäre, mit dem er hätte Karten spielen können, das war noch das beste Mittel gegen graue Stimmungen. Es war eigentlich seltsam und schwer zu erklären, aber dieses Mittel versagte nie, wenn er sich an den grünen Tisch setzte und die Karten zur Hand nahm, dann kam es unfehlbar, dieses erregte Gefühl, das wie eine körperliche Wohltat in das Blut ging und angenehm bis in die Fingerspitzen hinein kitzelte. Das ließ sich nur mit der hübschen Erregung des Moments vergleichen, wenn man eine schöne Frau zum ersten Male so von hinten sacht um die Schultern faßt und nicht weiß, wird sie empört sein oder still halten.

Der Rappe machte einen großen Seitensprung, der Kutscher rief wütend: »Ho! ho! Wer ist da, versteht ihr nicht den Weg zu kehren?« Ein kleines Pferd, ein niedriger Schlitten, auf dem verschneite Pakete lagen und eine verschneite Gestalt saß, mühten sich, durch den tiefen Schnee zur Seite auszubiegen. »Laibe,« rief Egloff, »bist du das?« – »Ja, Herr Baron, Laibe«, antwortete eine freundliche Stimme.

»Was tust du hier im Walde?« fragte Egloff.

»Mir ist es schlecht gegangen,« ertönte leise eine klagende Stimme, »verfahren habe ich mich im Walde, und jetzt fahre ich mit der Deichsel in den Schabbes hinein, ai ai, was kann man machen!«

»Das kommt vom Schmuggeln,« meinte Egloff, »aber du kannst zu mir auf den Hof kommen, und deinen Schabbes empfangen. Fahr' zu, Kutscher.«

»Danke, danke, Herr Baron«, rief Laibe ihm nach.

»Auch ein Leben,« dachte Egloff, »so in der Dunkelheit einsam durch den Wald zu kriechen, na, vielleicht ist das aber nicht übel, sich so herumzuschlagen, wenn man nur daran zu denken hat, ob man im Dunkeln den rechten Weg findet und wo ein Feuer sein kann, vielleicht, daß man dann an alle möglichen widerwärtigen Dummheiten nicht zu denken braucht.«

Jetzt fuhren sie in den Sirowschen Hof ein, nur wenig Fenster des großen Hauses waren erleuchtet. »Aha, keiner erwartet mich«, sagte Egloff. Sie hielten vor der Freitreppe, Egloff stieg zur Haustür hinan, öffnete sie laut und rief ein schallendes und ärgerliches »Holla!« Hunde begannen im Flur zu bellen, Lichter liefen die dunkle Fensterreihe entlang, Klaus und Joseph, mit Lichtern in der Hand, erschienen und stammelten: »Ah, der Herr Baron, wir haben nicht gewußt.« »Natürlich habt ihr nicht gewußt,« sagte Egloff und warf seinen Pelz ab, »du, Klaus, ich gehe gleich in mein Zimmer, der Kamin muß angeheizt werden, und du, Joseph, meldest der Frau Baronin, daß ich nicht zum Essen kommen werde, ich bin müde und gehe schlafen. Außerdem bringst du mir eine Flasche Burgunder aufs Zimmer. So, vorwärts.« Er ging in sein Zimmer hinüber, kleidete sich aus, ließ sich von Klaus den Körper mit kölnischem Wasser abreiben, hüllte sich dann in seinen Schlafrock und streckte sich in seinem Schreibzimmer auf dem Sofa aus. Joseph brachte den Burgunder, im Kamin brannte das Feuer, es wurde behaglich warm. Egloff zündete sich eine Zigarette an, so, nun konnte es gemütlich sein, es gehörte nur noch dazu, daß angenehme Gedanken kamen, Gedanken, die nicht unversehens grob an eine wunde Stelle stießen. Was also? Da war dieser Jude, der durch den dunklen verschneiten Wald irrte und betete und nach einem fernen Lichte ausspähte, das war etwas, woran hier am Kaminfeuer eine Weile zu denken seinen Reiz hatte. Allein das reichte nicht aus, die Gedanken irrten zu anderem. Was mochte wohl die kleine Frau in Barnewitz jetzt tun? Sie erwartete ihn, er sah es deutlich, wie sie sich für ihn ankleidete. Allzusehr schmükken durfte sie sich nicht, denn keiner im Hause wußte ja, daß sie ihn erwartete, sie zog wohl das dunkelviolette Wollenkleid an und legte die Perlenschnur um. Dann bestellte sie das Abendessen, zündete im Saal die Lampen an mit den schrecklichen hellrosa Gazeschirmen, Frauen aus jenen Kreisen glauben immer, daß, wenn sie verliebt sind, sie Lampen haben müssen mit hellrosa Gazeschleiern. Da saß sie im rosa Lampenschein, das hübsche Wachspuppengesicht ganz feierlich, das Haar glänzend schwarz, in ihrem violetten Kleide wie ganz in weiche Veilchen eingehüllt, und wartete auf ihn. Und es wird immer später, und das Wachspuppengesicht wird immer starrer und endlich weint sie, wie nur die kleine Lydia Dachhausen weinen kann, ganz mühelos einen Strom von Tränen über das Gesicht schüttend, das sich nicht verzieht, das unbewegt bleibt, sie weint, wie Puppen weinen würden, wenn sie weinen könnten. Egloff lächelte, der Gedanke an die einsam unter ihren rosa Lampen um ihn weinende Frau tat ihm wohl, und dann plötzlich mußte er an Fastrade denken, an die Fastrade der Kindheit, an das kleine Mädchen, das ihn mit der geballten Faust vor die Brust stößt und »Pfui!« sagt. Unruhig drehte er sich auf die Seite, griff nach dem Glase und trank, endlich drückte er auf den Knopf der elektrischen Klingel. Als Klaus erschien, befahl Egloff: »Der Jude Laibe soll zu mir heraufkommen, wenn er seine Zeremonien beendet hat.«

»Zu Befehl«, sagte Klaus. Egloff legte sich wieder zurück, zog an seiner Zigarre und wartete ungeduldig auf den Juden Laibe.

Nach einer Weile wurde die Tür vorsichtig geöffnet, und der Jude Laibe schob sich in das Zimmer, er war fest in seinen grüngrauen Rock eingeknöpft, das graue Haar und der dichte, graue Bart waren glatt gestrichen, und sein Gesicht verzog sich zu einem unendlich liebenswürdigen, freundlichen Lächeln. Er verbeugte sich mehrere Male, rieb sich die Hände und sagte: »Gut Schabbes, Herr Baron, gut Schabbes.« – »Du kannst dich da an den Kamin stellen und wärmen,« bedeutete ihm Egloff, »wenn du willst, kannst du dich auch auf den kleinen Stuhl dort setzen.« Laibe setzte sich, legte die Handflächen auf die Kniescheiben und fuhr fort, sein süßes Lächeln vor sich hin zu lächeln. Egloff betrachtete ihn aufmerksam. »Was ist denn geschehen,« fragte er dann, »eben noch kriechst du durch den Schnee im dunklen Walde wie ein klagender Hase und jetzt kommst du herein, reibst dir die Hände wie ein Ballherr und machst ein Gesicht, als ob du Hochzeit halten solltest.«

»Ein Dach überm Kopfe, Herr,« sagte Laibe, »ist was Gutes, und eine warme Stube ist auch was Gutes, warum soll ich mich dann nicht freuen?«

»Ist das alles?« meinte Egloff.

Laibe wurde ernster, strich mit der Hand über seinen Bart und rollte seine blanken, sirupfarbenen Augen. »Das nu versteht der Herr Baron nicht, das ist unsere Religion, heute muß man froh sein, ob man will oder nicht.«

»So, so, nur weil es befohlen ist«, sagte Egloff.

»Weil es befohlen ist,« bestätigte Laibe, »die ganze Woche schindet man sich und fürchtet sich, und an *einem* Tag erinnert man sich, daß alles einmal ganz gut werden wird. Versprochen ist es, nun, und man wartet.«

»Wartet«, wiederholte Egloff höhnisch.

»Was kann man anders tun, man wartet«, versetzte Laibe mit Bestimmtheit.

Egloff richtete sich ein wenig auf und sagte plötzlich ungewöhnlich heftig: »Und dieses Warten macht uns alle zum Narren, man wartet und wartet, man tut dies und das, um sich die Zeit zu vertreiben, aber das Große, die Hauptsache, die soll noch kommen. Und die Zeit vergeht, und nichts kommt, und wir sind die Narren.«

Ärgerlich ließ Egloff sich in die Kissen zurückfallen, der Jude warf einen schnellen ängstlichen Blick auf den Baron, krümmte den Rücken und sagte leise und demütig: »Das Warten ist nichts für die großen Herren, ein Edelmann hat hitziges Blut, der wartet nicht gern, aber ein armes Judchen hat nichts anderes.«

»Du hast doch dein Geld,« warf Egloff ein, »das macht dich doch glücklich. Wenn du einen Bauern betrogen hast, dann bist du glücklich, wenn du was über die Grenze geschmuggelt hast, dann bist du glücklich, wenn du ein Kalbsfell unterm Preise gekauft hast, dann bist du glücklich.«

Laibe wiegte bedächtig seinen Kopf: »Glücklich, Spaß, ein schönes Glück. Dann ist der auch glücklich, der recht hungrig ist, und um ihn herum stehen lauter Braten, und die dampfen und die riechen gut, und er darf sie alle riechen und keinen anrühren. Glücklich, wenn ich immer nur an dem Geld der anderen vorübergehen und vorüberfahren muß. Und da fahre ich durch den Wald, schöne, große Stämme, reines Geld, aber nicht mein Geld. Komme ich an einer Scheune vorüber, die ist ganz voll mit Geld, aber nicht mein Geld. Das ist auch so'n Glück.« Laibe lachte höhnisch in seinen Bart hinein.

»Sag' mal,« begann Egloff nachdenklich, »hast du immer an Geld gedacht? Du bist doch auch jung gewesen, und in der Jugend hat man doch auch andere Gedanken im Kopf, da gibt es doch lustige Sachen.« Aber Laibe lachte wieder sein leises, höhnisches Lachen: »Ei, ei, meine Jugend, lieber Herr, was war das schon für eine Jugend. Ich war ein Bocher von fünfzehn Jahren, als der Vater mir das Bündel auf den Rücken hing und sagte: ›Geh verdienen.‹ Nun, und ich ging, und auf der Landstraße hatte ich Angst vor den Gendarmen und vor den Grenzreitern und im Walde vor den Waldhütern, und wenn es dunkel wurde im Walde, dann kamen große schwarze Vögel, flogen ganz niedrig und bliesen – *die* Angst! Und wenn ich dann zum Bauern kam, hatte ich

Angst, an die Tür zu klopfen, und wenn ich doch klopfte, der Bauer kam aufmachen, hatte ich wieder Angst. Und ich glaubte, der Kaiser und die Minister und die Herren und die Bauern, alle sind nur dazu da, um dem armen Judenbocher Angst zu machen.«

»Aber dachtest du nicht manchmal,« unterbrach ihn Egloff, »dachtest du nicht an Mädchen, an solche Sachen?«

»Mädchen waren schon da«, erwiderte Laibe. »Wenn ich sonntags in eine Bauernstube kam, dann saßen sie da am Tisch, die Mädchen in ihren guten Kleidern, reingewaschen, die Gesichter wie die roten Äpfel, und Jungen waren da und spaßten mit ihnen, und ich saß am Ofen und sah zu, wie einer ein Bild ansieht, er kann nicht in das Bild hinein und das Bild kann nicht zu ihm herauskommen. Ach Gott, meine Jugend! Auf der einen Seite steht das bißchen Verdienst und auf der anderen Seite steht die große Angst.«

Beide schwiegen jetzt, Laibe schaute sorgenvoll vor sich hin und strich mit den Händen sanft über seine Knie, als wolle er sich selber trösten. Egloff zog nachdenklich an seiner Zigarre. »Hm,« sagte er endlich, »nicht schlecht. Der Judenjunge im dunklen Walde, ganz klein unter den hohen Bäumen, und die großen schwarzen Vögel, die vor sich hinblasen. Aber mit eurer ewigen Angst habt ihr vielleicht recht. Ihr behaltet die gefährliche Bestie immer im Auge, wir anderen, wir fürchten uns nicht, und uns fällt sie hinterrücks an.«

»Bitte, Herr Baron,« fragte Laibe einschmeichelnd, »was ist das wohl für eine Bestie?« Egloff seufzte: »Ach, mein lieber Laibe, Sinn für das, was man so ein poetisches Bild nennt, hast du nicht. Was soll denn die Bestie sein? Das Leben ist diese Bestie.«

»Sehr hübsch,« bemerkte Laibe und machte sein liebenswürdigstes Gesicht, »aber ich habe nicht einen feinen Kopf wie der Herr Baron, ich habe nur einen armen Judenkopf voller Sorgen, der kann nicht so feine Gedanken denken.«

»Gut, gut,« unterbrach ihn Egloff, »du wirst uninteressant, mein Lieber, es ist Zeit, daß du schlafen gehst, gute Nacht.« Laibe erhob sich, rieb sich die Hände, verbeugte sich und sagte: »Eine sehr gute Nacht, Herr Baron.« Dann ging er.

Egloff blieb noch eine Weile liegen, die Wärme des Kaminfeuers hatte ihn ganz schlaff gemacht, und der Burgunder gab ihm einen angenehmen, leichten Schwindel. Man wird schlafen können, dachte er, und dann klang ihm plötzlich Fastrades Stimme im

Ohr; »das sieht aus wie ein Schlachtfeld«, hatte sie vom Walde gesagt, und das klang so zornig wie das »Pfui!« damals, als er den Hund schlug. Er lächelte vor sich hin. Dieses Mädchen einmal so böse zu machen, daß es ganz heiß und wild wird, das müßte hübsch sein. Dann schellte er nach Klaus, um zu Bette zu gehen.

Sechstes Kapitel

Am Nachmittage zur Teestunde war in Sirow Besuch. Die Baronesse Arabella kam, um der Baronin Egloff Fastrade nach der langen Abwesenheit wieder vorzustellen, und die Baronin Port war da mit ihren beiden Töchtern Sylvia und Gertrud. Die Damen saßen im Wohnzimmer der Baronin, in diesem Zimmer mit dem dicken Smyrnateppich, den schweren, dunkelblauen Vorhängen, in das das bleiche Licht des Winternachmittags nur gedämpft und fast schläfrig eindrang. Die Luft hier war schwer, denn es war stark geheizt worden, und es roch nach Tee und einem sehr süßen Parfüm, das die Baronin liebte. Die Baronin thronte auf ihrem Sessel recht stattlich im schwarzen Seidenkleide und der Mantille nach der Mode der sechziger Jahre, das Gesicht sehr weiß mit regelmäßigen Zügen, an jeder Schläfe drei graue Löckchen, und auf dem Kopfe ein Spitzentuch, das mit dicken, goldenen Nadeln befestigt war. Sie strickte an einer pfauenblauen Strickerei und sprach deutlich und ausdrucksvoll, sie liebte es zu sprechen und verlangte, daß man ihr andächtig zuhörte. Sie wandte sich an die beiden alten Damen und erzählte von der Großherzogin, bei der sie früher Palastdame gewesen war. Die Großherzogin war so genau, daß, wenn die Kammerfrau ihr am Morgen ein Hemd präsentierte, das nicht die folgende Nummer des am vorigen Tage getragenen Hemdes zeigte, sie es zurückwies und sehr ungehalten war. Und so war es mit allem, mit den Taschentüchern und so weiter. Eine ganz seltene Frau. »Sehr interessant,« bemerkte Baronesse Arabella, »so von den Intimitäten der hohen Herrschaften zu hören.« »Oh, da könnte ich viel erzählen«, sagte die Baronin. Die anderen nahmen an dem Gespräche nicht teil, Gertruds kleines Figürchen versank ganz in dem großen Sessel, sie stützte den Kopf mit den wirren blonden Löckchen an die Lehne, das weißgepuderte Gesichtchen mit den zu feinen Zügen und dem zu roten Munde drückte eine stille Qual aus. Ja, sie lag da im Sessel und sehnte sich krankhaft nach einer Zigarette. Fastrade und Sylvia schienen mit ihren Gedanken sehr weit fort zu sein, und Fräulein von Dussa hantierte mit dem Teegeschirr leise und vorsichtig, um die Baronin in ihrer Erzählung nicht zu stören. »Haben Sie die Dewitzens in Dresden gekannt?« wandte sich die Baronin plötzlich streng an Gertrud und sah sie dabei mißbilligend an. Gertrud fuhr auf, machte ein erschrockenes Gesicht. »Nein«, sagte sie hastig. Dann lehnte sie ihren Kopf wieder zurück und begann müde und fast überlegen zu sprechen: »Ach nein, ich lebte ganz meiner Kunst, ich hatte nur einen kleinen Kreis von Freundinnen und Freunden, meistens Künstlerinnen und Künstlern. Die Kunst nimmt einen ja so hin.«

»So,« meinte die Baronin und klapperte mit den elfenbeinernen Nadeln ihrer Strickerei, »diese Kreise kenne ich nicht. In unserer Jugend schien es uns, als seien diese Kreise von uns meilenweit entfernt, sozusagen in einer anderen Welt, man wußte einfach nichts von ihnen.«

Die Baronin Port, die besorgt diesem Gespräche zugehört hatte, bemerkte: »Ja, wie die Zeiten sich ändern, die Kinder lernen und erfahren jetzt Dinge, von denen wir Alten nichts wissen, man kommt sich ganz dumm vor.«

Baronin Egloff schaute von ihrer Strickerei auf und sagte scharf: »Ich weiß nicht, ich komme mir trotz allem noch lange nicht dumm vor. Und auf all die Dinge, welche unsere Jugend jetzt wissen will, bin ich gar nicht neugierig.«

Eine peinliche Pause trat ein, draußen hörte man die Haustür auf- und zugehen, die Baronin und Fräulein von Dussa sahen sich bedeutungsvoll an, und Fräulein von Dussa flüsterte: »Der Baron.« – »Nun ja,« berichtete die Baronin, »mein armer Dietz ist jetzt so beschäftigt mit dem Waldverkauf, er muß immer in den Wald reiten bei diesem Wetter. Liebe Dussa, bereden Sie ihn doch, daß er kommt, eine Tasse Tee nehmen, das wird ihn erwärmen.«

Fräulein von Dussa ging hinaus, um ihren Auftrag auszurichten, und die Unterhaltung wurde zerstreut und matt. Die Baronin erzählte von Katarrhen, die ihr Dietz früher gehabt hatte, alle aber warteten. Als dann Fräulein von Dussa mit Dietz zurückkehrte, ging ein allgemeines angeregtes Sichaufrichten durch die

Gesellschaft. Dietz war kalt von seiner Fahrt und schien heiter, er begrüßte die Damen, sagte: »Hier ist aber ein warmes Nest«, und seine Stimme klang laut und rücksichtslos in diesem Raume, in dem die ganze Zeit über nur gedämpft gesprochen worden war. Er setzte sich zu Gertrud, ließ sich Tee einschenken, erzählte vom Walde und den Holzjuden. Alle hörten ihm zu, das strenge Gesicht der Baronin Egloff wurde ganz milde, während ihre Augen auf ihrem Enkel ruhten. »Du kannst dir ruhig deine Zigarette anzünden,« sagte sie, »die Damen haben nichts dagegen.«

»Raucht eine der Damen?« fragte Dietz, indem er sein Zigarettenetui hervorzog.

»Oh, ich bitte«, rief Gertrud leidenschaftlich, und als sie die Zigarette zwischen den Lippen hielt und den Rauch vor sich hin blies, versank sie in einen seltsamen Ausdruck unendlichen Behagens. Dietz lächelte. »Sie waren wie ein Durstiger in der Wüste, Baronesse«, bemerkte er. Die Baronin aber zog die Augenbrauen in die Höhe und meinte: »Ach ja, ich vergesse immer, daß so etwas jetzt Sitte ist.« Dietz begann sich mit Gertrud über das Theater zu unterhalten, die alten Damen nahmen gedämpft ihr Gespräch wieder auf, und da es finster zu werden begann, wurden die Lampen gebracht. »Ich denke,« sagte die Baronin, »wir haben noch ein Stündchen Zeit für unser Bezique.« – »Unterdessen wird die Baronesse Gertrud uns vorsingen,« schlug Dietz vor, »im Flur sah ich die Noten.« Die alten Damen und Sylvia Port setzten sich an den Kartentisch, im Musikzimmer wurden Lichter auf das Klavier gestellt, und Fräulein von Dussa schickte sich an, Gertrud zum Gesange zu begleiten. Fastrade und Egloff setzten sich an das andere Ende des Zimmers und warteten.

»Das ist immer das erste,« sagte Dietz leise, »wenn man sich mit der Kunst einläßt, so trägt man keine Kleider mehr, sondern Gewänder.« Er sah dabei Gertruds schmächtiges Figürchen an, das ein hellgraues Kleid von zeitlosem Schnitte mit lang niederhängenden Ärmeln trug. Fastrade erwiderte nichts, sie wollte nicht mit ihm über die arme Gertrud lachen. Nun begann Gertrud zu singen:

»Rauschender Strom,
Brausender Wald,
Starrender Fels
Mein Aufenthalt.«

Ihr ganzer Körper bebte, sie hob sich auf die Fußspitzen, ihr Gesicht nahm einen schmerzvollen Ausdruck an, als täten ihr diese großen, dunklen, leidenschaftlichen Töne weh, die sie hinausrief, die da in das stille Haus klangen, als wäre hier plötzlich ein großes tragisches Ereignis erwacht.

»Wie sich die Welle
An Welle reiht,
Fließen die Tränen
Mir ewig erneut.«

Dietz beugte sich zu Fastrade vor und flüsterte: »Das hält sie nicht aus, diese Stimme bringt sie um.«

»Hoch in den Kronen wogend sich's regt,
So unaufhörlich mein Herze schlägt.
Und wie des Felsens uraltes Erz,
Ewig derselbe bleibet mein Schmerz.«

klagte Gertruds Stimme weiter, und als sie dann schwieg, hatte selbst diese Stille noch eine zitternde Erregung.

Gertrud lehnte müde am Klavier, und Fräulein von Dussa begann ruhig und geläufig auf sie einzureden. Aus dem Nebenzimmer klang das leise Klappern der Spielmarken herüber, und Fastrade konnte von ihrem Sitz aus Sylvias bleiches Gesicht sehen, wie es nachsichtig und resigniert in die Karten schaute. »Was hilft es!« sagte Egloff leise, »da hat die arme Kleine sich an einem Schmerz und einer Leidenschaft berauscht, und mit dem letzten Akkord ist alles aus, und sie ist wieder nur Gertrud Port, die eine Nervenkrankheit hat, nicht weiter studieren kann und von ihrem Vater angebrummt wird.«

»Aber sie hat doch dieses Erlebnis gehabt«, versetzte Fastrade, und ihre Stimme klang so erregt, daß Egloff überrascht aufschaute. Fastrades Gesicht war über und über naß von Tränen. »Sie weinen?« fragte er. – »Es ist nur die Musik«, erwiderte sie und lächelte.

Egloff schaute wieder auf seine Hände. »Nun ja,« begann er langsam, »aber fühlen Sie nicht, wie hier in diesem Zimmer alles Leidenschaftliche und Lebensvolle gleich verklingt, totgeschlagen wird vom – wie soll ich sagen – Abendlichen, Großmütterlichen, Sirowschen? Am Beziquetisch klappern sie mit den Marken, es riecht nach dem vom Kamin heißgewordenen Teppich, und Fräulein von Dussa hält einen Vortrag, Goethe und Schubert sind ganz weit. Gott, dieses Sirowsche, wie ich es sehe, ich muß es wirklich einmal als Kind gesehen haben, wie es durch die Zimmer geht und alles Leben, das sich regen wollte, zum Schweigen bringt. Es trägt ein fußfreies braunes Kleid, eine lila Haube, hat ein kleines, graues Gesicht und legt eine kleine graue Hand vor den Mund und gähnt.« Er wartete einen Augenblick, ob Fastrade etwas sagen würde, als sie jedoch schwieg, fuhr er fort: »So ist es bei Ports, so ist es auch bei Ihnen, und das kommt daher, daß unsere alten Herrschaften stärker sind als wir. Sie wollen ruhig und melancholisch ihren Lebensabend feiern, gut, aber wir wurden in diesem Lebensabend erzogen, wir müssen ihm dienen, wir müssen in ihm leben, wir fangen sozusagen mit dem Lebensabend an. Das ist ungerecht.« Er hielt wieder inne und schaute auf. Fastrade saß sehr ernst da und schob ein wenig die Unterlippe vor, wie sie es tat, wenn sie unzufrieden war. »Was ich da sage, mißfällt Ihnen?« fragte Egloff.

»Ja,« erwiderte Fastrade, »es klingt unangenehm und lieblos.«

»Lieblos?« wiederholte Egloff nachdenklich, »ach nein, dieses Abendleben macht uns im Gegenteil zu reizbar und gefühlvoll. Ich wurde hier einsam ohne Kameraden von meiner Großmutter erzogen, ich wurde ein unerträglich weicher Bengel. Einmal ging ich in den Park hinaus in der Sommerdämmerung. Ich kam an einen Platz, wo auf langen Leinen Wäsche aufgehängt war, eine ganze Reihe großer Männerhemden hing dort, der Abendwind fuhr in sie hinein, schaukelte sie sanft hin und her, und sie hoben ihre Arme langsam in die Höhe und ließen sie wieder müde sinken, was soll ich Ihnen sagen, das rührte mich, ich stand da und heulte, tatsächlich.«

Gertrud sang wieder, sie sang ein Lied von Mendelssohn, hob sich auf die Fußspitzen, rang die Hände ineinander.

»Schon sinket die herbstliche Sonne,
das wird mein Träumen wohl sein.«

Ihr ganzer kleiner Körper wurde wieder von der süßen Melancholie der Töne geschüttelt, und als sie zu Ende war, sank sie auf einen Stuhl nieder und atmete tief. Fräulein von Dussa wandte sich sogleich zu ihr und begann eifrig über Mendelssohn auf sie einzusprechen. Egloff hob einen Finger in die Höhe und sagte leise zu Fastrade: »Jetzt geben Sie acht, Sie werden es spüren, wie jetzt gleich das Sirowsche durch die Zimmer geht, um Mendelssohn hinauszufegen.«

Fastrade zog ihre Augenbrauen empor und meinte fast ungeduldig: »Ich weiß nicht, worüber Sie sich beklagen, Ihr Leben ist doch gewiß nicht abendlich und melancholisch.« Egloff zuckte die Achseln: »Man tut, was man kann, nur das Sirowsche ist stärker. Gewiß, ich locke zuweilen Menschen hierher, oder ich gehe auf Reisen, oder ich fahre in das Städtchen in den Klub und trinke, oder ich spiele Karten, gewiß, gewiß, aber das Sirowsche wohnt bei mir zu Hause und gehört zu mir. Übrigens,« und er dachte einen Augenblick nach, »übrigens, man hat Ihnen wohl gesagt, daß ich ein Spieler bin.«

Fastrade zog die Augenbrauen zusammen und machte ihr eigensinniges Gesicht. Warum kommt er mir mit seinen Fragen und Geständnissen so nahe, dachte sie, danach sagte sie fast unwillkürlich: »Warum müssen Sie denn spielen?«

»Warum?« erwiderte Egloff sinnend, »ich weiß nicht, vielleicht, weil im Spiel immerfort sich schnell etwas entscheidet, so etwas wie ein ganz eilig laufendes Schicksal. Im Leben entscheidet sich ja sonst alles so langsam. Wenn ich heute auf etwas hoffe, erfüllt es sich erst nach so langer Zeit, daß ich dann keine Freude daran habe, man lebt ja, als ob man eine Ewigkeit Zeit hätte.« Er hielt inne und betrachtete Fastrade. »Sie,« sagte er dann, »sollten auch mehr Eile haben.«

»Ich!« Fastrade sah ihn mit blitzenden Augen feindselig an. »Was wissen Sie von mir?«

Egloff verneigte sich leicht. »Entschuldigen Sie, gewiß zu wenig, um einen Rat erteilen zu dürfen.«

»Ich,« fuhr Fastrade hastig fort, »ich diene sehr gern der – der – wie sagten Sie doch, der Abendstimmung all derer, die ich liebe und – und – ich werde mir schon meinen Tag zu machen wissen.« Sie war sehr erregt, denn sie fühlte, daß es unwahr war, was sie sagte. Egloff lächelte.

»Sie haben sich wieder über mich geärgert,« sagte er, »überhaupt sind Sie heute, wie es mir scheint, gegen mich.«

»Heute?« wiederholte Fastrade erstaunt, »war ich denn schon für Sie?«

Egloff lachte: »Sehr wahr. Für mich zu sein, ist hier in der Gegend ja wohl überhaupt nicht Sitte.«

Die Damen am Kartentische brachen auf. Draußen vor der Treppe klingelten die Schlittenschellen. Man fuhr fort. Als es im Hause wieder still und leer war, stand Egloff eine Weile sinnend im Musikzimmer, dann rief er Klaus und befahl: »Mein Schlitten soll angespannt werden, ich fahre noch in die Stadt zum Klub.«

Die Baronin und Fräulein von Dussa saßen wieder friedlich im Wohnzimmer bei der Lampe, die Baronin strickte ihre pfauenblaue Strickerei, Fräulein von Dussa hatte ihren Kneifer aufgesetzt und ein Buch aufgeschlagen, sie lehnte aber ihren Kopf auf die Lehne des Sessels zurück. Als die Schellen von Egloffs Schlitten von draußen hereinklangen, sagte die Baronin: »Er fährt wieder aus.« – »Ja«, sagte Fräulein von Dussa. »Er ist jetzt wieder sehr unruhig«, meinte die Baronin. – »Sehr unruhig,« bestätigte Fräulein von Dussa, dann fügte sie klagend hinzu, »wenn er die rechte Frau fände.« »Ja, wissen Sie denn eine?« fragte die Baronin gereizt. Fräulein von Dussa schüttelte den Kopf. »Diese beiden Mädchen da, mit ihren Erlebnissen und Erfahrungen, sind gewiß nicht die rechten.« Die Baronin sah von ihrer Strickerei auf und sagte scharf: »Gertrud ist eine Närrin geworden und Fastrade mag ein gutes Mädchen sein, nur schade –.«

»Ja, sehr schade«, wiederholte Fräulein von Dussa und beugte sich auf ihr Buch nieder.

Siebentes Kapitel

Es war am Morgen beim Frühstück, daß die Baronesse Arabella die greisen Augenbrauen besorgt in die Höhe zog und zu Fastrade sagte: »Ich habe die ganze Nacht nicht schlafen können, der Gedanke, daß du heute nachmittag in den Wald fahren wirst dieser Grenze wegen, ließ mir keine Ruhe. So geht das nicht. Früher hätte dein Vater das nie gestattet. Ich mit meiner Erkältung kann dich nicht begleiten, Ruhke zählt nicht, und da sollst du nun mit diesem verrufenen jungen Manne zusammentreffen.«

»Verrufen?« fragte Fastrade. »Ist er denn wirklich verrufen?« Und sie lächelte dabei ein wenig verachtungsvoll.

»Nun ja,« fuhr die Baronesse erregt fort, »einen guten Ruf hat er nicht, man hört doch allerhand. Jedenfalls ein guter Mensch ist er nicht.«

»So war es hier immer,« versetzte Fastrade, »den Menschen wurden die Etiketten ganz schnell aufgeklebt, und dann hieß es: dieser ist ein schlechter Mensch, und er wird ein für allemal in den Giftschrank gestellt.« Fastrade wunderte sich selbst über die Schärfe ihrer Worte, und die eingefallenen Wangen der Baronesse röteten sich leicht. »Ich, liebes Kind,« sagte sie, »habe ihm seinen bösen Ruf nicht gemacht, jedenfalls schickt es sich nicht, daß du allein dort bist, ich schreibe an Gertrud Port und bitte sie, sich auch dort einzufinden, dann seid ihr wenigstens zu zweit.«

»Ach ja,« meinte Fastrade, »ich hatte vergessen, daß ich wieder das wohlbehütete Mädchen bin, das verteidigt werden muß und bewacht und beschützt, auf das überall Gefahren lauern.«

»Wie das in der großen Welt ist,« erwiderte die Baronesse streng, »weiß ich nicht, hier haben wir unsere Gesetze und da schickt sich so was nicht. Ich schreibe an Gertrud Port.«

Am Nachmittag kutschte Mahling Fastrade in den Wald, Ruhke fuhr hinterher, den Schlitten voller Karten. Es war ein frostiger heller Wintertag, Mahling vermochte den großen Braunen kaum zu halten, das Hinsausen auf dem glatten Wege machte dem Tiere zu großes Vergnügen. Fastrade, fest in ihre Winterjacke eingeknöpft, die Otterfellmütze in die Stirn gedrückt, empfand das leichte Brennen der Frostluft auf den Wangen, das Blitzen der Nachmittagsonne auf dem Schnee, die schnelle Bewegung der Fahrt wie etwas, das ihr Blut köstlich aufpeitschte. Sie hatte sich kindisch auf diese Ausfahrt gefreut, die Tage zu Hause waren ja so ereignislos, daß man kaum merkte, daß man lebte. Hier mitten in diesem Blitzen und Wehen war es einfach unmöglich, daran zu glauben, daß es so etwas gab wie die Couchon an ihrem Kartentisch. Jetzt bogen sie in einen Waldweg ein, es ging unter schwer verschneiten Tannen hin, lange weiße Korridore entlang, es roch stark nach Schnee und Harz, und überall funkelte und knisterte es, als ginge die Fahrt durch eine Welt von weißem Brokat. Auf der Anhöhe standen die alten Föhren steif und grell gegen einen rein blauen Himmel. Als sie die Anhöhe umfahren hatten, arbeiteten sie sich auf einer kurzen Strecke einen engen Weg durch die junge Tannenschonung hindurch, dann hielten sie. Vor ihnen lag ein

Platz, der voll Menschen und Pferden war. Große Balken wurden auf Schlitten gebunden, struppige Pferde mit bereiften Mähnen wurden mit lauten Zurufen angetrieben, überall standen Männer, graue vermummte Gestalten mit großen Pelzmützen und rotgefrorenen Nasen. Und mitten unter ihnen schlenderte Egloff umher, die Pelzmütze im Nacken, die Hände in den Taschen seines kurzen Jagdpelzes, sehr schmächtig unter all den plumpen Gestalten und anscheinend sehr sorglos und müßig hier mitten unter der lauten, angestrengten Arbeit. Als er Fastrades Schlitten erblickte, kam er heran, grüßte. »Ah, unsere Geschäftsgenossen«, rief er und lachte offenbar nur, weil er sich freute. Er half Fastrade aus dem Schlitten. »Sehen Sie,« sagte er, »dies hier nun ist mein Reich. Häßlich? Was?«

»Ja,« sagte Fastrade, »das ist häßlich.«

»Das fühle ich gewiß am meisten,« fuhr Egloff fort, »es ist sogar widerwärtig, schmutzig. Sehen Sie den dort.« Er wies auf einen Herrn im städtischen Pelzpaletot, der mitten unter den Arbeitern stand, ein Notizbuch in der Hand, er schien sehr zu frieren, sein Gesicht war blaurot, der rote Bart bereift, aber die grellbraunen Augen verfolgten mit einer ruhigen, kalten Wachsamkeit, was ringsumher vorging.

»Das ist Herr Mehrenstein,« sagte Egloff, »soll ich ihn Ihnen vorstellen?«

»O nein,« erwiderte Fastrade, »der ist doch der Feind.« Egloff lachte: »Sehr wahr, Mehrenstein ist der Feind, wo Mehrenstein erscheint, da wird aus einem Wald ein Zahltisch. Wie böses Ungeziefer frißt sein Geld den Wald auf. Ich kann mir denken, daß ein Grauen die Bäume schüttelt, wenn Mehrenstein durch einen Wald geht.«

Unwillkürlich schaute Fastrade zurück auf die Föhren des Padurenschen Waldes. Egloff lachte. »Sie sehen Ihre Föhren an«, sagte er. – »Oh, die fürchten sich nicht«, erwiderte Fastrade. – »Ich weiß nicht,« meinte Egloff, »wo Mehrenstein erscheint, ist keine Sicherheit. Allerdings die da oben sehen heute verdammt vornehm auf meinen Marktplatz herunter, sie haben sich ganz frische Wäsche angezogen und hauchen ordentlich eisig kalt ihre Verachtung auf alle uns dreckige Arbeitsmenschen nieder. Übrigens steht Herr Ruhke dort, wir müssen sehen, ob ich Ihrem Walde nicht zu nahe getreten bin. Für Sie ist der Schnee dort zu tief.«

»Wozu bin ich aber hier?« wandte Fastrade ein.

»Um die Sache zu heiligen,« erwiderte Egloff, »und das geschieht ebensogut, wenn Sie hier auf uns warten.« Damit ging er zu Ruhke hinüber und beide verschwanden im Dickicht.

Fastrade setzte sich auf einen Baumstamm, vor ihr luden die Leute einen großen Balken auf kleine Schlitten, banden ihn fest, trieben die Pferde mit Geschrei an, Herr Mehrenstein trat hinzu, klopfte mit dem silberen Bleistift auf den Balken und schrieb etwas in sein Notizbuch. Wie eine magische Formel sah das aus, durch die das, was einst ein Baum gewesen, endgültig tote Sache wurde. Mitten auf dem Platze brannte ein Feuer aus trockenem Reisig, große Rauchwolken erhoben sich dort und breiteten einen rußigen Schleier über den ganzen Platz. Graue bereifte Gestalten standen um das Feuer, streckten ihre frierenden Hände aus, um sich zu wärmen, und sprachen so laut, als wären sie weit voneinander entfernt.

Ob er es weiß, daß er verrufen ist, dachte Fastrade, und ob ihn das schmerzt, aber dann würde er nicht dieses leichtsinnige Lächeln haben.

Auf dem kleinen Wege am Waldrande erschien jetzt ein Schlitten, Gertrud grüßte schon von weitem, dann sprang sie heraus und kam über den glatten Schnee mit unsicheren Schritten auf Fastrade zu. Sie hatte sich schön angezogen, trug ein dunkelrotes Pelzjackett, ein Pelzbarett und lachte über das ganze Gesicht.

»Oh, wie ist das hier schön, Fastrade,« rief sie, »wie habe ich mich gefreut, als der Brief kam. Ich komme etwas spät, du weißt, ich mußte warten, bis der Papa zu seinem Mittagschlaf verschwunden war, sonst hätte es natürlich Fragen und Einwendungen gegeben. Ach, und der Wald, das reine Ballkleid. Und er, wo ist er?« Sie hielt inne und schöpfte tief Atem, wie jemand, der einen zu schnellen Trunk getan hat.

»Die Tante wollte, du sollst kommen, mich beschützen«, sagte Fastrade und sah das bunte erregte Figürchen lächelnd und ein wenig mitleidig an. Gertrud setzte sich auch auf einen Baumstamm und wurde ernst. »Das ist auch gut,« sagte sie, »ist er heute sehr dämonisch?« und da Fastrade nicht antwortete, fuhr sie fort: »Der Papa sagte, er wird noch seinen ganzen Wald verspielen.«

»Das ist doch seine Sache«, erwiderte Fastrade ungeduldig.

»Nun ja,« versetzte Gertrud, »ich gehöre eigentlich auch zu seiner Partei. Ach, es war aber gerade eine Stimmung zu Hause, so grau, so grau! Ich hatte das Gefühl, als klebten mir Spinnweben an allen Fingern. Da kam der gesegnete Brief, jetzt ist alles gut, gleich wird die Sonne untergehen, es kommt schon rot durch die Padurenschen Bäume gekrochen.« Sie sprang auf, sang eine laute helle Notenfolge vor sich hin und begann auf dem von den Schlitten glattgefahrenen Schnee hin- und herzugleiten.

Auf dem Platze schickten die Leute sich an, ihre Arbeit einzustellen, erregt liefen sie durcheinander, suchten ihre Sachen zusammen, jetzt hörte man den einen oder anderen rauh lachen, sie warfen sich auf die kleinen Schlitten, um abzufahren, Herr Mehrenstein steckte das Notizbuch in die Tasche und schlug seinen Pelzkragen auf, der Platz leerte sich allmählich. Dann begann Klaus Pelzdecken heranzuschleppen und in der Nähe des Feuers auszubreiten, er holte einen Teekessel heran und Tassen und fing an, Tee zu kochen und Weinflaschen aufzuziehen. »Tee bekommen wir auch«, jubelte Gertrud. »Aber da ist ja noch jemand,« rief sie, »das sind ja Dachhausens, die hat sicherlich die Mama uns nachgeschickt.« Wirklich kam jetzt ein Schlitten mit hellem Schellengeklingel aus dem Waldwege herangefahren und hielt auf dem Platze. »Ja, es sind Dachhausens«, ertönte die freundliche Stimme des Baron Dachhausen. Er sprang aus dem Schlitten und schwenkte seine Pelzmütze. Sein schöner, brauner Vollbart war ganz bereift und seine blauen Augen blank vor Lustigkeit. »Meine Frau hat, ich weiß nicht wie, erfahren, daß hier eine Zusammenkunft stattfindet und wollte durchaus dabei sein. So sind wir hier. Komm, Liddy, ich hebe dich heraus.«

Die Baronin war ganz in weißes Pelzwerk gehüllt, wie in große, weiße Schneeflocken, und ihr Gesicht sah rosa aus all diesem Weiß heraus. Sie ließ sich aus dem Schlitten heben, begrüßte Fastrade und Gertrud, sie schien unsicher und befangen. »Wo ist Dietz?« fragte Dachhausen, »ah, da kommt er. Guten Abend, Dietz, alter Junge, wir haben uns selbst zu deiner Soiree hier eingeladen.«

Dietz und Ruhke waren eben aus dem Dickicht aufgetaucht. »So, so,« meinte Egloff, »das ist ja gut, deine Gemahlin ist auch da. Schön, schön.« Er sagte das jedoch ziemlich kühl und mißmutig. »Nun, ich denke, jetzt wird wohl niemand mehr kommen, so können wir Tee trinken. Bitte, Platz zu nehmen. Fritz, du warst immer der Liebenswürdigere von uns beiden, du spielst ein wenig den

Gastgeber statt meiner.« »Ach was, liebenswürdig,« meinte Dachhausen, »so ein alter Ehemann, – gleichviel, meine Damen, bitte, sich zu setzen.«

Man ließ sich auf die Pelzdecken nieder, Klaus reichte Tee herum, Dachhausen goß Portwein ein, sprach beständig begeistert: »Herrlich, meine Damen, herrlich. Hier wird einem das Herz weit, nicht wahr? Was meinen Sie, Baronesse Gertrud, fühlen Sie nicht, wie hier die Großstadtkruste oder, wie soll ich sagen, Großstadtrinde –.«

»Ach lassen Sie es, lieber Baron,« sagte Gertrud, bog ihren Kopf ein wenig zurück und sah Dachhausen gefühlvoll an, »hier ist die Großstadt vergessen.« »Nicht wahr«, rief Dachhausen, »was sind alle Opern gegen dieses Abendrot. Sehen Sie, meine Herrschaften, die Föhren oben, wie im Feuer stehen sie. Das hat Egloff gut gemacht.«

»Entschuldigung,« sagte Egloff, der beiseite stand und nachdenklich eine Zigarette rauchte, »das Abendrot gehört nicht mir, es bleibt im Padurenschen Walde, zu mir kommt es nicht herüber.«

»Ach,« sagte Gertrud und starrte in das Abendrot hinein, »die schönsten Farben sind doch die schönste Musik.« Sie seufzte tief, als täte das gewaltsame Aufflammen der Farben ihr wehe. »Ja, gewissermaßen«, bestätigte Dachhausen unsicher.

Egloff hatte sich jetzt auch auf eine der Pelzdecken hingestreckt und trank schweigend ein Glas Portwein. Endlich begann er halblaut mit Fastrade über die Grenze zu sprechen, dem Padurenschen Walde war kein Unrecht geschehen, es war alles in Ordnung. Was er mit diesem Platze anfangen würde? Mein Gott, anpflanzen, aufforsten, aber für wen? Für Herrn Mehrensteins Enkel vielleicht.

»Sie sollten nicht so sprechen«, unterbrach ihn Fastrade.

Egloff zuckte die Achseln: »Wer weiß, wer nach hundert Jahren die Macht hat. Für die künftigen Generationen, sagt Ihr Herr Vater; aber ich habe keinen historischen Sinn. Mir sagt es nichts, in der Zukunft eine lange Reihe von Dietz Egloffs zu sehen, die Stükke meines Wesens hundert Jahre fortschleppen, so wie sich häßliche Möbel in alten Häusern forterben.«

»Sie können doch Kostbarkeiten vererben«, wandte Fastrade ein.

»Ja, wer die hat,« erwiderte Egloff, »übrigens, ich will mich selbst nicht angreifen, aber das Dietz Egloffsche als hundertjährige Einrichtung, daran habe ich kein Interesse.«

Das Abendrot war erloschen, auf der anderen Seite stieg der Mond am Waldrande auf, groß und rot. »Der Mond«, rief die Baronin Lydia, welche die ganze Zeit still dagesessen war. »Baron Egloff, der kommt auf Ihre Seite, der gehört nicht zum Padurenschen Walde.«

»Ja, hm,« erwiderte Egloff und sah unzufrieden auf den Mond hin, »er sieht auch recht jahrmarktmäßig aus, eine große, rote chinesische Laterne. Na, wenn er höher steigt, wird er eleganter werden. Man wird immer eleganter, wenn man Karriere macht.«

Warum er das so unfreundlich sagt, dachte Fastrade, was hat die arme kleine Puppe ihm getan? »Jetzt einen Vorschlag«, fuhr Egloff fort und stand auf. »Wir machen einen Besuch im Padurenschen Walde. Wenn wir an der kleinen Waldwiese sind, wird der Mond schon hoch genug sein, das gibt dann einen weihevollen Abschluß.«

Man rief nach den Schlitten, die Damen wurden wieder in die Pelzjacken gehüllt. »Ich fahre Sie, wenn Sie gestatten«, sagte Egloff und setzte sich zu Fastrade. Er führte den Zug an und bog in einen engen Waldweg ein. Hier herrschte die bleiche Dämmerung des Schneelichts, und unendliche Geborgenheit unter den weißen Bogen der verschneiten Äste. Wie ein kleiner dunkler Schatten huschte ein Hase lautlos über den Weg, ein aufgescheuchtes Reh brach durch das Dickicht, die Schellen der Schlitten klangen fremd und gespenstisch, und aufgeschreckt von ihnen schlug ein Vogel mit den Flügeln im Wipfel einer Tanne. Egloff und Fastrade schwiegen, nur einmal bemerkte Egloff: »So allmählich fühlt man sich hier zugehörig.« Der Waldweg führte auf eine kleine, runde Wiese, die jetzt hell vom Monde beschienen war. »Halt!« kommandierte Egloff, »hier wird ausgestiegen, hier wird eine Quadrille getanzt.« – »Dietz, du bist ein famoser Kerl,« rief Dachhausen, »natürlich wird hier eine Quadrille getanzt, man muß nur darauf kommen. Darf ich bitten, Baronesse Gertrud. Liddy bleibt im Schlitten, der Pelz ist zu schwer.«

Die Paare gingen nun über den hartgefrorenen Schnee der Wiese. »Wie das hübsch leise kracht,« sagte Gertrud, »es ist, als ob wir über den Zuckerguß einer Torte gingen.« »Antreten, antreten!« rief Egloff, und die Paare stellten sich auf, das Mondlicht gab den

Bewegungen der Tanzenden etwas seltsam Huschendes und Schattenhaftes, die Gestalten der Mädchen wurden wunderlich schlank, wenn sie über den weißen flimmernden Boden hinglitten und dabei kleine Schreie ausstießen wie in einem kalten Bade, und als sei das Mondlicht eine Welle, die über sie hinrieselte. »Chaîne, s'il vous plaît«, kommandierte Egloff sehr laut, und aus den Tannen, die ernst um den Platz herumstanden, wiederholte ein Echo ein geisterhaftes »s'il vous plaît«. »Grand galop«, kommandierte Egloff. Die beiden Paare drehten sich, entrüstet begann ein Rehbock am Waldrande zu schmälen, da hielten sie an, standen beieinander ganz atemlos und lachten einander an.

»Das war schön,« sagte Gertrud und lehnte sich schwankend an Dachhausens Arm, »was ist ein Ballsaal dagegen.« »Das wissen die Hasen schon längst«, erwiderte Dachhausen munter. »Aber jetzt müssen die Damen schnell wieder in die Pelzdecken.« Man ging zu den Schlitten zurück. Die Baronin Lydia saß dort in ihrem Schlitten ganz in ihr weißes Pelzwerk verkrochen. »Ach, Liddy, es war herrlich,« sagte Gertrud, »endlich mal wieder etwas, das zu erleben verlohnt. Aber was hast du? Du weinst ja.« Liddy weinte, weinte daß ihr ganzer Körper geschüttelt wurde. Nun kam Dachhausen und schalt und tröstete: »Ich sage es immer, du verträgst die großen Natureindrücke nicht, sie erschüttern dich zu sehr. Machen wir, daß wir heimkommen.«

»Sie ist eifersüchtig auf mich«, flüsterte Gertrud Fastrade zu. Egloff, die Hände in den Taschen seines Pelzes stand ruhig da und lächelte. Als man sich nun trennen mußte, wurde auch Gertrud gefühlvoll. Sie umarmte Fastrade. »Wie enge wird es jetzt zu Hause sein,« flüsterte sie, »es wird dort nach Zwieback riechen und der Papa wird unangenehme Bemerkungen machen.« – »Du kannst doch singen«, wandte Fastrade ein. – »Ach, der Vater hört das nicht gern,« erwiderte Gertrud, »gleichviel, es war schön. Egloff ist dämonisch, und Dachhausen, glaube ich, unglücklich in seiner Ehe.«

So fuhr man denn ab auf der blanken Landstraße, der Mondschein machte das Land unendlich weit, und in der schnellen Bewegung schien das Licht an den Fahrenden vorüberzusausen wie etwas Flüssiges und Eiliges. Auf der Ebene am Kreuzweg trennten sie sich: »Gute Nacht, Heil« klang es von Schlitten zu Schlitten, und ein jeder schlug seinen Weg ein. Aus der Ferne leuchteten die

Lichter der Gutshäuser, rötliche Pünktchen inmitten des weißen Mondscheins.

Als Fastrade vor der Padurenschen Treppe hielt, sah sie an den Fenstern des Eßsaals eine dunkle Gestalt erregt auf und ab gehen. Sie wurde also erwartet, dachte sich Fastrade, und wirklich kam ihr die Baronesse klagend entgegen: »So spät, Kind, Ruhke ist schon längst zu Hause, dein Vater fragt nach dir.« Aber Fastrade nahm die alte Dame in ihre Arme und wiegte den zerbrechlichen Körper vorsichtig hin und her und sagte: »Es war sehr schön. Wir haben Tee getrunken, haben auf der Wiese getanzt, sind gefahren. Sag', Tantchen, hast du nie im Leben gesungen? Ist es dir nie passiert, daß du dich hier mitten im Saale hinstelltest und aus Leibeskräften lossangst, daß die Wände zitterten?«

»Kind, Kind,« versetzte die alte Dame, »was sprichst du da für Sachen.«

»Schade,« meinte Fastrade, »das würde dich glücklich machen.«

Aber da wurde die Baronesse wieder elegisch und ernst: »Ich brauche keinen Gesang und ich brauche kein Glück mehr. Ich sitze still bei den Meinigen und warte, bis ich abberufen werde. Und dann, Kind, warum sprichst du so laut?«

Fastrade ließ die Arme sinken, ach ja, sie hatte einen Augenblick vergessen, daß man hier gedämpft wie in einer Krankenstube zu sprechen pflegte, und daß es hier im Hause die Aufgabe eines jeden war, stillzusitzen, bis man abberufen wurde. So wollte sie denn zu ihrem Vater hinübergehen. Unterwegs blieb sie noch vor einem Fenster stehen und schaute auf die Mondnacht hinaus, wie auf etwas Befreundetes und Verbündetes.

Als Gertrud vor der Witzowschen Haustür hielt, war ihr Lebensmut wieder gänzlich gesunken, und als sie im Hausflur stand und der wohlbekannte feuchte Kalkgeruch ihr entgegenschlug, da fühlte sie sich nur noch als das junge Mädchen, dessen Lebenspläne gescheitert waren und das sich vor ihrem Vater fürchtete. Sylvia kam ihr besorgt entgegen und berichtete flüsternd, der Vater sei recht ungehalten. Gertrud zuckte die Achseln, sie war entschlossen, sich nichts daraus zu machen. Als sie in das Wohnzimmer trat, sagte sie daher möglichst unbefangen »Guten Abend«. Baron Port saß an der Lampe und las die Zeitung, die Baronin saß neben ihm und strickte. Karo, der Hühnerhund, der zu Füßen seines Herrn schlief, erhob ein wenig seinen Kopf, der Duft von Schnee und

Wald, den Gertrud in ihren Kleidern mitbrachte, regte ihn auf. »Guten Abend«, sagte der Baron und legte die Zeitung fort; er wartete, bis seine Tochter sich gesetzt hatte, dann sah er sie über die Brille hinweg an und begann zu sprechen. Offenbar hatte er sich zurechtgelegt, was er sagen wollte, denn er sprach geläufig und übertrieben ermahnend. »Ich möchte wissen, wer diese neue Art der Geselligkeit hier bei uns importiert hat. Hat die Fastrade sie aus dem Krankenhause mitgebracht oder du aus der Singschule, oder hat der Dietz Egloff sie von seinen Portugiesen und Polacken gelernt? Für Krankenschwestern, Sängerinnen und Portugiesen sind sie vielleicht passend, für unsere Fräuleins passen sie mir nicht. Das wollte ich gesagt haben. Und dann, du bist ja kränklich, du sollst auskuriert werden, wenn es sich um die Gesundheit meiner Angehörigen handelt, spare ich nicht; aber ich verlange, daß nicht unvernünftig auf die Gesundheit losgewirtschaftet wird. Das wollte ich gesagt haben.« Er griff wieder nach seiner Zeitung. Gertrud saß schweigend da; sie hätte gern geweint, sie hätte sich auch verteidigen können, statt dessen machte sie nur ein hochmütiges Gesicht, starrte in die Lampe, als hörte sie nicht zu, sondern dächte an ganz andere Dinge. Im Zimmer war es still, heiß und beklommen; sie hielt es nicht länger aus, sie erhob sich und ging in die dunkele Zimmerflucht hinüber. Dort schritt sie langsam auf und ab, sie fühlte sich gekränkt und gedemütigt. Also kränklich sein, das war jetzt ihr Beruf, sonst nichts. Wenn sie ging, ließ sie die Arme schlaff niederhängen, bewegte den ganzen Körper lässig hin und her, sie ging so, wie sie es zuweilen drüben in Dresden gesehen hatte an einer kleinen Sängerin, die das Leben rücksichtslos zu genießen verstand. Wenn sie nach durchjubelter Nacht am Morgen in ihren himmelblauen Morgenrock gehüllt in das Wohnzimmer kam, dann hatte sie diese sorglos müden Bewegungen gehabt, die Gertrud stets wie die beredteste Gebärde der Verachtung aller Philistermoral erschienen waren. Allein jetzt so zu gehen brachte Gertrud keine Erleichterung. Wenn sie singen könnte. Aber das durfte sie ja nicht. Das einzige, was ihr jetzt helfen konnte, war ihr verboten. Und doch, das Bedürfnis zu singen war zu stark, sie ging in den Flur hinaus und stieg dort eine Treppe zum unteren Geschoß des Hauses hinab. Hier befand sich der Raum, in dem die Mägde zu spinnen pflegten; von weitem hörte sie schon das Schnurren der Spinnräder und den schläfrig eintönigen Gesang der Mägde. Entschlossen öffnete Gertrud die Tür. Der Raum war von einer trüben Petroleumlampe erhellt; es roch nach Wolle und den feuchten Holzscheiten, die im Ofen prasselten. In langer Reihe saßen die Mägde da, breite Gestalten in schweren Wollenkleidern; sie drehten an ihren Rädern und sangen beruhigt und schläfrig vor sich hin. Als Gertrud eintrat, blieben die Räder stehen und die Köpfe hoben sich. »Wartet,« sagte Gertrud ein wenig atemlos und befangen, »ich singe euch etwas vor.« Und sie begann gleich, etwas ganz Süßes mußte es sein.

»Auf Flügeln des Gesanges,
Herzliebchen, trag ich dich fort.«

Sie rang wieder die Hände ineinander, hob sich auf die Fußzehen, sang sich alles Witzowsche von der Seele, berauschte sich an diesem Liebesgirren.

»Dort wollen wir niedersinken,
Dort unter dem Palmenbaum,
Und Liebe und Wonne trinken
Und träumen manch seligen Traum.«

Die Mägde hörten zu, ihre Lippen verzogen sich zu einem starren Lächeln, die Augen, die anfangs neugierig auf Gertrud gerichtet waren, wurden klar und regungslos, und auf den großen Gesichtern lag es wie süße Schläfrigkeit. Jetzt war Gertrud zu Ende; ein wenig erstaunt schaute sie sich um, als erwachte sie aus einem Traum, dann lachte sie verlegen. Die Mägde lachten auch, und die dicke Liese als die Älteste nahm das Wort und sagte: »Das kann unser Fräulein schön herausschreien.« – »So, ja,« meinte Gertrud, »jetzt gute Nacht«, und sie verließ schnell das Zimmer. Das hatte ihr wohlgetan, nun würde sie schlafen können; sie wollte ein Schlafpulver nehmen und weiter träumen von schönen, süßen Dingen.

Dachhausen hatte versucht, auf der Heimfahrt beruhigend und heiter zu seiner Frau zu sprechen. Was war denn geschehen? Nichts, nicht wahr? Sie war in letzter Zeit ein wenig nervös, da mochte so eine Mondscheinpartie für sie zu anstrengend sein. Sie würden nächstens bei Tage fahren, das war alles. Lydia aber sagte kein Wort; erst zu Hause, als sie im Wohnzimmer vor dem Spiegel stand und ihr erhitztes Gesicht und ihre verweinten Augen betrachtete, da begann sie zu sprechen, mit einer Stimme so böse und klagend, als hätten sie die ganze Zeit über schon miteinander gestritten. Natürlich, er fand in alledem nichts, für ihn war nie etwas geschehen, er tanzt auf der Wiese Quadrille und sie muß im Schlitten hocken. »Aber du konntest doch nicht, Kind«, wandte Dachhausen hilflos ein; aber Lydia lachte höhnisch, oh! sie wußte wohl, sie war immer die Ausgeschlossene, ihr gab man zu verstehen, daß sie nicht dazu gehörte. Warum fuhr er nicht allein in den Wald, wenn er mit Gertrud tanzen wollte. Ihretwegen konnte er den ganzen Tag mit Gertrud tanzen, o Gott, wie ihr das gleichgültig war, aber es war seine Pflicht, ihr Demütigungen zu ersparen. Dachhausen war verzweifelt. »Demütigungen,« rief er, »ich möchte den sehen, der dich zu demütigen wagt!« Allein es machte auf Lydia keinen Eindruck. »So,« fuhr sie fort, »und hörtest du nicht, was Egloff vom Monde und der Karriere sagte?« – Nein, Dachhausen erinnerte sich nicht, und was es auch gewesen war, es hatte gewiß nichts mit Lydia zu tun. Lydia zuckte die Achseln: »Natürlich, du verstehst nichts, du siehst nichts, du hörst nichts«, und als er besänftigend ihre Hand fassen wollte, wandte sie ihm den Rücken, sagte, sie wolle allein sein und ging in ihr Zimmer.

Ratlos blieb Dachhausen im Wohnzimmer zurück; er verstand Lydia immer weniger, sie war in letzter Zeit so gereizt, seine Ehe wurde so kompliziert, daß er sich in ihr nicht mehr zurechtfand. Hatte sie etwas gegen ihn? Aber das war ja nicht möglich, niemand hatte etwas gegen ihn und nun noch seine Frau. Aber da war nichts zu machen: zu ihr zu gehen wagte er nicht, so ging er in sein Arbeitszimmer, streckte sich auf dem Sofa aus und zündete sich seufzend eine Zigarre an.

Unterdessen jagte Egloff auf der mondbeschienenen Landstraße weiter. »Weiterfahren«, hatte er dem Kutscher befohlen. »Zur Stadt?« fragte dieser. »Ach was, Stadt«, sagte Egloff ärgerlich, nahm dem Kutscher die Leinen fort und fuhr selbst. Er bedurfte des weiten Raumes, dieses Lichtes, dieser Bewegung, zu Hause erwarteten ihn doch nur Geldsorgen und widerwärtige Gedanken. Hier brauchte er nicht zu denken und konnte das wärmende, angenehme Gefühl erhalten, das ihm in sich neu und wertvoll war. Also vorwärts, hinein in den Lichtnebel, vorüber an kleinen Katen, die still unter ihren Schneehauben schliefen, die leere Dorfstraße entlang, auf der nur hie und da ein schläfriger Hund anschlug. Vor einem Kruge hielt er an, um das Pferd einen Augenblick verschnaufen zu lassen. Und in der niedrigen Krugstube qualmte eine Lampe über dem Schenktisch; die schwarze Lene, die Krügerstochter, hatte die nackten Arme auf den Tisch und den Kopf auf die Arme gestützt und schlief ganz fest. Auf einer Bank saß ein Bauer im Pelz, die Peitsche in der Hand, vor seinem Schnapsglase und schlief auch. Am Ofen aber kauerten nahe beieinander zwei Juden mit roten Bärten und flüsterten. »Lene«, sagte Egloff und berührte den Arm des Mädchens. Lene fuhr auf, das Gesicht ganz rot vom Schlaf unter dem wirren, schwarzen Haar. »Der Herr Baron«, stammelte sie und lächelte schlaftrunken. »Auf auf! Schwarze,« rief Egloff, »gib mir einen Gilka und bringe meinem Kutscher einen hinaus.« Während das Mädchen die Gläser vollschenkte, sah Egloff sich in der Stube um und verzog sein Gesicht, als ekele ihn. Daß man überhaupt noch in diesen sogenannten Stuben, in diesen Menschenlöchern wohnen kann, ging es ihm durch den Sinn. Er fühlte sich in diesem Augenblick ganz als zugehörig zu der weiten, mondbeschienenen Ebene. Vor den Juden blieb er stehen und sagte: »Juden, warum schlaft ihr nicht? Läßt euch das Geld nicht schlafen? Zwackt euch das Geld so, daß ihr nicht schlafen könnt?« Die Juden sahen zu Egloff auf mit schnellen, wachsamen Blicken wie sichernde Tiere, dann lächelten sie demütig, und der eine sagte: »Uns lassen unsere Sorgen nicht schlafen, den Herrn Baron läßt nicht schlafen das wilde Blut, so hat jeder, was ihn zwackt.« »Ach, was wißt ihr vom Blut,« meinte Egloff, »ihr habt ja keins.« Er wandte sich ab, trank seinen Gilka und ging hinaus. Vor der Tür stand Lene, die Arme in die Schürze gewickelt und starrte zum Monde auf. »Hell, hell«, sagte sie. »Ja, Lene,« meinte Egloff, »das ist eine Nacht, ein anderes Mal nehme ich dich mit«, und er stieg in seinen Schlitten und jagte weiter. Er lenkte in eine lange Birkenallee ein, die nach Barnewitz führte. Da lag auch das Schloß, weiß und schweigend, der Mondschein glitzerte in den Fensterscheiben. Wie? dort in dem Arbeitszimmer war noch Licht. Sollte der gute Fritz noch arbeiten, dachte Egloff, das wäre neu. Aber dort auf dem anderen Flügel in Lydias Schlafzimmer war auch noch Licht, also ein Ehestreit. Und als er am Gartengitter mit seinem Schellengeläute vorüberjagte, öffnete sich dort im Flügel ein Fenster, eine weiße Gestalt beugte sich vor und horchte in die Nacht hinein. »Sie kennt meine Schellen«, sagte sich

Egloff befriedigt. »Wie sie heute im Walde weinte, die Kleine. Ach was, Puppenschmerzen.« Er bog wieder in die Landstraße ein auf Witzow zu. Dort schlief schon alles, an dem langen Hause mit seinem plumpen Erker, der es wie eine riesige Stumpfnase überragte, waren alle Fenster wohlverschlossen, nichts regte sich, nur der struppige Hofhund stand vor der Haustür und bellte klagend den Mond an. Da drin liegt nun, dachte Egloff, die arme Gertrud und träumt von irgendeiner großen Liebe. Was in diesen stillen Häusern die Mädchenträume wild sein müssen! »Allons, vorwärts«, trieb er seinen Braunen an, und nun ging es wieder durch eine lange Birkenallee auf Paduren zu. Dunkel stand das Schloß zwischen den weißen Bäumen, nur an einem Fenster stahl sich ein schwacher Lichtschein durch die Vorhänge: Das mußte die Nachtlampe des alten Barons sein. Ein Haus der Zuendegehenden, fiel es Egloff ein, eine große, finstere Krankenstube, und mitten drin Fastrade mit ihrem jungen Schlaf. »Ich werde mir schon meinen Tag machen«, klangen ihre Worte ihm nach. Hm, ja, das mochte ja ein recht heller Tag werden, an dem konnte sich vielleicht auch ein anderer, der gerade friert, wärmen. Ach was, – wie die Karten fallen, so ist das Spiel.

Jetzt fror ihn, und er war müde. Der Braune dampfte schon; so war es denn an der Zeit, nach Hause zu fahren.

Achtes Kapitel

Es war viel Schnee gefallen, im Padurenschen Hof und Park mußte der Schneeschlitten Wege einfahren, den ganzen Tag über hingen hellgraue Wolken am Himmel, und durch die windstille Luft fielen die Schneeflocken ruhig und stetig nieder. Aber gegen Abend erhob sich stets ein Nordostwind, der die Wolken für eine Weile fortfegte, als wollte er Platz schaffen für den Sonnenuntergang, der mit viel Purpur und Gold am Himmel aufflammte. Dieser Augenblick erschien Fastrade als das einzige Ereignis der kurzen Tage, die sonst grau und formlos wie die Schneewolken waren. Sie eilte dann in den Park hinunter und ging die schmalen Wege zwischen den Schneewällen auf und ab. Hier konnte sie sich wieder auf etwas freuen, von dem sie nicht wußte, was es war, hier konnte sie etwas erwarten, das sie nicht kannte, hier fühlte sie ihren Körper und ihr Blut wie eine Wohltat. Woran sollte sie denken? Gleichviel, nur recht weit fort denken von der stillen Zimmerflucht da drinnen im Hause, und so dachte sie denn an Egloff. Wie ruhelos er war! Der Kutscher Mahling hatte erzählt, der Sirowsche Herr fahre die Nächte hindurch hier in der Gegend herum. Ob er leidet? Ob seine Geheimnisse ihn quälen? Sie waren alle gegen ihn, aber ihm schien das gleichgültig zu sein. Wenn man zu zweien auf der einen Seite steht und die anderen stehen alle auf der anderen Seite, das kann sogar lustig sein. Eine kluge Frauenhand könnte in diesem armen, zerfahrenen Leben vielleicht Ordnung schaffen, jedenfalls war er mit seiner Unruhe, seinen Geheimnissen, seinen Sorgen und seiner Heiterkeit das Leben, und was waren die anderen hier?

Vom Walde herüber erklang plötzlich ein Jagdhorn, schmetterte keck und triumphierend in den Winterabend hinein. Fastrade blieb am Gartengitter stehen und horchte. Das war Egloff, der für heute die Jagd schloß und diesen hellen Ruf des Lebens zu ihr herübersandte. Fastrade stand am Gitter, bis das Jagdhorn verstummte und bis das Abendrot verblaßt war, dann ging sie wieder in das Haus, um im Zimmer ihres Vaters Ruhkes Bericht anzuhören, die Memoiren des Herzogs von St. Simon zu lesen oder mit der Baronesse am Kamin zu sitzen.

In diesen Wintertagen pflegte die Baronesse Arabella einen besonders lebhaften Umgang mit ihren Erinnerungen. Sobald sie und Fastrade beisammen am Kamin saßen, begann sie zu erzählen mit leise klagender Stimme, erzählte von ihrer Jugend, von längst vergangenen Padurenschen Sommern, von längst gestorbenen Menschen, und Fastrade hörte dem zu, sah diese Menschen und diese Sommer, wie wir alte Bilder sehen, über deren Farben sich ein leichter Staubschleier legt. Ein unendliches Gefühl der Vergänglichkeit, des Vorüber klang aus dieser Erzählung und machte Fastrade traurig. Zuweilen sprach die Baronesse auch von dem kommenden Feste, sprach von Gebäcken und Geschenken mit derselben klagenden Stimme, wie sie von ihrer Jugend sprach. Feste, dachte Fastrade, können wir hier auch Feste feiern?

Aber das Fest kam, ein Tannenbaum mit Lichtern stand auf dem Tisch, der Baron ließ sich seinen schwarzen Rock anziehen und saß im Saal erwartungsvoll auf seinem Sessel. Knechte und

Mägde sangen mit ihren schweren, lauten Stimmen langsam und feierlich einen Choral. Und als sie fort waren, saß man beisammen und sah zu, wie die Lichter am Baume niederbrannten. Die Baronesse weinte still, der Baron hatte die Hände gefaltet und starrte vor sich hin. Fastrade ging zu ihm und kniete an seinem Stuhle nieder. Sie wußte nicht, was in dem schweigenden, alten Manne vorging, aber wenn ein Leiden ihn quälte, wollte sie nahe bei ihm knien, als könne sie ihm beistehen.

Als alles vorüber war und Fastrade in ihrem Zimmer stand, fühlte sie sich so wund und hilflos vor Mitleid und Wehmut, daß sie sich sagte: Wenn ich zu Bette gehe, bleibt mir nichts übrig, als den Kopf in die Kissen zu drücken und zu weinen. Das will ich nicht. Dagegen aber gibt es nur ein Mittel, die Winternacht. Sie nahm ihre Pelzjacke und ihre Otterfellmütze und ging leise in den Park hinaus. Hier hingen die weißen Baumwipfel voll großer, sehr heller Sterne, hier war es wunderbar geheimnisvoll, hier in der klaren Luft, über der knisternden Schneedecke lag es wie ein festliches Erwarten, man stand still und geschmückt da, und die Freuden konnten kommen. Es machte Fastrade auch wieder getrost, ihre Schmerzen und ihre Wehmut waren doch nur kleine abseits liegende dunkele Winkel, das eigentliche Leben war dieses große Flimmern, diese Weite, dieses geheimnisvolle Versprechen und Erwarten. Sie blieb am Gartengitter stehen und schaute auf das Land, auf die weiße Fläche, die im unsicheren Sternenschein zu einem hellen Nebel zerrann, in den hie und da die Lichtpünktchen ferner Häuser gestreut waren.

Auf der Landstraße, die am Parkgitter vorüberführte, kam Schellengeklingel heran, ein Pferd erschien und ein Schlitten groß und schwarz im unsicheren, weißen Lichte. Jemand sprang aus dem Schlitten und kam auf das Gitter zu. »Ich dachte es mir gleich, daß Sie es sind, die hier steht«, sagte Egloff und lachte. »Ja, ich bin noch ein wenig herausgekommen«, erwiderte Fastrade. – »Das will ich glauben«, meinte Egloff. »Ich bin auch fortgefahren, um dem Sirowschen Weihnachten zu entgehen.«

»Sie fahren öfters in der Nacht herum, höre ich«, fragte Fastrade. Sie wunderte sich nicht über diese Unterhaltung am Gartengitter, sie erschien ihr selbstverständlich, als stünden sie beide in dem Sirowschen Wohnzimmer, nur daß es hier im Sternenschein unterhaltender und kameradschaftlicher war.

»So? Haben Sie das gehört?« fragte Egloff, »ja, ich habe mir die Ebene hier als eine Art Schlafsaal eingerichtet. Das ist sehr zuträglich. Überhaupt bin ich der Meinung, daß unsere Entwickelung einen verkehrten Weg eingeschlagen hat. Wir sind eigentlich Nachttiere wie all das andere Raubzeug. Am Tag schläft man im Bau, und wenn es dann draußen still und dunkel wird, dann kriecht man heraus, treibt sich herum, schleicht um die schlafenden Wohnungen und Hühnerställe und lebt dann so sein eigentliches Leben.«

»Meinen Sie?« sagte Fastrade. »Ja, das muß zuweilen hübsch sein.«

»Sie sollten auf solch einer Fahrt mitkommen«, schlug Egloff vor.

Fastrade lachte: »Das wäre doch wohl gegen unsere Gesetze hier.«

»Glauben Sie an diese Gesetze?« fragte Egloff.

Fastrade zuckte die Achseln: »Ich glaube nicht an sie, aber ich gehorche ihnen.«

»Da haben Sie unrecht,« meinte Egloff, »Sie können sich nicht denken, wie befreundet man sich fühlt, wenn man so zu zweien über die Straßen jagt.«

»Doch, ich kann es mir denken«, versetzte Fastrade nachdenklich. Sie hatte ihren Handschuh abgestreift und kühlte ihre Hand in dem Schneestreifen, der sich an das Gitter angesetzt hatte. »Also für diese Freundschaft bin ich zu feige.«

»Feige sind Sie nicht«, versicherte Egloff mit Überzeugung. »Sie haben nur noch den Aberglauben an diese kleinen, triefäugigen Gesetzesaugen, die von den Schlössern in die Nacht hineinsehen. Das da drüben ist Barnewitz. Wie lächerlich doch solch ein Licht neben den Sternen aussieht. Na, gleichviel, wenn die Freundschaft so nicht zustande kommt, muß es anders gemacht werden. Mein Brauner wird höllisch unruhig, gute Nacht.«

Sie reichten sich durch das Gitter hindurch die Hand, Egloff ging zu seinem Schlitten, und Fastrade lief den Weg dem Hause zu. Sie glaubte, sie würde jetzt schlafen können, ohne weinen zu müssen.

An einem der Feiertage kam Gertrud Port nach Paduren, um Fastrade zu besuchen. Sie war wieder sehr schlank und schmächtig in ihrem Kleide von zeitlosem Schnitt, das Gesichtchen, über und über weiß von Puder, schien kleiner geworden, die Augen waren unnatürlich groß. Sie klagte über ihre Gesundheit; »das Leben vergeht in Müdigkeit und Melancholie«, meinte sie. Als die beiden Mädchen jedoch in Fastrades Zimmer am Kamin saßen, begann Gertrud von Dresden zu sprechen, und das belebte sie. »Du weißt,« sagte sie, »zu Hause darf ich davon nicht sprechen, und wenn ich Sylvia einmal etwas erzähle, dann sehe ich es ihren Augen an, zuerst, daß es ihr nicht gefällt und dann, daß sie nicht mehr zuhört.« So erzählte sie denn von der schönen Zeit, da sie tun konnte, was ihr beliebte, ohne saure Bemerkungen hören zu müssen, da jeder Tag ein neues Erlebnis, eine neue Emotion brachte. Sie erzählte, wie man abends mit den Freundinnen und Freunden im Café gesessen und Zigaretten geraucht habe. »Siehst du, nicht nur das Leben und die Menschen waren interessant, nein, man war selbst interessant. Ein junger Künstler sagte mir: ›Ich freue mich jeden Morgen, wenn ich aufstehe, darauf, an diesem Tage wieder Ihre Augen zu sehen, wie man sich darauf freut, in einem schönen Buche weiterzulesen.‹ Bei uns zu Hause denkt doch nie jemand daran, daß ich Augen habe, zu Hause bin ich eine langweilige Fremde.« Von ihren Erinnerungen überwältigt schwieg sie jetzt und starrte verträumt in das Kaminfeuer hinein. – Im unteren Geschoß des Hauses, in den Gesindestuben, wurde getanzt. Gedämpft konnte man die schnarrenden Töne einer Violine hören, auf der eintönig und unermüdlich einige Walzertakte gespielt wurden. »Du erzählst aber nicht von dir,« fuhr Gertrud auf, »du hast wohl auch nichts erlebt? Hast du Egloff gesehen? Er soll verreist gewesen sein, erzählte Dachhausen, er soll gespielt haben und viel verloren, auch ein Duell soll er gehabt haben. Ein wilder Mensch. Fräulein von Dussa erzählte, er sei so ruhelos und fahre die Nächte hier in der Gegend herum. Der Papa sagte später: Das ist wohl sein schlechtes Gewissen, das ihn nicht schlafen läßt. Der Papa urteilt überhaupt sehr streng über ihn.«

»Ach ja,« erwiderte Fastrade scharf, »sie urteilen alle sehr streng über ihn, aber ich finde, jeder Mensch müßte wenigstens einen Menschen haben, der ihn verteidigt, der ihn verteidigt, auch wenn er meinetwegen unrecht hat. Wenn alle über einen herfallen, das ist häßlich.«

»Gewiß, er ist mir auch sympathisch,« versetzte Gertrud, und ihre Stimme nahm einen seltsam lyrischen Klang an, »und überhaupt, wenn wir nicht lieben, was bleibt uns dann in diesem Leben?«

»Lieben?« fragte Fastrade erstaunt. »Wer liebt? Liebst du denn?« – Aber Gertrud fuhr zu sprechen fort, als hätte sie Fastrades Frage nicht gehört: »Und wäre es auch nur eine unglückliche Liebe.«

»Ja liebst du denn unglücklich?« fragte Fastrade wieder.

Gertrud antwortete nicht, sie schaute ins Feuer und lächelte still vor sich hin. Sie mochte es nicht sagen, daß sie sich in den letzten Tagen dazu entschlossen hatte, Dachhausen unglücklich zu lieben. Aus dem unteren Geschosse drang wieder deutlich der schnarrende, freudlose Walzer der Violine herauf. Die beiden Mädchen schwiegen eine Weile, da erhob sich Gertrud plötzlich und begann sich auf dem Teppich vor dem Kamine nach dem Takte der Violine zu drehen, ernst und eifrig, und ihr Schatten, lang und schmal, fuhr unruhig an den Wänden entlang. Mein Gott, dachte Fastrade, man lebt doch hier, als ob man gleich erwachen müßte, um dann erst mit der Wirklichkeit zu beginnen.

Gertrud war erschöpft, sie warf sich auf das Sofa und atmete schnell. »So,« sagte sie, »das hat mir gut getan, jetzt will ich nach Hause fahren.«

Neuntes Kapitel

Der Winter neigte sich seinem Ende zu. Fastrade hatte über die schon feucht gewordenen Wege ihren Abendspaziergang gemacht und kam nach Hause, wo der gewöhnliche Padurensche Abend sie erwartete. Couchon saß bei ihren Karten, und es roch dort nach den Bratäpfeln, die sie stets im Ofenrohr hielt. Im Saal waren die Lampen noch nicht angezündet. Fastrade wollte, wie sie es jeden Abend tat, in das Zimmer ihres Vaters gehen, aber sie wurde unterwegs von der Baronesse Arabella aufgehalten, die im Dunkeln nach Fastrades Händen griff und flüsterte: »Der Egloff ist hier gewesen.« – »Oh, wirklich«, sagte Fastrade. Das klang gleichgültig, aber sie wußte sofort, daß sich etwas ereignet hatte, das diesen gewöhnlichen Padurenschen Abend für sie mit einem Schlage zu etwas sehr Bedeutsamem und Einzigem machte. »Und denke dir,«

fuhr die Baronesse fort, »er hat bei deinem Vater um deine Hand angehalten.«

»Der tolle Mensch«, entfuhr es Fastrade.

»Nicht wahr?« meinte die Baronesse. »Dein Vater hat auch, glaube ich, sehr ernst mit ihm gesprochen, er hat ihm auch wohl gesagt, daß er diese Verbindung nicht wünschen kann. Im übrigen hat er alles von deiner Entscheidung abhängig gemacht. Du weißt, er entscheidet jetzt so ungern etwas allein. Aber ich freue mich, liebes Kind, daß du auch so denkst.«

»Wie denke ich?« sagte Fastrade schnell, »ich weiß gar nicht, wie ich denke.«

»Aber, liebes Kind,« wandte die Baronesse ein, »ein so leichtsinniger, junger Mensch.«

»Nein, nein, nein, ich weiß nicht, wie ich denke«, wiederholte Fastrade; sie machte sich von der alten Dame los und setzte schnell ihren Weg zum Zimmer ihres Vaters fort.

Als Fastrade eintrat, richtete der Baron sich aus seiner gebückten Haltung stramm auf. »Komm, setze dich, meine Tochter«, sagte er feierlich. »Also der Dietz Egloff hat um deine Hand angehalten, du bist alt genug, um zu entscheiden.« Er hielt inne und machte ein unzufriedenes Gesicht. Er war enttäuscht, daß das, was er sagte, so mühsam und dürftig herauskam. »Nun ja,« fuhr er dann fort und gab seiner Stimme einen ernsteren, volleren Klang, »ich habe ihm gesagt, daß ich nicht in der Lage bin, ihn für den geeigneten Gatten meiner Tochter zu halten. Ich habe ihm gesagt, daß ich ihn sozusagen mißbillige, aber ich würde dich fragen und du wirst entscheiden.« Er schwieg dann und hustete, denn die Rede hatte ihn ermüdet.

»Was sagte er?« fragte Fastrade, und die Andeutung eines Lächelns zuckte um ihre Lippen. – »Er sagte nicht viel,« erwiderte der Baron, »er sagte, er sehe deiner Entscheidung entgegen, dann stand er auf und ging fort. Nun, ich denke, die Entscheidung kann dir nicht schwer fallen.« Eine Pause entstand. Fastrade hatte den Kopf auf die Lehne des Sessels zurückgebogen und schaute sinnend zur Decke auf, die Lippen noch immer wie bereit zu einem Lächeln. »Nun?« fragte der Baron endlich.

»Ich denke,« sprach Fastrade endlich zur Decke hinauf, »ich denke, ich schreibe ihm, daß er kommen kann.«

Der Baron antwortete eine Weile nicht, er hustete, räusperte sich, endlich begann er zu sprechen, unsicher und mit Anstrengung: »Das heißt also soviel, daß du ihn nimmst, ganz ohne zu überlegen, einen Menschen, von dem du weißt, daß ich ihn mißbillige, einen leichtsinnigen Menschen, einen Spieler. Aber so warst du immer, auf meinen Rat hörtest du ja nie, du mußtest deinen Willen haben. Aber Kind, Kind,« die Stimme hob sich und wurde pathetisch, »zu spät einzusehen, daß ich recht habe, das bringt Kummer über alle. Du wirst sehen –.« Aber er hatte sich überschätzt, die Stimme brach plötzlich ab, er lehnte sich in seinen Sessel zurück und schloß die Augen. »Tue, was du willst,« murmelte er kleinlaut und mutlos, »du willst ja nicht gehorchen.«

Fastrade beugte sich besorgt vor, legte ihre Hand auf die Hand ihres Vaters. »Doch, Papa,« sagte sie, »ich will gehorchen, aber wenn ich entscheiden soll, entscheide ich so.«

Der Baron verzog ärgerlich sein Gesicht: »Gut, gut, tue was du willst, geh jetzt, ich bin müde.« Fastrade stand auf und ging. Drüben in ihrem Zimmer begegnete sie dem kleinen Stubenmädchen Trine. »Trine,« sagte sie, »liebst du noch deinen Hans, deinen Stallburschen?« Das Mädchen beugte verschämt den Kopf und lachte über das ganze Gesicht. »Ach was, der«, murmelte es. – »Ja, liebe ihn nur,« fuhr Fastrade fort, »er betrinkt sich zuweilen, nicht?«

»Ja, mit dem Trinken«, erwiderte Trine; aber Fastrade unterbrach sie: »Das schadet nichts, liebe ihn nur; die armen Männer, sie stehen so im Leben, sie wissen nicht, wie sie in all diese Sachen hineinkommen, wir können ihnen vielleicht helfen.« Trine hob ihr errötendes Gesicht zu Fastrade auf und sagte treuherzig: »Ach, Fräulein, der Hans hat auch einen ganz freundlichen Rausch.« – »So, so,« meinte Fastrade, »um so besser.«

An Egloff aber schrieb Fastrade: »Sie dürfen kommen. Fastrade.«

Am Nachmittage des nächsten Tages wurde Egloff erwartet. Die Baronesse Arabella hatte ihr schwarzes Seidenkleid angezogen und ihre Scheitel frisch gebauscht. Mit kummervoller Geschäftigkeit ging sie durch die Zimmer und ordnete. Sinnend blieb sie vor Fastrade stehen: »Ich denke, wir machen das so,« sagte sie, »ich lasse die Lampen im Saale früher anzünden, du empfängst ihn hier, ihr sagt euch das Nötige, ich bin bei deinem Vater, dann kommt ihr zu uns herein. Lange dürft ihr nicht bleiben, es regt deinen Vater auf und könnte ihm schaden. Ich gebe euch das Zeichen, wann ihr gehen sollt. Gut, ihr geht dann in dein Schreibzimmer und dort nimmt die Verlobung ihren weiteren Verlauf, bis Christoph zum Abendessen ruft. Dein Vater gibt eine Flasche Château Pape Clément und eine Flasche Roederer. Wir haben einen Fisch, Hühner und eine Charlotte, ich denke, so wird es gehen.«

»Also ein Fest«, sagte Fastrade spöttisch. Die alte Dame zuckte mit den spitzen Schultern: »Dein Vater meint, wie er auch über die Sache denken mag, es soll doch alles geschehen, was bei solchen Gelegenheiten zu geschehen pflegt.« Aber Fastrade schien das alles nicht zu gefallen und es klang gereizt, als sie sagte: »Es ist gewiß sehr freundlich von Papa, daß er seinen geliebten Pape Clément opfert, aber ich finde, eine Verlobung ist ohnehin kein angenehmer Augenblick und wenn nun noch eine Zeremonie daraus gemacht wird –.«

»Das ist nicht zu ändern,« meinte die Baronesse und wandte sich wieder ihren Beschäftigungen zu, »jedes Ding hat seine Form.«

Es begann schon zu dämmern, als Egloff ankam. Fastrade stand mitten im Saal in ihrem schwarzen Spitzenkleide, eine blasse Monatsrose im Gürtel. Sie machte ein etwas böses Gesicht, wie stets, wenn sie befangen war. Als Egloff eintrat, lächelte er sein spöttisches Lächeln, aber Fastrade sah sofort, daß auch er befangen war, und das gab ihr Mut. Er trat auf sie zu, nahm ihre Hand, küßte sie und behielt sie dann in der seinen. Fastrade bemerkte, daß diese Hand sehr kalt und sehr vorsichtig war, als fürchtete sie, ihr wehe zu tun. »Ich danke Ihnen,« sagte Egloff, »ich hatte nicht geglaubt, daß es solch eine Qual sein kann, auf einen Brief zu warten, mit jeder Minute erschien mir mein Unternehmen gewagter, aber ich kann nicht warten, ich spiele gern Vabanque.«

Fastrade zog ein wenig die Augenbrauen zusammen. »Ach nein, nicht das,« meinte sie, »ich möchte nicht einer dieser unangenehmen Gewinnste sein.«

Egloff lachte: »Nun gut, nennen wir es anders.«

»Aber wie kamen Sie darauf?« fragte Fastrade, »wir kennen uns doch so wenig.« »Das war eine Chance mehr für mich,« erwiderte Egloff, »denn, wenn man sich erst kennt –.« Fastrade jedoch unterbrach ihn: »Sie dürfen heute nicht so – gottlos sprechen.« – »Gottlos,« wiederholte Egloff, »nein, ich fühle mich heute so fromm, wie es nur einer kann, an dem ein gutes Werk geschehen ist.« Er küßte wieder Fastrades Hand, und dann schwiegen sie.

Fastrade ging es durch den Sinn: ich habe es gleich gedacht, daß dabei eine lächerliche Situation herauskommen wird. Endlich begann Egloff wieder zu sprechen: »Sie sehen, dieses Haus schüchtert mich so ein, ich unterlasse wahrscheinlich wichtige Dinge. Sind da nicht noch Formalitäten zu erfüllen?«

»Wir müssen zu meinem Vater hineingehen«, erwiderte Fastrade.

»Natürlich,« versetzte Egloff, »der väterliche Segen, natürlich. Muß man dabei knien?« – »Das ist wohl nicht nötig«, erwiderte Fastrade und ging voran in das Zimmer ihres Vaters.

Der Baron und Baronesse Arabella saßen ernst und erwartend da. Als Egloff eintrat, streckte der Baron ihm langsam die Hand entgegen und sagte: »Willkommen, meine Tochter hat für Sie entschieden, so haben wir alles andere der Vorsehung anheimzugeben. Setzt euch, Kinder.« Er wartete, bis sie sich gesetzt hatten und fuhr dann fort: »Meine väterlichen Befürchtungen und Sorgen habe ich euch beiden mitgeteilt. Fastrade ist in dem Alter, selbst über sich zu bestimmen, so sei denn von dem allen nicht mehr die Rede.« Und nach alter Gewohnheit machte er mit der flachen Hand einen Querschnitt durch die Luft. »Es bleibt mir somit nur übrig, des Himmels Segen auf euch herabzuflehen. Eine Bedingung jedoch möchte ich noch machen, ich verlange eine Wartezeit, bis zum nächsten Winter sagen wir. Sie können es mir nicht übel nehmen, wenn ich auf solcher Probezeit bestehe, wenn ich wissen will, ob der künftige Gatte meiner Tochter sich als meiner Tochter würdig bewährt.« Der Baron war fertig, er lehnte sich zurück, er hatte kräftig und geläufig gesprochen, wie einst auf der Kreisversammlung, und das befriedigte ihn. Egloff dagegen dachte, dies ist der fatalste Augenblick meines Lebens, man sitzt und muß sich unangenehme Dinge sagen lassen, und was antwortet man nun auf so etwas. Endlich fiel ihm eine gut abgerundete Redensart ein, die er schnell und nachlässig hersagte: »Ich bin mir der großen Verantwortung wohl bewußt, die mir dieses unverdiente Glück auferlegt.« Bei dem Worte Verantwortung horchte der Baron auf. »Verantwortung,« wiederholte er, »ganz richtig. Große Verantwortungen erziehen den Menschen, das ist ganz richtig.« Jetzt gab die Baronesse das Zeichen, und Fastrade und Egloff zogen sich zurück.

In Fastrades Zimmer drückte Egloff sich fest in die Sofaecke, zog Fastrade nahe an sich und sagte: »So, das wäre überstanden. Hier bei dir sitzt es sich gut, wunschlos behaglich.« »Du Armer,« meinte Fastrade, »so streng mit dir zu sein.« – Egloff zuckte die Achseln: »Das ist vorüber, aber die Redensart mit der Verantwortung brachte ich doch gut heraus, die paßte so ganz in die Stimmung.«

Vor ihnen lag die stille Zimmerflucht, kein Ton regte sich im Hause, im Kamin prasselte das Feuer, draußen an den Fensterläden rüttelte der Frühlingswind. Egloff hatte eine Weile geschwiegen, jetzt lachte er plötzlich auf. »Immer, wenn ich sah,« sagte er, »daß zwei Verlobte feierlich und geheimnisvoll in einem Zimmer allein gelassen wurden, alles umher mußte still sein, niemand durfte sie stören, da sagte ich mir: was sprechen sie? Sie lernen sich kennen, gut, wie machen sie das! Jetzt weiß ich es. Sie sprechen gar nicht. Man hat gar keine Lust zum Sprechen, man hat gehört, was man hören wollte, daß man angenommen ist, nun ist man so wohltuend satt, daß man vorläufig nichts zu sagen braucht.«

»Und ich dachte,« versetzte Fastrade, »wenn zwei Verlobte sich zurückziehen, dann bekommt man viele ganz süße Sachen zu hören.«

»Ach ja, natürlich,« meinte Egloff, »diese süßen Sachen sind immer zu haben, aber es sind immer dieselben, wie die Bonbons beim Konditor Kirsch im Städtchen. Die einen sind rosa, die anderen sind gelb, und alle sind in Silberpapier gewickelt.«

»Ach ja, die habe ich sehr geliebt,« gestand Fastrade, »die einen schmeckten nach Rosen und die anderen nach Zitronen, und sie waren so süß, daß, wenn man sie aß, einem die Luft verging und die Tränen in die Augen traten. Aber das ist nichts für uns, unsere Verlobung ist viel zu ernst.«

Egloff fuhr auf: »Ernst? Warum soll unsere Verlobung besonders ernst sein? Weil es hier im Hause gespenstisch still und feierlich ist, weil dein Vater streng war und ich mich bewähren muß. Davon wird sich unsere Verlobung nicht anstecken lassen. Ich werde ja natürlich hierherkommen, um zu zeigen, ob ich mich bewähre, aber uns wirklich sehen, uns eigentlich sehen, wollen wir draußen. Wenn ich höre, wie es da draußen bläst und an den Fensterläden rüttelt, möchte ich dich gleich nehmen und hinaustragen.«

Fastrade lächelte: »Würde das nicht gegen das Gesetz sein, wie der Baron Port sagt?« Egloff schlug mit der flachen Hand auf die Sofalehne und lachte laut: »Gegen das Gesetz des Baron Port zu sündigen, wird eine Wohltat mehr sein.«

Während sie sprachen, betrachtete Fastrade genau Egloffs Gesicht. So nahe gesehen, war es ihr fremd, die eigensinnige Knabenstirn unter dem glattgescheitelten Haar war ihr bekannt, aber da waren zwei sichelförmige Fältchen zwischen den Augenbrauen. Auch war die rechte Augenbraue ein wenig höher als die linke, das gab wohl dem Gesicht den hochmütig spöttischen Ausdruck. Die Augen waren sehr dunkel, aber wenn sie in die auflodernde Flamme des Kamins sahen, wurden sie braun wie die Flügel der großen, schwarzen Herbstfalter, wenn die Sonne sie bescheint. Sie sah auf seine Hand nieder, welche die ihre hielt, eine breite, weiße Hand mit langen, schmalen Fingern, die sich seltsam nervös zuspitzten. Fastrade dachte daran, gehört zu haben, daß Egloff sehr stark sei. Von diesen Händen genommen und in den Frühlingswind hinausgetragen zu werden, mußte vielleicht gut tun.

»Ach Gott, meine Erziehung,« sagte Egloff, »meine Erziehung war dumm, ich wurde unmenschlich verwöhnt, und doch war alles wieder verboten. Als ich mich dann später gierig auf meine Freiheit warf, enttäuschte sie mich, ich hatte mehr erwartet. Überhaupt, an meiner ganzen Generation hier in der Gegend ist etwas versäumt worden. Unsere Väter waren kolossal gut, sie nahmen alles sehr ernst und andächtig. Es war wohl dein Vater, der gern von dem heiligen Beruf sprach, die Güter seiner Väter zu verwalten und zu erhalten. Na, wir konnten mit dieser Andacht nicht recht mit, nach einer neuen Andacht für uns sah man sich nicht um. Und so kam es denn, daß wir nichts so recht ernst nahmen, ja selbst die Väter nicht, nicht einmal die Großmütter. Da entstand wohl auch die Lust, jenes brave Ideal einmal an die Nase zu fassen.«

Über Fastrades Gesicht ging ein schmerzlicher Ausdruck, plötzlich, wie eine Vision, sah sie die weißen Korridore des Krankenhauses, die Säle mit den Reihen der Betten, in denen auf weißen Kissen die bleichen Gesichter lagen, diese große Herberge der Leiden, in der sie numeriert und nach Klassen geordnet aufgespeichert waren.

»Und es ist doch eine so furchtbare Sache«, sagte sie leise.

»Das Leben? Natürlich,« meinte Egloff ruhig, »eine Bestie, die nicht zu zähmen ist, da ist nichts zu machen. Früher ließ ich die

Bestie Bestie sein, jetzt werde ich acht geben müssen, daß sie dir nicht zu nahe kommt«, und er drückte Fastrade fester an sich. Sie lächelte wieder. »Aber hier in Paduren,« sagte sie, »darfst du niemanden an die Nase fassen.«

»Aber das Portsche Gesetz,« rief Egloff lustig, »das fassen wir an die Nase, wir wollen ein Brautpaar sein, über das sie hier in der Gegend auf allen Schlössern die Hände über dem Kopfe zusammenschlagen.«

In der Zimmerflucht begann es jetzt lebendig zu werden, Baronesse Arabella ging hin und her, der Baron ließ sich durchführen, und endlich erschien Christoph und meldete, es sei serviert.

Im Eßzimmer saß der Baron bereits am Tische, den Kopf gebeugt, das bleiche Gesicht müde und kummervoll, Baronesse Arabella und Couchon standen wartend hinter ihren Stühlen. Als Fastrade ihren Verlobten Couchon vorstellte, sah die alte Französin mit ihren fast hundertjährigen Augen kokett zu Egloff auf, lächelte mit dem zahnlosen Munde und murmelte: »Joli garçon.« Hier setzt man sich mit Gespenstern zu Tisch, ging es Egloff durch den Sinn. Dann begann die Mahlzeit. Die Baronesse führte eine fast fieberhaft angeregte Unterhaltung, es war, als fürchte sie, eine Pause könnte entstehen und Unliebsames bringen. Sie sprach von den Egloffs, die sie gekannt hatte, von einer Fürstin Coronat, Dietz Egloffs Großmutter mütterlicherseits, sie machte Verwechslungen in der Verwandtschaft, worüber man dann lachen konnte. Als nun aber doch eine Pause entstand, sah der Baron Egloff streng an und fragte: »Wird noch viel Wald geschlagen werden in Sirow?« Fastrade blickte zu Egloff hinüber, wirklich, er errötete wie ein Knabe, als er antwortete: »Ach nein, ich denke, das wird genügen.« »Ja, unsere Wälder,« fuhr der Baron mit erhobener Stimme fort, »unsere Wälder –«, dann brach er jedoch mutlos ab, wie es ihm jetzt oft geschah, wenn er den Anlauf dazu nahm, wie früher eine bedeutsame Ansicht auszusprechen. Die Baronesse begann wieder schnell zu sprechen, sie sprach von dem Fisch, der eben gegessen worden war, einem großen Schlei; die Schleie aus dem kleinen See dort unten im Park waren ja berühmt ihres reinen Geschmackes wegen, und nun sprach man auch von anderen Fischen. Die Hühner wurden serviert, als der Baron wieder den Kopf erhob und fragte: »Werden durch die Verwüstung die Auerhähne nicht gestört?«

Dieses Mal antwortete Egloff ruhig und mit kaum merklichem

Lächeln: »O nein, den Auerhähnen geschieht nichts.« Der Baron nickte: »Ja, ja, die korrekte Pflege der Jagd ist auch ein Stück adligen Idealismus.«

Christoph schenkte jetzt den Roederer ein, eine feierliche Pause entstand, mit zitternder Hand erhob der Baron sein Glas und sagte mit bekümmerter Stimme: »Nun, Arabella, wir können unserem neuen Verwandten jetzt wohl das Du anbieten, Gottes Segen über euch, meine Kinder.« Die Gläser klangen aneinander, Christoph stand hinter dem Stuhle seines Herrn, faltete die Hände und machte ein Gesicht, als wollte er weinen. Während die Charlotte verzehrt wurde, schleppte die Unterhaltung sich nur mühsam hin, alle waren erleichtert, als die Baronesse Arabella die Tafel aufhob. Nach der Mahlzeit hielt man sich noch ein wenig im Saale auf, um eine Zigarette zu rauchen, der Baron sprach vom Nutzen der Drainage, und dann verabschiedete sich Egloff. Fastrade begleitete ihn ins Vorzimmer hinaus, sie beugte den Kopf zurück, um ihm in die Augen zu sehen und lachte. »Das war ein Prüfungstag,« sagte sie, »wenn ich bei euch bin, ist die Reihe an mir.« »Es gibt eben eine Gerechtigkeit«, erwiderte Egloff, faßte Fastrade um die Taille, hob sie empor und küßte sie. Christoph sah das mit maßlosem Erstaunen und wandte sich ab.

Zehntes Kapitel

Egloff lag in der Auerhahnhütte auf dem einfach aus Brettern zusammengeschlagenen Ruhebett. Er hüllte sich in seinen Mantel, denn es war kalt. Neben ihm auf dem Tisch standen eine Flasche Portwein und ein Glas, in einem Messingleuchter brannte eine Kerze, deren Flamme im Winde, der durch die Spalten des kleinen Holzbaues hereinblies, heftig hin und her flackerte. Auf einem Stuhle saß der alte Förster Gebhard. Die grüne Mütze tief in die Stirn gezogen, das Gesicht halb in seinem großen Bart wie in einem grauen Schal versteckt, so warteten sie beide, daß es Zeit sein würde, auf die Balz zu gehen. »Sprechen Sie, Gebhard, sprechen Sie, sonst schlafen Sie ein«, sagte Egloff. Gebhard riß seine kleinen Augen auf, die ihm zufallen wollten und begann gehorsam zu sprechen. »Ja, wenn ich so denke, was wir hier schon alles für Besuch gehabt haben, feine Damen und andere.« »Nicht davon, Gebhard,« unterbrach ihn Egloff, »sprechen Sie von ruhigeren Sachen. Wenn Sie auch in meiner Jugend mein Lehrer in allerhand Sünden gewesen sind, so ist es doch nicht richtig, davon zu sprechen.« »Ich spreche so nicht davon«, murmelte Gebhard.

»Wenn Sie schon von Weibern sprechen müssen,« fuhr Egloff fort, »dann sprechen Sie von guten, ruhigen, verheirateten Frauen.« Gebhard kicherte in seinen Bart hinein. »Ja, da hab' ich nun meine drei. Die erste war nun so eine kleine Dicke, dumm war sie, aber eine gute Frau. Schade, daß die mir wegstarb. Die zweite war die Kammerjungfer der Frau Baronin, die wollte Kopfschmerzen haben wie die Frau Baronin und im Bett Kaffee trinken. Als dann das Kind kam, war sie zu schwach und starb. Nun, und meine dritte Frau kennt der Herr Baron.«

Egloff richtete sich ein wenig auf. »Mensch,« sagte er, »was sprechen Sie da, was gehen mich Ihre Frauen an? Drei Frauen haben Sie gehabt, und alle drei haben Sie genommen? Und warum? Was war denn an Ihnen besonders dran?« Gebhard zuckte mit den Schultern. »Nun, nichts,« meinte er, »die Weiber wollen heiraten, was nun auch daraus wird. Das ist so, wenn einer das Reisen liebt, geht er auf die Reise, was ihm auf der Reise passiert, das ist abzuwarten.« Egloff ließ sich wieder zurücksinken. »Ach Gebhard,« sagte er, »Sie werden weise, dann schweigen Sie lieber.«

Draußen um die Hütte rauschten die großen Tannen ein ununterbrochenes Brausen, das zeitweise anschwoll, dann wieder leise und weich wurde wie ruhiges Atmen. Egloff schloß die Augen, er wollte sich von dieser großen, verträumten Stimme des Waldes einschläfern lassen. Drei Frauen hat der alte Sünder gehabt, dachte er, so ganz ohne weiteres, und ich komme mit dieser einen Verlobung nicht zurecht. Wie unendlich einfach hatten ihm bisher die Weiber geschienen. Da war er, der ein Weib besitzen mußte, und da war ein Weib, das sich hingeben wollte, wie einfach und selbstverständlich sich so zwei Sinnlichkeiten auseinandersetzen. Selbst mit Liddy, ihre Zusammenkünfte vorigen Sommer im nächtlichen Park von Sirow, es hatte ihn erregt, er hatte sich stets gefreut, wenn er ihr weißes Kleid zwischen den Bäumen aufschimmern sah, oder wenn er sie dann atemlos und zitternd in seinen Armen hielt. Aber niemals hatte ihn der Gedanke beunruhigt, was Liddy von ihm denken könnte oder was in ihrer Seele vorging, und jetzt bei diesem Mädchen kamen da plötzlich solche Unsicherheiten über ihn, die ihn ruhelos machten, so der Gedanke, warum liebt dich dieses Mädchen? Sie sieht wohl einen anderen in dir, und das Mißverständnis wird sich aufklären und du wirst sie verlieren. Und dann die beständige Anstrengung, dieser andere zu sein, den sie in ihm sah. Ach Gott, wußte man denn mit solch einem Mädchen, woran man war? Einmal war es einem ganz nahe und dann so seltsam fern. Vorigen Abend hier im Walde, als der warme Südwestwind wehte und es so berauschend nach feuchter Erde und Knospen duftete, da war alles so selbstverständlich und klar gewesen, da gingen sie eng aneinander geschmiegt, und ein jedes fühlte das Fieber im Blut des andern. Da waren keine Gedanken nötig. Und dann, gleich am nächsten Tage auf dem Spaziergang, war sie ganz wieder das Schloßfräulein, das ihn in Distanz hielt, das von der Welt sprach, als sei sie ein wohleingerichteter Salon, in dem lauter gut erzogene Menschen unter festen Gesetzen lebten, ja, sie drängte ihm den Edelmut, die feine Erziehung, die Gesetze geradezu auf, legte sie in ihn hinein. Er konnte sie dann fast hassen, er hätte ihr dann gern etwas gesagt, was sie empörte und demütigte, aber er war zu feige. Wenn die weit offen schillernden Augen ihn begierig ansahen, als wollten sie etwas besonders Neues, Schönes aus ihm herauslesen, dann fürchtete er stets, sie würden den uninteressanten Gesellen in ihm entdecken, lauter ungewohnte, abspannende Gedanken. Er seufzte. Ach Gott, und was für unerbittliche Wirklichkeitsmenschen solche Mädchen waren. Jedes Erlebnis bekam feste Konturen, stand so sachlich und deutlich da, als könnte es nie mehr fortgewischt werden. Ein Erlebnis fallen lassen, wie wir eine angerauchte Zigarette fortwerfen, das kannten sie nicht. Ihnen wurde jedes Erlebnis zu einem Besitz, der mitzählte, als müßte es in ein Hauptbuch eingetragen werden für irgendeine künftige Abrechnung. So waren sie alle, von der schwarzen Lene im Krug bis zu Fastrade. Er hatte seine Wirklichkeit nie so recht gefühlt, er war sich stets ein Erlebnis gewesen, das ihm zufällig zuteil geworden war, das ja zuweilen recht vergnüglich war, aber zur Not auch fallen gelassen werden konnte.

Er richtete sich auf, dieses Herumraten an sich und an Fastrade machte ihn müde und unruhig zugleich. Er schenkte sein Glas voll, der alte Portwein hatte zuweilen die Eigenschaft, Dinge, die verworren und schwierig aussahen, plötzlich ganz einfach und klar erscheinen zu lassen. Der Zugwind wehte die Flamme der Kerze hin und her. Gebhard schlummerte, sein Schatten, groß und unförmlich, hüpfte unablässig auf der Wand. Draußen schien der Wind sich gelegt zu haben, nur ein leises, verschlafenes Rauschen ging noch durch den Wald. Deutlich waren jetzt all die kleinen Gewässer ringsum vernehmbar wie ein waches, eigensinniges Lachen, das in die große Ruhe der Nacht hineinspottete. Dann ertönte plötzlich der klagende Ruf eines Kauzes, und ein anderer antwortete ihm noch aus der Ferne. Die haben es gut, dachte Egloff, sich so in der kühlen Dunkelheit anzulocken, durch Zweige und Knospen zueinander zu fliegen, um ihre Liebesnacht zu feiern – raffiniert. Er lehnte sich wieder zurück, er wollte nichts mehr denken, nur Fastrade, Fastrade. Ja, da war es leicht, seine Wirklichkeit zu fühlen, wenn man so königliche Arme hatte und mit einem so königlichen Körper sich abends zu Bett legte und morgens wieder aufstand. Eine angenehme Schläfrigkeit machte ihm jetzt die Glieder schwer, die Gedanken wurden undeutlich, begannen zu Träumen zu werden, zu Träumen, in die das Rauschen des Waldes, das Lachen der kleinen Gewässer hineinklangen, und das Rufen der Käuzchen, die schon nahe beieinander waren.

Egloff erwachte von einem kalten Windstoß, der in das Zimmer fegte. Gebhard hatte die Tür geöffnet und schaute hinaus. »Es wird Zeit sein zu gehen,« sagte er, »der Himmel hinter den Bäumen scheint mir schon so weiß.« Egloff sprang auf, der kurze Schlaf hatte ihm gut getan, und er freute sich jetzt auf die Jagd. Er nahm sein Gewehr und löschte die Kerze aus. »Gehen wir«, sagte er.

Draußen war es noch finster, eine gute Strecke gingen sie auf einem bequemen Waldpfade hin, bis sie an ein Sumpfland kamen, das weiß von Nebel war. Die Dunkelheit hellte sich ein wenig auf, sie wurde grauschwarz, und deutlich standen Bäume und Büsche in ihr. Egloff und Gebhard begannen vorsichtig zu gehen, der Boden gab nach, jeder Tritt verursachte ein kleines, plätscherndes Geräusch, dann kamen Strecken, die mit dichtem Moos bewachsen waren, in das der Fuß einsank wie in weiche Polster. Zuweilen blieben die Jäger stehen und horchten hinein in all die kleinen Geräusche des Waldes, das Lispeln und Rauschen, um den einen Ton herauszuhören, auf den sie warteten. Der Boden wurde jetzt fester, vor ihnen standen hohe, alte Föhren, in deren dunklen

Schöpfen ein leichter Wind metallisch knisterte. Gebhard blieb zurück und Egloff schlich behutsam vorwärts. Eine köstliche Spannung regte ihm das Blut auf. Plötzlich kam ein Ton, der ihm wie Schreck durch die Glieder fuhr. Er wartete, der Ton kam noch einmal und dann begann dort oben in der Dunkelheit dieses seltsame Zischen und Schnalzen, das für Egloff alle anderen Töne des Waldes auslöschte. Er schlich nun und sprang, vorsichtig nach Dekkung ausspähend und immer hinhorchend auf die Stimme des Vogels, der dort vor ihm leidenschaftlich und schamlos seine Brunst in die Finsternis hineinrief. Schwieg der Hahn eine Weile, dann stand Egloff wie festgebannt still und hörte sein Herz so laut klopfen, als liefe da mit schweren Schritten jemand hinter ihm her. Endlich war er dem Hahne ganz nahe, er sah ihn dort auf dem Föhrenzweige groß und schwarz in der Dämmerung mit seinen wunderlichen steifen Bewegungen. Egloff legte an und schoß, etwas fiel zu Boden, man hörte Schlagen von Flügeln, dann wurde es still. Ein köstliches Gefühl des Triumphes machte Egloff ganz heiß, hinter sich hörte er Gebhard heranlaufen. Alle Aufregung war vorüber, sie gingen zur Schußstelle, da lag der schwarze Vogel mit seinen gebrochenen Augen friedlich da, nichts war an ihm mehr vom Erregenden, das Egloff noch eben jeden Nerv angespannt hatte. Egloff setzte sich auf einen Baumstumpf und zündete sich eine Zigarette an. Der Morgen graute, die Bäume und Sträucher, die eben noch so bedeutungsvoll und wichtig erschienen waren, standen nüchtern und gleichgültig da. Jedesmal nach solcher Jagd hatte Egloff dieses Gefühl der Niedergeschlagenheit und Ernüchterung, wenn das prächtige Raubtiergefühl des Heranschleichens und Horchens vorüber war. »Gehen wir«, sagte er zu Gebhard.

Durch den aufdämmernden Morgen gingen sie nach Hause, der Tag versprach schön zu werden, der Himmel war weiß und dunstig, und zahllose Bekassinen sandten von der Höhe ihre schrillen Triller nieder, und die Elstern schwatzten in den Ellernbüschen. Egloff dachte jetzt nur daran, wie wohlig es sein würde, sich in seinem Bette auszustrecken, alles andere war vorläufig gleichgültig. Auf der Landstraße begegneten sie einem mit zwei Pferden bespannten Jagdwagen, Doktor Hansius vom Städtchen saß darin, sein großes Gesicht mit dem gelben Bartgestrüpp verschwand fast ganz in dem hohen Mantelkragen, die Augen hinter den blauen Brillengläsern waren geschlossen, er schlummerte. »Doktor! Doktor!« rief Egloff. Der Doktor fuhr auf und ließ den Wagen halten. »Ah, Baron Egloff,« sagte er, »guten Morgen. Auf der Jagd gewesen? Na, ich sehe schon, gratuliere.« »Danke,« erwiderte Egloff, und blieb vor dem Wagen stehen, »wo treiben Sie sich so früh umher?« Der Doktor machte eine müde, abwehrende Handbewegung: »Ich, ich, ach Gott, habe keine Ruhe. Gestern abend werde ich nach Witzow abgeholt.« »Wackeln die alten Herrschaften dort?« fragte Egloff. »O nein,« erwiderte der Doktor, »die Alten wackeln nicht, es sind immer die jungen, die Baronesse Gertrud mit ihren Nerven. Na, und wie ich denn nachts nach Hause komme, finde ich die Nachricht vor, ich soll sofort nach Barnewitz kommen, die Baronin hat eine Nervenattacke. Nerven und Nerven, die sind auch solch eine moderne Erfindung, von der unsere alten Herrschaften nichts wußten.«

»Ja ja, Doktor,« meinte Egloff, »Sie stehen immer auf seiten der Alten. Na, guten Morgen, im Bette will ich an Sie denken.« Der Doktor fuhr weiter. Also die kleine Liddy ist krank, ging es Egloff durch den Sinn, während er an den Roggen- und Weizenfeldern, die grau vom Tau waren, dem Schlosse zuging, meinetwegen vielleicht? Das ist jetzt gleichgültig, das muß jetzt aus sein, war wegen des Fritz Dachhausen immer eine fatale Geschichte.

Zu Hause ging er sofort ins Bett. Nach der Jagd sich ins Bett zu legen, sagte er sich, ist ein ganz fragloses und volles Glück.

Egloff schlief fest und traumlos weit in den Tag hinein, er erwachte davon, daß Klaus vor seinem Bette stand und meldete, es würde bald Zeit zum Mittagessen sein. Egloff blinzelte in den Sonnenschein hinein, der das Zimmer füllte, und streckte sich, in den Gliedern war eine nicht unangenehme Steifigkeit von den Anstrengungen der letzten Nacht zurückgeblieben. »Also gutes Wetter«, konstatierte er. Gab es an diesem Tage etwas, worauf er sich freuen konnte? Ja, er wollte am Abend mit Fastrade im Walde zusammentreffen. Nun, dann lohnte es sich also, diesen Tag zu beginnen. »Gibt es was Neues?« fragte er. »Herr Mehrenstein war da,« berichtete Klaus, »als er hörte, daß der Herr Baron noch schlafen, fuhr er ab.« Egloff verzog sein Gesicht. »Mein Lieber,« sagte er, »ein für allemal, der Name Mehrenstein wird mir nie gleich beim Erwachen serviert, dazu eignet er sich nicht. So, nun werde ich aufstehen.« Als Egloff aus seinem Zimmer herauskam, fand er seine Großmutter und Fräulein von Dussa im Wohnzimmer mit

Handarbeit beschäftigt. Sie lächelten ihm beide freundlich zu. Jetzt, wo er verlobt war, zeigten die beiden Damen womöglich noch mehr Freundlichkeit und Rücksicht gegen ihn als sonst, aber in der Freundlichkeit lag etwas wie Wehmut, etwas wie Schonung, die man einem erweist, dem man einen Fehltritt verziehen hat. Egloff setzte sich zu den Damen, sprach von der Jagd, von dem Auerhahn, von Doktor Hansius und erzählte, daß Gertrud Port und Liddy Dachhausen beide krank seien. Die Baronin zog die greisen Augenbrauen in die Höhe und meinte: »Die arme Gertrud hat sich da draußen ihr Leben ruiniert und Liddy Dachhausen, mein Gott, in den Familien, man weiß nie, was da für Krankheiten herrschen.«

Egloff lachte. »Solche fremde Völker, meinst du, bringen fremde Krankheiten ins Land.« Die Baronin lachte nicht, sondern sagte ernst: »Fastrade, Gott, sei Dank, ist wenigstens gesund.«

»Sie ist doch mehr als nur gesund«, wandte Egloff ein. Die beiden Damen beugten erschrocken ihre Köpfe auf die Handarbeiten nieder, und die Baronin murmelte entschuldigend: »Ich meine nur, Gesundheit ist eine wertvolle Gabe Gottes.« Ein ungemütliches Schweigen entstand, bis Fräulein von Dussa wieder den Kopf erhob, nachdenklich zum Fenster hinaussah, wie sie stets tat, wenn sie etwas Geistreiches bemerken wollte und sagte: »In dieser Baronin Dachhausen ist etwas, das ich nie ganz verstehen kann. Ich will nicht sagen, daß sie ein Buch in fremder Sprache für mich ist, sie ist eher ein Buch, das aus einer fremden Sprache in meine Sprache übersetzt worden ist und in dem doch ein Rest von Unverständlichkeit zurückblieb.«

»Ah, Sie meinen,« versetzte Egloff, »vom Birkmeierschen ins Dachhausensche übersetzt. Aber die kleine Liddy ist doch nicht dazu da, damit man sie studiert, sondern damit man sie ansieht.«

»Allerdings, dieser Anforderung genügt sie«, antwortete Fräulein von Dussa spitz. Dann ging man zum Essen. Bei Tisch wurde von dem Diner gesprochen, das nächstens stattfinden sollte, in letzter Zeit wurde sehr viel von diesem Diner gesprochen, und die Baronin holte ihre Erinnerungen an all die Hofdiners, die sie mitgemacht hatte, heraus und sprach andächtig von Punch glacé, Chevreuil à la providence und Timbale à la Marie Antoinette. Als dieses Thema erschöpft war, kam die Rede auf Hyazinthen, welche in die Fenster gestellt werden sollten, und die Baronin sagte ein wenig feierlich, wie sie das in letzter Zeit öfters tat: »Solange ich hier etwas zu sagen habe, werden hier im Frühjahr immer Hyazinthen in die Fenster gestellt werden. Später, wenn ich meine alten Augen schließe, mögen die anderen tun, was sie wollen.«

Nachmittags beim Kaffee rauchte Egloff still seine Zigarre, der gelbe Nachmittagsonnenschein in den Zimmern, der schwüle Duft des Räucherlämpchens auf dem Kamine hatten von jeher seine Stimmung bedrückt. Die Damen arbeiteten wieder, nur einmal kam es noch zu etwas lebhafterem Gespräch, als die Baronin fragte: »Fährst du nach Paduren?« »Nein,« erwiderte Egloff, »ich soll ja da hinkommen, um zu zeigen, ob ich mich bewähre, und noch habe ich keine Lust.«

Die Baronin errötete vor Ärger. »Diese Warthes«, sagte sie, »waren von jeher von einer unbegreiflichen Selbstgerechtigkeit. Sie taten immer so, als sei die Tugend ein Vorwerk von Paduren.«

Egloff zuckte die Achseln und schwieg. Endlich beschlossen die Damen noch ein wenig hinauszugehen, und da es so feucht war, wollte die Baronin in der kleinen Wandelhalle im Garten auf und ab gehen. »Du, mein Junge,« sagte sie, »wirst wohl noch ein wenig ruhen. Ich werde dafür sorgen, daß im Hause Stille ist, da kannst du ruhig sein, solange meine alten Augen offen sind, wird immer dafür gesorgt sein, daß während deiner Nachmittagsruhe im Hause Stille herrscht. Schon dein Vater hielt darauf.«

Egloff zog sich in sein Zimmer zurück, legte sich auf sein Sofa, lehnte den Kopf zurück, so, jetzt war nichts mehr übrig als still zu liegen und sich auf den Abend zu freuen. Durch sein Fenster konnte er die kleine Wandelhalle im Garten sehen, dort gingen die Baronin und Fräulein von Dussa in schwarze Mäntel gehüllt, schwarze Schals auf dem Kopfe mit kleinen gleichmäßigen Schritten auf und ab. Seit seiner Jugend kannte er dieses Bild, die beiden schwarzen Gestalten, die im Nachmittagsonnenschein dort auf und ab gingen, und immer hatte es ihm bis zur Traurigkeit uninteressant geschienen. Gut, daß das Leben doch noch andere Dinge als die kleine, sonnige Wandelhalle hatte, dachte er.

Die Sonne war schon untergegangen, als Egloff und Fastrade noch Arm in Arm am Waldrande entlang gingen. Es war windstill, regungslos hoben die Birken und Eichen ihre Zweige mit den geschlossenen Knospen und die Ellern ihre über und über mit Blütentrauben geschmückten Wipfel zum bleichen, glashellen Himmel empor. Unter dem Rasen flüsterten und gurgelten unsichtbare Gewässer, und die Luft war feucht und mild. Fastrade, fest in ihre blaue Frühjahrsjacke geknüpft, den blauen Filzhut auf dem Kopfe, öffnete ein wenig die Lippen, um den Duft der Erde und der Knospen voll einzuatmen. Sie fühlte sich seltsam wohl und zu Hause in dieser Frühjahrswelt. Egloff war heute nervös und gereizt, Fastrade spürte es wohl, aber es machte sie stolz, das Unruhige und Wilde in diesem Manne neben sich so in ihrer Gewalt zu haben.

»Natürlich habe ich an dich gedacht,« sagte Egloff, »in der Nacht dort drunten in der Hütte und zu Hause, wenn ich nicht gerade schlief. Angenehm ist das nicht.« Fastrade lächelte. »O wirklich, ist das nicht angenehm?« fragte sie.

»Wie soll das angenehm sein,« erwiderte Egloff ärgerlich, »früher habe ich mir über meine Nebenmenschen nicht viel den Kopf zerbrochen, jetzt muß ich an einem Mädchen herumrechnen, als gälte es einen Monatsabschluß.«

»Du Armer,« sagte Fastrade bedauernd, »aber bin ich denn ein so schweres Exempel?«

»Ja ja, ich weiß,« höhnte Egloff, »ihr wollt alle klar wie Kristall sein, eine jede hält sich für den berühmten tiefen See, dessen Wasser so klar ist, daß man bis auf seinen Grund sieht. Dabei weiß man von euch garnichts. Übrigens ist das eine dumme Männerangewohnheit, alles zu Ende denken zu wollen. Ich wollte dich zu Ende denken. Du wirst mir sagen, du hast auch an mich gedacht, ja, wie ihr Frauen schon denkt. Da sind eine Menge kleiner, lächerlicher Sachen, die da eben so wichtig sind als unsereiner.«

»Man braucht ja nicht immer aneinander zu denken,« meinte Fastrade, »man fühlt einander. Wenn ich bei Papa sitze und die Memoiren lese oder Ruhke zuhöre oder die Ausgaben und Einnahmen anschreibe, oder wenn ich Tante Arabella helfe den Wäscheschrank ordnen, immer weiß ich, daß du da bist und daß meine Gedanken jeden Augenblick zu dir zurückkehren können.«

»Gut, gut,« sagte Egloff, »das ist so wie eine Schachtel Pralinee im Schreibtisch, man hat das frohe Bewußtsein, jeden Augenblick herangehen zu können, um ein Stück zu nehmen.«

Sie schwiegen eine Weile und hörten einem Star zu, der auf der Spitze einer Tanne saß und mit Flügelschlagen und Pfeifen aufgeregt sein Abendlied beendete. Als Egloff wieder zu sprechen begann, klang es böse und traurig: »Was weiß ich denn von dir!«

Fastrade sah zu ihm empor und lächelte: »Was willst du denn wissen?«

»Nun,« erwiderte Egloff, und Fastrade hörte deutlich aus seiner Stimme heraus, daß er grausam sein wollte, »da ist dieser Kandidat, hast du den geliebt?«

Fastrade errötete, sah ihm aber fest in die Augen. »Ja,« erwiderte sie, »so wie ich damals lieben konnte. Ich hatte so tiefes Mitleid mit ihm, er war so einsam, so leicht verwundbar und hilflos, ich wollte bei ihm sein und ihm Gutes tun.«

»Ich erinnere mich seiner,« sagte Egloff leichthin, »er hatte zu kurz geschnittene Nägel und das Haar hing ihm hinten über den Rockkragen. Das haben alle Kandidaten.«

»Dann erinnerst du dich seiner nicht,« ereiferte sich Fastrade, »er war immer sehr gut angezogen.«

»Wie sich eben Kandidaten anziehen,« meinte Egloff, »gleichviel, und du reistest zu ihm.«

»Ich reiste zu ihm«, erwiderte Fastrade und ihre Stimme begann zu zittern, »weil er sterbend war und weil ich versprochen hatte, bei ihm zu sein, wenn er mich braucht. Das kann dich nicht kränken, daß ich ihm mein Versprechen gehalten habe und ihm treu gewesen bin.«

Egloff zuckte die Achseln: »Der Gedanke, daß du einem anderen treu gewesen bist, hat für mich nichts Ansprechendes. Übrigens, du sagst Mitleid. Ist Mitleid und Liebe denn dasselbe?«

»Ich glaube, sie gehören eng zusammen«, erwiderte Fastrade.

»Also hast du für mich auch Mitleid?« forschte Egloff eigensinnig und gereizt weiter.

»Ja«, sagte Fastrade und bemühte sich, ihrer Stimme einen festen tapferen Klang zu geben. »Wenn ich sehe, daß du unruhig und gequält bist, daß alle gegen dich sind, dann habe ich Mitleid mit dir, und dann möchte ich etwas dazu tun, daß es um dich klar wird und hell.«

»O ich verstehe,« meinte Egloff noch immer gereizt und spöttisch, »die ordnungsliebende Dame, die in ein ungeordnetes Zimmer kommt und von der Passion ergriffen wird zu ordnen. Du willst also bessern und erziehen, die Liebe ist bei dir ein pädagogischer Trieb, ein – wie soll ich sagen – ein Gouvernantentrieb. Das ist es, was du willst, nicht wahr?«

Sie waren stehengeblieben, Fastrade hatte Egloffs Arm losgelassen und lehnte sich mit dem Rücken an den Stamm einer Birke. Sie fühlte sich elend und verwundet. »Nichts will ich,« sagte sie matt, »nur daß wir zusammengehören.« Ihre Augen wurden feucht und Tränen rannen an ihren Wangen nieder. Egloff stand vor ihr und betrachtete ernst und bewundernd das weinende Mädchengesicht. Dann nahm er Fastradens Hände: »Unsinn,« sagte er, »da ist nichts zu weinen, man spricht so allerlei, das ist doch nicht wichtig.« Er zog sie an sich und, als er das tränenfeuchte Gesicht küßte, fühlte er, wie der Mädchenkörper in seinen Armen schwer und willenlos wurde.

Über dem Land dämmerte es stark, vom Boden stieg der Nebel auf wie weißer Rauch, und auf der großen Ebene erglommen in den Schlössern schon die Lichtpünktchen. Fastrade wischte sich die Tränen aus den Augen und nahm wieder Egloffs Arm. »Es ist nichts,« sagte sie, »dies Frühlingswetter macht einen schwach.«

»Gott sei Dank,« meinte Egloff, »vom ewigen Starksein hat man auch nicht viel.«

So schlugen sie wieder beruhigt und ein wenig nachdenklich den Heimweg ein.

Als Fastrade nach Hause kam, lief sie in ihrem Zimmer hin und her, ordnete ihre Sachen und begann hell und laut vor sich hin zu singen. Das war sonst nicht ihre Gewohnheit, aber heute tat es ihr wohl. Baronesse Arabella war bei dem Baron, und Ruhke stand vor ihm und berichtete. Ruhke schwieg plötzlich, und alle drei horchten auf. »Sie singt«, sagte die Baronesse. »Das ist neu«, meinte der Baron. Auch Couchon, die bei ihren Karten eingeschlummert war, fuhr auf, neigte den Kopf auf die Schulter und lauschte.

Elftes Kapitel

Fritz von Dachhausen saß am Morgen vor seinem Spiegel und seifte sich das Kinn ein. Grünfeld, der alte Diener, stand hinter ihm und sah aufmerksam zu, wie sein Herr sich rasierte. »Also,« sagte Dachhausen, »was hört man von der Nacht der Frau Baronin?« Grünfeld machte ein trauriges Gesicht, denn er merkte es wohl, daß sein Herr ihn im Spiegel anschaute. »Die Amalie sagt,«

erwiderte er, »die Nacht der Frau Baronin ist nicht gut gewesen. In der Nacht hat die Frau Baronin Licht gemacht und Briefe gelesen. Später ist der Schlaf auch nicht gekommen, vielleicht, meint Amalie, daß die Briefe die Frau Baronin aufgeregt haben.« »Briefe?« fragte Dachhausen. »Ja, Briefe,« bestätigte Grünfeld, »die Amalie hat sie heute morgen noch auf dem Tisch neben dem Bette gesehen.« »Unsinn,« meinte Dachhausen ärgerlich, »die Frau Baronin hat gar keine Briefe, die sie aufregen könnten.« Da Grünfeld darauf nichts zu antworten wußte, begann Dachhausen sich zu rasieren; da dieses seine ganze Aufmerksamkeit auf sich nahm, gingen ihm die Gedanken nur stoßweise durch den Kopf. Was für Briefe? Die Briefe, die er Liddy als Bräutigam geschrieben? Aber die waren doch gewiß nicht aufregend. Ob er fragte, wie die Briefe ausgesehen haben? Ob es viele waren? Nein, das ging denn doch nicht. Mit dem Rasieren war er fertig und setzte nun seine Toilette fort. Da begannen die Gedanken eifriger zu arbeiten. Diese Nachricht von den Briefen öffnete plötzlich eine ganze Schleuse unangenehmer Gedanken. Immerfort begegneten ihm jetzt solche geheimnisvoll beunruhigenden Dinge. Liddys ganze Krankheit hatte doch etwas Unheimliches und Unerklärliches. Gut, man war nervös, das kam bei Frauen vor, aber ein Hauptsymptom von Liddys Krankheit war, daß sie ihren Mann nicht recht vertragen konnte. Das ging nun schon seit Wochen. Wann fing es denn an? Es war an jenem Abend, als Gertrud Port da war und Liddy den Ohnmachtsanfall bekam. Gertrud hatte die Nachricht von Dietz Egloffs Verlobung mit Fastrade gebracht. Hier hielten die Gedanken an, hier hatten sie in letzter Zeit schon öfters halt gemacht, als fürchteten sie etwas, als wollten sie sich feige um etwas herumdrücken. Dachhausen war jetzt fertig, Grünfeld fuhr ihm noch einmal sanft mit der Bürste über die Kleider, dann gingen sie beide in das Frühstückszimmer hinaus.

Es war ein freundlicher Tag, das Zimmer voller Sonnenschein und Hyazinthenduft. Als Dachhausen sich an den Tisch setzte und sich den Tee servieren ließ, wurde ihm plötzlich ganz unerträglich wehmütig ums Herz. Wie sehr hatte er stets diese Mahlzeit geliebt, wenn Liddy ihm hier gegenüber saß, rosa und fröstelnd vom Morgenbade sich mit dem hübschen vernossenen Gesichtchen über ihre Tasse beugte. Ach Gott, das Leben mit dieser hübschen Frau war bisher so unendlich unterhaltend gewesen, alles an ihr war so raffiniert, so überraschend kapriziös und ergötzlich. Und nun plötzlich war alles gestört. Warum denn? Von wem? Er dachte diesen Gedanken, der alle diese Tage in ihm gelegen, in ihm gearbeitet hatte wie ein Maulwurf, warum fiel sie gerade damals in Ohnmacht, als die Nachricht von Dietzes Verlobung kam? Ist Liddy in Dietz verliebt? Der Tee, den er trank, schmeckte ihm bitter, ihm wurde körperlich elend zumute, war denn das möglich? Er begann in seinen Erinnerungen zurückzugehen und wirklich, es hatten sich in ihm eine ganze Menge kleiner Erinnerungen aufgespeichert, die jetzt hervorkrochen und eine schmerzliche Bedeutung annahmen. Da war ein Abend gewesen, an dem er Liddy und Dietz allein gelassen hatte, weil jemand ihn zu sprechen wünschte. Als er zurückkam, war Liddy seltsam erregt und rot und Egloff hatte sein spöttisches Lächeln. Liddy stand auf und verließ schnell das Zimmer, und dann hatte jemand einmal einen Brief gebracht. »Ah, von Gertrud«, hatte Liddy gesagt. Wenn Dachhausen jetzt an ihr Gesicht und an den Ton ihrer Stimme dachte, dann wußte er, daß sie gelogen hatte. Und anderes noch fiel ihm ein, das er meinte damals nicht beachtet oder vergessen zu haben, aber all das war in ihm dagewesen, er hatte es nur nicht zu Worte kommen lassen. Endlich, warum traf es sich so häufig, daß Dietz Egloff nach Barnewitz kam, wenn er, Dachhausen, nicht zu Hause war? Liddy sagte dann stets: »Er hat sehr bedauert dich verfehlt zu haben, aber ich habe ihn doch zum Abendessen behalten, ich bin so allein.« Dachhausen schlug mit der Faust auf den Tisch, nein, da wollte er nicht weiter denken, das war ja nicht zu ertragen. Er befahl dem Diener, ihn bei der Frau Baronin zu melden, es kam jedoch die Antwort, die Frau Baronin sei müde und wolle versuchen zu schlafen. Gut, Dachhausen beschloß, wie er es jeden Morgen tat, den Rundgang in seiner Wirtschaft zu machen.

Es war ein hübscher Tag, Sonnenschein und blauer Himmel. Diese letzten Wochen des April waren wunderbar, die Birken begannen auszuschlagen und die Fliederbüsche hatten dicke Knospen. Jedesmal wenn Dachhausen am Morgen die Freitreppe hinab in den Hof stieg, hatte er ein angenehmes Herrengefühl, er wußte, sein Erscheinen war hier überall bedeutsam, gefürchtet und entscheidend. Auch heute tat ihm das wohl, ihm wurde leichter ums Herz, schließlich was war denn geschehen? Er ging in die Schmiede hinüber, der Schmied stand am Amboß und hieb auf ein rotglühendes Stück Eisen ein. Sonst, wenn Dachhausen an eine Arbeit herantrat, wußte er sofort, wozu sie war, wohin sie gehörte, ob sie gut oder schlecht war, er fühlte dann ordentlich mit Behagen, wie der praktische Sinn in ihm schnell und genau funktionierte. Heute nun kamen ihm hier ganz ungewohnte, phantastische Gedanken, es war ihm, als fühlte er den Zorn des Hammers, der auf das rote, wunde Eisen niedersauste. War er denn verrückt? Schnell verließ er die Schmiede, er ging in den Kuhstall. Es war Futterzeit, von der Deckluke ward das Heu herabgeworfen, die Mägde standen und ließen lächelnd die grünen, duftenden Heumassen auf sich niederregnen, dann faßten sie sie mit den Armen und trugen sie zu den Krippen. Wenn sie an Dachhausen vorüberkamen, warfen sie scheue Blicke auf ihn, denn sie sahen es gleich, der Herr war heute nicht guter Laune. Dachhausen aber stand da, nagte an seiner Unterlippe und dachte an Dietz Egloffs geheimnisvolle Abenteuer, von denen die Leute erzählten, seinen nächtlichen Ritten, und plötzlich stieg in Dachhausen ein Bedürfnis auf, sich über jemand zu ärgern, laut zu schelten und zu schimpfen, er lief im Stall umher und suchte nach einer Unordnung. Einen Augenblick blieb er vor dem Stier stehen, es gefiel ihm zuzusehen, wie das Tier blies, die Augen rollte und wie der ganze mächtige Körper von Bosheit geschwellt schien. Da er hier keine Unordnung fand, ging er in den Pferdestall hinüber. Jürgen, der Stallknecht, striegelte gerade den Schimmel, auch er erkannte auf den ersten Blick, daß der Herr heute in gefährlicher Stimmung war. Dachhausen ging nun von Pferd zu Pferd, musterte ein jedes genau, ja, da hatte er es, der Rappe war am Hinterlaufe aufgerieben, warum war er aufgerieben? warum war es nicht gemeldet worden? warum geschah nichts dafür? es war eine unerhörte Unordnung. Dachhausen begann sehr laut zu sprechen, der Zorn fuhr ihm heiß in die Glieder, er faßte Jürgen am Rockaufschlag und schüttelte ihn, der große, blonde Bursche errötete und sah seinen Herrn verwundert an, Dachhausen aber stampfte mit dem Fuß, er tanzte ordentlich vor Wut. Da zuckten die Lippen des Burschen in einem kaum merklichen Lächeln, Dachhausen schwieg plötzlich, der Bursche lacht mich aus, fuhr es ihm durch den Sinn, er wandte sich kurz um und verließ den Stall. Draußen kam der Inspektor auf ihn zu, aber den mochte er jetzt nicht sprechen, drum schlug er eilig den entgegengesetzten Weg ein. Ziellos irrte er zwischen den

Feldern umher, der Roggen war gut eingegrast und der Weizen auch. Wie die Lerchen heute dort oben tobten, er blieb stehen und schaute hinauf, er wollte sie zählen, eins, zwei, drei, vier, aber wozu? das hatte ja keinen Sinn, alles das hatte keinen Sinn. Es war wohl Zeit, zum Frühstück nach Hause zu gehen, vielleicht würde Liddy am Frühstückstische sitzen wie sonst und ihn anlächeln. Eine starke, kindische Hoffnung ließ ihn eilen, aber, als er in das Speisezimmer trat, sah er, daß nur ein Gedeck aufgelegt war. Er seufzte. Wie lange war es denn schon, daß er so einsam wie ein Junggeselle seine Mahlzeiten einnahm. Das Frühstück war gut, der Koch hatte da ein Fischgericht au gratin gemacht, das Dachhausen sonst sehr anzuerkennen pflegte. Er verstand es ja so gut, die kleinen Freuden des Lebens zu genießen, aber wenn man mit Sorgen allein bei Tische sitzt, dann wird einem die beste Speise vergällt. Mein Gott, warum wurde denn gerade sein Glück gestört, er verlangte ja vom Leben nichts, als daß es korrekt und heiter sei. Er hatte stets seine Pflicht getan, früher im Regiment und jetzt als Gutsbesitzer. Selbst der Alte von der Warthe hatte seine Landwirtschaft gelobt. Er war kein Spieler wie Dietz und war seiner Frau nicht untreu wie der Graf Bützow, warum mußte nun etwas Rätselhaftes kommen und gerade ihm das Liebste, das er hatte, seine Ehe, stören. Er verstand das nicht.

Gleich nach dem Frühstück ging er zu Liddy hinüber. Er trat in das Zimmer ein, ohne anzuklopfen, er wollte sich nicht wieder abweisen lassen. Lydia lag auf der Couchette in ihrem hellrosa Morgenrock, das Haar hing in zwei langen schwarzen Zöpfen über die Schultern hinüber, das Gesicht war sehr weiß, sie regte sich nicht, als Dachhausen eintrat und schaute mit den blanken Augen unverwandt zur Decke auf. »Liddy,« rief er im zärtlichsten Ton, den er aufbringen konnte, »wieder eine schlechte Nacht, was tun wir wohl, diese verdammten Nerven!« Er beugte sich über sie und küßte das regungslose Gesicht. »Wie fühlst du dich jetzt?«

»Müde«, erwiderte Lydia, ohne ihn anzusehen. Er zog einen Stuhl heran und nahm ihre Hand, die schlaff in der seinen lag. »Ja, ja,« fuhr er fort, »das ist dieses Frühlingswetter, es sieht hübsch aus, aber es ist giftig. Alle spüren das.«

Lydia antwortete nicht, da wurde auch Dachhausen befangen. Was sollte er mit dieser Frau beginnen, die tat, als sei er gar nicht da? Er fing an etwas zu erzählen: »Ich war gestern in Witzow, die arme Gertrud ist auch leidend. Nun, und die beiden Alten, die brummen so herum in gewohnter Weise. Die Baronin regte sich darüber auf, daß Dietz und Fastrade jeden Abend lange Spaziergänge im Walde machen, sie meinte, das muß wohl eine amerikanische Sitte sein. Aber der Alte sagte: ob es amerikanisch ist, weiß ich nicht, aber unschicklich ist es.«

Ein wenig Röte stieg in Lydias Wangen, und sie sprach feierlich zur Decke hinauf: »Ich finde es auch unschicklich.«

»Unschicklich, wieso?« entgegnete Dachhausen, »in unseren Zeiten denkt man darüber doch freier.« Jetzt sah Lydia ihn an und zwar ziemlich böse. »Du hast mir ja immer gepredigt,« sagte sie, »daß man sich den Sitten und Gesetzen der Gesellschaft, in der man lebt, fügen soll, warum können denn die beiden tun, was sie wollen?« Dann zog sie die Augenbrauen hoch und wandte das Gesicht ab: »Ach Gott, es ist ja auch so gleichgültig, was diese beiden tun, amüsieren wird sich der gute Egloff auf diesen Spaziergängen mit der langweiligen Fastrade nicht.«

»Wieso, langweilig?« protestierte Dachhausen, »Fastrade ist doch ein edles und interessantes Mädchen.«

»Vielleicht wegen dieser kitschigen Verlobung mit dem Hauslehrer«, höhnte Lydia. »Warum hast du denn nicht sie geheiratet, wenn sie edel und interessant ist? Ich bin weder edel noch interessant.«

Da wurde Dachhausen wieder zärtlich, er streichelte die kleine, schlaffe Hand, die in der seinen lag und sagte mit der Stimme, die vor Erregung bebte: »Weil ich dich geheiratet habe, weil du für mich die Edelste und Interessanteste bist. Sieh, Liddy, es kommt mir vor, als ob in der letzten Zeit wir einander nicht recht nahe gewesen sind, es ist mir so, als ob dich etwas drückt, das du mir verschweigst. Sprich dich aus, erstens, dazu ist man ja verheiratet, daß man alles teilt, und dann, es ist auch lächerlich, wie das, was einem Sorge macht, vollständig verschwindet, wenn man es ausspricht.«

Lydia sah wieder zur Decke empor, und es klang müde und schläfrig, als sie antwortete: »Ich verstehe dich nicht, ich habe nichts auszusprechen, nichts zu sagen. Ich glaube, wir beide haben uns in letzter Zeit überhaupt wenig zu sagen.« Sie schloß die Augen. »Ich denke, ich versuche ein wenig zu schlafen«, sagte sie.

Dachhausen war blaß geworden, er erhob sich schnell und ging, ohne ein Wort zu sagen, aus dem Zimmer.

Drüben in seinem Zimmer setzte er sich auf einen Sessel, lehnte den Kopf zurück und schloß die Augen. Nun war es klar, mit seiner Ehe stand es übel, aber wissen wollte er, was sein Glück zerstörte. Er war es müde, kleine Ereignisse aus seiner Erinnerung hervorzuholen, er wollte etwas haben, er wollte jemanden haben, an den er sich halten konnte. So saß er lange kummervoll sinnend da. Endlich klingelte er und bestellte einzuspannen, die Jagddroschke und die Schimmel, er wollte nach Grobin, ins Städtchen, fahren, dort wohnten seine Mutter und seine Schwester Adine. Als Dachhausen heiratete, waren die beiden Damen mit den alten Möbeln und den alten Dienstboten in das Städtchen gezogen, um der neuen Schloßherrin, den modernen Möbeln und neuen Dienstboten Platz zu machen. Für Dachhausen war das Haus in der Stadt ein Stück des alten Barnewitz seiner Jugend. Hier wehte die milde, verwöhnende Luft, die ihn von Kindheit auf umgeben hatte, dorthin fuhr er gern, wenn er verstimmt war und sich trösten lassen wollte. Lydia liebte es nicht, ihre Schwiegermutter zu besuchen, »sie sind dort sehr freundlich,« sagte sie, »aber es ist eine Freundlichkeit, die einem den Atem bedrückt.« Frau von Dachhausen und Adine ihrerseits bewunderten Lydia. »Deine Lydia,« wiederholten sie immer wieder, »ist ja so hübsch und so elegant«, allein sie blieb ihnen fremd, sie war für sie ein schönes Instrument, auf dem sie nicht zu spielen verstanden.

Die Fahrt durch den Frühlingsnachmittag war hübsch, die Birken standen grellgrün am Waldesrande, weiter unter den Tannen fanden sich große Gesellschaften weißer Anemonen zusammen und zitterten im Winde, der Wegrain war mit kleinen gelben Blumen bedeckt, Kinder trieben Schafe auf die Weide, lagen auf den Abhängen auf dem Bauch und sangen. Dachhausen, der sonst immer gern mit dabei war, wo es fröhlich zuging, konnte heute mit der Heiterkeit, die über dem Lande lag, nicht mit, sie machte ihn traurig und schwach. Ein Vers ging ihm durch den Sinn, den die alte Marri, seine Wärterin, ihm vorgesungen hatte, als er noch ein ganz kleiner Knabe war, und er mußte ihn beständig vor sich hinsummen:

»Weißt du, was die Blume spricht?
Armes Fritzchen, weine nicht.
Sonnenschein lacht dir ins Gesicht,
Armes Fritzchen, weine nicht.«

Auch im Städtchen sah es frühlingsmäßig aus, die Mädchen trugen helle Blusen, lange Reihen von Gymnasiasten spazierten Arm in Arm durch die Straßen. Kommis standen in den offenen Türen der Läden und ließen die bleichen Gesichter vom Frühlingswinde anwehen. Im Hause seiner Mutter wurde er von einem kleinen listig aussehenden Dienstmädchen empfangen, er kannte das, seine Mutter nahm stets solche Mädchen zu sich, um sie zu erziehen und zu bessern, und die gerieten meist nicht sonderlich. Dann kam Adine, Ende der dreißig, klein und stark, das Gesicht mußte früher fein und hübsch gewesen sein, jetzt war es in die Breite gegangen und die Züge verloren sich in ihm, aber die blauen Dachhausenschen Augen belebten es freundlich. Adine verbreitete um sich eine wohltuende Atmosphäre von Behäbigkeit und Herzlichkeit. In der Sofaecke saß Frau von Dachhausen, klein und gebrechlich wie eine Motte, das Gesicht unter den weißen Spitzen der Haube, noch immer weiß und rosa, war ganz zusammengeschrumpft, aber die Falten standen ihm gut, es waren lauter horizontale Falten der Freundlichkeit.

»Ach Fritzchen, setz' dich her«, sagte sie und die Augen wurden ihr feucht; jedesmal, wenn sie ihren Sohn wiedersah, wurden ihr die Augen feucht, und Fritzchen saß nun da in dem altbekannten Lehnsessel, die Sonne schien durch die Goldlackbüsche im Fenster auf das blanke Parkett mit dem roten Läufer. Adine ging ab und zu und richtete den Kaffeetisch her, brachte die großen weichen Bretzeln, die auch von Barnewitz hier in die Stadt übergesiedelt waren. Dachhausen begann es schon wohler zu werden, er fing an sich anzuklagen, sprach von Liddys Krankheit, von seiner Einsamkeit, und die aufmerksame Teilnahme, mit der seine Mutter und seine Schwester ihm zuhörten, machte ihn ganz weich. Hier waren zwei, die unbedingt für ihn Partei nahmen, die von jeher jedes Mißgeschick, das ihn traf, als eine Ungerechtigkeit des Schicksals betrachteten, hier brauchte er nicht männlich zu sein, hier konnte er sich nach Herzenslust bedauern lassen. Der Kaffee kam, Adine und Frau von Dachhausen fingen nun an, die kleinen Stadtgeschichten zu erzählen, fingen an in ihrer milden und gemütlichen Art zu klatschen, der Abendsonnenschein lag schon ganz rot auf den Wänden, als Dachhausen noch immer dort saß, er wußte, es war Zeit heimzukehren, aber er konnte sich nicht dazu entschließen, zu Hause erwartete ihn die Einsamkeit und all das Feindliche, von dem er sich jetzt umstellt fühlte.

Zwölftes Kapitel

Der Mond stand schon hoch am Himmel, als Egloff und Fastrade noch zusammen die Waldwege entlang gingen. Der Wind trieb kleine Wolken am Monde vorüber und über den Mond hin, auch dem Walde ließ der Wind keine Ruhe, er fuhr in die Bäume, bog sie hin und her, und die Krähen, die in den Wipfeln schlafen wollten, schlugen immer wieder laut mit den Flügeln. Dazu waren die Windstöße ganz voll von betäubendem Duft der jungen Birkenblätter.

»Der Wald ist heute betrunken«, sagte Egloff. – »Ach ja,« meinte Fastrade, »alles schwankt, als ob wir auf einem Schiffe spazieren gehen und denken, daß das Padurensche Fräulein mit dem wilden Egloff noch um diese Zeit in einem betrunkenen Walde spazieren geht, was werden die Schlösser sagen!«

»Was die Schlösser sagen, ist unwichtig,« erwiderte Egloff, »das einzig Wichtige bist du.«

»Warum bin ich so wichtig?« fragte Fastrade. Egloff schwieg einen Augenblick, um einen lauten Windstoß ausreden zu lassen, dann begann er sinnend: »Ich ging einmal um die Mittagzeit in Venedig durch die kleinen Straßen; du weißt, gerade um diese Zeit gleichen diese Straßen mehr denn je Korridoren eines Armeleutehauses; die Leute sitzen da herum und essen; es riecht nach Zwiebeln und Fischen, Wirte stehen in den Haustüren und rufen: ›La minestra è pronta!‹ Kleine Jungen hocken in dämmerigen Torwegen und halten goldgelbe Polentaschnitten – nun ja, und da kam ich an einen Platz, ich weiß nicht, wie er heißt, von der einen Seite steht ein einzelner gotischer Turm, ganz mit Schnörkelwerk bedeckt, als hätte er Großmutters Spitzenmantille umgenommen. Ein kleines Wirtshaus ist dort auch, vor das ich mich hinsetzte. Über den ganzen Platz aber waren Leinen gezogen, auf denen Wäsche ging, Bettücher und Hemden, grell weiß in der Mittagsonne, und im Winde flatternd. Venezianische Mädchen kamen ganz schlank in ihren schwarzen Tüchern, schöne, bleiche, verhungerte Gesichter mit großen Augen, und sie hoben die Arme auf und bogen die Köpfe mit dem schweren, dunklen Haar zurück, standen da in all dem Weiß und hingen noch mehr Wäsche auf die Leine. Das gefiel mir. An meinem Tisch saß ein kleiner, alter Mann mit einem spitzen, grauen Bart, offenbar ein Deutscher, vielleicht ein Professor, denn er hatte langes, graues Haar, das haben die Germanisten auch oft. Er sah mich böse an und sagte in einem gereizten Tone, als hätten wir uns die ganze Zeit gestritten: ›Da laufen Sie in Venedig herum und gaffen und bewundern lauter Kitsch. Ich komme hierher, denn dieses hier ist wichtig.‹ In dem Augenblicke leuchtete mir das ein.«

»Warum war das so wichtig?« fragte Fastrade.

Egloff lachte: »Ja, das weiß ich nicht, ebensowenig wie ich es weiß, warum du mir so wichtig bist. Aber sieh, eigentlich ist das ein Zeichen von der Unberührtheit meiner Seele. Dir war schon mit vierzehn Jahren jeder Held eines englischen Romans wichtig, ihr alle zehrt ja von Jugend auf von eurer Seele, ich habe meine Seele gar nicht in Gebrauch genommen, ich habe bisher ohne Seele gelebt und für dich ziehe ich nun diese ungebrauchte, funkelnagelneue Seele heraus, ich schneide sozusagen für dich erst meine Seele an. Das will doch etwas heißen, wenn es auch nicht bequem ist.«

»Ach ja, Lieber, tue das«, sagte Fastrade.

Jetzt gingen sie unter großen, alten Tannen hin, in denen das Mondlicht nur hie und da wie silberne Funken sprühte; auf einer kleinen Lichtung aber hell beschienen stand die Auerhahnhütte. »Die wollte ich dir zeigen,« sagte Egloff, »hier habe ich meine besten Stunden verbracht.« Er öffnete die Tür, der Raum war voller Mondlicht und großer schwankender Schatten der Tannenzweige. Er zog Fastrade auf das Ruhebett nieder, »hier habe ich dich immer am deutlichsten gesehen, wenn du nicht da warst, hier habe ich dich am deutlichsten gefühlt, in jedem Nerv habe ich dich gespürt, es ist, als ob du hier wohntest. Scheint es dir nicht, als ob dir hier alles bekannt sei, daß du hier schon oft gewesen bist?«

»Ja,« sagte Fastrade sinnend, »im Traume, glaube ich, habe ich dieses kleine Zimmer gesehen, ganz gelb von Mondlicht.«

»Du mußt es kennen«, meinte Egloff und drückte sie an sich und begann langsam ihre Augen und ihren Mund zu küssen; er beugte sie zurück, seine Hände faßten sie, daß es ihr weh tat, ein Knopf ihrer Jacke sprang klirrend zu Boden. Fastrade richtete sich auf, erhob sich von ihrem Sitz, machte einige Schritte, dann lehnte sie sich gegen die Tür, breitete die Arme aus und stützte die Handflächen gegen die Bretterwand, als wollte sie jemand den

Eintritt verwehren. »O nein«, sagte sie schwer aufatmend. Egloff saß noch auf dem Ruhebette, ganz in den Schatten zurückgebogen. »Nein,« wiederholte er leise und zischend, »natürlich, ihr seid die Reinen, die Unnahbaren, die Heiligen, nur daß ihr die Liebe dadurch zu etwas verdammt Lächerlichem und Verlogenem macht.«

»Nein, nein«, sagte Fastrade wieder, und das Schwingen in ihrer Stimme zeigte, wie stark ihr Herz schlug. »Ich bin nicht unnahbar, ich bin nicht heilig, aber, wenn ich dir helfen soll, wenn ich neben dir stehen soll, dann – dann darfst du mich nicht behandeln wie die anderen.«

Aber aus der dunklen Ecke klang es leise und böse zurück: »Ich will nicht, daß du mir hilfst, ich will, daß du mich liebst.«

»Ich will helfen,« erwiderte Fastrade laut und klar, »gerade das will ich, das ist meine Art zu lieben.«

Beide schwiegen. Egloff schaute zu Fastrade hinüber, wie sie an der Tür lehnte mit ausgebreiteten Armen, hell vom Monde beschienen, das blonde Haar hing ihr ungeordnet in die Stirne, eine flimmernde Haarsträhne fiel über die kindliche Rundung der Wangen, die Augen glitzerten, die Lippen waren ein wenig geöffnet, ja Egloff sah es deutlich, sie lächelten ein seltsam erregtes, triumphierendes Lächeln.

Endlich trat sie von der Tür fort an Egloff heran, legte die Hand auf seine Schulter und sagte freundlich und mitleidig: »Komm, gehen wir, deine Auerhahnhütte gefällt mir nicht mehr. Sitze nicht so da.«

Egloff lachte kurz auf. »Oh, du brauchst mir nicht zu sagen,« meinte er, »wie ich dasitze, das weiß ich wohl, also gehen wir.«

Sie traten wieder hinaus, draußen empfing sie das gewaltsame Wehen und Duften, sie mußten ordentlich gegen den Wind ankämpfen. »Halte mich, halte mich«, rief Fastrade und lachte hell in das große Rauschen hinein.

Es war spät geworden, als Fastrade nach Hause kam. Sie beeilte sich zu ihrem Vater hinüber zu gehen, der sie schon erwarten mußte; aber als sie den dunklen Saal durchschritt, war es, als versagten ihr plötzlich die Kräfte, eine große Mattigkeit ergriff sie und ihre Knie zitterten. Sie mußte sich auf einen Sessel niederlassen. Vom Zimmer ihres Vaters her hörte sie die Stimme der Tante Arabella, welche St. Simons Memoiren vorlas, auf der anderen Seite sang Couchons zitternde Stimme ihr: »Ah répondit Collette, osez, osez toujours.«

Vor den Fenstern jauchzte der Frühlingswind. Fastrade schlug die Hände vor das Gesicht und weinte, nicht aus Schmerz, es war nur ein unendlich wohltuendes Sichlösen der großen Spannung ihrer Seele.

Dreizehntes Kapitel

In Sirow fand das große Souper statt. Die Baronin ging durch die Zimmer, um einen letzten Blick auf die Veranstaltungen zu werfen. Langsam zog sie ihre Atlasschleppe über das Parkett, vor einem Spiegel blieb sie stehen und rückte die Diamantbrosche zurecht, ein Geschenk der hochseligen Großherzogin. Dann setzte sie sich auf ihren Sessel und erwartete die Gäste. Die Kerzen in den Kronleuchtern brannten alle, obgleich draußen der Maiabend noch hell über dem Garten war. Die Glastüren zur Veranda standen offen, und der Duft des Flieders drang herein, der wie eine Mauer aus weißem und hellblauem Gewölke den Garten einhegte.

Die Baronesse Arabella und Fastrade waren die ersten, die anlangten. »Mein liebes Kind, du siehst gut aus«, sagte die Baronin zu Fastrade mit dem milden Ernst, den sie im Umgang mit ihrer künftigen Schwiegertochter anzuwenden liebte, aber heute ruhten ihre Augen doch mit Wohlgefallen auf dem aufrechten, blonden Mädchen, über dessen rundem Gesicht, über dessen Schultern und Armen ein so wundersam warmer Jugendglanz lag. Fastrade trug ein weißes Spitzenkleid und einen Veilchenstrauß an der Brust. »Komm, meine Tochter,« fuhr die Baronin fort, »setze dich zu mir, bis die anderen kommen, können wir uns ein wenig genießen«, und sie begann genau zu beschreiben, wie sie solche großen Gesellschaften zu organisieren pflegte, wie sie alles im voraus genau bestimmte, so daß das Uhrwerk später tadellos von selbst funktionierte. Eine Unterrichtsstunde, dachte Fastrade und schob ein wenig die Unterlippe vor. Nun kamen auch die anderen Gäste, zuerst die von Teschens aus Rollow mit drei Töchtern, in Rosa, Blau und Lila. Die Fräulein von Teschen waren immer in Rosa, Blau und Lila, in Rollow hatte man zehn Kinder, mußte mit dem

Gelde sparen und ging nur wenig in Gesellschaft. Wenn aber die drei Mädchen mit den kleinen braunen Augen in den unregelmäßigen, erwartungsvollen Gesichtern einmal ausgeführt wurden, dann warfen sie sich mit Heißhunger auf alles, was wie Unterhaltung aussah. Die Gräfin Bützow zog ein in rotem Samt, stattlich und streng, gefolgt von ihrem kleinen, blonden Gemahl, der in seinem breiten rosa Gesicht ein großes Monokel trug. Die Ports kamen, die Baronin in stahlblauen Atlas gekleidet wie in eine weitläufige Rüstung. Gertrud trug ein weißes Kleid mit griechischen Ärmeln, sie hatte ihrem hageren, spitzen Gesichtchen ein wenig Rot aufgelegt und ihre fieberblanken Augen vorsichtig mit dem Stifte unterstrichen. »Sehen Sie doch unsere Gertrud,« sagte die Gräfin Bützow zu Frau von Teschen, »wenn die Mädchen auch nur etwas mit dem Theater in Berührung kommen, gleich hängt ihnen etwas Komödiantenhaftes an.« Frau von Teschen seufzte: »Ach ja, das Theater ist eine ansteckende Krankheit. Ich habe sechs Töchter, aber wenn Gott mir noch sechs Töchter mehr gegeben hätte, keine sollte mir aus dem Hause, ehe sie heiratet.«

Der Saal füllte sich, da waren auch die Herren aus der Stadt, der schöne Leutnant von Klette, der Referendar und Doktor Hansius. Es wurde Tee herumgereicht, man stand beieinander und unterhielt sich ein wenig zerstreut, weil ein jeder nach der Tür sah, um die Neuankommenden zu betrachten. Mit einem Schweigen der Bewunderung wurde Lydia von Dachhausen empfangen, sie trug ein schwarzes Samtkleid, an der Brust einen großen Strauß pfirsichfarbener Rosen, Gloire de Dijon; ihr schönes Gesicht, ihre Schultern, ihre Arme waren alabasterweiß, und die Augen hatten den intensiven Glanz der Edelsteinaugen einer griechischen Marmorgöttin. »Das muß man sagen,« flüsterte der Referendar dem Doktor Hansius zu, »diese Baronin von Dachhausen, die ist Großstadt, die ist Grandmonde.«

»Und schlechte Nerven«, brummte der Doktor.

Durch das Gesumme der Stimmen im Saal klang deutlich und klar die Stimme der Baronin Egloff, sie sprach mit der Gräfin Bützow von den Hofsitten einst und jetzt, sie fand, daß die Hofsitten jetzt an Würde, ja geradezu an Würde verloren hätten. Früher, wenn die hochselige Kaiserin von Rußland in einen Saal trat, dann ging eine Hoheit von ihr aus, daß es einem kalt über den Rücken lief. Auf der anderen Seite des Saales aber wurde laut gelacht. Dachhausen hatte sich zu den Fräuleins von Teschen gesetzt und machte sie lachen, indem er selbst beständig lachte. Der Arme zwang sich heute zu einer gewaltsamen Heiterkeit, er wollte nicht, daß die Leute es merkten, wie elend ihm zumute war. Das rosa Fräulein von Teschen jedoch sprang plötzlich auf und rief: »Da steht ja der Leutnant von Klette, ich will gehen mit ihm flirten, ich flirte so furchtbar gern und habe so selten Gelegenheit.« Sie ging zum Leutnant hinüber und stellte sich vor ihm auf. Zuweilen ging eine der Damen auf die Veranda hinaus; der Abend war milde, aber es lief doch ein Schauer über die nackten Schultern. »Wie schön, wie wunderschön«, sagte sie dann und ließ die Worte gefühlvoll klingen; die Ruhe der Abenddämmerung, die feierlich über den Tulpen- und Narzissenbeeten lag, ergriff sie.

Ein fremder Herr fiel in der Gesellschaft besonders auf, ein russischer Gardeoberst, der Graf Schutow, der seit einigen Tagen Egloffs Gast war, eine große, schwere Gestalt, Haar und Backenbart leicht ergraut, das regelmäßige Gesicht bleich und schlaff, die schweren Augenlider mit den langen Wimpern, die sich nur selten hoben, verdeckten graue, sentimentale Augen. Der Graf bewegte sich mit einer trägen Sicherheit, begrüßte und ließ sich vorstellen und musterte dabei ruhig und genau die Reihen der Damen. Er liebte es nicht zu stehen, wenn er aber saß, saß er gern neben der schönsten Frau der Gesellschaft. So ging er auch auf Lydia zu und nahm neben ihr Platz. Leicht zur Seite gebogen stützte er sich auf die Armlehne des Stuhles, um dem schönen Arme näher zu sein, und begann mit seiner singenden Stimme die Unterhaltung: »Ich freue mich sehr, hier einmal die Damen der Gegend kennenzulernen. Damen überhaupt sind ja für jeden wichtig, aber wir Russen, wir wären ohne Damen verloren.«

»Wieso?« fragte Lydia und verschanzte sich hinter ihren Federfächer vor den grauen Augen, die sie mit unheimlicher Gründlichkeit betrachteten.

»Ja, sehen Sie,« fuhr der Graf fort, »Rußland ist furchtbar groß, zuviel Raum, ehe man es sich versieht, ist man allein. Man reist Tage und Tage, immer allein. Man ist auf seinem Gut, die anderen Güter sind ganz weit. Man geht auf die Jagd, nur die Steppe, und kein Mensch. In der Nacht schläft man auf einem der großen Heuhaufen, um einen alles ganz weit und still, über einem der Himmel, – nun ja, da fühlt man sich selbst so weit und leer wie eine große, große Blase. Da sind nun die Damen nötig, die machen es wieder um einen eng und warm.«

»Das muß schön sein bei Nacht auf den Heuhaufen«, äußerte Lydia.

»Ach ja,« meinte der Graf, »nur zu starker Duft, man wacht am Morgen mit Kopfschmerzen auf, als ob man die ganze Nacht getrunken hätte.«

Gertrud Port flatterte jetzt heran, sie wollte auch teilhaben an dem interessanten Fremden. »Nicht wahr, Herr Graf,« fragte sie, »man ist in Rußland sehr musikalisch?«

»O ja,« erwiderte der Graf und ließ seine Blicke einen Augenblick zerstreut auf Gertruds spitzem Gesichtchen ruhen, »wir singen viel, singen geht langsamer als sprechen, aber wir haben soviel Zeit.« Als aber Lydia sich mit einer Frage an Gertrud wandte, entschuldigte sich der Graf, stand auf und ging zu Egloff und dem Grafen Bützow hinüber, die beieinander standen. »Meine Herren,« sagte er, »bis zum Souper ist wohl noch Zeit, Ihre Gäste sind versorgt, Baron, wie wäre es mit einem kleinen Preferencechen?«

»Sie haben Eile, Graf«, bemerkte Egloff. »Ach was, Eile,« meinte der Graf, »ich habe nur bemerkt, daß es nichts Besseres für den Appetit gibt, als ein paar Runden Preference kurz vor dem Essen.« Sie gingen in das Spielzimmer hinüber, mit einem wohligen Seufzer setzte der Graf sich an den Kartentisch, breitete mit seiner fetten, beringten Hand die Karten aus, damit die Plätze gezogen würden, und meinte: »Hier ist man zu Hause.« Egloff mischte nervös ein Kartenspiel, er war schlechter Laune. Während der Graf sein Gast war, hatte er seit längerer Zeit wieder viel und hoch gespielt, und es ärgerte ihn zu bemerken, daß das Spiel ihn stärker erregte, ihm mehr auf die Nerven ging als früher. Der Baron Port und Doktor Hansius, die sich in das Spielzimmer zurückgezogen hatten, um zu rauchen, traten heran und schauten gespannt und mißbilligend dem Spiele zu.

Endlich war es Zeit, zum Souper zu gehen. Die Baronin Egloff nahm den Arm des Baron Port, und in feierlichem Zuge begab man sich in den Speisesaal. Das rosa Fräulein von Teschen schauerte wohlig in sich zusammen, als es die Serviette auseinanderfaltete. »Sie finden es wahrscheinlich unpoetisch und materiell,« sagte sie zu ihrem Nachbarn, dem Leutnant von Klette, »wenn ein junges Mädchen sich so stark auf das Essen freut, aber das Essen hier in Sirow ist immer so herrlich.« »Durchaus nicht,« erwiderte der Leutnant, »ich liebe es, wenn ich die Gefühle der Damen verstehen kann, und dieses verstehe ich.«

Am anderen Ende des Tisches klang wieder Dachhausens herzliches Lachen herüber, der mit dem lila Fräulein von Teschen scherzte. »Ihr Gemahl,« sagte Graf Schutow zu Lydia, »hat ein so angenehmes Lachen, ich höre so gern lachen.«

»Ja,« sagte Lydia und zog die Augenbrauen ein wenig empor, »er ist eine heitere Natur.« Aber Adine von Dachhausen, die gegenübersaß, rief den Grafen mit ihrer lauten, heiteren Stimme an: »Lachen Sie selbst gern, Herr Graf?«

»Ich lache zuweilen ganz gern,« erwiderte der Graf zerstreut, »aber ich höre lieber, wenn andere lachen, dann habe ich das Vergnügen und keine Mühe. Wie meinen Sie?« wandte er sich an den Diener, der ihm eine Schüssel reichte. »Ah! Spielhahnpastete«, und er wandte seine ganze Aufmerksamkeit der Pastete zu. Egloff hatte ziemlich einsilbig und mißmutig der Gräfin Bützow zugehört, die über das Befreiende, ja geradezu Moralische in Mozarts Musik sprach. In einer Pause flüsterte Fastrade ihm zu: »Bist du unglücklich?« »Ich bin wütend«, erwiderte Egloff leise. »Wozu diese Anhäufung gleichgültiger Menschen und Speisen? Am liebsten würde ich jedem mit einer Grobheit antworten, würde sagen: O ja, gewiß, Esel, oder: Sie haben ja ganz recht, dumme Pute.« »Still«, sagte Fastrade und legte den Finger auf die Lippen. Egloff beugte sich wieder auf seinen Teller nieder. Der eigentliche Grund, daß er sich unglücklich fühlte, war das Bewußtsein, daß er alle diese Menschen und die lange Mahlzeit nur deshalb verfluchte, weil er ungeduldig war, wieder im Spielzimmer zu sitzen und das Spiel fortzusetzen, und das fand er primitiv und gewöhnlich.

Jetzt erhob sich der Baron Port zu einer Rede, er sprach lange und ernst, sprach davon, daß es ein Segen sei, wenn die alteingesessenen Familien sich miteinander verbinden, das sei das Bollwerk gegen die neuen, zerstörenden Ideen, alte bewährte Traditionen werden auf junge Schultern gelegt, werden gestärkt und zu neuer Blüte gebracht. Die Baronin Egloff weinte, die anderen hörten mit zerstreuter Andacht zu, als säßen sie in der Kirche bei einer zu langen Predigt. Um so lauter wurde »Hoch« gerufen, als die Rede zu Ende war.

Die Mahlzeit ging ihrem Schluß entgegen; erhitzt lehnten sich die Gäste in ihre Stühle zurück, und die Unterhaltung floß nur träge. »Das ist der Fehler der guten Sirowschen Soupers,« sagte der Referendar zu Adine von Dachhausen, »daß es hier zuviel zu essen gibt. Ich habe das Gefühl, als seien die Speisen in der Übermacht.« – »Oh, ich lasse mich nicht so leicht einschüchtern«, erwiderte Adine resolut. Doch war es allen willkommen, daß die Baronin Egloff die Tafel aufhob; die Herren setzten die Damen im Saale ab und eilten in das Rauchzimmer. Die Damen saßen beieinander und fächelten sich mit den großen Federfächern Luft zu.

Egloff ging auf die Veranda hinaus, er lehnte sich über das Eisengitter und schaute in den dunklen Garten hinein. Stille und Dunkelheit, das war es, was ihm jetzt nottat und dann hoffte er, Fastrade würde herauskommen und in der Dämmerung der Maiennacht vor ihm stehen, aufrecht und weiß wie die Narzissen unten auf den Beeten. Das Rascheln einer Frauenschleppe ließ ihn auffahren. Es war Lydia. Sie blieb vor ihm stehen, ein Lichtstrahl vom Saal her traf ihre Schultern und ihr Gesicht, in dem die Augen seltsam schwarz schienen. Sie begann leise und klagend zu sprechen: »Und ich, was wird aus mir?« Sie legte dabei die Hand auf die Brust, mitten in die Rosen hinein, eine Rose löste sich ab und fiel zu Boden. Egloff bückte sich und hob sie auf. »Ich denke,« sagte er langsam, indem er die Rose vorsichtig entblätterte, »ich denke, wir kehren zu unserer Pflicht zurück.«

»Pflicht,« wiederholte Lydia, »wenn man, wie wir, gelogen und betrogen hat, dann gibt es nur Pflichten, die wir gegeneinander haben. Es gibt doch so etwas wie Treue von Spießgesellen.«

»Sie sind geistreich, gnädige Frau«, bemerkte Egloff. – »Du wunderst dich darüber,« entgegenete Lydia, und Egloff wußte nicht, war es ein Lachen oder ein Schluchzen, das ihre Stimme zittern ließ, »du wunderst dich darüber, aber wenn wir in großer Not sind, dann werden wir alles, sieh, Dietz, es kann nicht aus sein. Ich habe mein ganzes Leben in dieses eine Erlebnis hineingelegt, ich habe sonst nichts.«

»Ich glaube, gnädige Frau,« bemerkte Egloff, »Sie überschätzen dieses Erlebnis.«

»Wie soll ich das?« klagte Lydia, »ich will ja weiter lügen und betrügen, aber aus darf es nicht sein. Ich habe ja nichts, nichts als deine Liebe.« Egloff schwieg und sah diese Frau an, wie sie vor ihm stand, wie aus dem Dunkel des Samtes und der Dämmerung ihre blasse Nacktheit hervorleuchtete, diese Frau, die mit ihrer leidenschaftlichen Klage sich an ihn klammerte, sich ihm bedingungslos hingab, das ergriff ihn. Aber es klang dennoch sehr kühl und ruhig, als er sagte: »Ich glaube, gnädige Frau, Sie überschätzen auch diese Liebe.« Lydia beugte den Kopf, beugte ihn auf die Rosen an ihrer Brust nieder, und Egloff sah, wie die kleinen, spitzen Zähne sich in eine Rose eingruben wie in eine Frucht.

Im Saale hatte sich der Baron Port zu Fastrade gesetzt, er wollte von ihr erfahren, ob ihr Vater und Ruhke dieses Jahr mit der Gründüngung ernst machen würden. Fastrade gab nur zerstreute Auskunft. Durch die offene Verandatür sah sie ein Stück von Lydias Samtschleppe und dieses nahm ihre Aufmerksamkeit seltsam stark in Anspruch. Und da war noch einer im Saal, der diese Schleppe nicht aus den Augen ließ: Dachhausen. Er hatte Lydia auf die Veranda folgen wollen, aber die Gräfin Bützow hielt ihn auf, sie wünschte seine Ansicht über die Pferde, die sie sich neulich gekauft hatte, zu hören, und der Arme stand da und sprach über Pferde, er wußte selbst nicht, was, und starrte in großer Erregung die Schleppe dort auf der Veranda an. Endlich gab die Gräfin ihn frei, da eilte er hinaus. »Ihr genießt hier die Abendluft«, sagte er in möglichst natürlichem Tone. Lydia erwiderte nichts, wandte sich um und ging in den Saal zurück. »Ja, ein seltsam warmer Abend«, meinte Egloff. Dann standen die beiden Männer da in der Dunkelheit schweigend beieinander. Jetzt müßte ich etwas sagen, dachte Dachhausen, das entscheidet, das Klarheit schafft, und Egloff war es, als spürte er die Aufregung des kleinen Mannes, der unruhig vor ihm auf und ab zu gehen begann. Will er etwas, weiß er etwas? fragte sich Egloff. Da ertönte wieder Dachhausens freundliche Stimme: »Der Flieder duftet so stark.« »Ja, sehr stark«, erwiderte Egloff. Aus dem geöffneten Fenster des Spielzimmers klang die singende Stimme des Grafen Schutow herüber. »Meinen Rest«, sagte sie. »Ah, die sind schon beim Quinze,« bemerkte Egloff, »kommst du auch?« »Nein, ich spiele nicht,« antwortete Dachhausen, »ich bleibe noch ein wenig hier.«

Egloff ging ins Spielzimmer; dort saßen die Herren am Kartentisch, Graf Schutow, bleich und träge wie immer, Graf Bützow sehr rot, denn er war stark im Verlust. Der Leutnant und der Referendar nahmen vorsichtig am Spiele teil. »Wir sind schon an der Arbeit«, rief Graf Schutow. »Gut, gut«, sagte Egloff; er ließ sich ein großes Glas Sekt geben, trank es schnell und durstig herunter und setzte sich an den Spieltisch.

Draußen im Saale langweilten sich die Damen, da die Herren fast alle im Spielzimmer waren, nur die älteren Herren gingen ab und zu, Baron Port, Herr von Teschen, Doktor Hansius, sie kamen mit besorgten Mienen aus dem Spielzimmer, flüsterten da etwas von »rasendem Spiel, unglaublich!« und über der Gesellschaft lag das quälende Gefühl, als vollzöge sich drüben im Spielzimmer etwas Unheimliches und Verhängnisvolles. Die Stimmung wurde unerträglich, und die Damen bestellten ihre Wagen. Der Aufbruch war allgemein. Die Herren aus dem Spielzimmer erschienen, um von den Damen Abschied zu nehmen. Egloff stand im Flur und hielt Fastrades Mantel, sein Gesicht war leicht gerötet, eine Haarsträhne fiel ihm in die Stirn und seine Augen hatten einen seltsam flackernden Glanz. Fastrade verabschiedete sich noch von Lydia. »Sie erlauben, daß ich Sie küsse,« sagte Lydia, »ich möchte so gern, daß wir uns näher kennenlernen.« Egloff lächelte, – die Lust an der Verstellung an sich, dachte er. Dann hüllte er Fastrade in den Mantel, er beugte sich vor und wollte sie küssen, aber in einer unwillkürlichen Bewegung wandte Fastrade den Kopf, und ein Ausdruck der Angst flog über ihr Gesicht. Sofort richtete Egloff sich auf, er zog ein wenig die Brauen zusammen, lächelte spöttisch, küßte Fastrades Hand und flüsterte: »Ist das der Anfang der Erziehung?« Fastrade erwiderte nichts, sie ging zur Tür, dort aber wandte sie sich um, lächelte unendlich gütig und mitleidig. »Armer Dietz«, sagte sie und bot ihm ihre Stirn zum Kusse hin.

Die Herren gingen in das Spielzimmer zurück, die Baronin Egloff stand im leeren Saale unter dem Kronleuchter, der Ausdruck ehrwürdiger Liebenswürdigkeit war von ihrem Gesicht gewichen, es sah alt und angstvoll aus. Sie faßte Fräulein von Dussas Arm, wies mit dem Kopfe zum Spielzimmer hin und sagte leise: »Das dort ist nicht gut.« Fräulein von Dussa nickte bekümmert mit dem Kopfe. »Meine Liebe,« fuhr die Baronin fort, »glauben Sie mir, dieser Russe ist der Satan.«

Egloff hatte sich nicht einmal ausschlafen können, der Graf Schutow fuhr am Morgen fort, und Egloff mußte aufstehen, um von ihm Abschied zu nehmen. Dann setzte er sich an seinen Schreibtisch und rechnete. Er hatte gestern wie ein Wahnsinniger gespielt, da ging ja wieder ein großer Teil des Sirowschen Waldes drauf. Jetzt mußte er einen Brief an Mehrenstein schreiben, damit dieser Geld besorge. Am Nachmittage wollte Egloff ins Städtchen fahren, um das Geld dem Grafen Schutow zu bringen, der im »Kronprinzen« auf ihn wartete. Widerwärtig all das! Heute war wieder solch ein Tag, wie er in seinem bewegten Leben immer wiederkehrte, ein Tag, da alles um ihn her zu zerbröckeln schien, alles ungeordnet und häßlich war, und ein großer Ekel ihn schüttelte. Und unnütz war das alles, er sah nicht ein, warum all solche Erlebnisse gerade zu ihm gehören sollten, aber sie hängten sich an ihn wie ein lästiger Hund, den wir immer wieder forttreiben, und der sich doch immer wieder an unsere Fersen heftet. Nun, darüber nachzudenken machte die Sache nicht erträglicher.

Am Nachmittage fuhr Egloff nach Grobin. Er hatte sich einen bequemen Wagen bestellt, denn er wollte unterwegs schlafen, nichts denken und nichts sehen, sondern schlafen. Er drückte sich in die Wagenecke und schloß die Augen. Es war angenehm, wie in dem Halbschlummer, in den er verfiel, das Rauschen des Waldes, durch den er fuhr, ein Amselschlag, das Bellen eines Hundes, der Gesang eines Hütejungen hineintönten wie Klänge einer Welt, die sehr fern von ihm war. Das Stoßen des Wagens auf dem Stadtpflaster machte ihn wieder munter. Es war Samstag, unter einem mit hellgrauen Wolken bedeckten Himmel sah das Städtchen alltäglich genug aus, die Fenster der Häuser waren geöffnet, und Mägde standen auf den Fensterbrettern und wuschen die Scheiben. Töchterschülerinnen gingen langsam über die Straße und schwenkten gelangweilt ihre Mappen. Adine von Dachhausen kam aus einem Laden; sie hatte einen Sommerhut auf mit zu viel roten Rosen; sie liebte stets das Auffallende. Egloff ließ am Klub halten, er wollte den Weg bis zu Mehrensteins Haus zu Fuß zurücklegen.

Alles an dem Mehrensteinschen Hause war ihm zuwider, die hellpolierte Tür, der Kristallknopf der Hausglocke, ihr schriller, aufdringlicher Klang, der dunkle Flur, in dem es nach Gewürzen und Küche roch. Mehrensteins Tochter kam ihm entgegen, ein schönes, schweres Mädchen mit einem Wald schwarzer Haare auf dem Kopfe und mit ganz großen, braunen Augen. »Bitte, treten Sie näher, Herr Baron«, sagte sie ernst und traurig und öffnete die Tür zum Wohnzimmer. Egloff trat in dieses Wohnzimmer, das er so gut kannte. Die Möbel mit dem hellblauen Ripsbezug, all die vielen, ein wenig verstaubten Sachen, sie hatten sich seinem Gedächtnis eingeprägt, wie es eben nur Sachen tun, die den peinlichen Augenblicken unseres Lebens assistieren. Da war die Kommode mit den alten silbernen Kannen und Leuchtern, da war die große Landschaft an der Wand, ein Kastell, Bäume, ein Reiter, alles aus Kork geschnitzt und unter Glas. »Bitte, nehmen Sie Platz,« sagte Fräulein Mehrenstein ernst, sie blieb jedoch stehen, als Egloff sich gesetzt hatte, »mein Vater wird gleich kommen, er ist bei meiner Mutter, unsere Mutter ist sehr krank.« »Oh, das tut mir leid«, murmelte Egloff und schaute in die großen braunen Augen; da lächelten die vollen Lippen des Mädchens, ein mattes, gewohnheitsmäßiges Lächeln, aber das Gesicht wurde gleich wieder kummervoll. »Wir glaubten diese Nacht, es würde aus sein,« fuhr Fräulein Mehrenstein fort, »und jetzt ist es sehr schlimm.« Ihre Augen wurden feucht, und zwei dicke Tränen rannen ihre Wangen entlang. »Nun will ich den Vater holen«, schloß sie und verschwand hinter einem grünen Vorhang. Seltsam, Egloff hatte an dieses Haus immer nur als an den Ort gedacht, an dem man Wechsel und ungünstige Kontrakte unterschrieb, und nun wurde hier auch geweint und gestorben. Der grüne Vorhang raschelte wieder und Mehrenstein erschien. Er trug einen Hausrock und Pantoffeln, auf denen große rote Rosen gestickt waren. Feierlich und traurig reichte er Egloff eine schlappe, feuchte Hand. »Sie haben Sorgen«, sagte Egloff. Mehrenstein zuckte ein wenig die Achseln und seufzte. »Eine entsetzliche Nacht«, murmelte er. Er ging zu seinem Geldschrank, holte ein Wechselformular herbei, legte Tinte und eine Mappe auf den Tisch, setzte sich und begann zu schreiben. »Das Geld ist da,« sagte er, »es war schwer, in so kurzer Zeit eine so große Summe zu beschaffen.« Er seufzte. »Die Bedingungen wie immer?« fragte er. Egloff machte eine Handbewegung, die bedeuten sollte, ihm sei alles gleichgültig. Da sah Mehrenstein auf und versetzte in vorwurfsvollem Tone: »Ja, ich muß meine Kinder sicher stellen, kommt der Waldverkauf zustande, so kann vielleicht einiges von den Prozenten abgerechnet werden.« Er schrieb weiter, nahm dann das Sandfaß und streute Sand über das Geschriebene. »Diese Nacht,« meinte er, »erwarteten wir jeden Augenblick das Ende. Gegen Morgen trat ein wenig Ruhe ein, aber Hoffnung ist keine. Bitte, Herr Baron«, er schob Egloff das Formular hin und reichte ihm die Feder. Während dieser unterschrieb, lehnte Mehrenstein sich in seinen Stuhl zurück, seine Augen wurden feucht und seine Lippen zitterten. »Nach dreißigjähriger Ehe sich trennen zu müssen,« sagte er, »Sie wissen nicht, was das ist, Herr Baron, und ich kann sagen, in diesen dreißig Jahren hat es keine Minute gegeben, in der ich mit der Frau nicht zufrieden war, sie war eine gute Frau.« Er stand auf und ging zum Geldschrank, um ein Paket Banknoten zu holen. »Der liebe Gott weiß, was er tut«, fügte er seufzend hinzu. Langsam und aufmerksam zählte er das Geld auf den Tisch, schob es in ein Kuvert und legte es vor Egloff hin. »Ich habe getan, was ich konnte,« nahm er mit leiser Stimme, als spräche er in einem Krankenzimmer, die Unterhaltung wieder auf, »ich habe nicht gespart, was habe ich der Apotheke und den Doktoren Geld gezahlt, um das Geld wäre mir nicht leid, wenn es nur etwas geholfen hätte.« Egloff steckte das Geld zu sich und erhob sich. »Man muß die Hoffnung nie verlieren,« sagte er, »guten Abend, Herr Mehrenstein.« Mehrenstein schüttelte traurig den Kopf und reichte seine schlappe Hand hin. »Wegen des Waldes, Herr Baron, komme ich zu Ihnen hinaus«, bemerkte er noch kummervoll.

Egloff war froh, auf der Straße zu sein, diese Mischung von Tod, Geld und Wechseln hatte ihn wie ein Alp bedrückt. Langsam schlenderte er dem »Kronprinzen« zu. Dort erfuhr er, der Graf Schutow sei zwar im Bette, habe aber den Befehl erteilt, Baron Egloff vorzulassen. Egloff fand den Grafen im Bett, Tee trinkend. »Ah, unser Baron,« rief er ihm entgegen, »ich hoffe, Sie haben sich nicht meinetwegen inkommodiert.« »Ich bringe Ihnen hier meine Schuld«, sagte Egloff.

»Das hatte ja keine Eile,« bemerkte der Graf und warf das Kuvert auf den Tisch neben seinem Bette, »aber wollen Sie Tee? oder einen Kognak? nicht, hier sind Zigaretten, so setzen Sie sich doch.« Egloff zündete sich eine Zigarette an und setzte sich: »Sind Sie krank?« fragte er. Der Graf lehnte sich behaglich in seine Kissen zurück. »Durchaus nicht,« erwiderte er, »es ist nur meine

Gewohnheit, nach einer durchspielten Nacht den folgenden Tag bis zum Abend im Bett zu bleiben. So bin ich denn gleich zu Bett gegangen, als ich hier ankam. Auf diese Weise holt man am besten die ausgegebene Nervenkraft wieder ein.«

»Praktisch!« bemerkte Egloff. »Wer nur stets Zeit hätte, sich so für das Spiel zu trainieren.«

»Der soll auch nicht spielen,« entgegnete der Graf etwas feierlich, »mit kranken Nerven zu spielen ist Dilettantismus, und der ist gefährlich. Sie waren gestern auch viel zu nervös und hitzig.«

Egloff blies nachdenklich den Rauch seiner Zigarette vor sich hin. »Sagen Sie, Graf,« begann er, »warum spielen Sie eigentlich? Um zu gewinnen?« Dabei klang ihm Fastradens Stimme im Ohr, wie sie an jenem Abend in Sirow dieselbe Frage an ihn richtete. Der Graf verzog sein Gesicht: »Erbarmen Sie sich, wie Sie fragen, warum? ich weiß nicht, natürlich um zu gewinnen. Charles Fox sagte: Das beste im Leben ist im Spiel Gewinnen, das nächstbeste im Spiel Verlieren.«

»Also dann ist es nicht das Gewinnen«, wandte Egloff ein.

Der Graf warf sich unbehaglich im Bette hin und her. »Sie wollen philosophieren,« sagte er, »ein Zeichen des schlechten Zustandes Ihrer Nerven. Nun, hören Sie, was ein Freund von mir, ein gewisser Klebajew, sagte. Er war ein Narr, zuletzt verrückt, und erschoß sich. Er sagte also: Ich spiele jede Nacht, weil es mich jede Nacht wieder interessiert, mich mit dieser geheimnisvollen und unbegreiflichen Kanaille, die wir Glück nennen, herumzuschlagen.«

»Ein wenig pathetisch,« bemerkte Egloff, »aber es läßt sich hören. Warum erschoß er sich denn?«

»Weil er verrückt war«, entgegnete der Graf. »In letzter Zeit sprach er immer davon, er sei es gar nicht selbst, der jeden Abend spielte, das sei der andere, und der andere spiele absichtlich schlecht, und er, Klebajew, müsse immer die Spielschulden des anderen bezahlen, und er habe es nun satt, die Spielschulden des anderen zu bezahlen. Nun, und da schoß er sich tot. Eben ein Verrückter.«

Egloff schwieg eine Weile und sprach dann nachdenklich vor sich hin: »Ja, darauf kommt es immer heraus, die Schulden des anderen zu bezahlen.«

Der Graf richtete sich ein wenig auf und schaute Egloff verwundert und besorgt an. »Hören Sie, Baron, Sie sollten sich doch noch ein Zimmer nehmen und zu Bett gehen, Sie tun ja so, als ob Sie das verrückte Zeug verstehen.«

Egloff lachte und erhob sich. »Ein Spaziergang wird wohl dieselben Dienste tun,« meinte er, »leben Sie wohl, lieber Graf, gute Besserung.«

»Danke, danke,« sagte der Graf, »vielleicht kommen Sie heute abend in den Klub, ich bin jeden Augenblick zur Revanche bereit.«

»Ich weiß nicht,« erwiderte Egloff, »ich fürchte, die Kanaille, wie Ihr Freund sagte, ist jetzt nicht auf meiner Seite.«

»Unsinn,« protestierte der Graf, »also leben Sie wohl.«

Egloff ging hinaus, draußen nahm er seinen Hut ab, der Kopf schmerzte ihn; er schlug den Weg zu den Stadtanlagen ein. Gewaltsam grün standen die Alleen gegen den lichtgrauen Himmel, die Amseln lärmten in den Zweigen. Die Anlagen waren um diese Zeit noch leer. Hie und da saß ein Gymnasiast mit einem Buche auf einer Bank, und ein Kindermädchen schob schläfrig einen Kinderwagen vor sich her. Wunderlich abgelöst und wie nicht zu ihm gehörig, erschien Egloff diese Umgebung heute wie eine Traumwelt, die wir über uns ergehen lassen. Aber das kannte er von früheren durchzechten und durchspielten Nächten, ja er selber, der Herr im hellen Frühlingsanzuge, empfand sich als etwas nicht Zugehöriges, als etwas, das er über sich ergehen ließ.

An einer Biegung des Weges blieb er stehen. Das war ja die echte Traumwelt, in der das Unwahrscheinliche vor uns steht, wie selbstverständlich. Da kam Lydia Dachhausen auf ihn zu, im hellbraunen Frühjahrskostüm, einen weißen Flügel auf dem grauen Hut, das Gesicht rosig, die Augen blank. Lächelnd blieb sie vor ihm stehen und reichte ihm die Hand. »Da sind Sie«, sagte sie. »Haben Sie mich denn erwartet?« fragte Egloff erstaunt.

»Ja,« erwiderte Lydia, »Adine sagte mir, Sie seien in der Stadt, und da dachte ich, Sie würden hier sein. Wollen Sie mich die Allee hier hinunterbegleiten?« und sie begann langsam neben ihm herzugehen.

»Wenn Sie darauf Gewicht legen«, erwiderte Egloff nicht eben höflich.

»Gewiß lege ich darauf Gewicht«, versetzte Lydia. »Ich muß es eben schon früher gewußt haben, daß ich Sie hier treffen werde, denn ich wachte heute morgen auf mit dem Entschlusse, in die

Stadt zu fahren. Ich wußte nicht warum, aber es stand fest bei mir. Ja, so was gibt es, nicht wahr?« Sie schaute lächelnd zu ihm auf.

»Es freut mich, Sie so heiter zu sehen«, bemerkte Egloff trocken.

»Ja, es ist seltsam,« plauderte Lydia weiter, »zuweilen wache ich am Morgen auf und bin heiter. Es scheint mir dann, daß alles, was traurig und schwierig war, gut werden wird, das Leben ist plötzlich wieder angenehm, und ich freue mich darauf ganz ohne Grund. Passiert Ihnen das nicht auch zuweilen?« Da Egloff nicht antwortete, fuhr sie fort: »Dieses Licht bekommt mir auch gut, zu viel Sonne vertrage ich nicht, aber heute geht man ja wie unter einem lichtgrau seidenen Lampenschirm. Ach ja, denken Sie sich, die rosa Lampenschirme, über die Sie einmal gespottet haben, kommen fort, und ich schaffe mir lichtgrau seidene an, die werden mit weißer Seide gefüttert, damit sie recht hell sind, das kann hübsch sein, nicht wahr?«

»Das kann hübsch sein«, wiederholte Egloff. Dieses zuversichtliche Geplauder beruhigte ihn, er wollte es weiter hören.

»Gertrud Port,« berichtete Lydia, »behauptet, das würde den Teint bleich und grau machen, aber sehen Sie doch, wie heute die Farben rein und deutlich sind. Nun ja, die arme Gertrud ist immer besorgt, daß sie nicht wie eine kleine Leiche ausschaut.«

Am Ende der Allee stand ein Kiosk, in dem sich eine Konditorei befand, Stühle und Tische waren davor aufgereiht. »Ich werde hier ein wenig Gefrorenes essen,« sagte Lydia, »und Sie werden mir assistieren.«

»Sollte diese Situation besonders ratsam sein?« versetzte Egloff kühl.

Lydia war erstaunt. »Warum nicht? Daß Sie zusehen, wie ich Gefrorenes esse, dagegen können die Grobiner doch nichts haben.« So setzten sie sich denn. Das Konditorfräulein trat heran, bleich und blond, einen Kneifer auf der Nase, und sagte mit einer Stimme, die in ihrer gleichgültigen Ruhe es zu unterstreichen schien, daß sie an der Situation nichts Auffallendes fand: »Erdbeeren und Vanille.« Lydia bestellte Erdbeeren. »Erdbeergefrorenes,« erzählte sie, »war von Jugend auf mein Lieblingsgefrorenes. Als kleines Mädchen, wenn es im Jahre wieder zum ersten Male Erdbeergefrorenes gab, dann schloß ich beim ersten Löffel die Augen und dachte, ich hatte ganz vergessen, daß dies das Schönste auf der ganzen Welt ist. Ich glaube, es wäre sehr gut, wenn wir alles, was uns Vergnügen macht, von einem auf das andere Mal vergessen würden, dann wäre es immer neu für uns.«

Das Gefrorene kam; Lydia schob ihren Schleier zurück, um ihre Lippen zu befreien, und begann langsam und mit Genuß zu essen. Egloff sah ihr zu, das war die Beschäftigung, die seiner trägen, zerfahrenen Stimmung gerade wohltat. Was sie nur vorhat? dachte er dabei.

Als Lydia mit dem Essen fertig war, lehnte sie sich befriedigt in ihren Stuhl zurück. Sie warf einen flüchtigen Blick zum Konditorfräulein hinüber; dieses hatte einen Leihbibliothekband aufgeschlagen und las. Da sagte Lydia leise: »Ich schlafe jetzt auch besser.«

»Das freut mich«, erwiderte Egloff und schaute erstaunt auf.

»Ja,« fuhr Lydia fort, »ich habe mir ein neues Schlafmittel erdacht. Wenn die Nacht schön ist, gehe ich so um Mitternacht mit meiner Amalie in den Garten hinaus. Ganz wie voriges Jahr schleichen wir leise durch den Wintergarten. Das erinnert mich dann so an voriges Jahr, die Heliotrop und Oleanderbüsche, an denen wir im Dunkeln vorüberkommen, und im Garten sitzen wir auf derselben Bank, auf der ich voriges Jahr saß. Ich sitze da, als ob ich warte, und wenn ich müde werde und ins Haus gehe, um mich zu Bett zu legen, dann kann ich schlafen.«

Egloff hörte aufmerksam und lächelnd zu. Die naive Schlauheit dieser Frau überraschte ihn. »Fällt das im Hause nicht auf?« fragte er.

»Es fällt auf,« erwiderte Lydia ruhig, »man hat mich auch danach gefragt, nun, ich sagte, ich habe Beängstigungen in der Nacht, und ich muß hinaus. Man ist eine Nacht auch hinausgegangen, Amalie und ich standen hinter einem Busch, als er an uns vorüberging. Aber jetzt hat man sich beruhigt.«

»Der arme Junge«, murmelte Egloff. Da sprühten kleine böse Lichter in Lydias Augen auf. »Mich bedauert niemand«, sagte sie. Egloff zuckte leicht mit den Schultern, da beruhigte sich Lydia gleich wieder, sie stand auf, legte Geld auf den Tisch, zog ihren Schleier zurecht. »Jetzt muß ich gehen,« sagte sie, »ich werde bei meiner Schwiegermutter erwartet.« Sie reichte Egloff die Hand. »Ich danke Ihnen für Ihre Gesellschaft, besonders unterhaltend waren Sie nicht, aber Sie hörten mir aufmerksam zu, das erkenne ich an.« Sie sah ihm dabei mit der unverhohlenen Koketterie, die ihr eigen war, in die Augen.

Als sie gegangen war, setzte Egloff sich wieder. Es tat ihm fast leid, daß sie fort war; diese kleine Frau hatte ihn unterhalten. Wie sie stark wollen konnte! Wie unbedenklich und eigensinnig sie festhielt!

Die Anlagen füllten sich jetzt, die Grobiner Bürger mit ihren Frauen und Töchtern machten ihren Abendspaziergang, ließen sich wohlig von der Abendsonne vergolden. Egloff saß noch da und dachte darüber nach, ob er heimfahren oder in den Klub gehen sollte. In den Klub zu gehen war natürlich töricht und widersinnig, dennoch schien es ihm wahrscheinlich, daß er da hingehen würde.

Fünfzehntes Kapitel

Baron Port und Gertrud machten einen Abendbesuch in Paduren. Langsam ging der Baron Port neben dem Rollstuhle des Barons Warthe hin, und die Herren sprachen von Kreiswahlen. Fastrade und Gertrud folgten ihnen. Sie begaben sich zum kleinen See unten im Park, denn es war die Gewohnheit des Barons Warthe, sobald das Wetter es erlaubte, um Sonnenuntergang dort am kleinen See zu sitzen, um zuzusehen, wie die Wildenten einfielen. Gertrud klagte über ihre Gesundheit: »Der Frühling ist mir zu stark, er regt mich auf und macht mich wieder müde, und die Erinnerungen werden um diese Zeit so laut und deutlich, ich freue mich auf den Sommer; ich will mich um die Mittagzeit ins Heidekraut legen, dort wird es dann still und heiß sein.«

An einer geschützten Stelle des Seeufers waren Stühle hingestellt, und man nahm dort Platz. Der Abend war windstill; regungslos standen die Inseln von Schachtelhalm und Röhricht im dunklen Wasser, und die Abendsonne vergoldete ihr Spitzen; regungslos umstanden die großen Bäume den See, hier und da blühte schon eine Kastanie in ihrer weißen Feierlichkeit mitten unter den grün verschleierten Birken. Die Amseln sangen ihr Abendlied, die Fische schnalzten im Wasser, und ab und zu begann im Röhricht ein ungeduldiger Frosch zu quarren, der den Sonnenuntergang nicht abwarten mochte. Die alten Herren sprachen jetzt von Rüben, Gertrud war bei ihren Erinnerungen. Sie erzählte von einem jungen Manne in Dresden, dessen ganzes Wesen sozusagen auf den Schmerz gestimmt war und der ein Weib suchte, das ihm nicht Heiterkeit entgegenbrachte, sondern auch Schmerz, aber gesänftigt und verklärt, sozusagen getröstet. Fastrade hörte nicht zu, sie war unruhig. Dieser Besuch hielt sie davon ab, Egloff im Walde zu treffen, und sie wußte, er erwartete sie dort, sie wußte, er hatte sie heute besonders nötig. Seit jenem Abend in Sirow waren sie nicht beisammen gewesen, und sie sah immer wieder sein Gesicht vor sich mit den flackernden Augen und dem fremden Ausdruck von Erregung und Qual. Sie sehnte sich danach, bei ihm zu sein, Ordnung in ihm zu schaffen, »die Passion einer ordnungsliebenden Dame« hatte er ihre Liebe genannt, ja, das wollte sie, und sie glaubte, daß sie das auch konnte. Mit pfeifendem Flügelschlage kamen jetzt die ersten Enten heran und ließen sich klatschend in das Röhricht ein. Die beiden alten Herren sahen sich lächelnd an, und Baron Port setzte auseinander, daß es früher mehr Enten gegeben habe, und daß er nicht wisse, woher das komme. »Ja, es war merkwürdig«, bemerkte der Baron Warthe, und dann saßen sie still da und warteten auf die Enten.

Gertrud sprach weiter mit ihrer dünnen klagenden Stimme: »Und doch, ohne diese Erinnerungen könnte ich nicht leben. Abends, wenn ich im Saal sitze und durch die geöffnete Tür zusehe, wie es im Garten zu dämmern beginnt, dann kommen die Erinnerungen so stark, daß ich ganz vergesse, wo ich bin, und wenn der Diener kommt und die Lampe bringt und Papa ruft, damit wir Treitschke lesen, dann ist es mir, als ob ich plötzlich in einen stillen dunklen Abgrund versinke.«

Die Sonne war untergegangen, sie hatte ein wenig Rot in das dunkle Metall des Wassers gemischt, und es war die klare farblose Dämmerung des Maiabends gekommen. »Du siehst wohl den Dietz Egloff häufig, nicht?« fragte Baron Port.

»Ja,« antwortete Baron Warthe, »er kommt zuweilen her, ich sehe ihn dann zum Tee, aber er gehört zu jenen jungen Leuten, die sich nicht verstehen mit alten Leuten zu unterhalten.« Fastrade hörte das, sie errötete, beugte sich vor und sagte: »Er würde es vielleicht besser verstehen, wenn er mehr ermutigt werden würde.« Der Baron Warthe machte mit der Hand eine abwehrende Bewegung. »Ich bin gegen alle meine Gäste höflich,« erklärte er, »aber meine Freundlichkeit und meine Achtung müssen erworben werden. Du, meine Tochter, hast ja ein gewisses Recht, ihn zu verteidigen. Du hast dich mit ihm verlobt, und so ist ihn zu verteidigen, sozusagen dein Beruf.«

Der Baron Port lachte laut darüber, denn er hielt es für einen guten Witz seines alten Freundes. Es war bereits so finster geworden, daß die Enten nur noch wie große schwarze Schatten in das Wasser fielen, und die Frösche begannen ihr Abendlied. Gertrud erzählte langsam und verträumt weiter: »Sylvia hat auch ihre Erinnerungen und sie sagt, sie ist glücklich. Sie hat ihre Kindererinnerungen, sie weiß, wie das erste Musselinkleid mit einer Schleppe aussah, das sie zu ihrem achtzehnten Geburtstag bekam, aber mir würde das nicht mehr genügen.«

»Hat Sylvia nie geliebt?« fragte Fastrade leise.

»Der älteste Teschen machte ihr eine Zeitlang den Hof,« erwiderte Gertrud, »und sie redete sich vielleicht ein, ihn zu lieben, aber es wurde nichts daraus, er ist ja auch so furchtbar häßlich.«

»Es wird feucht«, sagte der Baron Warthe, und man machte sich auf den Heimweg. Der niederrinnende Tau raschelte in dem Laube, ein starker, kühler Duft stieg vom Grase auf. Der Baron Port ging wieder neben dem Rollstuhl des Barons Warthe hin, und die Stimmen der alten Herren sprachen ruhig und laut in die Abendstille hinein. Sie sprachen vom Tau. »Wenn wir den starken Tau nicht hätten,« meinte Baron Port, »so wäre der Mai fast zu trokken.« »Ja, Ruhke meint das auch,« sagte der Baron Warthe, »aber die Wiesen stehen gut.« Die beiden Mädchen folgten schweigend.

Unterdessen ging Dietz Egloff am Waldrande hin und her, schlug mit seinem Stocke die Blätter von den niederhängenden Zweigen und köpfte die Löwenzahnblüten am Wege, er war wütend, weil Fastrade ausblieb. Die Sonne ging schon unter und sie war noch nicht da. Aber so war es immer, sie sprach von Helfen und Beistehen, und jetzt, wo er sie nötig hatte wie das tägliche Brot, jetzt kam sie nicht. Im Walde wurde es dunkel, am Himmel standen schon einzelne Sterne. Es blieb ihm nichts übrig, als heimzugehen.

Zu Hause verschloß er sich in seinem Zimmer, er mochte keinen sehen. Er setzte sich an seinen Schreibtisch mit dem Gefühl, daß er zu rechnen oder unangenehme Briefe zu schreiben habe. Er tat jedoch nichts, er lehnte sich in seinen Stuhl zurück und fraß seinen Grimm in sich hinein. Diese letzten Tage waren gewiß nicht danach angetan, einem besonderen Appetit auf das Leben zu machen.

Lauter Widerwärtigkeiten. Nun, und dazu verlobte man sich doch, damit in solchen Zeiten jemand da sei, der in das Leben wieder etwas Hübsches und Reines bringe. Und gerade jetzt mußte sie ausbleiben. Nach Paduren fahren wollte er nicht, er hatte keine Lust, sich mit den Mißbilligungsaugen des alten Warthe ansehen zu lassen. So brütete er vor sich hin, bis es im Hause still wurde und die Uhr elf schlug. Da klingelte er und befahl Klaus, Ali, den Rapphengst, zu satteln. Klaus wunderte sich nicht, alle im Hause waren an die nächtlichen Fahrten und Ritte des Herrn gewöhnt.

Als Egloff im Sattel saß, wurde ihm wohler, Ali begann munter zu tänzeln, Egloff streichelte den blanken Hals des Tieres. Der war noch ein Kamerad, der stets gut gelaunt bei allem dabei war. Manches Abenteuer hatten sie zusammen unternommen, ja, Ali war die einzige Gesellschaft, die ihm nie Verdruß bereitet hatte. »Nun vorwärts, mein Junge«, rief Egloff, und der Hengst setzte sich in Trab.

Die Wiesen, an denen sie vorüberkamen, hauchten eine köstliche Kühle aus, voller Duft, auf der Weide standen Pferde, große dunkle Gestalten, die in den weißen Nebelstreifen zu waten schienen, die über dem feuchten Klee lagen. Ali begrüßte sie mit lautem Wiehern. In einem Birkenwäldchen schütteten die Zweige den Tau wie ein Duschenbad auf sie nieder, irgendwo in den Erlen sang eine Nachtigall, rief wach und erregt ihre Töne in das schlafende Land hinein. Dann ging es an kleinen Dorfgärten vorüber, aus denen es ganz süß nach blühenden Bohnen duftete. Auf den Türschwellen der Katen saßen Burschen und spielten Harmonika, die hellen Nächte ließen sie nicht schlafen. Plötzlich hielt Ali still, es war vor dem Kruge, Egloff lachte. »Alter Verführer,« sagte er, »gut, gut, feiern wir Erinnerungen.« Und er stieg ab. Die schwarze Lene trat aus der Tür, sie lachte Egloff mit ihrem breiten Lachen an. »Herr Baron sind wieder unterwegs«, meinte sie.

»Ja, Lene,« erwiderte Egloff, »nimm Ali, er will wieder bei dir bleiben. Wer kann in diesen Nächten schlafen, dir läßt das Blut wohl auch keine Ruh?« Lene hob die Arme empor und streckte sich. »Kurios ist's in so einer Nacht«, meinte sie, dann griff sie nach dem Zügel des Pferdes, um es in den Schuppen zu führen.

Egloff ging langsam die Landstraße hinab, Barnewitz zu. Er wollte am Gartengitter sehen, ob Lydia wirklich auf der Bank sitzt und wartet, und dann, es war gleich, nach Hause konnte er nicht und etwas mußte in einer solchen Nacht unternommen werden. Die kleine, hintere Pforte des Parkgitters fand er wie voriges Jahr offen. Er trat ein und ging die gewohnten Wege entlang. Da war der kleine Springbrunnen mit seinem dünnen Strahle im Sandsteinbecken, die geschorenen Buchsbaumhecken mit ihrem starken, bitteren Geruch, immer, wenn er den Duft von Buchsbaum spürte, mußte er an Lydia denken. Er bog in die große Allee ein, und wirklich, auf der Bank unter dem Fliederbusche saß sie. Als er vor sie hintrat, sprang sie auf, hing sich an seinen Hals, umschlang ihn, wie Kinder zu umschlingen pflegen, mit dem ganzen Arm, hing an ihm leicht und zitternd. »Da bist du ja,« flüsterte sie mit einem tiefen Seufzer der Erleichterung, »schon vom Tore ab hörte ich dich kommen, schon als wir herauskamen, wußte ich, daß du kommen würdest. Ich sagte zu Amalie: ›Heute geschieht etwas, der ganze Garten fiebert.‹«

Egloff hielt die kleine Gestalt so an sich emporgehoben und trug sie zu der Bank, über die der Flieder seine Blüten niederneigte, wie eine weiße, duftige Gardine. Der Garten war so still, daß man deutlich das Plätschern des kleinen Springbrunnens hörte, wie eine flüsternde, eifrig erzählende Stimme.

»Was auch geschieht,« sagte Lydia, als Egloff von ihr Abschied nahm, »ich sitze hier und warte.« Egloff ging denselben Weg zurück, den er gekommen war, er ging langsam und bemühte sich, dieses traumhafte Fühlen, das ihn die Zeit über beherrscht hatte, festzuhalten. »Nur nicht ganz wach werden,« sagte er sich, »nur das nicht.« Als er in den von Buchsbaum eingehegten Weg einbog, kam mit schnellen Schritten Dachhausen ihm entgegen. Die beiden Männer standen sich in der Dämmerung einen Augenblick schweigend gegenüber. Egloff überlegte, daß er etwas sagen müsse, als er hörte, wie Dachhausen ihm deutlich und zischend »Schuft!« zurief. Dann gingen sie aneinander vorüber.

Dachhausen lauschte auf die Schritte, die sich entfernten, bis er wußte, daß sie am Tore angelangt waren. Sein erstes Gefühl war das einer großen Befreiung, jetzt hatte er Klarheit, Klarheit nach allem qualvollen Zweifeln, Wachen und Spionieren. Jetzt hatte das Gespenst Fleisch und Blut angenommen, jetzt hatte er einen, an den er sich halten konnte. Fast angenehm war es, wie der Zorn ihm heiß ins Blut fuhr, es war, als mache es ihn größer und breiter. Er richtete sich gerade auf, und seine Schritte wurden hart und fest.

Eilig ging er die Allee hinunter, und als er Lydia auf der Bank sitzen sah, überraschte es ihn nicht und ergriff ihn nicht. Als müsse es so sein, trat er vor sie hin, reichte ihr seinen Arm und sagte: »Komm.« Lydia erhob sich und nahm den Arm, so gingen sie schweigend dem Hause zu, stiegen die Treppe hinauf und traten durch die Glastür in den Saal, der nur von einer einzigen Kerze erhellt wurde. Dachhausen führte Lydia zu einem Sessel, auf den sie niedersank, sie lehnte den Kopf zurück, die Arme lagen schlaff auf den Seitenlehnen des Stuhles. Diese Liebesstunde, nach der sie sich so heiß gesehnt, hatte sie gebrochen, sie begann zu weinen in ihrer stillen, unbewegten Art, nicht aus Schmerz oder Furcht, sondern wie Kinder weinen, weil sie müde sind. Dachhausen stand vor ihr und sah sie an. Wie bleich er ist, dachte Lydia, und wie es in seinem Gesicht zuckt, ob er mich schlagen wird? Er jedoch wandte sich ab und begann im Zimmer auf und ab zu gehen. Lydia bemerkte noch, daß er seine türkischen Pantoffeln mit den aufgebogenen Spitzen an den Füßen hatte, dann schloß sie die Augen. Jetzt sprach er, anfangs leise und mühsam, Lydia verstand ihn nicht; allmählich wurde die Stimme lauter, drohender, die Worte überstürzten sich: »Hast du dich je über mich zu beklagen gehabt? Habe ich je einen anderen Gedanken gehabt als dich, dein Glück, deine Stellung, dein Vergnügen, deine Kleider, was weiß ich? Und du bringst Schande über unser ganzes Haus, und mit diesem Buben von Egloff! Das geht wohl schon lange so, jetzt ist mir alles klar, ich sah es nur nicht, weil ich an so viel Gemeinheit nicht glauben konnte.« Lydia öffnete die Augen wieder, Dachhausen ging sehr schnell vor ihr auf und ab, zuweilen fuhr er mit beiden Armen heftig durch die Luft, und neben ihm an der Wand lief sein Schatten hin und her, ein kleiner, breiter Schatten, der die Füße hoch hob, an denen die Pantoffeln mit den aufgebogenen Spitzen seltsam groß erschienen. »Und die anderen,« fuhr Dachhausen fort, »die anderen wissen es wohl schon lange, sie weisen wohl mit Fingern auf uns. Ich habe mein Leben immer rein und einwandfrei gehalten, und nun kommst du und machst daraus eine Lächerlichkeit und eine Schande. Es ekelt mir vor meinem Leben, vor dir, vor mir, vor diesem ganzen Hause.« Er blieb stehen und stampfte mit dem Fuße auf, und hinter ihm blieb der kleine, breite Schatten stehen und stampfte auch mit dem Fuße auf.

Das ist alles schrecklich und traurig, dachte Lydia, aber wenn es nur zu Ende wäre! Was auch kommen mag, jetzt nur ein wenig Ruhe.

Dachhausen hatte eine Weile geschwiegen, nun blieb er vor Lydia stehen und sagte mit einer Stimme, die plötzlich ganz ruhig tief und würdevoll klang: »Ich gebe dir einen Tag Zeit, um deine Angelegenheiten zu ordnen. Ich fahre morgen aus, ich mag dir nicht mehr begegnen. Wenn ich zurückkomme, wirst du das Haus verlassen haben, du wirst zu deiner Mutter reisen und meine Dispositionen abwarten.« Er wollte gehen, aber er wandte sich noch einmal um, in seinem Gesicht zuckte es. Wird er weinen? dachte Lydia. »Lydia,« sagte er mit zitternder Stimme, »mußte das sein?« Aber er schämte sich seiner Schwäche und verließ schnell das Zimmer.

Lydia blieb in ihrem Sessel mit geschlossenen Augen liegen, die Stille tat ihr wohl, schon begannen ihr die Gedanken zu vergehen, da hörte sie Amalies sanfte Stimme: »Frau Baronin müssen jetzt schlafen gehen.«

»Ja, Amalie, schlafen«, sagte Lydia mit einem tiefen Seufzer der Erleichterung.

Sechzehntes Kapitel

Fastrade konnte nicht schlafen, sie lag in ihrem Bette und horchte hinaus auf die Töne, die in der nächtlichen Stille durch das Haus irrten, das leise Knacken der Parkette, das Schlagen der Uhren. In einem Neste am Fenstersims zwitscherten die Schwalben leise im Traume. Und die Gedanken wurden eigensinnig bohrend, wie sie es in schlaflosen Nächten zu werden pflegen. Alles, an das sie sich hängten, bekam ein drohendes und feindseliges Gesicht, das Leben schien sehr gefährlich und tückisch, und mitten in ihm stand Dietz Egloff mit seinem leichtsinnigen und hochmütigen Lächeln, und doch lauerten gerade alle Gefahr und alle Feindseligkeit auf ihn. Eine große Angst ergriff Fastrade, eine Angst, wie sie nur in dunkler Nacht und im Traume uns beschleicht und uns atemlos in unseren Kissen auffahren läßt. Gegen Morgen schlief sie ein, allein bald erwachte sie wieder von einem Ton an ihren Fensterscheiben. Sie lauschte, da war er wieder, es war ihr, als würfe jemand etwas gegen ihr Fenster. Sie sprang aus dem Bette, eilte zum Fenster und öffnete es. Es war noch vor Sonnenaufgang, der Garten jedoch war schon ganz hell, und dort vor einem Beete roter Tulpen stand eine Gestalt im grauen Mantel und grauen Schleier, Lydia Dachhausen. Fastrade verstand nicht, aber da winkte Lydia mit ihrem Sonnenschirm und begann zu sprechen. »Ja, ich bin es, o bitte, kommen Sie zu mir herunter, ich muß Sie sprechen, es ist seinetwegen.«

»Gut, ich komme«, rief Fastrade hinunter. Nach den Ängsten der Nacht erschien es ihr wie selbstverständlich, daß sie Dietz Egloff meinte, und daß er in Gefahr sei. Schnell hüllte sie sich in ihren elfenbeinfarbenen Morgenrock, warf einen Schal um, ging leise durch das schlafende Haus auf die Veranda hinaus und stieg in den Garten hinunter.

Lydia hatte sich auf eine Bank gesetzt, die Hände im Schoße gefaltet, den Oberkörper ein wenig vorgebeugt, starrte sie mit den Augen, die wie feuchte Edelsteine glänzten, Fastrade angstvoll entgegen. Fastrade blieb vor der Bank stehen. »Was ist geschehen?« fragte sie leise. Lydia begann zu weinen. »Ach Gott, es ist so viel Schreckliches geschehen,« erwiderte sie, »aber das ist ja gleich, deshalb wäre ich nicht zu Ihnen gekommen, aber ihm soll nichts geschehen. Mein Mann wird ihn sicher töten, und das will ich nicht, nur das nicht! Und Sie können ihn retten, Ihnen gehorcht er, Ihnen glaubt er, Sie kennen ja auch die schrecklichen Gesetze der Herren hier. Ich, was kann ich tun?«

Fastrade war sehr bleich geworden, und sie stützte sich mit einer Hand auf die Rücklehne der Bank. »Ihr Mann will Dietz Egloff töten, warum?« fragte sie.

Lydia rang ihre kleinen sorgsam in lichtgraue Handschuhe geknöpften Hände ineinander und sah flehend zur Fastrade auf. »Wie soll ich Ihnen all die entsetzlichen Dinge erzählen,« rief sie, »aber Fritz wird ihn sicherlich töten. Ich fahre zu meiner Mutter, mein Wagen steht dort vor dem Tore, Fritz – ja, Fritz hat mich aus dem Hause gewiesen, aber was liegt an mir. Sie werden ihm verzeihen, Sie werden ihn retten, ich will nicht, daß er um meinetwillen stirbt. Mein Gott, verstehen Sie doch!«

Fastrade hatte verstanden; sie errötete, ihre Augen waren weit offen, eine große Qual und zugleich etwas Hartes und Gewaltsames sprach aus ihnen, die Hand auf der Rücklehne der Bank zitterte, am liebsten hätte sie dieses kleine, bleiche Puppengesicht, das zu ihr aufschaute, geschlagen. »Jetzt sind Sie böse,« klagte Lydia, »und auf mich können Sie böse sein, aber ihn müssen Sie retten, ich kann ja nichts tun. Ich glaubte, wenn ich tot wäre, dann brauchte Fritz ihn nicht zu töten. Ich habe auch ein Fläschchen Opium, aber ich kann nicht, ich kann nicht sterben, ich habe so furchtbare Angst.« Sie bedeckte ihr Gesicht mit den Händen, wiegte sich hin und her und jammerte leise vor sich hin. Fastrade war wieder ruhig geworden, sie schaute auf Lydia mit einer seltsamen Mischung von Mitleid und Ekel nieder, wie auf ein kleines wimmerndes Tier, dann setzte sie sich zu ihr auf die Bank, legte ihre Hand auf Lydias ruhelose Hände und sprach zu ihr wie zu einem Kinde. »Sie brauchen nicht zu sterben, das verlangt keiner von Ihnen, Sie müssen sich jetzt beruhigen, ich kann da nicht helfen, die Männer haben ihre Gesetze, das muß getragen werden. Aber es muß ja nicht immer das Schrecklichste geschehen, und dann wird er Ihnen ja beistehen, Sie schützen, er hat ja Ihr Leben zerstört, er kann Sie nicht verlassen.« Fastrades Stimme begann zu zittern und dann zu versagen.

»Glauben Sie das?« fragte Lydia, und das bleiche Gesicht begann sich zu beleben, und es war fast ein Lächeln, das um ihre Lippen zuckte. Fastrade zog ihre Hand von Lydias Hand zurück und rückte auf der Bank ein wenig von ihr ab. Es lag so viel Widerwillen in dieser Bewegung, daß Lydia gleich wieder ein erschrockenes Gesicht machte und zu weinen begann.

»Sie müssen jetzt fahren,« sagte Fastrade, »wenn Sie zu Ihrem Zuge zurechtkommen wollen.« Gehorsam stand Lydia auf. »Ja, ich will fahren,« meinte sie, »wie Sie gut sind«; und sie beugte sich über Fastrades Hand, um sie zu küssen, Fastrade jedoch entzog sie ihr so heftig, daß Lydia befangen und eingeschüchtert einen Augenblick dastand. »Ja, dann adieu«, sagte sie leise und ging mit den kleinen, leichten Rebhuhnschritten an den Blumenbeeten entlang dem Parktore zu.

Fastrade hatte sich auch von der Bank erhoben und machte einige Schritte, vor dem Tulpenbeet aber blieb sie stehen, ließ die Arme schlaff niederhängen, als fehlte ihr der Mut zu jeder Bewegung. Die Sonne ging auf, der Tau, der grau auf Rasen und Blumen gelegen hatte, sprühte Funken. In der dunklen Fassade des Schlosses leuchteten die Fenster rosenfarben auf, als beginne es hinter ihren Scheiben zu blühen, und rosenfarbenes Licht lag jetzt über dem ganzen Garten; es beschien die weiße Gestalt am roten Tulpenbeet, das bleiche Gesicht, die lang niederhängenden, blonden Zöpfe. Mit weit offenen, tränenlosen Augen sah Fastrade in die aufgehende Sonne; weinen konnte sie nicht, aber sie hätte schreien mögen, einen jener Schreie, wie ihn ein Wild oder ein Vogel in der Waldesstille erhebt, und der das ganze Land zum Zeugen seines Schmerzes aufruft.

Dieser Tag erschien Fastrade sehr lang, ein Padurenscher Sommertag mit seinen kleinen Beschäftigungen, dem Sitzen neben dem Lehnsessel des Vaters, den Mahlzeiten, mit gelbem Sonnenschein in der stillen Zimmerflucht, den Gesprächen mit Tante Arabella und den Gängen durch den Garten, von dem sie, die Hände voll weißer Narzissen, heimkehrte, die in die Vasen geordnet werden sollten.

Fastrade war bleich und ruhig, ein Entschluß drängte alle Gedanken und Gefühle in den Hintergrund, wo sie still darauf lauerten, daß die Bahn für sie wieder frei werde.

Gegen Abend ließ sie den Braunen satteln und ritt in Begleitung des Stallknechts in den Wald. Es war kurz vor Sonnenuntergang, überall wurde das Vieh heimgetrieben, die Hüter sangen laut, aus den Schornsteinen der Katen stieg der Rauch der Abendsuppe auf und wurde rotgolden im Abendscheine. Eine behagliche Heiterkeit klang durch diese letzte Abendstunde. Fastrade trieb ihr Pferd an, sie hatte Eile, ans Ziel zu kommen. Im Walde vor der Auerhahnhütte stieg sie ab, übergab ihr Pferd dem Stallknecht und ging in die Hütte. Durch das geöffnete Fenster fiel der Abendschein voll in den kleinen Raum und vergoldete ihn über und über. In den letzten Sonnenstrahlen tanzten die Mücken wie blonder Staub, auf die kleine Waldwiese vor der Hütte waren schon Rehe ausgetreten und ästen knietief im rotgoldenen Grase. Es war sehr ruhevoll, allein Fastrade ließ diesen Frieden, ließ auch die Erinnerungen, die hier wohnten, nicht an sich heran. Schmal und aufrecht in ihrem blauen Reitkleide stand sie mitten in dem Zimmer und dachte an ihre Aufgabe. Sie hatte Dietz Egloff hierherbestellt, um ihm zu sagen, daß sie voneinander gehen mußten, und sie wollte, daß er auch verstehe, warum. Jetzt hörte sie draußen Schritte, und sogleich darauf trat Egloff ein. »Guten Abend«, sagte er. »Guten Abend«, erwiderte Fastrade und reichte ihm ihre Hand, die er höflich küßte. Sie sah sofort, daß er befangen war, und das rührte sie. Sie begann zu sprechen – schnell, atemlos, als fürchtete sie, den Mut zu verlieren, wenn sie zögerte. »Ich habe dich gebeten, herzukommen, ich wollte nicht so still von dir gehen, ich glaubte, es passe für uns beide nicht, uns zu trennen, ohne daß es klar zwischen uns sei, und so – so kam ich.«

Eine leichte Röte stieg in Egloffs Gesicht auf, er wandte sich ab, nahm einen Stuhl und schob ihn Fastrade hin. Als sie sich gesetzt hatte, setzte auch er sich auf die Holzbank. Er sah Fastrade nicht an, sondern schaute auf die Reitgerte nieder, mit der er spielte. »Das ist ja gewiß sehr korrekt,« sagte er langsam, »das muß natürlich so sein, und ich hätte es nicht anders erwarten können. Ich habe es ja auch gewußt, daß es so kommen mußte. Ein Skandal darf in die Nähe von Fastrade von der Warthe nicht kommen, das ist denn alles ganz ordnungsmäßig. Da sind alle dummen Erinnerungen nicht am Platz. Wenn ich daran denke, wie du hier an der Tür standest und von Helfen und Beistehen sprachest, so gehört das wohl nicht hierher.«

»Doch, es gehört hierher,« rief Fastrade leidenschaftlich, »wenn du krank wärest, oder arm, oder von allen verlassen, dann würde ich bei dir stehen, das wäre der einzige Platz auf der Welt, der mir zukäme, aber ich müßte ein Recht darauf haben, du müßtest zu mir gehören. Nun aber gehörst du nicht mehr zu mir.«

Egloff schaute auf, seine Augen wurden dunkel und böse. »Gehöre ich zu Lydia Dachhausen?« fragte er.

»Sie war heute morgen bei mir,« fuhr Fastrade fort, »sie weiß dich in Gefahr, sie glaubte, ich könnte etwas tun, um dich zu retten. Das tut nur eine Frau, die ein Recht auf dich hat.«

Egloff zuckte leicht mit den Schultern: »Ich bin nicht so freigebig damit, das Recht auf mich zu vergeben; diese kleine Frau, die sich an mich hängt, ist ein Abenteuer, eine Gelegenheit, eine Sünde, alles – nur kein Schicksal. Lydia Dachhausen zählt nicht, daß du das nicht verstehst! daß du an der nicht vorüber kannst!«

Fastrade schüttelte den Kopf: »Nein, das werde ich nie verstehen, daß eine Frau, die dir zuliebe ihr ganzes Leben zerbricht, nicht zählt, an der kann ich nie vorüber, es würde mir sein, als ob ich auf etwas Lebendes träte.«

Die Sonne war untergegangen und in dem kleinen Zimmer dämmerte es, von der Wiese und den großen Tannen wehte Kühlung herein; eine Fledermaus hatte sich durch das Fenster in das Zimmer hinein verirrt und zog unter der niedrigen Decke unablässig ihre Kreise, zuweilen leise mit den Flügeln an die Wände streifend. Egloff hatte eine Weile geschwiegen, nun sprach er, und es klang verhalten und dumpf, als müßte er seine Stimme zur Ruhe zwingen: »So habt ihr es immer hier gemacht auf den Schlössern, Großmut, Mitleid, Stolz, Ehrlichkeit, all solche Dinge mußten in die Liebe hinein, Dinge, die nichts mit der Liebe zu tun haben, an denen sie erstickt. Lydia weiß von diesen Dingen nichts, die kommt an jeder vorüber.«

»Das einzige Recht der armen Lydia ist das Recht auf dich,« erwiderte Fastrade ein wenig feierlich, »und wenn ich noch etwas wünschen, wenn mich noch etwas freuen könnte, so wäre es, daß du sie beschützest und sie nicht verlässest.«

»Oh, ich kenne das,« unterbrach Egloff sie heftig, »immer wolltest du mich mit deiner Tugend anputzen, damit deine Liebe sich vor sich selbst entschuldigen konnte, daß sie an einen solchen Gesellen geraten war. Aber es ist umsonst, ich fürchte, sie hatte keine Entschuldigung.«

»Ach, lassen wir sie,« sagte Fastrade müde, »sie hat keinem helfen können, sie zählt nicht mehr.«

Leise, und als spräche er zu sich selbst, murmelte Egloff: »Zählt nicht – na, sie wäre noch das einzige gewesen, was in dieser verdammten Welt hätte zählen können.« Es war so finster geworden, daß sie einander nicht mehr deutlich sehen konnten. Über ihnen war noch immer das unermüdliche leise Rauschen der kleinen Flügel hörbar, plötzlich hatte die Fledermaus den Ausgang durch das offene Fenster gefunden, sie stieß einen schrillen Laut aus und flatterte in die Dunkelheit des Waldes hinaus.

»Ich muß jetzt gehen,« sagte Fastrade, »lebe wohl, Dietz.« Sie reichte ihm ihre Hand und er drückte sie schweigend. Fastrade wandte sich dem Tische zu, auf dem ihre Handschuhe und Reitgerte lagen, sie blieb dort einen Augenblick stehen und der leise, helle Ton fallenden Goldes wurde vernehmbar. Sie hatte den Ring, den Egloff ihr gegeben, vom Finger gestreift und auf den Tisch fallen lassen, dann ging sie hinaus.

Zu Hause erfuhr sie von Christoph, daß der Baron Port eben dagewesen und fortgefahren sei. Während sie sich in ihrem Zimmer umkleidete, dachte sie: so muß es ja kommen, jetzt ist die

Geschichte von Lydia, Dietz und mir zu allen Schlössern unterwegs.

Fastrade ging zu ihrem Vater hinüber. Der Baron und die Baronesse Arabella saßen nebeneinander auf dem Sofa und die bleichen Gesichter schauten gespannt zur Tür hin. »Guten Abend«, sagte Fastrade, als sie eintrat. »Guten Abend, mein Kind,« erwiderte der Baron feierlich, »setze dich.« Fastrade setzte sich, faltete die Hände im Schoß, sah vor sich hin in das Licht der Lampe und wartete. Der Baron schaute seine Schwester an, diese nickte kummervoll, da trocknete er seine Lippen mit dem Taschentuche, räusperte sich und sprach offenbar mit Anstrengung: »Port war hier, er hat mit deiner Tante gesprochen, nun ja, und deine Tante hat mit mir gesprochen. Er hat da Dinge erzählt, die uns viel Kummer bereiten.« Er hielt inne und sah Fastrade erwartungsvoll an. Diese regte sich nicht, sie schaute noch immer wie abwesend in die Lampe, aber sie sagte ruhig und deutlich: »Ich habe eben meine Verlobung mit Dietz Egloff gelöst.« Wieder sahen die beiden alten Leute einander an, die Baronesse lächelte sogar kaum merklich und der Baron nickte. »So, so,« meinte er, und das Reden wurde ihm leichter, »nun ja, ich habe von meiner Tochter nichts anderes erwartet. Ich erinnere mich zwar nicht, daß hier in Paduren eine Warthe schon einmal ihre Verlobung aufgelöst hätte, das ist für die Familie auch immer unangenehm, aber unter diesen Umständen bleibt uns wohl nichts anderes übrig. Hättest du beizeiten meine Warnungen gehört, so wäre uns viel Kummer erspart worden. Aber lassen wir das jetzt, dieser junge Mann ist erledigt.« Und er fuhr mit der Hand von oben nach unten durch die Luft, wie er es in solchen Fällen zu tun liebte. Fastrade wollte auffahren, wollte gegen diese bleiche Greisenhand protestieren, die über Dietz Egloff den Sargdeckel zuzuschlagen schien, aber sie schwieg. »Nun, und du wirst bald darüber hinwegkommen,« fuhr der Baron heiterer fort, »du hast deine Heimat, deinen Wirkungskreis, wir sind ja hier recht gemütlich beisammen, wer kann uns etwas vorwerfen, wer kann uns etwas tun, nun also.« Die Baronesse Arabella stand auf, ging zu Fastrade und küßte sie auf die Stirn, der Baron legte seine Hand auf Fastrades Hände, sie aber richtete sich auf, als täten diese Liebkosungen ihr wehe. »Sollen wir nicht lesen?« fragte sie und griff nach St. Simons Memoiren. »Nun ja,« erwiderte der Baron, »dem steht jetzt nichts im Wege.« »Lest,

lest,« meinte die Baronesse, ihr tränenfeuchtes Gesicht lächelte, »ich bringe euch Orangen, es ist eben eine neue Sendung angekommen.«

Siebzehntes Kapitel

Spät am Abend kehrte Dietz Egloff von seiner Reise nach Hause zurück. Klaus empfing ihn im Flur, nahm ihm seine Sachen ab, fragte nach seinen Befehlen und tat das mit einer scheuen, traurigen Miene. Egloff entnahm daraus, daß die Nachricht vom Tode des armen Dachhausen ihm vorausgeeilt war. Im Saal kam ihm die Baronin entgegen, sie umarmte ihn, sie hatte geweint, und auch in ihrer Zärtlichkeit lag etwas Befangenes und Unsicheres. »Du wirst hungrig sein, mein Kind,« sagte sie, »du wirst gleich essen.« Egloff dankte, schlafen wollte er, nur das. »Ja, ja,« meinte die Baronin und streichelte seinen Rockärmel, »schlaf nur, mein Kind; niemand wird dich stören. Wein und etwas Kaltes lasse ich dir auf dein Zimmer stellen, vielleicht daß du später etwas nimmst.« Auch Fräulein von Dussa kam, und in ihrem Händedruck lag etwas Pathetisches. Die beiden Damen begleiteten Egloff bis an die Tür seines Zimmers, und als er dieselbe hinter sich schloß, hörte er sie eine Weile noch miteinander flüstern.

Er streckte sich auf sein Sofa aus und schloß die Augen, er war wirklich todmüde, aber was half es, so war es ihm schon auf der Fahrt ergangen; sobald er die Augen schloß, mußte er das eben Erlebte wieder erleben. Es war wie eine Besessenheit, gleich sah er wieder das flache, mit Erlengebüsch bestandene Land dort an der polnischen Grenze im Lichte des bewölkten Morgens, mitten darin das Birkenwäldchen, grell weiß und grün wie ein neues Kinderspielzeug. Dort gingen die Herren auf und ab, maßen die Distanz, luden die Pistolen. Da war Bützow und der Leutnant von Klette, der junge von Teschen und Doktor Hansius. Egloff ging etwas abseits auf und ab, er hatte den Kragen seines Paletots aufgeschlagen, denn ihn fror. Auf der andern Seite sah er Dachhausen hin- und hergehen, und er mußte lächeln über die breitspurige und würdige Art, in der die kleine Gestalt einherschritt. Ein guter Junge, dachte Egloff. Von Jugend auf kannten sie sich, und Dachhausen hatte stets mit treuherziger, großer Bewunderung zu Egloff aufgesehen. Welch eine widerwärtige Komödie, daß man sich da hinstellen sollte und aufeinander schießen, und wie wichtig der kleine Dachhausen sich vorkam. Fräulein von Dussa, in ihrer boshaften Weise, hatte einmal gesagt, Dachhausens Augen haben mit den schönen Brauen und den langen Wimpern eine ganz tragische Aufmachung, mitten drin aber sitzen doch nur die harmlosen blauen Dachhausenschen Augen. Das war es, Dachhausen liebte das Pathos und hatte kein Glück damit.

Geschäftig kam Bützow herangelaufen, das große Monokel ganz beschlagen von der feuchten Luft. »Ich denke, wir fangen an,« sagte er, »es ist alles bereit.« So stellten sie sich denn auf. Als die Gegner einander grüßten, als ihre Blicke sich begegneten, war Egloff versucht, dem alten Kameraden so vieler Jugendstreiche zuzulächeln, allein Dachhausens Gesicht blieb starr und ernst. Der Unparteiische begann zu zählen, Egloff schoß, er wußte nicht, hatte er gezielt, aber nach dem Schusse warf Dachhausen beide Arme empor, drehte sich und fiel zu Boden. Doktor Hansius und die anderen Herren liefen auf ihn zu und umgaben ihn. Egloff blieb auf seinem Platze stehen, er war sehr überrascht, das hatte er nicht erwartet. Endlich kam Bützow zu ihm herüber. »Lungenschuß,« sagte er leise, »schlimm. Wir werden ihn zum Kruge bringen müssen.« »Kann ich helfen?« fragte Egloff. »Nicht nötig,« erwiderte Bützow, »es sind Leute da, mein Chauffeur und andere, fatale Geschichte«, und er eilte wieder fort. Egloff sah zu, wie die Leute kamen und Dachhausen forttrugen, und als er allein war, fing er an mit kleinen Schritten auf und ab zu gehen, über ihm im Laube flüsterte es, ein feiner Regen ging nieder. Er zog seinen Paletot an, weil ihn fror. Das erste Gefühl, das ihn überkam, war eine Art Erleichterung, etwas war von ihm genommen. Über den Ausgang solcher Affären denkt man ja nicht viel nach; aber auf dem Grunde seines Bewußtseins hatte die Überzeugung geruht, daß er fallen würde, und nun lebte er. Gleich darauf erfaßte ihn ein ungewohntes, quälendes Erbarmen mit dem alten Freunde, der da so hilflos mit beiden Armen in die Luft gegriffen hatte und zur Erde gefallen war. Wozu das? das hatte er doch nicht gewollt. »Pfui Teufel«, brummte er und spie aus. Langsam ging er jetzt den andern nach, und seine Gedanken schlugen einen andern Weg ein. »Wäre ich gefallen,« sagte er sich, »dann hätte Fastrade um mich geweint, jetzt wird ihr Mitleid Dachhausen gehören, und sie ist mir unerreichbarer denn je.« Er mißgönnte Dachhausen dieses Mitleid. Was hatte der dumme, kleine Dachhausen solche Geschichten zu machen? Im Duell fallen, das paßte wirklich nicht zu ihm, das war eine dieser Wichtigtuereien, über die er ihn so oft als Knabe verspottet hatte. Egloff nahm seinen Hut ab und ließ sich das heiße Gesicht vom Regen kühlen. Nun war es ja auch gleich, verspielt war verspielt. Die feuchten Erlenblätter um ihn her dufteten stark, ein Hase setzte über den Weg, und Egloff folgte ihm in gewohnheitsmäßigem Interesse mit den Blicken.

Vor dem Kruge angelangt, ging er in die Krugstube. Der Raum war unreinlich genug, roch nach kaltem Tabak und Fusel, ein graubärtiger Jude stand hinter dem Schenktische, ruhig und beschaulich, als sei nichts geschehen. »Guten Morgen, Herr Baron,« sagte er freundlich, »die Herren haben schlechtes Wetter, schade.« Doktor Hansius kam eilig in das Zimmer, um etwas zu bestellen. »Wie steht es?« fragte Egloff. Hansius zuckte die Achseln. »Nicht gut«, meinte er und ging wieder.

Auch die Herren von Klette und Teschen kamen, eine Zigarette rauchend; sie standen einen Augenblick bei Egloff und berichteten. Es sah schlimm aus, er war nur selten bei Bewußtsein, die Katastrophe konnte bald eintreten. Die Unterhaltung verstummte jedoch, und die Herrn fühlten sich behaglicher, als sie sich in die Fensternische zurückzogen und miteinander flüsterten. Die sympathische Person bin ich hier nicht, ging es Egloff durch den Kopf. Hansius erschien wieder in der Tür. Dieses Mal winkte er Egloff. »Ich glaube, er will Sie sehen«, sagte er. Egloff folgte dem Doktor in ein kleines, weiß getünchtes Zimmer, in dem ein Bett, ein Tisch und ein Stuhl standen. Dachhausen lag in seinen Kissen mit geschlossenen Augen; sein Gesicht schien in der kurzen Zeit seltsam gealtert, es war spitz und gelb geworden. Der Doktor beugte sich über ihn, da öffnete er die Augen, ließ seinen teilnahmlosen, kalten Blick durch das Zimmer irren, wandte den Kopf zur Seite und machte mit der Hand eine müde, abwehrende Bewegung. Er schien etwas zu murmeln, Doktor Hansius beugte sich näher zu ihm, richtete sich dann auf und flüsterte Egloff zu: »Ich denke, Sie gehen.« »Was sagt er?« fragte Egloff. »Er sagt ›Lydia‹«, erwiderte der Doktor. Egloff verließ das Zimmer. Draußen stieß Bützow zu ihm. »Hier ist schlechte Luft,« meinte er, »draußen wird es besser sein.«

Sie gingen hinaus und schritten vor dem Hause in dem leise niederrinnenden Regen auf und ab. Bützow machte anfangs Redensarten über die fatale Affäre, bald ging er auf die vielen Hasen über, die es hier geben mußte und auf die kleinen, struppigen Bauernhunde, die so glänzend auf der Hasenjagd waren. Ab und zu schauten sie zur Krugstüre hinüber, als erwarteten sie eine Nachricht. Plötzlich blieb Bützow stehen. »Hören Sie, Egloff,« sagte er, »das ist nun so, wie es ist, aber essen muß der Mensch, ich habe einen Wolfshunger, Sie nicht?« Egloff hatte an seinen Hunger bisher nicht gedacht. »Gleichviel,« beschloß der Graf, »kommen Sie zu meinem Wagen, dort habe ich was zu essen.« Sie gingen zu Bützows Automobil und stiegen hinein. Bützow packte seine Vorräte aus. »Sehen Sie, da ist Leberpastete, da ist kalte Pute, hier etwas Kaviar, da ist Schnaps und Rotwein«; und sie begannen zu essen, Egloff fühlte erst jetzt, daß er hungrig war, und das Essen bereitete ihm ein intensives Vergnügen. Es war auch wirklich gemütlich hier in dem hübschen gepolsterten Raume, der Regen knisterte an den Fensterscheiben, Bützow wurde ordentlich heiter, er sprach von seinem Koch, der eine Perle war, kritisierte das Essen auf den Schlössern. Bei Ports aß man schlecht, aber sie hatten eine Spezialität, kleine Speckpasteten, die waren delikat. Bei Teschens war die Fischsuppe gewöhnlich gut. Egloff berichtete von Speisen, die er auf seinen Reisen gegessen, von einer gefüllten Pute, die in einem griechischen Haushalt serviert worden war, gefülllt mit Reis, Pistazien, Mandeln und trockenen Feigen. Als die Mahlzeit jedoch beendet und Egloff satt war, fiel die gemütliche Stimmung sofort wieder von ihm ab. Der Raum wurde ihm zu enge, und Bützow mit seinem Geschwätz und seinem zu starken englischen Parfüm war ihm unerträglich. »Steigen wir aus«, schlug er vor. Draußen kam ihnen der Leutnant von Klette entgegen, ernst und feierlich. »Es ist aus«, murmelte er. Man stand schweigend beisammen, bis Bützow sagte: »Sehr traurig, sehr traurig, aber dann können wir wohl fahren, ich bringe Sie zur Station, Egloff.« Allein Egloff wollte den Toten sehen. Dachhausen lag da im kleinen Krugzimmer, das bleiche Gesicht hatte jetzt wieder seinen friedlichen, harmlosen Ausdruck, an den Augen die Linien, welche die freundlichen Falten seines stets bereiten Lachens eingegraben; es war wieder das gute Gesicht, auf dem nichts von Leiden, nichts von einer Geschichte geschrieben stand.

Egloff schaute ihn an mit einer wunderlichen Mischung von Mitleid und Verachtung. Es schien fast widersinnig, daß er so streng und bleich dalag, der arme Junge konnte selbst im Tode nicht ernst genommen werden. Egloff wandte sich ab, verabschiedete sich von den Herren mit einem kühlen Händedruck und ging hinaus, um zu Bützow in das Automobil zu steigen.

Nun kam die Reise mit ihrem traumhaften Wiedererleben des Erlebten; es war Egloff unmöglich, an das zu denken, was kommen würde, immer wieder stand das eben Vergangene ihm vor Augen, und mitten darin immer wieder Dachhausen, Dachhausen, sich breit und wichtig auf die Mensur stellend, Dachhausen, wie er hilflos mit den Armen durch die Luft fuhr und zu Boden fiel, Dachhausen, wie er bleich und still im Bette lag. Und ein Ingrimm erwachte in Egloff, wie einfach und klar wäre die Lösung gewesen, wenn er, Egloff, gefallen wäre. Ja, er wußte es jetzt, er hatte bestimmt darauf gerechnet, und nun kam dieser Mensch und verwirrte alles wieder. Dort in der kleinen weißen Krugstube wie Dachhausen dazuliegen, welche Ruhe!

Ja, welche Ruhe, Egloff streckte sich auf seinem Sofa. Draußen vom Saale her klangen die Töne eines Harmoniums herüber, Egloff entsann sich, es war heute Sonnabend und da pflegte stets eine Abendandacht mit den Leuten stattzufinden. Er erhob sich und ging hinaus.

Fräulein Dussa saß am Harmonium, die Baronin neben ihr, die Bibel auf den Knien, in der Tür standen die Mägde und die Diener und der Koch. Egloff setzte sich am anderen Ende des Saales in einen Sessel, dort hatte er schon als Kind während dieser Andachten gesessen, damals waren ihm die Augen vor Schläfrigkeit zugefallen, und die Flammen der Kerzen hatten sich in krause Bündel kleiner goldener Blitze aufgelöst.

»Aus tiefer Not schrei ich zu dir«, wurde angestimmt. Starke, ein wenig heisere Stimmen riefen die feierliche Leidenschaftlichkeit der Melodie in den Saal hinein und mischten in die Andacht die Schläfrigkeit des Feierabends. Wie einst als Kind, empfand Egloff diese Töne als große, ruhige Wellen, die ihn nahmen, hoben und wiegten, und die krankhafte Spannung seiner Nerven löste sich. Nach dem Choral las die Baronin den zweiten Psalm in ihrer klagenden, ermahnenden Weise, nur daß die Stimme zuweilen zu zittern begann und in einer aufsteigenden Rührung zu versagen drohte.

Den Schluß machte ein gemeinsames Gebet, ein gleichmäßiges Murmeln, das dem kleinen Dietz früher der Inbegriff des Heiligen geschienen hatte. Egloff stand leise auf und ging in sein Zimmer hinüber.

Das hatte ihm wohlgetan, es war stiller in ihm geworden. Er aß ein wenig, trank ein Glas Wein und setzte sich in seinen großen Sessel. Das angenehme Gefühl, mit dem wir bemerken, daß ein bohrender Schmerz, der uns quälte, plötzlich nachgelassen hat, erfüllte auch ihn, als er feststellte, daß er nicht mehr an Dachhausen zu denken brauchte. Er schloß die Augen und mußte eine Weile geschlafen haben, denn er träumte eine kurze Traumvision, Fastrade kam in die Auerhahnhütte in ihrem blauen Reitkleide, das Gesicht rund und rosig, das Haar unnatürlich golden, und mit ihr kam viel Sonnenschein in das Zimmer, ein Sonnenschein so gelb, wie er ihn nur als Kind gesehen zu haben glaubte, wenn der kleine Dietz morgens im Bette lag und die Wärterin die Fensterläden öffnete und die Morgensonne hereinließ. Das Gefühl der Freude mußte für den Traum zu stark sein, denn er erwachte. Still saß er da, um das Traumgefühl festzuhalten, bis die Gegenwart unerbittlich und unentrinnbar alles verlöschte. Da empfand er ein Gefühl des Alleinseins, wie es ihn so stark noch nie ergriffen hatte. Menschen waren ihm stets ein Bedürfnis gewesen, allein er hatte es nie recht verstanden, ihnen nahe zu sein, jetzt jedoch schienen alle Fäden, die ihn mit den anderen verbanden, zerrissen, und die eine, in deren Gegenwart er sich nie allein gefühlt, war ihm unendlich fern. Seltsam war es immerhin, daß er mit diesem Dietz Egloff bis an das Ende gehen sollte. Und vielleicht war es ein Aberglaube, die Welt war doch so groß, konnte er nicht dort irgendwo weit fort auftauchen, als ein Anderer und Neuer? Das Leben Dietz Egloffs war zwar verdorben und verspielt, aber das Leben ohne Dietz Egloff war ganz uninteressant. So sank denn die Einsamkeit auf ihn nieder wie etwas Körperliches, wie etwas Kaltes und Hartes, schnürte ihn ein wie eine Rüstung. Die kleine Uhr auf dem Spiegeltisch schlug elf mit ihrem dünnen, hellen Tone, der einer Kinderstimme glich.

Egloff klingelte Klaus und befahl ihm, Ali zu satteln, ging darauf in sein Ankleidezimmer, sich für den Ritt umzukleiden. Als er fertig war und eben hinausgehen wollte, blieb er einen Augenblick vor seinem Schreibtische stehen, auf dem ein Paket Briefe lag, obenauf ein großer Brief von Mehrenstein. Mit Ekel schob er sie beiseite, die sollten nur uneröffnet bleiben.

Ali war munterer denn je, und da Egloff ihn laufen ließ, jagte er in vollem Galopp die Landstraße entlang. Wieder kamen sie an Wiesen vorüber, über die der Nebel hinspann, wieder schlug die Nachtigall in den Erlen, und Harmonikaklänge irrten durch die Nacht, aber heute kam das Egloff nicht nahe, es zog vorüber wie das Leben, auf das wir aus dem Coupéfenster mit reisemüden Augen herabsehen. Aber Ali war so ausgelassen, daß Egloff auf ihn achtgeben mußte, und die Arbeit am Pferde zerstreute ihn ein wenig. So jagten sie die Padurensche Birkenallee hinab, und vor dem Parkgitter hielten sie. Dunkel und schweigend mit seinen geschlossenen Fensterläden stand das alte Haus zwischen den großen Kastanienbäumen, die alle ihre Blüten aufgesteckt hatten mitten in dem schwülen Dufte seines Gartens, und der bleiche Reiter vor dem Parktor starrte lange durch die Dämmerung zu ihm hinüber. Ali jedoch war unruhig und ließ sich endlich nicht mehr halten. »Geh«, murmelte Egloff, und in tollem Ritte ging es jetzt über die Landstraße dem Walde zu. Im Walde war es dunkel und so stille, daß die Hufschläge des Pferdes widerhallten wie in verlassenen Kreuzgängen. Vor der Auerhahnhütte blieb Ali von selbst stehen. Egloff stieg ab und führte das Tier, das ganz in Schaum war, beiseite unter die Zweige einer großen Tanne. »Tüchtig ausgelaufen, was, mein Alter«, sprach er ihm liebevoll zu, er löste ihm den Sattelgurt und den Kopfriemen, bedeckte leicht mit der linken Hand das Auge des Pferdes, zog mit der rechten seinen Revolver heraus, drückte ihn gegen Alis Ohr und schoß ab. Ein Zittern ging durch den ganzen Körper des Tieres, dann brach es mit allen vier Läufen zusammen, zuckte ein wenig und lag still da. Egloff beugte sich zu ihm nieder, strich ihm mit der Hand über die Mähne und murmelte: »So, mein Alter, mehr ist nicht daran, man streckt sich ein wenig und dann ist's aus, mehr ist nicht daran.« Er richtete sich auf und ging langsam zur Hütte hinüber. Vor der Tür blieb er einen Augenblick stehen und schaute in die Nacht hinein. Durch die schwarzen Tannenwipfel blitzten Sterne, auf der kleinen Waldwiese lag Nebel, und ein Nachtvogel flog lautlos nahe der Erde durch die weißen Schleier hin. Egloff öffnete die Tür zur Hütte und zog sie hinter sich zu. –

Früh morgens wurde Fastrade von ihrem Mädchen geweckt. Der

Förster aus Sirow sei da, hieß es, er wolle das gnädige Fräulein sprechen, es sei etwas mit dem jungen Herrn geschehen, vielleicht wolle das gnädige Fräulein mitfahren, der Förster habe seinen Wagen da. »Gut, ich komme«, sagte Fastrade, sie sprang aus dem Bette und kleidete sich eilig an. Keine große Erregung machte sie dabei schwach, die letzten Tage hatten so viel Leid gebracht, daß eine Art ruhiger Schmerzbereitschaft in ihre Seele eingekehrt war. Sie erwartete es nicht anders, als daß noch mehr Schmerzvolles kommen würde. Den Förster Gebhard fand sie sehr verstört. »Ja, es war etwas Schlimmes geschehen mit dem jungen Herrn«, berichtete er, »drüben in der Auerhahnhütte.« Er wäre zuerst hierhergekommen. Auch nach Doktor Hansius sei geschickt worden. Der Wagen stehe unten. »Also fahren wir«, beschloß Fastrade. Mehr war aus dem Alten nicht herauszubringen, und Fastrade mochte nicht fragen, es war ihr, als wüßte sie schon alles. Sie stiegen in den kleinen Wagen, schweigend trieb Gebhard sein Pferd an, und aus seinen kleinen, schlauen Augen rannen beständig Tränen in den grauen Bart. Vor der Auerhahnhütte hatten sich Leute versammelt, Waldhüter und Bauern, die Fastrade scheu und traurig grüßten. Sie stieg aus und ging in die Hütte. Auf der hölzernen Ruhebank lag Egloff ausgestreckt, sie hatten ihm die Satteldecke unter den Kopf geschoben, sein Rock war offen, auf seinem Hemde war ein kleiner Blutfleck wie ein rotes Siegel, die Züge des bleichen Gesichtes hatten eine wunderbare Schärfe und Regelmäßigkeit, und der Ausdruck hochmütiger Verschlossenheit lag auf ihnen.

»Er ist tot«, kam es klagend von Fastrades Lippen, sie kniete nieder und streichelte seine kalte Hand. Dann setzte sie sich auf die Bank, nahm seinen Kopf in ihren Schoß, beugte sich nah auf ihn nieder und sprach halblaut zu ihm: »Ganz allein, ganz allein mußte er sterben, ich war nicht da, ich habe ihn ja verlassen, ich habe ihm nicht geholfen, so ist er allein gestorben, niemand war bei ihm, als er in Not war.«

Leute kamen in das Zimmer und gingen wieder, Fastrade bemerkte es nicht, sie tat, als sei sie mit ihrem Toten allein. Endlich berührte jemand ihre Schulter, Doktor Hansius war es. »Wir müssen ihn in das Schloß bringen«, sagte er. Fastrade sah ihn mit den weitoffenen, tränenlosen Augen an und sagte wieder klagend: »Er ist hier allein gestorben, denn ich habe ihn ja verlassen.« Männer kamen mit einer Tragbahre, auf die der Tote gebettet wurde, Gebhard gab leise Befehle, und sie trugen ihn hinaus. »Kann ich Sie in meinem Wagen mitnehmen?« fragte Hansius Fastrade. »Ich bleibe bei ihm«, erwiderte sie. Sie ging hinaus, und als der Zug sich in Bewegung setzte, schritt sie neben der Bahre her, ihre Hand auf die Hand des Toten gelegt. Der Morgen war wundervoll hell, in den Pappeln der Allee jubelten die Amseln so laut, als feierten sie heute ein besonderes Fest. Am Ende der Allee stand das Schloß blendend weiß in der hellen Morgensonne. Ganz still, mit niedergeschlagenen Vorhängen, schlief es noch mitten in dem bunten Blühen seines Gartens, während der stille Zug sich ihm langsam näherte.

Achtzehntes Kapitel

Die Baronin Port hatte ihren Stickrahmen auf die Veranda hinaustragen lassen; da saß sie mitten unter den Schatten des wilden Weines und arbeitete. Sie stickte an einem jungen Hunde, der nach einer Wespe schnappt, auf hellblauem Grunde. Auch Gertrud hatte sich hier in einem Liegestuhl ausgestreckt und sah müßig auf das Land hinaus. Sylvia aber las still für sich einen englischen Roman. Der Baron Port kam auf die Veranda heraus im Reitanzug, denn er war im Begriff, seinen gewohnten Abendritt zu machen. »Ihr sitzt hier ganz gut,« meinte er, »ich wollte nur sagen, daß ich in Paduren anreiten will und vielleicht später nach Hause komme.« »Tue das,« erwiderte die Baronin, »sieh etwas nach den armen Padurenschen.« – »Ach was, arm,« versetzte der Baron, »ich finde, Warthe ist in letzter Zeit sehr guter Laune. Nun, und Fastrade kommt allmählich auch darüber hinweg, sagte mir die Tante. Vernünftiges Warthesches Blut. Es ist gut, daß auch die dümmsten Geschichten vorübergehen.« Er stand noch einen Augenblick da und schaute auf den Garten hinunter, »ein Wetterchen, ein Wetterchen,« murmelte er, »wenn das so weiter geht, kriegen wir ein Heu wie Zucker. Na ja, dann auf Wiedersehen«, und er ging.

Sylvia, die, während ihr Vater sprach, ruhig weiter gelesen hatte, ließ jetzt das Buch sinken. »Du weinst ja«, sagte Gertrud. Sylvia lächelte und hatte die Augen voller Tränen. »Ja,« erwiderte sie,

»die kleine Mary, die den Lord liebt, stirbt an gebrochenem Herzen, das ist sehr rührend.« Gertrud lehnte sich befriedigt in ihren Stuhl zurück. »Gewiß, das gibt es,« meinte sie, »und es ist ein Trost, daß solche schönen, heißen Sachen wirklich in der Welt passieren, wenn sie auch nicht zu uns kommen. Mit dem armen Egloff und Fastrade und Lydia und Dachhausen waren sie uns schon ganz nahe.«

Die Baronin hob den Kopf und sah ihre Tochter unzufrieden über die Brille hin an. »Wie du wieder sprichst,« sagte sie, »danke Gott, daß du hier ruhig und glücklich leben kannst und daß wir von deinen dummen, heißen Sachen verschont bleiben.«

Gertrud lächelte überlegen. »Ich sage ja nichts,« versetzte sie, »aber ich kann mich doch darüber freuen, daß es da draußen ein Leben gibt, in dem Interessanteres sich ereignet, als daß das Heu gut hereinkommt.« Die Baronin zuckte die Achseln und suchte in ihrem Wollkorbe nach einem passenden Faden. »Draußen, draußen,« murrte sie, »du warst ja draußen und die Fastrade auch, was hat es geholfen? Ihr kommt ja doch zurück, ihr könnt dort ja doch nicht leben.« »Vielleicht können wir es nicht,« erwiderte Gertrud gereizt, »aber ich kann mich doch darüber freuen, daß es Menschen gibt, die das können.«

Unterdessen ritt der Baron Port auf seiner alten Schimmelstute gemächlich zwischen seinen Feldern hin. Der Tag war sehr heiß gewesen; von der Abendsonne angeleuchtet, schwebte der Staub wie ein rötlicher Dunst über der Landstraße, das Korn war schon in Ähren, die Wiesen in ihrem vollen Blühen hatten einen schönen Kupferglanz. Die Arbeiter kamen von ihrer Arbeit und grüßten den Baron, und er nickte wohlwollend, rief dem einen oder anderen etwas zu: »Heiß gewesen heute, was?« und als sie schon vorüber waren, behielt sein Gesicht noch eine Weile das leutselige Lächeln. Er liebte es, auf seinen abendlichen Ritten nicht nur seine eigenen Felder, sondern auch die Felder der Nachbargüter zu besichtigen. So schlug er den Weg nach Barnewitz ein. Als er am Hause vorüberkam, sah er die Baronin Dachhausen und Adine in ihren Trauerkleidern auf der Hoftreppe stehen und zum Stall hinüberschauen, in den gerade das Vieh eingetrieben wurde, eine lange Reihe schöner, schwarz und weiß gefleckter Tiere, die langsam vorüberzogen und eine Atmosphäre von Gemächlichkeit und Sattheit um sich her verbreiteten. Der Baron grüßte hinauf, und die Damen winkten. Von Barnewitz machte er einen Umweg über Sirow. Die Felder standen auch dort gut. Durch das Gartengitter sah er die beiden Frauen mit wehenden Trauerschleiern in der kleinen Wandelhalle auf- und abgehen. Das kannte er, das hatte er oft schon gesehen, wenn er vorüberritt, nur fiel es ihm heute auf, daß die Baronin Fräulein von Dussa den Arm gab und langsam zu gehen schien.

Um Sonnenuntergang langte er in Paduren an. »Die Herrschaften sind unten im Park«, meldete der Diener. »Ich weiß, ich weiß«, sagte der Baron Port und ging zum kleinen See hinunter. Dort fand er den Baron Warthe in seinem Rollstuhle, die Baronesse Arabella und Fastrade. Sie saßen still beisammen und warteten auf den Einfall der Enten. »Kommen sie schon?« fragte Baron Port. – »Die kommen schon,« erwiderte Baron Warthe und lachte, »nach dem heißen Tage haben sie es eilig.« »So, so«, meinte Baron Port und setzte sich zu seinem alten Freunde. »Ja, ein Wetterchen, wenn das so fortgeht, so kriegen wir alle Arbeit zugleich auf den Hals«, und er erzählte von den Witzowschen Feldern und von den Barnewitzschen und Sirowschen Feldern, und sie sprachen von den früheren Ernten. Wenn eine Schar Enten herangeflogen kam und sich rauschend in das Schilf einließ, dann hielten die alten Herren in ihrem Gespräch inne und lachten.

»Nichts Neues in der Gegend?« fragte der Baron Warthe. »Nein, nichts,« erwiderte der Baron Port, »Gott sei Dank ist hier alles wieder ruhig.« »Das ist gut,« meinte der Baron Warthe in belehrendem Stimmtone, »man hat im Leben ja auch seine Unruhe gehabt, man hat seine Tätigkeit und seinen Wirkungskreis gehabt, nun will man Ruhe im windstillen Winkel.« »Da hast du ganz recht, Bruder«, bestätigte Baron Port.

Fastrade saß schweigend da und schaute auf den See hinaus. Die behaglich plaudernden Stimmen der Alten drangen zu ihr wie etwas, gegen das sie sich wehrte. Alles wieder ruhig. War diese Ruhe nicht etwas Drohendes und Feindliches? Sie hatte Angst um ihren Schmerz, der jetzt ihr heiligstes Erlebnis war. Würde er in dem windstillen Winkel stille werden, schläfrig werden, untergehen?

Die Dämmerung nahm zu, Enten kamen nicht mehr, der See wurde still, nur zuweilen rauschte ein Flügel im Schilf, eine Ente schnatterte im Traum oder eine Unke plätscherte leise auf ihrem Wege durch das seichte Wasser am Ufer. Irgendwo im Rasen begann ein Erdkrebs seinen einsamen Liebesgesang. – In der Finsternis still vor sich hinzuweinen tat Fastrade wohl, es tat ihr wohl, in sich hineinzuhorchen auf das Schlagen ihres Herzens und das Fiebern ihres Blutes, sie fühlte sich dann wunderbar eins mit dem verstohlenen Schluchzen, Liebkosen und Seufzen, mit dem ganzen geheimnisvollen Leben, das durch die Junidämmerung atmete. – »Es wird dunkel«, sagte der Baron Warthe, und man machte sich auf den Heimweg. Am Parkgitter ließ der Baron halten. »Sieh, Port,« meinte er, »drüben bei dir haben sie schon Licht gemacht.«

»Ja,« erwiderte der Baron Port, »und dort in Sirow auch. Und das dort ganz weit sind die Lichter von Barnewitz.«

Die goldenen Lichtpünktchen blinzelten friedlich über die Ebene hin, auf deren Felder, fette Wiesen und stille Wege flüsternd die Sommernacht herabsank. »Aber kühl wird es doch abends«, bemerkte Baron Port. »Ja, kühl,« bestätigte Baron Warthe, »da wird ein Glas von meinem Rotwein gut tun, du kennst ihn ja.« »Den kenne ich gut«, schmunzelte der Baron Port und die beiden alten Herren lachten behaglich bei dem Gedanken an den guten Padurenschen Rotwein. –

BUNTE HERZEN

Erzählung

(1908)

In Kadullen wurde im Sommer schon um vier Uhr gespeist, um den Abend für sommerliche Unternehmungen frei zu haben. Dann lag das Nachmittagslicht stetig auf der langen, weißen Gartenfront und den drei schweren Giebeln des Landhauses. In den geradlinigen Beeten glänzten die Levkojen wie krause hellfarbige Seide und der Buxbaum duftete warm und bitter. Ein Diener stellte sich auf die Stufen der Gartenveranda und läutete mit einer großen Glocke, das Signal, daß es Zeit sei, sich für das Mittagessen anzukleiden.

Der Hausherr, der alte Graf Hamilkar von Wandl-Dux, kam schon fertig angekleidet mit seinem Gast, dem Professor von Pinitz, in den Garten hinaus. Graf Hamilkar, sehr lang und schmal in seinem schwarzen Gehrock, hielt sich ein wenig gebeugt. Den Panama zog er tief in die Stirn. Das glattrasierte Gesicht mit dem langen, lippenlosen Munde hatte etwas Asketisches, wie es jene Gesichter haben, auf denen alles, was das Leben hineingeschrieben hat, beruhigt, gleichsam widerrufen erscheint. Mit langen Schritten begann er den Gartenweg hinabzuschreiten. Der Professor vermochte kaum Schritt zu halten, denn er war kurz und dick, die weiße Weste saß sehr prall über dem runden Bauch und das Gesicht war rot und erhitzt unter dem kamelfarbigen Bartgestrüpp. Er erzählte dem Grafen einen merkwürdigen Traum, den er gehabt hatte, dafür interessierte er sich jetzt, denn er wollte eine Theorie des Traumes schreiben und der Graf teilte ihm das Material mit, welches er einmal auch über dieses Thema gesammelt hatte. Graf Hamilkar hatte immer gesammeltes Material für die Bücher, welche die anderen schreiben wollten, er selbst hatte nie eins geschrieben, »ich wußte nie«, pflegte er zu sagen, »welches meiner Bücher ich schreiben sollte und so kam es denn zu keinem.«

»Also denken Sie sich«, berichtete der Professor, »ich war beim Kollegen Domnitz, im Traum nämlich. Nun Domnitz legt mir beide Hände auf die Schultern, macht ein ganz feierliches Gesicht und sagt mit einer ganz tiefen Stimme, die er sonst nie hat: ›Kollege, ich habe die Grundform, die Urform der Schönheit gefunden, einfach die Schönheit an sich.‹ Ich sage Ihnen, das fuhr mir so durch alle Glieder, so eine Art Schreck oder Freude oder Rührung, gewiß, das Weinen war mir so nahe. Das sind Empfindungen, wie wir sie nur im Traum haben können: ›Nein wirklich‹, sage ich, ›wo ist sie denn?‹ – ›Da‹, sagt er und ja – und zeigt sie mir.«

»Er zeigte sie Ihnen?« fragte der Graf und blieb stehen, »ja, wie sah sie denn aus?«

Der Professor kniff die Augenlider zusammen, als wollte er einen Gegenstand scharf betrachten. »Sie sah aus«, meinte er, »ja, sie sah eigentlich ganz einfach aus, wissen Sie. Eine schmale weiße Tafel ähnlich den Grabsteinen auf den jüdischen Friedhöfen, ein Meter hoch, denke ich, oben abgerundet und in der Rundung ein Gesicht, nur zwei Punkte die Augen; ein vertikaler Strich die Nase, ein horizontaler Strich der Mund – nichts weiter. Was sagen Sie dazu, was?«

»Eigentümlich«, sagte der Graf und schaute über den Professor hinweg in den Garten hinaus.

»Ja, aber was das Wunderbarste ist«, fuhr der Professor fort und seine Stimme wurde leiser, als spräche er von sehr geheimnisvollen Dingen, »ich sagte sofort ach ja, denn es leuchtete mir sogleich ein, ich wußte, das ist die Schönheit an sich; ja, mir war es, als hätte ich das eigentlich schon längst gewußt. Wie erklären Sie sich das?«

»Ja, das ist schwierig«, erwiderte der Graf ein wenig zerstreut und schaute noch immer in den Garten hinaus.

Drüben zwischen den Stockrosen und Malvenbeeten war es jetzt lebhafter geworden. Eine Schar junger Mädchen und junger Leute ging den Weg hinab dem Hause zu, helle Sommerkleider und Flanellanzüge und ein eifriges Stimmengewirr. Der Professor schwieg nun auch und wandte sich nach den Kommenden um. Da waren seine beiden Töchter, große Mädchen in grellrosa Battistkleidern und gelben Schäferhüten und sehr erhitzt. Beide lachten zu gleicher Zeit in einem hohen, ein wenig schrillen Diskant. Neben ihnen schritt der Leutnant von Rabitow vom Alexanderregiment, ein wenig steifbeinig in seinem weißen Tennisanzug. Die beiden Neffen des Hauses Egon und Moritz von Hohenlicht, beides Studenten, beide sehr blond, den Scheitel tief bis zum Nacken herabgezogen waren mitten auf dem Wege stehen geblieben und fochten mit ihren Rackets. Fräulein Demme, die Gouvernante, trieb scheltend die vierzehnjährige Erika vor sich her und Erika setzte aus Opposition die dünnen Beine in den schwarzen Strümpfen nur lässig in Bewegung. Die beiden alten Herrn ließen diese Welle jugendlichen Lebens wohlgefällig an sich vorüberrauschen. Beide lächelten ein wenig.

»Sehen Sie, Professor, das dort ist auch sofort einleuchtende Schönheit, eigentlich Schönheit an sich«, begann der Graf und wies zu einem Beet voll dicker dunkelroter Rosen »Sultan von Zansibar« hinüber, an dem seine siebzehnjährige Tochter Billy stand.

Es war sehr hübsch, wie das Mädchen im hellblauen Sommerkleide dort bei den Rosen stand, das runde Gesicht rosa und lächelnd, ohne Hut. Im grellen Sonnenschein hatte ihr Haar ein ganz warmes Braun wie alter Portwein und das Ganze war farbig wie ein Blumenbeet. Neben Billy stand Marion Bonnechose, die Tochter der französischen Gouvernante, die mit Billy zusammen erzogen worden war, klein und dunkel im hageren etwas gelblichen Gesichte zu große braune Augen, die Billy gespannt und wachsam anschauten.

»Gewiß«, sagte der Professor, »Komtesse Sibylle ist unzweifelhaft sehr schön, aber die Schönheit an sich in meinem Traum war einfach eine halbrunde weiße Tafel.«

Die jungen Leute waren im Hause verschwunden und auch Billy und Marion liefen dem Hause zu, die Hände voller roter Rosen. Der Garten wurde wieder still. Der Graf bog ein wenig den Kopf zurück und zog in seine lange weiße Nase die Düfte der Spätsommerblumen, reifer Pflaumen und Sommerbirnen ein mit dem Ausdruck eines Genießers, der einen kostbaren Wein trinkt. Vom Tennisplatz her kam noch ein Nachzügler, Boris Dangellô. Er ging langsam und nachdenklich, den Kopf gesenkt, nur als er an den beiden Herren vorüberkam, grüßte er, das feine bleiche Gesicht lächelte, aber die Augen behielten den sinnenden Ausdruck, als wollten sie ihre sentimentale Schönheit nicht stören.

»Auch Schönheit«, bemerkte der Professor, »Ihr Neffe, Herr von Dangellô, sieht ungewöhnlich gut aus.«

Aber da war etwas, das den Grafen verstimmte. »Für einen jungen Menschen«, sagte er streng, »ist es nicht vorteilhaft, so gut auszusehen, das zerstreut und zieht ab.«

»So, so«, murmelte der Professor, »ich weiß nicht, ich habe darüber keine Erfahrung.«

Sie waren jetzt bis an das Ende des Gartenweges gekommen, blieben einen Augenblick stehen und schauten über das Gartengitter hinweg auf die Stoppelfelder und gemähten Wiesen. Dahinter legte der Wald einen blauschwarzen Rahmen um das Bild, das gelb von Sonnenschein war, dieser dichte Tannenwald, der sich ununterbrochen bis an die russische Grenze hinzog.

»Ich weiß nicht, ob ich mich täusche«, begann der Professor wieder, »aber es will mir scheinen, als sei in der heutigen Generation das gute Aussehen verbreiteter als in meiner Jugendzeit. Sie sehen jetzt alle gut aus.«

»Möglich«, erwiderte der Graf, »aber vielleicht liegt das auch an uns. Wir haben jetzt die richtige Distanz und Sie wissen, daß Bilder schöner werden, wenn wir den richtigen Abstand haben. Aber vor allem, Professor, wir haben das nötig. In unserem Alter wollen wir hübsche Jugend um uns haben, wir verlangen Schönheit von der Jugend. Das ist sehr egoistisch. Wir genießen das behaglich. Aber die arme Jugend. Glauben Sie ›schön sein‹ sei bequem? Schönheit kompliziert das Schicksal, legt Verantwortung auf und vor allem es stört unsere Abgeschlossenheit. Denken Sie sich Professor, Sie wären sehr schön. Mit jedem Menschen, der Ihnen begegnet, bindet Ihr Gesicht an, wirkt auf ihn, drängt sich ihm auf, spricht zu ihm, ob Sie wollen oder nicht. Schönheit ist eine beständige Indiskretion. Wäre das angenehm?«

»Ich . . . ich kann mich da wohl nicht recht hineindenken,« erwiderte der Professor.

Der Graf lächelte sein unterdrücktes etwas schiefes Lächeln. »Ach ja, uns beiden sind diese Schwierigkeiten erspart geblieben.«

Dann wandten sie sich um und schritten wieder dem Hause zu.

Auf der Veranda fanden sie schon Komtesse Betty, die Schwester des Grafen, die ihm, seitdem er Witwer war, den Haushalt führte und seine Kinder erzog. Sie war feierlich angezogen in ihrem langen Spitzenburnus. Das weiße Gesicht mit den rosa Bäckchen schien sehr klein unter der großen Spitzenhaube nach der Mode der sechziger Jahre. Tante Betty saß wie an einem Krankenbett neben dem Liegestuhl, auf den sich ihre älteste Nichte Lisa hingestreckt hatte. Lisa, die geschiedene Fürstin Katakasianopulos lehnte ihren Kopf müde zurück und schloß halb die Augen. Die braunen Löckchen fielen ihr wirr in einer Art Opheliafrisur in das blasse feine Gesicht. Sie trug ein schwarzes Spitzenkleid, denn seitdem ihre Ehe geschieden worden war, liebte sie es, sich in Schwarz zu kleiden. Sie hatte ihren Griechen in Biarritz kennen gelernt und eigensinnig darauf bestanden, ihn zu heiraten. Als nun aber der Fürst Katakasianopulos sich als unmöglicher Ehemann erwies, war die Familie froh, ihn wieder los zu sein.

Lisa jedoch behielt seitdem etwas Tragisches, das Tante Betty als Kranksein behandelte und mit der sorgsamsten Pflege umgab. Auch der Hauslehrer, ein stattlicher Hannoveraner und Bob, der Jüngste der Familie, hatten sich eingefunden.

»Wie ist das Befinden, Frau Fürstin?« sagte der Professor.

Lisa lächelte matt. »Ich danke, ein wenig müde.«

»Ruhe haben wir nötig,« meinte Tante Betty.

Im Hintergrunde echote Bobs ungezogene Stimme ein: »Möde«.

Der Graf schaute seine Tochter unzufrieden an. »Gegen zu lyrische Nerven,« sagte er, »wäre etwas Beschäftigung vielleicht ratsam.«

»Aber Hamilkar,« wehrte Tante Betty ab.

Lisa zog resigniert die Augenbrauen empor und wandte sich zum Hauslehrer, um eine liebenswürdige Unterhaltung zu beginnen: »Ist es in Ihrer Heimat jetzt auch so heiß, Herr Post?«

Oben in der Tür des Gartensaals erschien Billy im weißen Kleide, rote Rosen im Gürtel und wie sie die Stufen zur Veranda herabstieg, schauten alle zu ihr auf und lächelten unwillkürlich. Sie lächelte auch, als brächte sie etwas Gutes. Bob gab der allgemeinen Stimmung Ausdruck, indem er rief: »Billy sieht heute wieder erster Güte aus!« Boris folgte ihr und nahm sie sofort in Beschlag, um halblaut mit ihr zu sprechen. Er sprach mit Damen immer halblaut, als sei das, was er sagte, Vertrauenssache.

Alle Hausgenossen waren nun versammelt, nur die Frau Professor fehlte. Die ließ stets auf sich warten.

»Ach ja, meine Frau,« meinte der Professor, »die beweist mir zur Genüge, daß die Zeit etwas Subjektives ist. Sie hat immer ihre eigene Zeit.«

Endlich kam sie, erhitzt und mit flatternden roten Haubenbändern. Man konnte zu Tisch gehen.

Graf Hamilkar liebte diese Lebenslage, wenn er oben an der langen Tafel saß, die Reihe der jungen Gesichter entlangblickte und das Schwirren der gedämpften Stimmen hörte. Das erheiterte ihn. Er pflegte dann die Unterhaltung, wollte sie angenehm und harmonisch. Allein heute kam etwas wie ein Mißton hinein.

Man sprach von Politik. Der Professor war Patriot und nationalliberal. Er unterbrach sich im Essen seiner Erbsen, faßte mit Daumen und Zeigefinger ein Crouton, gestikulierte damit und sagte begeistert: »Bitte, in der Wissenschaft als Gelehrter, da folge ich der Vernunft und Logik ganz unbedingt, wohin sie mich auch führen, aber in der Politik, da ist es anders, da kommt ein wichtiger Faktor hinzu, ein Affekt, die Liebe zum deutschen Vaterlande. Verstand und Logik müssen die Herrschaft mit der Liebe teilen, was sage ich, teilen – sie müssen sich der Liebe unterordnen; ja geradezu unterordnen. So bin ich auch ganz bereit, aus Liebe zum Vaterlande zuweilen unlogisch zu sein. Ja, mein lieber Graf, das bin ich.« Er schaute sich triumphierend um und lachte.

»Gewiß, gewiß,« meinte der Graf, »es wäre ja überhaupt schlimm, wenn wir nicht hin und wieder bereit wären unlogisch zu sein.«

Da beugte sich Boris vor und begann zu sprechen mit seinem ein wenig singenden slavischen Akzent und dem rollenden r: »Sie haben sehr recht, Herr Professor, aber es muß nicht immer nur die Liebe sein, es kann auch der Haß sein. Uns Polen ist auch der Haß heilig.«

Der Graf zog die Augenbrauen empor und beugte sich über seinen Teller. »Ich habe bemerkt,« versetzte er mit einer Schärfe, die alle überraschte, »daß Haß als Beschäftigung verdummt.«

Boris erbleichte. Er wollte auffahren. »Ich muß doch bitten, Onkel,« aber dann zuckte er die Achseln und lächelte ironisch. Billy und Marion, die ihm gegenübersaßen, erröteten beide und schauten ihn angstvoll an. Die beiden Kinder unten am Tisch kicherten. Es gab eine unangenehme Pause, bis der Professor wieder hastig zu sprechen begann. Boris schwieg, schaute gekränkt vor sich hin und lehnte alle Speisen ab. Auch Billy und Marion hatten jede Freude am Essen verloren und waren froh, als die Mahlzeit zu Ende ging.

Die Sonne schien schon ganz schräg durch die Obstbäume, als auf der Gartenveranda der Kaffee genommen wurde. Graf Hamilkar rauchte eine Zigarette und schaute behaglich den Garten hinab, der jetzt wieder voller Leben war. Um diese Stunde wurden ihm stets die Augenlider ein wenig schwer. Drüben an der Buchsbaumhecke gingen Boris und Billy auf und ab. Boris sprach eifrig, machte mit seiner schmalen weißen Hand weite Bewegungen und ließ seine vielen Ringe in der Sonne blitzen. Darin lag etwas, was dem Grafen mißfiel, aber er wollte sich in dieser angenehmen Lebenslage nicht ärgern. Als er dann aufstand und in sein Zimmer hinüberging, um ein wenig zu ruhen, begegnete ihm seine Schwester. Er blieb stehn, legte einen Finger an die Nase und sagte: »Betty, was ich dir sagen wollte.«

»Was denn, Hamilkar,« sagte die alte Dame und bog ihren Kopf sehr weit zurück, um ihrem Bruder in die Augen zu sehen. Der Graf deutete durch das Fenster zur Buchsbaumhecke hinaus: »Die Beiden dort, du solltest ein wenig acht geben.«

»Ach Hamilkar,« meinte Betty, »laß doch die Jugend sich unterhalten. Wir waren doch auch einmal jung.«

Der Graf lächelte wieder sein unterdrücktes schiefes Lächeln. »Gewiß, Betty, wir waren auch einmal jung und es wäre doch gut, wenn unsere Kinder von dieser unserer Erfahrung einigen Nutzen hätten. Die polnischen Liköraugen geben einen ungesunden Rausch; wir haben an dem griechischen Rausche gerade genug gehabt. Du solltest ein wenig acht geben.«

Damit ging er in sein Zimmer und streckte sich auf seinem Sofa aus. Er liebte diese halbe Stunde des Ruhens. Er schloß die Augen. Die Fenster standen weit offen. Vom Garten tönten die Stimmen herein, wie sie sich riefen, suchten, vereinigten und dazu immer das unermüdliche Wetzen der Feldgrillen. »Wie die eifrig bei der Arbeit sind,« dachte der Graf, »wie eilig sie das haben, das klingt ja, als haspele ein jeder schnell einen Faden von einer Spule. Wie sie schnurren diese Spulen, wie die Unruhe in ihnen fiebert.« Er fühlte sich angenehm abseits von dieser Unruhe. Im Halbschlummer schienen die Stimmen sich zu entfernen, zu sänftigen. »Ja ja, so muß es sein, die unruhigen Stimmen entfernen sich, verhallen und dann – Stille. Ja, so wird es sein – vielleicht – man wird ja sehen.«

Unten an der Buchsbaumhecke aber gingen Boris und Billy noch immer auf und ab. Boris sprach leidenschaftlich auf Billy ein. Er war ganz bleich von Beredsamkeit und verstand es, ein wunderbar unumwundenes Pathos in seine Worte zu legen.

»Ich weiß, dein Vater liebt mich nicht, er will mich demütigen. Natürlich man liebt uns hier bei euch nicht. Wir sind die Unbequemen der Geschichte. Eigensinnige Idealisten liebt man nicht. Wer mit einem Schmerz geboren wird, wer für einen Schmerz erzogen wird, ist unsympathisch, ich weiß. Unglücklich sein ist hier bei euch unmodern, es ist nicht comme il faut.«

»Ach, Boris, warum sprichst du so,« sagte Billy mit vor Erregung heiserer Stimme, »wir hier, wir alle, haben dich gern.«

Boris zuckte die Achseln. »Wir alle, ach Gott, das ist ja auch gleichgültig. Aber du, Billy, ich weiß, du bist gut, du bist für mich, aber nein, nicht so wie ich es verstehe. Sieh, wir Polen, die wir alle mit einer Wunde im Herzen umhergehen und deshalb einsam sind, wir verstehen die Liebe anders. Wir verlangen eine Liebe, die bedingungslos unsere Partei nimmt, ohne zu fragen, ohne sich umzuschauen, die ganz, ganz, ganz für uns ist. Aber,« und Boris machte eine Handbewegung, als werfe er eine Welt von sich, »aber, wo finden wir soch eine Liebe!«

Die Sonne hing jetzt, eine himbeerrote Scheibe, über dem Waldsaum. Billy blieb stehen, schaute mit weitoffenen Augen die Sonne an. Das dunkele Blau dieser Augen wurde blank von Tränen und zwei kleine rote Sonnen spiegelten sich in ihnen. »Ach, Boris, warum mußt du so sprechen,« brachte sie mühsam heraus, »du weißt doch – was soll ich tun, was kann ich tun.«

»Du kannst alles,« versetzte Boris geheimnisvoll.

Billys Herz schwoll schmerzhaft von unendlichem Mitleid für den schönen bleichen Jungen vor ihr und es schien ihr in diesem Augenblicke wirklich, als könnte sie für ihn alles tun.

Der Garten war jetzt ganz rot vom Abendlicht. Überall standen die Mädchen und die jungen Leute beieinander, von dem bunten gewaltsamen Lichte wie von einer Festbeleuchtung aufgeregt. Egon von Hohenlicht machte die Professorentöchter lachen, immer beide zu gleicher Zeit. Moritz ging mit Marion zwischen den Levkojenbeeten umher und sie sprachen von Billy. Selbst das kleine Fräulein Demme und der stattliche Hannoveraner standen ein wenig abseits beieinander und flüsterten. Lisa hatte den Liegestuhl auf den Rasenplatz unter dem Birnbaum hinaustragen lassen. Dort lag sie regungslos, als fürchtete sie das schöne rote Licht, das über sie hinfloß, durch eine Bewegung in Unordnung zu bringen. Der Leutnant von Rabitow hatte sich zu ihren Füßen auf den Rasen hingestreckt.

»Ach wie schön das ist,« sagte Lisa mit einer sanft klagenden Melodie in der Stimme, »wenn man das so sieht, würde man nicht glauben, daß auch so viel Schmerz auf dieser Erde ist.«

»Allerdings,« meinte der Leutnant, »aber daran dürfen wir nicht denken. Wenn ich abends mein Bad genommen habe, Toilette gemacht habe und auf die Straße hinuntergehe, – die Restaurants sind hübsch erleuchtet, wenn ich scharf um die Ecken biege, karamboliere ich mit lieben kichernden Mädchen, und ich denke dann ein wenig nach und sage mir, wohin gehst du jetzt – na, dann schlage ich es mir auch aus dem Sinn, daß morgen wieder Dienst ist und Rekruten usw.«

»Sie sind, glaube ich, glücklich, Herr von Rabitow,« sagte Lisa leise.

Auf der Veranda aber saßen Komtesse Betty und Madame Bonnechose bei einander, falteten die Hände im Schoß und sagten andächtig: »ah, la jeunesse, la chère jeunesse.«

Nur die beiden Kinder waren unzufrieden. Bob und Erika standen auf dem Gartenwege und grollten, weil es nicht zu einer Unternehmung kam, zu einem Spaziergang, oder zu einem gemeinsamen Spiel.

»Wenn alle sich immer nur verloben,« meinte Bob, »dann kommt es natürlich zu nichts. Boris legt auf Billy Beschlag, als ob sie Polen wäre.«

»Das wird ihm nichts helfen,« bemerkte Erika, »Papa ist gegen die Partie, das weiß ich.«

Die Sonne war untergegangen. Vom Wald und den Wiesen her kam ein feuchtes Wehen und schüttelte an den Zweigen der alten Obstbäume. Eintönig und klagend ging das Singen der Bauernmädchen die dämmerige Landstraße entlang.

Bob hatte sein gemeinsames Spiel durchgesetzt. Jemand stand an einem Baum und zählte, die anderen versteckten sich. Billy lief zu dem dichten Berberitzengebüsch hinüber. Dort war es dunkel, es roch nach den Brettern einer alten Holzkiste, die dort stand, nach Gartenerde und den säuerlichen Trauben der Berberitzen. Billy war ein wenig atemlos, ihr Herz klopfte so stark, sie hörte es klopfen, es klang wie leise Schritte, die eilig eilig einem unbekannten Ziele zulaufen. Eine große Erregung ließ Billy in sich zusammenschauern, eine Erregung, die das Allvertraute ringsumher fremd erscheinen läßt, bedeutungsvoll und gleichsam schwer von heimlich heranschleichenden Ereignissen. Billy war zu jedem Erlebnis bereit. Boris weiche Stimme schien alle Schranken, in die dieses Kind sorgsam eingehegt worden war, niederzureißen. Ach ja, Boris Leben, das so voll großer Gefühle und großer Worte war, mitleben zu dürfen, das war es, was Billy jetzt haben mußte.

»Billy,« hörte sie eine leise Stimme im Dunkeln. Es war Boris. Billy wunderte sich nicht darüber, sie hatte die ganze Zeit ihn so leidenschaftlich gefühlt, daß seine Gegenwart ihr selbstverständlich erschien. »Ja Boris,« antwortete sie ebenso leise.

Er stand jetzt ganz nahe vor ihr, sie spürte das starke, süße Parfüm, das er zu gebrauchen liebte. »Billy,« sagte er, »ich komme, um Gewißheit von dir zu haben.« Er schwieg, aber Billy vermochte nichts zu sagen, sie wartete. Das Ereignis, dessen Heranschleichen sie gespürt, stand jetzt vor ihr.

»Sieh, Billy,« fuhr Boris fort und seine Stimme klang ein wenig trocken, dozierend, »ich muß es wissen, ob du in meinem Leben das bist, auf das ich unbedingt bauen kann. Ich kann mir mein Leben ohne dich nicht denken, aber gerade deshalb darf ich mich nicht täuschen, wenn ich mich hier täuschen würde, könnte es mein Untergang sein.«

Er wartete wieder.

»Aber Boris, du weißt doch –« begann Billy, aber er unterbrach sie ärgerlich: »Nein, ich weiß nicht, ich kann es nicht wissen, du verstehst mich nicht, das ist alles ganz anders.« Billy war das Weinen nahe, die strenge Stimme, die aus dem Dunkeln auf sie einsprach, quälte sie unsäglich. »Doch, gewiß verstehe ich dich. Warum soll ich dich nicht verstehen. Warum sagst du das? Sprich doch morgen mit dem Papa, alle verloben sich, warum muß es denn bei uns so furchtbar traurig sein.« Das Weinen war ihr nahe, müde setzte sie sich auf die alte Holzkiste. Da hörte sie Boris leise lachen, es war das kurze, hochmütige Lachen, mit dem er seine Aufregung zu verbergen liebte. Dann setzte er sich auch auf die Holzkiste, nahm Billys Hand, hielt diese kühle Mädchenhand in der seinen wie etwas Zerbrechliches und Kostbares und begann wieder zu sprechen:

»Nein, nein, du verstehst mich nicht. Natürlich werde ich mit deinem Vater sprechen, ich will ja korrekt sein; aber was wird das helfen, dein Vater haßt mich, ich habe mir mein Glück immer erkämpfen müssen, und ich will das auch und du mußt das auch wollen. Es ist alles gleich, hörst du, alles, es kommt nur auf das Eine an, daß du und ich zueinander kommen. Ich sehe nur dich und du sollst nur mich sehen, was daraus wird, darf uns nicht kümmern, nur du und ich, du und ich.« Er sprach noch immer leise, aber seine Stimme nahm wieder ihren leidenschaftlich singenden Ton an. Er berauschte sich wieder an seinen Worten, an seinem Selbst. »Kannst du das nicht, dann sage es gleich, es ist besser, dann gehe ich fort, es ist gleich, was aus mir wird. Sterben kann ich, aber getäuscht werden, das geht über meine Kraft. Kannst du das, sag, sag?« Und er drückte ihre Hand und schüttelte sie.

»Ja, ich kann,« erwiderte Billy gehorsam.

»Also,« fuhr Boris fort, »wir gehen einen Weg aufeinander zu, von beiden Seiten sind hohe Mauern und wir sehen nichts, nur diesen Weg und du siehst mich und ich sehe dich und wir gehen aufeinander zu, nur das, verstehst du?«

»Ja,« sagte Billy und wirklich sah sie diesen gelben Weg zwischen den grauen Mauern unter einem hellgrauen Himmel und zwei einsame Gestalten, die aufeinander zugehen.

»Es ist ja gleich,« fuhr Boris fort, »ob unsere Liebe tragisch ist, es kommt eben nur auf diese Liebe an. Wir Polen können nichts dafür, wenn wir als Abenteurer geboren werden, daran ist die Geschichte schuld, aber Abenteurer brauchen ganz sichere Gefährten, bist du das? Sag'.«

Jetzt nahm er sie fest an sich und küßte sie. Die großen Worte, das große Mitleid, diese Lippen, die sie küßten, diese Hände, die fieberhaft nach ihr griffen, all das tat ihr weh. O Gott, dachte sie, wäre das doch schon vorüber.

»Bitte,« flüsterte sie, »geh' jetzt.«

Boris ließ sofort von ihr ab, stand auf und sagte höflich: »Wenn du es wünschest. Aber, Billy, ich fürchte, du bist mir noch recht fern.«

»Ich will aber nicht fern sein,« rief Billy weinerlich und nun kamen auch die Tränen. Boris stand einen Augenblick schweigend da, dann sagte er leise »gute Nacht« und ging. Billy blieb auf der Holzkiste sitzen, schlug die Hände vor das Gesicht und weinte. In den Berberitzenbüschen raschelte der Nachttau. Dort irgendwo durch das Dunkel schwirrte eine Fledermaus und stieß ihr angstvolles und unendlich einsames Pfeifen aus. Billy fror, sie fürchtete sich auch. Es war ihr, als käme in der Finsternis etwas heran, das sie nehmen und sie forttragen wollte. Aber was konnte sie tun, jetzt war auch alles gleich. Sie gehörte zu Boris und seinem schönen, unverständlichen Schmerze.

Sie hörte Schritte, jemand stand neben ihr.

»Billy, bist du hier?« Es war Marion.

»Ja, Marion.«

– »Weinst du?«

»Ja, ich . . . ich weine.«

Marion setzte sich zu Billy auf die Holzkiste, ihr war auch sehr weinerlich zumute. Beide schwiegen eine Weile, dann fragte Marion: »War er hier?« »Ja« erwiderte Billy.

»Und hat er,« fuhr Marion fort, »hat er etwas gesagt? Seid Ihr verlobt?«

»Ja, ich glaube,« meinte Billy, »aber es ist doch alles sehr traurig.«

Die beiden Mädchen saßen wieder schweigend nebeneinander. Draußen im Garten hörte man Stimmen, jemand rief: »Billy! Marion!« dann wurde es still.

»Komm,« sagte Billy und stand auf, »aber wir gehen nicht zu den Anderen, ich mag niemanden sehen, ich mag keinen Tee, wir wollen zu uns hinaufgehen, ohne daß jemand uns sieht.«

Über dem Dach des Hauses war der Mond emporgestiegen, der Garten war plötzlich hell und die Schatten der Bäume lagen hart und schwarz auf den beschienenen Wegen. Die beiden Mädchen schlichen an den Büschen die Buchsbaumhecke entlang, zuweilen blieben sie stehen und horchten zur Veranda hinüber. Dort saßen die Anderen, Billy hörte die Stimme des Professors, dann die Stimme ihres Vaters. »Der Tod, lieber Professor,« sagte er gerade, »ist uns deshalb unverständlich, weil wir auf ihn die Maßstäbe des Lebens anwenden. Es ist wie mit dem Traum. Wenden Sie auf einen Traum die Maßstäbe des Wachens an und Sie werden sich nie in ihm zurechtfinden.«

»Mein Gott,« flüsterte Billy verachtungsvoll, »sie sprechen über den Tod.« Hurtig schlüpften die beiden Mädchen in das Haus. Oben im Giebel lagen ihre beiden Zimmer nebeneinander und sie hatten einen großen gemeinsamen Balkon, der auf den Garten hinausging. Billys Zimmer war hell von Mondschein, sie zündete daher kein Licht an. »Ist es gekommen?« fragte sie Marion.

»Ja,« meinte Marion, »heute mit der Post,« und holte ein kleines Paket hervor. Beim Licht des Mondes öffneten es die beiden Mädchen; es enthielt eine weiße Porzellanbüchse, »Anadyomenit« stand auf dem Deckel und darin war eine weiße Salbe, die süß nach Rosen duftete. »Hier ist auch eine Anweisung,« sagte Marion; sie hielt einen Zettel gegen das Mondlicht und las: »Man bestreiche das Gesicht dünn mit der Salbe und setze es dann eine halbe Stunde einem milden Lichte, am besten dem Lichte des Vollmondes aus. Die Haut wird durchsichtig, lilienweiß ...« – »Gut, gut,« unterbrach Billy die Vorlesung, »fangen wir also an.« Schweigend und eifrig machten sie sich an die Arbeit; sorgsam strichen sie vor dem Spiegel die Salbe über ihre Gesichter, rückten Stühle auf den Balkon hinaus, saßen regungslos da und schauten zum Monde auf, der ihnen gegenüber rund und gelb über den Wipfeln der alten Ahornbäume hing. Nur selten sagte eine ein Wort.

»Du weißt,« bemerkte Billy einmal, »er hat ganz lange Wimpern.«

»Ja,« sagte Marion, »und sie sind ein wenig hinaufgebogen.« Dann schwiegen sie wieder.

Unten in der Ahornallee ging Boris rastlos auf und ab. Er rauchte Zigaretten und sann. Er fühlte sich, er sah sich heute besonders stark und deutlich, sich den geliebten, schönen Jüngling mit dem tragischen Ausnahmeschicksal. Das gab ihm eine feierliche Erregung. Aber er wußte auch, er war sich ein bedeutsames Erlebnis schuldig. Billy gehörte dazu natürlich, das stand fest und nun schmiedete er Pläne, dichtete eifrig an dem Schicksal des schönen, geliebten Jünglings. Zuweilen am Ende der Allee blieb er stehen und schaute zu dem Hause hinauf, hinauf zu dem Balkon, auf dem die weißen Gestalten der beiden Mädchen regungslos dasaßen, die blanken Gesichter dem Monde zugewandt.

Drüben zwischen den Blumenbeeten ging die Fürstin Katakasianopulos langsam hin und her, sehr schlank in ihrem schwarzen Kleide, sehr bleich im Mondlicht. Aber, wer sah das. Auch sie fühlte sich als kostbares Werkzeug für köstliche Erlebnisse. Allein wo waren die, denen diese Erlebnisse bestimmt waren. Am Ende des Gartenweges blieb sie stehen und schaute sinnend auf die weißen Nebel, die von der Wiese aufstiegen. Sie war mit ihrem

Manne einst einen Monat lang in Athen gewesen. Vielleicht sehnte sie sich nach Griechenland. Möglich. Aber warum ging Boris allein in der Allee auf und ab? warum blieb der Leutnant dort bei den Anderen? Sie kam sich vor wie ein Fest, das einsam in seinem Schmucke dasteht und von dem alle, die es feiern sollen, nichts wissen. Aber von der Veranda tönte die ruhig forterzählende Stimme des Grafen Hamilkar in die Mondnacht hinaus. Er erklärte dem Professor noch immer den Tod.

Ein sehr heller Augustmorgen lag über Kadullen. Im Hause war es noch still. Nur Komtesse Betty ging durch die sonnigen Zimmer und ließ die Fenstervorhänge herab, denn der Tag versprach heiß zu werden. Dann ging sie in den Garten hinaus um Rosen zu schneiden. Zuweilen hielt sie in der Arbeit inne und schaute blinzelnd in den Sonnenschein hinein, sah zu dem Gartenburschen hinüber, blickte den Küchenmägden nach, die mit großen Körben voller Gemüse aus dem Gemüsegarten kamen. Überall regte sich schon emsig das behäbige und geregelte Leben. Das tat gut. Wenn das eigene Leben sich sachte dem Ende zuzuneigen beginnt, muß man sich an dem starken jungen Leben der Anderen wärmen, die Hände voll großer kühler Rosen haben und mit geöffneten Lippen den Morgenduft dieses Gartens eintrinken. Dort von der Allee her grüßte jemand. Ach ja, das war Moritz, der zum See hinunterging, um zu baden. Der arme Junge. Seitdem er so stark in Billy verliebt war, kam er aus dem Wasser gar nicht mehr heraus, immer wieder war er unterwegs zum See. Die lieben Kinder, wie sie einander liebten und einander Schmerz bereiteten und wie hübsch das alles war. Ja das Leben, das liebe Leben. Ob zwischen dem Leutnant und Elsa etwas zustande kommt. Komtesse Betty wollte mit Madame Bonnechose darüber sprechen; die hatte in solchen Dingen einen sehr scharfen Blick. Sie nahm ihre Rosen zusammen und ging in das Haus hinein.

Sie war erstaunt, um diese Zeit schon Boris im Wohnzimmer zu finden. In seinem Anzug aus rahmfarbener Seide mit dem nelkenroten Gürtel saß er wartend in einem Sessel, bleich, sehr hübsch und ein wenig feierlich.

»Wie? Du schon auf, mein Junge«, sagte die alte Dame.

»Ja«, meinte Boris ernst, »ich habe etwas vor, ich habe den Onkel fragen lassen, ob er mich gleich nach dem Frühstück empfangen will, ich muß mit ihm sprechen.« Komtesse Betty sah ihren Neffen unsicher, ein wenig ängstlich, an.

»Ach so, ja warum soll er dich nicht empfangen. Aber, was ist denn? Ist es wegen ... wegen –«

Boris nickte: – »Ja, wegen Billy«.

»Lieber Boris«, sagte die alte Dame und bog den Kopf ein wenig zurück, um ihrem Neffen in die Augen zu sehen, »muß das gerade jetzt sein. Das wird Billy so aufregen – und den Onkel, und mich und uns alle und wir sind gerade so glücklich und so gemütlich beieinander. Kannst du damit nicht warten?«

Aber Boris wurde noch feierlicher: »Das tut mir leid, liebe Tante, daß ich eure Gemütlichkeit stören muß. Das ist, fürchte ich, nun einmal die Rolle, zu der ich bestimmt bin«, und er lachte bitter, »nein, gemütlich bin ich nicht, aber ich tue, was ich tun muß.«

»So, so«, sagte Komtesse Betty ängstlich, »ja dann – vielleicht geht alles gut. Ich gehe gleich zu Billy hinauf, vorläufig muß sie jedenfalls im Bett bleiben, ich bringe ihr das Frühstück.« Geschäftig eilte sie fort und Boris setzte sich wieder bleich und entschlossen auf seinen Sessel und wartete.

Als Boris zu seinem Onkel gerufen wurde, fand er diesen in seinem Schreibzimmer am Fenster sitzend. Er rauchte seine Morgenzigarre und schaute auf den Hof hinaus. Dort regte sich emsig die landwirtschaftliche Vormittagsarbeit. Im Teich wurden Pferde geschwemmt, ganz blank in der Sonne. Erntewagen fuhren vorüber, grellgelb gegen den blauen Himmel. Flüchtig wandte sich der Graf zu seinem Neffen um, nickte ihm zu und schaute dann gleich wieder zum Fenster hinaus.

»Guten Morgen, Boris«, sagte er, »du willst mich sprechen, schön, bitte setze dich.« Als Boris sich gesetzt hatte, war es ganz still im Zimmer. Er hatte so viel große Worte vorbereitet, aber hier in diesem Zimmer vor diesem alten Manne, der mit seinen Gedanken so sehr weit fort von allem zu sein schien, von allem, was Boris anging, schien all das Vorbereitete nicht mehr zu stimmen. Ob er wirklich nur sich für die vorüberfahrenden Erntewagen interessiert, dachte Boris, oder ob er Komödie spielt aus Bosheit?

»Wie der Bursche dort oben auf dem Gerstenfuder liegt«, begann jetzt der Graf, »so ganz königlich hingerekelt. Der hat wirklich Besitzgefühl jetzt, wenn ihm auch kein Halm gehört. Der hat mehr Besitzgefühl in diesem Augenblick, als ich hier an meinem Fenster. Merkwürdig, nicht?« Er wandte sich Boris zu. Als er den gespannten Ausdruck auf dem bleichen Gesicht sah, zog er ein wenig die Augenbrauen empor und bemerkte: »Ja so, du willst von dir sprechen, also bitte.« Dann schaute er wieder zum Fenster hinaus.

»Ja Onkel«, sagte Boris und seine Stimme klang gereizt und kampflustig, »ich wollte dir sagen, ich ... ich liebe Billy.« Der Graf zog an seiner Zigarre und sprach dann langsam und stark durch die Nase: »Gewiß, das ist verständlich. Das ist natürlich. Es wird vielleicht manchem anderen ebenso gehen. Billy ist ein ungewöhnlich hübsches, junges Mädchen, da verlieben die jungen Leute sich in sie, das war von jeher so.«

»Aber Billy liebt auch mich«, stieß Boris entschlossen hervor. Sein Onkel schaute ihn aus den grauen Augen scharf an, das Gesicht blieb ruhig, nur die Nase schien noch weißer zu werden: »Lieber Boris, auch in meiner Jugend verliebten wir uns in junge Mädchen, wir sagten wohl auch zuweilen, ich bin in die und die verliebt, aber zu sagen, dieses junge Mädchen ist in mich sterblich verliebt, das galt damals für nicht geschmackvoll.«

Boris errötete, aber er fühlte, wie er seine Sicherheit zurückgewann, so eine angenehme Kampfstimmung machte ihm das Herz warm. Er konnte sogar wieder seine Lippen zu dem traurigen und hochmütigen Lächeln verziehen, von dem eine Dame ihm gesagt hatte »das ist so hübsch, daß es schwer sein muß, später nicht zu enttäuschen.«

»Vielleicht ist es geschmacklos«, sagte er, »aber es gibt Lebenskrisen, in denen wir auch über den Geschmack hinweggehen, ich wollte nur sagen, daß Billy und ich miteinander einig sind. Ich bin geschmacklos, gut, aber nur, weil ich klar sein möchte.«

»So, so«, erwiderte Graf Hamilkar und die Zigarre zitterte ein wenig in seiner Hand, »dann werde ich auch klar sein müssen. Da ich von jeher mich für dich interessiert habe, so bin ich häufig in die Lage gekommen, dir aus all den Schwierigkeiten herauszuhelfen, in die dein Leichtsinn oder, um mich weniger klar auszudrükken, deine interessante Natur dich verwickelt hat. Da du nun all das weißt, was ich von dir weiß, so wirst du verstehn, daß ich für das Glück meiner Tochter auf dich in keiner Weise gerechnet habe.«

Jetzt fand Boris seine Beredsamkeit wieder, er fand all die großen Worte wieder, die er sich gestern in der Ahornallee zurechtgelegt hatte und er mußte sich von seinem Stuhl erheben um sie zu sprechen.

»Ich weiß, Onkel, alles, was du für mich getan hast. Ich kenne auch meine Fehler. Aber das entscheidet hier nicht. Billys Liebe ist für mich ein unverdienter Glücksfall. Solch ein Glück ist immer unverdient. Aber die Hände nicht darnach ausstrecken wäre für mich ein Selbstmord, ja geradezu Selbstmord.«

»Mein Lieber«, unterbrach ihn der Graf, »von dem Worte Selbstmord als rhetorischer Wendung ist im Interesse des guten Geschmacks dringend abzuraten.« Boris wurde heftig, seine Stimme nahm eine scharfe Diskantlage an: »Ich kümmere mich nicht um rhetorische Wendungen und um Geschmack. Es handelt sich hier um mein Schicksal, aber das wäre ja gleich, das wäre dir gleich. Aber es handelt sich um Billy, Billy gibt mir mein Recht und wenn ich auch leichtsinnig bin und unwürdig und eine schlechte Partie und unsympathisch, Billys Liebe ist mein Recht.«

Er war zu Ende und setzte sich auf seinen Stuhl zurück. Das hatte wohlgetan. Der Graf strich sanft seine weiße Nase und versetzte:

»Das Recht, dich in meine Tochter zu verlieben, kann ich dir nicht absprechen, ebensowenig das Recht, mich um die Hand meiner Tochter zu bitten, aber was du da eben gesagt hast, klang eher so, als hieltest du in Billys Namen bei mir um deine eigene Hand an.«

»Ich wollte offen und loyal gegen dich sein« erwiderte Boris.

»So wolltest du das?« meinte der Graf. »Du nennst das loyal, wenn du als Gast in meinem Hause hinter meinem Rücken mit meiner siebzehnjährigen Tochter, wie du es nennst, einig wirst.«

»Es war vielleicht nicht korrekt«, sagte Boris müde und überlegen, »aber, mein Gott, wenn etwas so Starkes hier im Herzen und hier im Kopf sich festsetzt, dann sprechen wir es eben aus.«

Scharf und böse erwiderte der Graf: »Ein anständiger Mensch behält eben neun Zehntel von dem, was ihm durch Herz und Kopf geht, für sich.«

»Du willst mich beleidigen, Onkel«, Boris lächelte dabei sein hübsches melancholisches Lächeln, »gut, gut. Wir Polen können unsere Köpfe und Herzen vielleicht weniger im Zaum halten, als ihr Deutsche; deshalb sind wir *doch* anständig.«

»Es ist sehr wohlfeil, mein Lieber«, höhnte der Graf, »seine Fehler seiner Nation in die Schuhe zu schieben; die kann sich nicht wehren. Übrigens ...« Er hielt inne, seine Zigarre war ausgegangen; er zündete sie umständlich an und, als er wieder zu sprechen begann, war die Gereiztheit aus seiner Stimme fort, es war wieder der beschaulich näselnde Ton. »Die Diskussion ist hier wohl unfruchtbar, wir sind dazu, beide, in der Sache zu wenig objektiv. Ich bedauere also, deinen Antrag ablehnen zu müssen.«

Boris erhob sich und verbeugte sich formell. »Dann kann ich wohl gehen«, sagte er.

»Ja«, erwiderte der Graf, »der Gegenstand wäre soweit erschöpft. Es wäre noch hinzuzufügen, daß ich dich bitten muß, deinen Besuch bei uns heute abzubrechen.«

Boris verbeugte sich wieder. »Nachmittag natürlich«, fügte der Graf hinzu.

»Danke«, sagte Boris und ging dann sehr aufrecht hinaus.

Graf Hamilkar tat einen langen Zug aus seiner Zigarre und schaute wieder zum Fenster hinaus. Er wünschte wieder einen Erntewagen zu sehen und einen Burschen, der schläfrig oben in den heißen gelben Halmen lag. Im Hof hinter einem Busch hatte die ganze Zeit über Marion gestanden und zu ihm in das Fenster hineingeschaut. Jetzt, da Boris gegangen war, lief auch sie dem Hause zu. Der Aufklärungsdienst der Jugend gegen die Alten, dachte der Graf. Er lehnte den Kopf zurück und schloß die Augen.

Er war ein wenig müde. Natürlich würde sie gleich kommen. Wie er seine Tochter kannte, so würde sie sich den Rausch der Treue, des Bekennens, des Mutes vor den bösen Vater hinzutreten, nicht entgehen lassen. Gott, wie das Leben immer wieder dieselben alten Rollen verteilte. Widerlich. Jetzt ging die Tür. Er öffnete nicht die Augen, eine unendliche Trägheit machte ihm die Augenlider schwer. Er hörte, wie Billy in das Zimmer trat, nahe an ihn herantrat und vor ihm stehen blieb. Da öffnete er die Augen und lächelte ein wenig. »Nun, meine Tochter?« fragte er, »komm, setze dich zu mir.«

»Nein, Papa«, erwiderte Billy, »ich möchte lieber stehen.«

»Gut, steh'«. Er mußte auch stehen, als er seine Rede hielt, dachte Graf Hamilkar. Billy stand da in ihrem weißen Kleide, rote Nelken im Gürtel, die Arme niederhängend und die Hände leicht ineinander verschlungen. Das Gesicht war bleich und die Augen sehr blank. Entschlossen sieht sie aus, ging es dem Grafen durch den Sinn, Charlotte Corday vor der Badewanne Marats.

»Ich wollte nur sagen, Papa«, begann Billy, »daß ich *für* Boris bin, daß ich auf Boris Seite stehe. Wenn du ihn auch beleidigst und fortschickst, ich bin für ihn, ich muß das.«

Sie sprach ruhig, nur daß sie beim Sprechen die roten Nelken aus ihrem Gürtel zog und nervös zerpflückte. Der Graf nickte: »Gewiß Kind, ich habe das nicht anders erwartet. Ich fürchte, wir werden einander nicht überzeugen. Du wirst Boris immer anders sehen, als ich ihn sehe. Unsere Augenpunkte sind eben zu verschieden. Auch über das, was du fühlst, werden wir nicht einer Meinung sein. Du hältst das für etwas Dauerndes, ja für etwas Ewiges, nicht? Und ich für etwas Vorübergehendes. Ich könnte mich nun auf meine Erfahrung berufen und sagen, ich habe mehr Dinge vergehen sehn als du. Aber du wirst mir einwenden, das, was du erlebst, sei noch nie erfahren worden, sei einzig. Wir kommen nicht zusammen. Da bleibt also nichts übrig als die altbewährte Regel, daß ich bestimme und du gehorchest. Ich verwalte dein Leben und habe es dir, wenn du anfängst es selbst zu verwalten, ungeschmälert zu überliefern. Die Zugabe des polnischen Vetters aber würde ich für eine unvorteilhafte Belastung dieses mir anvertrauten Kapitals halten.«

»Ich will aber lieber, daß es belastet ist und ... und ... und alles, was du sagst, aber mit Boris«, rief Billy und warf die Nelken zornig zur Erde. Der Graf zuckte leicht mit den Achseln. »Ja, mein Kind, darin sind wir eben verschiedener Ansicht, und meine Ansicht ist vorläufig die herrschende.« Billy schwieg. Sie ließ jetzt ihre Arme schlaff niederhängen, ihre Augen wurden ganz rund und klar und es kam ein wunderlicher Ausdruck in sie von Hilflosigkeit, ja von Angst. »Dann – dann –« brachte sie mühsam heraus, »dann weiß ich nicht.« Ein unendlicher Widerwille gegen seine Vaterrolle stieg in ihm auf, war er denn wirklich dazu da, um dieses schöne Wesen zu quälen. Aber, als er zu sprechen begann, klang seine Stimme noch um einiges kühler und ironischer:

»Geh jetzt, meine Tochter. Vielleicht gewährt es dir einige Beruhigung, zu denken, daß für den Schmerz, den du jetzt empfindest, nicht du selbst verantwortlich bist, sondern ich. An solchen kleinen Hilfshypothesen, wie der Professor sagen würde, ist das Leben reich, und warum sollen wir sie nicht benutzen.« Billy hörte ihn nicht mehr, die klaren Augen schienen auf etwas hinauszustarren, über das sie sich wunderten und das sie erschreckte. Dann plötzlich machte sie kehrt und ging hinaus.

Der Graf fuhr sich mit der Hand über das Gesicht. Ein verteufeltes Gefühl, das Mitleid. Es ist eigentlich ein starkes körperliches Unwohlsein. Dann bückte er sich und hob die Nelken auf, die Billy zerpflückt hatte. Er wollte sie in der Hand halten.

An diesem schwülen Tage war auch das Leben in Kadullen wunderlich gespannt. Überall standen Leute zu zweien beieinander und flüsterten mit ernsten Gesichtern. Die Professorstöchter saßen ein wenig verlassen auf der Veranda und sprachen leise miteinander. Zuweilen gesellte sich Egon zu ihnen und machte ihnen lau und zerstreut den Hof. Billy hatte sich in ihr Zimmer zurückgezogen und Komtesse Betty brachte viel Himbeerwasser zu ihr hinauf und Marion jagte beständig zwischen Billys Zimmer und dem Garten hin und her, um Nachrichten zu überbringen. Keiner fand es gemütlich. Lisa ging unter ihrem roten Sonnenschirm zwischen den Blumenbeeten umher. Diese Liebesgeschichte, an der sie keinen Teil haben sollte, machte sie unruhig. Der Leutnant war auf die Hühnerjagd gegangen. Natürlich, das kannte sie an den Männern; wenn es galt sich zu entscheiden oder sonst die Lebenslage schwierig wurde, gingen sie immer auf die Hühnerjagd. Diese armen Tiere schienen nur dazu da zu sein, um über unangenehme Lebenslagen hinwegzuhelfen. Jetzt suchte sie Boris, sie wollte mit ihm sprechen. Wer konnte den Liebenden besser Rat erteilen als sie. Aber er war nicht da. Es hieß, er sei auf die Wiese hinausgegangen. Gut, dann wollte Lisa mit Billy ein Gespräch haben. Aber als Marion das Billy meldete, wurde diese sehr heftig. »Nein, sie soll nicht kommen. Was wird sie sagen und sie wird von ihrem alten Griechen sprechen. Der Fall mit ihrem Katakasianopulos ist ganz anders wie mein Fall. Sag ihr das. Sie kann mir nicht helfen, mir kann niemand helfen.« Und sie drückte das Gesicht in die Kissen und weinte. Ratlos stand Marion vor ihr. »Und Boris ist verschwunden«, klagte Billy wieder, »geh zu Moritz, sag ihm, er soll Boris aufsuchen, er soll acht geben auf ihn, er soll bei ihm bleiben. Geh schnell.« Marion stürmte wieder die Treppe hinab.

Sie fand Moritz im Park faul und kummervoll unter einem Baume hingelagert. Er blinzelte Marion schläfrig an, als sie ihren Auftrag ausrichtete. »Was, auf ihn acht geben«, sagte er, »was wird ihm geschehen? Dem geht es ja gut. Von mir aus kann er sich auch – – –«

»Sie will es«, sagte Marion.

Seufzend richtete Moritz sich auf, nahm sein Badetuch, das neben ihm am Boden lag, hing es sich über die Schulter und schlug widerwillig den Weg zur Wiese ein.

Auf der gemähten Wiese glitzerten allerort Spinnweb über dem kurzen Grase. Schwalben flogen ganz niedrig an der Erde hin. Die Sonne stach unerbittlich herab.

»Unglaublich«, murmelte Moritz, »bei solcher Hitze diesen polnischen Narziß suchen zu müssen. Wo wird er denn sein? Er wird hier irgendwo liegen.«

Wirklich fand er Boris unter einer Weide glatt auf dem Rükken im Grase liegend. Als Moritz vor ihm stehen blieb, schaute ihn Boris gleichgültig an und fragte: »Was willst du?«

»Ich?« sagte Moritz, »ich will eigentlich nichts, aber Billy schickt mich, ich soll auf dich acht geben.«

Boris antwortete nicht, sondern starrte wieder zum Himmel auf. Da legte sich Moritz auch in das Gras. Dieser schöne Pole im gelben Seidenanzug war ihm unendlich zuwider. Wie er da lag, gleichsam schwer und satt von der Bewunderung all der schönen Weiber, die an ihm hingen. Er hätte ihn schlagen mögen. Dennoch war es ihm ein Bedürfnis, in seiner Nähe zu sein, denn etwas von Billy war da, wo Boris war, er wußte um sie, er war die dumme, widerwärtige, verschlossene Türe, hinter der das stand, was Moritz jetzt allein begehrte. Vor dieser Tür zu sitzen war schmerzvoll, aber dieser Schmerz war eben jetzt die einzige Beschäftigung, die ihm blieb.

»Nachdenklich?« bemerkte Moritz endlich.

»Ja«, erwiderte Boris mit seinem lyrischen Stimmton, »wer mit seinem Leben nicht fertig ist, hat eben noch manches zu überdenken.« Moritz lachte höhnisch: »Na, du hast in dein Leben ja schon hübsch viel hineingepackt.«

»Das alles ist noch nichts«, sagte Boris schläfrig. Moritz dachte jetzt darüber nach, was er sagen könnte, dann begann er: »Sag mal wie war es damals in Warschau mit der Tänzerin Zucchetti? Du hattest doch ein Verhältnis mit ihr?« Aber Boris ärgerte sich nicht. »Wie es war? Ja, wie soll ich das jetzt noch wissen. An so etwas erinnert man sich doch nicht. Du könntest mich ebensogut fragen, wie die Flasche Sekt war, die ich am 12. August vor drei Jahren getrunken habe. Ich weiß das nicht.« Und behaglich, als läge er im Bett, wandte er sich um, legte sich mit dem Bauch in das Gras, um sich von der Sonne den Rücken wärmen zu lassen. »Gut«, fuhr Moritz eigensinnig fort. »Du hast aber genug tolle Sachen um ihretwillen angestellt, also hast du sie geliebt.«

»Wenn ihr das im Deutschen Liebe nennt«, entgegnete Boris, »so tut mir eure arme deutsche Sprache leid.«

»So?« Moritz wurde gereizt. »Was ist denn die polnische Liebe?«

»Die polnische Liebe«, sagte Boris und gähnte diskret, »die polnische Liebe ist etwas unendlich Heikles. Es genügt eine Bewegung oder ein Wort, damit von Liebe nicht mehr die Rede sein kann, sondern – nun mein Gott – sondern von allem Anderen.« Boris richtete sich ein wenig auf, kniff seine großen Augen ganz schmal zusammen und schaute träumend zum Walde hinüber, der dort drüben einen sehr schwarzen Strich in all die Helligkeit hineinzeichnete. »Da war einmal eine sehr schöne Frau. Sie war unsere Nachbarin. Ich stand mich sehr gut mit ihr. Sie pflegte mich nachts um zehn Uhr in ihrem Park zu erwarten. Nun gut. Einmal hatte ich mich verspätet, statt zehn, war es dreiviertel elf Uhr geworden. Wie ich nun komme und sehe, sie steht da unter dem Baum und sie hat doch gewartet, da freue ich mich und in dem Augenblicke liebe ich sie wirklich ganz stark. Aber, als ich näher komme, macht sie ein strenges Gesicht und sagt: Nun, du bist pünktlich, das muß man sagen, auch ist es recht ritterlich, eine Dame so lange warten zu lassen. Das klang so spitz und säuerlich und alltäglich, daß von Liebe nichts mehr da war. Eine Gouvernante, die mit einem Schüler spricht, der sich verspätet hat, dachte ich.«

»Was tatest du?« fragte Moritz. – »Ich machte eine Verbeugung und sagte: Ich bin nur gekommen, gnädige Frau, um zu melden, daß ich heute nicht kommen werde. Nun, und dann ging ich.«

Moritz zuckte die Achseln: »Daran finde ich nichts Besonderes. Das sind so Dinge, die man erlebt, um sie später zu erzählen.«

»Ihr erlebt nichts und ihr erzählt nichts«, schloß Boris, legte seinen Kopf wieder auf den Rasen und zog sich den Hut über die Augen.

Die beiden jungen Leute schwiegen, Boris schien zu schlafen, Moritz saß an den Stamm der Weide gelehnt da und schaute auf die Ebene hinaus, über die ein gleichmäßiges Summen erklang, die tiefberuhigte Geschäftigkeit eines sonnigen Werktages. Das machte ihn traurig und mutlos. Er empfand sich selbst unangenehm deutlich als uninteressant und alltäglich. Die Mädchen verliebten sich in andere, die seltenen Erlebnisse waren für andere da, ja er fühlte sein glattes, semmelblondes Haar, sein rundes Gesicht, seine hellblauen Augen als etwas, das ihm weh tat. Und plötzlich kam ihm eine sehr ferne Erinnerung. Er mußte ein sehr kleines Kind gewesen sind, als er drüben auf dem Gut in Westpreußen mit der alten Wärterin in der sonnigen Gartenecke saß. Die Alte schlief, das magere Gesicht von der Wärme gerötet, die Luft war voll eines gleichmäßigen, schläfrigen Klingens. Die großen Klettenblätter, von der Sonne erhitzt, strömten einen starken säuerlichen Geruch aus und das Kind empfand es wie etwas, das immer so bleiben würde. Hinter dem Zaun aber, von unten im Dorf, tönte zuweilen das Lachen und Schreien von Kindern herüber, der Kinder, welche etwas erlebten. Moritz fuhr auf, »Unsinn«, murmelte er, beugte sich vor und begann Boris zu schütteln. »Du, schlafe nicht.« »Was gibt es«, fragte Boris, »wozu die Brutalität?« »Du sollst baden kommen«, sagte Moritz. »Baden?« wiederholte Boris, schlug die Augen auf und schaute Moritz scharf und sinnend an, als wollte er aus ihm etwas herauslesen. »Gut, gehen wir also baden«, beschloß er dann.

Der See war sehr blau und voll harter, sich sachte wiegender Lichter. Zwischen den Schachtelhalmen und dem Kolbenrohr lagen Wildenten regungslos wie blanke Metallsachen. »Hübsch«, sagte Boris, »in diesen Farbentopf zu steigen, ist allerdings chic.« »So«, meinte Moritz ironisch, »du glaubst also, der See wird dir gut stehen.« »Ja, das wird er wohl« erwiderte Boris und begann sich auszukleiden. »Du schwimmst wohl sehr gut?« – »Es geht, und du?« »Ich schwimme sehr gern«, berichtete Boris, »aber es regt mich auf; ich habe nicht das Gefühl, als sei das Wasser mir befreundet.« – »Das heißt auf deutsch, du schwimmst schlecht«, bemerkte Moritz trocken. Boris lachte: »Du sprichst ein besonders gutes Deutsch.«

Das Wasser war lau. Man wühlt sich hier wie in warmer Milch, dachte Moritz, als er langsam in das Lichtgeflimmer hineinschwamm. Alle Traurigkeit, alle »diese Dummheiten« waren fort, nur ein starkes, stilles Lebensgefühl wärmte ihm die Glieder. Er legte sich auf den Rücken, er wollte sich wie die Enten wohlig und faul vom Wasser wiegen lassen. Die Libellen setzten sich auf seine Brust, Wasserpflanzen kitzelten wie mit kleinen, nassen Fingern seine Haut, über ihm flatterten Möwen mit hellgrauen Flügeln, sie schauten auf ihn nieder und riefen schrille Töne herab, die wie das Lachen der beiden Professorentöchter klangen. »Billy, Billy«, murmelte er. Er konnte das jetzt ohne Schmerz sagen, es war nur der Ausdruck des tiefsten Behagens. Dann dachte er an Boris, er hob ein wenig den Kopf. Teufel, war der Mensch verrückt, so weit hineinzuschwimmen. Boris Kopf tauchte wie ein dunkeler Punkt dort drüben zwischen den Sonnenflittern auf, aber er kam ja nicht vorwärts, jetzt war er verschwunden, jetzt war er wieder da. In kräftigen Stößen begann Moritz der Stelle zuzuschwimmen, er kam noch gerade zurecht, um Boris am Arm zu packen, der in ein Netz von Wasserrosen und Froschlöffeln verstrickt, noch einmal auftauchte, die Augen unheimlich weit und schwarz in dem bläulichen Gesicht. Moritz zog ihn mit sich fort und als er Grund zum Stehen fand, nahm er ihn in seine Arme, um ihn zum Ufer zu geleiten. Er redete ihm freundlich zu: »Wasser geschluckt, mein Alter, ja das ist verdammt, wenn man in den Salat dort hineingerät. Wart', wir sind gleich im Trocknen.« Boris spie das Wasser von sich und rang mit dem Atem. Am Ufer legte er sich in das Gras, er fühlte sich zum Tode ermattet und schloß die Augen. Moritz saß neben ihm und schaute ihn an. Plötzlich richtete sich Boris auf, er schlang die Arme um seine Knie und schaute mit den noch immer angstvoll aufgerissenen, wunderlich dunkelen Augen vor sich hin. »Schlafe doch«, sagte Moritz freundlich. »Ich kann nicht« erwiderte Boris, »sobald ich die Augen schließe, ist es mir, als wickelten sich diese verfluchten glatten Stengel wieder um meine Beine und zögen mich hinunter. Ein wunderliches Gefühl. Ich hatte den Gedanken, nun kommt das Sterben, aber das zu denken dazu war keine Zeit, ich fühlte so maßlose schmerzhafte Wut gegen diese Stengel, gegen das Wasser, das mich herabdrückte, alle zusammen gegen einen, so etwas Ähnliches muß ich gefühlt haben.« Boris sann eine Weile schweigend vor sich hin, das schöne Gesicht war ganz bleich und böse, dann plötzlich lächelte er sein hochmütiges, leichtsinniges Lächeln. »Du hast mir also das Leben gerettet, Bruder«, begann er wieder. Moritz zuckte die Achseln. »Ach was«, meinte er. – »Doch, doch«, fuhr Boris fort. »Du bist mein Lebensretter, ich danke dir. Aber eins möchte ich wissen, du hassest mich doch, wie?«

Moritz errötete: »Was werde ich dich viel hassen!« – »Natürlich hassest du mich«, versicherte Boris. »Nun möchte ich wissen, als du mich dort so in der letzten Not fandest, dachtest du da nicht, wenn ich jetzt ruhig zusehe, dann bin ich ihn los. Oder hattest du nicht einen Augenblick Lust, die Hand auf meinen Kopf zu legen und so ein wenig zu drücken? Wie?« Moritz schaute Boris verwundert an: »Nein, so etwas denkt man doch nicht.«

Boris legte sich wieder zurück, die Hände im Nacken verschränkt. Die Erregung des eben Erlebten zitterte noch in ihm nach und trieb ihn, zu sprechen, verträumt, ein wenig wie im Rausch. »Ach wirklich, an so etwas denkt man nicht, was seid ihr für Menschen, ich habe gleich daran gedacht, als du mir sagtest, wir sollen baden gehen; man hat schließlich keinen Katechismus als Seele im Leibe. Tun, ja das ist etwas anderes, man tut manches nicht, aber denken! Ich liebe es, solch eine Tat ganz nah an mich herankommen zu lassen. Es ist so, als ob wir etwas Seltenes, das uns nicht gehört, doch für einen Augenblick in die Hand nehmen und halten dürfen. Und dann, es ist so herrlich aufregend diese Spannung, wirst du es tun oder wirst du es nicht tun. Solche Lebenslagen müssen wir aufsuchen; gleichviel, ich bin dir dankbar, es war sehr unangenehm dort unten. Ich habe nicht geglaubt, daß man sich so allein fühlt, wenn man stirbt, nur so unter Froschlöffeln und den Tauchern, die sich nichts draus machen. Nein, der Tod muß eine gemeinsame Unternehmung sein. Also ich bin dir sehr dankbar für die Lebensrettung.«

»Bitte, bitte«, warf Moritz gleichgültig hin, während er sich ankleidete. – »Ja, sehr dankbar«, fuhr Boris fort, »wir sollten von jetzt ab eigentlich Freunde sein, so 'ne Freundschaft schließen.«

Moritz war jetzt fertig angekleidet. Er blieb vor Boris stehen, schaute mit Abneigung auf ihn nieder und sagte: »Wegen des bischen Wassers, das du geschluckt hast, nein, ich danke.« Dann ging er.

Das Mittagessen war ungemütlich genug. Graf Hamilkar und der Professor sprachen zwar eifrig von fernliegenden Dingen, als sei nichts geschehen, aber Komtesse Betty lächelte nur zerstreut und dachte an andere Dinge. Die einzige Sensation war, daß Lisa heute nicht in Schwarz erschienen war, sondern ein malvenfarbenes Musselinkleid trug mit welkrosa Bändern. Boris, sehr bleich, unterhielt sich mit ihr so höflich, als sei er ihr eben vorgestellt.

»Empfang bei der Königin von Polen«, flüsterte Bob Erika zu. Die Kinder waren heute unerträglich und mußten immer wieder zur Ordnung gerufen werden. Billys Stuhl blieb leer. Sie lag oben in ihrem Zimmer auf dem Bett halb ausgekleidet, die Haare hingen ihr wirr in das heiße Gesicht, und sie war sehr ungeduldig gegen Marion. Immer wieder mußte Marion ihr wiederholen, was Boris gesagt hatte. »Ganz wörtlich will ich's wissen, du sagst es nicht wörtlich.« »Doch«, versicherte Marion, »so war es, sage Billy, es ist besser, wir sehen uns heute nicht mehr, wir nehmen auch nicht Abschied voneinander, sie soll warten, sie wird Nachricht von mir haben, und dann wird mein und ihr Schicksal ganz in ihrer Hand liegen.« – »Schicksal sagte er gewiß nicht, es ist garnicht sein Stil«, klagte Billy, »und dann entscheiden – was soll ich entscheiden, ach, es ist schrecklich. Und du sagst, Lisa hat heute ihr helles Musselinkleid an, warum denn? und Boris ist natürlich wütend, weil der Papa ihn beleidigt hat.« Sie warf sich wie im Fieber hin und her. »So laß doch die Vorhänge herunter, diese Nachmittagsonne ist zum Sterben traurig; und du machst auch solch ein Gesicht, als wüßtest du etwas, das ich nicht weiß. So sag' es.«

»Ich weiß aber nichts«, beteuerte Marion weinerlich. – »Ach, dann geh', ich will niemanden sehen. Bob kann kommen, der ist noch der einzige, der kann hier so ungezogen sein, wie er will, das wird mich erfrischen.« Aber als Bob kam, war er nicht ungezogen, sondern befangen. Billy in ihrer Erregung war ihm fremd und unheimlich. Da schickte Billy auch ihn fort. »Geh', du bist ein dummer, langweiliger Junge.« Bob ging, aber in der Tür wandte er sich gekränkt um und bemerkte: »Von unglücklicher Liebe verstehe ich nichts.« Nun lag Billy da und horchte auf die Töne, die unten durch das Haus gingen, auf die Stimmen, auf das Zuschlagen der Türen, und sie wartete. Das war jetzt ihr Geschäft. Er hatte es ja gesagt, der arme gekränkte, beleidigte Boris. Wenn sie an das Unrecht, das ihm geschehen war, dachte, dann schwoll ihr Herz vor ungeduldigem Verlangen, etwas für ihn zu tun, ihm und der ganzen Welt zu zeigen, daß sie für ihn, nur für ihn sei. Der Sommernachmittag summte vor den Fenstern, im Hause wurde es still, und es schien Billy, als sei sie in dieser schläfrigen Stunde mit ihrer Erregung ganz allein in einer Welt, die nichts von Erregungen und nichts von Ereignissen wissen wollte. So hielt auch sie still, die Augen zur Decke emporgerichtet. Es schien ihr, als hätte sie unendlich lange so dagelegen, bis endlich der Ton kam, der Ton, auf den sie gewartet. Billy richtete sich auf. Das Rollen eines Wagens, der unten im Hofe hielt, Stimmen, das Zuschlagen von Türen, wieder das Rollen des Wagens, das immer schwächer wurde, endlich langsam verklang. »Er ist fort«, stöhnte sie und sank in ihre Kissen zurück. Große Tränen rannen über ihre Wangen, aber eine innere Spannung hatte sich gelöst. Einer fährt fort, den wir lieben, und wir weinen, das ist doch wenigstens verständlich, und so schlief sie weinend ein.

Als Billy erwachte, war das Zimmer rot von Abendlicht, vom Garten tönten Stimmen herauf, sie hörte die Zwillinge lachen, und auf der Veranda hielt der Vater dem Professor einen Vortrag. Eine neue Lebensunruhe erfaßte Billy, sie stand auf, um aus dem Fenster zu schauen. Ja, dort ging Lisa in ihrem hellen Musselinkleide und sprach eifrig auf den Leutnant ein, der ein wenig steifbeinig neben ihr herging. Die Arme, dachte Billy, will auch ihre Liebesgeschichte haben. Aber es schien Billy, als gäbe es nur eine Liebesgeschichte in der Welt, und das war ihre eigene, alles andere war nur Pfuscherei. Mißmutig kehrte sie zu ihrem Bett zurück, dort zu den anderen konnte sie noch nicht hinunter. Wo nur Marion blieb!

Als Marion kam, mußte sie erzählen. Wie sah er aus, als er fortfuhr? Wie nahm er vom Vater Abschied? Marion hatte natürlich das, worauf es ankam, nicht gesehn, aber eine Botschaft überbrachte sie. »Aber, bitte, ganz wörtlich«, ermahnte Billy. »Ja, gewiß, so sagte er«, berichtete Marion: »Kommen Sie morgen um zwölf Uhr Mittag zu der Linde, die am Ende des Parks außerhalb des Zauns steht. Dort soll Billy Nachricht haben. Sagen Sie Billy, nur sie hat zu entscheiden.« »Ach«, jammerte Billy, »wieder dieses entsetzliche Entscheiden! Was ist das? was wird dort an der Linde sein?« Und die beiden Mädchen saßen beieinander und flüsterten über dieses Rätsel, über das sie immer sprechen mußten. Im Zimmer wurde es dämmerig und das Rätsel wurde immer drohender. Billy ertrug es nicht länger, sie schickte Marion fort: »Geh', du sagst ja immer dasselbe. Schick' die alte Lohmann zu mir. Die ist die einzige, die ich von euch ertragen kann. Sie soll ihre alten Geschichten erzählen.« Die Lohmann kam mit ihrem kleinen gelben Gesicht unter der schwarzen Haube und den von Gicht zusammengezogenen Händen. Sie war eine alte Kinderfrau, die jetzt in einem Stübchen des Untergeschosses ihr Alter damit verbrachte, hinter den Geranienstöcken am Fenster zu sitzen und das Gnadenbrot zu essen. Die Alte kauerte an Billys Bett nieder und begann mit klagender Stimme: »Unser Komteßchen hat es auch schwer, alle haben es schwer, anders ist es nicht«; aber Billy unterbrach sie gereizt: »Aber Lohmann, habe ich dich dazu kommen lassen. Deine alten Geschichten sollst du erzählen, bemitleiden kann ich mich schon selbst.« Und Lohmann erzählte die so oft schon erzählten Geschichten, wie sie als kleines Mädchen mit ihrer Mutter ganz früh im Morgengrauen Milch und Käse zur Stadt brachten. Im Winter war es sehr kalt, in einer kleinen Schänke wärmten sie sich, da saßen auch die anderen Marktfrauen in dicke Tücher gehüllt wie große graue Kugeln, und die kleine Lohmann bekam Warmbier, das war heißes Bier mit Milch und Zucker. Billy sah das alles, das wollte sie sehen, die kleine Schänke voll der grauen Kugeln, es roch nach feuchter Wolle und dem überheizten Ofen, und vor den Fenstern die blaue kalte Dämmerung des Wintermorgens. Das war traurig und friedlich und so weit, weit fort von allen rätselhaften Entscheidungen. »Du, Lohmann«, fuhr Billy auf, »Warmbier wäre noch das einzige, was ich jetzt nehmen könnte, geh', mache mir Warmbier.«

Mühsam ging der Abend zu Ende. Die Lohmann hatte Warmbier gekocht, es schmeckte jedoch so schlecht, daß Billy es nicht trinken konnte. Komtesse Betty und Madame Bonnechose kamen und saßen an Billys Bett, sahen sie teilnahmevoll an, sprachen über Billys Husten, über Arzneimittel, sprachen vorsichtig über gleichgültige Dinge, besorgt, nicht etwas Gefährliches zu berühren; Billy war froh, als sie alle fort waren und die Nacht begann. Sie wollte versuchen, zu schlafen, allein in der Stille und Dunkelheit wurde das Leben wieder sehr bedrohlich und dazu nüchtern wie Zahlen, die zusammengerechnet werden sollten. Als sie ein wenig einschlief, dauerte dieses Rechnen und Raten fort, und dann hatte sie bei alledem immer etwas zu entscheiden, und sie wußte nicht was und wie. Es mochte ein Uhr sein, als sie erwachte; nein, schlafen wollte sie nicht, das war kein Vergnügen. Durch die Fenstervorhänge drang ein wenig weißes Licht. Sie sprang aus dem Bett, um zum Fenster hinauszuschauen, der Mond schien sehr hell. Still und wach standen die Obstbäume auf den Rasenplätzen und die Stockrosen in den Beeten, und die Helligkeit legte etwas Festliches über den schweigenden Garten. Da wollte Billy dabei sein. Sie kleidete sich eilig an und ging zu Marion hinüber, um sie zu wecken: »Marion, du kannst schlafen? Ich habe nicht ein Auge zugetan, komm, steh' auf.« »Ich bin eben ein wenig eingeschlafen«, sagte Marion entschuldigend, »was ist geschehen? wohin müssen wir?«

»Wir müssen in den Garten hinunter zu den Johannisbeeren«, sagte Billy.

Gehorsam stand Marion auf und kleidete sich an. Über die kleine Hintertreppe gelangten die beiden Mädchen in den Garten. Billy atmete tief auf; das war es, der feuchte, süße Atem der Blumen, dieses unwahrscheinliche Licht, das den Himmel, den Garten, die Wiese mit den weißen Nebeln alles so unendlich weit erscheinen ließ, das gab ihr wieder den Rausch, ohne den sie jetzt nicht leben konnte. Hier vermochte sie wieder »Boris! Boris!« zu denken und jenes wunderliche Brennen im Blute zu fühlen, das ihr Mut zu allem gab. Im Obstgarten waren die Erdbeerbeete, die Stachel- und Johannisbeerbüsche grau und glitzernd von Tau, vom Gemüsegarten dufteten die Suppenkräuter gewaltsam herüber, und auf den Kieswegen saßen versonnene Kröten. Die Mädchen stellten sich an einen Johannisbeerbusch und begannen schweigend die kühlen, feuchten Trauben zu essen.

»Ja, jetzt ist es anders«, bemerkte Billy endlich. »Wie das?« fragte Marion geschäftlich.

»Mir ist«, sagte Billy, »als wäre wieder alles ganz leicht, als könnte ich über alles entscheiden. Ich fürchte mich garnicht, und wenn es noch so tragisch ist.« »Tragisch«, bemerkte Marion ein wenig undeutlich, denn sie hatte den Mund voll von Johannisbeeren, »tragisch ist so, wie auf dem Theater.« Von der anderen Seite des Busches ertönte Billys unterdrücktes Lachen: »Aber Marion!« dann richtete Billy sich auf, hielt eine Traube in die Höhe gegen den Mondschein, sah sie an und sagte feierlich: »Tragisch ist traurig, aber traurig wie seine Augen, traurig, aber doch wunderschön, schöner als alles, was lustig ist.« Dann bog sie den Kopf zurück und ließ die Traube langsam in ihren geöffneten Mund gleiten, und sie fühlte sich in dieser Bewegung ganz festlich, ganz schön, ganz der Mondnacht zugehörig.

Allmählich verlor der Mondschein an Glanz, eine graue Helligkeit mischte sich in ihn und verdrängte ihn, ein Licht, das durch verstaubte Fensterscheiben zu dringen schien.

»Der Morgen kommt«, sagte Billy ernst, »komm, gehen wir.«

»Wohin gehen wir?« fragte Marion. »Wir warten auf die Sonne«, bestimmte Billy.

Die beiden Mädchen gingen an das Ende des Gartens, dort, wo die Wiese beginnt und setzten sich auf eine Bank. Ein wenig bleich und fröstelnd drückten sie sich aneinander, aber Billy saß dennoch ganz aufrecht, die Augen groß und wach, die Lippen wie bereit zu einem erregten Lächeln. Noch fühlte sie die ganze angenehme Festlichkeit jenes Traurigen, das doch wunderschön war. Die Nebel auf der Wiese wurden durchsichtig, der Himmel fast weiß, im Busch begann eine Elster zu plaudern und eine Krähe flog sehr schwarz und schwer in der glasigen Dämmerung. Eine Traumwelt, und Billy empfand auch jene Ergebung, die wir im Traume haben, denn der Traum gibt uns alle Wunder auch ohne unser Zutun. Dann kam Farbe, ein Zug rosenroter Wölkchen legte sich auf den Himmel, über den schwarzen Waldwipfeln sprühte es rot und dann plötzlich war alles voll von der Aufregung eines purpurnen und goldenen Lichtes. »Ah, da ist sie,« sagte Billy, und die beiden Mädchen starrten regungslos wie betäubt auf die aufgehende Sonne. Aber, als die Sonne höherstieg und die Farben alle in dem gleichmäßigen gelben Licht ertranken, da wurde Billys Gesicht wieder ernst und sorgenvoll, da war der Tag wieder mit seinen Verantwortungen und Entscheidungen. »Komm,« sagte Billy zu Marion, und sie schlichen wieder in das Haus in ihr Zimmer hinauf.

»Werden wir jetzt schlafen?« fragte Marion.

»Wie kannst du daran denken,« erwiderte Billy, »um zwölf mußt du bei der Linde sein, komm, setze dich hierher.« Sie rückte einen Sessel für Marion heran, sie selbst stieg in ihr Bett, aber sie lehnte aufrecht in den Kissen. So saßen die beiden Kinder beieinander, die Augen fielen ihnen zuweilen zu, dann schlummerten sie, aber wie wir auf der Reise im Eisenbahnwagen schlummern und immer wieder auffahren, in der Angst etwas zu versäumen. Im Laufe des Morgens klopfte Komtesse Betty zweimal an die Tür, aber sie wurde nicht eingelassen. »Nein, nein, wir schlafen,« hieß es. Als Lina, die Kammerjungfer, kam, wurde ihr das Frühstück bestellt. »Sehr viel,« sagte Billy, »Tee und Eier, Schinken, Brot, sehr viel, hören Sie.« Sie fühlte einen wahren Reisehunger.

Bald wurde Billy sehr unruhig, sie fragte Marion immer wieder, ob es nicht Zeit sei, und es war erst elf Uhr, als Marion schon zur Linde hinabgehen mußte. Billy saß still in ihrem Bett mit brennenden Wangen, die Hände gefaltet und lauschte in sich hinein auf die seltsame Spannung ihres Wesens. Ja, es war alles da, das starke Verlangen nach Boris, die schmerzhafte Rührung bei dem Gedanken an ihn, der Mut zu allen Möglichkeiten und die Angst vor dem, was nun kommen mußte. Aber immer wieder empfand sie eine wunderliche Fremdheit jener Billy gegenüber, die all dieses fühlte und all dieses erlebte. Die bekannten Töne des Hauses drangen zu ihr, unten im Garten lachten die Zwillinge, im Korridor schalt Madame Bonnechose ein Dienstmädchen und am offenen Fenster des unteren Geschosses sang die Lohmann einen Gesangbuchvers. Allein die Billy, die unglücklich liebte, die entschlossen war, ihrem Vater nicht zu gehorchen, die entscheiden mußte, sie gehörte nicht mehr zu diesem altgewohnten Leben. Wo blieb jedoch Marion? Billy hob die nackten Arme hoch über den Kopf empor, rang die Hände ineinander und stöhnte: »Ach, ach! warum kommt sie nicht!« Endlich lief es leise auf dem Korridor hinunter und Marion erschien erhitzt und atemlos. Die beiden Mädchen sprachen nichts, Marion reichte Billy stumm einen Brief, setzte sich und starrte sie angstvoll an. Billy war ganz ruhig geworden, sie hielt den Brief in der Hand, ohne ihn zu öffnen. »Wie war es?« fragte sie.

»Dort an der Linde,« berichtete Marion leise, »dort stand ein kleiner Judenjunge. Er hatte sehr große schwarze Augen, über den Ohren hingen ihm zwei fest zusammengedrehte schwarze Locken und er trug einen langen Rock wie ein Erwachsener, der brachte den Brief. Es war recht unheimlich.«

»Natürlich war es unheimlich,« bemerkte Billy, lehnte sich in die Kissen zurück und schickte sich an, ihren Brief zu öffnen und zu lesen.

Boris schrieb. Eine Überschrift fehlte. »Heute Nacht,« hieß es dann, »gegen Mitternacht, bin ich bei der Linde unten am Park und warte. Niemand darf davon wissen. Auf der einen Seite steht alles, was du bisher für dein Leben gehalten hast, auf der andern stehe ich – entscheide. Willst du mich, dann komme. Kommst du nicht, dann verzeihe ich dir und gehe wieder einsam meinen dunkeln Weg. Wir sehen uns nie wieder. Einem so großen Glücke nahe zu kommen und dann wieder von ihm fort zu müssen, ist tödlich.« Auch die Unterschrift fehlte. Billy ließ den Brief sinken, sie brauchte nicht zu entscheiden, sie wußte, daß sie zu ihm gehen würde. Es schien ihr, als habe sie hier kaum mitzusprechen, die andere, die fremde Billy, handelte, und die mußte bei Nacht zu der Linde hinabgehen. Billys Blicke fielen auf Marion, deren Augen unendlich erwartungsvoll an ihr hingen. Billy lächelte und schüttelte ein wenig den Kopf und sagte: »Nein, ich kann dir nichts sagen.« Marion antwortete nicht, aber ihre Augen füllten sich mit Tränen. Sie erhob sich und schlich leise aus dem Zimmer; sie war sehr unglücklich. Die ganze Zeit über war es ihr gewesen, als sei Billys Liebesgeschichte auch die ihre, die Liebe zu Boris, die Aufregungen und Schmerzen hatte sie geteilt, in Billy hatte sie sich geliebt gefühlt, und nun plötzlich wurde sie beiseite geschoben und war wieder nur die Marion Bonnechose, die von allen Komtessenschicksalen ausgeschlossen wurde.

In Billy aber fuhr reges Leben. Sie klingelte nach Lina, sie wollte ihr neues Musselinkleid mit dem rosa Nelkenmuster anziehen, sie rief nach ihrem Korallenhalsband; dabei war sie freundlich und gesprächig mit der Kammerjungfer. Lina mußte von dem Förster erzählen, mit dem sie zeitweilig verlobt war.

Der Tag war sehr schwül geworden, im Westen türmten sich graublaue Wolken. »Wir bekommen ein Gewitter,« sagte Graf Hamilkar, als er auf der Gartentreppe stand und in den heißen Duft des Gartens hineinroch. Komtesse Betty stand neben ihm, neigte den Kopf zur Seite und blinzelte zu den Wolken auf. Über die Gartenwege jagten sich Bob und Billy. Der Graf folgte ihnen mit den Blicken, dann wandte er sich zu seiner Schwester: »Die Gefühlskrise scheint einen guten Verlauf zu nehmen,« bemerkte er. Komtesse Betty jedoch machte ein erschrockenes Gesicht. »Ach, Hamilkar, ich weiß nicht, diese Heiterkeit ist nicht natürlich, ich ängstige mich so um das Kind. Madame Bonnechose meint auch ...«

»Ängstige dich nicht, liebe Betty,« unterbrach sie der Graf, »was auch Madame Bonnechose meint. Die Liebe wird von den jungen Leuten gern als eine Macht angesehen, die elementar, unvernünftig, aber unwiderstehlich ist, gut, dann muß dieser Macht eben eine andere Macht entgegengesetzt werden, die auch für elementar, für unvernünftig und unwiderstehlich gilt. Nun, liebe Betty, diese Macht darzustellen, das ist jetzt meine Rolle.« Er lächelte sein schiefes, spöttisches Lächeln und ging in das Haus, um seine Nachmittagsruhe zu halten.

Billy war müde vom Laufen. »Es ist genug,« rief sie Bob zu. Sie strich sich das Haar aus dem heißen Gesicht und sann einen Augenblick vor sich hin. Was sollte sie jetzt tun? denn tun, tun mußte sie etwas, nur nicht stille sein und hineinschaun in das Dunkele, das hinter diesem Tage lag. Als das kleine Fräulein Demme an ihr vorüberging, nahm sie ihren Arm und sagte: »Kommen Sie, Fräulein, wir wollen Pflaumen essen und von Herrn Post sprechen.« Allein in diesen Nachmittagsstunden, in denen die Sonne wie eine schwere goldene Schläfrigkeit über dem Garten lag, war es schwer, das Fieber wach zu erhalten, dessen Billy jetzt bedurfte. Schließlich suchte sie Moritz auf, er sollte sie auf dem Gartenteich hin und her rudern. »Wie, du und ich?« fragte Moritz ein wenig erstaunt und errötete. – »Natürlich, du und ich,« sagte Billy.

Das schien das Rechte zu sein. Es tat Billy wohl, sich halbliegend im Bug des Bootes auszustrecken, vor sich Moritz' erhitzes, friedliches Gesicht, die blauen Augen, die sie mit behaglicher Andacht unverwandt anschauten. Das Wasser war sehr schwarz, hie und da lag eine grüne Pflanzendecke darauf, die unter dem Kiel des Bootes rauschte. Wie müde beugten sich die alten Weiden über das Wasser und eine sichere, befriedigte Ereignislosigkeit wohnte hier, eine Ereignislosigkeit, die Billy schwach und feige machte. Warum kann es nicht so bleiben, dachte sie. Wie die kleinen Karauschen regungslos an der Oberfläche des Wassers im Sonnenschein liegen, nur zuweilen ein wenig die Flossen regend, um zu spüren, daß sie leben, das mußte gut tun. Aber plötzlich fiel es sie wie Gewissensbiß an. Es war ihr, als versäumte sie, als verriete sie etwas. Sie fuhr auf. »Fahr' ans Land,« befahl sie. Verwundert schaute Moritz auf. »Ja, ja, ans Land,« wiederholte Billy ungeduldig. Und am Lande, als Moritz sie aus dem Boote hob, fühlte Billy, daß sie etwas tun müsse, was der vornehmen Gelassenheit dieses stillen Teiches, der kleinen Karauschen, der alten Weiden widersprach, ihr in das Gesicht schlug, und sie beugte sich vor und küßte Moritz. »Aber Billy, ich verstehe nicht,« stammelte Moritz und wurde dunkelrot, aber Billy war schon fort.

Der Abend kam mit dem Tee auf der Veranda. Da der Mond spät aufging, lag der Garten in tiefer Dunkelheit da, die Wolkenwand war am Himmel höher hinaufgestiegen, während der westliche Himmel noch voller Sterne hing. Zuweilen huschte das blaue Licht eines Wetterleuchtens über den Garten und ein plötzliches Wehen schüttelte an den Bäumen, so daß man allerort das Obst in den

Rasen fallen hörte. Auf der Veranda waren nur die roten Spitzen der brennenden Zigarren sichtbar und die Stimmen der Sprechenden nahmen etwas Weiches, Beruhigtes an, als wollten sie zu den verhallenden Tönen stimmen, die durch die Nacht irrten. Lisa saß neben dem Leutnant und sprach von Griechenland. »Sehen Sie, Marathon, was war mir früher Marathon? eine Jahreszahl, vierhundertneunzig, glaube ich, aber an jenem Abend, so im Abendrot über der Ebene, es klingt unwahrscheinlich, aber ich sagte zu – zu Katakasianopulos, ich sagte: Katakasianopulos, ich fühle Miltiades.«

»Allerdings, sehr merkwürdig,« meinte der Leutnant. Er war jetzt so passioniert für die Jagd, daß er täglich auf Rebhühner ging, abends sehr müde war und nur matt der Unterhaltung folgen konnte.

Der Professor sprach mit Graf Hamilkar wieder über Träume. »Der Traum ist für uns eine Wirklichkeit wie jede andere,« meinte er. »Ja,« versetzte der Graf ein wenig undeutlich, denn er nahm die Zigarre beim Sprechen nicht aus dem Munde, »nur eine Wirklichkeit, die wir beim Erwachen immer wieder durchstreichen. Das sind so Erlebnisse, die wir immer wieder in den Papierkorb werfen.«

»Schön, sehr schön,« fuhr der Professor eifrig fort, »aber das tun wir in dem sogenannten wachen Leben auch. Wenn ich erwache, so sehe ich den Traum mit meinen wachen Augen an und dann erscheint er mir unwirklich; aber diese wachen Augen sind eben nicht auf den Traum eingestellt. Und dann, mit allen Erlebnissen geht es so, was ich in einem Augenblicke erlebe, daran glaube ich fest, und im nächsten Augenblicke sehe ich darauf zurück und es erscheint mir unwirklich und falsch und ich streiche es aus. Also bitte, der Himmel, der ist jetzt für mich die große schöne Halle, in der die vielen blanken Lichtchen beieinander stehen in der hübschen Sommernacht und sich einander zublinzeln. Das ist wirklich, was geht das mich an, ob ich morgen vielleicht ihn durch ein Teleskop ansehe, also durch ein Auge, das nicht für mich berechnet ist, und er dann ganz anders ausschaut. Sehen Sie, eine Sternschnuppe. Die Litauer sagen, wenn sie eine Sternschnuppe sehen: da geht einer zu seinem Mädchen. Gewiß, jetzt ist für mich diese Sternschnuppe einer, der zu seinem Mädchen geht. Das ist mein Erlebnis. Bitte, morgen streiche ich es wahrlich aus und denke dabei an Asteroiden oder solche Sachen, deshalb ist es für mich doch heute einer, der zu seinem Mädchen geht, bitte.« Alle hatten zum Himmel aufgeblickt und den Stern gesehn, der eilig durch das Dunkel glitt, in weitem Bogen an den anderen Sternen vorüber, als wollte er ihnen ausweichen, hastig und heimlich. »Dieses Ausweichen,« meinte Graf Hamilkar, »wenn wir's nur auch dann könnten, wann wir wollen.«

Billy sah noch immer zu den Sternen auf. Dieses mit dem Stern, der zu seinem Mädchen geht, hatte ihr plötzlich wieder die ganze freudige Ungeduld ihrer Liebesgeschichte wiedergegeben und sie fühlte sich wie zugehörig zu jener großen heimlichen Gemeinde derer, die unten auf Erden still und hastig durch die Nacht ihrer Liebe entgegeneilen.

Oben in ihrem Zimmer küßte Billy Marion und sagte: »Diese Nacht wollen wir schlafen, ganz tief schlafen. Aber Marion, sieh mich doch nicht so an, als ob ich gestorben wäre.« Marion wollte etwas sagen, schlich aber dann ängstlich und schweigend hinaus.

»Lina,« befahl Billy der Kammerjungfer, »morgen wünsche ich lange zu schlafen und keiner, hören Sie, keiner soll mich stören.«

Allein geblieben, begann sie leise und geschäftig hin und her zu gehen. Sie kleidete sich um, zog ein braunes Tuchkleid an, setzte ihren Hut auf, hüllte sich in ihren Regenmantel, nahm ihren Regenschirm in die Hand, schrieb auf einen Zettel »Ich bin bei ihm« und legte denselben auf die Toilette und saß dann da wie eine Reisende, die im Wartesaal auf den Zug wartet. Draußen donnerte es zuweilen. Unten im schlafenden Hause riefen durch die stillen Zimmer die altbekannten Stimmen der Uhren einander zu.

Billy stieg über die Hintertreppe leise in den Garten hinab. Am Himmel hing schweres Gewölk. Die Nacht war heute ganz voll Stimmen und Tönen, ein Windstoß fuhr in die Bäume und ließ sie erregt aufrauschen. Welke Blätter liefen auf dem Wege raschelnd vor Billy her. Irgendwo knarrte ein Fensterladen, ächzte ein Zweig. Es war, als irrte ein Ereignis durch die Dunkelheit und weckte den schlafenden Garten. Billy ging sehr schnell, so schnell wie als Kind, wenn sie durch das dunkele Wohnzimmer in die helle Kinderstube kommen wollte. Ein Blitz fuhr über den Himmel und riß die Dunkelheit wie eine schwarze Decke von dem Teich, von den nachdenklich über das Schilf gebogenen Weiden, von den still in all dem Schwarz liegenden Wasserrosen, aber all das schien so fremd, als hätte es Billy nie gesehen. Sie hastete weiter, sie dachte und fühlte nur eins, dort an der Linde bei ihm sein, dort war Sicherheit, dort war alles überstanden. Als sie aus dem Park hinaustrat, erhellte wieder ein Blitz das Land und sie sah eine schwarze Gestalt, die spitze Kapuze des Regenmantels über den Kopf gezogen, am Stamm der Linde lehnen. »Boris!« rief Billy aus. »Still!« erwiderte Boris »komm.« Er legte ihren Arm in den seinen und zog sie mit sich fort. Sie gingen über eine feuchte Wiese, dann an einem Gerstenfelde entlang, in dem ein Wachtelkönig schnarrte aufgeregt, als gäbe er ein Signal. »Wohin gehen wir?« fragte Billy leise. Boris blieb stehen. »Du fragst?« sagte er, »wenn du dich fürchtest, führe ich dich zurück. Ich führe dich bis an das Haus, ganz sicher, noch ist Zeit.«

»Und du?« fragte Billy zögernd.

»Ach ich!« erwiderte Boris und das klang so kummervoll, so unendlich einsam, daß Billy wieder von jenem schmerzvollen bewundernden Mitleid geschüttelt wurde, das sie Boris gegenüber ganz wehrlos machte. »Nein, nein«, rief sie, »gehen wir.« Sie überschritten nun ein Stück Sumpfland, das weiß von Wollgras war und unter ihren Schritten leise schnalzte.

»Das klingt so«, bemerkte Billy, »wie Küsse, von denen Kammerjungfern sprechen«, und sie lachte dabei. Sie hatte das starke Bedürfnis zu lachen, etwas Lustiges zu sagen. Hinter dem Sumpf begann der Wald. Boris blieb ab und zu stehen, um sich in der Finsternis zurechtzufinden, pfiff einmal leise und ein Pfiff antwortete. Endlich gelangten sie auf dem Waldwege an einen Wagen; ein Mann stand dort, Billy sah das im Schein eines Blitzes für einen Augenblick, dann wieder tiefes Dunkel. Boris sprach leise mit jemand, es war von Gewitter und schlechtem Wege die Rede. Sie hörte, wie Pferde ihre Geschirre schüttelten, dann schob Boris sie in den Wagen, stieg selbst hinein, schlug die Tür zu und langsam setzte sich auf dem holperigen Waldwege das Gefährt in Bewegung.

Der Wagen war eng und dunkel, die heraufgezogenen Glasfenster klirrten leise, dahinter lagen der Wald und die Nacht wie schwarze Sammetvorhänge. Zuweilen warfen Blitze ein jähes blaues Licht in dieses Dunkel. Es begann heftig zu regnen, ein lautes gleichmäßiges Rauschen umgab die Fahrenden, die Tropfen trommelten auf dem Verdeck des Wagens und klopften an die Scheiben. Boris seufzte auf, ein tiefer Seufzer des Behagens und der Erleichterung. Er zog Billy zu sich heran, er drückte sie fest an sich, daß es fast schmerzte, er schüttelte sie ein wenig. »So ist es gut!« flüsterte er. Seine Stimme klang nicht mehr tragisch, sondern knabenhaft und ausgelassen. Und dann wurde er besorgt: »Aber du frierst, natürlich, ich habe für einen Mantel gesorgt, ich habe für alles gesorgt!« Er hüllte sie in einen großen seidenen Mantel, der leicht nach Moschus roch. »So ist es gut, nicht wahr, das ist der Mantel der alten Frau von Worsky. Mein Freund Ladislas hat ihn mir gegeben, du weißt, er wohnt dort an der Grenze in Padony mit seiner alten Mutter; ein guter Junge! er hat viel für uns getan, er kennt dort alle an der Grenze, er hat uns die Wege geebnet, vielleicht sehen wir ihn noch diese Nacht. Ist der Mantel warm?« – »Ja,« meinte Billy, »aber er riecht nach Madame Bonnechose.« Boris ärgerte sich: »Verflucht! Er soll nicht nach Madame Bonnechose riechen; nichts soll nach deinem Zuhause riechen. Das ist fort, versunken.« »Über die Grenze sagst du?« fragte Billy. Boris Stimmton nahm wieder etwas Gequältes an, als er antwortete: »Ja – ich weiß nicht, frag' jetzt nicht, dir bleibt ja doch nichts anderes übrig, es wird schon alles gut, aber jetzt denken wir überhaupt nicht. Das ist es, wonach ich mich gesehnt habe, das ist es, was ich haben mußte, ich wäre gestorben, wenn ich es nicht gehabt hätte, hier so mit dir zusammen sitzen, eng, eng, und um uns ist es ganz dunkel und schwarz, alles ist fort, ist ausgelöscht, die dumme Welt trommelt an den Wagen und kann nicht herein, und du und ich sind ganz allein und haben nichts anderes zu tun als beieinander zu sein. Fühlst du das? sag?« Und er drückte sie wieder fest an sich und schüttelte sie ein wenig. »Ja, ich glaube,« antwortete Billy, »aber sprich noch, sprich noch so.« – »Wozu ist denn«, fuhr Boris fort, »das ganze Leben da, als nur für solche Augenblicke, in denen wir alles vergessen können. Dafür plagt man sich doch, läßt sich demütigen und pumpt Geld, damit für eine kurze Zeit alles von einem abfällt und wir nur eines fühlen und eines denken: Billy!« Er küßte sie ganz fest auf die Lippen. »Nicht wahr, du fühlst wie das alles abfällt von dir, es wird ganz blaß und wesenlos, der langweilige Garten zu Hause und Josef mit der Tischglocke und der Tee mit den Butterbrötchen und diese Billy mit dem weißen Kleid, die nichts tun und nichts denken durfte. All das ist unwirklich und es gibt nur ein Wirkliches, das bin ich. Sag, fühlst du das?«

Billy lehnte den Kopf an Boris' Schulter und schloß die Augen.

Gewiß, das war alles sehr fern, der Garten, ihr Zimmer mit niedergelassenen Vorhängen, die schlafende Marion, die altbekannten Stimmen der Uhren in den stillen Zimmern, fremd und unwirklich, als gehöre es nicht zu ihr. Aber hier der Wagen mit seiner Enge und Finsternis, das Rauschen des Regens, das Klirren der Fensterscheiben, waren die wirklich? waren die Hände wirklich, die sie faßten, drückten und schüttelten, als gehörte sie nicht mehr sich selbst, als gehörte sie einem anderen, die Lippen, die sich heiß auf die ihren drückten, diese Stimme, die leise und leidenschaftlich in die Dunkelheit hineinsprach. Und sie selbst, wer war sie denn mit dem Körper, mit dem Blut, in denen sich ein seltsames Fieber hervorwagte. Sie fühlte, wie die Billy, die sie gekannt und an die sie geglaubt hatte, in ihr hinschmolz, es war ihr, als ließe etwas sie los, das sie bisher gehalten hatte und nun trieb sie dahin und alles war jetzt gleich, es gehörte ja doch nicht zu ihr jenes Brennen und Fiebern, dem zu lauschen und zu gehorchen jetzt ihr einziges Geschäft war. Sie schwiegen nun beide. Der Regen schien stärker zu werden, immer häufiger huschte das eilige Licht der Blitze über den schwarzen Wald. Der Wagen kam nur mühsam vorwärts, schüttelte und wiegte sich. Eine große Müdigkeit machte Billy die Glieder schwer, als gehörten sie ihr nicht und unvermerkt glitt sie in den Traum hinüber, in jenes qualvolle Träumen des beginnenden Schlafes, in dem die Traumgestalten uns so aufdringlich nahekommen. Es war das Gesicht ihres Vaters, das vor Billy auftauchte, dicht vor ihr, so dicht, daß die lange weiße Nase Billys Nase berührte wie etwas Kaltes, und in den strengen eisengrauen Augen regten sich kleine goldene Punkte wie stets, wenn er böse war. Sie hörte ihn auch sprechen, die ruhige ein wenig näselnde Stimme: »Ja, wenn das mit dem Ausstreichen immer so ginge«, sagte er. Ein starker Donnerschlag ließ Billy auffahren, sie wußte nicht, wo sie war, nur etwas Schweres und Trauriges lastete auf ihr. Sie fror. Auch Boris neben ihr war aufgeschreckt, wie angstvoll griff er nach ihr. »Wir haben geschlafen«, sagte er, »nein das können wir nicht, dann kommt wieder alles Mögliche, vor allem der Morgen kommt dann, dieses verfluchte Licht, wie das herankriecht.« Fröstelnd drückten sie sich aneinander. »Es sollte gar nicht mehr Tag werden, sterben sollten wir jetzt, nicht wahr, so in einem Blitz, plötzlich eine starke blaue Helligkeit und dann wieder diese gute warme Finsternis.«

Plötzlich hielt der Wagen. Boris ließ das Wagenfenster hinunter und steckte den Kopf hinaus. Durch das Niederrinnen des Regens blinzelte ein gelbes Licht, ein Hund bellte wütend. »Was gibt es?« rief Boris. Dann öffnete er ungeduldig den Wagenschlag und sprang hinaus. Billy hörte ihn aufgeregt sprechen; eine brummende Männerstimme antwortete ihm, dann mischte sich noch eine Stimme hinein, hoch und schnarrend, die heiter und gesellschaftlich klang, als lachte ein Herr in einer Quadrilleunterhaltung über seinen eigenen Witz. Billy, allein geblieben, fürchtete sich, sie fürchtete sich vor der Dunkelheit, vor den Stimmen draußen, vor dem was geschehen würde und dem, was sie getan hatte, so die einfache, schmerzhafte Furcht des kleinen Mädchens mit dem schlechten Gewissen. Boris öffnete wieder den Wagenschlag. »Komm,« sagte er, »wir müssen aussteigen, der Kerl weigert sich weiter zu fahren, der Weg soll unmöglich sein, eine Brücke soll kaputt sein, was weiß ich!« Er war offenbar sehr ärgerlich. Er half Billy aus dem Wagen und führte sie durch die Wasserlachen einige morsche Stufen hinauf. »Vorsichtig, hier ist alles verfault,« sagte wieder die hohe, schnarrende Stimme. Sie traten in einen Flur, in dem es nach Rauch und Zwiebeln roch, von da in ein Wohnzimmer, in dem ihnen eine schwere überheizte Luft entgegenschlug. Hier war es hell, zwei Kerzen brannten auf einem weißgedeckten Tisch, an der Seite über einem kleinen Schenktisch hing eine qualmende Petroleumlampe. Geblendet blinzelte Billy in das Licht, das Zimmer schien ihr voller Menschen zu sein. Jemand nahm ihr den Mantel ab und die schnarrende Stimme sagte: »Ihre Augen müssen sich erst an den Glanz des Wolfschen Salons gewöhnen, Komtesse.« »Setz' dich, setz' dich«, rief Boris und schob sie zu dem großen, schwarzen Sofa, das vor dem gedeckten Tische stand, hin. Jetzt erst unterschied Billy die Gestalten im Zimmer. Da war ein langer Jude mit schwarzem Bart und grellen braunen Augen, er lächelte ganz süß. In der halboffenen Tür drängten sich Kinder im Hemde, unter wirren, schwarzen Haaren schauten sehr große Augen dunkel wie Onyxkugeln unverwandt zu Billy hinüber. Hinter dem Ladentisch saß eine Jüdin, der falsche, rotbraune Scheitel war ein wenig zu tief in die Stirn gerückt, das gelbe, regelmäßige Gesicht, die langen, braunen Augen drückten eine starre, hochmütige Geduld aus. Neben Boris stand ein Herr im Reitanzuge, er trug Sporen an den Stiefeln, sein feines, scharfgeschnittenes Gesicht lachte, er zeigte dabei sehr weiße Zähne unter einem kleinen Schnurrbart, der ihm wie zwei tintenschwarze Kommas auf der Oberlippe saß. »Mein Freund Ladislas Worsky,« stellte Boris vor, »das ist ein Freund! Bei dem Wetter ist er hinübergeritten, nur um uns zu sehen und uns vor irgendeiner Brücke zu warnen.« Ladislas zeigte wieder seine weißen Zähne. »Oh,« meinte er, »das ist das Verdienst meiner alten Reitstute, die findet den Weg bei jedem Wetter und in jeder Dunkelheit, vielleicht weil sie nur ein Auge hat. Aber Freund Wolf, den Samowar heran und was sonst da ist. Der Kindersegen soll abtreten, machen Sie es etwas gemütlich, und Mutter Wolf machen Sie ein liebenswürdigeres Gesicht. Boris, mein Alter, keine Verstimmungen! Setzen wir uns zum Souper.« Und er setzte sich an den Tisch, beugte sich zu Billy vor, sah sie mit den blanken Augen aufmerksam und ein wenig frech an und begann sich zu unterhalten, heiter und höflich, als säße er in einem Salon.

»Souper, nun ja, was man so nennt, die Delikatessen unseres Freundes Wolf können wir nicht brauchen. Eier allenfalls, in die dringt das alte Testament nicht ein. Da habe ich mir denn erlaubt, von unserer alten Mamsell zu Hause heimlich ein kaltes Huhn herauszulocken und es mitzubringen.« Er wickelte das Huhn aus einem Papier, legte es auf den Teller und begann es zu zerlegen, sehr sauber und regelrecht; ein wenig zu zierlich und dann wieder zu schwungvoll waren dabei die Bewegungen der weißen Hände mit den vielen blitzenden Ringen. Er sprach dabei immerfort vom Wetter, vom Wege, vom Juden Wolf und Billy antwortete, als sei er ein junger Herr, der seinen ersten Besuch machte und sie mußte ihn empfangen. »Bitte, dieses Stück, Komtesse«, sagte er und legte Billy einen Hühnerflügel auf den Teller, »das ist ein spanisches Huhn; meine Mutter interessiert sich für Hühnerspezialitäten. Aber Boris, du sprichst ja nicht, tu n'es pas en train, mon vieux, du hast unrecht, Bruder. Du hast allen Grund guter Laune zu sein, kolossal viel Grund.« Dabei verbeugte er sich leicht gegen Billy, »aber das wollen wir schon machen; Wolf geben Sie von Ihrem sündigen Sekt her; unser Freund Wolf nämlich hat immer Sekt auf Lager, um damit auf heimlichen Wegen die Barbaren jenseits der Grenze zu beglücken.«

Essen konnte Billy nicht, die blau und weißen Teller, die Messer und Gabeln, das Tischtuch, alles war ihr zuwider. Drüben hinter dem Schenktisch saß noch immer die Jüdin, das gelbe, regelmäßige Gesicht unbewegt, die mandelförmigen Augen schauten Billy an, gleichgültig, hochmütig und geduldig, »ich ertrage dich, weil ich muß«, schienen sie zu sagen. Diese Augen quälten Billy, es war ihr, als sei sie noch nie so angeschaut worden. Sie zwang sich von diesen Augen fortzusehen, auf Ladislas Worsky zu hören, der eifrig in seiner Unterhaltung fortfuhr. Jetzt sprach er von Literatur: »Bourget, ach ja natürlich, sehr fein, aber er will das Frauenherz analysieren, so wie Schmetterlinge auf Nadeln stecken, aber das ist ja gerade das Ding auf der Welt, das sich nicht analysieren läßt. Sie kennen nicht Bourget, Komtesse? Ach ja, die deutschen jungen Damen lesen keine Romane, sie lesen nur Schiller. Nun, Ihr Schiller – – –.« Billy war ihm dankbar für seine Unterhaltung, für das Überelegante seiner Bewegungen, für die weißen Manschetten, die er immer wieder aus dem Rockärmel hervorzog, und für die schmalen, frauenhaften Hände voller Ringe. All das legte etwas Bekanntes, etwas Heimatliches in diese fremde, feindliche Umgebung. Billy antwortete, lachte ein wenig, bemühte sich zu tun, als säßen sie auf der Gartenveranda in Kadullen, ja, sie ahmte ein wenig die Weltdamenmanieren ihrer Schwester Lisa nach. Der Sekt kam. »So, bitte, ein anderes Gesicht, Bruder«, rief Ladislas Boris zu und schenkte den Wein ein. »Aber so ist er immer,« wandte er sich an Billy, »je connais mon Boris. Stört ihm etwas sein Programm, dann ist es fort mit der guten Laune, er hat uns immer mit seiner schlechten Laune die halben Sonntage verdorben, nur weil der nächste Tag Montag war. Ja, das ließ sich nicht ändern. Da hatten wir in Prima einen Kameraden, du weißt, Boris, Andreijsky, ein toller, lustiger Junge. Nun plötzlich erschießt er sich. Warum? Man sprach da von Krankheit und solchen Sachen. Nein, ich weiß, er erschoß sich, weil die Ferien zu Ende waren, einfach, weil die Ferien zu Ende waren, er haßte die Schule wie die Sünde. So ist Boris auch.« »Da muß ich doch bitten«, bemerkte Boris. – »Nun, nun,« meinte Ladislas, »ärgere dich nicht, Bruder, du hast gar keinen Grund. Morgen früh ist die Brücke wieder gemacht, hier bist du in Sicherheit, in der reizendsten Gesellschaft, der glücklichste Mensch, also stoßen wir an, auf Ihr Wohl, Komtesse! auf die Erfüllung aller Wünsche!«

Sie ließen die Gläser aneinanderklingen. Boris lächelte matt, das begeisterte Ladislas. »So ist's recht, mein Alter. Sehen Sie, Komtesse, ich bin solch ein harmloser Mensch, seh' ich einen anderen glücklich, dann bin ich wie berauscht. Ich erlebe nie etwas, aber mir ist zumute, als sei das hier mein Abenteuer, als ob Sie und ich, na, gleichviel –.« Er sprang von seinem Stuhle auf, ergriff sein Glas und begann zu singen:

Treibt der Champagner
Das Blut erst im Kreise usw.

Er sang mit einem hübschen Bariton und mit schwungvollen Theaterbewegungen. Der Jude rief »bravo« und klatschte leise in die Hände. In der Tür erschien wieder die Schar der Judenkinder und schaute mit runden, grellen Augen in das Zimmer. Boris und Billy hörten lächelnd zu, nur das Gesicht der Jüdin blieb unbewegt und blickte mit müder Verachtung die drei dort am Tische an.

Die leichtherzigen Noten von Mozarts Melodie füllten den qualmigen Raum wie mit etwas Glänzendem und Kostbarem. Boris wiegte sich leicht auf seinem Stuhl, schlug mit den Fingern den Takt auf den Tisch und als Ladislas zu Ende war, nickte er ihm zu und meinte: »Ja, ja, Bruder, das war das richtige.« »Nicht wahr?« rief Ladislas. Er freute sich so sehr über die Wirkung seines Gesanges, daß er Boris umarmte und auf beide Wangen küßte. Dann setzte er sich wieder an den Tisch, füllte die Gläser. »Erlauben Sie, Komtesse,« sagte er, »daß ich Ihnen die Hand küsse, ich bin so froh, an diesem Glück hier teilnehmen zu dürfen.« Boris lachte ein wenig mitleidig. »Das war immer dein Talent, mein guter Ladislas! Teilnehmen. Erinnerst du dich, wie du als Student eine Zeitlang keinen Wein trinken durftest und mit deinem Selterswasser doch immer früher betrunken warst, als wir mit unserem Wein, nur aus Teilnahme. Du bist dazu geboren, in Prokura glücklich zu sein.« »Bravo!« rief Ladislas, »un mot charmant! Du fängst wieder an witzig zu werden, Gott sei Dank, du hast allen Grund dazu, Bruder, wenn man, wie du, auf der Seite der Wippschaukel steht, die hoch oben ist und nicht allein dort steht – im Gegenteil.« Boris wurde wieder ernst. »Ganz schön, aber vielleicht müssen wir doch ein wenig von Geschäften reden.« Aber Ladislas war empört: »Erbarm dich, Bruder! Warum sollen wir von Geschäften reden! Warum sollen wir die Komtesse damit langweilen? Was ist auch da zu reden, es ist alles geordnet, es wird alles glatt gehen, nein, ich weiß etwas besseres, wir machen ein Spielchen, da sind Karten, die habe ich mitgenommen. Sie spielen doch, Komtesse? Irgend ein Spiel.« Nein, Billy spielte kein Spiel, aber sie wollte zuschauen, die Herren sollten nur spielen. Sie lehnte sich in das Sofa zurück, die überheizte Luft und der Wein machten ihr den Kopf schwer, machten sie schläfrig und ruhig; Ladislas' »es wird schon alles glatt gehen«, klang ihr angenehm in den Ohren. Natürlich, wenn sie nur jetzt schlafen könnte. »Also ein Ecartéchen«, sagte Ladislas und mischte die Karten. »Sehen Sie, Komtesse, ich spiele sehr gern Karten. Warum? Weil das Kartenspiel symbolisch ist. Bitte, Boris, kupiere.« Billy konnte nicht anders, sie legte die Hand vor den Mund und gähnte. »Du bist müde, Kind,« sagte Boris, »leg dich ein wenig nieder.« »Freilich,« rief Ladislas, »es ist für alles gesorgt.« Er sprang auf und öffnete die Tür zu einem Nebenzimmer: »Bitte. Aber vordem, Komtesse, erlauben Sie, daß ich von Ihnen Abschied nehme, ich reite gleich wieder fort, ich muß zeitig zu Hause sein, damit meine Mutter von meinem nächtlichen Unternehmen nichts merkt.« Er küßte Billys Hand: »Ich danke Ihnen, Komtesse, für das Glück dieser Stunden.« Das klang so gefühlvoll, daß Billy fast gerührt wurde.

Im Nebenzimmer brannte trübe eine Kerze auf einer Kommode. Weiß und goldene Porzellanvasen standen da voller Papierrosen, an der Wand hing eine jüdische Kußtafel. Den meisten Raum im Zimmer aber nahmen zwei mächtige Betten ein, auf denen sich Berge von Federkissen in rotbaumwollenen Bezügen türmten. »Ja, lege dich nieder,« sagte Boris und strich mit der Hand über Billys Haar, »ach Billy, wenn du fühlen würdest wie ich.« – »Warum sagst du, daß ich nicht fühle wie du,« erwiderte Billy ein wenig gereizt, »das ist unfreundlich.« »Nein, nein, ich bin nicht unfreundlich,« meinte Boris, »schlafe jetzt, ich muß mit Ladislas manches besprechen.« Billy legte sich auf das Bett und Boris ging hinaus. Sie hörte die beiden jungen Leute draußen sprechen, anfangs schienen sie Karten zu spielen, dann flüsterten sie eifrig miteinander in polnischer Sprache schnell und zischend. Billy schloß die Augen und lag regungslos da, schlafen wollte sie, aber dann schien es ihr, als stünde neben ihr etwas, etwas das drohte, das heranschleichen wollte, es schien ihr, als müßte sie wachen, als müßte sie auf ihrer Hut sein. Sie schlug wieder die Augen auf, die Flamme der Kerze wurde von einem Zugwinde leicht bewegt, irgendwo im Hause wimmerte ein Kind, ein leiser unendlich kummervoller Ton, und um sie her lagen die roten Federkissen mit ihrem widerwärtigen üppigen Schwellen und atmeten einen süßlichen Staubgeruch aus. Sie warfen große Schatten an die Wand und die runden weichen Formen zitterten sachte. Ein unendlicher Ekel schüttelte Billy, warum war sie hier, was hatte sie hier zu tun? Ja so, sie liebte ja Boris. Wie war das doch? konnte sie es nicht wieder haben, dieses heiße Gefühl des Mitleids und der Sehnsucht, das alles in ihr veränderte, ihr Mut zu allem gab und das Unmöglichste selbstverständlich machte. Auch dazu war sie jetzt zu müde. Schlafen wollte sie jetzt – irgendwo wo es still und sicher und rein wäre. Sie schloß wieder die Augen, um nicht dieses Zimmer zu sehen, wollte an zu Hause denken, allein auch diese Gedanken gaben keine Ruhe, sie schmerzten. Also an etwas ganz Friedliches wollte sie denken, etwas, das keine Vorwürfe machen konnte, an die Möbel im Gartensaal, wie sie unter ihren weißen Baumwollebezügen in der Dunkelheit standen, an die großen Blumensträuße, die dort in den Vasen welkten und ihre Blätter mit einem ganz leisen Ton auf den Tisch niederregnen ließen. Ja daran, nur daran wollte sie denken.

Sie mußte doch ein wenig geschlafen haben, denn als sie jetzt auffuhr, schien es ihr, als sei sie fortgewesen irgendwo, wo sie geborgen war, wo sie bekannte Stimmen hörte und nun fiel sie wieder jäh in diesen fremden Traum hinein. Es war noch da, dieses Zimmer mit der dumpfen Luft, die Wände mit den sachte zitternden Schatten, die weichen roten Kissen saßen um sie her und warteten, alle waren sie noch da und mußten weiter geträumt werden. Und dann stand da noch jemand vor dem Bett ganz regungslos. Es war Boris, aber auch er seltsam fremd und unheimlich. Das flatternde Licht der Kerze ließ Schatten über sein Gesicht hinfahren und es schien, als verzöge es sich, nur die dunkelen Flecken der Augen waren unbeweglich auf sie gerichtet. Müde und mutlos lehnte sich Billy in die Kissen zurück und schloß die Augen.

»Was ist geschehen«, sagte sie ganz leise.

»Nichts ist geschehen«, erwiderte Boris ebenso leise.

»Ist er fort?« fragte Billy weiter.

– »Ja, Ladislas ist fort.«

»Warum stehst du so da?«

Als Boris nicht antwortete, wiederholte Billy die Frage weinerlich und klagend. Da hörte sie, wie er am Bette niedersank. Er umschlang sie mit seinen Armen, sie fühlte, wie sein Gesicht kalt und schwer auf ihrer Brust lag, wie ein seltsames Beben seinen Körper schüttelte, als weinte er.

»Du sagtest doch, es wird alles gut werden«, sagte Billy und ihre Stimme klang wieder weinerlich und gereizt. »Warum sprichst du nicht? Ich weiß ja nicht, ich glaubte, daß ich bei dir sein muß, daher ging ich mit. Du sagtest doch, es wird alles gut werden.«

Boris klammerte sich fester an Billys Arm, er schob sich hinauf, jetzt lag er mit dem Oberkörper auf ihr, sein Gesicht war dem ihren ganz nahe, nun küßte er sie mit trockenen hungrigen Lippen.

»Ja,« flüsterte er, »es wird alles gut, wenn du nur willst. Aber ich fürchte mich so furchtbar vor dem einen . . .«

»Du fürchtest dich auch,« erwiderte Billy tonlos, »ja dann –«

»Nein, hör',« fuhr Boris fort und sein Flüstern wurde seltsam heiß und leidenschaftlich, »wenn du nur willst. Ich fürchte mich vor morgen, wenn es grau und hell wird, und wir müssen etwas tun und müssen sorgen, und die Menschen kommen, und alles ist so häßlich, die anderen und wir, und unsere Liebe, ach Billy, das habe ich nie ertragen können, so der nächste Morgen nach einem Glück –«

»Wir können es doch nicht ändern, daß es Morgen wird«, meinte Billy immer noch mit dem gereizten Ton.

»Doch, wir können das«, sagte Boris atemlos vor Erregung und seine Hände preßten sich um Billys Schultern so fest, daß es sie schmerzte. »Wir sind doch beisammen, wir können so glücklich, so glücklich sein, daß wir keinen Morgen mehr sehen wollen. Das gibt es. Du wirst sehen. Komm', du und ich, und dann vertragen wir nichts als zu sterben.« Er stammelte das, ganz nah auf sie hinabgebeugt, das Gesicht bleich und böse und seine Hände zerrten fieberig an Billys Kleid.

– »Wie können wir denn sterben?« versetzte Billy müde.

»Wie – ist gleich,« erwiderte Boris ungeduldig, »du wirst sehen, wir können dann nicht weiterleben.«

Billy schlug die Augen auf und schaute Boris scharf und angstvoll an. »Hast du das schreckliche, kleine Revolver, welches du mir zu Hause im Garten zeigtest, und von dem du sagtest, daß es dein Freund sei?« fragte sie.

»Ja, ja, aber warum davon sprechen,« antwortete Boris ungeduldig, »wir denken jetzt nur an uns, an unser Glück. Willst du, sag? Wir sind einer bei dem anderen und nichts ist da, als nur wir und wir sterben lieber, als daß irgend etwas anderes nahe kommt.«

Billy richtete sich ein wenig auf, sie schob Boris' Hände, die heiß an ihrem Körper entlang fuhren, wie etwas Lästiges fort. Ihre Augen wurden groß und klar vor Angst, aber ihre Lippen zuckten wie in einem spöttischen und ein wenig verächtlichen Lächeln: »Glücklich sein – hier bei diesen häßlichen, roten Kissen. Ach bitte geh jetzt. Du – du bist wie das andere hier, ich fürchte mich auch vor dir!«

Boris ließ Billy los und richtete sich auf. Jetzt kniete er vor dem Bett, ließ die Arme schlaff niederhängen und nagte an seiner Unterlippe. Sein Gesicht trug den Ausdruck kummervoller Enttäuschung. Billy lehnte sich wieder in die Kissen zurück, wandte das Gesicht zur Wand und schloß die Augen. Regungslos lag sie da wie ein geängstetes Kind und horchte gespannt auf das leiseste Geräusch. Boris schwieg eine Weile, dann sagte er einmal: »Aber Billy«, und dies war wieder die Stimme, die sie kannte; aus ihr wehte es sie an wie der duftende Atem des heimatlichen Gartens, und der Boris, den sie kannte und die Billy, die sie kannte, und ihre Liebe – alles war für einen Augenblick wieder da. Sie wollte sich umwenden, allein sie schloß die Augen nur noch fester, sie wußte, wenn sie die Augen aufschlüge, dann wäre das alles doch fort. Sie hörte sich selbst sagen, überlegen und verdrossen: »Sterben, nein, gewiß nicht. Wenn du sonst nichts weißt!«

Wieder schwieg Boris und Billy wartete in angstvoller Spannung. Da hörte sie, wie er sich erhob, einige Schritte machte, vor sich hinmurmelte: »Ja, das ist etwas anderes, da ist nichts zu machen« und dann langsam und zögernd aus dem Zimmer ging. Sie hörte, daß er die Tür nur anlehnte, im Nebenzimmer auf- und abschritt, stehen blieb, etwas in ein Glas goß und wieder auf- und abging. Sie lauschte aufmerksam dem leisen ruhelosen Knarren dieser Schritte, lauschte mit jener schmerzhaften Wachsamkeit, mit der wir etwas verfolgen, das uns droht, das uns angreifen will. Denn dieser Ton wurde seltsam ausdrucksvoll. Billy glaubte aus ihm kurze ärgerliche Worte, eine mißmutig vor sich hinscheltende Stimme herauszuhören. Als dann der Rhythmus dieser Stimme sich änderte, hielt Billy in Erregung den Atem an. Jetzt geht er auf den Fußspitzen, sagte sie sich, jetzt nähert er sich der Tür. Boris trat wieder sachte in das Zimmer und blieb an dem Bettende stehen.

Sie hörte deutlich das leise Aneinanderklingen der Berlockes an seiner Uhrkette, dann wurde es ganz still. Billy rührte sich nicht, sie wartete mit der Ergebung, die wir im Traum haben, auf deren Grund unbewußt die Hoffnung ruht, das Erwachen wird kommen und uns von den Traumereignissen erlösen.

Boris begann zu sprechen, klanglos, müde: »Natürlich schläfst du nicht. Du willst mich täuschen. Bitte, bitte, laß dich nicht stören. Ich bitte nie zum zweiten Male. Man versteht mich oder man versteht mich nicht. Du verstehst mich nicht, gut, gut, es ist immer dasselbe. Ihr versteht immer nicht.« Er hielt inne und es war wunderlich, wie das Mädchengesicht mit den geschlossenen Augen, den fest aufeinandergepreßten Lippen errötete und erbleichte. »Es wundert mich nur,« fuhr Boris fort, »daß du hierhergekommen bist. Um korrekt zu sein, dazu brauchen wir nicht hier zu sein. Ja, aber so ist es immer, man glaubt zusammen sehr hoch zu stehen, hoch über allem, was klein und dumm ist, man glaubt, nun kommt der große Augenblick, auf den man sein ganzes Leben gewartet und dann ist es wieder nichts, man ist doch allein und du, du bist doch dort unten geblieben in der Welt von – von – Madame Bonnechose«.

Er schwieg wieder und Billy dachte: »Lachte er jetzt?« Es war in seiner Stimme etwas gewesen, das so klang. Sie drückte die Augenlider fester zu; nicht um eine Welt hätte sie dieses traurige und hochmütige Lachen sehen wollen, vor dem sie sich immer gefürchtet hatte auch in Augenblicken, in denen sie Boris am stärksten liebte. Boris machte einige Schritte, blieb wieder stehen: »Nur Verantwortung auf mich nehmen, sonst nichts, nein ich danke. Aus etwas, das ganz schön und groß hätte sein können, machst du etwas Häßliches und Albernes. Da spiele ich nicht mit. Lächerlich zu sein verstehe ich nicht, dazu haben wir Polen kein Talent.« Wieder machte er einige Schritte, wieder wartete er, ja er wartete, das wußte Billy, allein es kam ihr keinen Augenblick der Gedanke, sie könnte die Augen aufschlagen, sie könnte zu ihm sprechen, ihn zurückrufen, sie hatte nur einen Gedanken, ganz still zu liegen, sich nicht regen, dann geht vielleicht auch das vorüber. Boris war jetzt an der Türe, sie hörte das leise Knarren der rostigen Türangeln und auf der Schwelle sagte er noch mit einer Stimme, die seltsam fremd und verändert klang, mit der Stimme eines, der irgendwo ganz allein kummervoll und hoffnungslos zu sich selber spricht: »Nein, das nicht, das bin ich so müde, immer nur für ein Mißverständnis leben.« Er ging und lehnte die Tür wieder an und Billy hörte wie er im Nebenzimmer hin und her schritt und sich dann auf das alte knackende Sofa warf.

Das Gewitter hatte aufgehört, beruhigt und gleichmäßig rann ein feiner Regen nieder und klopfte ganz sachte an die Fensterscheiben. Billy lag noch immer still da. Warum sollte sie sich regen? Warum sollte sie die Augen aufschlagen? Um sie her war nichts, das zu ihr gehörte, das teil an ihr hatte, nichts, das sie als Leben empfand. Ein nie erlebtes Gefühl des Alleinseins ergriff sie körperlich, etwas, das sie krank machte, sie frieren ließ.

Boris hatte mit seiner seltsam veränderten Stimme von Glücklichsein und Sterben gesprochen. Diese Worte hatte sie schon einmal gehört zu Hause zwischen den Johannisbeerbüschen, aber dort klang es anders, dort klang es traurig und schwül und süß, sie verstand es dort und es erschien ihr als etwas Mögliches und Leichtes, wenn Boris es wollte. Allein hier – sterben, das war unverständlich und widerwärtig wie alles andere hier, das war eben dieses furchtbar rätselhafte Gefühl der Einsamkeit, das jetzt kalt über sie hinkroch. Sie muß daliegen und das Leben ist unendlich weit, sie sieht es wie einen Fleck ganz gelb von Sonnenschein, ganz bunt von Herbstblumen und bekannte Figuren gehen durch diesen Sonnenschein; vor dem Waschhause steht die Wäscherin mit der weißen Schürze, am Nelkenbeete kniet der Gärtner mit dem großen gelben Strohhut und unter dem Birnbaum steht ihr Vater und zieht den Duft der Augustbirnen und der Pflaumen in seine lange weiße Nase. Billy sieht das, spürt das, riecht das und doch lebt das alles ohne sie, ja sie selbst ist dort, sie sieht sich, ihre Liebe ist dort, Boris, alles, aber sie kann nicht zu sich selber hinkommen. Billy richtet sich auf, die Augen weit offen, der Mund sehr rot im weißen Gesicht und um die Lippen den entschlossenen eigensinnigen Zug, den sie anzunehmen pflegten, wenn Billy fühlte, daß sie etwas haben mußte, nach dem sie sich sehnte.

Sie stieg leise aus dem Bett, schlich zur angelehnten Türe und schaute durch den Spalt. Boris lag auf dem Sofa und schlief. Das Haar hing ihm wirr in die Stirn, das bleiche Gesicht trug den gramvollen und zugleich hilflosen Ausdruck, den ein schwerer Schlaf über ein Gesicht breitet. Auf dem Tisch stand die Sektflasche und ein halbgeleertes Glas. Die Kerze war tief niedergebrannt und der einzige Ton im Zimmer war ein leises Stöhnen, das aus Boris' halbgeöffnetem Munde drang, klagend und dann wieder wie in kleine hohe wie spöttische Laute umschlagend. Billy zog die Türe vorsichtig an. Geschäftig nahm sie nun ihren Mantel und ihren Hut, ging an das Fenster und öffnete es. Der Zugwind verlöschte die Kerze; draußen schien es noch dunkel, der Regen flüsterte in der Finsternis, die großen Tannen rauschten, ein lautes tiefes Rauschen, ein herrlich befreites Atmen aus unendlich weiter Brust und Billy mußte auch atmen ganz tief, sie schwang sich auf das Fensterbrett und sprang hinaus.

Der Wind trieb ihr den Regen in das Gesicht und benahm ihr den Atem. Sie stand einen Augenblick da leicht vorgebeugt wie jemand, der im Seebade steht und erwartet, daß eine Welle über ihn hingehe. Dann lief sie in die Finsternis hinein mit festen eigensinnigen Schritten. Über dem nassen Wege lag eine matte, blinde Helligkeit. Dieser folgte Billy. Klatschend sprang das Wasser an ihren Beinen hinauf, wenn sie in die Pfützen trat, von ihrem Hut rannen kleine kalte Bäche hinter ihren Mantelkragen. Alles war gegen sie, alles war feindlich, was da rings um sie her flüsterte, gurgelte, kicherte und rauschte. Es war furchtbar und sie fürchtete sich auch, aber sie hatte es nicht anders erwartet und sie mußte eben vorwärts. Dabei fand sie in sich etwas, das sie bisher nicht in sich gekannt hatte, sie fand in sich das erregende Gefühl böser Wachsamkeit und gleichsam verbissener Neugier, die das Wesen des Mutes sind. Denken konnte sie nicht, sie hatte nur auf der Hut zu sein. So stürmte sie fort. Der Weg wurde jetzt dunkel. Die großen Tannen rauschten ganz nahe um sie her, zuweilen schlug ein nasser Zweig nach ihr oder wollte sie festhalten und dann stieß sie ihn von sich ingrimmig und kampflustig. Eine große, traumhafte Resignation dem Unbekannten und Lauernden gegenüber machte sie fast gefühllos. Wunderlich war es dabei, wie die ganze Zeit über ein Bild vor ihr stand und empfunden und gesehen werden wollte. Sie sah sich selber deutlich, als ginge sie neben sich selber her, die schmale Gestalt im braunen Regenmantel, den nassen Hut auf dem Kopf, ein wenig vorgebeugt wie sie die fremden schwarzen Wege entlang lief unaufhaltsam und willenlos wie eine Kugel, die eine kräftige Hand hinausgeschleudert hat, vorwärts über die Wurzeln, die sich ihr hinterlistig in den Weg stellten, unter Zweigen durch, die sie aufhalten wollten und sie mit Wasser überschütteten, an großen dunklen Vögeln vorüber, die über den Weg rauschten und erschreckende Klagetöne in die Nacht hineinriefen. Aber das mußte so sein, so war das Leben außerhalb der Gartengitter von Kadullen, so war es, wenn man sich wieder zu den Gartengittern von Kadullen durchkämpfen mußte. Und es war Billy, als fühlte sie, daß da in der finsteren Welt um sie her viele solche einsame Gestalten schwarze Wege hinabliefen eilig, eilig. Diese Kameradinnen der Nacht empfand sie so stark, daß sie ihr unheimlich und dennoch ein wenig tröstlich waren. Der Weg wurde immer deutlicher und blanker, Bäume und Sträucher standen jetzt deutlich in einem grauen Licht, Nachtraben klatschten mit den Flügeln, der Tag kam. Aber Billy schaute nicht auf. War es furchtbar diesen Traum zu träumen, so fürchtete sie sich dennoch davor aus ihm zu erwachen. Sie wußte, dann würde dieses Fieber des Mutes und der gedankenlosen Ergebung von ihr weichen, dann würde sie keine Kraft mehr haben. Den Kopf auf den Weg niedergebeugt stürmte sie weiter, zuweilen war sie mitten in einem weißen Nebel, dann ging sie wieder über Moos hin wie über grün und roten Sammet. Merkwürdig still war es um sie geworden, Regen und Wind mußten aufgehört haben. Plötzlich ging sie ganz in rotem Licht. Sie fühlte dieses Licht wie etwas, das wehe tut, sie kniff die Augen zusammen und beugte den Kopf tiefer. Allmählich wurde das Licht golden, überall lag greller Glanz, überall flimmerte es, in der Luft begann es zu summen, im Moose zu rascheln. Billy fühlte, wie um sie her geschäftiges Leben erwacht war und sie ging schneller, es war wie ein Wettlauf mit diesem Tage, der so ruhig und wach in all seinem Glanze herankam.

Wie lange Billy so gegangen war, wußte sie nicht, es schien ihr unendlich lange. Die Sonne stand schon hoch am reinen, blauen Himmel und stach unerbittlich herab. Es schien Billy, als müßte sie eine sehr warme Last mit sich forttragen, dazu wurden ihr die Füße so schwer, bewegten sich langsam und mechanisch wie Dinge, die nicht zu ihr gehörten, sie waren ihr gleichgültig wie alles an ihr, sie fühlte sich wie eine wunderliche Sache, die mühsam durch den Sonnenschein fortgetrieben wird. Da plötzlich auf einer kleinen grellbeschienenen Waldlichtung sank sie auf einen Mooshügel nieder. Köstlich war es die Beine von sich zu strecken, den Rücken in das warme Heidelbeerkraut zurückzulehnen. Etwas Schöneres konnte es im Leben nicht geben. Um die Lichtung standen junge

Föhren und Tannen blank wie Metall und so regungslos, daß die Tropfen, die noch hier und da an ihren Nadeln hingen, gefroren schienen. Alles war regungslos unter diesem gelben Lichte die Halme, die Moosblüten, die kleinen blauen Falter, eine Hummel kroch in die Glocke eines Benediktenkrautes und blieb dort hängen wie verzaubert. Im Dickicht kam ein Fuchs daher, den Kopf suchend niedergebeugt, und plötzlich blieb auch er stehen ohne ein Glied zu regen und starrte vor sich hin die Lichter durchsichtig wie grünes Glas, gebannt von dem gewaltsamen Schweigen der Stunde. Billy saß da und auch auf ihr lastete diese Regungslosigkeit, die so wunderbar wohltat, dieser köstliche Rausch des Lichtes, des Schweigens und all der heißen Düfte, welche die Blätter, die Tannennadeln, die großen sich sonnenden Schwämme ausatmeten. Auch sie starrte vor sich hin, sie fühlte, wie auch ihre Augen so glashell wurden wie die Lichter des Fuchses dort und alles in ihr nur dazu da war die sonnige Stille zu trinken. Aufgeregt erscholl jetzt der Ruf des Eichelhähers, als wollte er jemand rücksichtslos wecken. Der Fuchs war fort und auch Billy fuhr auf, sie lehnte sich zurück, hob die Arme empor, streckte sich und machte ein Gesicht, als wollte sie weinen. Etwas sehr Schönes war vorüber. Mühsam erhob sie sich, was half es, sie mußte ja doch weiter.

Ein breiter Waldweg mit kurzem Rasen bedeckt führte durch eine junge Föhrenschonung hin und als der Weg eine Biegung machte, lag ein Stück Heideland vor Billy, mitten darin standen einige Häuschen, standen da mit goldbraunem Gebälk, silbergrauen Dächern wie kleine, blanke Kästchen auf der rotblühenden Heide. Eine Kuh blökte dort langgezogen und schläfrig, ein Hahn krähte und Rauch stieg aus dem Schornstein gerade in den Himmel. Billy blieb stehen; das hier ergriff sie so stark, sie wußte nicht, warum; die Augen wurden ihr feucht und doch mußte sie lächeln. Sie ging gerade auf das Haus zu, ein niedriger Lattenzaun umhegte einen Garten, in den Billy durch die halbgeöffnete Tür eintrat. Lange Gemüsebeete, Stachelbeerbüsche. Hie und da legten blaublühende Zichorien und dunkelroter Mohn grelle Farbenflekken in den gleichmäßigen Glanz des Mittaglichtes. Überall standen Bienenkörbe umher. Vor einem derselben kniete ein Mann und machte sich mit den Bienen zu schaffen. Billy ging auf ihn zu, er hörte wohl den Kies unter ihren Schritten knirschen, er hob den Kopf, ein altes, wie von unten nach oben zusammengedrücktes, kleines Gesicht schaute Billy aus trüben, ganz hellblauen Augen ruhig an.

»Guten Morgen,« sagte Billy.

»Guten Morgen,« erwiderte der Mann, die Hände hatte er vorsichtig vor sich hingestreckt, denn sie waren dicht mit Bienen wie mit goldgelben Sammethandschuhen bedeckt. Als Billy schwieg, wandte er sich wieder seinem Bienenstocke zu.

»Bin ich weit von Kadullen?« begann Billy wieder.

»Zu gehen drei Stunden«, erwiderte der Mann, ohne aufzuschauen. Wieder schwiegen beide. Der starke Duft der Küchenkräuter in den Beeten, der säuerliche Geruch des Honigs, das leise Summen der Bienen, all das legte sich über Billy wie eine unendlich wohlige Trägheit. Hier ausruhen, dachte sie. »Darf ich hier sitzen?« fragte sie und wies auf einen Schiebkarren, der umgekehrt auf dem Kieswege lag. Der alte Mann nickte nur, während er die Bienen vorsichtig von seinen Händen streifte und Billy setzte sich, streckte die Füße von sich, ließ die Arme schwer niederhangen, seufzte tief auf, mehr brauchte sie nicht. Ach, es war ja doch nicht so schwer, zu leben.

»Sie sind das Fräulein aus Kadullen?« sagte der alte Mann endlich wieder, »ich komme da oft hin, um Honig zu bringen. Sind wohl naß, wie?«

»Ja.«

»Sind wohl in der Nacht im Regen draußen gewesen, nun wollen Sie wohl nach Hause?«

Ja, Billy wollte nach Hause. Der alte Mann nahm seinen Strohhut ab und fuhr sich bedächtig mit der Hand über den nackten, blanken Schädel. »Man kann anspannen,« meinte er. Dann wandte er sich zur anderen Seite und rief: »Lina!« Drüben vor dem kleinen Stall stand eine rote Kuh und davor hockte ein Mädchen im blauen Leinwandkleide und melkte die Kuh. Das Mädchen richtete sich langsam ein wenig mühsam auf, stand einen Augenblick da, verzog das Gesicht vor dem Sonnenschein, schaute mißmutig zu Billy hinüber und wischte sich die großen, roten Hände an der weißen Schürze. »Komm nur«, sagte der Alte. Da kam Lina langsam die Gemüsebeete entlang, auf dem großen, starken Körper saß ein kleiner Kopf, ein pausbäckiges, sehr erhitztes Kindergesicht unter der schweren Fülle brauner, fetter Haare. Die Hände hielt sie noch immer auf ihrer Schürze, als wollte sie es verbergen, daß sie guter Hoffnung war. Vor Billy blieb sie stehen und fragte verdrossen: »Was denn, Vater?« »Nimm das Fräulein mit hinein,« sagte der Vater, »ziehe ihr trockenes Zeug an, gib was zu essen, nachher, Fräulein, fahren wir.«

Lina wandte sich um und schritt dem Hause zu. Billy erhob sich, um ihr zu folgen, da schaute der Alte verschmitzt, so von der Seite auf die beiden hin, wies mit dem Daumen auf seine Tochter und sagte: »Die is auch liederlich gewesen.« Lina schaute nach Billy zurück, fuhr sich mit dem Handrücken über die Augen und lächelte ein wenig. Das Wohnzimmer, in welches Billy geführt wurde, mußte frisch getüncht worden sein, denn es erschien ihr so überraschend grellweiß. Der Sonnenschein lag so wunderlich schwer und honiggelb auf den weiß und roten Kattunbezügen der Möbel und den Tannenbrettern des Fußbodens. Dazu kam noch ein eifriges, lautes Durcheinander von Vogelstimmen, die einander überschreien wollten, überall an der Decke und am Fenster hingen Vogelbauer mit Kanarienvögeln, es mochten ihrer zehn oder zwölf sein und die Tierchen, vom Lichte erregt, schlugen, als seien sie berauscht vom eigenen Gesange.

»Oh die Vögel«, sagte Billy überrascht.

»Die!« meinte Lina verdrießlich, »die bellen den ganzen Tag.«

Billy mußte sich auf das Sofa setzen und Lina begann sie zu entkleiden. Sie zog ihr die Schuhe aus, die Strümpfe. »Die kleinen Füße,« murmelte sie, »in einer Hand halte ich so 'n Fuß wie 'n Vogel.« Sie war ganz in ihrer Arbeit versunken und sprach vor sich hin wie ein Kind, das still in einer Ecke mit seiner Puppe spielt. »Die feine Wäsche, und durch und durch naß und 'n Haut wie Seide haben wir, so, so, und nun kommt das Hemd, ganz neu ist es, für die Hochzeit habe ich es mir gemacht.«

»Für die Hochzeit?« fragte Billy, die willenlos den großen, vorsichtigen Händen gehorchte. »Die Hochzeit, nu ist ja doch nichts damit«, meinte Lina, während sie geschäftig zwischen den Kästen und Billy hin- und herging. »So, dieses Kleid hier, mir ist es ein bißchen zu eng, für Fräulein wird es gut sein. Ne, ne, es ist doch zu weit, daß muß man zusammenstecken«, und die beiden Mädchen begannen über das zu lose Kleid zu lachen, ganz laut, ganz hilflos. Lina setzte sich, schlug sich auf die Knie und hielt sich die Seiten. Die Kanarienvögel versuchten das Lachen der Mädchen zu überschreien. Nun war Billy fertig. Sie ließ sich einen Spiegel geben, betrachtete sich aufmerksam, dann legte sie den Spiegel befriedigt fort und sagte: »Sehr gut, Ihre Kleider sind beruhigend wie Baldriantropfen.« Lina ging hinaus um etwas zum Essen zu besorgen und Billy lehnte sich in das Sofa zurück und schloß die Augen. Ja, es war ihr wirklich, als hätte sie mit ihren Kleidern die Sorgen und Unruhen der früheren Billy abgelegt. Mit dem blau- und weißgetüpfelten Leinwandkleide, mit dem großen Kragen und dem groben Hemde, das ihr die Haut rieb, schien es ihr, als hätte sie etwas von dem sorglosen, fast schamlosen Frieden eingesogen, mit dem Lina ihren von der Mutterschaft entstellten Körper faul und bequem an den Gemüsebeeten des Gartens entlang bewegte.

Nun brachte Lina Milch, ein blankes, braunes Brot und sehr viel Honig. Billy begann zu essen; zuerst heißhungrig, dann langsam mit Genuß, fast mit Andacht, sie erinnerte sich nicht, daß ihr je etwas so gut geschmeckt hatte.

Als sie satt war, stützte sie die Arme schwer auf den Tisch. In den ungewohnten Kleidern trieb es sie Bewegungen zu haben, die sie sonst nicht hatte, die Lina vielleicht haben konnte. Ihre Wangen waren wieder gerötet, ihre Augen blank und Lebensungeduld wärmte ihr Blut. Lina saß ihr gegenüber, die Hände flach auf die Knie gelegt und schaute sie aus den kleinen, blauen Augen stetig und geduldig an. »Ich denke,« meinte Billy, »wir gehen jetzt zu der Kuh, den Hühnern, zu den Bienen.« Das war es, in diesem komischen, blauen Kleide wollte sie sich draußen im Hofe umtun; ja, sie war überzeugt, sie würde ganz so faul und gemütlich wie Lina zwischen den Gemüsebeeten entlang gehen können. Als sie jedoch aufstand, fühlte sie, daß ihre Beine steif waren und sie schmerzten. »Ach nein, bleiben wir lieber,« sagte sie, »sprechen wir lieber etwas.« Allein die Ruhe des großen, erhitzten Mädchens ihr da gegenüber machte sie ungeduldig. Konnte man diese Ruhe nicht aufstochern, wie sie als Kind die kleinen, stillen Ameisenhügel aufgestochert hatte, so daß sie gleich voll aufgeregten Lebens wurden. »Fürchten Sie sich nicht?« fragte Billy plötzlich.

»Fürchten?« erwiderte Lina, »warum? Ach so, Sie meinen deshalb, ne, was kann man sich da viel fürchten?« »Aber manche sterben daran«, bohrte Billy weiter. Lina fuhr sich mit dem Handrücken über die Augen und lächelte ein wenig. »Ja, manche sterben.« Die beiden Mädchen schwiegen eine Weile und lauschten dem Lärm der Kanarienvögel. Dann begann Lina zu fragen mit ihrer tiefen, ein wenig singenden Stimme: »Und Ihrer ist auch fort?« Billy errötete. »Ja, fort,« murmelte sie unsicher. Lina seufzte. »Ja,« meinte sie, »es ist ein Kreuz mit den Männern; immer gehen sie fort. So geht es uns allen.« Billy schwieg, aber sie empfand es wie Sicherheit und wie Frieden dieses *uns*, das sie einreihte in die Schar der Mädchen, die ruhig und stark das Leben auf sich nehmen.

Draußen hörte man das Rollen eines Wagens. Gleich darauf erschien der alte Mann in der Tür, eine Peitsche in der Hand und sagte: »Jetzt können wir fahren, Fräulein.« Billy mußte sich einen sehr großen, gelben Strohhut aufsetzen und dann fuhren sie.

Der kleine Wagen rüttelte stark, der schwere Schimmel trabte gleichmütig dahin und schüttelte sich geduldig die Bremsen ab, die ihn umkreisten. Die kleinen Schellen, die an seinem Geschirr befestigt waren, klingelten eine schläfrig eintönige Melodie. Eine Weile fuhr der Wagen noch durch die Föhrenschonung wie zwischen stillen, blauen Wänden hin, dann hörte der Wald auf, die Landstraße war da und weite Felder. Über all dem lag ein heißer, blonder Staubschleier. Das Land erschien Billy so feierlich leer. »Man sieht keine Leute«, sagte sie.

Der Alte begann anhaltend und leise zu lachen. »Weil es Sonntag ist. Na ja, wenn man des Nachts spazieren geht, weiß man nicht mehr, was für 'n Tag wir haben, aber so ist nu mal mit den Mädchen; die Lina steht nu auch da.«

»Kann er sie nicht heiraten?« fragte Billy zaghaft.

Der Alte schlug ärgerlich auf seinen Schimmel ein. »Heiraten? Wen denn? Wo ist denn der zum Heiraten? Wo ist denn unser schöner Maschinist von der Sägemühle? Weil er gelbe Katzenaugen hat, laufen sie ihm alle nach. Die Anna in der Wassermühle ist nun auch so weit. Ja, da hilft nichts; wie das Frühjahr kommt, sind die Marjellen in der Nacht draußen, unruhig wie die Bienen vor dem Gewitter, man kann sie hauen, man kann sie anbinden, hast du nicht gesehen – sind sie fort. Jetzt um diese Zeit ist schon seltener«, setzte der Alte hinzu und warf einen Seitenblick auf Billy. Sie lächelte. Ja, dachte sie, in der Frühlingsnacht, wenn wir unruhig werden wie die Bienen vor dem Gewitter, da gibt's das vielleicht dieses Glücklichsein und dieses Sterben, von dem Boris gesprochen hatte, aber dort – – – sie schauerte in sich zusammen, sie wollte nicht daran denken, sie hatten noch lange zu fahren, später würde sie alles überlegen. Gut, gut, aber jetzt nicht denken, nur dem schläfrigen Klingeln der kleinen Schellen zuhören.

Allmählich jedoch wurde die Gegend bekannter, hie und da stand zwischen seinen Feldern im Sonntagsrock ein Bauer, an dessen Gesicht Billy sich erinnerte, und endlich tauchte in der Ferne Kadullen auf zwischen den großen Parkbäumen; ein kühler, grüner Fleck im sonnengelben Lande.

Billy richtete sich auf; sie wurde plötzlich ganz wach; es war fast qualvoll, wie jäh all das Traumhafte von ihr abfiel und die frühere Billy wieder da war mit der Verantwortung für das, was sie getan, mit der Angst und Scham vor all denen dort. Sie sah deutlich Marions Augen, Tante Bettys hilfloses, kleines Gesicht und des Vaters strenge, weiße Nase. Sie hatten ja wohl den Zettel gefunden, den sie zurückgelassen. Was stand doch auf dem Zettel? »Ich bin bei ihm«, Gott, wie das dumm klang! Und nun näherten sie sich immer mehr dem Hause. Wenn sie nur unbemerkt über die kleine Treppe in ihr Zimmer kommen könnte, in Linas Kleidern würde niemand sie erkennen und oben in ihrem Zimmer würde sie die Türe zuschließen, niemand hereinlassen und schlafen – schlafen. Vielleicht nahm das etwas von ihr, vielleicht war dann, wenn sie erwachte, alles anders, alles besser. »Ach bitte,« sagte sie, »wir halten an der kleinen Türe an der Parkmauer drüben.« Der Alte nickte gleichmütig, lenkte in den Seitenweg ein und hielt vor der kleinen Tür in der Parkmauer. Als Billy ausgestiegen war, blieb sie einen Augenblick stehen und sagte zögernd: »Ich muß wohl bezahlen.« – »Schon gut,« antwortete der Alte verdrossen, »ich gehe ohnehin in den Hof den Honig abliefern.« – »Aber nicht gleich«, bat Billy. – »Weiß schon, weiß schon,« murmelte der Alte, »kenne die Dummheiten.« Billy verschwand hinter der Tür. Vorsichtig eilte sie die kleinen Wege entlang, alles war still und menschenleer, das Haus mit niedergelassenen Jalousien lag da wie schlafend. Vorsichtig näherte sich Billy der Hintertreppe. Aus den Fenstern des Gesindehauses tönten langgezogene Töne eines Chorals, das Gesinde hielt seine Sonntagsandacht. Vor dem Waschhause stand die Wäscherin, legte die Hand vor die Augen und schaute in den Sonnenschein hinaus. Wo hatte Billy das eben gesehn? Ja, dort drüben im Traum. Nun lief sie leise die Treppe hinauf, jetzt war sie in ihrem Zimmer. Auch hier hatte alles unverändert auf sie gewartet und der bekannte Duft des Zimmers, das bekannte Licht alles erschütterte sie so, daß Tränen mühelos und schmerzlos ihr Gesicht überströmten. Sie verschloß die Tür, riß sich hastig die Kleider vom Leibe und verkroch sich in ihr Bett. Weinen und schlafen wollte sie, nur das. Dann, wenn sie erwachte, nur ganz wieder zu all diesem zu gehören, das hier so unverändert, so still und hochmütig auf sie gewartet hatte.

Es war da ein wunderlicher Sonntag über Kadullen aufgegangen. Die Nachricht von Billys Heimkunft verbreitete sich schnell. Die Wäscherin hatte es dem Diener gesagt, der Diener meldete es Komtesse Betty, dann kam der alte Bienenzüchter in die Gesindestube und erzählte seine Geschichte. Er wurde zum Grafen geführt und da verhört, aber was half es, die Sache blieb so unverständlich wie zuvor. Warum war sie fortgegangen? was war geschehen? Marion wurde zu Billy hinaufgeschickt, meldete jedoch, Billy lasse niemand ein, wolle schlafen. Kummervoll saßen Komtesse Betty und Madame Bonnechose auf der Gartentreppe neben Lisa, die sich auf einen Liegstuhl hingestreckt hatte, denn sie fühlte sich sehr matt von all diesen Aufregungen. Die beiden alten Damen schwiegen, was sollten sie sprechen, sie verstanden la chère jeunesse nicht mehr. Nur zuweilen murmelte Madame Bonnechose: »C'est incompréhensible.« Komtesse Betty nickte, aber Lisa lächelte versonnen und sagte: »Verstehen, verstehen kann ich das alles.«

»Mais chère Lisachen, dites – nous donc, ce que vous savez« drängte Madame Bonnechose. Lisa schüttelte den Kopf. »Es gibt Dinge, die wir verstehen und für die es doch keine Worte gibt. Als ich damals mit Katakasianopulos auf der Ebene von Marathon stand, war es mir, als verstünde ich ganz deutlich all den Schmerz, der über uns kommen sollte, aber aussprechen, das hätte ich nicht gekonnt.«

»Ach liebes Kind,« sagte Komtesse Betty kleinlaut, »das hilft uns jetzt nun nichts mehr.« Marion kam und meldete wieder einmal, daß oben bei Billy alles ganz still sei. »Ach Gott, ach Gott«, seufzte Komtesse Betty, sie konnte nicht so ruhig still sitzen, sie erhob sich und ging zu ihrem Bruder hinüber.

Graf Hamilkar lag in seinem Zimmer auf dem Sofa, er hielt die Augen geschlossen, sein Gesicht war wunderlich fahl, die Züge schienen spitzer und schärfer als sonst. Als seine Schwester vor ihm stehen blieb, öffnete er die Augen und schaute sie mit einem Blick an, der gleichgültig war wie der Blick eines Menschen, der uns zwar anschaut, aber mit seinen Gedanken und Träumen sehr weit von uns fort ist.

»Immer noch keine Gewißheit«, sagte Komtesse Betty weinerlich. »Sie läßt niemand zu sich herein, sie sagt, sie will schlafen.«

»Sie soll schlafen«, erwiderte der Graf.

»Ja, aber sie kann uns doch zu sich hereinlassen,« klagte die alte Dame weiter, »was ist denn das alles? all diese Geschichten? das ganze Haus flüstert. Die Professors fahren heute fort und tragen es in die ganze Gegend hinaus und du Hamilkar, du sagst auch nichts.«

Der Graf richtete sich ein wenig auf. »Nein Betty,« sagte er, »ich sage nichts, weil ich nichts weiß. Daß die anderen Leute sprechen, können wir nicht ändern, wir sollten nur sprechen, wenn es nötig ist. Das Kind soll schlafen, dann soll es dir alles sagen und dann, Betty, werde ich auch das Meinige sagen. Ist es bald Frühstückszeit?«

»Ach Hamilkar,« erwiderte Komtesse Betty eingeschüchtert, »du wirst zum Frühstück doch nicht erscheinen, du bist so angegriffen.«

Der Graf legte den Finger an die Nase und sagte scharf: »Ich werde erscheinen und ich hoffe, daß es pünktlich wie immer sein wird. Ich habe auch nicht gehört, daß ihr einen Choral gesungen habt, habt ihr eure gewohnte Andacht noch nicht gehalten?«

– »Nein, in der Aufregung, siehst du« entschuldigte die alte Dame, aber der Graf war unzufrieden. »Du hast unrecht, Betty, haltet eure Andacht wie jeden Sonntag, aber wenn ich bitten darf im Bibeltext und im Gebet keine Anspielungen auf die Ereignisse, eine ganz gewöhnliche Andacht. Wir können nichts dafür, daß hier etwas zu uns hereingekommen ist, das nicht zu uns gehört, es ist aber kein Grund da davor zu kapitulieren, wir bestehen auf unsere Art, also.«

Müde lehnte der Graf sich zurück und schloß die Augen, seine Schwester schaute ihn erschrocken an. »Wie ist dir, Hamilkar?« fragte sie, »du bist so bleich?« Der Graf winkte ungeduldig mit der Hand. »Es geht,« meinte er, »Blutumlauf und Herzschlag lassen sich von uns nun mal nichts dreinreden, das Schlimme ist nur, daß sie sich beständig um unsere Angelegenheiten kümmern. Da liegt ein Fehler im Kontrakt, den wir unser Leben nennen. Es ist übrigens das Alter, Betty, nur das, und das ist ja schließlich verständlich.«

Komtesse Betty verließ leise das Zimmer, draußen sagte sie kummervoll zu Madame Bonnechose: »Chère amie, mein Bruder verlangt, daß wir die Andacht abhalten, da ist nichts zu machen, bitte rufen Sie die Kammerjungfern und den Diener, ô ma chère, il est terriblement philosophe.«

Das Leben auf Kadullen kapitulierte nicht, die Andacht wurde abgehalten, zum Frühstück erschien Graf Hamilkar bleich und müde, aber die Unterhaltung zwischen ihm und dem Professor stockte nicht. Sie sprachen von der gelben Rasse und als wäre das noch nicht fern genug vom Bismarck-Archipel. Auf den anderen Anwesenden lag ein verlegenes Schweigen. Egons und Moritz' Plätze waren leer, denn auf die Nachricht von Billys Verschwinden waren sie fortgeritten und noch nicht zurück. Lisa wies die Speisen von sich und schaute mit ihren schönen Augen über die Köpfe der Anwesenden hinweg. »Lisa ist heute ganz in ›Marathon‹«, flüsterte Bob Erika zu. Selbst Herr Post und Fräulein Demme machten ernste, ja ein wenig hochmütig abweisende Gesichter. Herr Post hatte vor dem Frühstück zu Fräulein Demme gesagt: »Man sieht doch, diese sogenannte vornehme Kultur hält nicht stand, es ist doch manches innerlich faul«, worauf Fräulein Demme ihre kurzen Lokken schüttelnd geantwortet hatte, »es fehlt eben an innerer Freiheit.«

Nach dem Frühstück fuhren Professors fort, sie nahmen einen eiligen und zu herzlichen Abschied. Komtesse Betty hatte Tränen in den Augen. »Es war mir,« sagte sie später, »als sei Billy gestorben und die Professors hätten einen Kondolationsbesuch gemacht.«

Dann kamen die Nachmittagstunden mit der stetigen Klarheit des Hochsommertages, mit dem stillen Brennen der Farben auf den Beeten, der sonntäglichen Ereignislosigkeit, dem kummervollen Beieinandersitzen und Warten. »Ach Gott, wenn man nur wüßte, worauf man wartet«, seufzte Komtesse Betty. Oben aber hinter der verschlossenen Tür lag das arme Rätsel und vor der Tür stand Marion den Kopf gegen die Tür gelehnt, die Augen zu groß in dem kleinen, bleichen Gesicht.

Einmal wurde die Stille durch den eiligen Hufschlag eines Pferdes gestört, ein Reiter sprengte auf den Hof, er stieg ab und trug einen Brief zu Graf Hamilkar hinein, dann ritt er wieder fort und wieder lag sonntägliche Stille auf dem Hause: »Was ist nun das wieder,« klagte Komtesse Betty, »Hamilkar sagt auch nichts, jeder sitzt wie eine Sphinx vor seinem Geheimnis.«

Und Lisa auf ihrem Liegestuhl sagte in Gedanken versunken: »Selbst wenn sie von uns gehen, haben sie etwas Hilfeflehendes, als wollten sie uns sagen: hilf mir von mir selber.« »Qui? Monsieur Boris?« fragte Madame Bonnechose.

»Nein,« erwiderte Elsa, »Katakasianopulos.«

– »Ah ma chère, maintenant il ne s'agit pas de Monsieur de Katakasianopulos«, meinte Madame Bonnechose ärgerlich.

Endlich nach dem Mittagessen, als die Sonne schon rot über dem Waldrande stand, verbreitete sich die Nachricht: Marion ist bei Billy drin.

Billy hatte sehr tief geschlafen. Jetzt lag sie auf ihrem Bette, die Arme im Nacken verschränkt, die Wangen gerötet, die Augen wunderbar blank. Sie schaute forschend zu Marion auf, die vor ihr stand und sie angstvoll anblickte.

»Vor allem,« sagte Billy, »sieh mich nicht so an, als ob ich gestorben wäre. Du hast Augen, die einen ansehen können, als ob man eine Spinne wäre.«

– »Ach Billy, das ist nur, weil du gerade so wunderschön bist.«

Billy lächelte ein wenig, »nun ja, das kann ja sein, setze dich her und erzähle.«

»Also *du* fandst den Zettel?«

– »Ja.«

»Du trugst ihn natürlich zu Tante und deiner Mutter?«

– »Ja.«

»Was sagten sie?«

– »Mama sagte ›la pauvre petite, elle est perdue‹.«

»So, perdue, sagte sie. Erzähle doch weiter.« Marion war dem Weinen nahe. »Ich weiß doch nicht, Tante ging zu deinem Vater hinein. Deine Vettern ritten fort, um dich zu suchen, Moritz sagte, hätte ich diesen Polen nur vor der Pistole. Ich kochte für Tante und Mama Baldriantee.«

»Marion, Marion,« unterbrach Billy, »erzählen ist nicht deine Sache.«

»Nein,« sagte Marion, »*du* sollst ja erzählen.«

Billy wurde ernst: »Ach so, dazu haben sie dich hergeschickt, gut. Laß die Vorhänge nieder und setze dich dort ans Fenster, sieh' mich nicht an!« Sie schloß die Augen und ihr Gesicht nahm einen gequälten Ausdruck an. »Ich ging fort in der Nacht, du weißt ich mußte. Es war auch ganz leicht. Ich konnte ihn nicht allein und beleidigt fortgehen lassen, ich wäre vor Mitleid gestorben. Und dann fuhren wir, es regnete, blitzte, endlich konnten wir nicht weiter. Wir stiegen in einem Kruge aus, da war ein Freund von Boris und ein alter Jude und eine Jüdin saß da und rührte sich nicht und sah mich an so wie Leute uns zuweilen in schrecklichen Träumen ansehen. Dann wurde gegessen und Champagner getrunken, Boris' Freund sang und die Herren spielten Karten, aber da fing es an, da wurde alles anders, es wurde alles ganz traurig, und ich verstand nicht mehr warum ich da war. Ich ging ins Nebenzimmer und legte mich auf das Bett. Alles roch nach Staub und sehr schlechtem Parfüm, da waren furchtbar rote Kissen, irgendwo weinte ein Kind, alles war entsetzlich häßlich und traurig. Ich habe nicht geglaubt, daß etwas so häßlich sein kann. Boris kam herein. Auch er war ganz fremd. Hier bei den Berberitzen hatte er schon von Glücklichsein und Sterben gesprochen, aber dort, dort klang es furchtbar. Und er war böse und ging hinaus und ich stellte mich schlafend. Sag' Marion, könntest du lieben und tragisch sein oder glücklich sein und sterben, wenn eine der dicken grünen Raupen, vor denen wir uns so fürchten, auf dich herunterfällt und über dich hinkriecht und du kannst sie nicht fortnehmen und sie kriecht immer über dich hin. Sieh', so war alles dort, alles. Als alles still wurde und Boris schlief, sprang ich aus dem Fenster und lief, lief.« – »Liebst du ihn nicht mehr?« fragte eine zaghafte Stimme von der Fensternische her. Billy schwieg einen Augenblick, dann rief sie leidenschaftlich: »Marion, frag' nicht solche Dinge. Ja, wahrscheinlich – – natürlich, hier werde ich ihn wieder lieben. Aber ich will nicht mehr davon sprechen, sie sollen mich nicht quälen. Geh', sag ihnen, was du willst, aber heute will ich Ruhe haben. Tante kann kommen und neben meinem Bett sitzen, aber sie darf nichts fragen, darf nicht von unangenehmen Dingen sprechen, sie kann von ihrer Jugend erzählen, wenn sie will.«

Billy wandte ihr Gesicht der Wand zu und Marion schlich leise aus dem Zimmer.

Es dämmerte bereits, als Komtesse Betty zaghaft in das Zimmer ihres Bruders trat. Graf Hamilkar saß auf seinem Sofa ein wenig in sich zusammengesunken und schaute zum Fenster hinaus. »Nun Betty«, sagte er ohne sich umzuschauen. Die alte Dame blieb vor ihm stehen, sie stützte sich mit den Händen auf die Lehne eines Stuhles, das bleiche Gesicht ihres Bruders erschreckte sie, es schaute so unnahbar böse drein, als sähe er da draußen vor dem Fenster auf etwas hinab, was er verachtete.

»Nun?« fragte er wieder.

»Sie hat es Marion gesagt«, begann Komtesse Betty und sie erzählte leise, zögernd, die Stimme hatte etwas wunderlich Ratloses. »Das arme Kind,« schloß sie, »ganz allein in der Nacht, was sie gelitten hat, der schlechte Mensch! Was sagst du Hamilkar?«

»Ich«, sagte er und wandte sich seiner Schwester zu. Die Worte kamen jetzt überdeutlich scharf und näselnd heraus. »Ich sage, Betty, was erziehen wir da für Wesen? die können ja nicht leben. Denen kann man ja das Ding, das wir Leben nennen, gar nicht anvertrauen. Ein Stubenmädchen, das zum Stallknecht schleicht und sich verführen läßt, weiß was es will, aber was wir da erziehen, Betty, das sind kleine berauschte Gespenster, die vor Verlangen zittern draußen umzugehen und wenn sie hinauskommen nicht atmen können. Das ist's, was wir erziehen, Betty.«

»Ich verstehe dich nicht, Hamilkar,« sagte die alte Dame, die ganz bleich geworden war, »sie ist ein Kind, sie weiß nicht, sie wird vergessen, die anderen werden vergessen, es wird alles gut werden. Gott hat sie behütet.«

Eine leichte Röte stieg in das bleiche Gesicht des Grafen und eine starke Erregung machte ihn ein wenig atemlos: »Daß sie das nicht vergißt, dafür hat der interessante Herr gesorgt, dafür hat er gesorgt, daß diese lächerliche Tragödie an dem Mädchen hängen bleibt wie eine häßliche Krankheit. Er hat es für gut befunden sich dort in dem Judenkruge zu erschießen – da.«

Er hielt seiner Schwester ein Papier hin, das er die ganze Zeit in seiner Faust gehalten und zu einem kleinen runden Ball zusammengeknittert hatte. Komtesse Betty nahm diesen kleinen Ball, mechanisch mit zitternden Fingern faltete sie das Papier auseinander, strich es glatt, versuchte zu lesen. Es waren einige Zeilen von Ladislas Worsky, in denen er Boris' Tod meldete. Eingeschlossen war ein kleiner Zettel, auf dem Boris geschrieben hatte: »An Billy. So gehe ich denn allein. Boris.«

Komtesse Betty ließ das Blatt auf ihre Knie sinken und schaute vor sich hin gedankenlos, fast ausdruckslos, nur als der Graf jetzt böse auflachte, fuhr sie in furchtbarem Schrecken auf. »Das ist ein

Abgang, was?« sagte er und er sprach jetzt schnell und keuchend: »Das sind diese Leute, die ihr Leben damit verbringen wie die Schauspieler vor dem Spiegel zu stehen und sich Gesten einzuüben für ein Publikum. Ich liebe – wie steht mir das. Ich bin unglücklich, ich sterbe – wie steht mir das, was werden die anderen dazu sagen. Tod und Leben – – – Toilettensache und ein hübsches Mädchen, das uns liebt, ist auch nur Toilettensache, wie eine Gardenie, die man sich ins Knopfloch steckt, und wir erziehen unsere Mädchen als Gardenien für solche nichtsnutzige Snobs. Und das heißt dann Liebe, mit diesem Worte werden sie gefüttert und betrunken gemacht. Schön herabgekommen diese Liebe und das Leben und das Sterben, wenn sie zu Affären für Kinderstuben und Snobs geworden ist.« Er brach ab, die Erregung benahm ihm den Atem. Er lehnte sich müde zurück und schloß die Augen. Komtesse Betty weinte still in ihr Taschentuch hinein. Nach einer Pause begann der Graf wieder in seiner ruhigen langsamen Weise: »Weine nicht, Betty, ich bin heftig geworden, entschuldige.« Komtesse Betty hob ihr tränenfeuchtes Gesicht zu ihm auf und sagte flehend: »Aber sie darf es heute nicht erfahren.« Graf Hamilkar zuckte die Achseln – »Heute oder morgen, zu ihr und zu uns gehört das jetzt einmal.« Komtesse Betty erhob sich, trocknete sich die Augen und meinte: »Hamilkar, wie bleich du bist, du solltest zu Bett gehen.« Der Graf lächelte wieder sein verhaltenes gütiges Lächeln: »Ja, Betty, ich werde zu Bette gehen. In aller Not bleibt uns dieser Ausweg immer.«

Billy hatte wieder tief und fest geschlafen, es mußte um Mitternacht sein, als sie erwachte, sie fühlte sich ausgeruht, wach und hatte Hunger. Den Tag über hatte sie ja böse alle Speise zurückgewiesen, sie überlegte, essen mußte sie. Sie entschloß sich zu der Mamsell Fräulein Runtze hinabzugehen und sich etwas geben zu lassen. Leise, um Marion nicht zu wecken, kleidete sie sich an, stieg in den unteren Stock hinab, um an die Tür der Mamsell zu klopfen. Es dauerte lange, bis Fräulein Runtze verstand, wer da bei ihr klopfte und als sie es verstand, war sie sehr erschrocken. »Ach Gott, Komtesse Billy! was gibt es denn? wieder ein Unglück? essen wollen Sie? Na ja, das kommt davon, wenn man den ganzen Tag nichts essen will.« Leise vor sich hin scheltend ging sie vor Billy her in die Speisekammer. Dort fand sich kaltes Huhn und ein wenig Madeira. Billy begann heißhungrig zu essen. Als sie das Glas nahm und mit gespitzten Lippen von dem Madeira nippte, blinzelte sie über den Rand des Glases zur Mamsell hinüber, die vor ihr stand, das große Gesicht erhitzt vom Schlaf, eng von der weißen Nachthaube eingerahmt, die Mundwinkel ernst und unzufrieden herabgezogen.

»Nun Runtze, was sagen Sie zu dem allen?« fragte Billy.

»Mir hat es sehr leid getan,« erwiderte die Mamsell kühl und förmlich.

– »Warum?«

Die Runtze wandte sich dem Holzgestelle zu, an dem die Würste hingen und begann mit der Hand sanft eine Wurst zu streicheln. »Nun ja,« meinte sie, »eine Komtesse muß wie eine Mandel sein, die ich gut in warmes Wasser eingeweicht habe und aus der Schale pelle, schön weiß.«

Billy hatte sich wieder über ihren Hühnerflügel gebeugt. »So, so,« sagte sie während des Essens, »aber Bonnechose sagt, cette pauvre Runtze hat auch ihren Roman und ihre unglückliche Liebe gehabt.«

Die Mundwinkel der Mamsell zogen sich noch tiefer und säuerlicher herab. »In unserem Stand passiert alles mögliche, dann liebt man eine Zeitlang und dann liebt man wieder nicht und hat seine Ruhe. Aber bei Herrschaften ist das anders. Wenn unten im alten Sofa in meinem Zimmer ein Loch im Überzuge ist, so ist mir das einerlei, ich stopfe das mal, wenn ich Zeit habe, aber oben die Herrschaftszimmer müssen blank sein, dafür sorge ich jeden Morgen.«

»Es war doch ein Müller?« fragte Billy geschäftsmäßig.

– »Ja, Müller.«

»Blond?«

– »Nein, rothaarig.«

Billy, nun gesättigt, lehnte sich in ihrem Stuhl zurück. »So, rothaarig, das kann ganz hübsch sein, und das Gesicht gepudert von Mehl und dazu das rote Haar. Aber jetzt bin ich fertig.« Sie stand auf. »Ich danke Ihnen, Runtze, Ihr Essen war sehr gut.«

»Das ist die Hauptsache,« meinte die Mamsell, »man liebt, und dann liebt man wieder nicht, aber essen muß der Mensch immer.«

Billy ging hinaus, aber zu ihrem Zimmer, das so voll beängstigender Träume war, mochte sie nicht hinaufsteigen. Sie ging den Korridor hinab bis zur Außentür, die in den Garten führte. Es war ja ohnehin die Stunde, in der sie umzugehen pflegte in letzter Zeit.

Sie kam sich selber geisterhaft und unheimlich vor. Allein der Garten war köstlich, heimatlich. Ein Stück Mond und sehr helle Sterne standen am Himmel. Der Nebel war von der Wiese bis in den Garten gekommen. Er schlich über die Rasenplätze und die Beete. Die Blumen standen schwarz in den weißen Schleiern. Eine sehr starke Freude wärmte Billys Herz, als sie fand, daß diese vertraute Wirklichkeit hier auf sie gewartet hatte und daß sie wieder zu all diesem gehörte. Sie ging die Kieswege entlang, sie fuhr mit der Hand den Rosen und Georginen über die taufeuchten Köpfe, sie aß von den Johannisbeeren, sie stand unter den Berberitzen und atmete den feuchten Erdgeruch ein, der aus der alten Kiste dort aufstieg. Aber wie sie so ging, kam eine stärkere Erregung über sie. All diese Orte sprachen von Boris, sie sah ihn, sie fühlte ihn wieder und die Sehnsucht nach ihm machte sie wieder elend und krank. Langsam war sie wieder zum Hause zurückgekommen, stand vor der still verschlafenen Gartenfassade, sah wieder Boris auf der Gartenveranda stehen oder die Gartenwege hinabgehen und mit den verträumten Augen in die Abendsonne sehen, sie hörte ihn wieder mit der feierlichen, singenden Stimme über den Schmerz um das Vaterland sprechen. Wie würde sie ohne all das weiterleben können? Plötzlich fiel ihr auf, daß es durch das schlafende Haus wie eine lautlose Unruhe ging. Da war Licht in Lisas Fenster und hinter den Vorhängen bewegte sich Lisas Schatten hin und her. Billy erkannte deutlich die Gestalt im langen Nachtkleide und dem über den Rücken niederhängenden aufgelösten Haar. Warum schläft sie nicht, dachte sie, warum geht sie umher, es ist doch meine, nicht ihre Liebesgeschichte. Aber nebenan Tante Bettys Fenster war auch erleuchtet. Da war auch der Schatten von Tante Bettys großer Nachthaube und neben ihr noch eine große Nachthaube. Wie die beiden Nachthauben sich leise zueinander bewegten, wackelten und zitterten. Warum schliefen sie alle nicht? War es ihretwegen? Und dort auf der anderen Seite, auch hier Licht, auch hier hinter den Vorhängen ein ruhelos auf- und abgehender Schatten. Jetzt näherte sich der Schatten dem Fenster, der Vorhang wurde aufgezogen, das Fenster geöffnet, Billy sah, wie ihr Vater sich hinausbeugte, mit den Händen riß er das Hemd auf der Brust auseinander, in dem kargen Mondlicht schien sein Gesicht ganz weiß, nur der geöffnete Mund und die Augen legten schwarze Schatten hinein. So stand er da und trank gierig und angstvoll die Nachtluft ein. Billy wich hinter die Buchsbaumhecke zurück. Es fröstelte sie vor Angst. Mein Gott, was hatten sie alle! War es nicht, als sei sie gestorben und als schliche sie nun als Geist ums Haus, um zu sehen, wie sie da drinnen alle um sie trauerten. Vorsichtig sich im Schatten haltend ging sie zu der Ahornallee hinüber. Es trieb sie von dort aus zu dem Balkon und dem Fenster ihres Zimmers hinaufzuschauen. Auf der Bank, ihrem Fenster gegenüber, saß jemand und schlief, den Kopf auf die Brust gesenkt. Es war Moritz. Billy blieb vor ihm stehen. Der gute Junge, hier hatte er gesessen und zu ihrem Fenster aufgeschaut und dieser Gedanke gab ihr das Gefühl einer angenehmen, warmen Geborgenheit. Moritz wurde unruhig, schlug die Augen auf und sah sie an. »Ach, Billy, du«, sagte er, als hätte er sie erwartet. Billy lächelte ihn an. »Hast du hier gesessen, Moritz, um zu meinem Fenster aufzusehen?«

»Ja«, erwiderte Moritz verdrossen.

»Das ist gut«, sagte Billy. Sie setzte sich neben ihn auf die Bank und lehnte sich leicht gegen seinen Arm. »Liebst du mich noch?«

»Ja,« erwiderte Moritz im selben verdrossenen Tone, »aber das kann dir ja gleichgültig sein.«

»Ach nein,« meinte Billy klagend, »das ist sehr wichtig, ich komme mir vor wie gestorben, und wenn man sehr geliebt wird, dann – – dann wird man, glaube ich, wieder lebendig.«

Moritz schwieg einen Augenblick, und als er zu sprechen begann, da machte eine große Erregung seine Stimme stockend und ungelenk. »Ach, Billy, wenn ich dir helfen könnte.«

»Wie kannst du das, Moritz«, antwortete Billy und er hörte ihrer Stimme an, daß sie weinte. »Ich – – ich – sehne mich so schrecklich nach Boris.« Der Arm, an den sich Billy lehnte, zitterte ein wenig, es war, als strafften sich die Muskeln an ihm.

»Der – –« zischte Moritz mit geschlossenen Zähnen, »du darfst an den nicht denken ... wie konnte er dir das antun ... er durfte nicht sterben ... und nicht so sterben, und wenn das Leben ihm auch noch so ekelhaft war ... das tut man nicht, wenn man liebt, das war gemein.«

Es wurde einen Augenblick ganz still. Moritz fühlte nur, wie der Mädchenkörper sich ein wenig schwerer an ihn lehnte. Endlich begann Billy, und es klang wie die leise Klage eines Kindes: »Ist er tot?«

»Wie, Billy, du wußtest nicht – –«

»Doch, ich wußte es, ich fühle jetzt, daß ich's gewußt habe, die ganze Zeit – und schon damals dort, als ich von ihm fortging.« Sie schwieg eine Weile, es wurde so still, daß sie den Nachttau in den Blättern rascheln hörten. Plötzlich richtete Billy sich auf, sie stand vor Moritz, weiß und aufrecht, sie strich sich das Haar aus der Stirn, Mondlicht lag auf ihrem Gesicht, das wunderlich bleich und ruhig schien, und in fast geschäftsmäßigem Tone sagte sie: »Kommst du mit, Moritz?«

»Wohin willst du, Billy?«

»Ich muß doch zu ihm, das siehst du ein; ich habe ihn doch schon einmal verlassen. Er darf doch dort nicht allein in der schrecklichen Stube sein. Die Jüdin sieht ihn an und die Kinder stehen in der Tür. Nein, ich will ihn nicht wieder verlassen, aber wieder allein durch den Wald – bitte, Moritz, komm mit.« Sie schwankte ein wenig, stützte sich auf Moritz' Schulter und sank dann still und schwer vor ihm nieder. –

Billy war lange krank gewesen. Jetzt an einem sonnigen Septembernachmittage durfte sie zum ersten Male in den Garten hinaus. Auf dem Rasenplatze unter dem Birnbaum saß Billy in Tücher gehüllt, das Gesicht schmal und durchsichtig blaß, in den Augen den träge genießenden Blick der Genesenden, der gern lange auf den Gegenständen ruht. Auf dem anderen Rasenplatz lag Lisa auf ihrem Liegestuhl, Madame Bonnechose saß neben ihr und strickte an einem roten Kinderstrumpf. Komtesse Betty und Marion liefen beständig an den Georginenreihen entlang zwischen dem Hause und den Rasenplätzen hin und her. Graf Hamilkar machte seinen Nachmittagspaziergang. Er ging langsam den Gartenweg entlang, stützte sich schwer auf seinen Stock, zuweilen blieb er stehen, roch in den Duft des reifen Obstes, der Blumen und der welkenden Blätter hinein und machte ein ernstes, böses Gesicht, ja er ärgerte sich. Hier lagen nun diese beiden schönen Wesen, vom Leben geknickt, zerzaust, hinterlistig angefallen. Warum? Warum diese Barbarei? Warum diese Verschwendung? Er zog die greisen Augenbrauen unzufrieden empor und blinzelte zum Waldrande hinüber, der dort fern in violettem Dunste lag. War sie nicht vielleicht ein Mißverständnis, sein Mißverständnis, diese hübsche Kultur, die er sorgsam um sich und die Seinen eingehegt hatte? Konnte man hier leben lernen? Als er an Lisa vorüberging, hörte er sie in ihrer elegischen Weise sagen: »Ich glaube nicht, daß Billy einen großen Schmerz verstehen kann, daß sie ihn genießen kann, denn man muß auch seinen Schmerz genießen können.«

»Genießen, ma chère, quelle idée,« meinte Madame Bonnechose, ohne von ihrem Strickstrumpf aufzusehen.

Der Graf ging weiter und blieb vor Billy stehen. »Nun, wie geht es?« fragte er ein wenig streng. Billy errötete. »Danke, Papa, gut. Ich wollte dir etwas sagen.«

»So, so.« Der Graf setzte sich auf einen Gartenstuhl seiner Tochter gegenüber und schaute sie aufmerksam an.

»Ich wollte dich fragen,« begann Billy und schaute hinauf in den Birnbaum hinein, »ich wollte dich fragen, ob du mir verziehen hast?«

»Ja, gewiß,« antwortete der Graf langsam, als gälte es, ein Problem zu lösen. »Wenn wir jemandem verzeihen, so wünschen wir ihm damit über etwas, das er erlebt oder getan hat, hinwegzuhelfen. Dieses ist nun hier natürlich mein lebhaftester Wunsch.«

Befriedigt lehnte Billy ihren Kopf zurück und bewegte ihn sachte auf dem Kissen hin und her wie Fieberkranke zu tun pflegen. »Wenn wir krank sind«, meinte sie, »geht die Zeit, glaube ich, schneller; es liegt so weit, das, was vor der Krankheit war. Mir scheint es, als hätte ich in dieser Zeit der Krankheit so viel getan, besonders bin ich viel gegangen, immer gehen, immer unterwegs und immer solch wunderbar fremde Wege. Ich erinnere von all dem nicht mehr viel, nur eins weiß ich noch, ich ging auf einer gelben Landstraße und vor mir her ging jemand und vor diesem wieder jemand und so fort, viele Gestalten und sie trugen alle meinen braunen Regenmantel und mein Musselinkleid mit dem rosa Nelkenmuster, es waren überhaupt lauter Billys und ich wußte, es kommt darauf an, daß ich die Billy, die vor mir herging, einhole. Das schien mir sehr wichtig.«

»Hm!« bemerkte der Graf, »ein interessanter Traum. Das sind unsere Spiegelbilder, die sich im Traume emanzipieren. Und jetzt,« er lächelte seine Tochter an, »jetzt meinst du, du hast diese andere Billy erreicht.« Billy schaute noch immer zum Birnbaum hinauf und wiegte sachte den Kopf. »Jetzt bin ich ganz glücklich«, sagte sie sinnend, »aber vielleicht darf das nicht sein. Lisa sagt, wer einen großen Schmerz hat, soll davor stehen wie ein Soldat auf der Wacht.«

Graf Hamilkar schob ärgerlich seine Unterlippe vor und sagte scharf: »Vor seinen Torheiten zu stehen wie der Soldat auf der Wacht, ist jedenfalls nicht empfehlenswert.«

Billy schien ihn nicht zu hören. Sie sprach noch immer verträumt zu den kleinen goldgelben Birnen hinauf, die über ihr hingen: »Und untreu sein, untreu sein ist so furchtbar häßlich.«

Der Graf beugte sich vor, hob seinen ausgestreckten Zeigefinger in den Sonnenschein hinauf und sprach langsam und eindringlich: »Meine Tochter, dafür daß wir unseren traurigen oder törichten Erlebnissen nicht untreu werden, treu bleiben, ist gesorgt. Die laufen uns ohnehin nach. Wir werden vielleicht immer andere und das ist gut. Aber das Konto bleibt dasselbe. Um auf Deinen merkwürdigen Traum zurückzukommen, wenn die eine Billy glücklich die andere Billy erreicht hat, so kannst du sicher sein, daß die alte Billy der neuen Billy alles mit auf den Weg gibt, woran sie selber zu tragen hatte. Das ist nun mal nicht anders.«

»Alles – für immer« sagte Billy leise und sah ihren Vater mit einem Blick so hilfloser Angst an, daß er die Augen niederschlug, denn ein starkes Mitleid verursachte ihm einen fast körperlichen Schmerz.

»Nun, nun«, lenkte er ein, »wenn man so viele Billys wie du vor sich hat, so kann es nicht fehlen, daß auch noch manches Gute mit auf den Weg genommen wird.«

»Nicht wahr, es muß noch sehr viel Gutes kommen«, rief Billy. Überrascht schaute der Graf auf. Er sah, daß Billy die Arme erhoben und die gefalteten Hände auf ihren Scheitel gelegt hatte. Sie lächelte dabei ein wunderbar erwartungsvolles Lächeln. »So, so«, murmelte er, »na ja dann – –.« Er erhob sich, strich flüchtig mit zwei Fingern über Billys Wangen und ging wieder langsam den Gartenweg hinauf. Was sollte er da noch trösten. Dieses Kind war ihm mit seinem Glauben an das Leben weit voraus, da hatte er nicht mehr mitzusprechen. Er setzte sich auf die Bank am Rande der Wiese, er wollte sich sonnen. Wie sie das Leben liebten, diese armen Kinder, wie sie ihm vertrauten. Ja das will es, geliebt werden um grausam zu sein. Vielleicht eine gute Methode, immer vorausgesetzt, daß das einen Zweck hat. Er strich sich sachte mit der Hand über die Stirn und die Augen, wenn nur das Mitleid nicht so ermüdend wäre, immer das Leben der anderen mitleben, obgleich – dreiviertel unseres Lebens liegt irgendwo im Leben der anderen. Können wir das nicht mitmachen, so bleibt uns nur ein

Viertel, das ist für den Rausch zu wenig, das ist fast Nüchternheit. Schön, schön, Nüchternheit bringt gewöhnlich Verstehen, nur ist es hier mit dem Verstehen so eine Sache. Er kniff die Augenlider zusammen als wolle er das grelle Gold des Nachmittagslichtes in seinen Augen sammeln und zerdrücken. Wie war es doch, er wollte sich auf einen homerischen Vers besinnen. Das Gedächtnis ließ ihn auch im Stich, wie heißt es dort wo Hektors Seele laut jammert, weil sie das liebe Leben lassen muß. Er kam nicht darauf. Armer Teufel übrigens, mitten aus dem Rausch heraus. Eine der großen Mücken kam jetzt mit leise schnurrendem Fluge an Graf Hamilkar vorübergeflogen. »Srrr« machte er mit den Lippen und lächelte ein wirklich heiteres Lächeln, während er zuschaute, wie dieses wunderliche Bündel von Florflügeln und Goldfäden durch den Sonnenschein taumelte. Verrückt vor Leben, dachte er, wenn das nur alles einen Sinn hat. Immerhin, es ist mehr Chance für Sinn als für Sinnlosigkeit, obgleich – bin ich eine Zahl in der großen Rechnung, so habe ich zwar einen Sinn, aber das Resultat unter dem schwarzen Strich braucht mir deshalb noch lange nichts zu bedeuten. Es käme darauf an, eine Zahl im Resultat unter dem Strich zu sein. Übrigens erschöpfte das Denken ihn. Warum mußte immer gedacht werden, auch so ein Vorurteil. Nicht denken, atmen. Er lehnte sich zurück und öffnete ein wenig den Mund. Das Atmen könnte auch eine leichtere und einfachere Angelegenheit sein. Er fror, er mußte wohl wieder ein wenig gehen, er wollte sich erheben; aber die Beine trugen ihn nicht. Er streckte die langen Arme aus als wollte er in den Sonnenschein hineingreifen und sein Gesicht nahm einen ärgerlichen angstvollen Ausdruck an, dann fiel er zurück, wurde ganz still, sank in sich zusammen, ein wenig schief über die Seitenlehne der Bank hin, in jener müden Bewegung, die der erste Augenblick des Todes dem Menschen gibt, bevor die kühle Strenge kommt. Die Sonne stand schon tief und badete die schweigende Gestalt in rotes Licht, ein leichter Wind bewegte ein graues Haarbüschel an der bleichen Schläfe, die große Mücke flog wieder schnurrend zurück an der jetzt regungslosen weißen Nase vorüber. Ringsum fielen die reifen Früchte schwer in den Rasen und ließen für einen Augenblick das Wetzen der Feldgrillen verstummen. Drüben aber unter dem Birnbaum saß Billy, schaute mit fieberhaften Augen in die Abendsonne und lächelte noch immer ihr erwartungsvolles verlangendes Lächeln.

ZUR PSYCHOLOGIE DES KOMFORTS

(1905)

Die Psychologie hat unsere Seele und unser Ich wegerklärt. Sie sind unserem Verstande wesenlos und unfaßbar geworden. Die Seele ist nur noch das logische Objekt unserer innern Erfahrung, ein X, das wir einsetzen, um uns das Rechnen mit den komplizierten Faktoren unserer Wesenheit zu erleichtern. »Wo wir das Ich fassen wollen,« sagt David Hume, »fassen wir nur ein Bündel Vorstellungen.« Unser Verstand läßt sich überzeugen. Er sieht ein, daß er dieses geheimnisvollen Ichs nicht habhaft werden kann. Allein unser unmittelbares Gefühl kehrt sich an die Deduktionen des Verstandes nicht. Es fährt fort, dieses Ich als wirklich zu empfinden, ja als das eigentlich Wirkliche, von dem alles Andere seine Wirklichkeit erhält, für das alles Andere da ist. Das Ich ist der Einwohner unseres Körpers, der Herr und Besitzer unserer körperlichen und geistigen Vermögen, es sitzt da irgendwo in ihnen, wie die Seele der Stoiker in der Brust saß und von der Wärme des Blutes gespeist wurde, Körper und Geist gehören zu ihm, wie die Muschel und die Seeanemone zu dem Taschenkrebs gehören. Und das Ich spürt sehr deutlich, ob es gut und bequem wohnt oder ob es schlecht und unbehaglich untergebracht ist. In einem schönen, gut erzogenen Körper, mit scharfen, gesunden Sinnen, mit guten, präzise funktionierenden Geistesgaben, da wohnt das Ich wie ein großer Herr, der trefflich bedient ist. In einem schwachen, ungelenken, kranken Körper haust das Ich wie ein armer Mann. Überall fehlt es, überall entstehen Hindernisse, das Gute wird karg zugeführt, das Schlechte ungenügend abgewehrt. Immer fördern, nie im Wege stehen, das ist das Hausgesetz des Ich. Die Bilanz zwischen Lust und Unlust zu machen, scheint das Hauptgeschäft dieses unsichtbaren und unfaßbaren Hausherrn zu sein. Wer nützt, begünstigt, stets zu dienen bereit ist, der wird als zugehörig betrachtet, wer quält und stört, erscheint sofort als feindlich und fremd. Ein harmonisches, tadelloses Zusammenarbeiten von Körper und Geist für das Ich, das ist der Komfort des Ich. Es will spüren, daß sie Partei ergreifen, ganz zu ihm stehen, dann fühlt es sich behaglich. Eine Umgebung, die ganz für mich Partei ergreift, das ist Komfort. Was unbedingt für uns ist, das rechnen wir gleichsam zu unserem Selbst, und unser Streben geht dahin, dieses dienstbare, treu zu uns stehende Selbst zu erweitern, möglichst viel dahinein zu beziehen. Die Welt um uns ist unsicher und gefahrvoll genug, überall machen fremde Egoismen uns den Platz streitig, oder Naturdinge umgeben uns feindlich oder gleichgültig. Da gilt es, uns eine Außenwelt zu schaffen, die für uns da ist, wie unser Körper, eine Art Erweiterung unseres Körpers. Wir wollen uns mit Dingen umgeben, die wie unsere Glieder die Aufgabe haben, unserem Willen zu gehorchen, die wir ganz mit unserem Leben und unserem Egoismus füllen, aus ihm heraus schaffen. – Wir wollen Sachen, Menschen, eine Natur, die mit uns Freundschaft schließen, aber eine Freundschaft, die wunderlich eigennützig unsererseits, ganz dienend von seiten des Anderen ist. Das Andere hat immer zu geben und wir immer zu empfangen. So wird es ein Stück von uns.

Jedes Tier geht durch die Welt und fragt beständig die Gegenstände, auf die es stößt: »Bist du für mich, oder gegen mich?« Und wer es fördert, es schützt, sich willig fressen läßt, mit dem fühlt das Tier sich eng verbunden, das gehört zu ihm, und die Aufgabe dieser Dinge wird wohl in der Vorstellung des Tieres nur die sein, es zu fördern, zu schützen, ihm gut zu schmecken, das wird der Existenzgrund dieser Dinge sein. Die gelben, sandigen Korridore des Baues, das Moos, das sie auspolstert, der Strauch, der den Eingang verdeckt, sie werden für den Dachs gewiß alle Bestandteile seines Selbst. In der dämmerigen Dachsvorstellung leben diese Dinge des Dachslebens mit. Sie sind dazu da, ihn zu verbergen, zu wärmen, still zu warten, bis er von seinen nächtlichen Jagdgängen heimkehrt. Auf sie verläßt er sich.

Die dienende Freundschaft unserer nächsten Umgebung ist uns wichtig, wenn wir das Leben genießen wollen. Wir dehnen unsere Art des Lebens auf diese Umgebung aus. Wir vermenschlichen unwillkürlich die Geräte und Sachen, die uns dienen, und je besser sie sich uns anpassen, um so mehr Leben leihen wir ihnen und sie scheinen uns freiwillig zu dienen, sie werden dann nicht nur bequem, sondern tröstlich.

Als Telemach, das Herz wund von dem Übermut und Spott der Freier, die Seele schwer von dem Auftrag der Göttin, die ihn in eine unbekannte und feindliche Welt hinausschickt, sein Schlafgemach betritt, da umgeben ihn all die vertrauten, stillen Sachen, die ihm freundlich dienen, die treue Eurikleia. Die gute Alte zieht ihm das Gewand aus, faltet es zusammen und hängt es an den Nagel über dem Bette, der ihm so wohlbekannt ist. Sie schließt sorgsam die Türe mit dem silbernen Ringe, zieht den Riegel mit dem Riemen vor und Telemach hüllt sich wohlgeborgen in die feine Wolle. Der Raum, die Geräte, sein Bett, die feine Wolle der Decken, sie stehen alle unbedingt zu ihm.

Geist und Körper sind nicht immer botmäßig genug, aber unser Haus, unser Zimmer, unser Bett können wir dazu erziehen, immer hilfbereit und rücksichtsvoll zu sein. Und rücksichtsvoll und verschwiegen brauchen wir sie, denn ihnen gegenüber wollen wir uns ganz gehen lassen. »Mein Bett ist mein Hafen,« sagt Hiob, und das wirft er Jehova als größte Härte vor, daß er ihm auch dort nicht Ruhe gönnt, sondern ihn mit bösen Träumen schreckt.

Eine Natur, eine Umgebung schaffen, deren Gesetz das Bedürfnis des Menschen ist, aus der er mühelos die Erfüllung seines Willens schöpfen kann, das war die Aufgabe einer Kulturarbeit von Jahrhunderten. Es galt eine Umgebung zu schaffen, die gleichsam unser gestaltgewordener Egoismus ist.

Die Griechen und Römer waren Leute der öffentlichen Plätze. Sie wollten beständig in sich aufnehmen und beständig ausgeben. Dazu hatten sie einander nötig. Ihr Tag verging auf dem Marktplatz, in den Gymnasien, in den Bädern. Nicht umsonst war ein Tor ein nationales Denkmal der Athener. Auf den sonnenarmen Marmorstufen der Propyläen konnte der Athener sitzen, schreien, fragen, hören, er sah, wer vorüberging und was vorging. Das Forum einer römischen Stadt war eine große Gesellschaftsstube, deren Komfort sich nicht nach dem Bedürfnis eines Einzelnen richtet, sondern aus einer Volksseele geschaffen ist. Und die milde Natur gab sich hier her, wohnlich und freundlich zu sein, als hätte der Mensch sie für Menschen erdacht.

Das Haus war zum Ruhen da, zum Ruhen beim Mahle, war für

die Siesta und die Nacht da. Die stets nach Reizen hungrigen Nerven der südlichen Menschen geben sich so verschwenderisch aus, daß sie zu gewissen Stunden plötzlich erschlaffen und versagen. Da gilt es ruhen, und das Haus muß ganz Ruhe sein.

Heute noch sehen wir in Neapel dieses Volk, das unermüdlich sich regt, schreit, verhandelt, spielt, die Arme in die Höhe wirft, lacht, von unwiderstehlichem Lebensdrang und unerschöpflicher Lebensverschwendung angetrieben. Alles müssen sie sehen, alles hören, alles hinausschreien. Und dann, wenn die Mittagsonne niederbrennt, werden sie plötzlich still. Ein jeder sucht sich ein schattiges Plätzchen, am liebsten eine kleine Schatteninsel mitten im Sonnenschein, dort streckt er sich aus, blinzelt noch in die Sonne, auf die Straße, auf das Meer hinaus, bis die Augen sich schließen. Und abends, wenn der Vesuv violett und das Meer rosenfarben wird, dann lehnen Männer, Frauen, Kinder an den Steinbrüstungen des Golfes, still, schlaff, wie satt vom Erlebten, nur die blanken Augen trinken noch die Farben des Abends ein, wie einen Schlaftrunk.

Für solche Stunden des Schlaff- und Stillewerdens war das antike Haus gedacht.

Peristyl und Atrium waren Bassins, in denen das Licht gesammelt wurde, der Säuleneingang gab Schatten. Die Verteilung von Licht und Schatten, ihre Dienstbarmachung, ist für den Südländer ein wichtiger Teil des Komforts. An diese Höfe voller Licht stoßen die cubicula, die Ruhegemächer. Vom Lager aus konnte der Ruhende in den Hof blicken, konnte den gelben Sonnenschein, die Blumen sehen, den Springbrunnen hören. Und wen das Alter frostig und besonders hungrig nach Licht machte, der ging aus dem schattigen Gemach der Sonne nach. Augustus liebte es, seine Siesta am Springbrunnen zu halten. Der ältere Plinius hatte am verhängnisvollen 23. August noch ein Stückchen Tag ganz voller Sonnenschein verbracht. Er lag um die Mittagzeit in der Sonne, ließ sich dann in das Bad tragen, frühstückte, lag wieder in der Sonne und studierte.

Aber bei dem Südländer ist das Auge am letzten ermüdet, am längsten wach und der Eindrücke bedürftig. In den Häusern von Pompeji können wir es noch verfolgen, mit welchem Raffinement für die Behaglichkeit eines ruhenden Auges und einer ruhenden Phantasie gesorgt wurde. Der Südländer, wenn er nicht selber spricht, ist ein unermüdlicher Zuhörer. Wenn er vom Erzählen ausruht, will er, daß ihm erzählt werde. So mußten denn auch die Wände der Ruhegemächer erzählen, mußten leise, freundlich von angenehmen Dingen sprechen, die dem Traume eng verwandt waren, damit der Übergang vom Wachen zum Traume sich leicht und mühelos vollzöge.

Auf hellen, farbigen Grund legten sie ganz luftige, bunte Architekturen, Galerien, Tempel, Arkaden, Treppen. Der Blick des Ruhenden irrte gemächlich durch diese zierlichen Traumlabyrinthe. Alles war leicht, jede Schwere schien aufgehoben. Helle Farben, Licht, Luft. Auf den zerbrechlichen Gesimsen und Konsolen stehen friedliche Gegenstände. Blumengewinde hängen an den Säulen. Vögel sitzen auf ihnen. Knaben spielen auf Altanen. Wo eine Türe ist, steht sie offen, wo ein Fenster ist, schaut der Himmel hindurch. Ein Pfau schaut nachdenklich in die Ferne. Auf hellen Leisten stehen Früchte, Pergamentrollen. Eine blonde Frau lehnt in einer roten Türe und hält lässig eine goldene Schale in der Hand. Und Licht, überall Licht. Offne Türen, offne Fenster, wehende Schleier, flatternde Vorhänge, fliegende Gestalten, überall gemalte Kühlung. Wenn das Auge müde war von dem Lichtbilde, das von draußen durch die Türe in das Gemach herein schaute, dann ließ es den Blick über die Figürchen an der Wand hingleiten. Der Ruhende hörte diesem heiteren Geplauder zu. Nirgends eine Farbe, eine Linie, die sich aufdrängt, die zu wirklich sein will. Er schwebt im Halbtraum mit den Gestalten in wehenden Schleiern, diesen Inkarnationen farbiger Sommerluft, empor, oder steigt in den grünen und rosa Märchenarchitekturen umher, während draußen der Springbrunnen singt und die Mittagshitze kocht.

Wenn er wach und rege ist, hat der Romane Raum nötig zum Gestikulieren, um seine Stimme tönen zu lassen. Wenn er ruhte, dann lag er gern, aber die stummen Sachen mußten ihn unterhalten. Viele Geräte beengten ihn, aber die welche ihn umgaben, mußten unterhaltend sein, daher die starke Belebtheit in den Formen der antiken Möbel und Geräte. Die griechische und die von der griechischen erzogene lateinische Kultur verstanden es, die Kunst zu einer bequemen Lebensgefährtin und Hausgenossin zu machen.

Das wirkliche große Kunstwerk gehört nicht in die Wohnräume. Die Behaglichkeit beugt sich vor dem Ich, ist um seinetwillen da.

Das Kunstwerk verlangt, daß der Beschauer seinem Leben entsage, um ganz das Leben des Kunstwerkes in sich aufzunehmen. Von jedem großen Kunstwerk gilt, was Schopenhauer von dem Bilde sagt: »Vor einem Bilde hat jeder sich hinzustellen, wie vor einem Fürsten, abwartend, ob und was es zu ihm sprechen werde und wie jenen, so auch dieses nicht zuerst anzureden, denn da würde er nur sich selbst vernehmen.« In unseren Wohnungen aber wollen wir, daß alles nur warte, bis wir es anreden. Hätte die Laokoongruppe einst in dem Triclinium unter den Titusthermen gestanden, wie die Führer zu melden pflegen, so wäre das ein Zeichen einer Kultur, die ihrer Gesetze nicht mehr sicher ist. Es ist, als wollten wir eine Beethovensche Symphonie als Tafelmusik spielen lassen. Das Kunstwerk ist zu selbstherrlich, als daß wir es zwingen könnten, zu dienen. Luxus ist nicht Komfort. Die Pracht als solche in unserem Leben ist wie eine Geliebte, der wir Opfer bringen, um sie zu genießen. Der Komfort ist eine Gattin, die sorgsam und aufmerksam die Harmonie des Daseins um uns breitet, das Leben leicht und mühelos macht.

Das wußten die Lebenskünstler der italienischen Renaissance wohl. Sie bauten in ihren Häusern für ihre Kunstwerke große, festliche Räume, in denen diese wohnen und empfangen konnten wie große Herrn. Wenn König Philipp II. und der Herzog von Ferrara sich von Tizian und Giorgione Venusbilder für ihr Schlafgemach und ihr Ankleidezimmer malen ließen, so war die diesen Bildern zugewiesene Aufgabe wohl keine rein künstlerische.

Aber ein Genuß war diesen Feinschmeckern der Renaissance in ihren Wohnungen Bedürfnis, für den unsere Sinne heute unendlich weniger empfänglich sind, das ist der Genuß des Raumes. Der Bequemlichkeit der Möbel und Geräte konnten sie eher entraten, als der harmonischen Wohltat des schönen Raumes. Erst in vollkommen schönen Verhältnissen umgibt ein Raum uns mit dieser wohligen Ruhe, die nie beengt. Wir baden uns in ihm, wie in Harmonie. Palladios herrliche Räume der Villa Manin bei Castelfranco hat Paolo Veronese ganz mit seinen rosigen, sommerlichen Gestalten bedeckt. Die Möbel konnten nicht recht an die Wände gerückt werden. So saß oder ruhte man mitten im Gemach und ließ ungestört das Spiel dieser Linien und Flächen auf sich wirken.

Der Franzose ist gesellig und regsam wie der Südländer, allein er hat nicht mehr die achtlose Verschwendung von Nervenkraft, die den Italiener auf Marktplätze und Straßen treibt. Die französische Geselligkeit drängte die Menschen in kleinen Räumen zusammen. Man wollte einander nahe sein, um zu plaudern, immer zu plaudern. Das war die größte Aufgabe dieser Gesellschaft. In den Schlafzimmern, in den ruelles, den Alkoven saßen sie beieinander. Der Salon war eine Einrichtung, die erst Ende des XVII. Jahrhunderts von Italien nach Frankreich kam.

In der französischen Gesellschaft herrschte die Frau unbedingt. Sie war der Mittelpunkt der Geselligkeit und von ihr erhält das äußere Leben der Gesellschaft sein Gepräge. Der Komfort wurde feminin. Und weil die Damen des XVII. und XVIII. Jahrhunderts am Tage meist im Bett empfingen, so wurde der Komfort ein Schlafzimmer-Komfort. Das Bett nahm ungeheure Dimensionen an, es wurde ein Zelt, ein Thron; eine Hypertrophie des Bettes; es gab den Ton an und alle anderen Möbel mußten in ihren Formen, ihren Bewegungen das Runde, Weiche des Bettes nachahmen. Behaglich beieinander sitzen, das war das Gesetz für die Möbel; sie sollten alle Gelegenheitsmacher sein, diese Düchesses, diese Causeusen, diese langen Paphoscanapes. Und sie nahmen die zierliche Kompliziertheit der Formen an, die die Menschen der Zeit liebten, das Reverentiöse der Stellungen, das unendlich Rücksichtsvolle. Wenn die Reifröcke der Damen sich erweiterten, öffneten die Sessel ihre Arme weiter. Als die Damen sich nicht mehr das Haar puderten, sondern die lang über den Rücken niederfallenden Locken reichlich mit Makassaröl tränkten, wurden die Rückenlehnen der Stühle niedrig, weil die fettigen Köpfe sich nicht anlehnen wollten. Es war ein Komfort für die Regsamkeit des Geistes. Der Körper sollte möglichst weich gebettet werden, sollte zum Ruhen verführt werden, damit der Geist unermüdlich und ungestört seine anmutigen Tänze aufführen konnte.

Der Deutsche ist einsam von Natur. Er »kauzt sich gern in eine Ecke,« sagt Goethe. Er will eine Häuslichkeit, die ihn eng und warm umschließt, die ihn isoliert. Im Norden ziehen wir den Mantel fester um uns. So tut es auch der Nordländer mit seiner Wohnung. Wie ein Symbol deutschen Komforts mutet Dürers Stich »der hl. Hieronymus im Gehäuse« an. Der Deutsche kann nicht wie der Südländer sein inneres Leben mühelos hinausprojizieren. In seinen Verkehr mit Menschen mischt sich stets zu viel Anstrengung, zu viel Kampf und Liebe. Wenn er ruhen, sich sammeln, das Eigentliche des Lebens genießen will, dann zieht er sich in sein »Gehäuse« zurück.

Eng muß dieses Gehäuse sein, friedlich, muß zu allen Wünschen und Grillen ja sagen. Für den Deutschen heißt Komfort eine Umgebung, in der er sich ganz gehen lassen kann, und daher hat jeder Deutsche seinen eigenen Komfort, der mit dem eines anderen keine Ähnlichkeit hat. Wie geordnet und ruhig stehen in der Zelle des hl. Hieronymus all die Sachen und Sächelchen und warten darauf, ihrem Herrn gefällig zu sein: die Polster und Bücher auf den Bänken, der Hut am Nagel, die Schere im Leisten an der Wand. Selbst das Licht dringt nicht rücksichtslos in das Gemach, die Butzenscheiben zählen es sparsam in runden, blanken Scheiben in die Fensternische. Alles muß Ordnung und warmen Frieden atmen, ein Behagen, das sich schläfrig auf den Löwen legt, der wie eine Katze zu schnurren scheint, und auf den Hund, der tief schläft. Alles ist da, alles zur Hand und alles ist still, um den studierenden Herrn nicht zu stören. Einsame Menschen erleben innerlich viel und das ist nicht immer freudevoll. Wenn sie aus ihren Träumen zu ihrer Umgebung zurückkehren, wollen sie, daß die stille Gegenwart der Sachen ihnen freundlich zulächele.

Der deutsche Komfort ist immer für das Enge gewesen und er stützt mehr sich als jeder andere auf die Beseeltheit der vertrauten Sache. Deshalb hat er wohl am längsten von den Forderungen der Schönheit abgesehen. Der Deutsche kann im allgemeinen recht viel Häßlichkeit in seiner Umgebung ertragen, er kann auch unendlich nachsichtig gegen Sachen sein, in die er sich gefunden, an denen etwas von seinem Leben hängt. Mit seinen Sachen wie mit seinen Dienstboten steht der Deutsche gern in einem seelischen Verhältnis, sie gehören zur Familie.

Eine etwas steife Ordnung gehört zu der deutschen Behaglichkeit. Ein jedes Ding hat seinen Platz und der wird ihm bequem ausgesucht, in einer Ecke oder gegen eine Wand gerückt, nur auffallen darf es nicht, darf nicht zur Unzeit die Aufmerksamkeit auf sich lenken wollen. Bescheiden und wohl erzogen müssen die Sachen sein; was sich spreizt oder vornehm tut, wird in den Glasschrank oder die ungemütliche gute Stube gesperrt, die nur selten geheizt wird. Der Komfort des deutschen Mittelstandes hat heute etwas von jener strengen Abgeschlossenheit, welche die Häuslichkeiten in Zeiten hatten, da die Außenwelt voller Gefahr und Kampf war. Auch in einem Schiff, der fremden drohenden Unendlichkeit des Meeres gegenüber, schließt der Mensch einen besonders engen Bund mit den Räumen und Sachen.

Wie vielen unserer Dichter und Denker, die in ihren Gedanken die waghalsigsten Wege einschlugen, mit ihrer Phantasie in einer bunten und großen Welt lebten, war es Bedürfnis, wenn sie von ihren Geistesreisen zu ihrer Umgebung zurückkehrten, eine enge, stille, farblose Häuslichkeit vorzufinden, die ganz beruhigte, nur von nächsten Bedürfnissen sprach. Heinrich Voß in der Widmung der Homerübersetzung an L. von Stollberg, erzählt, wie er im Traum in die große Welt der Heroen versetzt wird und wie das Leben dieser Heldengestalten ihn erfüllt. Erwacht, geht er heim:

»Freudig und ernstvoll ging ich durch tauende Roggengefilde
Heim, und erreichte bald die kleine Pforte der Mauer,
Wo mir Ernestina mit ausgebreiteten Armen
Lächelnd entgegensprang und zürnte, daß sie so lange
Mir umsonst in der Laube die süßen Kirschen gesparet.«

Die Beschränktheit der Häuslichkeit mit den alten, gewohnten Sachen, dem Duft von Goldlack, in den sich ein leichter Kaffeeduft mischt, das Unkomplizierte, Handgreifliche und Liebevolle der Behaglichkeit war Bedürfnis. Aber weil die Seele bei dem deutschen Komfort so stark mitbeteiligt ist, und weil keine Seele der andern gleicht, deshalb gibt es keinen allgemein deutschen Komfort. Der Deutsche ist Individualist und so ist auch die Umgebung, die er sich induviduell schafft. Jeder Deutsche schafft sich seinen Komfort ganz von neuem, nach seinem Bilde.

England hat eine Tradition, eine folgerichtige und zielbewußte Entwicklung, an der das ganze Volk beteiligt ist. Das ganze Volk hat *ein* Ideal der Lebensweise, und jeder versucht, je nach seinen Mitteln, sich diesem Ideal zu nähern. Daher die Gleichmäßigkeit der Gewohnheiten, daher diese Gesetze des Komforts, auf die der Engländer so stolz ist, und an die er so unverbrüchlich glaubt. Der praktische Wirklichkeitssinn dieses Volkes versucht es, den Anspruch an das Leben mit den Mitteln ihn zu befriedigen möglichst in Übereinstimmung zu bringen. Ist diese Aufgabe in einem Punkte befriedigend gelöst, so wird diese Lösung von allen akzeptiert und es wird an ihr nichts weiter geändert. Hier arbeitet jeder für alle und alle für jeden einzelnen. Der Komfort ist etwas wie Nationaleigentum.

Nirgends steht die Sache in strengerer Zucht als in England. Ohne Nachsicht und ohne Sentimentalität verlangt der Engländer von der Sache alles, was sie leisten kann. Er verlangt nach Möglichkeit die praktische Vollkommenheit der Sache. Dabei hat sie es nie zu vergessen, daß sie dient. Der Engländer hält zu seinen Sachen Distanz, wie zu seiner Dienerschaft. In seinem Hause schließt er sich ab und dort ist er nur Herr, hier regiert er nach dem Gesetz des anerkannten nationalen Komforts. Und so spart er nicht Mühe und Zeit, damit diese Maschinerie der Lebensharmonie fehlerlos funktioniert. Balzac spricht irgendwo von der Tyrannei der vollkommenen Sache in England, der Tyrannei der mit Rosenholz ausgelegten Schubfächer, der ideal schließenden Schlösser, der tadellos stehenden Tische. Die Sehnsucht nach dieser Vollkommenheit des äußeren Lebens und die Überwachung dieser ideal funktionierenden Maschine mag oft einen so großen Teil der Aufmerksamkeit in Anspruch nehmen, daß der Lebensapparat unnatürlich viel Platz im Leben einnimmt. Manchem geht es vielleicht damit wie jener russischen Fürstin, die sich beklagte, ihr Leben gehe damit hin, darauf acht zu geben, ob sie gut bedient würde. Die englischen Erzähler widmen in ihren Büchern immer wieder viele Seiten der Beschreibung des englischen Tages von dem Morgenbade und den Schinkenschnitten des ersten Frühstückes an, bis zu dem Diener, der abends die Kerzen hereinbringt, mit denen die Hausgenossen ihre Zimmer aufsuchen. Aber diese feinberechnete Ordnung gibt dem ganzen englischen Leben seinen Rhythmus und seinen Stil. Alles wird in diese Ordnung eingereiht und erhält dadurch sein Gepräge. Zuerst hat alles was dient, Sache, Tier und Mensch dem abstrakten Begriff seines Zweckes möglichst zu entsprechen, dann wird es zu einer dem Besitzer persönlichen Harmonie gestimmt, und da ein Gentleman sich äußerlich von dem andern nicht zu sehr unterscheiden darf, fällt diese Harmonie auch ziemlich gleichartig aus. Und bei dem organisatorischen Talente dieses Volkes, versteht der Engländer das komplizierteste Getriebe so zu ordnen, daß es ihm bequem sitzt, wie der Anzug eines guten Schneiders, er gibt ihm die ruhige Sicherheit, die ihn selbst auszeichnet, seine tüchtige Korrektheit. Der englische Geist schafft sich seinen Komfort, und der englische Komfort erzieht den englischen Menschen, gibt ihm die Geschlossenheit von Körper und Geist, denn beide werden nach altbewährter Lebenstradition bedient, und jeder erhält seinen Teil zu seiner Zeit. Und in der rein körperlichen Bequemlichkeit liegt schon eine solche Summe von nationaler Arbeit, eine Erbschaft von Geist, daß der eine oder der andere sich wohl auch nur dem Genusse dieser Vorteile hingibt, mit dem Gefühl an der geistigen Arbeit der Nation teilzunehmen. Ein starkes Gefühl der Diesseitigkeit, der Zugehörigkeit zu dem Stern, auf den wir gesetzt sind, steigt aus diesem so überlegen geordneten Leben auf. Der Engländer schaut jede Natur mit dem Gedanken an: Wie könntest du mir dienen? Wie könnte ich dich für einen englischen Zweck benutzen? Die Erde ist dazu da, damit der Mensch, und vor allem der Engländer, sich bequem darin einrichte. Und weil der Engländer so genau weiß, wessen er bedarf und weil die Art, seine Bedürfnisse zu befriedigen, für ihn die einzig vernünftige ist, daher nimmt er, wo er auch sei, stets ein Stück seines heimatlichen Komforts mit. Er ändert nirgends seine Gewohnheiten, er verlangt und setzt es durch, daß die Fremde sich nach ihm richte. Würde England die Weltherrschaft beschieden sein, so wäre das auch die Weltherrschaft des afternoon tea und des englischen Klubsessels. Die Welt würde dadurch nicht unterhaltender, aber wahrscheinlich bequemer werden.

Es ist wohl das Rationelle in dem englischen Komfort, das ihn zum Vorbilde eines Allerweltskomforts werden läßt, eines Komforts, der sich nicht nach dem Individuum richtet, sondern dem Bedürfnis des Kulturmenschen überhaupt entspricht, eines abstrakten Komforts. In unserer Zeit der großen Städte, des hastigen, unruhigen Lebens, der Gasthäuser, Mietwohnungen, Eisenbahnen führt ein großer Teil der Menschheit ein Nomadenleben. Die meisten haben weder Zeit noch Raum, sich eine Umgebung zu schaffen, die ganz auf ihre Individualität zugeschnitten wäre. Jetzt kommt es darauf an, sich die Befriedigung seiner Bedürfnisse, auf dem kürzesten Wege, möglichst vollständig zu schaffen. Wir wollen dann kein Verhältnis zu unserer Umgebung. Wir wollen den Effekt des Bedientseins. Der elektrische Knopf ist das Symbol dieser Behaglichkeit. Ein ganz geringer Aufwand von Mühe und wir haben das Gewollte. Der elektrische Knopf kann keine Physiognomie haben, er kann mir nicht lieb oder verhaßt werden, wie eine Sache meiner Häuslichkeit. Er ist nur das mechanische Mittel zur Befriedigung meines Wunsches. Das ist die Signatur des modernen Nomadenkomforts und soll sie sein.

Ein Hotelzimmer, das Charakter zeigt, das die Miene der Traulichkeit einer Familienstube annimmt, ist eine Aufdringlichkeit. Der längere Aufenthalt in solch einem Zimmer, das die Pose eines Heims annimmt, ist unerträglich. Wie kommt solch ein Raum, in dem heute dieser und morgen jener wohnt, dazu eine Physiognomie, eine Stimmung zu haben? Ich bestelle mir in einem Hotel ein Zimmer und keine Stimmung. Jeder Stuhl in diesem Zimmer hat nur die vollkommene Sitzgelegenheit zu sein, nichts weiter. Rundete er die Arme, als freute er sich, mich aufzunehmen, will er mir irgendwelche Besonderheiten der Gemütlichkeit versprechen, als kennte er meine Gewohnheiten, so ist das eine Taktlosigkeit. Ich verlange auch nicht von dem Kellner, der mich bedient, daß er eine Persönlichkeit sei. Alles, was bedient, Mensch und Sache, nimmt wieder die stumme Präzision des Mechanismus an. Wir gewöhnen uns daran, ohne Mühe und ohne, daß unsere Gedanken sich viel hineinmengen, unsere Wünsche befriedigt zu sehen. Das Instrument wird uns gleichgültig, nur auf den Effekt kommt es an. Und unsere Bedürfnisse nehmen auch etwas Allgemeines, Schematisches an. Dem Allerweltskomfort entsprechen Allerweltsbedürfnisse.

Den Weg vom Wunsch zu seiner Erfüllung möglichst kurz und glatt zu machen, ist der Zweck all unsrer modernen Einrichtungen. Aber dadurch wird die Befriedigung unsrer körperlichen Bedürfnisse immer weniger Erlebnis. Wir werden so gut und schnell bedient, die Forderungen an unsere Umgebung werden, kaum gestellt, schon befriedigt, so daß wir keine rechte Zeit haben, einen inneren Anteil daran zu nehmen. Wenn Telemach, nach der langen Seereise, in Sparta in die wohlgeglättete Wanne steigt, sich von Helenas schönen Mägden salben und ölen läßt, so nahm an dem Behagen dieser Stunde wohl sein ganzer Mensch teil, er wird kaum dabei seinen traurigen Gedanken nachgehangen haben. Die Wohligkeit des Heldenkomforts war umständlicher, aber andauernder. Heute drücken wir auf einen Knopf oder drehen einen Hahn und haben ein Bad. Dabei brauchen wir kaum die Rechnung, die wir im Geiste anstellen, oder den Gedankengang, den wir verfolgen, abzubrechen. Der Körper ist gut, mühelos und schnell bedient, der Geist kann beruhigt seine Wege gehen. Schopenhauer sagt, Philosophen sollten stets nur in Gasthäusern wohnen, nur dort fände der Geist ungestörte Muße für seine Arbeit.

Denken wir uns den Mechanismus dieses modernen Komforts zu seiner äußersten Vollkommenheit gebracht, so könnte er ein Geschlecht erziehen, wie es auch die Askese wollte. Die Askese wollte dem Geist für seinen Aufschwung freie Bahn schaffen, indem sie den Körper mißhandelte. Dem »Bruder Esel«, wie der heilige Franziskus seinen Körper nannte, sollte so hart zugesetzt werden, bis er kaum mehr Forderungen zu stellen wagte. Aber, wenn wir dem Körper, sobald er eine Forderung stellt, sofort alles mühelos gewähren, ihn befriedigen und stille machen, ohne daß es uns einen Gedanken kostet, dann kann der Geist ungestört und selbständig seiner Aufgabe leben. Zwar, wie es unter den Asketen wohl manche gegeben hat, die so sehr mit dem Abtöten des Fleisches beschäftigt waren, daß zum Aufschwung des Geistes sie nicht mehr kamen, so würden wohl auch viele jener modernen Asketen über dem Stillemachen des Körpers die Aufgabe des befreiten Geistes vergessen. Sind die Amerikaner nicht heute Asketen des modernen Komforts? Alle Erfindungen der Wissenschaft werden herangezogen, um einen Komfort zu schaffen, der möglichst schnell, mechanisch die Bedürfnisse befriedigt, ohne den Geist in seiner rastlosen Geschäftigkeit zu stören. Es ist wie ein Abkommen zwischen Geist und Körper. Der Geist sagt zum Körper: ich werde die Mittel ersinnen, um dich in kürzester Zeit ganz zufrieden zu stellen, dafür darfst du mir nicht mehr im Wege sein.

In der allgemeinen Amerikanisierung des Komforts bleibt dem individuellen, dem lebendigen Komfort nur eine wahre Zufluchtsstätte, das ist das Landhaus und eine wahre Beschützerin, das ist die Frau.

Der individuelle Komfort ist nur im eigenen Hause möglich. Aber das Stadthaus liegt wie eine Insel, umflutet von allem Fremden. Fremde Stimmen, fremde Gewohnheiten, fremde Gesetze dringen überall ein. Wie in jeder großen Gemeinschaft, besteht das Leben aus Paktieren und Konzessionenmachen. Im Landhause wird der Mensch mit seiner Umgebung eins. Schon L. B. Alberti in seinem Familiendialog läßt den Familienvater sagen: »Die Villa bleibt dir stets treu und freundlich.« Um den Komfort des Hauses legt sich der Komfort eines für mich erzogenen Stückes Natur, und der ruhigere Pulsschlag des Lebens erlaubt es, daß ich meine Umgebung intensiver mit dem Rhythmus meines Wesens erfüllen kann. Das Haus wird hier zum Raum, zur Sache, zur Lebenseinrichtung gewordenes Wesen des Besitzers. Jede willkommene Stimmung hat sich ihr Zimmer – ihre Ecke – ihren Sessel geschaffen. Die Gegenstände stehen, wie mit angenehmen Empfindungen geladen und warten, daß sie sie ausströmen dürfen, die Umgebung ist eine Zusammensetzung kleiner Glücksgefühle, die für den Moment bereit stehen, da wir für sie empfänglich sind. Das Leben um uns ist überall unten in der Küche – drüben im Stall, wie um uns in den Zimmern eine stille Geschäftigkeit, die sich auf den Augenblick vorbereitet, da ein Wunsch sich bei uns meldet. Dabei ist solche Umgebung so gut auf unser Wesen abgestimmt, daß sie taktvoll in unser Geistesleben hineinsprechen kann. Und was wir hier auch erleben, wenn es auch schmerzvoll und niederdrückend ist, solch eine Umgebung, die uns mit beständigen kleinen Wohltaten umstellt, spinnt auch im Augenblick, da wir dem Leben feind sind, unzählige, freundliche Fäden zwischen dem Leben und uns, schafft einen beständig mitklingenden Unterton, der ja zum Leben sagt.

Im eignen Hause hat alles, Möbel und Dienstboten, Zeit, sich in den herrschenden Lebensstil hineinzugewöhnen. Hier stehen nicht die windigen Möbel der Mietwohnung, die immer fremd im fremden Raume sind, die vom Dekorateur gefertigten stilvollen Einrichtungen, mit der Maschine gemachte Stimmung, bei denen die Sachen uns umgeben wie fremde Leute, denen wir auch nicht vorgestellt werden möchten. Der Stuhl am Kamin ist mit den Dämmerstunden und Winterabenden gerade seines Besitzers eng verwachsen, und das Geschäft jener Fensternische ist die Aufgabe, sich zu Zeiten mit Mondschein zu füllen, darauf ist sie eingerichtet. Und das Licht, der Abendschein, der zur bestimmten Zeit dieselbe Wand hinaufgleitet, die Morgensonne, für die die Wand helle Farben trägt, der Duft der Blumen, der durch die geöffneten Fenster hereinströmt, das Aufrauschen des Baumes vor der Türe, selbst die Fledermaus, die allabendlich über seinem Wipfel flattert, alles nimmt den Charakter einer von mir gewollten Einrichtung an. Die Töne, die kommen und gehen, stehen in meinem Dienst, bringen bekannte, gefällige Bilder, gewollte Stimmungen. Meldet sich der Hunger, dann tönt leise das Klappern von Tellern aus dem Speisezimmer, und dort finde ich, daß Sachen und Speisen und der Diener im zeremoniellen Anzug festlich auf mich warten, als wären sie froh, ihren Beruf zu erfüllen. Ein Diener ist ein Mensch, der zu seinem Beruf erwählt, einen fremden Willen zu studieren, um ihn zufrieden zu stellen, und der Dienerberuf hat seine Artisten und Künstler, wie jeder andere. Brillat de Savarin lud gute, verständnisvolle Esser an seinen Tisch, um zu sehen, wie diese die künstlerisch erdachten Speisen genießen würden. Ein Dienertalent sucht sich einen Herren, der empfänglich für den verfeinerten Lebensgenuß ist und bemüht sich, die dienende Umgebung möglichst in Übereinstimmung zu bringen mit diesem Willen. Daran arbeitet und ziseliert er, wie ein Künstler an seinem Kunstwerk. Er genießt die feinere Lebenskunst durch seinen Herren, freut sich daran, wie ein Regisseur sich an dem Bühnenbilde freut, das ihm gelungen ist.

Unser Haus mit seinem Getriebe ist der Niederschlag unserer persönlichen Kultur. Verfeinerte Kultur macht uns reizbarer, empfänglicher für Eindrücke, schafft neue Bedürfnisse –, sie macht uns komplizierter und diese Kompliziertheit wird schmerzhaft, wenn eine innere Harmonie sie nicht bindet und beruhigt. Diese Harmonie ist die Seele dieser Kultur und sie muß auch auf das äußere Leben ausstrahlen, die Summe der kleinen Bequemlichkeiten, Genüsse, Bedürfnisse zu einer Gesamtmusik zusammenschließen, die uns liebevoll und tröstend begleitet und in unsere Erlebnisse ihre beruhigende, optimistische Melodie hereinruft.

Persönlich wird jeder Komfort, auch unter den ungünstigsten Bedingungen, wenn eine Frau über ihm waltet. Seele und Körper haben bei der Frau ein vertrauteres, engeres Verhältnis miteinander, als bei dem Manne. Die von außen kommenden Eindrücke setzen sich unmittelbarer in seelische Bewegungen um und die inneren Erlebnisse strahlen intensiver auf die Umgebung aus. Finden wir eine Frau, die sonst den milden Duft der weißen Heliotrop liebt, plötzlich von einem erregenden, herben, ambrierten Parfüm umgeben, so können wir sicher auf ein Seelenereignis schließen. Eine Dame des XVIII. Jahrhunderts, als sie von der Untreue ihres Geliebten erfuhr, schickte nach dem Tapezier und ließ die himmelblauen Draperien ihres Zimmers durch mattlavendelfarbene ersetzen. Die Frau ist eben auch mit ihrer Umgebung, der äußeren Schale ihres Körpers, enger verwachsen als der Mann. Daher steht sie der Sache näher, versteht sie besser und empfindet sie stärker. Die Frau ist für die Mystik der Sache zugänglicher und setzt sich mit ihr daher besser und schneller auseinander. Eine Frau gibt einem Hotelzimmer, einem Eisenbahncoupé durch ihre Gegenwart sofort von ihrem Wesen ab. Jeder Dienst einer Sache und eines Menschen nimmt leicht von ihr den Schein an, als würde er gerade für sie geleistet. Sie will, daß der Komfort – ihr Komfort – Gebärde ihres Wesens sei. Aber die Aufgabe jeder Frau einer höheren Kultur war stets, sich mit der Schönheit auseinander zu setzen. Schönheit genießen heißt, ein fremdes Leben in sich aufnehmen. Schön sein heißt, für andere sein. Die Frau schafft sich einen Komfort, der sie schmückt und ein Teil ihres Selbst wird. Aber sie will die Wohltat dieser Ausstrahlung ihres Wesens auf andere ausdehnen. Im Wörterbuch steht bei dem Worte Komfort: Beistand – Trost – Mithilfe. Klingt das nicht wie die Beschreibung der Rolle, welche die Frau spielen will? Die Harmonie des Lebens, die sie schafft, soll von den andern als von ihr ausgehend empfunden werden. In allem Behagen der Umgebung, in jeder Freundlichkeit der Lebenseinrichtung, in allem, was unserm Sinne hier schmeichelt, in allem sollen wir spüren, daß sie, die Frau, es mit ihrem Leben belebt hat. So lange es echte Frauen gibt, wird es auch einen beseelten Komfort geben: »Wäre das Sinnliche nicht beseelt, wie könnten wir es sonst lieben?« sagt der hl. Augustinus.

EDITORISCHER ANHANG

Zur Person

Der baltische Graf Eduard von Keyserling starb gelähmt und erblindet, wenige Wochen vor dem Ende des Ersten Weltkriegs, am 28. September 1918. Er gehörte ganz der Welt an, die in diesem Kriege zugrunde ging, und er lebte zugleich, als Künstler und Aristokrat, in dieser Welt im Exil: er wußte, »weshalb die Geschichte diese Welt von sich stieß«.

Zehn Jahre vor seinem Tode wurde er blind. Zwei seiner Schwestern, Hausgenossinnen und Begleiterinnen, starben vor ihm. Ihnen hatte er mit jener »Höflichkeit«, die mit ihm und seinesgleichen ausgestorben ist, seine Erblindung zwei Wochen lang, im täglichen Umgang, verschweigen können. Otto Freiherr von Taube, mit der Geschichte des baltischen Adels, vor allem der Keyserlinge, vertraut, hat das kundigste und klügste Bild dieser Vereinsamung ohne Pose und Klage gezeichnet. Von ihm wissen wir auch, daß Rudolf Kassner den Blinden in seiner Schwabinger Wohnung besuchte und zu den wenigen Freunden am Grabe zählte. Wüßten wir nur mehr von den Gesprächen zweier so unterschiedlicher Sonderfälle deutschen Schreibens, das beide nicht als ihr Metier betrieben, sondern zum integrierenden Bestandteil ihrer geistigen Freiheitsausübung und -behauptung, ihrer »Persönlichkeit« machten. Kassners Gönnerin, die Fürstin Marie Taxis-Hohenlohe, die menschlichste und gebildetste Große Dame des österreichischen Hochadels, besuchte Keyserling. Sie übersetzte Keyserlings *Schwüle Tage* ins Französische. Diese Übersetzung zu prüfen, müßte einen »Komparatisten« reizen, der sich freilich in drei »Welten« auskennen müßte, der baltischen, der habsburgischen und derjenigen der französischen Adressaten (falls die Fürstin überhaupt »Leser« ihrer Übersetzung interessierten). Ihr ging es wohl darum zu erproben, ob es noch nach mehr als hundert Jahren so etwas wie eine geistige und stilistische Gemeinsamkeit des »Ancien Régime« gebe. Otto von Taube stellte Keyserling durchaus in diese Tradition alteuropäischer Erziehung.

Wo Kassner und die Fürstin Marie Taxis ihre Anteilnahme zeigten, blieb auch Rilke nicht fern, der sechs Tage vor dem Tod Keyserlings in der Münchner Wohnung Ainmillerstraße 34 – Keyserling wohnte und starb im Hause Ainmillerstraße 19! – einen Brief an Marie von Bunsen schrieb, in dem er den Tod zweier gefallener »junger Freunde« beklagt: »Keyserlingk (sic!) und Marwitz.« Der blinde Alte lag ein paar Häuser weiter entfernt im Sterben. In Rilkes – publizierter – Korrespondenz dieser Wochen kein Wort davon, obschon Freund Kassner zum Begräbnis Keyserlings kam. Ein Beitrag zur Literaturgeschichte Schwabinger Straßen! –

Geboren wurde Eduard von Keyserling auf dem kurländischen Gute Paddern am 15. Mai 1855. (Die Angaben des Geburtstages schwanken in der Keyserling-Literatur.) Über die Familiengeschichte der Keyserlinge, ihre Bedeutung innerhalb des baltischen Adels und die väterlichen und mütterlichen Herkünfte Eduards sind im Buch der Keyserlinge und in der erwähnten biographischen Studie Otto von Taubes alle erreichbaren Daten zusammengetragen worden. Unter seinen mütterlichen Vorfahren gab es illustre Gestalten am Maria-Theresianischen Hof, auch eine italienische Dame aus dem Geschlecht der Guidi, der Urgrafen des Casentino; doch die preußische Landjunkerschaft, der einzelne bedeutende Diplomaten, Staatsmänner, königliche Vertraute entstammten, überwog durchaus. Freilich die »Stammutter« des väterlichen Zweiges der Keyserlinge, die »ihrer gesamten Nachkommenschaft ein besonderes Gepräge aufdrückte«, war eine geborene Truchsessin von Waldburg. Das Königsberger Stadtpalais ihres zweiten Mannes, eines von Friedrich dem Zweiten gegraften Keyserling einer anderen Linie, wurde gerühmt als »Mittelpunkt des geistigen Lebens für den ganzen deutschen Osten«. Freilich, musische Neigungen waren den Keyserlingen fremd, wohl auch verpönt in einem Geschlecht von Gutsherren, königlichen Administratoren und Botschaftern. Das blieb den Spätlingen vorbehalten, und auch hier bedurfte es eines besonderen Anlasses – im Falle Eduards eines »Skandals«, eines Verstoßes gegen Verhaltenskonventionen seiner Standesgenossen während seines Universitätsstudiums –, um den zweiten, den positiven »Skandal«: Romane zu schreiben, zu ermöglichen. Seiner sozialen Isolation – die sogenannte »gute Gesellschaft« seiner Heimat, wo er als Bewirtschafter der Güter seiner Mutter einige Jahre lebte, untersagte jeden Verkehr mit ihm auf Jahrzehnte – entsprach seine Vereinsamung durch seine Krankheit. Sie wurde zur Lebensform. Er meisterte sie, wie alle Augenzeugen berichten, mit stoischem Witz und unangreifbarer »Höflichkeit«, deren Noblesse seine dummköpfigen Widersacher aufs tiefste beschämt hätte, wären sie der Tugend dieser Regung teilhaftig gewesen. Seine grandiose »Häßlichkeit«, die das Porträt von Lovis Corinth ohne Schonung seinem Modell und seinen Betrachtern zumutete, ist nichts anderes als souveräner Ausdruck seiner Persönlichkeit. Solche Häßlichkeit schützt vor banaler Gemeinsamkeit. Sie ist sinnlichste Form der moralischen Einsamkeit.

Zu schreiben begann Keyserling in Wien, wo er sich vor 1890 mehrere Jahre aufhielt. Doch nicht der *fin de siècle*-Kult edler Nervosität, wie er in diesen Jahren gepriesen und betrieben wurde, beeindruckte ihn, sondern das Sozialmilieu der unteren Stände. – Die Erzählung *Fräulein Rosa Herz* (1887) ist eine erste Einübung in »naturalistisches« Schreiben. Bestimmte sozialistische Lehren scheinen ihn damals sehr beschäftigt zu haben. Der Roman *Die dritte Stiege* (1892) bezeugt das.

Die Auseinandersetzung mit den sozialen Klassen fehlt auch in den späteren Erzählungen, auch in den Schloßgeschichten, nicht. Bauern, Fischer, Waldarbeiter haben sein Zutrauen, das er weder bezweifelt noch einer sozialen Sentimentalität schuldet. Neugierige Ferienbesuche in der Arbeitswelt, flüchtiges Heimweh nach einem vorgesellschaftlichen Zustand überläßt er den Irrläufern seiner eigenen Klasse wie der »kleinen durchgebrannten Gräfin« Doralice in den *Wellen* (1911). Er selbst, wenn auch nicht frei von Gefühlen melancholischer Zugehörigkeit zu den Bräuchen und Denkweisen seiner Kreise, hat keine Illusionen, was die sittliche und geistige Verfassung seiner adligen Gutsherrenfamilien betrifft. Aber nie ist seine Schilderung scharf oder gar ätzend. Ihr fehlt alles Bissige und Unfaire einer Standessatire des Ressentiments. Selbst die Dümmlinge, die weichen Versager, die schnarrenden Leutnantsnarren, die kalten Gelangweilten und bornierten Familiendespoten der Schloßgeschichten zeichnet Keyserling nicht ohne Sympathie des Verständnisses, und Figuren wie Donald von

Streith oder der alte Hamilkar von Wandl-Dux sind »Herren«, die mit ihrer zugeordneten geschichtlichen Welt versunken sind. Sie sind, auf verschiedene Weise, zu einfach, um die geschichtlichen Komplikationen zu begreifen, die ihrer Welt ein Ende setzten. Nicht zu begreifen, kann eine vornehmste Art des Widerstands und des Abschieds sein.

Die Menschen der Schloßgeschichten sind für Keyserling freilich weniger wichtig als die Atmosphäre, die Stimmungen, Umgebungen, in denen sie leben. Er vergegenwärtigt in einer Suche nach der verlorenen Zeit die baltischen Häuser und Landschaften, die Tages- und Jahreszeiten seiner Jugend. In dieser Vergegenwärtigungskraft, gesteigert durch das Münchner Exil und die Krankheit, überzeugen und bewegen uns die Bilder einer verschollenen östlichen Provinz.

Vor allem überzeugt die Prosa des Grafen. Sie sollte in keinem Lesebuch fehlen. Seine aphoristischen Gaben verdienten eine besondere Würdigung. Er formuliert nicht als Literat, sondern als Weltmann. Er erfindet und feilt keine Bonmots, er bringt Erfahrungen und Beobachtungen in passende Worte. Von seinem Neffen, dem Philosophen Hermann von Keyserling, sagte er, wie Otto von Taube berichtet: »Ich habe einen Neffen, der steht vor sich selbst wie vor einem brennenden Weihnachtsbaum.« Befragt, ob Stefan George, den er kannte, wirklich wie Dante aussehe, antwortete er: »Nein, er sieht nicht aus wie Dante, er sieht aus wie eine alte Dame, welche wie Dante aussieht.« Graf Hamilkar in den *Bunten Herzen* unterbricht professorale Lobeshymnen auf die »Schönheit der Jugend« mit dem Hinweis: »Schönheit kompliziert das Schicksal, legt Verantwortungen auf, und vor allem stört es unsere Abgeschlossenheit ... Schönheit ist eine beständige Indiskretion.«

Das soll hier genügen. Keyserlings Sprache ist, von einigen Spuren falscher Fühlweisen seiner Zeit abgesehen, eine Wohltat. Wir haben eine sprachliche Tradition von Raabe, Storm und Thomas Mann; wir haben auch eine, die von Eichendorff, wie ich meine, zu Keyserling führt in ihrer einfachen und klaren, von allen allzu deutschen Jean-Paulismen freien Sprache ohne hausbackene Kleinmeisterei, sinnig-innige Tüftelei oder interessante rhetorische Manier.

Zur Auswahl

Ernst Heilborn hat 1922 *Gesammelte Erzählungen* in vier Bänden herausgegeben und eingeleitet. Eine zweite Auflage erschien 1933. Nach vierzig Jahren soll eine Auswahl von Erzählungen und Romanen erneut eine Leserschaft für Keyserling gewinnen, den Thomas Mann mit Hermann Bang und Turgenjew verglich.

Schloßgeschichten – das bedeutet wiederum engere und besondere Auswahl von Erzählungen, die mir für eine Vorstellung Keyserlings wichtig erscheint. Die sechs Erzählungen und Romane haben einen gemeinsamen Schauplatz: die baltische Heimat Keyserlings und die ihm vertrauten Häuser und Landschaften. Doch nicht nur die Einheit des Ortes, sondern auch die Qualität dieser Erzählungen, verglichen mit *Schwüle Tage, Dumala* oder *Nicky,* rechtfertigt diese Auswahl. Der Roman *Wellen,* keine Schloßgeschichte im erörterten Sinn, konnte um so eher unberücksichtigt bleiben, als vor zwei Jahren ein von Peter Härtling besorgter Neudruck erschienen ist.

Ernst Heilborn hat in seiner vierbändigen Ausgabe die Erzählung *Harmonie* und *Bunte Herzen* nicht aufgenommen. *Harmonie* ist 1905, *Bunte Herzen* 1908 in erster Auflage erschienen. *Bunte Herzen* wurde zuletzt 1954 in der *Manesse Bibliothek der Weltliteratur* mit *Nicky* und *Schwüle Tage* mit einem Nachwort von Otto Freiherr von Taube abgedruckt. *Am Südhang* erschien 1963 als Reclam-Bändchen, mit einem Nachwort von Richard Brinkmann.

Die sechs Schloßgeschichten erscheinen nicht in chronologischer Reihenfolge ihres Erstdrucks, sondern sie werden wie Bilder einer Ausstellung nach Prinzipien einer besonderen Wirksamkeit komponiert, die – so hoffe ich – nicht nur allein dem Herausgeber einleuchten.

Die Philologie hat sich mit den Texten des Keyserlingschen Gesamtwerks bisher nicht beschäftigt. Über die Geschicke der Druckvorlagen, über Briefwechsel, Aufzeichnungen, Entwürfe ist wenig bekannt, obschon eine erkleckliche Anzahl von Dissertationen und Abhandlungen über das Werk Keyserlings vorliegt. Ernsthafte Ansätze zu biographischen Studien, freilich erschwert durch die Spärlichkeit verwertbaren Materials, wurden bisher, von den Bemühungen Otto von Taubes abgesehen, nicht unternommen. Der Nachlaß, auf den Funde wie die 1953 im oberbayerischen Wolfspoint bei Achenmühle bei einer Nichte Keyserlings entdeckten Schriftstücke hinweisen, hat noch keinen philologischen Spürsinn reizen können.

R. G.

Der Verlag hat als Druckvorlage verwendet
für ›Fürstinnen‹, ›Am Südhang‹, ›Beate und Mareile‹, ›Abendliche Häuser‹:
Eduard von Keyserling, »Erzählungen in vier Bänden«. Herausgegeben von Ernst Heilborn. S. Fischer Verlag, Berlin 1922.
Für ›Harmonie‹:
Eduard von Keyserling, »Harmonie«. Mit Illustrationen von Karl Walser. S. Fischer Verlag, Berlin 1921 (13.–17. Aufl.).
Für ›Bunte Herzen‹:
»Die Neue Rundschau«, Berlin, November und Dezember 1908.
Für ›Zur Psychologie des Komforts‹:
»Die Neue Rundschau«, Berlin, März 1905.

INHALT